Deutschbuch

Handreichungen für den Unterricht

8

Herausgegeben von
Bernd Schurf und Andrea Wagener

Erarbeitet von
Gerd Brenner,
Ute Fenske,
Heinz Gierlich,
Cordula Grunow,
Alexander Joist,
Markus Langner,
Angela Mielke,
Deborah Mohr,
Christoph Oldeweme,
Norbert Pabelick,
Christoph Schappert,
Frank Schneider,
Bernd Schurf,
Marlene Stahl-Busch,
Klaus Tetling und
Andrea Wagener

Redaktion: Christa Jordan, Eltville

Illustrationen:
Uta Bettzieche, Leipzig: S. 126/128, 130, 184, 190, 215, 217, 218, 223, 226
Nils Fliegner, Hamburg: S. 348/350, 352, 355, 370/372, 378, 442/443, 444/445, 447
Christiane Grauert, Milwaukee (USA): S. 88, 101, 102, 103, 105, 110, 146, 150, 153, 157
Peter Menne, Potsdam: S. 73/75, 77, 81, 325, 327, 332, 396, 400/402, 404/406, 408

Umschlaggestaltung: werkstatt für gebrauchsgrafik, Berlin
(Foto: Thomas Schulz, Teupitz)

Technische Umsetzung: zweiband.media, Berlin

www.cornelsen.de

1. Auflage, 2. Druck 2017

© 2014 Cornelsen Schulverlage GmbH, Berlin
© 2017 Cornelsen Verlag GmbH, Berlin

Druck: H. Heenemann, Berlin

ISBN 978-3-06-061922-1 (Allgemeine Ausgabe)
ISBN 978-3-06-062485-0 (Ausgabe für Hessen)
ISBN 978-3-06-062503-1 (Ausgabe für Niedersachsen)
ISBN 978-3-06-062044-9 (Ausgabe für Nordrhein-Westfalen)
ISBN 978-3-06-062521-5 (Ausgabe für Rheinland-Pfalz)

Inhaltsverzeichnis

Inhalt der CD-ROM

Auf der dem Buch beiliegenden CD-ROM finden sich sämtliche Seiten der „Handreichungen für den Unterricht" zum Ausdrucken als PDF-Datei und als editierbare Microsoft®-Word®-Datei.

Die Microsoft®-Word®-Dateien erlauben es, Musteraufsätze und Vorschläge für Tafelbilder zu den Inhalten des Schülerbands wie auch Klassenarbeiten, Tests und Kopiervorlagen problemlos den Anforderungen des Unterrichts anzupassen, indem einzelne Aspekte oder ganze Aufgaben geändert, zusätzliche Lernschritte eingefügt oder Teilaufgaben gestrafft werden und so das Anschauungs- und Übungsmaterial passgenau auf die Lerngruppe zugeschnitten wird.

Außerdem bietet die CD-ROM:

Erwartungshorizonte zu den Klassenarbeiten und Tests
mit detaillierten Punkterastern

Methodische Erläuterungen zu den Projektvorschlägen

Lösungshinweise zu den Kopiervorlagen,
mit denen sich die Arbeitsblätter auch zum selbstständigen Wiederholen und Üben einsetzen lassen

Lösungshinweise und Förderempfehlungen zu den Diagnosebögen,
mit denen sich diese auch zum selbstständigen Wiederholen und Üben einsetzen lassen

PowerPoint-Folien mit Bildern, Grafiken und Übungseinheiten
für Whiteboard, Beamer oder Overheadprojektor
- Helden und Vorbilder – Informieren und Referieren (zu Kapitel 1)
- Digitale Medien nutzen – Standpunkte vertreten (zu Kapitel 2)
- Zukunftsvisionen – Lebensentwürfe beschreiben (zu Kapitel 3)
- Veränderungen – Personen beschreiben (zu Kapitel 3)
- Dort könnte ich mal arbeiten – Orte beschreiben (zu Kapitel 3)
- „Wir bieten …" – Eine Anzeige auswerten (zu Kapitel 3)
- „Darf ich mich vorstellen?" – Sich in einem Gespräch präsentieren (zu Kapitel 3)
- Mit allen Sinnen – Schildern (zu Kapitel 4)
- „Der Schimmelreiter" – Eine Novelle kennen lernen und verstehen (zu Kapitel 5)
- Momentaufnahmen – Kurzgeschichten lesen und verstehen (zu Kapitel 6)
- In der Großstadt – Songs und Gedichte untersuchen und vortragen (zu Kapitel 7)
- Verbotene Liebe: „Romeo und Julia" – Ein Drama untersuchen (zu Kapitel 8)
- Aktuelles vom Tag – Zeitungstexte verstehen und gestalten (zu Kapitel 9)
- Verschiedene Zeitungstypen (zu Kapitel 9)
- Roadmovies – Jugendroman und Film vergleichen (zu Kapitel 10)
- „Vincent will meer" – Die Exposition (zu Kapitel 10)
- „Vincent will meer" – Mise en Scène (zu Kapitel 10)
- Wörter auf der Goldwaage – Über Sprachgebrauch nachdenken (zu Kapitel 11)
- Grammatiktraining – Konjunktiv und Modalverben (zu Kapitel 12)
- Deutsch und Englisch – Irreale Konditionalgefüge vergleichen (zu Kapitel 12)
- Grammatiktraining – Satzgefüge (zu Kapitel 13)
- Partizipialsätze (zu Kapitel 13)
- Infinitivsätze (zu Kapitel 13)
- Infinitivsätze international – Sprachen vergleichen (zu Kapitel 13)
- Rechtschreibtraining – Fehler vermeiden, Regeln sicher anwenden (zu Kapitel 14)
- Das Komma bei Appositionen und nachgestellten Erläuterungen (zu Kapitel 14)
- Glücklich sein – Texte auswerten, Lernstrategien anwenden (zu Kapitel 15)
- Grafiken entschlüsseln und auswerten (zu Kapitel 15)
- Gedichte verstehen und interpretieren (zu Kapitel 15)

Kopiervorlagen zum Rechtschreibtraining an Stationen
- Diagnosetexte zum Überarbeiten mit Fehlerbogen
- Laufzettel
- Arbeitsblätter und Lösungsblätter für jede Station

Hörtexte
mit passgenauen Arbeitsblättern zur Übung des Hörverstehens

Louis Sachar: Löcher (zu Kapitel 4)
Sprecher: Marianne Graffam, Denis Abrahams, Aufnahme: Clarity Studio Berlin
Text aus: Louis Sachar: Löcher. Die Geheimnisse von Green Lake. Aus dem Englischen von
Birgitt Kollmann. (c) Verlag Beltz & Gelberg, Weinheim/Basel 1999, S. 17–22; 36 ff.
(p) Cornelsen Schulverlage GmbH, Berlin

Theodor Storm: Der Schimmelreiter (Beginn der Novelle) (zu Kapitel 5)
Sprecher: Denis Abrahams, Aufnahme: Clarity Studio Berlin
Text aus: Theodor Storm: Der Schimmelreiter. Reclam Verlag, Stuttgart 2001, S. 39
(p) Cornelsen Schulverlage GmbH, Berlin

Theodor Storm: Der Schimmelreiter (Der neue Deich ist fertig) (zu Kapitel 5)
Sprecher: Denis Abrahams, Aufnahme: Clarity Studio Berlin
Text aus: Theodor Storm: Der Schimmelreiter. Reclam Verlag, Stuttgart 2001, S. 108–111
(p) Cornelsen Schulverlage GmbH, Berlin

Marlene Röder: Regel Nummer eins (zu Kapitel 6)
Sprecherin: Marianne Graffam, Aufnahme: Clarity Studio Berlin
Text aus: Marlene Röder: Melvin, mein Hund und die russischen Gurken. Erzählungen.
(c) Ravensburger Buchverlag, Ravensburg 2011
(p) Cornelsen Schulverlage GmbH, Berlin

Wladimir Kaminer: Schönhauser Allee im Regen (zu Kapitel 6)
Sprecher: Denis Abrahams, Aufnahme: Clarity Studio Berlin
Text aus: Wladimir Kaminer: Schönhauser Allee. (c) Goldmann Verlag, München 2001
(p) Cornelsen Schulverlage GmbH, Berlin

Alfred Wolfenstein: Städter (zu Kapitel 7)
Sprecher: Denis Abrahams, Aufnahme: Clarity Studio Berlin
Text aus: Lyrik des Expressionismus. Hg. v. Silvio Vietta. Max Niemeyer Verlag, Tübingen 1985, S. 46
(p) Cornelsen Schulverlage GmbH, Berlin

Kurt Tucholsky: Augen in der Großstadt (zu Kapitel 7)
Sprecher: Denis Abrahams, Aufnahme: Clarity Studio Berlin
Text aus: Kurt Tucholsky: Gesammelte Werke. Hg. v. Mary Gerold-Tucholsky und Fritz J. Raddatz.
Bd. 8. (c) Rowohlt Verlag, Reinbek bei Hamburg 1960, S. 69f.
(p) Cornelsen Schulverlage GmbH, Berlin

Bläck Fööss: Unsere Stammbaum (zu Kapitel 7)
© Text und Musik: Karl Dietrich Biermann, Ralph Gusovius, Hans Rudolf Knipp, Günter Lückerath,
Hartmut Priess, Wilhelm Schnitzler, Peter Schütten, Ernst Stoklosa (= De Bläck Fööss) / Verlag:
Fööss Edition

William Shakespeare: Romeo und Julia (1. Akt, 2. Szene) (zu Kapitel 8)
Sprecher: Denis Abrahams, Aufnahme: Clarity Studio Berlin
Text aus: William Shakespeare: Romeo und Julia. Übersetzt und für die Schule bearbeitet von
Diethardt Lübke. (c) Cornelsen, Berlin 2005, S. 13f.
(p) Cornelsen Schulverlage GmbH, Berlin

William Shakespeare: Romeo und Julia (2. Akt, 2. Szene) (zu Kapitel 8)
Sprecher: Denis Abrahams, Marianne Graffam, Susanne Kreutzer, Aufnahme: Clarity Studio Berlin
Text aus: William Shakespeare: Romeo und Julia. Übersetzt und für die Schule bearbeitet von
Diethardt Lübke. (c) Cornelsen, Berlin 2005, S. 30–35
(p) Cornelsen Schulverlage GmbH, Berlin

William Shakespeare: Romeo und Julia (3. Akt, 2. Szene) (zu Kapitel 8)
Sprecherin: Marianne Graffam, Aufnahme: Clarity Studio Berlin
Text aus: William Shakespeare: Romeo und Julia. Übersetzt und für die Schule bearbeitet von
Diethardt Lübke. (c) Cornelsen, Berlin 2005, S. 53–55
(p) Cornelsen Schulverlage GmbH, Berlin

Meike Kirsch: Bullenkampf in Oman – Eine arabische Variante des Stierkampfs (zu Kapitel 9)
Sprecherin: Meike Kirsch
Quelle: www.geo.de/GEO/reisen/reiseziele/oman-ein-audio-reisemaerchen-52629.html
© Meike Kirsch und GEO.de

Hördiktat – Omas Technikmuseum (zu Kapitel 14)
Sprecherin: Marianne Graffam, Aufnahme: Clarity Studio Berlin
(p) Cornelsen Schulverlage GmbH, Berlin

Glück macht Schule (Interview) (zu Kapitel 15)
Sprecher: Denis Abrahams, Marianne Graffam, Aufnahme: Clarity Studio Berlin
Text aus: Deutschbuch 8. Gymnasium, Allgemeine Ausgabe. (c) Cornelsen Schulverlage GmbH,
Berlin 2014
(p) Cornelsen Schulverlage GmbH, Berlin

Jürgen Schupp: Die Glückskurve des Lebens verläuft wie ein U (Interview) (zu Kapitel 15)
Sprecher: Denis Abrahams, Marianne Graffam, Christian Schmitz, Aufnahme: Clarity Studio Berlin
Textquelle: http://www.ard.de/home/themenwoche/Juergen_Schupp___Die_Glueckskurve_des_
Lebens_verlaeuft_wie_ein_U_/417972/index.html
(p) Cornelsen Schulverlage GmbH, Berlin

Eine komplette Jahresplanung
mit einer detaillierten Gegenüberstellung der Teilkapitel im „Deutschbuch"
und der Kompetenzbereiche der jeweiligen Lehrpläne

Verwendete Zeichen und Abkürzungen

|| **S. 54** Verweis auf die Seitenzahl im Schülerband

1 Aufgabe / Aufgabe im Schülerband

1 Aufgabe „für Profis"

●● Fordern und fördern: einfacheres Differenzierungsniveau

●●● Fordern und fördern: schwierigeres Differenzierungsniveau

●●●● Für Profis: für schnelle und starke Schüler/-innen

Hinweis auf eine passende PowerPoint-Folie auf der CD

Hinweis auf einen Hörtext auf der CD

AH   Hinweis auf das „Deutschbuch 8 Arbeitsheft" (bei den Förderempfehlungen)
HRU Hinweis auf die vorliegenden Handreichungen (bei den Förderempfehlungen)
SB   Hinweis auf den Schülerband (bei den Förderempfehlungen)

Vorwort

1   Zur Grundkonzeption des Lehrwerks

Das „Deutschbuch" ist ein **integratives Lehrwerk**. Es trennt den Deutschunterricht nicht in Sprach- und Literaturunterricht mit den traditionellen Leitmedien Sprachbuch und Lesebuch, sondern geht von der Erfahrung vieler Lehrerinnen und Lehrer aus, dass die Binnengliederung des Fachunterrichts in die Teildisziplinen „Sprache" und „Literatur" weder von den Gegenständen her gerechtfertigt ist noch dem pädagogischen Grundsatz entspricht, alles erfolgreiche Sprachlernen entwickele sich aus komplexen und realitätsnahen Lernsituationen heraus. Mündliche und schriftliche Mitteilungen, Gebrauchs- oder Sachtexte eröffnen die Möglichkeit, ihre sprachliche Verfasstheit zu thematisieren sowie die Bedingungen sprachlichen Handelns zu reflektieren. Literarische Texte weisen eine besondere sprachliche Komplexität auf, insofern sind sie besonders geeignete Objekte, um Sprachaufmerksamkeit zu erzeugen. Entsprechend ist die Integration von Sprache und Literatur im Fach Deutsch ein didaktisches Konzept, zu dem es eigentlich keine Alternative gibt. Die Bildungsstandards wie auch die neue Generation der Lehrpläne verlangen die Integration der Teilbereiche des Faches in der konkreten Planung von Lernprozessen.

Integration im „Deutschbuch" heißt **Integration von den Gegenstandsstrukturen her und Integration von den intendierten Lernprozessen her**.

Ausgangspunkte der fünfzehn Kapitel, in die jeder Jahrgangsband gegliedert ist, sind im Sinne eines erfahrungsbezogenen Unterrichts Problemstellungen und Themen, die sich an der Alltagsrealität der Schülerinnen und Schüler orientieren. Sie erhalten ihre fachspezifische Ausprägung jeweils dadurch, dass in den auslösenden Lebens- und Lernsituationen Sprache und Kommunikation zum Problem werden oder literarische bzw. pragmatische Texte Erfahrungen anderer Menschen darlegen und zur Diskussion stellen.

Die konsequente Anknüpfung an die Lebenswelt der Schülerinnen und Schüler und an gesellschaftliche Schlüsselprobleme verlangt, dass das Integrationsprinzip an manchen Stellen auch die Bereiche des Faches Deutsch überschreitet und die Verbindung zu anderen Fächern herstellt. Dies gilt vor allem dann, wenn Unterricht handlungsorientiert (bis hin zum Projekt) angelegt werden soll und der zu erarbeitende oder zu erforschende Bereich nicht nur Sprache und Literatur umfasst.

1.1   Die Kompetenzbereiche und ihre Integration

Die neuen Bildungsstandards und Lehrpläne gliedern das Fach Deutsch in die Kompetenzbereiche „Sprechen und Zuhören", „Schreiben", „Lesen – Umgang mit Texten und Medien" sowie „Reflexion über Sprache". Darüber hinaus heben die curricularen Standards die besonderen Anforderungen an Methoden und Lernstrategien des fachlichen und fachübergreifenden Arbeitens hervor. Das „Deutschbuch" berücksichtigt die **Einteilung des Faches in Kompetenzbereiche** bei der Anordnung der einzelnen Kapitel. Die Kompetenzbereiche werden dabei in unterrichtspraktischer Hinsicht gebündelt und sowohl systematisch entfaltet als auch im Sinne des grundlegenden Integrationsprinzips miteinander verknüpft. Die thematisch orientierten Kapitel des Lehrwerks sind den drei zentralen Arbeitsbereichen **„Sprechen – Zuhören – Schreiben", „Lesen – Umgang mit Texten und Medien"** sowie **„Nachdenken über Sprache"** zugeordnet. Den Abschluss bildet ein Kapitel, das methodisches Lernen zum Gegenstand hat.

Der Bereich **„Arbeitstechniken und Methoden"** ist im „Deutschbuch" besonders hervorgehoben. In den jeweils abschließenden Kapiteln der einzelnen Bände werden übergreifende Lernstrategien und -techniken an fachlichen Inhalten exemplarisch eingeübt, so z. B. basale Lese- und Verstehenskompetenzen, Textüberarbeitung, Teamarbeit, Recherchestrategien, Techniken des Visualisierens und Präsentierens sowie die adäquate Nutzung des PCs. Darüber hinaus kommt das Methodenlernen in allen weiteren Kapiteln integriert zur Anwendung, beispielsweise das Verfassen von Referaten, Protokollen und Informationstexten in Kapitel 1.1 („Heldenhaft? – In Referaten, Protokollen und Texten informieren") oder das Erstellen von Bewerbungsschreiben und Lebenslauf sowie Praktikumsmappe und Tagesbericht in Kapitel 3.2 („Was will ich werden? – Sich um einen Praktikumsplatz bewerben").

Die Entscheidung für eine angemessene Berücksichtigung der Leitprinzipien „Schüler- und Wissenschaftsorientierung" ist nach dem Grundsatz getroffen: „So viel Situations- und Erfahrungsanbindung wie möglich, so viel Fachsystematik wie unbedingt nötig." Die Folge des durchgehend geforderten Prinzips **„Lernen in Zusammenhängen"** ist, dass das Lehrgangsprinzip im „Deutschbuch" nur noch dort Gültigkeit für die Organisation von Lernprozessen hat, wo fachlichem Klärungsbedarf anders nicht zu entsprechen ist, z.B. beim Aufbau einer grammatischen „Verkehrssprache" in Sachen Wortarten und Satzbau. Aber auch dort geht es nicht um das systematische Lernen von Regeln und Definitionen, sondern um operatives Erarbeiten und „(sprach-)entdeckendes" Lernen, das Sprachaufmerksamkeit fördert und kontinuierlich Sprachbewusstsein entwickelt. Einheiten des Rechtschreibunterrichts können sich zum Beispiel im Gefolge eines Schreibvorhabens oder aber im Anschluss an eine Sprachreflexion ergeben. Natürlich wird man auch die Grammatik als thematisiertes Sprachbewusstsein wiederfinden: Warum und wie unterteilen wir Wörter nach ihrer Leistung im Satz und nach ihren Bildungsregeln in „Wortarten", warum lernen wir verschiedene Satzfunktionen kennen? Aber es gibt immer Angebote, die Sprachreflexion mit anderen Bereichen des Deutschunterrichts thematisch zu verklammern. Schreib- und Lesesituationen, kommunikative Anlässe oder auch Sprachspiele ermöglichen Einsichten in Bauformen, Funktionen und Leistungen der Sprache.

1.2 Das Prinzip der Integration in den einzelnen Kapiteln

Integration bedeutet im „Deutschbuch" nicht das Hintereinanderschalten von Arbeitsteilen aus den verschiedenen Sektoren des Deutschunterrichts, Integration bedeutet vielmehr, dass traditionell unterschiedlich zugeordnete **fachspezifische Tätigkeiten der Schülerinnen und Schüler im Zusammenhang einer nachvollziehbaren Lernsituation** gemeinsam entwickelt werden. Aus dem Umgang mit literarischen Texten z.B. kann eine produktive Schreibaufgabe, eine analytische Operation, eine Rechtschreibübung oder eine Sprachbetrachtung erwachsen – je nach der konkreten Unterrichtskonstellation.

Die einzelnen Kapitel des „Deutschbuchs" sind nach dem Prinzip des **Dreischritts** aufgebaut:

1. Schritt / Erstes Teilkapitel: Basisteil
- Entfaltung des Hauptkompetenzbereichs, basale Operationen im Verstehens- und Produktionsbereich
- Selbstdiagnose „Testet euch!"

2. Schritt / Zweites Teilkapitel: Integration und Differenzierung
- Integration eines weiteren Kompetenzbereichs oder eines methodischen Schwerpunktes, wobei die im ersten Teilkapitel erworbenen Kompetenzen mit neuen Akzenten angewendet und vertieft werden
- Differenzierungsseiten („Fordern und fördern") mit Aufgaben auf zwei bzw. drei Niveaustufen zur individuellen Förderung

3. Schritt / Drittes Teilkapitel: Klassenarbeitstraining oder Projekt
- „Fit in…": Schritte des Schreibprozesses bei klassenarbeitsbezogenen Kapiteln oder
- Anleitung zur Projektarbeit bei eher teamorientierten, kreativ-produktiven Arbeitsprozessen

Ein Farbsystem informiert über das jeweilige Zusammenspiel von dominanten und zugeordneten Kompetenzbereichen.

Die Arbeitsaufträge verknüpfen den dominanten Kompetenzbereich mit dem ergänzenden oder erweiternden Bereich. Der „Ausflug" über die Grenzen der Kompetenzbereiche hinaus erfolgt also nicht nur auf der Ebene der Materialien, sondern konkret auf der Ebene der einzelnen Tätigkeiten der Schülerinnen und Schüler. Beispielsweise ist das Erkennen von Konjunktivformen nicht nur eine formale Operation des Grammatikunterrichts, sondern hat eine weitere Funktion beim Verbessern eigener Texte und beim Analysieren von Literatur oder Sachtexten.

Die im ersten Teilkapitel erworbenen basalen Fähigkeiten werden abschließend durch eine Selbstdiagnose evaluiert (z.B. in Form von Checklisten, geschlossenen Aufgabenformaten, Rätseln oder Textüberarbeitungsangeboten). Im zweiten Teilkapitel wird das erworbene Wissen durch die Integration eines weiteren Kompetenzbereichs aufgegriffen. In der Anwendung auf neue Materialien können die Schülerinnen und Schüler das Gelernte intensiv üben. Ein Angebot zum individualisierten Lernen besteht in ausgewiesenen Seiten mit differenzierenden Aufgaben („Fordern und fördern"). Das dritte Teilkapitel bietet den Schülerinnen und Schülern abschließend Möglichkeiten des selbstständigen Arbeitens. Sie üben die Schritte des Schreibprozesses in klassenarbeitsbezogenen Aufsatzformen oder arbeiten in Projekten.

Die Entscheidung für die dreigliedrige Grundstruktur der Kapitel sichert eine Zentrierung auf wesentliche Aspekte. Die Transparenz der Schrittfolge ermöglicht nicht nur eine schnelle Orientierung für die Lehrerin/den Lehrer, sondern fördert im Besonderen den organischen Aufbau des Lernprozesses, sodass Schülerinnen und Schüler erhöhte Chancen der aktiven Teilnahme und des produktiven Verstehens erhalten.

Die Kapitel sind nicht darauf angelegt, vollständig erarbeitet zu werden. Je nach Lernsituation und vorgesehenem Zeitrahmen können einzelne Teilkapitel oder auch nur wenige Abschnitte in der gewünschten Schwerpunktsetzung behandelt werden.

2 Didaktische Prinzipien in den Kompetenzbereichen

Innerhalb der drei Kompetenzbereiche haben sich in den letzten Jahren **fachdidaktisch begründete methodische Neuansätze** ergeben, die in den Bildungsstandards und auch in einem aktuellen Lehrwerk wie dem „Deutschbuch" ihren Niederschlag finden. Im Bereich „Sprechen – Zuhören – Schreiben" sind das die Integration des darstellenden Spiels in den Deutschunterricht und die Reform des Aufsatzunterrichts zur prozessorientierten Schreibdidaktik. Im Bereich „Lesen – Umgang mit Texten und Medien" sind es der erweiterte Textbegriff, speziell die Integration des Umgangs mit den elektronischen Medien, der Aufbau einer basalen Lese- und Verstehenskompetenz im Umgang mit Sachtexten und literarischen Texten sowie der produktiv-gestaltende Ansatz im Literaturunterricht. Der Bereich „Nachdenken über Sprache" orientiert sich am integrativen, funktionalen und operativen Grammatikunterricht, an der Sprachförderung und an den neuen Wegen im Rechtschreibunterricht.

2.1 Sprechen – Zuhören – Schreiben

Die didaktisch-methodischen Innovationen im Bereich des „Sprechens und Zuhörens" beziehen sich nicht nur auf den kommunikativen Grundansatz, der weiter ausgebaut wird, indem explizit Gesprächsregeln und bewusste Formen der Gesprächsführung angeboten und gelernt werden sollen, sondern auch auf die Berücksichtigung **rhetorischer und argumentativer Fähigkeiten**. Zu diesen gehören der freie Vortrag, die Präsentation von Texten, das szenische Lesen mit verteilten Rollen sowie neue Diskussionsformen. Damit hängt zusammen, dass nun auch dem **Zuhören** und den dafür notwendigen Fähigkeiten und Fertigkeiten erhöhte Aufmerksamkeit zuteilwird.

Durch die systematische Berücksichtigung methodischer Möglichkeiten des **darstellenden Spiels** bei den Aufgabenstellungen und bei den Vorschlägen zur Projektarbeit soll gewährleistet werden, dass die ästhetische Komponente in diesem Arbeitsbereich angemessen berücksichtigt wird.

Im Bereich „Schreiben" haben sich in der fachdidaktischen Diskussion erhebliche Veränderungen vollzogen. Nach der so genannten „kommunikativen Wende" in der Aufsatzdidaktik waren die traditionellen Aufsatzgattungen und deren Begründung als „Naturarten" der Schriftlichkeit stark in Zweifel gezogen worden. Die Einbeziehung des Adressaten, die Berücksichtigung der Schreibsituation und die Orientierung am Schreibziel beim Verfassen eigener Texte sind wesentliche Funktionen des Schreibvorgangs. Um den **Prozesscharakter des Schreibens** zu betonen, spricht das „Deutschbuch" vom **Erzählen, Berichten, Beschreiben, Begründen usw. als Tätigkeiten**. Die Schreibkompetenz der Schülerinnen und Schüler wird in ausgewiesenen Schritten der Planung, Ausführung und Überarbeitung differenziert gefördert.

Kreative Formen des Schreibens erhalten im „Deutschbuch" einen besonderen Stellenwert. Das Spektrum reicht vom **freien, spontanen, textungebundenen Schreiben** bis zum **produktiv-gestaltenden Schreiben im Anschluss an Textvorlagen**.

Wichtig und neu hinzukommend zu allen Formen des „Aufsatzschreibens" ist das **funktionale Schreiben.** Es handelt sich um Arbeitstechniken der Schriftlichkeit, die nicht zu in sich geschlossenen Texten führen, wohl aber im Alltag für die Bewältigung von Lernsituationen große Bedeutung besitzen. Dazu gehören nicht nur die bekannten „Notizzettel" und „Stichpunktsammlungen", sondern auch der schriftliche Entwurf von Argumentationsskizzen, die Mitschriften in Gesprächen und der Entwurf von Schreibplänen/Gliederungen für umfangreichere Ausführungen.

Eine besondere Art des funktionalen Schreibens ist die Verbesserung von Geschriebenem. Der Arbeitsschwerpunkt **Textüberarbeitung** (mit und ohne Einbezug computergestützter Schreibprogramme) besitzt ein großes Gewicht im gegenwärtigen Deutschunterricht. Unter dem Aspekt des Selbstkontrollierens und der eigenen Überprüfung des Lernfortschritts reicht dieses Verfahren bis zur Möglichkeit, Texte von Schülerinnen und Schülern erst nach der vorgenommenen Textverbesserung zu bewerten. Der Aufgabenschwerpunkt „Überarbeiten von Schülertexten" wird im „Deutschbuch" an zahlreichen Stellen integriert. Dabei ist es Aufgabe der Lehrkraft und der Lerngruppe, im Sinne einer inneren Differenzierung und Individualisierung die jeweiligen Hinweise des Lehrbuchs, insbesondere auch zur Rechtschreibung, situativ angemessen zu nutzen.

2.2 Lesen – Umgang mit Texten und Medien

Besondere Aktualität kommt dem Bereich „Lesen – Umgang mit Texten und Medien" nicht zuletzt nach den PISA-Studien zu. Das **Lesen und Erfassen von Texten** gilt als eine **wesentliche Kompetenz** zum Erwerb von Wissen und ist damit eine wichtige Voraussetzung für die Teilhabe an unserer Kultur, für die Mitgestaltung gesellschaftlicher Entwicklungen und für die persönliche und berufliche Weiterentwicklung. Das „Deutschbuch" bietet eine große Auswahl unterschiedlicher Texte und vielfältige Anregungen zum Lesen.

Den Schülerinnen und Schülern begegnen Texte sowohl in **kontinuierlicher**, schriftlicher Form – zum Beispiel als literarische und anwendungsbezogene Texte – als auch in Form von **diskontinuierlichen Texten** – etwa als Grafiken, Tabellen, Schaubilder und Diagramme. Darüber hinaus rezipieren sie Texte in gesprochener Form (z. B. Gedichtvortrag) wie auch in audiovisuellem Format (z. B. Medientexte wie Film und Fernsehen).

Bei der Textauswahl für das „Deutschbuch" werden unterschiedliche Gattungen, historische Zusammenhänge, Autorinnen und Autoren der Vergangenheit und Gegenwart sowie interkulturelle Themen berücksichtigt. Gleichfalls werden Texte aus dem Bereich der Kinder- und Jugendliteratur, Sachtexte und solche aus audiovisuellen Medien angeboten. Ausschnitte aus altersgemäßen Jugendbüchern und Lesetipps sollen zum Weiterlesen als Klassenlektüre oder zur individuellen Lektüre einladen.

Sach- und Gebrauchstexte werden vorwiegend unter dem Aspekt des Lesens, der Entnahme, Verknüpfung und Auswertung von Informationen angeboten. Entsprechende Aufgabenstellungen fördern das Sinn erfassende Lesen und das Sichern, Reflektieren und Bewerten von Informationen. Dabei werden auch diskontinuierliche Texte und Bilder einbezogen.

Das „Deutschbuch" widmet dem Umgang mit Medien eigene Kapitel (Kapitel 2 „Digitale Medien nutzen – Standpunkte vertreten", Kapitel 9 „Aktuelles vom Tag – Zeitungstexte verstehen und gestalten", Kapitel 10 „Roadmovies – Jugendroman und Film vergleichen" sowie Kapitel 15.3 „Zuhören trainieren – Hörtexte verstehen"). Dabei werden sowohl medienpädagogische Aspekte als auch filmanalytische und produktive Verstehens- und Handlungskompetenzen entwickelt. Über die Medienkapitel hinaus wird der Umgang mit Medien in weiteren Kapiteln integrativ und projektartig verortet (z.B. das Produzieren eines Radio-Features zu einem Beruf in Kapitel 3.1 „Ich in zehn Jahren – Personen, Orte und Arbeitsabläufe beschreiben").

Sowohl Medien- als auch Methodenkompetenzen können nur aufgebaut und erweitert werden, wenn Anwendungen im Zusammenhang mit entsprechenden Kompetenz- und Gegenstandsbereichen ermöglicht werden. Deshalb werden überall dort, wo der Lerngegenstand es erfordert oder sinnvoll erscheinen lässt, Aufgabenstellungen zur Verwendung der modernen Informations- und Kommunikationsmedien integriert. So liefert das „Deutschbuch" fachspezifische methodische Grundlagen zur Nutzung des PCs bei der Informationsbeschaffung sowie bei der Be- und Verarbeitung von Texten, z. B. in Kapitel 1.1. („Wer ist ein ‚Held'? – Ein Referat vorbereiten und halten").

Eine wichtige Form der Auseinandersetzung mit Texten ist **das kreative und produktiv-gestaltende Schreiben** im Literaturunterricht. Gemeint sind unterschiedliche Formen des Wechsels der Schülerinnen und Schüler aus der Rezipienten- in die Produzentenrolle. Das „Deutschbuch" entwickelt hier zahlreiche Vorschläge, bis hin zur Einbeziehung produktiv-gestaltender Aufgabenstellungen in Klassenarbeiten. Der Sinn dieses didaktischen Ansatzes ist es, den Schülerinnen und Schülern das Recht auf subjektive Formen des Verstehens zu verschaffen und ihnen nahezubringen, dass das fantasievolle Weiterdenken und das experimentierende Eingreifen in Gegenstände der Lektüre nicht deren Zerstörung bedeutet, sondern einen Weg zu besserem Verstehen darstellen kann. Produktiv-gestaltende Arbeitsweisen beim Umgang mit Texten stellen eine wesentliche Ergänzung analytisch-hermeneutischer Methoden dar, die selbstverständlich ihre Berechtigung behalten.

2.3   Nachdenken über Sprache

Im Bereich „Nachdenken über Sprache" ergeben sich wesentliche Innovationen. Besonders wichtig ist der Schritt vom systematischen Grammatikunterricht hin zur situativen, funktionalen und integrativen Sprachbetrachtung. Es geht um die **Abkehr vom Regel- und Auswendiglernen hin zum operativen Lernen**. Ausgangspunkt sind spontan gebildete subjektive („innere") Regeln, über die die Schülerinnen und Schüler verfügen, Ziel ist die Schreibentscheidung des erwachsenen und kompetenten Schriftbenutzers. Dementsprechend sind die dem Kompetenzbereich „Nachdenken über Sprache" zugeordneten Kapitel des „Deutschbuchs" nach dem ressourcenbezogenen, integrativen und themenorientierten Prinzip organisiert.

Der traditionelle und nachgewiesenermaßen für die Beherrschung der Muttersprache völlig wirkungslose Grammatikunterricht arbeitete an Definitionen von Wortarten und Satzformen. Er veranlasste die Schülerinnen und Schüler, aus Beispielsätzen unter der Leitung der Lehrerin/des Lehrers „Regeln" abzuleiten und mit deren Hilfe die eigene Benutzung der Schriftsprache zu verbessern, Fehler zu erkennen und zu vermeiden. In den seltensten Fällen konnten dadurch sprachliche Defizite behoben werden; genauso wenig kam es zu einer hinreichenden Sicherheit in der Benutzung der grammatischen Terminologie.

Deswegen wird im „Deutschbuch" in Anlehnung an neuere didaktische Konzepte ein anderer Weg beschritten. Angeknüpft wird dabei an die Sprachkompetenzen, welche die Schülerinnen und Schüler schon erworben haben. Lernprozesse sind immer dann besonders erfolgreich, wenn sie von vorhandenen Fähigkeiten ausgehen und somit das Vertrauen in die eigenen sprachlichen Fähigkeiten stärken.

Sprachliche Phänomene wie z. B. Wortarten werden nicht mehr über Definitionen gelernt, sondern **funktional** eingeführt und durch die systematische Wiederholung und Anwendung in den Folgebänden gefestigt. Dabei sind sowohl die grammatischen Merkmale wichtig als auch deren semantische, syntaktische, stilistische oder kommunikative Funktion. Entscheidend ist, dass es keine allumfassenden Definitionen mehr gibt, sondern Prototypenbeschreibungen: Möchte ich eine irreale oder unwahrscheinliche Bedingung ausdrücken, verwende ich den Konjunktiv II. Mit Modalverben kann ich den Aussagewert des Vollverbs verändern. Die Schülerinnen und Schüler lernen mit solchen prototypischen Beschreibungen, **sich intentional auszudrücken**. Ihr deklaratives und operatives Sprachwissen hilft ihnen, Situationen zu bewältigen, die metasprachliche Kompetenzen erfordern. Dies bezieht sich zum Beispiel auf die Erschließung von Texten, das Thematisieren sprachlicher Alltagssituationen und das Bewältigen von Schreibaufgaben sowie auf die Beherrschung der Rechtschreibung. Demzufolge werden Aspekte der Sprachreflexion auch in die Kapitel der Bereiche „Sprechen – Zuhören – Schreiben" sowie „Lesen – Umgang mit Texten und Medien" integriert.

Damit ist zugleich für die **Integration des Rechtschreibunterrichts in die Sprachreflexion** das entscheidende Argument gefallen. Die deutsche Orthografie ist kein willkürliches Regelwerk mit vielen Ausnahmen, sondern eine auf wenigen und plausiblen Grundsätzen aufgebaute Abfolge von Entscheidungen. Die Prinzipien der phonemischen und der morphematischen Schreibung stehen im Zentrum. Ziel ist es, mit Hilfe von Rechtschreibstrategien Sprachaufmerksamkeit, das heißt Fehlersensibilität, bei den Schülerinnen und Schülern zu wecken und eine sprachbewusste Lösungskompetenz zu vermitteln, die zur Verbesserung der Schreibkompetenz führt. Das geschieht in Form von Übungen, die darauf achten, dass Phänomene, die zwar systematisch gesehen zusammengehören, einander im Lernprozess aber hemmen, nicht zusammen gelernt werden. Über die thematisch orientierten Rechtschreibkapitel hinaus, in denen Rechtschreibübungen aus Schreibsituationen, Schülertexten und Lesesituationen erwachsen, besteht in den übrigen Kapiteln des „Deutschbuchs" die Möglichkeit, Übungen zur Rechtschreibung integriert einzubringen. Dabei wird ein besonderer Schwerpunkt auf unterschiedliche Verfahren der Überarbeitung von Texten gelegt.

Sprachbewusstsein entwickelt sich auch durch den **Vergleich verschiedener Sprachen**. Indem die Schülerinnen und Schüler ihre muttersprachlichen Kenntnisse auf das Erlernen einer fremden Sprache beziehen, differenzieren und festigen sie ihre grammatische Sprachkompetenz. Das „Deutschbuch" bietet Möglichkeiten, Sprachen im Vergleich zu betrachten (z. B. „Deutsch und Englisch – Irreale Konditionalgefüge vergleichen", S. 251; „Infinitivsätze international – Sprachen vergleichen", S. 274), und wird somit dem Prinzip „Sprachen im Kontakt" gerecht, das in der neueren Sprachforschung eine wichtige Rolle spielt.

3 Methodische Entscheidungen

Die methodischen Entscheidungen kommen in besonderer Weise in den Aufgabenstellungen und den dort impliziten Tendenzen zum Ausdruck. Leitend sind die Prinzipien des thematischen, induktiven, kooperativen, selbst regulierten und individualisierten Lernens. Den Benutzern des „Deutschbuchs" wird dabei vor allem die Mischung aus kreativen, handlungsorientierten und analytischen Aufgabenstellungen auffallen. Im Rahmen **kooperativer Verfahren** wird sowohl auf die individuelle Einzelarbeit als auch auf den Austausch unter Partnern und im Team Wert gelegt. **Differenzierende Aufgabenstellungen** zu ausgewählten Materialien, deren individuelle Ergebnisse wieder zusammengeführt werden, fordern und fördern Schülerinnen und Schüler mit unterschiedlichen Leistungsstärken. Eine wesentliche Voraussetzung des **eigenverantwortlichen Lernens** ist die Fähigkeit, den eigenen Lernstand und Lernbedarf richtig einzuschätzen. Das „Deutschbuch" bietet vielfältige Möglichkeiten, das eigene Wissen und Können zu testen (**Selbstdiagnose** in den Einheiten „Testet euch!"). Die metakognitiven Fähigkeiten der Schülerinnen und Schüler werden zu Beginn jedes Kapitels gefördert. Über die Aufgaben wird auf der Auftaktseite vorhandenes Vorwissen abgerufen; eine Zielvorstellung über die zu erwerbenden Kompetenzen macht Inhalte und Struktur des Lernprozesses schülergemäß transparent (**Advance Organizer)**.

3.1 Aufgabenstellungen / Selbstständiges Lernen

Materialarrangement und Aufgaben sind so angelegt, dass eigenverantwortliche Entscheidungen von der Lerngruppe getroffen werden. Anregungen zur Anwendung **prozeduraler, metakognitiver und evaluierender Strategien** fördern den kommunikativen Aufbau des Lernprozesses, sodass Wissen im Zusammenhang verfügbar wird und Ergebnisse nicht beziehungslos nebeneinanderstehen. In wechselnder Akzentuierung erfüllen die Aufgaben Funktionen des **entdeckenden Lernens**, des operativen, analytischen und produktiven Arbeitens sowie der transferorientierten Anwendung.

Eigenverantwortliches und handlungsorientiertes Arbeiten der Schülerinnen und Schüler fördert die Effizienz des Lernprozesses und stärkt die Selbstständigkeit. Diese Zielsetzung wurde bei der Formulierung der Aufgabenstellungen besonders berücksichtigt. Oftmals kann die Aufgabenstellung von der Lehrkraft je nach situativem Unterrichtskontext problemlos modifiziert werden; sie enthält Alternativen oder sie lädt dazu ein, einen Versuch zu unternehmen, der nicht unbedingt zu einem vorzeigbaren „Ergebnis" kommen muss. Insgesamt ist der Prozess des Lernens wichtiger als das jeweils entstehende Produkt.

Aufgabenstellungen haben im „Deutschbuch" oft einladenden Charakter, sie enthalten häufig mehrere Vorschläge, von denen man nach eigenen Bedürfnissen eine Auswahl kombinieren kann. Darin liegt auch eine Aufforderung an die Schülerinnen und Schüler, selbst mit zu entscheiden, welche Variante der vorgeschlagenen Tätigkeiten sie für sich aussuchen. Besonders bei Vorschlägen für Gruppenarbeit und in den projektartig angelegten Teilen des Unterrichts ist es wünschenswert, dass die Lerngruppe aushandelt und selbst organisiert, welche Aufgabe von wem übernommen wird.

3.2 Individuelle Förderung / Differenzierung

In besonderem Maße trägt das „Deutschbuch" der wachsenden Heterogenität der Lerngruppen Rechnung. Unterschiedlichkeit wahrzunehmen und zu würdigen, bedeutet, Lernen als aktiven, selbst gesteuerten, konstruktiven, emotionalen, sozialen und situativen Prozess zu betrachten. Wissen wird damit vom Individuum nicht einfach rezeptiv übernommen, sondern kann je nach Vorwissen, Motivation und Einstellung des Einzelnen aktiv erworben werden. Hier setzt Differenzierung mit dem Ziel an, jede Schülerin und jeden Schüler mit unterschiedlichen, leicht umsetzbaren **Angeboten zur Differenzierung** individuell maximal zu fordern und zu fördern. Besonders die ausgewiesenen Differenzierungsseiten „Fordern und fördern" (mit Aufgaben in zwei bis drei Niveaustufen) bieten die Möglichkeit, den eigenen Lernvoraussetzungen und -interessen entsprechend über den Schwierigkeitsgrad der Aufgaben bzw. das Lerntempo selbst zu entscheiden. Hier können die Schülerinnen und Schüler selbstständig entscheiden, ob sie zu einem materialgestützten, progressiv angelegten Aufgabenangebot zusätzliche Hilfen in Anspruch nehmen wollen (wie etwa Formulierungshilfen, Visualisierungen, Wortspeicher, informative Tipps). Außerdem finden sich an ausgewählten Stellen Zusatzaufgaben für schnelle/starke Schülerinnen und Schüler (qualitative und quantitative Differenzierung).

3.3 Lernen in Unterrichtsprojekten / Fachübergreifendes Lernen

Jeder Jahrgangsband enthält Projektvorschläge, die zwar einen fachspezifischen Ausgangspunkt haben, sich aber nicht auf das Fach Deutsch beschränken, sondern Aspekte anderer Fächer mit einbeziehen. Aus der Didaktik des Projektunterrichts entstanden die beiden wichtigsten pädagogischen **Prinzipien des handlungs- und erfahrungsorientierten Lernens und des selbst organisierten und selbsttätigen Arbeitens in Gruppen**. Aus der Fachdidaktik stammen die Prinzipien der besonderen Berücksichtigung des sprachlichen Anteils an den Lernprozessen. Dabei können unterschiedliche Texte, Schreib-, Lese- und Sprachverwendungssituationen zur Verständigung der Teilnehmer und zur Organisation der Arbeit dienen.

Der Anteil „Deutsch" ist weder zu unterteilen in „Sprechen – Zuhören – Schreiben" oder „Lesen – Umgang mit Texten und Medien" noch abzugrenzen gegenüber Fächern wie z. B. Religionslehre/Ethik, Geschichte oder Politik; je nach Thema auch nicht gegenüber Fächern wie Fremdsprachen, Geografie, Physik, Musik oder Kunst.

Nicht nur in den projektorientierten Teilkapiteln ist fachübergreifendes Arbeiten sinnvoll. Auch in den übrigen Kapiteln finden sich Fachgrenzen überschreitende Arbeitsschritte. So sind zum Beispiel in Kapitel 1.2 („Menschen im Widerstand – Einen literarischen Text erschließen") und in dem Abschnitt „Das Feld der Ehre ruft alle' – Euphemismen, Metaphern, Hochwertwörter" in Kapitel 11.1 („,Ehre' – Wörter und ihre Bedeutung erklären") die Fächer Deutsch und Geschichte miteinander in Bezug gesetzt, ebenfalls in Kapitel 11.1 (S. 233f., 237) die Fächer Deutsch und Sport, in Kapitel 7.2 („Babbeln, schwätzen, schwade, schnacken – Dialekte untersuchen") die Fächer Deutsch und Erdkunde und in Kapitel 12.2 („Beeindruckende Naturereignisse – Konjunktiv I und Modalverben") Deutsch und Naturwissenschaften. Die fachübergreifenden Schritte sind so konzipiert, dass sie Absprachen zwischen den Fächern sinnvoll erscheinen lassen, aber auch von der Deutschlehrerin oder dem Deutschlehrer allein durchgeführt werden können.

3.4 Orientierungswissen

Eine wichtige Rolle für das selbstständige Lernen – und dies gilt gleichermaßen für leistungsstärkere wie leistungsschwächere Schülerinnen und Schüler – spielt das Orientierungswissen. Dort, wo in den Kapiteln das erarbeitete Wissen gesichert werden muss, weil es die Grundlage für das weitere Vorgehen bildet, wird es zur Orientierung zusammenfassend dargestellt. Auf diese Weise festigt sich auch die eingeführte Terminologie, sodass den Schülerinnen und Schülern die notwendigen Begriffe für ihre weiteren Lernaktivitäten zur Verfügung stehen. Die blauen Merkkästen („Information" und „Methode") bieten eine überschaubare Zusammenfassung von informativem und methodischem Wissen. Daneben liefern Tippkästen (mit einer farbigen Ecke links oben markiert) Anregungen und Hilfen zur eigenständigen Problemlösung. In keinem Fall beeinträchtigen die Orientierungshilfen das Prinzip des entdeckenden Lernens.

Entlastende Funktion kommt dem Anhang zu: Dort wird das Orientierungswissen im Überblick dargestellt, sodass die Schülerinnen und Schüler es selbstständig nachschlagen können, wenn sie sich nicht im Kapitelzusammenhang bewegen. Gleichzeitig verschafft das Orientierungswissen den Lernenden einen Überblick über die in den Bildungsstandards und Lehrplänen festgelegten Kompetenzen. Es bietet somit einen wichtigen Hinweis für Leistungsanforderungen bei Lernstandserhebungen, Tests und Klassenarbeiten.

3.5 Hinweise zur Arbeitsorganisation

Die Arbeitsorganisation bleibt in den Aufgabenstellungen weitgehend offen. Ob etwas als Gruppen- oder Partnerarbeit im kooperativen Lernen oder als Einzelaufgabe gelöst werden soll, ist zunächst einmal Angelegenheit der Lehrerin/des Lehrers und der Lerngruppe. Aber das Lehrbuch macht Vorschläge, die sinnvoll und praxiserprobt sind.

Arbeitsschritte, Materialien und Aufgabenstellungen sind im „Deutschbuch" so organisiert, dass Lehrerinnen und Lehrer phasenweise eine stärker moderierende und prozessbegleitende Rolle einnehmen können. Diese Lehrmethoden erlauben den Schülerinnen und Schülern zunehmend ein selbsttätiges und mitverantwortliches Arbeiten, das ihre sozialen und kommunikativen Kompetenzen stärkt.

Die Kapitel des „Deutschbuchs" eröffnen vielfältige Möglichkeiten für eine situations- und lernergerechte Aufbereitung im Unterricht. Je nach Lernsituation und vorgesehenem Zeitrahmen können einzelne Teilkapitel oder auch nur wenige Abschnitte in der gewünschten Schwerpunktsetzung sinnvoll behandelt werden.

4 Zu diesen Handreichungen für den Unterricht

Die vorliegenden Handreichungen für den Unterricht bieten methodisch-didaktische Erläuterungen, Aufgabenlösungen mit Tafelbildern und Beispielaufsätze zu den Aufgabenstellungen des Schülerbands.

Außerdem stellen sie umfangreiches **Zusatzmaterial zu jedem Kapitel** zur Verfügung:
- Vorschläge für Klassenarbeiten, Tests und Projekte
- Kopiervorlagen auf drei Differenzierungsniveaus:
    ●●○ und ●●● Fordern und fördern: Arbeitsblätter mit Aufgabenstellungen auf einfacherem und schwierigerem Differenzierungsniveau, die zu demselben Ergebnis führen
    ●●●● Für Profis: Arbeitsblätter für schnelle und starke Schüler/-innen
- Diagnosebögen

Zusätzlich bietet die beiliegende CD-ROM:

– Erwartungshorizonte zu den Klassenarbeiten und Tests mit detaillierten Punkterastern
– Lösungshinweise zu den Kopiervorlagen, mit denen sich die Arbeitsblätter auch zum selbstständigen Wiederholen und Üben einsetzen lassen
– Lösungshinweise und Förderempfehlungen zu den Diagnosebögen
– Kopiervorlagen zum Rechtschreibtraining an Stationen
– PowerPoint-Folien mit Bildern, Grafiken und Übungseinheiten für Whiteboard, Beamer oder Overheadprojektor
– Hörtexte mit passgenauen Arbeitsblättern zur Übung des Hörverstehens

– eine komplette Jahresplanung mit einer detaillierten Gegenüberstellung der Teilkapitel im „Deutschbuch" und der Kompetenzbereiche der jeweiligen Lehrpläne

5   Begleitmaterial rund um das „Deutschbuch"

Neben den vorliegenden Handreichungen für den Unterricht bietet der Verlag weiteres Übungsmaterial zum „Deutschbuch" an:

Deutschbuch 8 Arbeitsheft: Das Arbeitsheft enthält methodisch abwechslungsreiche Übungen insbesondere zu den Schwerpunkten Schreibtraining, Grammatik und Rechtschreibung. Es stellt eine Eingangsdiagnose, Differenzierungsangebote und Lernstandstests zur Verfügung. Mit zahlreichen Merkkästen und Tipps bietet es die Möglichkeit zur gezielten Wiederholung. Das Arbeitsheft, dem ein Lösungsheft beiliegt, eignet sich gleichermaßen für den Einsatz im Unterricht, für Hausaufgaben und Freiarbeit.

Deutschbuch 8 Arbeitsheft – Übungssoftware auf CD-ROM: Die Software erlaubt das interaktive Üben von Rechtschreibung, Zeichensetzung und Grammatik auf zwei Niveaustufen. Die CD-ROM ist einzeln und in Kombination mit dem Arbeitsheft erhältlich.

Deutschbuch 8 Förderheft: Das Förderheft dient der intensiven Einübung elementarer Kompetenzen im Fach Deutsch: Leseverständnis sichern, Schreibfertigkeit entwickeln, Rechtschreiben trainieren, Grammatik funktional einsetzen. Sorgfältig aufbereitetes Wort- und Textmaterial und spannende Themen unterstützen die Vermittlung der basalen Fertigkeiten. Auch einsetzbar im inklusiven Unterricht.

Ideen zur Jugendliteratur: Die Kopiervorlagenreihe enthält Arbeitsblätter zu aktuellen und schulerprobten Jugendromanen.

1 Helden und Vorbilder – Informieren und Referieren

Konzeption des Kapitels

Das Thema „Helden und Vorbilder" ist für Jugendliche dieser Jahrgangsstufe interessant und motivierend, weil sie entwicklungspsychologisch auf der Suche nach Leitlinien und Leitbildern für ihr eigenes selbstbestimmtes Leben sind. Wichtig ist hierbei, dass die Heranwachsenden nicht durch medial übertrieben stilisierte „Helden" auf „falsche" Lebenswege geführt werden oder viel zu hohe Ansprüche an eigene Lebenskonzepte stellen. Gerade deshalb werden in diesem Kapitel „Helden des Alltags" in den Mittelpunkt gerückt: normale Menschen, die besondere Aufgaben übernehmen und so, vielfach medial unbeobachtet, Großes für andere leisten. Das Kapitel zielt im Wesentlichen auf die Förderung der Schreibkompetenz und zugleich auf grundlegende Aspekte der Lesekompetenz.

Im ersten Teilkapitel (**„Heldenhaft? – In Referaten, Protokollen und Texten informieren"**) wird das Leitthema „Helden" auf verschiedenen Wegen erarbeitet: zunächst am – kritisch zu reflektierenden – Beispiel der jugendlichen Solo-Weltumseglerin Laura Dekkers, danach über eine allgemeine Definition des Begriffs „Held", dann mit der schülerorientierten Frage nach eigenen Helden und Vorbildern und schließlich über die Thematisierung von Zivilcourage als heldenhaftes Verhalten im Alltag. Anhand dieser unterschiedlichen Perspektiven auf das Thema „Helden" werden verschiedene Facetten der Schreibkompetenz fokussiert: Zu den ersten drei Unterthemen werden das Referat- und Protokollschreiben angeleitet, am Beispiel des Themas „Zivilcourage" wird detailliert und konkret das informierende Schreiben eingeführt.

Das zweite Teilkapitel (**„Menschen im Widerstand – Einen literarischen Text erschließen"**) nimmt das Thema „Helden in früheren Zeiten" am Beispiel von Hans Falladas Roman „Jeder stirbt für sich allein" in den Blick. Die Schülerinnen und Schüler verfassen nun Texte aus der Perspektive einer literarischen Figur, z. B. als inneren Monolog oder in der Form des Dialogs. Dabei erschließen und nutzen sie Informationen über die historischen Hintergründe des Romans und knüpfen damit an Techniken aus dem ersten Teilkapitel an. Im Zentrum steht das prozessorientierte Schreiben, die einzelnen Schritte der Schreibprozesse werden genau angeleitet und bewusst reflektiert. Das produktionsorientierte Schreibformat fördert insofern auch die Lesekompetenz, als die Schreibenden den Text sehr genau lesen und verstehen müssen, um die richtigen Informationen und mögliche Deutungen des Geschehens in ihre eigenen Texte sinnvoll einbauen zu können. Zugleich stellt diese Methode ein wichtiges Instrument der Werteerziehung dar: Die Schüler lernen, andere, fremde Perspektiven zu übernehmen, sodass sie auch in ihrem Alltag in Konfliktsituationen eine andere Perspektive reflektieren können.

Im dritten Teilkapitel (**„Fit in ... – Einen Informationstext verfassen"**) wird der Schwerpunkt des ersten Teilkapitels, das informierende Schreiben, aufgenommen und im Hinblick auf eine Klassenarbeit in detailliert angeleiteten Arbeitsschritten geübt.

Literaturhinweise

- *Becker-Mrotzek, Michael / Böttcher, Ingrid (Hg.):* Schreibkompetenz entwickeln und beurteilen. Cornelsen, Berlin 2012
- *Essig, Rolf-Bernhard:* Wann ist ein Held ein Held? Hanser, München 2010
- *Fix, Martin:* Texte schreiben. Schreibprozesse im Deutschunterricht. Schöningh, Paderborn [2]2008
- *Fix, Martin / Schmid-Barkow, Ingrid:* Sachtexte schreiben und verstehen: Von der Produktion zur Rezeption und zurück. In: Martin Fix / Roland Jost: Sachtexte im Deutschunterricht. Schneider Baltmannsweiler [2]2010, S. 64–82
- Heldinnen und Helden. Deutschunterricht 6/2011
- *Jost, J.:* Sachtexte in der Mittelstufe schreiben. In: Der Deutschunterricht 6/2013, S. 41–50

Übungsmaterial im „Deutschbuch 8 Arbeitsheft"

- Ein Kurzreferat vorbereiten und halten, S. 4–8
- Einen Informationstext verfassen, S. 9–13
- Einen Tagesbericht verfassen, S. 14–15

	Inhalte	Kompetenzen
		Die Schülerinnen und Schüler
S. 15	**1 Helden und Vorbilder –** **Informieren und Referieren**	– formulieren anhand eines Fotos Vermutungen zum Thema „Helden" – stellen Überlegungen an, was Zuhörer von einem Referat erwarten
S. 16	**1.1 Heldenhaft? – In Referaten,** **Protokollen und Texten informieren** *Andrea Ege: Pippi Langstrumpf der* *Meere*	– erschließen einen Sachtext und Grafiken – diskutieren über eine „moderne Heldin" – bereiten einen Kurzvortrag vor – halten und beurteilen einen Kurzvortrag
S. 18	Wer ist ein „Held"? – Ein Referat vor- bereiten und halten	– erschließen einen Lexikonartikel – recherchieren Materialien für ein Referat und werten diese aus – fassen die wichtigsten Informationen für ein Referat zusammen – erstellen eine Gliederung ihres Referats – machen Notizen für das Referat – halten und beurteilen ein Referat
S. 21	Brauchen wir Helden? – Eine Unter- richtsstunde protokollieren	– erarbeiten Aufbau und Funktionen eines Proto- kolls – führen eine Diskussion zum Thema „Helden" – erstellen Mitschriften für ein Protokoll – verfassen ein Protokoll
S. 24	Zivilcourage – Einen Informationstext verfassen	– erschließen verschiedene Materialien (Interview, Grafiken, Sachtext mit Flussdiagramm) – werten die Materialien im Hinblick auf den Schreibauftrag aus – erstellen eine Gliederung ihres Informations- textes – verfassen einen Informationstext – überarbeiten ihren Text kriterienorientiert
S. 29	Testet euch! – Einen informativen Text verfassen	– überarbeiten einen fehlerhaften Informationstext
S. 30	**1.2 Menschen im Widerstand –** **Einen literarischen Text erschließen** *Hans Fallada: Jeder stirbt für sich allein*	– untersuchen zwei Romanauszüge – verfassen einen inneren Monolog aus der Perspektive der Hauptfigur – untersuchen inhaltliche und erzähltechnische Aspekte
S. 35	Fordern und fördern – Eine literarische Figur befragen	– erarbeiten die historischen Hintergründe des Romans – verfassen ein Gespräch mit der Hauptfigur
S. 37	**1.3 Fit in … – Einen Informationstext** **verfassen**	– üben für eine Klassenarbeit – erschließen Informationen – planen einen Informationstext, legen eine Gliederung an – schreiben einen Informationstext – überarbeiten ihren Text kriterienorientiert

||S.15 1 Helden und Vorbilder – Informieren und Referieren

1 a Das Foto auf der Auftaktseite – ein Feuerwehrmann in den Trümmern des World Trade Centers nach den Terroranschlägen vom 11. September 2001 in New York – weckt die Aufmerksamkeit der Lernenden für das Thema „Helden im Alltag". Mögliche Eindrücke, die die Lernenden formulieren könnten:
  – Teile New Yorks sind zerstört.
  – Die Vereinigten Staaten wurden mit Flugzeugen angegriffen.
  – Der Feuerwehrmann hebt entsetzt und verzweifelt die Arme.
  – Er schaut Hilfe suchend nach oben.
  – In der Zerstörung gibt es Menschen, die sich für andere einsetzen.

  b Die Feuerwehrleute von New York werden vermutlich deshalb noch heute als Helden verehrt, weil sie selbst unter Einsatz ihres Lebens andere vor dem Tod gerettet haben.

2 Nun äußern sich die Schülerinnen und Schüler zu ihren eigenen „Helden". Dazu könnten zum Beispiel zählen:
  – Fußballer wegen ihrer herausragenden Spielweise
  – Sportler wegen ihrer Leistungsfähigkeit oder ihrer vorbildlichen Fairness
  – Filmhelden wegen ihrer übermenschlichen Fähigkeiten
  – alltägliche Menschen wegen ihres sozialen Einsatzes

3 Nun wird die Aufmerksamkeit auf einen methodischen Schwerpunkt des Kapitels gerichtet: Die Lernenden überlegen, was Zuhörer bzw. Leser von einem Referat über Helden erwarten.
  Mögliche Erwartungen an ein Referat über Helden:
  – interessante Informationen zu Helden, z. B.: Wer ist ein Held? Warum gilt er als Held? Was hat er Besonderes geleistet?
  – eine klare Gliederung: Einleitung, Hauptteil, Schluss
  – Begriffe oder Phrasen, die die Zuhörer/Leser lenken, z. B. „zusammenfassend kann man sagen ..."
  – einen guten Vortragsstil: laute, deutliche und abwechslungsreiche Stimmführung, lebendige Darstellung

||S.16 1.1 Heldenhaft? – In Referaten, Protokollen und Texten informieren

||S.16 Andrea Ege: Pippi Langstrumpf der Meere

1 Zunächst klären die Schülerinnen und Schüler anhand vorgegebener Fragen ihr Textverständnis:
Laura Dekker war von klein auf „segelsüchtig" und träumte schon lange von einer Solo-Weltumseglung. Auf dem Weg zur Verwirklichung ihres Traums musste sie zahlreiche Hindernisse überstehen, vor allem die Einschränkung des Sorgerechts ihrer Eltern durch ein Familiengericht und die fehlende Freistellung vom Unterricht durch das Bildungsministerium. Lauras Alltag auf dem Segelboot war alles andere als einfach, neben der Einsamkeit auf Deck und der Langeweile bei tagelanger Windstille musste sie viele anstrengende Tätigkeiten ausführen: das Boot schrubben, reparieren und bei jedem Wetter segeln, aber auch nachts regelmäßig aufstehen, um Boot, Wetter und Navigation zu überprüfen. Das Schwierigste aber war das Abschiednehmen von den Menschen, die sie bei ihren Landgängen auf den unterschiedlichen Kontinenten gerade erst kennen gelernt hatte.

2 Die dem Text beigefügte Landkarte veranschaulicht die Reiseroute und verzeichnet Zeitpunkte sowie Orte von Lauras Landgängen. Die Grafik mit Lauras Foto enthält Angaben zu ihrem Boot. Beide Schaubilder ergänzen den Text um genaue Daten und Fakten.

3 a Lauras Tagebucheintrag „Jeder Mensch hat ein eigenes Ich" betont die Individualität des einzelnen Menschen. Man kann interpretieren, dass ihr Zitat die eigenen Lebensvorstellungen mit denen der

Gesellschaft kontrastiert. Der einzelne Mensch sollte sich demzufolge letztlich nicht gesellschaftlichen Vorgaben beugen, sondern seine eigenen Wege gehen.

b Nun setzen sich die Lernenden mit der Tatsache auseinander, dass Lauras Wunsch, allein die Welt zu umsegeln, hitzige Debatten auslöste. Die Antwort auf die Frage, ob sie verstehen können, dass Lauras Abreise zunächst verhindert wurde, hängt vom Wertekanon der Lernenden ab. Entscheidend bei der Beantwortung dürfte sein, ob Jugendliche 14- oder 15-jährige Menschen schon als selbstständige Erwachsene ansehen.

4 Für die Diskussion, ob sie Laura Dekker als eine moderne Heldin und Vorbild bezeichnen würden, können die Lernenden Pro- und Kontra-Argumente sammeln.
Vorschlag für ein Tafelbild:

Laura Dekker als moderne Heldin/Vorbild?	
Pro-Argumente	**Kontra-Argumente**
– lebensgefährlicher Einsatz – zeigt Mut – große Leistung für einen Menschen, insbesondere für einen so jungen – zahlreiche herausragende Fähigkeiten: Umgang mit Einsamkeit, technisches Können usw.	– kein Einsatz für andere – eigenes Interesse steht im Vordergrund – Gefahr: zahlreiche junge Nachahmer, die aber nicht über dieselbe Leistungsfähigkeit verfügen

5 a/b Beispiel für die Vorbereitung eines Referats über Laura Dekkers Weltumseglung – Mögliche Stichworte (W-Fragen und Antworten darauf anhand des Textes und der Grafiken):

Die Weltumseglerin Laura Dekker	
Wer?	Laura Dekker, geb. 1995
Wo?	Niederlande; Weltmeere
Was?	Solo-Weltumseglung als jüngste Seglerin
Wann?	2009; 2010–2012
Warum?	segelsüchtig, Traum
Wie?	– allein – Tätigkeiten an Bord: frühes Aufstehen, regelmäßiges Kontrollieren von Boot, Wetter, Navigation (auch nachts), Putzen und Reparieren des Boots, Umgang mit Langeweile bei Windstille – Kennenlernen und Abschiednehmen von Menschen in anderen Ländern – virtuelle Kommunikation
Welche Folgen?	– Hindernisse: Familiengericht entzieht Eltern zeitweise Teile des Sorgerechts, Bildungsministerium stellt Laura nicht vom Unterricht frei – bei Erreichen des Ziels: jüngste Weltumseglerin

c Ein Vorgehen weitgehend in der Reihenfolge der W-Fragen kann in diesem Fall sinnvoll sein, nur die Hindernisse im Vorfeld (Welche Folgen?) müssen referiert werden, bevor vom Alltag an Bord (Wie?) berichtet wird.

d Der Vortrag und die Rückmeldung durch die Mitschüler sind wichtig, damit die Lernenden überprüfen können, ob sie bei der Erarbeitung und Durchführung ihres Kurzreferats richtig vorgegangen sind und was sie noch verbessern können.

S.18 Wer ist ein „Held"? – Ein Referat vorbereiten und halten

1 a Nachdem sie zuvor an einem zeitgenössischen Beispiel über heldenhaftes Verhalten (oder eben nicht) nachgedacht haben, setzen sich die Schülerinnen und Schüler nun mit einer Definition des Begriffs „Held/Heldin" in einem Lexikonartikel auseinander. Die Antwort auf die Frage, was sie bereits darüber wussten und was ihnen neu ist, hängt vom Vorwissen der Lernenden ab. Möglicherweise werden einige von ihnen Helden zunächst eher in der Fiktion, in Filmen und Büchern, verorten als in der Alltagswirklichkeit.

b Auf der Basis des Lexikonartikels erklären die Schülerinnen und Schüler nun den Begriff mit eigenen Worten: Helden besitzen besondere körperliche oder geistige Fähigkeiten und Eigenschaften. Sowohl reale Menschen als auch erfundene Figuren können als Helden verehrt werden. Handelt es sich bei Ersteren vor allem um Menschen, die besondere, aber machbare Leistungen erbracht haben, so können die erfundenen Heldenfiguren auch mit übermenschlichen, unrealistischen Fähigkeiten ausgestattet sein (z. B. Superhelden).

2 Welche Helden Jugendliche verehren, hängt von ihren eigenen Interessen (Sport, Film, Science-Fiction, soziales Engagement), ihrer Weltsicht und politischen Einstellung ab.

3–8 Die Aufgabenstellungen und Methodenkästen im Schülerband liefern detaillierte prozessorientierte Anleitungen für die individuelle Vorbereitung, Planung, Materialrecherche und Ausarbeitung eines Referats über einen selbst gewählten Helden. Wichtig ist auch die Feedbackrunde (Aufgabe 8), in der die Lernenden überprüfen können, ob sie bei der Erarbeitung und Durchführung ihres Referats richtig vorgegangen sind und was sie noch verbessern können.

S.21 Brauchen wir Helden? – Eine Unterrichtsstunde protokollieren

1 a Die Lernenden erarbeiten anhand eines vorgegebenen Protokolls einer Deutschstunde zum Thema „Helden" Funktion und Aufbau eines Protokolls. Das Protokoll auf S. 21 im Schülerband gliedert den Verlauf der Stunde und den Inhalt durch nummerierte Zwischenüberschriften.

b Ein solches Protokoll informiert Abwesende über die neuen Lerninhalte und hilft allen Beteiligten als „Erinnerungsstütze" bei der Wiederholung des Stoffs, z. B. für schriftliche oder mündliche Überprüfungen.

2 Nun sammeln die Lernenden weitere Anlässe und Funktionen von Protokollen:
– mögliche Gelegenheiten für Protokolle: Konferenzen (z. B. Schulkonferenz), Vorstandssitzungen eines Vereins, Treffen der Schülersprecher
– mögliche Funktionen von Protokollen (betreffen alle Gelegenheiten): Information für Abwesende, Erinnerung für Beteiligte, Dokumentation von Beschlüssen, Hinweise für zukünftige Aufgaben(verteilung)

3 a Anhand des Beispiels im Schülerband wird der Aufbau eines Protokolls detailliert erarbeitet. Vorschlag für ein Tafelbild:

Aufbau eines Protokolls	
Protokollkopf	formale Angaben: Anlass/Titel der Veranstaltung, Datum/Zeit, Ort, Anwesende, Abwesende, Protokollant/-in, Thema → um den Rahmen der Veranstaltung übersichtlich festzuhalten
Hauptteil	übersichtliche Wiedergabe der wichtigsten Informationen/des Geschehens → um wesentliche Aspekte zu verdeutlichen
Schluss	Ort und Datum der Abfassung, Unterschrift der Protokollantin/des Protokollanten → um die Verantwortung für das Protokoll eindeutig festzuhalten

b Sprachstil des Protokolls: prägnant, nüchtern, sachlich, kurz, knapp, ergebnisorientiert

4　a　Nun tauschen sich die Schülerinnen und Schüler über die Vorarbeit eines Protokolls aus: die Mitschrift. Die Erfahrungen damit werden individuell unterschiedlich sein. Als zentrale Probleme könnten das Sprechtempo der Teilnehmer und das Schreibtempo der Protokollierenden benannt werden sowie die Strukturierung des Besprochenen beim Mitschreiben.

　　b　Der Vergleich der beiden Mitschriften könnte ergeben, dass die erste Mitschrift ausformuliert und somit zu aufwendig ist, dass die zweite Mitschrift mit Stichworten, Abkürzungen und klaren Strukturierungssignalen arbeitet und deshalb schneller anzufertigen und übersichtlicher ist.

　　c　Wichtige Tipps zum Mitschreiben können als Tafelbild gesammelt werden:

Tipps zum Mitschreiben
– nur das Wesentliche notieren (Stichworte) – Abkürzungen und Zeichen/Symbole verwenden, z. B. +, –, !, ?, Pfeile für Zusammenhänge – klare Absätze einhalten – Überschriften markieren – Wichtiges unterstreichen – Spiegelstriche oder Nummerierung bei Aufzählungen verwenden

5　Beispiele für Stichworte/Argumente zur Vorbereitung einer Pro-und-Kontra-Diskussion:

Brauchen wir Helden oder Vorbilder?	
pro	kontra
– Vorbild für eigenes Handeln – leichteres Erlernen von Verhaltensweisen durch Nachahmung – Ziele eigenen Handelns werden konkret sichtbar – positive Leitbilder, um bestimmte Werte zu vermitteln – ...	– Nachahmung schlechter Vorbilder – Abhängigkeit von Vorbildern – kein eigenes Denken und Handeln – Überschätzung der eigenen Fähigkeiten – ...

S.24 Zivilcourage – Einen Informationstext verfassen

S.24 1. Schritt: Sich über das Thema informieren

S.24 Beate Lakotta: Die Stimme erheben

1　a/b　Zunächst lesen die Lernenden den Text unter vorgegebenen Fragestellungen:
Alltagshelden verfolgen zumeist Toleranz, Hilfsbereitschaft und Solidarität mit Schwächeren als Werte, sie zeigen Empathie (also Gespür für die Not anderer) und sind bereit, soziale Verantwortung zu übernehmen. Zivilcourage erfordert – im Gegensatz zu Hilfsbereitschaft – zudem großes Selbstvertrauen, denn sie definiert sich dadurch, dass man sich für andere einsetzt, die bedroht werden / einen Gegner haben.

2　In Notsituationen entsteht oft der (Werte-)Konflikt, dass man einerseits helfen möchte, dass aber andererseits nicht klar ist, ob es sich wirklich um eine Notsituation handelt, ob man dem Opfer tatsächlich durch das Eingreifen hilft – oder womöglich dessen Privatsphäre verletzt.

3　a　Im Text genannte Situationen, in denen Mut und Zivilcourage gefragt sind: häusliche Gewalt in der Nachbarschaft, rassistische Bemerkungen im Freundeskreis, Mobbing in der Schule oder am Arbeitsplatz, Herabwürdigung/Lächerlichmachen eines Menschen

　　b　Welche Beispiele für mutiges Verhalten im Alltag genannt werden, hängt von den Erfahrungen der Schülerinnen und Schüler ab.

25

S. 25 Umfrage zu Erfahrungen mit Gewalt in der Öffentlichkeit

4 a Nun untersuchen die Lernenden Diagramme, eine weitere wichtige Informationsquelle für Referate und informierende Texte. In den Kreis- und Balkendiagrammen geht es um eigene Erfahrungen der Befragten mit Gewalt in der Öffentlichkeit und erfahrene Hilfeleistungen in diesen Situationen.

b Auffällig sind insbesondere folgende Werte: Während ca. vier Fünftel der Frauen (82 %) noch nie in der Öffentlichkeit körperlich angegriffen wurden, können dies nur etwas weniger als zwei Drittel der Männer (65 %) von sich behaupten. Erfahrungen mit Gewalt in der Öffentlichkeit haben also offenbar auch mit geschlechtsspezifischen Aspekten zu tun. In diesem Zusammenhang ist zudem auffällig, dass gut der Hälfte der Männer (53 %) in öffentlichen Gewaltsituationen geholfen wurde, den Frauen aber nur in einem Drittel der Fälle (35 %).

c Diskussionswürdig sind insbesondere diese geschlechtsspezifische Erfahrung von Gewalt in der Öffentlichkeit und die insgesamt geringe Hilfeleistung in Gewaltsituationen.

5 Beispiel für die Zusammenfassung der wichtigsten Ergebnisse aus den Diagrammen:
Das erste Schaubild, zwei Kreisdiagramme, zeigt auf, dass 35 % der befragten Männer und 18 % der Frauen bereits Opfer öffentlicher körperlicher Gewalt wurden. Aus dem Balkendiagramm geht hervor, dass bei weniger als der Hälfte der Fälle von öffentlicher körperlicher Gewalt Hilfe von außen kam, bei den Frauen sogar nur bei einem Drittel der tätlichen Angriffe.

6 Die Antwort auf die Frage nach eigenen Beobachtungen körperlicher Angriffe und der Reaktionen der Umstehenden darauf hängt vom Erfahrungshorizont der Schülerinnen und Schüler ab. Vermutlich werden sie alle schon körperliche Angriffe auf dem Schulhof, beim Sport oder in öffentlichen Verkehrsmitteln erlebt haben.

S. 26 Vom guten Willen zur guten Tat: Hürden der Zivilcourage

7 a Die Lernenden konkretisieren mit einem selbst gewählten Beispiel aus dem Alltag das vorgegebene Flussdiagramm, das die Schritte eines von Zivilcourage geprägten Eingreifens darstellt.
Vorschlag für ein Tafelbild:

Schritte eines von Zivilcourage geprägten Eingreifens	Beispiel aus dem Alltag
1. Situation wahrnehmen	Zwei ältere Schüler schubsen auf dem Schulweg einen Fünftklässler vor sich her und beschimpfen ihn.
2. als Notfall bewerten	genau beobachten, was die Schüler tun und sagen, und beurteilen, ob es sich um eine Rangelei unter Freunden handelt oder ob die älteren den jüngeren Schüler bedrohen
3. sich verantwortlich fühlen	sehen, dass niemand konsequent eingreift, und selbst Eingreifmöglichkeiten bedenken
4. Handlungswissen aktivieren	einschätzen, welche Handlungsmöglichkeiten sich anbieten: ob man etwas sagt, ob man eingreift oder ob man Hilfe ruft
5. eingreifen	das Opfer ansprechen, ob es Hilfe braucht, und/oder andere Mitschüler ansprechen, um gemeinsam die Situation zu klären

b Beispiele für Verhaltensregeln:
– andere ansprechen, ob sie die Täter kennen oder wissen, in welcher Klasse sie sein könnten.
– das Opfer direkt ansprechen: „Brauchst du Hilfe?"
– Mitschüler/Passanten ansprechen/auffordern: „Die zwei Schüler scheinen den Fünftklässler zu bedrohen. Hilft mir jemand, einzugreifen?"
– das Opfer ansprechen und nach seinem körperlichen/seelischen Befinden fragen: „Tut dir etwas weh? Soll ich einen Arzt rufen?"

S. 27 **2. Schritt: Den Text planen und passende Informationen auswählen**

1 **a** Nun sollen die Schülerinnen und Schüler mit Hilfe der zuvor untersuchten Materialien einen Informationstext zum Thema „Zivilcourage" verfassen. Dafür rekapitulieren sie zunächst, worüber die einzelnen Materialien informieren:
- Material 1 (Text S. 24 f. im Schülerband): Was ist Zivilcourage?
- Material 2 (Diagramme S. 25 im Schülerband): Gewalt in der Öffentlichkeit
- Material 3 (Text S. 26 im Schülerband): Handlungsschritte eines von Zivilcourage geprägten Verhaltens von der Wahrnehmung der Situation bis zum Eingreifen

b In einem nächsten Schritt überlegen die Lernenden, was Leser über das Thema „Zivilcourage" wissen wollen, und notieren dazu Stichworte oder Fragen, z. B.: Was bedeutet der Begriff „Zivilcourage"? Woran erkenne ich Gewaltsituationen? Wie kann ich selbst in schwierigen Gewaltsituationen eingreifen? Wie kann ich dem Opfer helfen, ohne selbst gefährdet zu werden?

2 **a/b** Nun legen die Schülerinnen und Schüler den Aufbau ihres Informationstextes fest. Als gedankliche Struktur für das Thema „Zivilcourage" bietet sich der Dreischritt „Problem – Lösung – Umsetzung" an, da dieser Dreischritt zur gedanklichen Struktur der Materialien passt:
- Problem: Das Gewaltproblem schildern vor allem die Grafiken (S. 25 im Schülerband), aber auch der erste Text (S. 24 f. im Schülerband).
- Lösung: Die allgemeine Lösung erläutert die Psychologin im Interview (S. 24 f. im Schülerband).
- Umsetzung: Über eine Umsetzung informieren die fünf Handlungsschritte, die im letzten Text (S. 26 im Schülerband) dargestellt werden.

3 Beispiellösung für eine Gliederung des Informationstextes:

1. Einleitung (Thema/Problem benennen): Etwa die Hälfte der Menschen, die in der Öffentlichkeit körperlich angegriffen wurden, haben keine Hilfe von anderen erfahren und wurden sich selbst überlassen.
2. Hauptteil (Auswertung der Informationen):
   a) Problem aufnehmen: Gewalt in der Öffentlichkeit
      - Etwa ein Drittel der Männer (35 %) und fast ein Fünftel der Frauen (18 %) wurden schon einmal in der Öffentlichkeit körperlich angegriffen.
      - Die angegriffenen Frauen erhielten dabei weniger Hilfe von anderen als die Männer.
      - In den seltensten Fällen wurde die Polizei zu Hilfe gerufen, wenn überhaupt, griffen andere verbal oder körperlich ein.
      → Warum erhielten zwei Drittel der Frauen und etwa die Hälfte der Männer keine Hilfe?
   b) Lösung darstellen: Zivilcourage
      - das bedeutet z. B.: sich für einen bedrohten Menschen gegenüber Gegnern einsetzen
      - Basis: humane Werte der eingreifenden Menschen, z. B. Toleranz, Solidarität, Hilfsbereitschaft
      - Konflikt bei Eingreifen: Hilfsbereitschaft gegenüber Wahrung der Privatsphäre der Streitenden (etwa wenn man bei lauter häuslicher Gewalt in der Nachbarschaft eingreifen will)
   c) fünf Handlungsschritte erklären:
      - Situation wahrnehmen
      - als Notfall bewerten
      - sich verantwortlich fühlen
      - Handlungswissen aktivieren
      - eingreifen
   d) Verhaltensregeln in Notsituationen
      - sich nicht selbst in Gefahr bringen
      - andere Personen um Hilfe bitten
      - dem Opfer beistehen
3. Schluss: Auftrag an die Gesellschaft: Handlungsmöglichkeiten vermitteln, damit mehr Menschen Zivilcourage zeigen und bei Gewalt eingreifen

3. Schritt: Den Informationstext schreiben und überarbeiten

a–d Beispiellösung für den vollständigen Informationstext:

Zivilcourage zeigen – Mutig eingreifen

(Einleitung:) Es ist ein alltägliches Problem in unserer Gesellschaft, dass Menschen Opfer von Gewalt werden. In erschreckender Weise erfährt etwa die Hälfte der Männer und Frauen, die in der Öffentlichkeit körperlich angegriffen werden, keine Hilfe von anderen. Nur wenige Menschen zeigen Zivilcourage und sind bereit, sich für einen bedrohten Mitmenschen gegenüber Angreifern einzusetzen.

(Hauptteil:) Die gute Nachricht ist, dass die überwiegende Mehrheit der Menschen in der Öffentlichkeit noch nicht körperlich angegriffen worden ist. Die schlechte, dass 35 Prozent der Männer und 18 Prozent der Frauen einer Umfrage zufolge schon einmal öffentlich körperlich angegriffen wurden. Trotz der öffentlichen Aufmerksamkeit setzten sich nur wenige Menschen für die Opfer ein. So erlebten 47 Prozent der männlichen und sogar 65 Prozent der weiblichen Opfer keinerlei Hilfe von anderen, sei es durch verbales oder körperliches Einschreiten, sei es durch einen Anruf bei der Polizei. Aber warum erfuhren so wenige Opfer Hilfe? Die Psychologin Veronika Brandstätter führt dies in einem Interview auf den Grundkonflikt der Beobachter zurück, die entscheiden müssen, ob sie helfend eingreifen sollen oder ob sie damit die Privatsphäre der streitenden Personen verletzen. Ein wichtiger Impuls für Zivilcourage ist dabei die Werteorientierung der Hilfe leistenden Menschen. Wesentliche humane Werte der Helfer sind Toleranz, Solidarität und Hilfsbereitschaft. Anders als reine Hilfsbereitschaft erfordert Zivilcourage jedoch Selbstbewusstsein, denn man muss einem anderen gegenüber Angreifern helfen.

Grundsätzlich durchläuft laut einem psychologischen Modell jeder bei seiner Entscheidung, ob er eingreift oder nicht, fünf Schritte. Erst wenn ein Beobachter der Tat erstens die Situation tatsächlich wahrnimmt, diese zweitens als Notfall bewertet und sich drittens für die Situation mitverantwortlich fühlt, dann aktiviert er sein Handlungswissen und greift schließlich ein. Doch muss der Tatzeuge dafür nicht nur die Situation richtig einschätzen, sondern auch das notwendige Handlungswissen mitbringen.

Zivilcourage ist also nicht nur eine Frage des Mutes, sondern auch eine Frage der eigenen Handlungsmöglichkeiten. Eine wesentliche Verhaltensregel im Notfall ist, dass sich der Tatzeuge nicht selbst in Gefahr bringen sollte und sich vor allem bei bewaffneten Tätern zurückhält. Nichtsdestotrotz kann er beispielsweise andere Passanten oder Zeugen um Hilfe bitten und dann gemeinsam mit diesen Eingreifmöglichkeiten absprechen. Wichtig ist, dass das Opfer das Gefühl hat, nicht alleingelassen zu werden.

(Schluss:) Wenn wir in Zukunft Gewalt in der Öffentlichkeit verhindern und Zivilcourage fördern wollen, sollte jeder die notwendigen Handlungsmöglichkeiten kennen und tatsächlich bereit sein, einzugreifen. Beides müsste den Menschen in unserer Gesellschaft auf unterschiedlichen Wegen vermittelt werden, zum Beispiel durch Infobroschüren oder TV-Sendungen, aber auch in Bildungsinstitutionen wie der Schule.

Testet euch! – Einen informativen Text verfassen

Zum Abschluss des ersten Teilkapitels überarbeiten die Lernenden einen fehlerhaften Informationstext, um im Selbsttest zu überprüfen, ob sie die Merkmale dieser Textsorte beherrschen.
Beispiel für eine überarbeitete (auch konkretisierte!) Textfassung:

Laura Dekker: Jüngste Weltumseglerin
Die 16-jährige Laura Dekker lief am 21. Januar 2012 im Hafen der Karibikinsel Sint Maarten ein. Von dort aus war sie <u>am 21. August 2010</u> mit ihrem <u>Segelboot</u> „Guppy" gestartet. Als jüngste <u>Solo-Weltumseglerin</u> in der Geschichte schlug die <u>Niederländerin</u> damit die bisherige <u>australische</u> Rekordhalterin. Die war am 18. Oktober 2009 in Sydney zu einer Solo-Weltumsegelung <u>aufgebrochen</u> und erreichte am 15. Mai 2010, drei Tage vor ihrem <u>17.</u> Geburtstag, ihren Zielhafen. Bei den Weltumsegelungen sind Solo-Segler, also Personen, die alleine segeln, eine kleine Minderheit (zwölf Prozent). Meist besteht die Crew aus <u>Paaren</u>, die gemeinsam das große Ziel der Weltumsegelung <u>meistern</u>.

S.30 1.2 Menschen im Widerstand – Einen literarischen Text erschließen

S.30 Hans Fallada: Jeder stirbt für sich allein (1)

1 a Die Lernenden sammeln zunächst, was sie in dem Romanauszug über die Situation und die beiden Figuren erfahren: Anna und Otto Quangel haben ihren Sohn im Zweiten Weltkrieg verloren und wollen nun Widerstand gegen das nationalsozialistische Regime leisten. Über die Form des Widerstands sind sie jedoch zunächst unterschiedlicher Meinung. Anna denkt an große, heroische Widerstandstaten, an Attentate und offenen Kampf; von dem scheinbar „kleinen" Widerstandsplan ihres Mannes ist sie enttäuscht. Doch letztendlich wird ihr bewusst, dass auch das geplante Schreiben von Postkarten gegen die Diktatur zum „Krieg" zwischen dem bescheidenen Schreinerehepaar und dem übermächtigen Regime führen wird und den Tod für das Paar bedeuten kann.

b Dann beschreiben die Schülerinnen und Schüler, in welcher Form Otto Quangel Widerstand gegen das NS-Regime leisten will: Er möchte Postkarten mit regimekritischen Texten verfassen und heimlich in der Öffentlichkeit auslegen, damit auch andere nachzudenken beginnen und eine kritische Einstellung gegenüber der Diktatur gewinnen.

2 Nun setzen sich die Lernenden mit der Figur Anna Quangel auseinander: Anna ist enttäuscht über den vermeintlich „kleinen" Widerstand ihres Mannes, erkennt aber schließlich die tödliche Gefahr dieses Widerstands. Beispielhafte Textstellen:
- „Mein Gott, was hatte sich dieser Mann da ausgedacht! Sie hatte an große Taten gedacht (und sich eigentlich auch vor ihnen gefürchtet), an ein Attentat auf den Führer, zum Mindesten aber an einen tätigen Kampf gegen die Bonzen und die Partei." (Z. 6–11)
- „Es lag etwas so schrecklich Überzeugendes in diesen Worten, in dem dunklen, unergründlichen Vogelblick, mit dem der Mann sie in dieser Minute ansah, dass sie zusammenschauderte."
(Z. 35–39)
- „Sie begriff in einem Augenblick, dass er mit diesem ersten Satz für heute und ewig den Krieg angesagt hatte, und sie erfasste auch dunkel, was das hieß: Krieg zwischen ihnen beiden, den armen, kleinen, bedeutungslosen Arbeitern, die wegen eines Wortes für immer ausgelöscht werden konnten, und auf der anderen Seite der Führer, die Partei, dieser ganze ungeheure Apparat mit all seiner Macht und seinem Glanz und drei Viertel, ja vier Fünftel des ganzen deutschen Volkes dahinter." (Z. 57–67)

3 In einem nächsten Schritt machen sich die Lernenden anhand des Textes bewusst, welche Folgen dieser Widerstand haben könnte: Letztendlich kann der Widerstand der Quangels zum Todesurteil führen, wie in den Zeilen 39 bis 43 deutlich wird. Hier wird der drohende Tod durch die Guillotine, das Fallbeil, geschildert.

4 Das Zitat, das Anna Quangels Gedanken wiedergibt, bedeutet, dass die Form des Widerstands unwichtig ist; entscheidend ist, dass jeder sich entsprechend seinen Möglichkeiten gegen das unmenschliche Regime einsetzt – und dies mit dem größtmöglichen Wagnis, nämlich das eigene Leben zu verlieren. Die Beurteilung dieser Aussage hängt von den Wertmaßstäben der Schülerinnen und Schüler ab.

5 Als Vorbereitung für einen inneren Monolog aus der Sicht dieser Figur machen sich die Lernenden ein genaues Bild von Otto Quangel und begründen es anhand von Textstellen:
- Otto Quangel wirkt in dieser Szene entschlossen, kompromisslos und mutig. Dies wird insbesondere durch die Beschreibung seines Blicks veranschaulicht: „Es lag etwas so schrecklich Überzeugendes in diesen Worten, in dem dunklen, unergründlichen Vogelblick" (Z. 35–37).
- Er ist ein stiller Mensch, aber kompromisslos, mutig und zielbewusst. Er erklärt sein Vorhaben „leise, aber mit Nachdruck" (Z. 51).
- Realistisch ist sich Quangel der Gefahren seines Vorhabens bewusst: „[...] wenn sie uns draufkommen, wird es uns unsern Kopf kosten.'" (Z. 32–34)

29

6 Beispiellösung:

Innerer Monolog aus der Sicht Otto Quangels beim Verfassen der Karten

Ich glaube, Anna ist gar nicht klar, dass uns diese Aktion den Kopf kosten kann. Ist meine Frau wirklich so naiv? „Ist das nicht ein bisschen wenig, was du da tun willst, Otto?" Was denkt sie eigentlich? Wenig? Bei diesen Nazi-Verbrechern reicht „wenig" auch schon zur Todesstrafe. Wenig? Ich kritisiere mit diesen Karten öffentlich dieses Verbrecherregime – das ist nicht wenig! Im Gegenteil! Das ist mehr als viele tun! Und es kann uns das Leben kosten – aber das ist mir auch egal. Mein Sohn – tot! Das macht mich wahnsinnig ... Schlimmer kann es nicht mehr kommen. Der eigene Sohn stirbt vor dem Vater! Da ist mir mein Tod doch völlig egal! Wenigstens will ich vorher die Mörder meines Sohnes beim Namen nennen. Ob diese Karten etwas ändern? Wer weiß ... Wenn nur ein paar nachzudenken beginnen, dann ist ein Anfang gemacht ...

S. 33 Hans Fallada: Jeder stirbt für sich allein (2)

1 Die Schülerinnen und Schüler antworten zunächst auf eine gezielte Frage nach ihrem Leseeindruck. Ob sie den Textauszug spannend finden, hängt von ihren Lesegewohnheiten ab. Grundsätzlich enthält die Szene Spannung erzeugende Elemente wie Angst vor Entdeckung, vermeintliche Bedrohung durch andere und entsprechende sprachliche und erzählerische Signale („plötzlich", Schilderung aus Tätersicht).

2 Nun untersuchen die Lernenden detailliert das Verhalten der Hauptfigur in dieser Szene: Otto Quangel versucht, beim Auslegen der Karte möglichst wenig Aufmerksamkeit zu erregen. Er geht langsam, beobachtet vorsichtig die anderen Menschen (Portier, Liftjunge, Bürojunge), behält den Aufzug im Auge, damit man nicht durch dessen Glasscheiben seine Tat beobachten kann, und versucht, mit Hilfe des Handschuhs keine Fingerabdrücke zu hinterlassen.

3 Otto Quangel beobachtet seine Frau aus dem Bürohaus heraus und bemerkt, „dass sie am Rande des Fahrdamms steht und höchst auffallend mit sehr blassem Gesicht nach dem Bürohaus hinübersieht" (Z. 45–48). Deshalb ist er „unmutig" (Z. 50) und verärgert, will in Zukunft alleine die Karten auslegen.

4 Otto Quangel versetzt sich in alle Figuren, die ihm begegnen, hinein und beobachtet sich selbst dadurch von außen. So hat er mögliche Antworten auf Fragen des Portiers vorbereitet (vgl. Z. 5 ff.) oder beurteilt sein eigenes Handeln aus der Sicht des Liftjungen (Z. 19 ff.) und des Bürojungen (Z. 25 ff.). Diese Passagen erzeugen Spannung, weil der Lesende nur die Gedanken Ottos verfolgt, nicht aber das mögliche Denken und Handeln der anderen Figuren kennt.

5 Der Wechsel vom Präteritum ins Präsens im ersten Abschnitt erzeugt das Gefühl gegenwärtigen Geschehens, das heißt der Lesende erhält den Eindruck, die Situation unmittelbar mitzuerleben, vor Ort präsent zu sein, und hat nicht das Gefühl, von einem vergangenen, schon abgeschlossenen Geschehen erzählt zu bekommen.

6 a Otto Quangel hofft, dass viele seine Karte lesen, ihren kritischen Inhalt verstehen und dadurch nachzudenken beginnen. Letztendlich hegt er die Hoffnung, dass sich nach dem Lesen der Karten mehr Menschen gegen das nationalsozialistische Regime wenden. Grimmig lächelt er, weil er über die Diktatur erzürnt ist und sich gegen sie stellt.

 b Abschließend diskutieren die Schülerinnen und Schüler die Frage, ob man Otto Quangels Widerstandsaktion als Heldentat bezeichnen kann. Dafür spricht, dass er sein eigenes Leben aufs Spiel setzt, um andere Menschen vor Gefahren der Diktatur zu warnen und zu bewahren.

S. 35 Fordern und fördern – Eine literarische Figur befragen

Mit dieser Übung erarbeiten die Lernenden Informationen zum historischen Hintergrund von Falladas Roman und verfassen auf dieser Grundlage eine Befragung der literarischen Figur Otto Quangel durch einen vertrauten Freund/eine Freundin. Dabei stehen den Schülern Aufgaben auf zwei Differenzierungsniveaus zur Verfügung, die in unterschiedlichem Ausmaß durch Fragen geleitet und von Starthilfen begleitet sind.

1 a Zunächst untersuchen die Schülerinnen und Schüler die authentische Postkarte von Elise und Otto Hampel näher:
- – Ziel des Schreibens: die Menschen über die Lebenssituation unter dem NS-Regime informieren
- – Vorwürfe an das NS-Regime: Unterdrückung der Meinungsfreiheit, Gewalt gegen Menschen, kein Rechtsstaat (die Gesetze schützen die Menschen nicht mehr), bringt keinen Frieden
- – Adressat der Postkarte: Bürger in Deutschland
- – Aufforderung an die Adressaten: Die Menschen sollen sich nicht durch die Nationalsozialisten beeinflussen lassen, sondern auf ihre eigenen Werte und ihre Wahrnehmung der Situation vertrauen.

    b Anhand der Informationen zur nationalsozialistischen Diktatur erkennen die Lernenden die Folgen, die das Schreiben einer solchen kritischen Postkarte haben konnte. Das Verfassen und Verteilen solch kritischer Karten konnte mindestens zu einer Gefängnisstrafe führen, aber auch zur Todesstrafe.

2 Auf der Grundlage der erarbeiteten Hintergrundinformationen verfassen die Schülerinnen und Schüler nun eine Befragung der Figur Otto Quangel durch einen vertrauten Freund / eine Freundin einige Tage nach dem Verteilen der Postkarten. Dabei formulieren die Lernenden zunächst mindestens vier Fragen. Danach versetzen sie sich in die Figur und beantworten die Fragen aus Quangels Perspektive.

Fragen an Otto Quangel

FREUND: Otto, du hast zahlreiche Postkarten gegen das NS-Regime ausgelegt. Hattest du keine Angst, dass irgendjemand dich dabei entdeckt und verrät? Hast du nie an die harten Strafen gedacht, die jedem drohen, der zum Widerstand gegen die Nazi-Diktatur aufruft?

QUANGEL: Natürlich hatte ich Angst und war nervös. Aber ich war zu Beginn meiner Aktion in einer verzweifelten Lage: Unser einziges Kind, unser Sohn, ist im Krieg gefallen. Und ich kann seitdem das Leben unter dieser Verbrecherregierung nicht mehr ertragen. Unbedingt will ich etwas gegen diese Diktatur tun. Irgendetwas! Die Folgen für mein Leben sind mir egal. Ich weiß, dass eine solche Tat mit dem Tod bestraft werden kann.

FREUND: Wie hast du dich gefühlt, als du die erste Postkarte ausgelegt hast?

QUANGEL: Das war eine ganz schwierige Situation. Das Auslegen der Postkarte war schon heikel, aber Anna, meine Frau, hat mich begleitet – und sie war noch nervöser als ich. Ich musste ruhig bleiben. Allein ging ich in ein großes Bürohaus und habe von einem der oberen Geschosse aus gesehen, wie nervös und auffällig Anna dieses Gebäude angestarrt hat. Sie hätte uns mit ihrem Verhalten verraten können! Deshalb habe ich danach alle Karten alleine ausgelegt.

FREUND: Dein Mut ist bewundernswert. Aber was ist das Ziel deiner Aktion? Es ist ja völlig unklar, ob irgendjemand die Karten liest. Und letztlich bringst du ja auch die Leser der Karten in Gefahr, ohne dass diese es vorher wissen.

QUANGEL: Ja, da hast du Recht. Für die Leser besteht natürlich auch ein Risiko – aber ich will sie zum Widerstand aufrufen! Und die Postkartenaktion kann ich gut und relativ unaufwendig von zu Hause aus organisieren. Ich brauche nicht viel Material, muss keine Blätter vervielfältigen oder Plakate auffällig herumtragen und kleben. Mein Ziel ist es, die Menschen aufzurütteln. Mit dieser Aktion möchte ich erreichen, dass sie genauer auf ihre Lebenssituation schauen, dass sie sehen, unter welchen Einschränkungen sie leiden: keine freie Meinungsäußerung, keine freie Presse, Gewaltherrschaft. Kritische Menschen sollen wissen, dass sie nicht allein sind, dass es auch anderswo Kritik am NS-Regime gibt.

FREUND: Denkst du nicht daran, irgendwann wieder aufzuhören, weil es zu gefährlich ist und vielleicht auch zu wenig Wirkung zeigt?

QUANGEL: Nein, das ist mein Beitrag zum Widerstand. An Aufgeben habe ich noch nie gedacht.

[S.37] 1.3 Fit in ... – Einen Informationstext verfassen

Mit diesem Teilkapitel können die Schülerinnen und Schüler prozessorientiert für eine Klassenarbeit trainieren. Sie sind aufgefordert, anhand eines Interviews mit einem Feuerwehrmann und einer Grafik über die Einsatzstatistik der Feuerwehr in einer typischen deutschen Großstadt einen Informationstext zum Thema „Feuerwehr – ein Beruf für Helden?" zu verfassen. Dabei werden sie durch gezielte Fragen und Starthilfen unterstützt.

[S.37] Die Feuerwehr – kein Spielplatz für Abenteurer (Interview) / Einsatzstatistik Feuerwehr 2013

[S.37] Die Aufgabenstellung richtig verstehen

1 Zunächst gilt es, die Aufgabenstellung genau zu klären.
Arbeitsschritte vor dem Schreiben des Textes:
- die wichtigsten Informationen aus den Materialien im Hinblick auf die Fragestellung herausarbeiten
- eine Gliederung des Textes mit klarer gedanklicher Struktur erstellen

Wichtige Aspekte beim Verfassen des Textes:
- Gliederung und klare gedankliche Struktur durch Absätze und sprachliche Signale (etwa Satzverknüpfungen) deutlich machen
- sachliche Darstellung des Sachverhalts mit eigenen Worten im Präsens, Wiedergabe von Äußerungen in indirekter Rede

[S.38] Informationen erschließen und den Text planen (Gliederung)

2 a/b Im Text wird die Frage „Ist die Feuerwehr ein Beruf für Helden?" beurteilt, im Diagramm werden die verschiedenen Einsätze der Feuerwehr statistisch erfasst.

3 a Für den Aufbau des Textes (seine gedankliche Struktur) eignet sich der Dreischritt „Frage – Antwort – Folgerung", weil die Aufgabenstellung schon eine Frage aufwirft und die Materialien diese Frage verfolgen und sowohl Antworten (tatsächliche Tätigkeiten der Feuerwehr) als auch Folgerungen (Anforderungen an den Beruf) liefern.

b Beispiele für Informationen aus den Materialien, die für den Informationstext genutzt werden können (Fakten und Stichworte):
- großer Zulauf zum Beruf Feuerwehrmann wegen Heldenimage
- Realität: wichtige Rettungs- und Hilfsarbeiten, aber auch viel Routinearbeit; nur selten dramatische Heldeneinsätze wie in Filmen
  → Beispiele: 6 % Tierrettung, 18 % Kleinbrände, 15 % Fehlalarme
- Fazit: Abenteurer sind bei der Feuerwehr nicht gesucht und fehl am Platz.

c Beispiellösung für eine Gliederung des Informationstextes:

> 1. Einleitung: Wer träumt nicht davon, ein Held zu sein? Feuerwehrleute haben seit den Terroranschlägen vom 11.9.2001 genau dieses Image. Aber ist die Arbeit bei der Feuerwehr tatsächlich zum Heldentum geeignet? Die Antwort auf diese Frage fällt nicht eindeutig aus.
> 2. Hauptteil (Auswertung der Informationen):
>   a) Frage aufnehmen: Ist die Arbeit bei der Feuerwehr ein Beruf für Helden?
>   b) Antwort darstellen: Einerseits gefährliche Einsätze, die Mut erfordern (z. B. Einsätze bei Bränden oder Unfällen), andererseits viele Routinetätigkeiten (z. B. Tiere retten, normales ungefährliches Löschen von Kleinbränden, technische Hilfe, Fehlalarme)
>   c) Folgerung beschreiben: Obwohl die Medien die Feuerwehrleute als Helden und Abenteurer darstellen, sind reine Abenteurer bei der Feuerwehr laut Martin Jon fehl am Platz.
> 3. Schluss (Bezug zur Frage): Arbeit bei der Feuerwehr ist letztlich eine reizvolle Aufgabe für Menschen, die sowohl soziale als auch technische Fähigkeiten einbringen können. Allerdings sollten Interessierte sich von dem Heldenbild der Hollywoodfilme verabschieden, da der Alltag bei der Feuerwehr nicht so heroisch ist.

S. 38 **Den Informationstext schreiben und überarbeiten**

4 Beispiellösung für den Informationstext:

Feuerwehrmann – ein Beruf für Helden?

(Einleitung:) Wer träumt nicht davon, ein Held zu sein? Feuerwehrleute haben seit den Terroranschlägen vom 11.9.2001 in New York genau dieses Image. Aber ist die Arbeit bei der Feuerwehr tatsächlich zum Heldentum geeignet? Die Antwort auf diese Frage fällt nicht eindeutig aus.

(Hauptteil:) Weil sich Feuerwehrleute durchaus bei lebensgefährlichen Einsätzen bewähren müssen und Menschenleben retten, glauben viele, dass die Arbeit bei der Feuerwehr ein Beruf für Helden sei. Wenn Profis über ihre Arbeit berichten, dann weisen sie darauf hin, dass die Feuerwehr einerseits wichtige Lösch- und Rettungsarbeiten leistet. Andererseits sind viele Aufgaben der Feuerwehr letztlich Routine, wie Feuerwehrmann Martin Jon in einem Interview ausführt.

Seine Sicht wird durch die Einsatzstatistik der Feuerwehr einer typischen deutschen Großstadt bestätigt. Danach machen die Brandeinsätze nur etwa ein Viertel der gesamten Arbeit aus. Großfeuer mit spektakulären Löschaktionen sind dabei mit drei Prozent eine Seltenheit. Genauso viele Einsätze wie bei Bränden gibt es bei Verkehrsunfällen, bei denen zum Beispiel Personen aus Fahrzeugen gerettet und Bergungsarbeiten geleistet werden müssen. Viel Zeit vergeht mit Fehlalarmen, Personen- und Tierrettung, technischer Hilfe und sonstigen Einsätzen.

Medien und Werbung zeigen ein anderes Bild: Dort verspricht die Arbeit bei der Feuerwehr echtes Heldentum. Dieses Image führt dazu, dass sich viele junge Menschen für den Beruf des Feuerwehrmanns interessieren und dieser starken Zulauf hat. Allerdings sollten sie sich keine falschen Vorstellungen von den Herausforderungen der Arbeit bei der Feuerwehr machen, wie Feuerwehrmann Martin Jon ausführt. Abenteurer seien bei der Feuerwehr fehl am Platz.

(Schluss:) Die Arbeit bei der Feuerwehr ist also letztlich eine reizvolle Aufgabe für Menschen, die sowohl soziale als auch technische Fähigkeiten einbringen können. Allerdings sollten Interessierte sich von dem Heldenbild der Hollywoodfilme verabschieden, da der Alltag bei der Feuerwehr laut dem befragten Feuerwehrmann nicht so heroisch ist.

Material zu diesem Kapitel auf den folgenden Seiten und auf der CD-ROM

- Klassenarbeit – Einen Informationstext verfassen: Ein heldenhafter Job? Freiwilliges soziales Jahr beim Rettungsdienst (mit Erwartungshorizont auf der CD-ROM)
- Fordern und fördern – Einen Informationstext verfassen: Cedric Kelleners – Ein Vorbild für andere? (auf zwei Differenzierungsniveaus, mit Lösungshinweisen auf der CD-ROM)
- Fordern und fördern – Eine Unterrichtsstunde protokollieren: Protokoll einer Deutschstunde (auf zwei Differenzierungsniveaus, mit Lösungshinweisen auf der CD-ROM)
- Diagnose – Materialien für einen Informationstext auswerten: Das Entwicklungshilfeprojekt „Schulen für Afrika" (mit Lösungshinweisen und Förderempfehlung auf der CD-ROM)

Klassenarbeit – Einen Informationstext verfassen

Aufgabenstellung

1 Für die Schülerzeitung sollst du zum Thema „Heldenhafte Jobs?" das „Freiwillige soziale Jahr beim Rettungsdienst" (FSJ) vorstellen. Verfasse auf Grundlage der Materialien auf diesen Seiten einen Informationstext unter der Überschrift „Ein heldenhafter Job? FSJ beim Rettungsdienst" für Schülerinnen und Schüler der 8. Klasse. Berücksichtige dabei folgende Gesichtspunkte:

- Formuliere einen Einleitungsteil, in dem du die Frage nach den heldenhaften Zügen des Rettungsdienstes darstellst.
- Stelle deinen Leserinnen und Lesern an Beispielen aus dem Material dar, welche Möglichkeiten das freiwillige soziale Jahr beim Rettungsdienst bietet.
- Erkläre die Schwierigkeiten eines FSJ beim Rettungsdienst.
- Schlussfolgere anhand der Materialien und eigener Überlegungen, ob das FSJ beim Rettungsdienst heldenhafte Züge besitzt und für Schüler/-innen interessant sein könnte.

> **Material 1: Interview**

Interview mit drei FSJlern aus dem Rettungsdienst

Steffie, Danny und Corinna absolvieren ein freiwilliges soziales Jahr (FSJ) beim Rettungsdienst. Das FSJ ist ein gesetzlich abgesichertes soziales Bildungsjahr für junge Menschen. Im FSJ leisten Jugendliche praktische Arbeit in Krankenhäusern, Altenheimen, Behinderteneinrichtungen oder Sozialstationen und nehmen daneben an persönlichkeitsbildenden Seminaren teil. Die Entlohnung variiert von Arbeitgeber zu Arbeitgeber. Lest hier, was die drei über ihr FSJ in einem Interview für eine Schulwebsite zu berichten haben.

Ihr absolviert alle drei ein FSJ beim Rettungsdienst in Ulm. Wie seid ihr auf die Idee gekommen?

DANNY: Ich bin über einen Freund auf das FSJ
5 aufmerksam geworden. Er hat mir von seinem FSJ erzählt. Daraufhin habe ich mich darüber informiert und mich für den Rettungsdienst entschieden, weil mich der medizinische Bereich sehr interessiert.

10 **STEFFIE:** Da ich schon seit vielen Jahren ehrenamtlich beim Roten Kreuz tätig bin, wollte ich durch das FSJ mehr Erfahrungen im Rettungsdienst sammeln. Zusätzlich hatte ich die Hoffnung, eine Ausbildung zum Rettungssanitäter
15 machen zu können.

CORINNA: Ich war mir überhaupt nicht sicher, was ich nach der Schule machen sollte. Als mein Vater mir von einem FSJ-Platz beim Rettungsdienst erzählt hat, habe ich mich dafür beworben.

20 *Wie war der Einstieg ins FSJ? Ist er euch leichtgefallen? Oder gab es Probleme? [...]*

DANNY: Am Anfang hatte ich Startschwierigkeiten, da ich davor noch nie im Rettungsdienst
tätig war oder mit dem Roten Kreuz zu tun hatte. Aber nach einer Weile hat alles gut funktioniert 25 und die hauptamtlichen Kollegen haben mich unterstützt.

Das FSJ beinhaltet auch immer FSJ-Seminare. Welche Erfahrung habt ihr damit gemacht? Was lernt man dabei? [...] 30

STEFFIE: Viele Themen haben mich sehr interessiert und auch bewegt, z. B. das Rollstuhltraining. Hier hat man persönlich erfahren, wie schwer es ist, im Rollstuhl den Alltag zu bewältigen. Ich selbst habe nicht gewusst, dass es so 35 schwer sein kann. Mir haben die Seminare immer Spaß gemacht.

Ihr habt jetzt schon ein Jahr FSJ erlebt, was habt ihr für Erfahrungen gesammelt? Positive oder auch negative? Hat es euch gefallen und würdet 40 ihr es wieder machen oder auch weiterempfehlen?

DANNY: Ich würde ein FSJ beim Rettungsdienst jedem empfehlen, der die Zeit zwischen Schule und Studium überbrücken möchte und sich für 45

Kopiervorlage

den medizinischen Bereich interessiert. Negative Erfahrungen habe ich kaum gemacht.

CORINNA: Mir hat das FSJ sehr gut gefallen und auch ich würde es jedem weiterempfehlen. Das
50 FSJ hat mir persönlich viel gebracht, ich hatte viele interessante Einsätze und wurde selbstständiger, ein Stück weit erwachsener und ernsthafter.

STEFFIE: Ich würde das FSJ ebenfalls weiter-
55 empfehlen. Man sieht viele Schicksale und lernt, sein eigenes Leben mehr zu schätzen.

Gab es in eurer FSJ-Zeit ein besonders schlimmes, schönes oder bewegendes Ereignis?

CORINNA: Ich werde nie vergessen, wie es war,
60 als ich zum ersten Mal einen toten Menschen gesehen habe. Daran kann ich mich immer noch gut erinnern, obwohl es ganz zu Beginn meines FSJ war. Ein besonderes Erlebnis war meine erste erfolgreiche Reanimation. Auch die vergisst
65 man nie.

STEFFIE: Das prägendste Erlebnis für mich war, als ich eine Frau kennen gelernt habe, die vergewaltigt wurde. Ich habe erfahren, dass Kriminalität nicht nur im Fernsehen vorkommt,
70 sondern auch im eigenen Leben.

DANNY: Zu Beginn des FSJ konnte ich nichts und über die Zeit hinweg habe ich so viel dazugelernt – fachlich und auch persönlich. Es ist schön zu merken, was man alles gelernt hat
75 und wie man Menschen durch Erste Hilfe helfen kann.

(Quelle: http://www.freiwilligendienste-drk.jnbw.de/Interviews/13405, © DRK Aalen; Stand 01.04.2014, leicht gekürzt und verändert)

Material 2: Statistik

Statistik des Deutschen Roten Kreuzes (DRK): FSJ 2011 – Einsatzbereiche	
Krankenhäuser	24 %
Alteneinrichtungen	10 %
Behinderteneinrichtungen	10 %
Sozialstationen	4 %
Kitas, Jugendheime usw.	16 %
Psychiatrische Einrichtungen	3 %
Schulen	14 %
Sonstige	18 %

(Quelle: Deutsches Rotes Kreuz, http://www.drk.de/fileadmin/Presse/Downloads/Medien_Inland/ 2012_05_08_BFD-Statistik/FSJ_Einsatz_und_Soziodemografie.pdf, Stand 01.04.2014)

Material 3: Lexikonartikel

Der zivile Rettungsdienst (kurz: RD […]) hat die Aufgabe, rund um die Uhr bei medizinischen Notfällen aller Art – Verletzungen, Vergiftungen und Erkrankungen – durch den Einsatz von qualifiziertem Rettungsfachpersonal und der geeigneten Rettungsmittel rasch und sachgerecht zu helfen und Leben zu retten. Dabei wird unterschieden zwischen dem bodengebundenen RD mit den Aufgabenbereichen Notfallrettung und qualifizierter Krankentransport, der Luftrettung, der Bergrettung, der Höhlenrettung und der Wasserrettung […].

(Quelle: de.wikipedia.org, http://de.wikipedia.org/wiki/Rettungsdienst#Rettungsdienst_in_Deutschland, Stand 01.04.2014)

Kopiervorlage

Fordern und fördern – Einen Informationstext verfassen

Cedric Kelleners – Ein Vorbild für andere?

Für die Schülerzeitung sollst du unter dem Thema „Cedric Kelleners – ein Vorbild für andere?" über Cedric Kelleners Tat und über Vorbilder informieren. Dafür stehen dir folgende Materialien zur Verfügung:

Material 1: Bericht

Frau auf offener Straße attackiert

Kempen. Brutale Gewaltszenen in der Innenstadt: Ein 51-jähriger psychisch kranker Mann hat am Montagmorgen eine 35-jährige Frau angegriffen und schwer verletzt. Nur das Einschreiten eines
5　couragierten Schülers (17) verhinderte nach Angaben der Polizei Schlimmeres.
Laut Polizei riss er den tobenden Mann von der Frau weg und hielt den Schläger auf Distanz.

„Das Verhalten des jungen Mannes müssen wir ausdrücklich loben. Er hat sehr couragiert ge-　10 handelt", sagte Antje Heymanns, Sprecherin der Polizei. Gleiches gelte für weitere Passanten, die sich um die verletzte Frau kümmerten und Polizei und Rettungskräfte alarmierten.

(Quelle: Westdeutsche Zeitung newsline, 14.02.2011)

Material 2: Interview

ZDF-Interview mit Cedric Kelleners

Cedric Kelleners, der junge Retter, erhielt im Jahr 2012 den mit 10.000 Euro dotierten „XY-Preis für Zivilcourage" des ZDF. Hier ein Interview mit ihm:

Woran erinnern Sie sich?
CEDRIC KELLENERS: Ich erinnere mich noch genau: Ich war morgens mit dem Fahrrad auf dem Weg zur Berufsschule und sah, wie ein
5　Mann mit seinem Rad über eine rote Ampel fuhr und eine Fußgängerin ihm hinterherrief: „Sie sind ja ein tolles Vorbild für Kinder, wenn Sie einfach über Rot fahren!" Da habe ich mir noch nicht viel dabei gedacht, dem Mann aber hinter-
10　hergeguckt. Und sah, wie er plötzlich umdrehte, zurückfuhr, der Frau mit seinem Vorderreifen zwischen die Beine fuhr und ihr mitten ins Gesicht schlug! Die Frau fiel hin, und er begann, ihr gegen den Kopf zu treten. Nach zwei bis drei
15　Tritten war ich da und habe ihn von der Frau weggezogen. Die Frau hat geschrien. Im ersten Moment hat niemand außer mir reagiert. Viele Menschen waren eh nicht in der Nähe, ein paar standen so 20 bis 30 Meter entfernt – die haben
20　aber nur geschaut, wie erstarrt.

Was waren Ihre Beweggründe zu helfen?
CEDRIC KELLENERS: Es war für mich gar keine Frage, dazwischenzugehen. Ich spiele Eishockey und bin es gewohnt, mich gegen kräftige Gegner durchzusetzen. Und man kann einfach keine　25 Frauen schlagen! Für mich ist eine Frau klein, zierlich und verletzlich und das geht einfach nicht, sie zu schlagen. Bei Männern untereinander ist das etwas anderes, meinetwegen, die sind wenigstens gleich stark. Wenn allerdings jemand　30 bereits am Boden liegt, geht es nicht, dass man noch nachtritt. Früher, sagen wir mal vor 40 Jahren, haben sich Männer, wenn es eine Meinungsverschiedenheit gab, vor der Kneipe geprügelt und danach ein Bier zusammen getrunken. Heute　35 ist es ja meist so, dass zwei sich schlagen und plötzlich kommen fünf weitere Typen um die Ecke und treten einen zusammen. Und wenn man dann am Boden liegt, dann springen sie noch einmal extra auf einen drauf. Was läuft denn da　40 bitte schief?

Kopiervorlage

Wie hat der Täter auf Sie reagiert?

CEDRIC KELLENERS: Ich habe ihn wegge-
schubst, habe um Hilfe gerufen und gedacht:
45 „Besser, ich bekomme den nächsten Schlag ab
als die wehrlose Frau." Ich hatte meine Nase ja
schon vier Mal gebrochen, das heilt auch wieder
(lacht). Als ich ihn fragte, warum er der Frau gegen den Kopf tritt, sagte er nur, er würde sie
50 nicht treten, er würde versuchen, sich loszu-
machen, da sich die Frau an seinem Bein fest-
krallen würde. Es sah aber komplett anders aus.
Ich habe ihm dann den Weg verstellt, er hat versucht, auch mich zu schlagen, aber er hat mich
55 zum Glück nicht getroffen – auch weil ich dann
lieber auf Sicherheitsabstand gegangen bin.

Haben Sie das Opfer noch einmal gesehen?

CEDRIC KELLENERS: Ich hatte einige Tage nach
dem Ereignis Geburtstag. Da stand sie auf einmal
bei uns vor der Tür und meinte: „Ach, so siehst 60
du aus." Sie konnte sich nur noch an meine Augen erinnern. Wir haben dann zusammen Kaffee
getrunken und Kuchen gegessen.

Wie war der Rummel um Ihre Person?

CEDRIC KELLENERS: An dem Wochenende da- 65
nach hätte ich mich in der Stadt umsonst betrin-
ken können, weil mir jeder einen ausgeben wollte! Aber ganz ehrlich, so wirklich geheuer ist mir
das alles nicht, da bin ich nicht der Typ für. Ich
wollte die Geschichte auch nicht noch öfter den 70
verschicdenen Zeitungen und Fernsehsendern
erzählen, weil ich auch damit abschließen wollte.

*(Quelle: http://www.zdf.de/Aktenzeichen-XY-...-ungelöst/XY-Preis-2012-24265020.html,
Stand 10.09.2013, gekürzt)*

Material 3: Lexikonartikel

Ein Vorbild ist eine Person oder Sache, die als richtungweisendes und idealisiertes Muster oder Beispiel
angesehen wird. Im engeren Sinne ist ein Vorbild eine Person, mit der ein – meist junger – Mensch sich
identifiziert und deren Verhaltensmuster er nachahmt oder nachzuahmen versucht.

(Quelle: de.wikipedia.org, Stand 01.04.2014)

Material 4: Grafik mit Umfrageergebnissen

Was macht jemanden zum guten Vorbild?

Gute Vorbilder sind

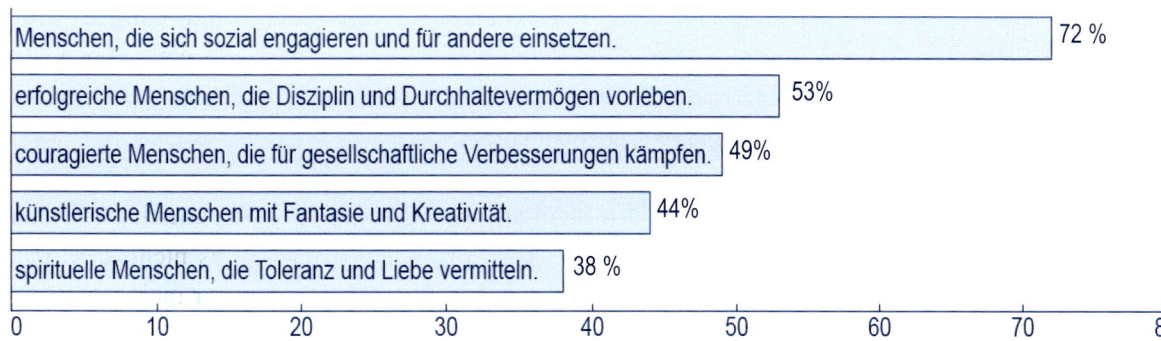

Menschen, die sich sozial engagieren und für andere einsetzen.	72 %
erfolgreiche Menschen, die Disziplin und Durchhaltevermögen vorleben.	53%
couragierte Menschen, die für gesellschaftliche Verbesserungen kämpfen.	49%
künstlerische Menschen mit Fantasie und Kreativität.	44%
spirituelle Menschen, die Toleranz und Liebe vermitteln.	38 %

0   10   20   30   40   50   60   70   80

*(Quelle: Umfrage der Familienzeitschrift „familie & co" in der Media Group Medweth,
Angaben nach: http://www.presseportal.de/pm/103966/2466882/aktuelle-umfrage-der-familienzeitschrift-familie-co-
gute-vorbilder-sind-sozial-engagiert, Stand 01.04.2014)*

Kopiervorlage

Für die Schülerzeitung sollst du anhand der Materialien 1 bis 4 einen Artikel zum Thema „Cedric Kelleners – ein Vorbild für andere?" schreiben. Dabei sollst du folgende Gesichtspunkte berücksichtigen:
– Formuliere einen Einleitungsteil, in dem du die Frage nach Vorbildern aufwirfst.
– Stelle deinen Leserinnen und Lesern an Beispielen aus dem Material dar, wie der Schüler Cedric Kelleners sich für die Frau eingesetzt hat und was ein Vorbild ausmacht.
– Schlussfolgere anhand der Materialien und eigener Überlegungen, ob der Einsatz des Schülers Vorbildcharakter für andere Schüler/-innen hat. Gehe dabei auch auf mögliche Gefahren ein.
Gehe so vor:

1 Suche aus den Materialien die Informationen heraus, die du für deinen Informationstext nutzen willst.
●●○ Halte wichtige Aussagen und Fakten in Stichworten fest. Ergänze folgende Stichworte:

- 17-Jähriger rettet 35-jährige Frau vor _____

_____

- Kelleners Erinnerungen an sein Eingreifen: _____

_____

- Gründe für Kelleners Hilfeleistung: _____

_____

- Preis: _____

- Vorbild = _____

- für 72 % sollen Vorbilder _____

2 Erstelle eine Gliederung für deinen Informationstext. Notiere dazu die zentralen Aussagen bzw. Fragen
●●○ jedes Abschnitts in Stichworten. Ergänze die Vorgaben.

1. Einleitung (Frage):

Ist Cedric Kelleners _____

2. Hauptteil (Beschreibung und Erklärung der Sachverhalte):

   a) Der Vorfall: Cedric Kelleners, 17, rettete _____

_____

   b) Cedrics Eingreifen: Polizeisprecherin: _____

_____

3. Schluss (Folgerung):

Cedric Kelleners Einsatz _____

_____

38   KV 1, Seite 3

Kopiervorlage

3 Ergänze die lückenhafte Einleitung in deinem Heft so, dass sie zu einem Informationstext passt.

Viele Jugendliche haben Vorbilder. Die einen nennen Musiker als Vorbild, die anderen Sportler oder... Doch kann ein normaler Jugendlicher wie ... als Vorbild ...?

4 Verfasse nun in deinem Heft den Hauptteil, indem du zu den Abschnitten a) und b) die wichtigsten Informationen zusammenfasst. Verknüpfe dazu die Informationen aus den Materialien.

5 Schreibe einen Schluss in dein Heft, in dem du einen Ausblick zur Frage nach Vorbildern gibst. Verwende dabei eine der Formulierungen aus dem Wortspeicher.

> Abschließend lässt sich sagen, dass Cedric Kelleners ... –
> Letztendlich kann man Cedric Kelleners als ... –
> Die Ausgangsfrage lässt sich also folgendermaßen klären: ...

6 Lies abschließend deinen gesamten Informationstext durch und formuliere eine treffende Überschrift. Du kannst auch eine aus dem Wortspeicher auswählen.

> Ein Jugendlicher als Vorbild für andere – Ein Jugendlicher mit Mut – Mutiger Jugendlicher als Vorbild

7 a Suche dir einen Lernpartner. Tauscht eure Informationstexte und überprüft sie mit Hilfe der Lösungshinweise und der Checkliste im „Deutschbuch" auf Seite 38. Gebt euch gegenseitig eine Rückmeldung, was besonders gut gelungen ist und was ihr noch überarbeiten solltet.

     b Überarbeitet eure Informationstexte.

Kopiervorlage

Für die Schülerzeitung sollst du anhand der Materialien 1 bis 4 einen Artikel zum Thema „Cedric Kelleners – ein Vorbild für andere?" schreiben. Dabei sollst du folgende Gesichtspunkte berücksichtigen:
– Formuliere einen Einleitungsteil, in dem du die Frage nach Vorbildern aufwirfst.
– Stelle deinen Leserinnen und Lesern an Beispielen aus dem Material dar, wie der Schüler Cedric Kelleners sich für die Frau eingesetzt hat und was ein Vorbild ausmacht.
– Schlussfolgere anhand der Materialien und eigener Überlegungen, ob der Einsatz des Schülers Vorbildcharakter für andere Schüler/-innen hat. Gehe dabei auch auf mögliche Gefahren ein.
Gehe so vor:

1 Suche aus den Materialien die Informationen heraus, die du für deinen Informationstext nutzen willst.
●●● Notiere wichtige Aussagen und Fakten in Stichworten.

_____

_____

_____

_____

_____

_____

_____

_____

_____

_____

2 Erstelle eine Gliederung für deinen Informationstext. Notiere dazu die zentralen Aussagen bzw. Fragen
●●● jedes Abschnitts in Stichworten.

1. Einleitung (Frage):

_____

2. Hauptteil (Beschreibung und Erklärung der Sachverhalte):

   a) _____

   _____

   b) _____

   _____

3. Schluss (Folgerung):

_____

_____

Kopiervorlage

3 Ergänze die lückenhafte Einleitung in deinem Heft so, dass sie zu einem Informationstext passt.

●●● *Viele Jugendliche haben Vorbilder. Die einen nennen ... als Vorbild, die anderen ... oder... Doch ...*

4 Verfasse nun in deinem Heft den Hauptteil, indem du zu den Abschnitten a) und b) die wichtigsten In-
●●● formationen zusammenfasst. Verknüpfe dazu die Informationen aus den Materialien.

5 Schreibe einen Schluss in dein Heft, in dem du einen Ausblick zur Frage nach Vorbildern gibst.
●●●

6 Lies abschließend deinen gesamten Informationstext durch und formuliere eine treffende Überschrift.
●●●

7 a Suche dir einen Lernpartner. Tauscht eure Informationstexte und überprüft sie mit Hilfe der Lö-
●●● sungshinweise und der Checkliste im „Deutschbuch" auf Seite 38. Gebt euch gegenseitig eine
Rückmeldung, was besonders gut gelungen ist und was ihr noch überarbeiten solltet.

    b Überarbeitet eure Informationstexte.

Kopiervorlage

Fordern und fördern – Eine Unterrichtsstunde protokollieren

Protokoll einer Deutschstunde der Klasse 8a

VORSICHT FEHLER!

Datum:	14.12.20XX
Ort:	R. 208
Abwesend:	Lisa Meier (scheußlicher Schnupfen)
Protokollant:	Max

Tagesordnung:
1. Vorstellung der Methode „Fishbowl-Diskussion"
2. Diskussion: „Weltumseglung mit 16 Jahren – Vorbild für uns?"
3. Methodenreflexion
4. Ausblick

1. Vorstellung der Methode „Fishbowl-Diskussion"

Die Klasse wiederholte die Regeln der Fishbowl-Diskussion, die wir heute wieder ausprobieren müssen. Die Fishbowl-Diskussion kann nur richtig super werden, wenn folgende Punkte beachtet würden: Der Moderator achtet auf die vereinbarten Gesprächsregeln und verknüpft die Beiträge, die Teilnehmer lassen sich gegenseitig ausreden, die Diskussionsbeiträge beziehen sich aufeinander, Killerphrasen werden vermieden, die Beobachter der Diskussion können sich auf den freien Stuhl setzen und ihr Argument zur Diskussion stellen.

2. Diskussion „Weltumseglung mit 16 Jahren – Vorbild für uns?"

Die Fishbowl-Diskussion wird minutenlang vorbereitet. Problematisch sind insbesondere das laute Stühlerücken und die Rempeleien einzelner Mitschüler. Endlich ist die richtige Anordnung der Stühle gefunden: Im Innenkreis sitzen 7 Diskussionsteilnehmer (3 pro, 3 kontra, 1 Moderator), im Außenkreis die Beobachter. Der Moderator steht auf und hält einen ziemlich uninteressanten Vortrag zum zentralen Diskussionsthema „Weltumseglung mit 16 Jahren – Vorbild für uns?". Ausgiebig erklärt er den Diskussionsteilnehmern die Diskussionsregeln. In der Diskussion wurden vor allem folgende Argumente genannt:

Pro-Argumente	Kontra-Argumente
– cooles Abenteuer – super Fitness mit 16 Jahren – Gewinn an besonderer Lebenserfahrung	– mangelnde Lebenserfahrung – nicht volljährig – fehlender Schulbesuch ☺ – kaum Freunde wegen Trainingsaufwand – Verlust einer normalen Jugend – Angst der Eltern und Freunde

3. Methodendiskussion

Bei der Besprechung der Diskussionsmethode entbrennt ein hitziges Wortgefecht zwischen einzelnen Schülern. Maik und Hannes pampen sich gegenseitig an. Emma und Frida gehen sachlich aufeinander ein. Simone guckt zum Fenster raus. Gelobt wurden: die Argumentationen beider Seiten und dass Verknüpfungswörter verwendet werden. Herr König ergänzt: „Es ist sehr lobenswert, dass sich alle gegenseitig haben ausreden lassen."

Kritisch besprochen werden folgende Aspekte:
– teils sehr umgangssprachliche Wortwahl,
– wenig direkte Reaktionen auf andere Positionen.

4. Ausblick

Der Lehrer benennt als weitere Diskussionsthemen: Risikosportarten [ächz] und Auslandsjahr im Dschungel.

15.12.20XX

  Maxi

KV 2, Seite 1

Kopiervorlage

Max Muster, der dieses Protokoll verfasst hat, fehlte offenbar in den Stunden zum Protokollschreiben. Überarbeite sein Protokoll so, dass der Protokollierende mit Hilfe deiner Tipps ein ansprechend und korrekt formuliertes Protokoll schreiben kann. Gehe dabei so vor:

1 Untersuche zunächst den formalen Aufbau des Protokolls.

  a Kreuze an, welche Elemente des Protokollkopfs vorhanden sind, und formuliere gegebenenfalls Verbesserungstipps in der rechten Spalte. Markiere fehlende Elemente in der linken Spalte und formuliere in der rechten Spalte passende Inhalte.

☐ Anlass/Titel der Veranstaltung   _____

☐ Datum/Zeit   _____

☐ Ort   _____

☐ Anwesend   _____

☐ Abwesend   _____

☐ Name des Protokollanten/der Protokollantin   _____

☐ Thema   _____

    _____

☐ Auflistung der Tagesordnungspunkte   _____

2 Überprüfe nun, ob der Protokolltext die Schulstunde sachlich, knapp und übersichtlich wiedergibt. Markiere Fehler im Text und verbessere sie am Rand, streiche Überflüssiges durch. Setze Absatzzeichen ⌐ , wenn dir weitere Absätze sinnvoll erscheinen, und kennzeichne am Rand, wo eine Spiegelstrichliste sinnvoll wäre. Beachte folgende Fragen:
- Ist der Text knapp formuliert und enthält nur das Wichtigste?
- Ist der Text sachlich geschrieben und verwendet keine wertenden Aussagen?
- Ist der Text sichtbar gegliedert? Sind ausreichend Absätze gesetzt worden?

3 Untersuche die sprachliche Gestaltung des Textes.

  a Unterstreiche Tempusfehler rot und verbessere sie am Rand. TIPP: Es sind insgesamt drei.

  b Unterstreiche Fehler bei der Redewiedergabe und notiere hier Verbesserungsvorschläge. TIPP: Hier gibt es einen Fehler.

_____

_____

4 Betrachte den Schluss des Protokolls. Notiere: Was fehlt oder ist unvollständig? TIPP: Es gibt in jeder der beiden Schlusszeilen mindestens einen Fehler.

_____

5 Überarbeite Punkt 2 des Protokolls in deinem Heft oder auf der Rückseite dieses Arbeitsblatts. Nutze deine Vorarbeiten.

Kopiervorlage

Max Muster, der dieses Protokoll verfasst hat, fehlte offenbar in den Stunden zum Protokollschreiben. Überarbeite sein Protokoll so, dass der Protokollierende mit Hilfe deiner Tipps ein ansprechend und korrekt formuliertes Protokoll schreiben kann. Gehe dabei so vor:

1 Untersuche zunächst den Aufbau des Protokolls.
●●●

    a Notiere, welche Elemente des Protokollkopfs vorhanden sind, und formuliere gegebenenfalls Ergänzungen und/oder Verbesserungstipps in der rechten Spalte. Ergänze fehlende Elemente in der linken Spalte und formuliere ggf. in der rechten Spalte passende Inhalte.

☐ _____   _____

☐ _____   _____

☐ _____   _____

☐ _____   _____

☐ _____   _____

☐ _____   _____

☐ _____   _____

                                       _____

☐ _____

2 Überprüfe nun, ob der Protokolltext die Schulstunde sachlich, knapp und übersichtlich wiedergibt. Mar-
●●● kiere Fehler im Text und verbessere sie am Rand, streiche Überflüssiges durch. Setze Absatzzeichen
⌐ , wenn dir weitere Absätze sinnvoll erscheinen, und kennzeichne am Rand, wo eine Spiegelstrichliste sinnvoll wäre.

3 Untersuche die sprachliche Gestaltung des Textes.
●●●

    a Unterstreiche Tempusfehler rot und verbessere sie am Rand.

    b Unterstreiche Fehler bei der Redewiedergabe und notiere hier Verbesserungsvorschläge.

_____

_____

4 Betrachte den Schluss des Protokolls. Notiere: Was fehlt oder ist unvollständig?
●●●

_____

5 Überarbeite Punkt 2 des Protokolls in deinem Heft oder auf der Rückseite dieses Arbeitsblatts.
●●● Nutze deine Vorarbeiten.

Kopiervorlage

Diagnose – Materialien für einen Informationstext auswerten

Du sollst einen Informationstext über Entwicklungshilfe am Beispiel des Projekts „Schulen für Afrika" verfassen. Dafür stehen dir folgende Informationen zur Verfügung:

Material 1

Interview mit Carlos Vasquez, Architekt für kindgerechte Schulen

Bildung schafft Zukunft. Damit dies Realität werden kann, braucht man vor allem Schulen. Der Zugang zu Schulen ist auf der Erde vielerorts noch nicht gewährleistet. Vor allem die afrikanischen Länder südlich der Sahara sind betroffen, wo etwa jedes dritte Kind nicht zur Schule geht. Hier engagiert sich „Schulen für Afrika" unter anderem mit dem Bau von Schulen. Diese Schulen haben den Anspruch, die Schüler durch ein kindgerechtes Lernumfeld auch dort zu halten. Denn in vielen bestehenden Schulen leiden die Kinder unter Hitze, ungenügenden Hygienebedingungen oder zu wenig Freiraum. Es sind Schulen, die ohne ausreichendes Konzept entstanden sind.

An der optimalen Schule arbeitet die UNICEF-Initiative „Child Friendly Schools" (CFS). Der chilenische Architekt Carlos Vasquez ist einer von vielen CFS-Mitarbeitern. Täglich tüftelt er an kind- und ortsgerechten Lösungen für den perfekten Ort zum Lernen [...]. Carlos Vasquez erzählt in einem Interview:

Wie sind Sie zu UNICEF und den „Child Friendly Schools" gekommen?

CARLOS VASQUEZ: Als ich 1988 zu studieren begann, hat mich gerade die soziale Dimension
5 von Architektur interessiert. Die ersten 15 Jahre habe ich mich Projekten wie Gesundheitscentern für alleinstehende HIV-infizierte Mütter, Schulen, Obdachlosenheimen und sozialem Wohnungsbau gewidmet. Meine Leidenschaft für
10 Geschichte, Fotografie und Reisen führte dazu, dass ich auch Projekte realisierte, die nicht Architektur per se waren. Ich bin zu UNICEF gegangen, weil ich hier meine Erfahrungen in eine bessere Lebensqualität von Kindern investieren
15 kann. CF-Schulen zu bauen, ermöglicht politische Einflussnahme und verbessert das Bildungsumfeld für Kinder, die keinen oder wenig Zugang zu Bildung haben.

Was ist die grundlegende Idee hinter CFS?

20 **CARLOS VASQUEZ:** Die Antwort ist sehr einfach: CF-Schulen stellen das Kind in den Fokus jeder Entscheidungsfindung. Darüber hinaus ist CFS ein Ansatz, der auf Grundrechten basiert: Jedes Kind hat ein Recht auf Bildung! Heute
25 haben über 100 Millionen Kinder keinen Zugang zur Schule. Wenn man die Bedürfnisse von Kindern ins Zentrum von Entscheidungen stellt,

kann man das Leben der Benachteiligten grundlegend verändern. Die Staaten müssten nur einen Bruchteil ihrer finanziellen Ressourcen für Bil- 30 dungsprogramme aufwenden, um ein anderes Lernumfeld zu bieten: alters- und geschlechtergerechte Sanitäranlagen, bewegliche Möbel, ausreichende Beleuchtung, Ventilation und so weiter. CF-Schulen sind ein Ort zum Lernen und 35 nicht ein Platz, wo Erwachsene ihren Job machen.

CFS-Projekte gibt es auf der ganzen Welt. Was sind die Unterschiede und was die Gemeinsamkeiten von Land zu Land? 40

CARLOS VASQUEZ: Eine der Säulen von CFS ist etwa: Die Architektur soll die lokalen Bedingungen reflektieren, um für die Schüler von Relevanz zu sein. Wir glauben, dass Kinder auch lernen, wenn sie mit der Schularchitektur inter- 45 agieren und in der Gemeinschaft.

Wir haben fünf Grundelemente, die eine Schule zur Schule machen:

1. Klassenräume: ausreichend Licht, frische Luft und Notausgänge 50
2. Zugang zu Wasser und Sanitäranlagen: Trinkwasser und Hygiene sind ein Muss.
3. Lehrerzimmer: Der Lehrkörper braucht eigene Räume für den persönlichen Gebrauch.

Kopiervorlage

55 4. Freiflächen: Gemüsegärten, Sportfeld, Spielplatz

5. Zaun: Der Zaun schützt die Schule und auch die Schüler.

Diese Komponenten können verschiedene Ausprägungen haben, um den lokalen Bedingungen vor Ort gerecht zu werden.

Was sind die Herausforderungen beim Bau einer Schule in Afrika?

CARLOS VASQUEZ: Afrika hat eine der höchsten Entwaldungsraten der Welt. Außerdem betrifft der Klimawandel Millionen von Menschen: Wüstenbildung, Dürren und Flutkatastrophen nehmen zu. Ernährungssicherheit wird dadurch noch wichtiger. Diese Themen spielen auch für die Architektur und den Bauprozess eine wichtige Rolle. Das vorhandene Baumaterial entscheidet manchmal darüber, was wir machen können: In Somalia ist z. B. kein Baumaterial erhältlich, weshalb Transport und Logistik ein Schlüsselelement bei der Planung sind. Madagaskar hat mehr als 90 % seines Waldes verloren: Alternatives Baumaterial zu finden, ist der Umwelt zuliebe wichtig, aber auch um ein nachhaltiges und verantwortliches Bauprojekt zu entwickeln.

Welche Erfahrungen machen Sie vor Ort, wenn Sie Schulen bauen?

CARLOS VASQUEZ: Schulen haben einen enormen emotionalen und psychologischen Einfluss auf Gesellschaften, die von Naturkatastrophen und Bürgerkriegen betroffen waren. Die Schule ist ein Symbol der Hoffnung und Veränderung zum Besseren. Statistiken zeigen, dass gerade die ärmsten Gesellschaften in Bildung investieren. Als wir 2009 im vom Bürgerkrieg zerstörten Guinea waren, tanzten und weinten die Leute, denen wir die Pläne der Schulen zeigten. In Myanmar hat sich eine ganze Gemeinde während des Zyklons Nargis in eine neue Schule geflüchtet – traditionell sucht man im Tempel Zuflucht! Die Schule bedeutet viel mehr als nur Schulbücher, sie ist Teil der psychosozialen Landkarte jedes Gemeindemitglieds. Ich lerne von jeder Schule, die ich besuche, und von jedem Gespräch. Jede Schule ist einmalig, und jedes Lernumfeld reflektiert die Geschichte und Kultur des Ortes. Ein Schulmodell für jedes Land, bezahlt von einer Institution, das funktioniert nicht mehr. Wir müssen die Bemühungen der Gemeinden vor Ort unterstützen!

(Quelle: http://archimag.de/magazin/2010/kinderfreundliche-schulen-fuer-unicef/, Stand 15.2.2014, gekürzt und leicht verändert)

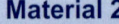

Material 2

Schulen für Afrika
Eine gemeinsame Initiative von UNICEF, der Nelson-Mandela-Stiftung und der Peter-Krämer-Stiftung

Bis Anfang 2014
– wurden bereits über 1.000 Schulen neu gebaut,
– wurden mehr als 100.000 Lehrer in kindgerechtem Unterricht geschult,
– erhielten schon 21 Millionen Kinder eine gute Grundbildung.

(Angaben nach: http://www. unicef.de/sfa, Stand 01.04.2014)

Foto: Julia Zimmermann/laif

KV 3, Seite 2

Kopiervorlage

1 In deinem Informationstext über Entwicklungshilfe am Beispiel des Projekts „Schulen für Afrika" sollst du folgende Fragen beantworten:

☐ **A** Was ist Entwicklungshilfe?

☐ **B** In welchen Bereichen gibt es Hilfsprojekte?

☐ **C** Was ist das Projekt „Schulen für Afrika"?

☐ **D** Welches Ziel verfolgt das Projekt?

☐ **E** Wie erfolgreich ist das Projekt?

a Kreuze an, welche der oben genannten Fragen du mit Hilfe der Materialien beantworten kannst.

b Notiere Informationen, die für deinen Informationstext geeignet sind.

_____

_____

_____

_____

_____

_____

_____

_____

_____

_____

_____

_____

2 **a** Notiere: Welche Fragen beantworten die Materialien nicht, welche Informationen fehlen?

_____

_____

_____

b Benenne mögliche Quellen für diese Informationen.

_____

_____

_____

KV 3, Seite 3

Kopiervorlage

2 Digitale Medien nutzen – Standpunkte vertreten

Konzeption des Kapitels

Handy und Smartphone, Tablet und PC, Internet und soziale Netzwerke spielen eine wichtige Rollen im täglichen Leben Jugendlicher. Das Thema „Digitale Medien" wirkt auf Schülerinnen und Schüler dieser Jahrgangsstufe anregend und motivierend. An diesem Themenkomplex werden in diesem Kapitel die Kompetenzen des mündlichen und schriftlichen Argumentierens vertieft. Der Schwerpunkt liegt dabei stärker auf dem argumentierenden Schreiben, wobei die kommunikative Funktion argumentierender Textformen im Zentrum steht. Das in früheren Jahrgangsstufen bereits eingeführte materialgestützte Argumentieren wird gezielt erweitert und gefördert. Der Kompetenzzuwachs liegt dabei vor allem in der größeren Komplexität und dem höheren Anspruch der Ausgangsmaterialien. Prozessorientierte Schreibaufgaben führen zu vollständigen Schreibprodukten.

Im ersten Teilkapitel (**„Vorsicht, Computer? – Diskutieren und Stellung nehmen"**) stehen Kompetenzen aus den Bereichen „Sprechen und Zuhören" sowie „Schreiben" im Zentrum. Schwerpunkte sind die Auseinandersetzung mit der Warnung des Hirnforschers Manfred Spitzer vor „digitaler Demenz", die Diskussion über Vor- und Nachteile des „digitalen Klassenzimmers" und eine Stellungnahme zur Nutzung von Hausaufgabenportalen. Ausgehend von einem Interview untersuchen und reflektieren die Lernenden zunächst die Argumentationsstruktur eines medienkritischen Textes, um in einem nächsten Schritt anhand von Blog-Beiträgen die eigene Meinungsbildung und Argumentation in einer Pro-und-Kontra-Diskussion systematisch zu erproben: von der Vorbereitung über das Verfassen eines Statements und die Durchführung der Diskussion bis zu deren kriterienorientierter Bewertung. Die dabei geförderten Kompetenzen werden dann in das schriftliche Argumentieren überführt. Die Lernenden sind gefordert, ausgehend von einem Zeitschriftenartikel alle Teilkompetenzen in einer Stellungnahme für oder gegen die Nutzung von Hausaufgabenportalen zusammenzuführen.

Im zweiten Teilkapitel (**„Jederzeit online, jederzeit erreichbar? – Überzeugend formulieren"**) wird das argumentierende Schreiben nachhaltig geübt. Nach der Untersuchung diskontinuierlicher Texte zur Nutzung von Smartphones werten die Lernenden zunächst ein komplexes Interview mit einer amerikanischen Soziologin detailliert aus und erarbeiten dann eine eigene Stellungnahme zu Vor- oder Nachteilen einer „Digital-Diät". Motivierend wirkt dabei das Thema „Machen Smartphones einsam?". Für leistungsschwächere Lernende stehen binnendifferenzierende Hilfen zur Verfügung.

Das dritte Teilkapitel (**„Fit in … – Stellung nehmen"**) dient dem Training für eine Klassenarbeit. Ausgehend von einem Artikel über Internetschulen in den USA können die Schülerinnen und Schüler selbstständig in einem gesteuerten Schreibprozess das Verfassen eines Leserbriefs üben.

Literaturhinweise

- Argumentieren. Praxis Deutsch 160/2000
- *Becker-Mrotzek, Michael (Hg.):* Mündliche Kommunikation und Gesprächsdidaktik. Schneider, Baltmannsweiler 2009
- *Becker-Mrotzek, Michael / Böttcher, Ingrid:* Schreibkompetenz entwickeln und beurteilen. Cornelsen, Berlin 2012
- *Ludwig, Otto / Spinner, Kaspar H.:* Mündlich und schriftlich argumentieren. In: Praxis Deutsch 160/2000, S. 16–22
- Meinungen bilden. Praxis Deutsch 211/2008
- Netzwerk fachliche Unterrichtsentwicklung Deutsch des Schulministeriums NRW. Argumentierendes Schreiben – lehren und lernen. Materialien unter: www.standardsicherung.schulministerium.nrw.de/cms/netzwerk-fachliche-unterrichtsentwicklung/deutsch/module
- *Schneider, Frank / Tetling, Klaus:* Von Nashörnern bis Neurobiologie. Zur Funktion fachüberschreitender Sachtexte im Deutschunterricht. Der Deutschunterricht 6/2013, S. 62–74
- *Spinner, Kaspar H.:* Was gehört zu einer guten Argumentation? In: Praxis Deutsch 203/2007, S. 21–24
- Streit und Konflikt. Praxis Deutsch 174/2002

Übungsmaterial im „Deutschbuch 8 Arbeitsheft"

- Eine Stellungnahme überzeugend formulieren, S. 16–19

Inhalte	Kompetenzen
	Die Schülerinnen und Schüler
S. 39 **2 Digitale Medien nutzen – Standpunkte vertreten**	– sammeln strittige Fragen zur Nutzung digitaler Medien – formulieren Einwände gegen Medienkritiker
S. 40 **2.1 Vorsicht, Computer? – Diskutieren und Stellung nehmen** Machen digitale Medien dumm? – Meinungen begründen *Janina Funk: Hirnforscher warnt vor „digitaler Demenz"*	– untersuchen zentrale Aussage und argumentative Struktur eines medienkritischen Experteninterviews – widerlegen dessen Argumente – reflektieren die Funktion von Argumenten und Gegenargumenten
S. 43 Das digitale Klassenzimmer – Eine Pro-und-Kontra-Diskussion führen	– formulieren ausgehend von vorgegebenen Positionen eine eigene Meinung – begründen ihre Meinung durch Argumente und Beispiele, widerlegen Einwände – bereiten eine moderierte Pro-und-Kontra-Diskussion vor, verfassen ein Statement – führen die Diskussion durch – reflektieren das Diskussionsverhalten
S. 46 Hausaufgaben aus dem Internet? – Schriftlich Stellung nehmen *Julia Bonstein: Abschreiben 2.0*	– untersuchen einen Zeitschriftenartikel zur Nutzung von Hausaufgabenportalen – entwickeln eine eigene begründete Meinung – nehmen schriftlich Stellung – entwickeln materialgesteuert Argumente, stützende Beispiele sowie Gegenargumente und integrieren diese kohärent in ihre Texte – überarbeiten ihre Texte kriterienorientiert
S. 50 Testet euch! – Argumentieren und Stellung nehmen	– überprüfen ihren Lernfortschritt, indem sie eine eigene Meinung formulieren und argumentativ stützen sowie einen Einwand widerlegen
S. 51 **2.2 Jederzeit online, jederzeit erreichbar? – Überzeugend formulieren**	– untersuchen diskontinuierliche Texte (Titelbild, Grafiken) zur Handy-Nutzung – reflektieren ihre eigene Handy-Nutzung
S. 52 Machen Smartphones einsam? – Ein Interview auswerten *Peter Haffner/Sherry Turkle: Wir sind zusammen allein*	– untersuchen ein Interview mit einer Soziologin zur Smartphone-Nutzung – formulieren eine begründete eigene Meinung
S. 55 Fordern und fördern – Stellung nehmen *Digital-Diät: Eine gute Idee?*	– untersuchen einen Text und formulieren eine eigene Meinung zu dessen Thema – sammeln Argumente und Beispiele – formulieren und entkräften einen Einwand – nehmen in einem Leserbrief Stellung – überarbeiten ihren Text kriteriengeleitet
S. 57 **2.3 Fit in … – Stellung nehmen** *Ute Eberle: Die Schule kommt nach Hause*	– verstehen eine komplexe Aufgabenstellung – werten einen Sachtext und Kommentare aus – verfassen einen Leserbrief – überarbeiten ihn anhand einer Checkliste

⏸ S.39 2 Digitale Medien nutzen – Standpunkte vertreten

Die Auseinandersetzung mit der auf dem Foto abgebildeten Situation verfolgt mehrere Ziele: Die gezeigte parallele Nutzung verschiedener Geräte – Notebook, Smartphone, digitaler Music Player – verweist auf die Allgegenwärtigkeit digitaler Medien im Leben Jugendlicher – auch in einer natürlichen Umgebung, auf der grünen Wiese. Zugleich lässt sich aus der Situation schon ein kontroverses Thema zwischen Jugendlichen und ihren Eltern ableiten: die ständige Präsenz von Tablet, Smartphone & Co. Ausgehend davon können die Schülerinnen und Schüler rekapitulieren, was sie noch über den Aufbau und die Funktion von Argumentationen wissen.

 Der Transfer von einer detaillierten Beschreibung der dargestellten Situation auf die Deutungsebene sollte kein Problem sein: Das Foto verdeutlicht die Allgegenwärtigkeit der Medien in allen Lebensbereichen der „Digital Natives".

 Die Sammlung und Visualisierung typischer Themen aus dem Bereich digitale Medien, über die die Lernenden schon kontrovers mit Freunden, Mitschülern oder Eltern diskutiert haben, weckt das Interesse und sorgt für eine engagierte Beteiligung an den Lehr- und Lernprozessen.
Zu erwarten sind z. B. folgende Themen, die an der Tafel oder als Poster gesichert werden sollten:

Kontroverse Themen rund um die Nutzung digitaler Medien
– Umfang und Dauer der Nutzung von Smartphone, PC und Tablet – veränderte Kommunikationsformen als Streitpunkt zwischen Jugendlichen und Eltern (z. B. Nutzung des Smartphones beim Essen) – Gefahr von Mobbing durch veränderte Kommunikationsformen, etwa in sozialen Netzwerken – Auswirkungen intensiver Mediennutzung auf das Zeitbudget, z. B. zu wenig Zeit für die Schule und zum Lesen – hohe Kosten der Mediennutzung, z. B. beim Smartphone

 Der Arbeitsauftrag, positive Aspekte der Nutzung digitaler Medien zu sammeln, zielt auf das Widerlegen von Einwänden als wichtige Teilkompetenz des Argumentierens.
Positive Aspekte der digitalen Medien sind z. B.:
- unmittelbarer Zugriff auf Informationen weltweit – auch für schulische Inhalte
- Entwickeln neuer und kreativer Kommunikationsformen, z. B. über soziale Netzwerke
- Notebooks und Tablets als nützliche und intelligente Helfer bei der Informationsverarbeitung und -darstellung
- Lehr-/Lernprozesse integrieren mittlerweile auch in der Schule oft digitale Medien.
- Moderne Informationsgesellschaften müssen die kompetente Nutzung digitaler Medien fördern.
- Digitale Medien sind nicht nur nützlich, sondern bereiten auch Spaß.

⏸ S.40 2.1 Vorsicht, Computer? – Diskutieren und Stellung nehmen

⏸ S.40 Machen digitale Medien dumm? – Meinungen begründen

⏸ S.40 Janina Funk: Hirnforscher warnt vor „digitaler Demenz"

Wenn das Thema „Mediennutzung von Jugendlichen" im Unterricht behandelt wird, besteht immer die Gefahr, dass die Lernenden darin den erhobenen Zeigefinger der Erwachsenenwelt sehen oder erwarten. Aus ihrer Sicht ist das Thema häufig mit Reglementierungen, Einschränkungen oder Verboten verbunden. Eine der Folgen für den Unterricht könnte sein, dass sich die Schülerinnen und Schüler „politisch korrekt" äußern, also im Sinne von der Lehrkraft gewünschter Antworten. Für die Förderung der Argumentationskompetenz ist es demgegenüber wichtig, im Unterricht mit authentischen Stellungnahmen der Jugendlichen zu arbeiten.

Deshalb ist die Auswahl der Materialien sowie der Diskussionsschwerpunkte in diesem Teilkapitel so angelegt, dass sowohl medienkritische als auch medienaffirmative Positionen zu Wort kommen können. Das Interview mit dem öffentlichkeitswirksam agierenden Hirnforscher Manfred Spitzer wird hier nicht nur genutzt, um eine medienkritische Position in Grundzügen vorzustellen, sondern auch, um zu zeigen, ob und in welcher Weise Aussagen eines Experten bei den Begründungen Lücken aufweisen können. Nach der Sicherung des Verständnisses von Spitzers polemischer Auseinandersetzung mit den „Digital Natives" geht es darum, dass die Schülerinnen und Schüler Möglichkeiten kennen lernen, sich kritisch mit Spitzers Position auseinanderzusetzen.

1 a Die geforderten pre-reading activities – das Formulieren von Vermutungen über den Text nach dem Lesen der Schlagzeile und des Untertitels – dienen dazu, das Lesen des gesamten Interviews vorzuentlasten und später durch den Abgleich von Erwartungen und Leseerfahrungen das Textverständnis zu sichern. Denkbar ist, dass trotz der Worterklärung der Begriff „Demenz" noch erläutert werden muss. Anhand der Schlagzeile und des Untertitels sollten die Lernenden ein erstes Vorverständnis über die Argumentationsrichtung des Hirnforschers entwickeln.

b Zur Sicherung eines grundlegenden Textverständnisses ist es sinnvoll, beim Abgleich zwischen Erwartungen und Leseerfahrungen immer wieder Textbezüge (mit Zeilenangaben) herzustellen.

2 Auf der Basis eines ersten Textverständnisses wird hier eine erste Textbewertung eingefordert, die dazu dienen kann, sowohl auf die anschließende intensivere Erschließung in Aufgabe 3 vorzubereiten wie auch auf die kritische Wertung in Aufgabe 5.

3 Es ist ratsam, die Bedeutung von Spitzers Wortschöpfung „digitale Demenz" zu sichern, z. B. in Partnerarbeit. Eine Visualisierung könnte etwa so aussehen:

4 a Das vorgegebene Sprachmuster unterstützt das Formulieren von Spitzers Meinung. Beispiellösungen für die Fortsetzung des Satzes:
   – Manfred Spitzer vertritt die Auffassung, dass die Leistungsfähigkeit des Gehirns durch verstärkte Nutzung digitaler Medien abnimmt.
   – Manfred Spitzer vertritt die Auffassung, dass eine verstärkte Nutzung digitaler Medien der Leistungsfähigkeit des Gehirns schadet.

b Argumente und Beispiele in Spitzers Aussagen:
   – Benutzt man das Gehirn nicht, dann schrumpft es (Z. 10 f.). Koreanische Ärzte berichten von Menschen im Alter von 30 Jahren, die sich nichts mehr merken können (Z. 21 ff.).
   – Wenn Nutzer digitaler Medien wissen, dass sie nach Informationen googeln können, dann merken sie sich nichts mehr (Z. 28).
   – Das Gehirn wird nicht trainiert, wenn man geistige Leistungen in digitale Medien auslagert (Z. 29 f.).

5 a Auch wenn die vorgegebenen Satzmuster Formulierungshilfen bieten, so benötigen die Schülerinnen und Schüler doch möglicherweise weitere Unterstützung (Welt- und Fachwissen), um sich fundiert mit Spitzers Medienkritik auseinandersetzen zu können. Hilfreich ist dabei der Informationskasten auf S. 42 im Schülerband.

Außerdem bieten die folgenden Leitfragen orientierende Hilfestellung:
– Werden veranschaulichende Erkenntnisse und Fakten genannt?
– Gibt es widersprechende Erfahrungen (z. B. von Mitschülern, Lehrern oder Eltern)?

⌐▷ Beispiellösungen für die Entkräftung von Spitzers Argument:
– Natürlich besteht beim Googeln die Gefahr, dass man weniger bereit ist, z. B. Vokabeln zu lernen. Aber jeder Schüler weiß, dass er für Klassenarbeiten bleibendes Wissen erwerben muss und nicht auf das Internet zurückgreifen kann.
– Gegen das Argument von Spitzer spricht, dass es fraglich ist, ob das Beispiel Korea überhaupt auf Deutschland übertragbar ist. (Hinweis für Lehrerinnen und Lehrer: Spitzers nicht nur in Interviews, sondern auch im Buch verwendete argumentative Stützung durch das Beispiel Korea war auch in der Rezeption seines Bestsellers umstritten.)
– Selbst wenn man der Ansicht ist, dass übertriebene Mediennutzung nicht sinnvoll ist, folgt daraus nicht, dass elektronische Medien die Menschen generell verdummen. Denn das Internet wird auch genutzt, um bleibendes Wissen zu erwerben.

b/c Da Spitzers Interviewtext das grundlegende Argument verschieden variiert, wird dies auch bei den Widerlegungen der Schülerinnen und Schüler so sein. Für die Förderung der Argumentationskompetenz ist es wichtig, ihre Einwände intensiv zu besprechen und gegebenenfalls an der Tafel zu sichern.

⌐▷ Die Lernenden könnten im Rückgriff auf den Informationskasten z. B. folgende Einwände anbieten:
– Der Medienpädagoge Thomas Welsch widerspricht Spitzers Position. Dabei beruft sich dieser Experte auf die Erfahrung, dass digitale Medien Jugendliche zum Mitdenken anregen und Kreativität fördern können.
– Jede Schülerin / Jeder Schüler kennt besonders gute Mitschüler/-innen, die aktive Nutzer digitaler Medien sind, ohne an „digitaler Demenz" zu leiden.
– In der Schule müssen Jugendliche auf die vielfältigen Anforderungen moderner Wissensgesellschaften vorbereitet werden, indem aktiv, z. B. bei der Informationsrecherche, mit digitalen Medien gearbeitet wird.

▌▌S.43 Das digitale Klassenzimmer – Eine Pro-und-Kontra-Diskussion führen

▌▌S.43 Tablet-PCs im Unterricht?

Die bisher angebahnten Kompetenzschwerpunkte – vor allem das Eingehen auf Einwände – werden nun in einer Pro-und-Kontra-Diskussion zusammen- und weitergeführt. Dabei greifen die Aufgaben auf einen didaktisierten Text zur strittigen Frage eines digitalen Klassenzimmers zurück. Die Schüler entwickeln auf der Basis der vorgegebenen Informationen eine eigene Meinung, die sie dann kooperativ in einem vorstrukturierten Statement argumentativ stützen und dabei einen Gegeneinwand berücksichtigen. Unterstützt wird die eigene Positionierung durch Formulierungshilfen.

Die vorgegebene Situation eines digitalen Klassenzimmers mit den begleitenden Kommentaren ist ein argumentativ komplexer Ausgangspunkt für die Pro-und-Kontra-Diskussion. Deshalb sollte der eigenen Meinungsbildung eine strukturierte Auswertung des Materials vorausgehen: Worum geht es in dem Ausgangstext und den Kommentaren? Welche verschiedenen Meinungen lassen sich erkennen? Wie werden die Positionen begründet und argumentativ gestützt?

1 a Bei dem Arbeitsauftrag, zu erklären, worum es in dem Material geht, ist darauf zu achten, dass die Formulierungen nicht zu stark verkürzt werden; es ist sinnvoll, gelungene Formulierungen an der Tafel oder über andere Medien zu sichern.
In dem Text „Tablet-PCs im Unterricht?" werden Einsatzmöglichkeiten von Tablets an einem Gymnasium beschrieben. In den anschließenden Kommentaren finden sich Argumente für und gegen einen digitalen Unterricht.

b Die Ergebnisse zu dieser Aufgabenstellung hängen von den Erfahrungen und vom Wissen der Lerngruppe ab. Die Schülerinnen und Schüler, die keine eigenen Erfahrungen mit Tablets im Unterricht besitzen, werden vermutlich die Kommentare auf S. 43/44 im Schülerband variieren.

Mögliche Schüleräußerungen zum Arbeiten in einer Tablet-Klasse:
- Die Klassenräume sind entweder mit einer digitalen Tafel oder Beamern ausgestattet.
- Die Hausaufgaben werden direkt auf dem Tablet oder auf einem PC zu Hause geschrieben und können in einer Cloud gespeichert werden. So kann man die Dateien ansehen und besprechen.
- Allerdings wird nicht in jeder Stunde mit Tablets gearbeitet, weil noch nicht alle Lehrwerke digitalisiert sind.
- Manchmal gibt es auch technische Probleme mit dem Internet und den Servern in der Schule.

2 a Je nach Erfahrung der Lerngruppe kann es sinnvoll sein, die Gegenüberstellung der Argumente aus den Kommentaren in einer Pro-und-Kontra-Tabelle festzuhalten.
Vorschlag für ein Tafelbild:

Sollte man Tablets im Unterricht einsetzen?	
pro	**kontra**
– Einsatz der vertrauten digitalen Technik im Unterricht wirkt motivierend (Mephisto) – Schüler werden durch Tablets im Unterricht auf spätere Anforderungen des Berufslebens vorbereitet (Lena24) – digitales Unterrichtsmaterial ist jederzeit und überall zugänglich und erspart das Tragen schwerer Schulbücher (Linus01)	– ständiger schneller Zugriff auf Unterrichtsmaterial beschleunigt das Lerntempo und ist damit eine höhere Belastung für Schüler (Iphigenie) – digitaler Unterricht ist im Gegensatz zum „klassischen" Unterricht anfällig für technische Störungen und Probleme (Röntgen) – Gefahr, dass man das Schreiben mit der Hand verlernt (Koshiba63)
Kompromiss: Digitale Medien sind sinnvoll, sollten aber nach Expertenmeinung maßvoll (35 % des Unterrichts) eingesetzt werden, damit Jugendliche Kulturtechniken wie das Schreiben mit der Hand nicht verlernen. (Thomson)	

b Die Schülerinnen und Schüler sollen sich zunächst selbst eine Meinung zu Tablets im Unterricht bilden und diese begründen, bevor sie später in Gruppen die Diskussion vorbereiten, z. B.:
- Ich vertrete die Meinung, dass Tablets im Unterricht eingesetzt werden sollten. Dafür spricht, dass Lernen mit Tablets sehr motivierend ist.
- Ich bin der Meinung, dass digitaler Unterricht nicht immer effektiv und sinnvoll ist, denn im Gegensatz zum Unterricht mit Büchern, Stiften und Papier, Tafel und Kreide sind Tablets technisch anfällig und können ausfallen.

3 Endprodukt der Teilaufgaben a und b ist ein schriftlich fixiertes Statement, in dem sich die Gruppen pro oder kontra zu der strittigen Ausgangsfrage positionieren. Die strittige Frage – „Soll der Unterricht an eurer Schule mit Tablets laufen, wenn sie in jedem Unterrichtsfach zu mindestens 50 Prozent der Unterrichtszeit eingesetzt werden müssen?" – sowie das steuernde Material sind so konstruiert, dass sie unterschiedliche Meinungen ermöglichen – auch Kontra-Positionen, die für die Generation der „Digital Natives" vielleicht nicht selbstverständlich sind.

a Zunächst sollten sich die Schülerinnen und Schüler gemeinsam vergewissern, dass ihnen der Kern der strittigen Frage bewusst ist: Es geht um den Einsatz von Tablets im Unterricht. Bedingung ist, dass sie in allen Fächern in mindestens 50 Prozent der Unterrichtszeit eingesetzt werden. Daraus ergibt sich die Einschränkung, dass knapp die Hälfte des Unterrichts auch konventionell ohne Tablets stattfinden kann.

b Es wäre wünschenswert, wenn es jeweils mehrere Pro- und Kontra-Gruppen gäbe. In jeder Gruppe sollten nicht mehr als vier Schüler/-innen arbeiten. Vor der arbeitsteiligen Formulierung der Statements sollte entschieden werden, ob und ggf. welche Schüler/-innen die Diskussionsleitung übernehmen könnten (vgl. Hinweis zu Aufgabe 4).
Ein Hinweis auf die Formulierungshilfen für das Argumentieren (S. 45 im Schülerband) kann das Formulieren kohärenter Statements fördern.

Beispiellösungen für Statements pro und kontra:

Soll der Unterricht an eurer Schule mit Tablets laufen, wenn sie in jedem Unterrichtsfach zu mindestens 50 Prozent der Unterrichtszeit eingesetzt werden müssen? – Pro-Statement

Einleitung:
Heute werden PC und Internet in nahezu allen Bereichen des Lebens genutzt. Mittlerweile halten Tablets und PCs auch in die Klassenzimmer Einzug.

Position (Meinung):
Deshalb sind wir der Meinung, dass es sinnvoll ist, wenn an unserer Schule Tablets in allen Unterrichtsfächern eingesetzt werden – und zwar in mindestens 50 % der Unterrichtszeit.

Argument (mit Beispiel):
Ein besonders wichtiges Argument für unsere Position ist, dass wir durch einen intensiven Einsatz von Tablets im Unterricht gut auf die Anforderungen des Berufslebens vorbereitet werden. Denn sowohl in der beruflichen Ausbildung als auch im Studium sind digitales Lernen und Arbeiten verbreitet. Darunter verstehen wir zum Beispiel die kompetente Materialrecherche im Internet oder gekonnte Präsentationen mittels Beamer.

Entkräftung eines Gegenarguments:
Selbstverständlich kann es gelegentlich kleinere Pannen mit Tablets geben, z. B. wenn der Akku nicht aufgeladen ist. Aber das sind nach unseren Erfahrungen eher Ausnahmen.

Zusammenfassender Schlusssatz:
Wir fänden es daher sehr wünschenswert, wenn im Unterricht unserer Schule Tablets in mindestens 50 % der Unterrichtszeit genutzt würden.

Soll der Unterricht an eurer Schule mit Tablets laufen, wenn sie in jedem Unterrichtsfach zu mindestens 50 Prozent der Unterrichtszeit eingesetzt werden müssen? – Kontra-Statement

Einleitung:
Heute werden PC und Internet in nahezu allen Bereichen des Lebens genutzt. Deshalb diskutieren wir derzeit, ob sie nicht auch an unserer Schule verstärkt eingesetzt werden sollten.

Position (Meinung):
Wir sind dagegen, dass an unserer Schule Tablets in allen Unterrichtsfächern in rund 50 % der Unterrichtszeit benutzt werden.

Argument (mit Beispiel):
Ein besonders schlagkräftiges Argument für unsere Position ist, dass sich dadurch das Tempo im Unterricht beschleunigen würde – ähnlich wie in allen Bereichen, in denen Computer genutzt werden. Gestützt wird unsere Befürchtung z. B. durch die Smartphone-Nutzung von Jugendlichen. Ständig schauen sie auf das Display, dauernd wird eine Reaktion von ihnen erwartet, das erzeugt Stress.

Entkräftung eines Gegenarguments:
Wir stimmen zu, dass Tablets im Unterricht motivierend eingesetzt werden können. Allerdings ist die geplante Nutzung in mindestens 50 % der Unterrichtszeit zu viel, was Experten bestätigen. Denn Wissenschaftlern zufolge sollten nicht mehr als 35 % des Unterrichts am Computer stattfinden.

Zusammenfassender Schlusssatz:
Deshalb fänden wir es besser, wenn Tablets nicht so intensiv eingesetzt würden wie vorgeschlagen.

4 a/b Durch die verschiedenen Teilaufgaben wird der Ablauf der Diskussion klar gegliedert. Vor den einzelnen Diskussionsrunden ist es wichtig zu entscheiden, ob Schüler/-innen die Diskussionsrunden moderieren sollen oder die Lehrkraft. Wenn Schülerinnen oder Schüler die Moderation übernehmen, dann sollten sie sich parallel zu den verschiedenen Pro- und Kontra-Gruppen darauf vorbereiten.

Für die Schulung der mündlichen Argumentationskompetenz sind die Beobachtungsaufträge wesentlich. Je nach Lerngruppe ist es möglich, die Beobachtung arbeitsteilig zu delegieren. Vorstellbar ist auch, die Kriterien für das Feedback durch die Lerngruppe erweitern zu lassen.

S. 46 Hausaufgaben aus dem Internet? – Schriftlich Stellung nehmen

S. 46 Julia Bonstein: Abschreiben 2.0

Ziel dieser Unterrichtssequenz ist eine schriftliche Stellungnahme zu der Frage, ob es sinnvoll ist, Hausaufgabenportale zu benutzen. Dabei werden die bisher in mündlichen Kommunikationssituationen entwickelten und wiederholten Elemente einer Argumentation in einem argumentativen Schreibauftrag zusammengeführt.

Die Schwerpunkte des angeleiteten Schreibprozesses liegen auf der Verwendung von externem Weltwissen, dem Eingehen auf Einwände und der schriftlichen Umsetzung in einen kohärent argumentierenden Text.

1 a Durch die „Pre-reading"-Aktivitäten zu dem Textauszug aus dem „Spiegel" – das Lesen der Überschrift und des Vorspanns sowie die Formulierung von Vermutungen, wie hier wohl Hausaufgabenportale beurteilt werden – sollen die Lernenden einen Erwartungshorizont entwickeln und ihr Vorwissen aktivieren.

Es kann sinnvoll sein, die Erwartungen stichwortartig zu sichern, um diese nach der Begegnung mit dem Text zu überprüfen.

b Standpunkte in der „Spiegel"-Reportage zur Nutzung des Internets bei den Hausaufgaben:
   – „Das Netz bietet Schülern neue Schummelmethoden." (Z. 1) – redaktioneller Vorspann
   – „Abschreiben ist heute so leicht wie nie." (Z. 11 f.) – Zitat eines Lehrers
   – „Deine fertige Hausaufgabe gibt's doch schon. [...] Warum also selbst abmühen?" (Z. 13 f.) – Werbung des Hausaufgabenportals www.hausaufgabe.de
   – Lehrer erkennen in der Regel schnell, ob eine Hausaufgabe aus dem Internet stammt oder selbst verfasst worden ist (Z. 15–20), z. B.: „Kopien erkenne ich meist sofort" (Z. 15 f.). – Zitat eines Kölner Studienrats
   – Einer der zitierten Lehrer ermuntert seine Schüler, das Internet nutzen – aber nicht zum Schummeln (Z. 23–25): „Richtig angewandt, ist das Internet für Schüler ein tolles Hilfsmittel" (Z. 24 f.). – Zitat eines Lehrers aus Traunstein

2 Die drei didaktisierten Kommentare zu dem Artikel äußern, gemessen an der Lehrerperspektive, mehr oder weniger „politisch korrekte" Meinungen.
Deshalb kann man
   – den Aussagen von Luke24 spontan zustimmen, weil der Informationsaustausch und die kooperative Hilfe ein großes Plus von Hausaufgabenportalen sind,
   – Lucies Meinung, dass durch Abschreiben noch keiner schlau wurde, ebenfalls leicht zustimmen
   – und die Warnungen von Splash gut nachvollziehen, dass Lehrer genauso schnell wie Schüler an die Lösungen in den Portalen kommen.
Einwände gegen die Kommentare könnten sich daran entzünden, dass in den ersten beiden die Erwachsenenperspektive eingenommen wird. Eine Verteidigungsstrategie der Schülerinnen und Schüler könnte sich darauf berufen, dass Abschreiben eine Art von Notwehr ist angesichts des höheren Leistungsdrucks, der dichten Stundenpläne und der Zeitknappheit.
Die Lernenden könnten aber auch moralische Einwände gegen das Schummeln äußern („Betrug"). Solche Überlegungen spielen in allen drei Kommentaren wie auch in dem Textauszug keine Rolle.

Methodischer Hinweis
Mit den folgenden Aufgaben werden die bisher geübten Aspekte des mündlichen Argumentierens in das Verfassen einer schriftlichen Stellungnahme überführt. Dabei sind die einzelnen Aufgaben orientierend und steuernd angelegt, sodass der Schreibprozess von der Planung über das Formulieren bis hin zum Überarbeiten des Textes unterstützt wird.

55

Vor der Durchführung sollte die Lehrkraft folgende Überlegungen berücksichtigen:

– Zur Erhöhung der Schreibmotivation könnten Veröffentlichungsmöglichkeiten eingeplant werden. Die Stellungnahmen lassen sich z. B. vergleichsweise unaufwendig in einem Online-Forum der Schulwebsite (falls es eine solche gibt) oder in einem sozialen Netzwerk publizieren. Deshalb – und auch für die Überarbeitung – erscheint es sinnvoll, dass die Schülerinnen und Schüler nach den Vorarbeiten ihre Stellungnahme am PC oder Tablet verfassen.

– Der komplett angeleitete Schreibprozess benötigt Zeit, sodass sich die Frage stellt, was in den Schulstunden umgesetzt und was vorbereitend oder nachbereitend außerhalb des Deutschunterrichts von den Lernenden geleistet werden kann.

– Angesichts der Heterogenität der meisten Lerngruppen sollte eingeplant werden, wie man Schülerinnen und Schüler, denen das Formulieren eines argumentierenden Textes leichtfällt, fördert – etwa durch Zusatzmaterial oder erweiterte Aufgabenstellungen.

3 a Beispiele für eigene Positionierungen (Meinungen) zur Benutzung von Hausaufgabenportalen:

– Ich bin für/gegen die Nutzung von Hausaufgaben- oder Informationsportalen beim Schreiben von Hausaufgaben.

– Ich denke, dass die Nutzung von Hausaufgaben- oder Informationsportalen beim Schreiben von Hausaufgaben sehr sinnvoll/wenig sinnvoll ist.

b Da die Qualität der Stellungnahme wesentlich von der Sammlung und Gewichtung von Argumenten und stützenden Beispielen abhängt, sollten die Schreibteams dabei ggf. durch die Lehrkraft unterstützt und beraten werden. Dazu gehört auch der Hinweis auf den Informationskasten auf S. 49 im Schülerband, der mit Formulierungshilfen das Entwickeln einer argumentativen Strategie unterstützt. Ein Tipp könnte lauten, die Argumente in einer Tabelle so anzuordnen, dass sich Pro und Kontra aufeinander beziehen lassen. Das erleichtert das Eingehen auf einen Einwand gegen die eigene Position.

Lösungsbeispiele:

Die Nutzung von Hausaufgabenportalen ist	
sinnvoll	**nicht sinnvoll**
als Informationsquelle nutzbar Beispiel: wichtige Informationen und Tabellen für ein Erdkundereferat in einem Portal gefunden	Täuschungsversuch bei Übernahme fertiger Lösungen, der schlechte Note zur Folge hat Beispiel: Ein Mitschüler ist beim Vorlesen einer übernommenen Hausaufgabe erwischt worden und hat eine Sechs bekommen.
als Forum zum Austausch mit anderen Schülern, die ähnliche Fragen haben, gut geeignet Beispiel: Auf Hausaufgabenportalen gibt es z. B. ein Forum für den gezielten Austausch und Hilfe bei der Suche.	Übernahme oder Abschreiben fertiger Texte/Lösungen helfen nicht, schulische Defizite zu beheben Beispiel: Vom Abschreiben ist noch niemand schlau geworden (Bloggerin Lucie).
als Materialsammlung hilfreich, um Hausaufgaben schneller, gezielter und mit weniger Aufwand erledigen zu können Beispiel: beim Schreiben eines Leserbriefs für den Deutschunterricht gute Einleitung im Internet gefunden	Absichtliches Abschreiben ist Täuschung anderer (Lehrer, Mitschüler) und kann zu ungerechter Bewertung führen. Beispiel: Eine Mitschülerin hat für ein abgeschriebenes Referat eine bessere Note erhalten als ein ehrlicher Mitschüler.

4 Der Schreibprozess sollte in Einzelarbeit und idealerweise – wegen der Überarbeitungsmöglichkeiten – digital ablaufen. Die orientierenden Arbeitsaufträge in Kombination mit den Formulierungshilfen und den Informationskästen auf den Seiten 45 und 49 im Schülerband bieten vielfältige Hilfsangebote.

a/b/c Beispiellösungen für Stellungnahmen pro und kontra Nutzung von Hausaufgabenportalen:

Ist es sinnvoll, Hausaufgabenportale zu nutzen?

(Stellungnahme pro Nutzung von Hausaufgabenportalen)

Hausaufgaben und Referate kosten viel Zeit. Als Schüler wissen wir alle, wie aufwendig und anstrengend sie sein können. Im Deutschunterricht haben wir einen Artikel mit der Überschrift „Abschreiben 2.0" gelesen, der sich aus verschiedenen Perspektiven mit der Nutzung von Hausaufgabenportalen auseinandersetzt. Zu dieser Frage möchte ich im Folgenden Stellung nehmen.

Ich bin der Meinung, dass es sehr sinnvoll ist, Hausaufgabenportale zu nutzen.

Ein wichtiges Argument dafür lautet, dass diese Portale als Forum zum Austausch mit anderen Schülern dienen. Dort kann man sich, wenn etwas in der Schule nicht gut erklärt worden ist, schnell mit Schülern, die ähnliche Probleme haben, austauschen. Ich habe z. B. Probleme mit einer komplizierten Mathehausaufgabe gehabt und konnte diese mit Hilfe eines Internetforums sehr gut lösen.

Ein weiterer wichtiger Grund für die Nutzung von Hausaufgabenportalen ist für viele Schüler, dass sie dort Lösungsmuster finden, die sie bei der Arbeit entlasten. An manchen Tagen haben wir so viel auf, dass ich die Aufgaben ohne Unterstützung aus dem Internet zeitlich nicht schaffen würde. Auch viele meiner Mitschüler sind froh, wenn sie in stressigen Zeiten beispielsweise auf Formulierungshilfen für eine Einleitung zurückgreifen können.

Sicherlich kann man wie Lucie einwenden, dass man durch Abschreiben nicht schlau wird. Aber viele Schüler nutzen die fertigen Referate und Aufsätze in den Portalen nur als Muster oder Hilfestellung.

Wenn man die Vor- und Nachteile von Hausaufgabenportalen abwägt, dann spricht meiner Meinung eindeutig mehr dafür, diese zu nutzen.

Ist es sinnvoll, Hausaufgabenportale zu nutzen?

(Stellungnahme kontra Nutzung von Hausaufgabenportalen)

Manche Hausaufgabenportale werben mit dem Versprechen: „Warum noch selbst abmühen? Die fertige Hausaufgabe gibt es doch schon!" Das spricht uns Schüler selbstverständlich an. Deshalb lohnt es sich, darüber nachzudenken, ob es sinnvoll ist, solche Portale zu nutzen. Nachdem wir im Unterricht einen Zeitschriftenartikel besprochen haben, der sich aus verschiedenen Perspektiven mit Hausaufgabenportalen auseinandersetzt, möchte ich meine Meinung darstellen.

Ich bin der Auffassung, dass es nicht sinnvoll ist, solche Hausaufgabenportale zu benutzen, und will das begründen.

Das entscheidende Argument ist, dass man mit absichtlichem Abschreiben oder Kopieren andere Personen (Lehrer/-innen, Mitschüler/-innen) täuscht und dass es dabei zu einer ungerechten Bewertung kommen kann. In meiner Klasse hat beispielsweise eine Mitschülerin für ein aus dem Internet kopiertes Referat eine bessere Note erhalten als ein ehrlicher Mitschüler für seine mühevolle Arbeit. Das ist sehr unfair.

Außerdem sollte man bedenken, dass fertige Aufsätze oder Referate aus dem Internet keine Lösung sind, um schulische Defizite zu beheben. Da Schüler beispielsweise in einer Klassenarbeit keinen Zugriff aufs Internet haben, werden ihre Schwächen spätestens dann offensichtlich. Die Bloggerin Lucie hat völlig recht, wenn sie schreibt, dass vom Abschreiben noch niemand schlau geworden ist.

Sicherlich teile ich die Meinung, dass Portale als Materialsammlung etwa für Referate hilfreich sein können. Um aber eine gute Note in einer Deutschklassenarbeit schreiben zu können, muss ich vorher selbst geübt haben, wie man eine Einleitung oder eine Begründung schreibt. Da helfen keine fertigen Lösungen.

Aus den dargelegten Gründen bin ich gegen die Nutzung von Hausaufgabenportalen. Ich nutze diese nicht und halte die eingangs zitierten Werbeversprechen für falsch.

5 a Abhängig von der Erfahrung der Lerngruppe mit Korrektur- und Überarbeitungskonferenzen kann die Lehrkraft überlegen, ob die sieben Beurteilungskriterien arbeitsteilig in der Gruppe verteilt und ggf. ergänzt werden sollten. Für weniger erfahrene Lerngruppen sollte der vorgegebene Kriterienkatalog für die Bewertung ausreichend Orientierung bieten.

b Auch wenn die Überarbeitung in der Regel bei den Verfassern keine Begeisterungsstürme auslöst, so ist sie doch eine verbindliche Aufgabe zur Entwicklung der Schreibkompetenz. Wenn die Schülerinnen und Schüler ihre Überarbeitung digital vornehmen können, ist der Aufwand geringer als beim Korrigieren mit Stift und Papier. Unabhängig davon sind Schülerinnen und Schüler für Korrektur- und Überarbeitungsprozesse dann zu gewinnen, wenn geplant ist, die Schreibprodukte zu veröffentlichen.

S. 50 Testet euch! – Argumentieren und Stellung nehmen

1 **a** Beispiellösung:
Raul vertritt die Meinung, dass Eltern und ihre Kinder feste Zeiten für die Computernutzung vereinbaren sollten. Jedoch ist er der Meinung, dass die empfohlene Nutzungsdauer von 40 Minuten täglich zu kurz sei.

b Beispiellösung für eine Einleitung:
Die Computernutzung ist auch in meiner Familie ein ständiges Streitthema. Meine Eltern und ich haben daher feste Nutzungszeiten vereinbart. Allerdings berufen sich meine Eltern auf die Empfehlungen von Experten, die 40 Minuten Computerzeit für Jugendliche meines Alters vorsehen. Im Folgenden möchte ich meine Meinung begründen, dass die empfohlene Nutzungsdauer zu knapp bemessen ist.

2 **a** So sieht die richtige Zuordnung von Argumenten und Beispielen aus:
– 1 (Argument) + 3 (Beispiel)
– 4 (Argument) + 2 (Beispiel)

b So könnte die ausgestaltete Argumentation aussehen:
Das wichtigste Argument gegen eine strikte Begrenzung der PC-Nutzung auf 40 Minuten lautet, dass Schüler den Computer nicht nur in ihrer Freizeit, sondern auch für die Schule verwenden. Bedenkt man zum Beispiel, dass man zur Vorbereitung eines Referats im Internet recherchieren, mit dem PC ein Handout erstellen und häufig sogar eine Bildschirmpräsentation anfertigen muss, dann ist es offensichtlich, dass 40 Minuten Computerzeit am Tag nicht ausreichen.
Außerdem ist zu bedenken, dass der PC von Schülern auch genutzt wird, um mit Freunden in Kontakt zu bleiben. Während früher Briefe geschrieben wurden, verwendet man heute den PC zum Mailen, Chatten oder Skypen. Ein gutes Beispiel ist die Kommunikation mit meinem besten Freund, der gerade ein Austauschjahr in Kanada verbringt und mit dem ich über den Computer ständig Kontakt halte – und das sogar kostenlos.

3 Mögliche Widerlegungen:
– Gegen die Behauptung, das Mailen am Computer sei keine echte Kommunikation, weil man nicht miteinander spricht, ist einzuwenden, dass hier der Begriff „Kommunikation" zu eng verwendet wird. Denn Mailen ist wie das Schreiben von Briefen eine „echte" Kommunikation, nur eben schriftlich. Hinzu kommt, dass man schriftliche Äußerungen oft sogar besser überlegt als mündliche.
– Dieser Aussage kann man nur auf den ersten Blick zustimmen. Denn wenn man z. B. einen mit der Hand geschriebenen Brief an eine Person schickt, dann ist das auch eine „echte" Kommunikation, über die man oft sogar gründlicher nachgedacht hat.
– Die Aussage hat zur Voraussetzung, dass eine Kommunikation nur dann „echt" sei, wenn man mit jemandem von Angesicht zu Angesicht spricht. Das kann man allerdings mit Hilfe eines Computers auch, weil man z. B. beim Skypen mit einer weit entfernt lebenden Person sprechen und sie dabei sehen kann.

S.51 2.2 Jederzeit online, jederzeit erreichbar? – Überzeugend formulieren

Die Auftaktseite des Teilkapitels führt durch Bildmaterialien in das strittige Thema des Teilkapitels ein. Die Auseinandersetzung damit erfüllt zwei Funktionen: Einerseits reflektieren die Schülerinnen und Schüler ihr Medienverhalten, aktivieren und erweitern gegebenenfalls ihre Erfahrungen. Andererseits werden durch die Deutung des Titelbilds und das Erschließen der diskontinuierlichen Texte wichtige Kompetenzen im Umgang mit Medien gefördert.

1 a Um zu einer differenzierten Deutung des „Spiegel"-Titelblatts zu kommen, sollte die Lehrkraft darauf insistieren, dass es genau beschrieben wird. Man kann jedoch davon ausgehen, dass die Doppelung der Kernaussage durch die visuelle Darstellung – ein in der Mitte (in der „Taille") zusammengeschnürtes Smartphone als Zeichen für eine „Diät" – und die ergänzende Schlagzeile samt Untertitel die Deutung leicht machen: In der „Spiegel"-Ausgabe geht es darum, sich bei der Smartphone-/ Handy-Nutzung zu beschränken. Der Vergleich mit einer „Diät" in Bild und Text signalisiert, dass man den Smartphone-„Konsum" reduzieren sollte.

b Möglicherweise können die Lernenden keine Gründe für die Aufforderung „Sei doch mal still!" nennen; es kann sein, dass sie keinerlei Bedarf für eine „digitale Diät" sehen. Vielmehr könnte die Aufforderung den „Digital Natives" als eine typische Forderung der Elterngeneration erscheinen, die sie nicht nachvollziehen können. Die Lehrperson sollte daher mögliche Impulse (Beispiele) vorbereiten, um die Begründung zumindest theoretisch zu untermauern. Mögliche Gründe für die Aufforderung:
– Smartphones werden von Erwachsenen und Schülern privat wie beruflich ständig benutzt, sodass diese Geräte unser Leben (zu) stark bestimmen.
– Die Aufforderung „Sei doch mal still!" signalisiert, dass Smartphones durch die ständigen digitalen Botschaften Stress verursachen können, weil man gezwungen wird zu antworten.
– Der Wunsch nach einer „digitalen Diät" verdeutlicht, dass die dauernde Nutzung von Smartphones zu viel Zeit bindet; deshalb gibt es ein Bedürfnis „abzunehmen".
Es ist wichtig, nicht nur verschiedene Begründungen für die Aufforderung zu sichern, sondern auch die möglicherweise kritischen Wertungen der Schülerinnen und Schüler zu einer digitalen Diät.

2 a Die Erschließung der verschiedenen Grafiken über die Nutzung von Handys hilft den Lernenden, das eigene Medienverhalten zu reflektieren. Zur Förderung des Umgangs mit diskontinuierlichen Texten kann es sinnvoll sein, die Grafiken mit den Schülern zu klassifizieren: Neben einem Balkendiagramm, das die Nutzung von Smartphones während des Tagesverlaufs visualisiert, stehen drei Erklärgrafiken, die aufschlussreiche Besonderheiten der Smartphone-Nutzung erläutern. Die verschiedenen Schaubilder sollten im Hinblick auf ihren Informationswert untersucht werden, wobei es sein kann, dass die angegebenen Daten für das digitale Leben eines Jugendlichen schon bald nicht mehr repräsentativ sind, wenn die Bedeutung von Smartphones weiter zunimmt.

b Die Beziehung zwischen dem Titelblatt und den Grafiken, die der Titelgeschichte entnommen sind, wird wahrscheinlich schon bei der Auswertung der Grafiken Thema sein. Die Visualisierungen liefern Daten/Fakten zur Nutzungsintensität von Smartphones, aus denen sich die Aufforderung nach einer „digitalen Diät" ergibt.

3 a Nun setzen die Lernenden ihren eigenen Medienkonsum in Beziehung zu den Materialien. Es erscheint sinnvoll, ihnen Zeit zu geben, um zu überprüfen, inwieweit die Zahlen auf sie zutreffen und ihr Medienverhalten beschreiben. Interessant ist vor allem, wo und warum es Abweichungen gibt.

b Das hier geforderte Meinungsbild leitet über zu den folgenden Materialien und Aufgaben, die in einen argumentierenden Schreibauftrag münden. Für die weitere Arbeit könnte es sinnvoll sein, am Ende dieses ersten Austauschs über die Option einer „digitalen Diät" ein „Blitzlicht" sowie eine Abstimmung in der Klasse zu machen und die Ergebnisse schriftlich festzuhalten. Dabei wäre es auch wichtig, mögliche Argumente für oder gegen eine digitale Diät zu fixieren. In dieser Unterrichtsphase sollte darauf geachtet werden, dass die Lernenden die Möglichkeit haben, sich authentisch zu positionieren, also keine strategischen Antworten im Sinne der Lehrkraft oder ihrer Peergroup geben. Deshalb bietet sich eine geheime, also schriftliche Abstimmung, an.

|| **S.52** Machen Smartphones einsam? – Ein Interview auswerten

|| **S.52** Peter Haffner: Wir sind zusammen allein (Interview mit Sherry Turkle)

Das Interview mit Sherry Turkle entstand im Zusammenhang mit dem Erscheinen der deutschen Übersetzung ihres Buches „Alone Together" (Verloren unter 100 Freunden: Wie wir in der digitalen Welt seelisch verkümmern. Riemann, München 2012). Anlass und Situierung des argumentierenden Schreibauftrags in diesem Abschnitt ergeben sich einerseits aus den Überlegungen und Erfahrungen der amerikanischen Soziologin; andererseits gibt es für die Umsetzung einer „digitalen Diät" nicht nur Beispiele in der Erwachsenenwelt, sondern auch bei Jugendlichen. Die Stellungnahme für die Schülerzeitung, die binnendifferenziert gestaltet ist (S. 55 f. im Schülerband), setzt für das materialgestützte Argumentieren eine detaillierte und nachhaltige Auswertung von Turkles anspruchsvollen Erkenntnissen voraus. Deshalb werden bei der ausführlichen Erschließung des Interviews verschiedene Dimensionen des Textverstehens gefördert (globale und lokale Kohärenz, Argumentationsstrategie, aspektorientierte Wertung).

Die Aufgaben sind so angelegt, dass Lehrkräfte, die das Interview nur zur Förderung des mündlichen Argumentierens einsetzen wollen, mit Aufgabe 5 auf Seite 54 im Schülerband „aussteigen" können. Allerdings ist unabhängig davon, ob im Unterricht nur das mündliche oder auch das schriftliche Argumentieren gefördert werden soll, ein hoher Grad an Verbindlichkeit bei der Sicherung der Texterschließung erforderlich.

1 a Die Offenheit der Impulse zu einer Systematisierung der ersten Leseeindrücke wird, abhängig von den Erfahrungen der Lerngruppe, zu sehr unterschiedlichen Ergebnissen führen.
   – Überraschend könnten die Lernenden z. B. die Formulierung finden: „Wir gewöhnen uns daran, zusammen allein zu sein" (Z. 46 f.).
   – Interessant finden sie möglicherweise die Aussagen zu den Besonderheiten des „redigierten", „retuschierten" Kommunizierens in Text und Bild via Twitter, SMS, WhatsApp oder Facebook gegenüber einer unmittelbaren Beziehung, einem direkten Gespräch.
   – Bereits bekannt könnte den Lernenden sein, dass es Jugendliche und Erwachsene gibt, die sich der ständigen Erreichbarkeit und permanenten Kommunikation entziehen möchten.

   b Beispiele für Aussagen, denen die Schülerinnen und Schüler spontan zustimmen könnten:
   – Turkles Aussage, dass Technologie sie noch immer begeistere (Z. 12 f.)
   – Turkles differenzierte Position, die digitale Kommunikation nicht grundsätzlich zu verdammen („Smartphones, Computer und das Internet sind nicht schlecht. Es geht um den Platz, den wir ihnen in unserem Leben geben.", Z. 29 ff.)
   – Meinung, dass sich manche Jugendliche der ständigen Präsenz entziehen möchten
   Aussagen, denen Lerngruppen spontan eher widersprechen könnten:
   – Turkles These, dass Smartphones bestimmen, „wie wir miteinander und mit uns selber umgehen" (Z. 45 f.)
   – Turkles Behauptung, Jugendliche „bevorzugen SMS, weil es weniger riskant ist" (Z. 71)
   – Ihre These: „Die Technologie wird genutzt, das [= die Anforderungen von Freundschaft und Intimität] zu umgehen, um sich mit den Problemen nicht auseinandersetzen zu müssen" (Z. 90 ff.).

2 a Dieser eher geschlossene Prüfauftrag erleichtert nicht nur das Verstehen von Turkles Anliegen, sondern fördert durch die Angabe von Textbelegen auch ein erstes zusammenhängendes Textverständnis.
   Textbelege für die vorgegebene Kernaussage (Smartphones, Computer und das Internet sind nicht schlecht. Aber sie beeinflussen unsere Kommunikation und Geselligkeit. Sie erzeugen auch Druck – vor allem bei Jugendlichen): Z. 17–24, 27–31, 58–59, 61–68, 90–92, 95–106

b Untersuchung von Sherry Turkles Positionen mit Textbelegen:

Beispielsatz	trifft zu	trifft nicht zu	Textbelege
A	✔		Zeile 17–24, 49–51
B		✔	Zeile 110–121
C		✔	Zeile 41–47, 49–51
D		✔	Zeile 71–75
E	✔		Zeile 71–75, 87–92
F	✔		Zeile 95–106

3 Durch den Austausch wird ein differenziertes Verständnis des Interviewtextes ermöglicht. Dabei werden die Erläuterungen zu Überschneidungen führen, ebenso wie der Austausch über eigene Erfahrungen.

a Beispiel für eine Erklärung des ersten Zitats:
Smartphones beeinflussen unser Verhalten, weil wir in der Regel auf eingehende Nachrichten (sehr schnell) reagieren. Sie bestimmen durch die Kommunikationsmöglichkeiten – Sprache, Text oder Bild, z. B. via Telefongespräch, SMS, Posting in einem sozialen Netzwerk –, wie wir mit anderen kommunizieren. Statt direkt miteinander zu sprechen, ermöglicht es das Smartphone, durch schriftliche Nachrichten und Bilder – auch zeitversetzt – zu reagieren und Situationen sowie die eigene Persönlichkeit zu inszenieren. Smartphones erzeugen also Druck, uns ständig mitteilen zu müssen und dabei zugleich darauf zu achten, wie wir erscheinen, welches Bild wir von uns entwerfen.
Beispiel für eine Erklärung des zweiten Zitats:
Jugendliche bevorzugen das Kommunizieren per SMS oder WhatsApp, weil sie ihre Botschaft versenden können, ohne sich unmittelbar mit der Ansicht des anderen auseinandersetzen zu müssen. Eine direktes Gespräch (auch am Telefon) kann zu Diskussionen und Auseinandersetzungen führen. Bei einer digitalen Botschaft kann man entscheiden, wann und wie man mit der Meinung des anderen umgeht.

b Wenn der Austausch über ähnliche Erfahrungen und Situationen in „geschützten" Sozialformen wie Partner- oder Gruppenarbeit stattfindet, steigt die Chance, dass authentische, auch selbstkritische Erfahrungen formuliert werden. Jugendliche werden in der Regel über Erfahrungen verfügen, die mit den von Turkle erwähnten Phänomenen übereinstimmen, auch über negative wie Cybermobbing.

c Bei der Moderation des anschließenden Austauschs ist neutrales und nicht wertendes Verhalten der Lehrkraft gegenüber den Beispielen und Erfahrungen geboten. Am Ende des Austauschs könnte es sinnvoll sein, die paradox anmutende Aussage „Wir gewöhnen uns daran, zusammen allein zu sein" (Z. 46 f.) von den Lernenden erläutern zu lassen und die Ergebnisse verbindlich zu fixieren.

4 Die im Interview genannten Gründe für „Ferien von Facebook" sollten nachvollziehbar sein, etwa:
– Das Selbstwertgefühl könnte leiden, wenn man wenig Posts auf seiner Seite hat.
– Druck, den eigenen Onlineauftritt ständig aktualisieren und sich (auch optisch) als „cool" und angesagt präsentieren zu müssen
– Sorge, man werde auf eine bestimmte Anzahl an positiven Feedbacks („Gefällt mir") reduziert

5 Bei der (optionalen) Diskussion über eine der zentralen Aussagen aus dem Interview ist damit zu rechnen, dass die Schüler/-innen stark auf der Erfahrungs- und Beispielebene argumentieren:
– Gegen Turkles These von der Vermeidung direkter Kommunikation, um die Komplexität menschlicher Beziehungen zu umgehen, werden Gegenbeispiele und das eigene Kommunikationsverhalten angeführt werden. Dazu zählt der Hinweis, dass mit den engsten Freunden selbstverständlich direkt kommuniziert wird.
– Für Turkles These sprechen die im Interview genannten Aspekte, die um eigene Erfahrungen ergänzt werden könnten: Jeder hat schon erlebt, dass er sich einer direkten Kommunikation entzogen und sich hinter der digitalen Kommunikation „verschanzt" hat.

‖ S.55 Fordern und fördern – Stellung nehmen

‖ S.55 Digital-Diät: Eine gute Idee?

Der fiktive Beitrag aus einer Schülerzeitung bildet den Schreibanlass für einen Leserbrief in Form einer argumentierenden Stellungnahme. Für das in dem Text dargestellte „Experiment" einer freiwilligen Einschränkung der Nutzung digitaler Medien gibt es immer wieder reale Vorbilder. Die Anlage des Ausgangstextes mit reportageähnlichen Elementen, authentisch klingenden Aussagen und nachvollziehbaren Prozentangaben zielt darauf, nicht von vornherein eine eindeutige Positionierung nahezulegen, sondern Meinungen pro und kontra zuzulassen. Der Schreibauftrag erfordert im Sinne des materialgestützten Argumentierens die akribische Auswertung des Interviews und einen Rückbezug darauf. Die Lehrkraft sollte darauf achten, dass die konkreten Anforderungen für die Schülerinnen und Schüler transparent sind. Die Schreibaufgabe ist auch in der „fordernden" Variante orientierend und bildet die Anforderungen an den Schreibprozess ab: Planung, Durchführung und Überarbeitung. Die Lehrkraft sollte aus ihrer Einschätzung der Lerngruppe überlegen, wie die differenzierenden Aufgaben genutzt werden:

– Sollen sich die Schülerinnen und Schüler selbstständig für ein Niveau entscheiden?
– Sollen Empfehlungen ausgesprochen werden?
– Sollen leistungsstärkere Schreiber dazu angehalten werden, sich nur auf die weniger stark angeleiteten Aufgaben zu konzentrieren?

1 a Unter Umständen sollte die Lehrerin / der Lehrer darauf hinweisen, dass der Leserbrief eine genaue Lektüre der Aufgabenstellung und des zu Grunde liegenden Textes voraussetzt.

b Mögliche Formulierungen der eigenen Meinung:
  – Ich finde eine Digital-Diät überzeugend/nicht überzeugend.
  – Meiner Meinung nach ist eine Digital-Diät keine gute Idee/eine sehr gute Idee.
  – Ich halte die Digital-Diät nicht für eine gute und überzeugende Idee.
  – Aus meiner Sicht ist die Idee für eine digitale Diät sehr sinnvoll.

2 a Beispiellösungen für die Sammlung von Argumenten und Beispielen:
  Für eine Digital-Diät spricht (Argumente und Beispiele):
  – Man hat mehr Zeit und ist weniger gestresst; ständige Erreichbarkeit erzeugt Druck und lenkt von wichtigen Dingen ab (man muss SMS und Mails beantworten, sein Facebook-Profil aktualisieren usw.); alle im Text genannten Teilnehmer haben es positiv empfunden, mehr Zeit zu haben.
  – Chance, über den eigenen Umgang mit Medien nachzudenken; Jugendliche ändern nach der Digital-Diät das eigene Medienverhalten.
  – Man trifft sich häufiger mit anderen und lernt, ohne Ablenkung zuzuhören, schult die Fähigkeit, konzentriert zuzuhören und sich mit anderen auseinanderzusetzen.
  Gegen eine Digital-Diät spricht:
  – Internet und Computer sind wichtige Arbeitsmittel für die Schule; 80 % der Teilnehmer an der Digital-Diät erklären, dass ihnen Informationen für die Schule fehlten.
  – Smartphone und Internet ermöglichen direkten Austausch mit Freunden; man kann während einer Digital-Diät Kontakte verlieren.
  – Bei einem maßvollen Umgang mit dem Handy/Smartphone, dem Internet und sozialen Netzwerken ist eine Digital-Diät überflüssig.
  – Ein Smartphone ist mehr als nur ein Telefon und kann in schwierigen Situationen helfen, z. B. als Kamera, Taschenlampe, Wegweiser.

b Beispiele für eine sinnvolle Ordnung der Argumente (mit Beispielen) nach ihrer Überzeugungskraft:

wichtige Argumente und Beispiele pro Digital-Diät	
wichtigstes Argument	Ständige Erreichbarkeit lenkt von wichtigen Dingen ab und erzeugt Zeitdruck.
stützendes Beispiel	Alle Teilnehmer an der Digital-Diät haben es als positiv empfunden, mehr Zeit zu haben.
weiteres Argument	mehr direkte Kontakte mit anderen (Schülern, Freunden), man lernt dabei, aufmerksam zuzuhören
stützendes Beispiel	In dem Interview kommen z. B. Jugendliche zu Wort, die sich ungeteilte Aufmerksamkeit wünschen.

wichtige Argumente und Beispiele kontra Digital-Diät	
wichtigstes Argument	Internet und Computer sind unverzichtbare Arbeitsmittel für die Schule.
stützendes Beispiel	80 % der Teilnehmer an der Digital-Diät erklären, dass ihnen Informationen für die Schule fehlten.
weiteres Argument	Smartphone und Internet ermöglichen direkten und schnellen Austausch mit Freunden – auch über große Entfernungen.
stützendes Beispiel	In der Reportage berichten 75 % der Teilnehmer, sie hätten während der Digital-Diät Kontakte verloren.

c Beispiel für die Formulierung von Einwänden und ihre Entkräftung:
– *(für die Stellungnahme pro Digital-Diät)* Natürlich besteht die Gefahr, dass man bei einer Digital-Diät im Chat oder in sozialen Netzwerken Kontakte oder Freunde verliert. Aber echte Freundschaften hängen doch nicht davon ab, dass man seine Smartphone-Nutzung einschränkt.
– *(für die Stellungnahme kontra Digital-Diät)* Viele meinen zwar, dass ein Smartphone ein unmittelbares Gespräch und den direkten Austausch mit anderen störe. Aber man kann doch selbst entscheiden, ob, wann und wie schnell man auf digitale Nachrichten reagiert.

3 a Beispiellösungen für Stellungnahmen in der Schülerzeitung:

Digital-Diät: Eine gute Idee? *(Stellungnahme pro Digital-Diät)*
Ich habe mit Interesse den Artikel über die „Digital-Diät" gelesen, in dem von 16 Teenagern berichtet wird, die freiwillig für drei Wochen auf Handy, Computer und Internet verzichtet haben. In dem Beitrag wird ein spannendes Experiment beschrieben. Weil ich selbst schon häufiger darüber nachgedacht habe, mein Medienverhalten zu ändern, möchte ich im Folgenden meine Position formulieren. Ich halte die Digital-Diät für eine gute Idee, die sich mit überzeugenden Argumenten begründen lässt.
Das wichtigste Argument für eine Digital-Diät ist, dass die ständige Erreichbarkeit durch Smartphones zu großem Zeitdruck führt. Ich fühle mich gezwungen, dauernd SMS und Blog-Beiträge zu beantworten oder mein Facebook-Profil zu aktualisieren, wodurch ich in Stress gerate und von wichtigen Dingen ablenkt werde. Dass dies durch eine Digital-Diät verringert wird, lässt sich durch die Äußerungen der Teilnehmer belegen, denn diese haben es als positiv empfunden, während der drei Wochen mehr Zeit gehabt zu haben.
Außerdem spricht für eine Einschränkung der Handy-Kommunikation, dass man dann häufiger und intensiver direkt und ohne Ablenkung mit anderen sprechen kann und einander sehr genau zuhört. In einem Interview mit der amerikanischen Soziologin Sherry Turkle kommen beispielsweise Jugendliche zu Wort, die sich mehr ungeteilte Aufmerksamkeit wünschen. Das ist auch aus meiner Erfahrung nur möglich, wenn man nicht andauernd aufs Handy schaut.

Viele meinen zwar, dass man bei einer Digital-Diät Kontakte oder Freunde im Chat oder in sozialen Netzwerken verlieren könne. Aber wirkliche Freundschaften hängen doch nicht davon ab, dass man seine Smartphone-Nutzung einschränkt.

Meiner Meinung spricht demnach sehr viel dafür, sich auf eine Digital-Diät einzulassen. Das bedeutet nicht, dass man überhaupt kein Handy, Smartphone und keinen Computer mehr benutzen soll. Aber man sollte die digitale Kommunikation einschränken und Freundschaften im direkten Kontakt pflegen.

Charlotte Burckhardt (Klasse 8e)

Digital-Diät: Eine gute Idee? *(Stellungnahme kontra Digital-Diät)*

In dem Artikel über eine „Digital-Diät" wird ein interessantes Experiment beschrieben, das für alle Teilnehmer wichtige Erfahrungen mit sich gebracht hat. Ihr berichtet über 16 Jugendliche, die freiwillig drei Wochen lang auf Handy, Computer und Internet verzichtet haben. Deren Erfahrungen haben meine eigene Meinung zur Nutzung von Smartphone und Computer bestätigt.

Ich halte die Digital-Diät für keine überzeugende Idee, da wichtige Argumente dagegen sprechen.

Das entscheidende Argument gegen eine Digital-Diät lautet, dass Computer und Internet unverzichtbare Arbeitsmittel für die Schule sind. Die Fähigkeit, damit umgehen und kommunizieren zu können, ist darüber hinaus auch außerhalb der Schule und im späteren Berufsleben enorm wichtig. 80 Prozent der Teilnehmer an der Digital-Diät erklären jedoch in der Reportage, dass ihnen während dieser Zeit Informationen für die Schule gefehlt hätten. Eine Digital-Diät schadet also eher.

Außerdem sollte man bedenken, dass Smartphone, Tablet und PC Kontakte mit anderen Jugendlichen oder Freunden erleichtern oder überhaupt erst möglich machen. Über soziale Netzwerke kann ich mehr Jugendliche kennen lernen als ohne Computer, da ich Gleichgesinnte auch aus anderen Städten oder Ländern kontaktieren kann. Ohne die Möglichkeit digitaler Kommunikation haben hingegen 75 Prozent der Teilnehmer an der Digital-Diät sogar Kontakte verloren.

Ich kann zwar verstehen, dass es viele stört, wenn man während eines Gesprächs manchmal auf sein Smartphone schaut. Aber man kann doch selbst entscheiden, ob, wann und wie schnell man auf digitale Nachrichten reagiert und ob man zum Beispiel den Vibrationsalarm in bestimmten Situationen einfach nicht beachtet.

Insgesamt gesehen sprechen meiner Meinung nach mehr Argumente gegen eine Digital-Diät als dafür. Die intensive Nutzung von Smartphone und Computer bedeutet nach meiner Erfahrung nicht, dass man sich nicht mit seinen Freunden trifft.

Jeremy Meyer (8b)

b Nach der kriteriengeleiteten Überarbeitung der Leserbriefe sollte man mit der Lerngruppe diskutieren, ob bzw. wo und wie man die Leserbriefe publizieren kann.

‖ **S.57** 2.3 Fit in … – Stellung nehmen

‖ **S.57** Ute Eberle: Die Schule kommt nach Hause

Das Training für eine Klassenarbeit (Aufgabentyp: Zu einem Sachverhalt begründet Stellung nehmen) ist so angelegt, dass die Schülerinnen und Schüler selbstständig üben können. Schreibprodukt ist ein Leserbrief, in dem die eingeübten Schreibkompetenzen zusammengeführt werden. Neben dem Wissen über die Grundelemente schriftlichen Argumentierens spielt auch das Textsortenwissen über den Aufbau eines Leserbriefs eine Rolle.

Der Schreibanlass knüpft an das Kapitelthema „Digitale Medien nutzen" an. Das für die Begründung der eigenen Meinung notwendige Wissen wird in einem Artikel über Internetschulen und fiktiven Blog-Beiträgen dazu zur Verfügung gestellt. Bei der argumentativen Struktur ist auch das Eingehen auf einen Einwand wichtig.

‖ **S.57** Die Aufgabenstellung richtig verstehen

1 Beratend kann die Lehrkraft vorsorglich auf bekannte grundlegende Strategien der Texterschließung hinweisen, etwa auf die Fünf-Schritt-Lesemethode.

2 Die Aussagen E und H treffen nicht zu, alle anderen Sätze formulieren Anforderungen der Aufgabenstellung.

→ Lösungswort (von unten nach oben gelesen): MAIL

‖ **S.59** Ideen sammeln (Stoffsammlung anlegen)

3 a Für die eigene Entscheidungsfindung ist es sinnvoll, Meinungen pro und kontra Internetschule gegenüberzustellen, damit der Prozess der eigenen Positionierung sachorientiert und rational erfolgt. Mögliche Gegenüberstellung:

Besuch einer Internetschule	
dafür spricht	**dagegen spricht**
– Schüler können ihren Stärken entsprechend lernen, auch mit individuellen Themen und Materialien. – Man kann selbst entscheiden, wann man für welches Fach lernt. – Lernen mit dem PC macht viel Spaß, ist anschaulich und motivierend. – Bei Fragen/Problemen wird man persönlich von einem Lehrer betreut.	– Man lernt alleine, ohne Klassengemeinschaft, ohne Freunde und lernt nichts über das soziale Miteinander. – Etwa die Hälfte der Internetschüler gibt einer Studie zufolge auf. – Internetschulen sind nach wissenschaftlichen Erkenntnissen nicht für jeden Schüler geeignet. – An regulären Schulen macht man Klassenfahrten und kann als Austauschschüler an ausländischen Schulen lernen. – An regulären Schulen gibt es viele AGs. – In Deutschland besteht Schulpflicht in einer Schule.

b Die Starthilfen zur Meinungsäußerung bieten Formulierungsvorschläge an, die eigene Meinung muss jedoch von den Lernenden ergänzt werden.

Beispiellösungen:
– Ich kann mir vorstellen/nicht vorstellen, Schüler in einer Internetschule zu sein.
– Ich würde gerne/nicht gerne in einer Interschule lernen und unterrichtet werden.

4 **a** Beispiellösung für die Sammlung von Argumenten und stützenden Beispielen:

Argumente + Beispiele für Internetschule	
Argument	Man kann selbst entscheiden, wann man für welches Fach lernt.
stützendes Beispiel	Der amerikanische Internetschüler Johnny erklärt in der Reportage seinen individuellen Stundenplan und Tagesablauf, muss nicht ständig zwischen den Fächern hin und her springen.
Argument	Bei Fragen/Problemen wird man persönlich von einem Lehrer betreut.
stützendes Beispiel	In der Reportage bestätigt der amerikanische Schüler Johnny, dass man bei Problemen die Lehrer schnell per Telefon oder Mail erreichen kann.
Argument	Schüler lernen individuell, entsprechend ihren Stärken, auch an individuellen Themen und Materialien. Das ist an Regelschulen nicht selbstverständlich.
stützendes Beispiel	z. B. Songtexte der Lieblingsband oder Matheaufgaben zu Sportthemen (hat Alphatier auf der Website einer Internetschule gelesen)
Argument	Schüchterne haben bessere Chancen.
stützendes Beispiel	Die Western Pennsylvania Cyber Charter School hat Schüler, denen früher vor der Schule graute, die dort gehänselt wurden (Aussage der Lehrerin Jayne Price).
Argument	Lernen mit dem PC macht viel Spaß, ist anschaulich und motivierend.
stützendes Beispiel	Die Blogger Alphatier und Friendly bestätigen, dass individuelles Lernen am PC motivierend sei.

Argumente + Beispiele gegen Internetschule	
Argument	Man lernt alleine ohne Klassengemeinschaft.
stützendes Beispiel	Vertreter des US-Bildungsverbands lehnen Unterricht ausschließlich zu Hause am PC ab, weil Schüler dann nichts über das soziale Miteinander lernen.
Argument	nach wissenschaftlichen Erkenntnissen nicht für jeden Schüler geeignet
stützendes Beispiel	Studie, nach der etwa die Hälfte der Schüler von Internetschulen in den USA aufgeben; Lehrer sind sogar froh, wenn 30 % nicht vorzeitig abspringen.
Argument	Das Angebot neben dem Unterricht entfällt.
stützendes Beispiel	In regulären Schulen gibt es interessante Projekte und tolle AGs (Skinner).
Argument	An regulären Schulen macht man Klassenfahrten und kann als Austausch- schüler auch an ausländischen Schulen lernen.
stützendes Beispiel	Der Blogger Skinner weist unter Bezug auf Klassenfahrten darauf hin, wie wichtig soziales Lernen ist.

b Da sich fast alle Argumente pro oder kontra Internetschule auch mit Beispielen und Belegen aus den Texten stützen lassen, ergeben sich eher aus der zweiten Leitfrage (Kann das Argument leicht widerlegt werden?) Kriterien für die Auswahl von wichtigen Argumenten. Zu beachten ist bei der Auswahl gut geeigneter Argumente:
   – Das Argument, Unterricht mit dem PC sei motivierend und anschaulich, lässt sich auch für regulären Unterricht anführen.

- Dass es in Deutschland Schulpflicht gibt und reine Interschulen nicht möglich sind, ist als alleiniges Argument gegen Internetschulen wenig überzeugend.
- Auch an regulären Schulen gibt es mittlerweile individualisiertes Lernen, wenn auch nicht in der Ausprägung wie an Internetschulen.

c Beispiele für die Formulierung und Widerlegung eines Einwands:
- Natürlich lernt man in Interschulen in der Regel alleine und es besteht die Gefahr, dass man vereinsamt. Aber der amerikanische Internetschüler Johnny erklärt in dem Artikel, dass er über Chatrooms und virtuelle Klassendiskussionen mehr Freunde kennen gelernt habe als früher in der Schule.
- Es ist schon richtig, dass individuelles Lernen mit dem PC motivierend wirkt und Spaß macht. Aber viel entscheidender ist doch – auch aus Expertensicht –, dass man an Internetschulen nichts über das soziale Miteinander lernt.

‖ S. 60 Die Argumentation ausformulieren und überarbeiten

5 Beispiellösungen für ausformulierte Stellungnahmen:

Leserbrief zu dem Artikel „Die Schule kommt nach Hause"
(Stellungnahme pro Internetschule)
Nachdem ich Ute Eberles Artikel „Die Schule kommt nach Hause" über Internetschulen in den USA gelesen habe, habe ich mir die Frage gestellt, ob ich gerne eine solche Schule besuchen würde. Obwohl in Deutschland der ausschließliche Besuch von Internetschulen wegen der Schulpflicht ausgeschlossen ist, lohnt es sich, darüber nachzudenken, was für das Internetlernen spricht.
Ich würde gerne in einer Interschule lernen und unterrichtet werden.
Besonders überzeugt mich dabei, dass Schüler individuell, entsprechend ihren Stärken und Interessen, unterrichtet werden. Sie können sogar anhand von extra für sie zusammengestellten Themen und Materialien lernen und sich die Zeit einteilen. Der Blogger Alphatier berichtet zum Beispiel, dass in einer Internetschule etwa Aufgaben zu Songtexten der Lieblingsband gestellt werden oder Matheaufgaben zu Sportthemen, und der amerikanische Internetschüler Johnny erklärt, wie er seinen persönlichen Stundenplan und Tagesablauf zusammengestellt hat, damit er nicht ständig zwischen den Fächern hin und her springen muss.
Für Internetschulen spricht darüber hinaus, dass Lernen am PC anschaulich und motivierend ist. Der Blogger Friendly bestätigt, was viele Schüler in meiner Klasse denken: Computer und Tablets sind interessante und lehrreiche Hilfsmittel im Unterricht.
Viele meinen zwar, dass man an Interschulen alleine lernt und die Gefahr bestehe zu vereinsamen. Aber der amerikanische Internetschüler Johnny erklärt in dem Artikel, dass er über Chatrooms und virtuelle Klassendiskussionen mehr Freunde kennen gelernt habe als früher in der Schule.
Ich bin der Auffassung, dass Interschulen gegenüber der herkömmlichen Schule viele Vorteile haben. Da es in Deutschland Schulpflicht gibt, könnte ein Kompromiss sein, dass man mehr Tablet- und Notebook-Klassen einrichtet. Dann könnten die Schülerinnen und Schüler mit dem PC lernen, ohne dabei alleine zu sein.
Emre Gundogan (14), Mönchengladbach

Leserbrief zu dem Artikel „Die Schule kommt nach Hause"
(Stellungnahme kontra Internetschule)
Nachdem ich Ute Eberles Artikel „Die Schule kommt nach Hause" über Internetschulen in den USA gelesen habe, habe ich mir die Frage gestellt, ob ich gerne eine solche Schule besuchen würde. In den USA gibt es immer mehr Schüler, die Internetschulen besuchen. Auch wenn in Deutschland Schulpflicht mit Anwesenheit in einem Schulgebäude herrscht, lohnt es sich, darüber nachzudenken, ob Internetschulen die besseren Schulen sind.
Ich kann mir jedenfalls nicht vorstellen, Schülerin einer Internetschule zu sein.
Das zentrale Argument gegen Internetschulen lautet: Man lernt dort alleine ohne eine Klassengemeinschaft. Das widerspricht einer wichtigen Aufgabe der Schule, nämlich das soziale Zusammenleben und die Zusammenarbeit zu fördern. In dem Artikel wird dies durch das Zitat einer Vertreterin des US-

Bildungsverbandes unterstützt. Dieser Verband lehnt Internetschulen ab, weil Schüler so nicht lernen, das soziale Miteinander einzuüben.

Ein weiteres wichtiges Argument gegen Internetschulen ist, dass sie nach wissenschaftlichen Erkenntnissen nicht für jeden Schüler geeignet sind. Denn die Lernenden müssen in einer Internetschule sehr diszipliniert, motiviert und selbstständig sein. In dem Artikel wird zum Beispiel eine amerikanische Studie zitiert, nach der etwa die Hälfte der Schüler an solchen Schulen aufgeben, und es heißt, viele Lehrer an Internetschulen seien sogar froh, wenn 30 Prozent der Schüler nicht abspringen.

Es ist schon richtig, dass individuelles Lernen mit dem PC motivierend wirkt und Spaß macht. Aber viel entscheidender ist doch – auch aus Expertensicht –, dass man an Internetschulen nichts über das soziale Miteinander lernt und keine Möglichkeit hat, gemeinsam mit den Klassenkameraden und Freunden an Klassenfahrten oder an tollen AGs teilzunehmen.

Deshalb vertrete ich die Auffassung, dass man in Interschulen nicht so gut und vielfältig lernen kann wie an herkömmlichen Schulen. Selbstverständlich kann man sich Situationen vorstellen, in denen Schüler beispielsweise wegen Krankheit auf das Internetlernen angewiesen sind. Aber das sollten Ausnahmen bleiben. Insgesamt bin ich sehr froh, dass in Deutschland der ausschließliche Besuch von Internetschulen der Schulpflicht widerspricht und ich in einer Klasse gemeinsam mit anderen unterrichtet werde.

Alina Hahn (15), Frankfurt/Main

6 Mit der kriteriengeleiteten kooperativen Überarbeitung der Leserbriefe wird der Schreibprozess beendet. Auch wenn die Schülerinnen und Schüler den Leserbrief nicht im Unterricht verfassen, sollte im Unterricht genügend Zeit für den Austausch über Besonderheiten und Schwierigkeiten dieser Schreibaufgabe bleiben.

Material zu diesem Kapitel auf den folgenden Seiten und auf der CD-ROM

- Klassenarbeit – In einem Leserbrief Stellung nehmen: Kontakt zwischen Lehrern und Schülern über Facebook verbieten? (mit Erwartungshorizont auf der CD-ROM)
- Klassenarbeit – In einem Leserbrief Stellung nehmen: Brauchen wir Facebook? (mit Erwartungshorizont auf der CD-ROM)
- Fordern und fördern – In einem Online-Kommentar Stellung nehmen: Soll man Smartphones an der Schule grundsätzlich verbieten? (auf zwei Differenzierungsniveaus, mit Lösungshinweisen auf der CD-ROM)
- Für Profis – Stellung nehmen: Fair produzierte PC-Mäuse für die Schule anschaffen? (mit Lösungshinweisen auf der CD-ROM)
- Diagnose – Standpunkte vertreten: Sollte man den Medienkonsum (TV/PC/Smartphone) von Jugendlichen einschränken, wenn ihre Schulleistungen nachlassen? (mit Lösungshinweisen und Förderempfehlung auf der CD-ROM)

Klassenarbeit – In einem Leserbrief Stellung nehmen

Aufgabenstellung

1 Einige Bundesländer haben den Kontakt von Lehrern und Schülern über Facebook eingeschränkt oder sogar verboten. In dem folgenden Artikel werden die unterschiedlichen Regelungen in den verschiedenen Bundesländern vorgestellt.

Verfasse einen Leserbrief, in dem du deine Meinung zu einem Verbot der Kommunikation zwischen Lehrern und Schülern über Facebook formulierst und mit zwei Argumenten aus den Texten sowie Beispielen begründest. Gehe auch auf ein Gegenargument ein und entkräfte es.

Freundschaftsverbot für Lehrer und Schüler

Lehrer und Schüler dürfen nicht mehr befreundet sein – zumindest nicht auf Facebook!

Rheinland-Pfalz verbietet seinen Lehrern, in dem sozialen Netzwerk Freundschaften mit ihren Schülern zu schließen. Auch dürfen die Lehrer Facebook nicht mehr nutzen, um zum Beispiel
5 Noten mitzuteilen, Hausaufgaben zu vergeben oder Klassenausflüge zu planen. Der Grund: Der Erziehungs- und Bildungsauftrag der Schule sei mit dem Geschäftsmodell von Facebook – einer Auswertung und Vermarktung persönlicher Da-
10 ten – nicht zu vereinbaren, so der Datenschutz-beauftragte von Rheinland-Pfalz. Zum Austausch gebe es Alternativen.

Doch Rheinland-Pfalz ist nicht das einzige Land! Auch andere Bundesländer wollen den Kontakt
15 von Lehrern und Schülern strenger regeln.

Das Kultusministerium **Baden-Württemberg** schränkt den Einsatz sozialer Netzwerke an Schulen mit Hinweis auf den Datenschutz stark ein. In einer Handreichung wird die Rechtslage
20 dargestellt, die den Pädagogen verbietet, etwa Facebook für die Kommunikation mit den Schülern sowie untereinander zu nutzen. Demnach werden Chats, die Vereinbarung schulischer Termine und das Einrichten von Lerngruppen
25 sowie das Speichern personenbezogener Daten aus sozialen Netzwerken künftig untersagt.

In **Bayern** und **Schleswig-Holstein** bestehen bereits seit Längerem entsprechende Verbote. In Schleswig-Holstein beispielsweise sollen Lehrer
30 bereits seit Ende 2012 keine sozialen Netzwerke mehr nutzen, um etwa Schulausflüge zu planen oder Noten mitzuteilen. Auch Bayern hat schon vor längerer Zeit seinen Lehrern ein dienstliches

Facebook-Verbot erteilt. „Privat dürfen sie aber auf Facebook aktiv sein, ebenso die Schüler", 35 sagte ein Sprecher.

In **Sachsen** arbeitet das Kultusministerium derzeit an einer Handreichung für die Schulen.

Andere Bundesländer, allen voran die Stadtstaaten **Berlin**, **Hamburg** und **Bremen**, halten sol- 40 che Regelungen für überflüssig. Berlin baut darauf, dass Lehrer sich bei der beruflichen Facebook-Nutzung verantwortungsvoll verhalten, so die Begründung. Die Hamburger Schulbehörde setzt im Unterricht und mit Broschüren 45 darauf, „einen sensiblen Umgang mit sozialen Netzwerken zu erreichen", erklärt ein Sprecher. Auch die Bremer Behörde hält es für sinnvoll, etwa Klassenfahrten über das Netzwerk zu organisieren. 50

Ähnlich beurteilen das **Nordrhein-Westfalen, Niedersachsen, Hessen, Brandenburg, Mecklenburg-Vorpommern, Sachsen-Anhalt** und **Thüringen**. Dort wird kein Handlungsbedarf gesehen. Das Ministerium in NRW verweist auf 55 die allgemeine Schulordnung, die von Lehrern ein „amtsangemessenes Verhalten" verlange. Dazu gehörten eine „pädagogische Distanz zu den Schülern und eine Trennung von dienstlicher und privater Kommunikation", erklärte ein Spre- 60 cher. Sachsen-Anhalt und Thüringen bauen ebenfalls auf die Eigenverantwortung der Lehrer. Lehrer müssten auch bedenken, dass wichtige Informationen über Online-Netzwerke nicht alle Schüler erreichten, erklärte das Thüringer Minis- 65 terium.

(Quelle: BILD.de vom 22.10.2013;
http://www.bild.de/politik/inland/facebook/duerfen-auf-facebook-keine-freunde-sein-33075142.bild.html, Stand 20.2.2014)

Kopiervorlage

Klassenarbeit 2, Seite 1

Leserkommentare

Sevilla123, 22.10.2013
Das ist ein echtes Problem: Einerseits ist Facebook sehr nützlich, um Verabredungen mit großen Gruppen zu koordinieren. Andererseits ist es wegen des fehlenden Datenschutzes sehr problematisch. Was tun? Den Kontakt zu verbieten, ohne eine Alternative vorzuschlagen, halte ich nicht für eine gute Idee. Stattdessen könnten die Kultusministerien einige kluge Informatiker einstellen und ein eigenes soziales Netzwerk aufbauen, das ausschließlich der Kommunikation zwischen Schülern und Lehrern dient. Dabei könnte man genau festlegen, was mit den sensiblen Daten geschieht. So etwas gibt es ja auch an den Universitäten.

OttoMainz, 23.10.2013
Die Lehrkräfte sollen ihre Schüler da abholen, wo diese stehen. Deren Leben spielt sich in sozialen Netzwerken ab. Jetzt darf die Lehrerin / der Lehrer sie dort nicht mehr treffen. Das ist ein Widerspruch! Außerdem sind soziale Netzwerke für Lehrer wichtig, um sich über die Jugendlichen, deren Leben und Interessen zu informieren.

Kopiervorlage

Klassenarbeit – In einem Leserbrief Stellung nehmen

Brauchen wir Facebook?

Aufgabenstellung

1 Mehrere Schülerinnen und Schüler einer 8. Klasse haben auf die Frage „Brauchen wir Facebook?" in dem unten stehenden Zeitungsartikel ihre Ablehnung begründet. Du bekommst von der Redaktion eurer Schülerzeitung die Aufgabe, die Position „Ja, wir brauchen soziale Netzwerke" zu vertreten. Deine Stellungnahme soll auf der Schulhomepage veröffentlicht werden.

Begründe deine Position mit zwei überzeugenden Argumenten. Werte für deine Begründung die Leserkommentare aus. Denke an stützende Beispiele und entkräfte ein Argument aus dem Schülerartikel.

Brauchen wir Internetseiten wie Facebook?

Von Carlotta Meyer, Miriam Leca, Max Beyer, Lea Naßenstein und Brua Muratdagi

Nein, denn die Nutzer versinken in einem Rausch und vergessen, ihre Hobbys zu pflegen oder Freunde zu treffen. Auch die Schule leidet darunter.

5 Facebook hat mehr als eine Milliarde Nutzerkonten – und das ist alles andere als gut. Die meisten Menschen merken es gar nicht, aber es entsteht geradezu eine Sucht nach Facebook. Jeder will es. Jeder will die Klicks seiner Freunde auf den

10 „Gefällt mir"-Buttons unter den Fotos und Nachrichten. Jeder will neue Facebook-Freunde haben – obwohl er sie gar nicht kennt.

Es entwickelt sich ein Wettbewerb um Beliebtheit und Ansehen.

15 Doch was ist mit den Menschen, die Facebook nicht nutzen? Wir nutzen Facebook nicht, und unsere Freunde und Bekannten haben kaum noch Zeit, weil sie in ihrer virtuellen Welt gefesselt

sind. Sie verbringen Stunde um Stunde im Netzwerk und vergessen, wie die Zeit vergeht. 20 Hobbys? Fehlanzeige!

Sie alle versinken im Facebook-Rausch und vergessen, sich mit anderen zu treffen. Dazu kommt, dass viele Facebook-Nutzer kaum noch Schularbeiten verrichten, sondern in der Schule ständig 25 keine Hausaufgaben haben oder schlechte Noten erzielen.

Ein weiterer großer Nachteil: Die Facebook-Nutzer haben keine Privatsphäre mehr. Jeder Schritt und jede Aktion wird gepostet. Bilder, 30 Videos und Nachrichten werden der ganzen Welt preisgegeben.

Ist es das, was wir wollen? Nein! Ein virtuelles Leben auf Facebook brauchen und wollen wir nicht. 35

(Quelle: Westdeutsche Zeitung, 25.02.2013, S. 30.
http://www.wz-newsline.de/polopoly_fs/1.1258225.1362577243!
menu/standard/file/Facebook-Seite.pdf, Stand 24.02.2014)

Leserkommentare

hannahhimmelblau: Soziale Netzwerke bieten die Möglichkeit, sich als Person mit eigenen Interessen und Vorlieben originell präsentieren zu können. Soziale Netzwerke stärken die eigene Identität; man kann durch Gleichaltrige Selbstbestätigung erfahren.

SuperMax2050: *Soziale Netzwerke bieten vielfältige Kommunikationsmöglichkeiten, z. B. per E-Mail, in Gruppen, Blogs oder Foren. Durch flexible Nutzungsmöglichkeiten wird fast jede Stimmungslage angesprochen – von der „Null Bock-Laune" bis zur aktiven Nutzung.*

HarryTöpfer: Soziale Netzwerke für Jugendliche sind von der Grundidee her erwachsenenfreie Räume. Sie bieten Möglichkeiten, sich selbst auszuprobieren – ohne Sanktionen befürchten zu müssen.

Reisefex: *Soziale Netzwerke erleichtern es, sich mit anderen Jugendlichen, die gleiche Interessen haben, auszutauschen. Junge Menschen können problemlos Gleichaltrige auch aus anderen Städten oder Ländern kontaktieren und weltweit Freunde gewinnen.*

Kopiervorlage

Fordern und fördern – In einem Online-Kommentar Stellung nehmen

Soll man Smartphones an der Schule grundsätzlich verbieten?

Brief eines Schülers
Fair bringt mehr? Wer trickst, liegt vorn

Der Betrug an Schulen hat mit der Entwicklung von Technik und Informationsverbreitung eine andere Dimension angenommen. Man ist längst über das Abgucken von einzelnen Abschnitten
5 und das Spicken auf kleinen Zetteln hinausgegangen. Durch das Handy – oder besser Smartphone – werden ganze Lateinklausuren von Übersetzungsseiten gelöst und eins zu eins übernommen.

10 In Fächern mit hohem Lernaufwand wie Geschichte oder Sozialkunde wird eine Vielzahl von Fakten vorher als Notiz auf dem Handy eingetippt und dann einfach abgelesen. Internetseiten tun ihr Übriges. Das alles ist Ihnen sicherlich
15 bekannt, allerdings nicht, wie der Umgang mit solchen Dingen an der Schule ist.

Einerseits ist das Verhalten der Schüler zu betrachten: Ehrliche Schüler oder auch einfach nur Schüler, die durch ein finanziell weniger ausge-
20 stattetes Elternhaus nicht mit einem Smartphone und Internetzugang gesegnet sind, fühlen sich jedes Mal hintergangen, wenn Mitschüler auf diesem Wege gute Noten erzielen – und gleichzeitig unter Druck gesetzt, ebenfalls bei diesem
25 falschen Spiel mitzumachen. Denn es wäre ja unfair, wenn die anderen spicken und man es selbst lässt und schlechtere Noten bekommt.

Der Teufelskreis setzt sich fort. Die Betrüger selbst haben längst keine Hemmschwelle mehr.
30 Egal, ob kleiner Test oder dreistündige Klausur: Wer sich die beste Technik und die passende Flatrate leisten und am besten betrügen kann, hat gewonnen. Gespräche über Fairness stoßen auf uneinsichtige Antworten.

Das Verhalten der Lehrer ist fatal: Diese Genera- 35 tion hat selbst in Sachen Betrug nur Trivialitäten wie Spicken auf Zetteln oder Abgucken erlebt. Die Folgen hielten sich früher in Grenzen und die Ungerechtigkeit war relativ minimal. Dementsprechend sind heute auch ihre Vorstellungen 40 von Betrug und ihr Umgang damit.

Mit der voranschreitenden Technisierung und dem anhaltenden Zugang zu Informationen hat sich die Situation allerdings grundlegend geändert. Richtig ist, dass Reden und Ansprachen 45 über Teamgeist, Fairness und Werte wie Ehrlichkeit bei den betrügenden Schülern auf unfruchtbaren Boden fallen und leider eine Wirkung gleich null haben.

Leider sind die Lehrer beim Einhalten ihrer eige- 50 nen Regeln auch nicht sehr konsequent: Wenn ein Schüler während der Klausur mit einem Handy erwischt wird, gibt es oft nur eine kurze Ermahnung. Das Handy landet in der Hosentasche und wird im nächsten Moment wieder flei- 55 ßig eingesetzt. Eine Sechs wird selten erteilt.

Abgesehen davon hat das Schülerhirn schon sehr viele Schlupfwinkel entdeckt, um ungestört betrügen zu können. Zudem gibt es viele Lehrer, denen ein Einsammeln der Handys vor jeder Ar- 60 beit viel zu mühsam und umständlich ist. Aber nur durch das Einführen konsequenter Regelungen – bei sehr wichtigen Arbeiten auch Leibesvisitationen bei jedem einzelnen Schüler – können die Bedingungen gerechter werden. Das hört sich 65 sehr hart an, aber nur damit wird man dem Wandel der Zeit gerecht.

(Quelle: Brief eines Schülers, anonym abgedruckt in: Mitteldeutsche Zeitung, 20.01.2012 (Online-Ausgabe)
http://www.mz-web.de/mitteldeutschland/fair-bringt-mehr---wer-trickst--liegt-vorn-,20641266,17351612.html, Stand 06.01.2014)

Kopiervorlage

KV 4, Seite 1

1 Lies den anonymen Brief eines Schülers, in dem es um Auswirkungen von Handys und Smartphones auf Leistungsüberprüfungen in der Schule geht. Formuliere mit einem Textbeleg, welche Behauptungen und Forderungen in dem Brief aufgestellt werden.

Der Schüler behauptet, dass Schummeln und Betrügen bei Klassenarbeiten nur _____

_____

Er fordert _____

_____

2 Stelle dar, mit welchen Argumenten der Schüler seine Forderung begründet und mit welchen Beispielen er diese stützt. Ergänze die Lücken. Denke an Textbelege.

Für die Forderung spricht:

Der Betrug an Schulen hat durch technische Entwicklungen eine neue Dimension angenommen

(vgl. Z. ____).

Ansprachen über Fairness und Werte wie Ehrlichkeit zeigen keine Wirkung mehr (vgl. Z. ____).

Bei Klassenarbeiten z.B. in Fächern mit hohem Lernaufwand _____

_____ (vgl. Z. 10–13).

Ehrliche Schüler oder Schüler ohne Smartphone/Webzugang finden es ungerecht, wenn Mitschüler

_____.

Manche Schüler spicken nur, weil es unfair wäre, _____

_____ (vgl. Z. 23–27).

Die Lehrer verhalten sich beim Einhalten von Handy-Regeln nicht immer konsequent (vgl. Z. ____).

Wenn Schüler z.B. beim Mogeln mit dem Smartphone _____, dann

_____

Kopiervorlage

3 Nach einigen Täuschungsversuchen bei Klassenarbeiten sollen Handys/Smartphones an eurer Schule grundsätzlich verboten werden. Falls Schülerinnen oder Schüler dennoch ein Handy mitbringen, müssen sie es vor dem Unterricht im Sekretariat abgeben. Nimm Stellung zu dem geplanten Verbot. Verfasse einen Online-Kommentar, der auf der Webseite eurer Schule erscheinen könnte. Beziehe dich in deiner Stellungnahme auf die Überlegungen des Schülers. Begründe deine Position mit zwei überzeugenden Argumenten, denke an stützende Beispiele und entkräfte einen Einwand. Schreibe in dein Heft oder auf dem PC/Tablet. Du kannst die folgende Vorlage und die Formulierungshilfen verwenden:

Überschrift	Soll man Smartphones an unserer Schule grundsätzlich verbieten?
Einleitung (Anlass)	Nachdem an unserer Schule ... und deshalb Handys/Smartphones ..., möchte ich zu ... Stellung nehmen. Interessante Argumente liefert der anonyme Brief eines Schülers, der ...
Hauptteil (Argumentation) Meinung Argument 1 Beispiel 1 Argument 2 Beispiel 2 Einwand formulieren und entkräften	... Ein wichtiges Argument für/gegen ... ist, dass ... ... wird zum Beispiel erklärt ... Darüber hinaus spricht für/gegen ... Das zeigt beispielsweise ... Viele meinen zwar ... / Sicher stimmt es ... Aber ...
Schluss (Bekräftigung der Meinung, Vorschlag, Einschränkung)	Zusammenfassend bin ich der Auffassung, dass ... Das könnte ... ein Kompromiss sein ... / Wenn... , würde ich ...

b Überarbeite deinen Blog-Beitrag mit Hilfe der Checkliste auf S. 60 im „Deutschbuch".

Kopiervorlage

1 Lies den anonymen Brief eines Schülers, in dem es um Auswirkungen von Handys und Smartphones
●●● auf Leistungsüberprüfungen in der Schule geht. Formuliere mit einem Textbeleg, welche Behauptungen
und Forderungen in dem Brief aufgestellt werden.

Der Schüler behauptet, dass _____

_____

Er fordert _____

_____

2 Stelle dar, mit welchen Argumenten der Schüler seine Forderung begründet und mit welchen Beispielen
●●● er diese stützt. Ergänze die Lücken. Denke an Textbelege.

Für die Forderung spricht:

Der Betrug an Schulen hat durch technische Entwicklungen _____ (vgl. Z. ____).

Ansprachen über _____ zeigen keine Wirkung mehr (vgl. Z. ____).

Bei Klassenarbeiten z. B. in Fächern _____

_____ (vgl. Z. ____).

Ehrliche Schüler oder Schüler ohne Smartphone/Webzugang _____

_____.

Manche Schüler spicken nur, weil _____

_____ (vgl. Z. 23–27).

Die Lehrer verhalten sich beim Einhalten von Handy-Regeln _____ (vgl. Z. ____).

Wenn Schüler z. B. _____, dann

_____

Kopiervorlage

3 Nach einigen Täuschungsversuchen bei Klassenarbeiten sollen Handys/Smartphones an eurer Schule grundsätzlich verboten werden. Falls Schülerinnen oder Schüler dennoch ein Handy mitbringen, müssen sie es vor dem Unterricht im Sekretariat abgeben. Nimm Stellung zu dem geplanten Verbot. Verfasse einen Online-Kommentar, der auf der Webseite eurer Schule erscheinen könnte. Beziehe dich in deiner Stellungnahme auf die Überlegungen des Schülers. Begründe deine Position mit zwei überzeugenden Argumenten, denke an stützende Beispiele und entkräfte einen Einwand. Schreibe in dein Heft oder auf dem PC/Tablet. Du kannst die folgende Vorlage verwenden:

Überschrift	Soll man Smartphones an unserer Schule grundsätzlich verbieten?
Einleitung (Anlass)	Nachdem ... und deshalb ..., möchte ich ... Interessante Argumente liefert ...
Hauptteil (Argumentation) Meinung Argument 1 Beispiel 1 Argument 2 Beispiel 2 Einwand formulieren und entkräften	... Ein wichtiges Argument … ... ... Das zeigt beispielsweise ... Viele ... / Sicher ... Aber ...
Schluss (Bekräftigung der Meinung, Vorschlag, Einschränkung)	Zusammenfassend ... Das könnte …

b Überarbeite deinen Blog-Beitrag mit Hilfe der Checkliste auf S. 60 im „Deutschbuch".

Kopiervorlage

Für Profis – Stellung nehmen

Fair produzierte PC-Mäuse für die Schule anschaffen?

Katrin Langhans
Faire Elektronik – geht das?

Frau Jordan, wie sind Sie auf die Idee gekommen, eine faire Computermaus zu entwickeln?

SUSANNE JORDAN: Ich habe drei Jahre bei der Ratingagentur „Oekom research" gearbeitet, die

5 bewertet, wie ökologisch und sozial Firmen produzieren. Dabei habe ich festgestellt, dass die Arbeitsbedingungen in dem Bereich „Computer und Elektronik" sehr schlecht sind. Die Fabriken sind oft in Asien oder Lateinamerika und die Ar-

10 beiterinnen müssen sieben Tage die Woche zwölf Stunden am Tag arbeiten. Das Geld reicht trotzdem kaum zum Leben. Ich dachte: Es gibt faire Schokolade, fairen Kaffee, faire Klamotten. Warum nicht auch faire Elektronik?

15 *Warum gerade eine Maus?*

SUSANNE JORDAN: Ich habe ein durchschnittliches technisches Verständnis und eine Maus ist ein relativ einfaches elektronisches Gerät. [...] Hauptsache, sie hat zwei Tasten und ein Scroll-

20 rad.

So weit die Idee – und dann?

SUSANNE JORDAN: Ich habe die Maus aufgeschraubt, geguckt, was drin ist, und geschaut, wo ich diese Einzelteile aus fairer Produktion be-

25 kommen könnte. Ursprünglich wollte ich, dass nicht nur die Arbeitsbedingungen, sondern auch alle verarbeiteten Rohstoffe fair sind. Aber das ist schwierig, weil ich die Rohstoffe nicht selbst verarbeiten lasse, sondern einzelne Bauteile. Und

30 bei meiner geringen Stückzahl lohnt es sich für eine Firma nicht, Sonderwünsche zu beachten und zum Beispiel recyceltes Zinn zu nehmen, auch wenn das sozial verträglicher wäre, weil die Arbeitsbedingungen in den Zinnminen oft sehr

35 schlecht sind.

Was genau ist jetzt fair an der Maus?

SUSANNE JORDAN: Bei der Montage, dem Löten der Leiterplatte sowie bei der Herstellung von etwas mehr als der Hälfte der Bauteile sind die

40 Arbeitsbedingungen sehr gut. Die Arbeiterinnen

sind keinen giftigen Chemikalien ausgesetzt, langfristig sozial abgesichert und müssen keine Überstunden machen. Sie können gut von ihrem Arbeitslohn leben.

Wie überprüfen Sie die Arbeitsbedingungen? 45

SUSANNE JORDAN: Ich recherchiere im Internet und informiere mich auf Messen für elektronische Bauteile. Zwei Drittel der Bauteile für die Maus beziehe ich aus Japan, Israel oder Deutschland. Ich gehe davon aus, dass diese Firmen die 50 hohen Sozial- und Umweltstandards einhalten. Einige Sachen aber werden dort nicht produziert. Der Sensor zum Beispiel kommt von den Philippinen und noch ein paar andere Bauteile kommen aus China. Da kann ich nicht sicher sagen, 55 wie die Arbeitsbedingungen sind. Ich gehe aber davon aus, dass sie schlecht sind.

Können Sie das nicht überprüfen?

SUSANNE JORDAN: Für jedes Bauteil in die Fabrik zu reisen, das wäre zu teuer. 60

Glauben Sie, dass die Maus jemals komplett fair sein wird?

SUSANNE JORDAN: Ich hoffe, ja. Ich glaube, wenn ich die ersten Mäuse verkauft habe, ist es leichter, Firmen davon zu überzeugen, dass sie 65 für mich Ausnahmen machen und Einzelteile fair produzieren. Ich kann sagen: Schaut her, das Konzept funktioniert. Es gibt Bedarf. Wollt ihr euch nicht beteiligen und zum Beispiel ein faires Kabel aus recyceltem Kupfer machen? Für die 70 Firmen wäre das grüne Werbung und ich käme Schritt für Schritt weiter. Bis die Maus komplett fair ist, das wird noch Jahre dauern. Ich sehe das so: Mein Projekt ist eine teilfaire Maus, die immer fairer werden soll. 75

Wird sie fair zusammengebaut?

SUSANNE JORDAN: Ja. Eine Integrationswerkstatt in Regensburg hat die ersten 3000 Stück zusammengeschraubt.

Kopiervorlage

80 *Was kostet die Maus?*

SUSANNE JORDAN: Sie kostet 26,90 Euro. Noch verdiene ich kein Geld damit, aber mein langfristiges Ziel ist, dass sich das Projekt inklusive Arbeitszeit selbst trägt.

85 *Wer soll die Maus kaufen?*

SUSANNE JORDAN: Privatleute, Gemeinden und soziale oder kirchliche Einrichtungen, die Kin-

derarbeit ausschließen wollen und sich auch in anderen Bereichen für eine gerechtere Welt einsetzen. Da sollte man konsequent sein und eben 90 auch fairen Kaffee oder faire Elektronik kaufen. […]

(Quelle: Interview, veröffentlicht auf aktuell.evangelisch.de am 05.02.2013, http://aktuell.evangelisch.de/artikel/77977/ faire-elektronik-geht-das, Stand 25.02.014)

Eure Schule ist aufgefordert worden, bei der PC- und Medienausstattung auf fair produzierte Produkte zu achten. Nun sollst du eine schriftliche Stellungnahme für die Schülerzeitung verfassen zu der Frage: Sollen alle PCs an der Schule mit fair produzierten PC-Mäusen ausgestattet werden, auch wenn das bedeutet, dass sich Schüler oder Eltern an den Mehrkosten beteiligen müssen oder unter Umständen auch an der weiteren Medienausstattung (z.B. Beamer, Tablets) gespart werden muss? Gehe so vor:

1 Werte zunächst das Interview aus. Überlege, welche Argumente und Beispiele für und welche gegen die Anschaffung fair produzierter PC-Mäuse sprechen. Ergänze dazu die Tabelle. Denke an Textbelege.

Anschaffung fair produzierter PC-Mäuse	
Argumente/Beispiele dafür	**Argumente/Beispiele dagegen**
Beitrag zum Umweltschutz: _____ _____ (Z. 41, 50 f.)	hoher Preis: _____ (Z. _____) _____

2 Formuliere deine eigene Meinung, nachdem du die Argumente für und gegen die Anschaffung fair produzierter Computermäuse abgewogen hast. Du kannst in deiner Stellungnahme der Anschaffung zustimmen, sie ablehnen und/oder einen Kompromiss vorschlagen.

3 a Verfasse nun deine Stellungnahme für die Schülerzeitung. Begründe deine Meinung mit zwei überzeugenden Argumenten und Beispielen. Formuliere einen Einwand und entkräfte ihn. Strukturiere deine Stellungnahme sinnvoll in Einleitung (Anlass der Stellungnahme), Hauptteil (Argumentation) und Schluss (Bekräftigung deiner Position, Bedingung, Kompromissvorschlag oder Forderung) und stelle deine Argumentation zusammenhängend dar. Nutze zum Schreiben am besten einen PC.

b Überarbeite deine Stellungnahme anhand der Checkliste auf S. 60 im „Deutschbuch".

Kopiervorlage

Diagnose – Standpunkte vertreten

Sollte man den Medienkonsum (TV/PC/Smartphone) von Jugendlichen einschränken, wenn ihre Schulleistungen nachlassen?

1 Beim Argumentieren nehmt ihr Stellung zu einer strittigen Frage, z. B.: Sollte man den Medienkonsum von Jugendlichen einschränken, wenn dieser sich negativ auf die Schulleistungen auswirkt?
Kreuze an, welche Aussagen sich als Tipp für eine überzeugende Argumentation eignen.

☐ **A** Den eigenen Standpunkt sollte man möglichst klar formulieren, z. B.: Ich bin der Meinung, dass … / Ich vertrete die Position …

☐ **B** Eine Begründung wird dann besonders gut, wenn man möglichst viele Argumente für seinen Standpunkt nennt, auch wenn nicht alle überzeugend sind.

☐ **C** Bei einer Argumentation ist es wichtig, seine Argumente zu gewichten. Das kann man durch Formulierungen wie: Das wichtigste Argument dafür/dagegen lautet … / Ein weiteres bedeutsames Argument ist …

☐ **D** Wenn man gute Argumente für seinen Standpunkt hat, ist das völlig ausreichend. Stützende Beispiele sind dann überflüssig.

☐ **E** Bei einer Argumentation ist nicht die Anzahl an Argumenten und Beispielen entscheidend, sondern deren Qualität.

☐ **F** Das Eingehen auf mögliche Einwände kann man gut einleiten mit Formulierungen wie: Im Gegensatz zu … bin ich der Auffassung, dass … / Auch wenn einige einwenden, dass …, so …

☐ **G** Eine Begründung wird nicht überzeugender, wenn man auf mögliche Einwände anderer eingeht und diese widerlegt.

☐ **H** Beispiele und Belege veranschaulichen und stützen Argumente. Diese kann man z. B. einleiten durch: Ein Beleg dafür ist … / Das lässt sich daran veranschaulichen, dass …

2 In den folgenden beiden Stellungnahmen äußern sich Elternvertreter zu der Frage: Sollte man den Medienkonsum (TV/PC/Smartphone) von Jugendlichen einschränken, wenn ihre Schulleistungen nachlassen? Untersuche die beiden Stellungnahmen:
– Formuliere jeweils die Meinung/Position.
– Notiere darunter die zur Begründung genannten Argumente und Beispiele.

> **Frau Schröder (Elternvertreterin der 8b)**
> Ich halte es für sinnvoll, dass Eltern bei nachlassenden Schulleistungen darauf achten, wie viel Zeit die Kinder in Medienkonsum stecken. Ich würde bei meinen Kindern darauf drängen, dass sie deutlich weniger Zeit vor Bildschirmen (TV, PC und Smartphone) verbringen, damit sie mehr Zeit für die Schule haben. Ein weiteres wichtiges Argument nennt der Hirnforscher Manfred Spitzer, wenn er sagt, dass Medien wie TV oder Internet beim Lernen eher schaden. Auch meine Nichte hat sich erheblich verbessert, nachdem sie nicht mehr täglich fünf Stunden vor PC und TV saß. Von daher spricht alles dafür, dass der Medienkonsum bei nachlassenden Schulleistungen deutlich eingeschränkt wird.

Meinung: _____

_____

Argument(e): _____

_____

Beispiel(e): _____

_____

Kopiervorlage

KV 6, Seite 1

> **Herr Frank (Elternvertreter der 8c)**
> Bevor ich Fernseh- und Computerverbot erteile, würde ich versuchen, die Ursachen für die nachlassenden Schulleistungen zu ermitteln. Es sprechen aus meiner Sicht mehrere Gründe gegen eine vorschnelle Einschränkung des Medienkonsums. In vielen Fächern wird aktiv mit Medien, vor allem dem PC, gearbeitet, z.B. bei Referaten oder Präsentationen. Außerdem argumentieren einige Wissenschaftler für den Nutzen der digitalen Medien für Jugendliche. Sie haben Belege dafür, dass Bildschirmmedien das Lernen auch unterstützen. Daher sehe ich es kritisch, wenn man nachlassende Schulleistungen vorschnell auf die Mediennutzung zurückführt.

Meinung: _____

_____

Argument(e): _____

_____

Beispiel(e): _____

Jugendliche mit Schulfrust sehen mehr fern

[…] Kinder und Jugendliche, die viel Zeit vor dem Computer oder Fernseher verbringen, haben weniger Lust auf Schule als ihre Altersgenossen. Das kam bei einer Studie der Leuphana Universität Lüneburg im Auftrag der Krankenversicherung DAK-Gesundheit heraus. Unter den Schülern, die täglich sechs Stunden oder mehr vor dem Bildschirm sitzen, sei jeder Fünfte unzufrieden mit seinen Leistungen in der Schule, heißt es in dem Papier […]. Bei Schülern, die weniger als zwei Stunden jeden Tag vor Computer oder Fernseher verbrachten, war nur jeder Zehnte nicht glücklich mit seinen Noten.

Laut den Machern der Studie lassen sich diese Ergebnisse verschieden deuten: „Diejenigen, die Schwierigkeiten in der Schule haben, könnten versuchen, sich mit hohem Medienkonsum abzulenken", schreiben sie. Es sei aber ebenso denkbar, dass sich übermäßiger Medienkonsum negativ auf die Schulleistungen auswirke.

Für die Studie wurden 5 840 Schüler zwischen 11 und 18 Jahren befragt. Sie gingen auf berufs- und allgemeinbildende Schulen in sieben Bundesländern. […]

Je älter die Schüler werden, desto mehr beschäftigen sie sich mit den Medien TV, Computer und Musik, wobei Kinder und Jugendliche über alle Altersstufen hinweg am häufigsten Musik hören. Unter den 11- und 12-Jährigen verbringt etwa jeder Zehnte täglich mehr als sechs Stunden mit Fernseher und Computer, unter den 15- und 16-Jährigen ist es gut jeder Fünfte.

40 Prozent dieser sogenannten Intensivnutzer klagten, dass sie keine Lust auf Schule haben. Der Unwille, in den Unterricht zu gehen, nimmt mit sinkendem Medienkonsum ab. Unter denen, die weniger als zwei Stunden fernsehen oder den Computer benutzen, hatten nur 21 Prozent keine Lust auf Schule.

Auf die Zahl der Freunde hat die Mediennutzung hingegen offenbar kaum Einfluss. So haben 90 Prozent der Befragten vier oder mehr Freunde, unabhängig vom Geschlecht oder der Dauer, die sie mit Fernsehen, Musik und Computer verbringen. […].

(Quelle: Spiegel online, 29.02.2012, http://www.spiegel.de/schulspiegel/wissen/studie-zur-mediennutzung-jugendliche-mit-schulfrust-sehen-mehr-fern-a-818470.html, Stand 25.02.2014)

Kopiervorlage

3 a Lies den Artikel „Jugendliche mit Schulfrust sehen mehr fern". Darin findest du die Ergebnisse einer Untersuchung zur Mediennutzung Jugendlicher. Formuliere mit eigenen Worten das zentrale Ergebnis der Studie und nenne Textbelege (Zeilenangaben).

_____

_____

_____

b Notiere stichwortartig Argumente und stützende Beispiele aus dem Text, mit denen der Zusammenhang zwischen TV- bzw. Computerkonsum und Schulunlust begründet wird. Beziehe dich dabei auf mindestens zwei Textstellen.

_____

_____

_____

_____

c Formuliere mit eigenen Worten, welche beiden Deutungen sich aus den Befragungsergebnissen für die Verfasser der Studie ergeben. Nenne Textbelege (Zeilenangaben).

_____

_____

_____

_____

4 Schreibe nun selbst für die Schülerzeitung eine kurze Stellungnahme (etwa 15 bis 17 Zeilen) zu der Frage: Sollte man den Medienkonsum (TV/PC/Smartphone) von Jugendlichen einschränken, wenn ihre Schulleistungen nachlassen? Überlege zunächst, welche der beiden Elternmeinungen dich nicht überzeugt hat, und beziehe selbst Position. Begründe deine Meinung mit zwei überzeugenden Argumenten und Beispielen, formuliere einen Einwand und entkräfte ihn. Berücksichtige bei deiner Begründung auch die Ergebnisse der Studie zur Mediennutzung Jugendlicher. Gliedere deine Stellungnahme in Einleitung, Hauptteil und Schluss. Du kannst dich an den Formulierungsmustern orientieren. Schreibe in dein Heft oder auf dem PC.

> Die Stellungnahmen der Elternvertreter zu ... veranlassen mich ...
> In diesem Zusammenhang habe ich eine Studie über …
> Ich bin der Auffassung, dass … Dafür gibt es mehrere Gründe.
> Das wichtigste Argument …
> ... beispielsweise ...
> Darüber hinaus …
> ... zum Beispiel ...
> Ich kann zwar ... verstehen, ... Aber ...
> Aus meiner Sicht spricht also einiges … / Ich bin also dafür ...

Cornelsen Illustration: Peter Menne, Potsdam

KV 6, Seite 3

Kopiervorlage

3 Zukunftsvisionen – Lebensentwürfe beschreiben

Konzeption des Kapitels

In diesem Kapitel beschreiben die Schülerinnen und Schüler fremde und eigene Lebensentwürfe und Zukunftsvisionen – ein für die Jugendlichen dieser Jahrgangsstufe zentrales Thema. Dabei werden bereits erworbene Kompetenzen des Beschreibens aufgegriffen und erweitert. Außerdem wird die Bewerbung um einen Praktikumsplatz detailliert angeleitet.

Im ersten Teilkapitel (**„Ich in zehn Jahren – Personen, Orte und Arbeitsabläufe beschreiben"**) erhalten die Lernenden die Möglichkeit, sich mit der Frage auseinanderzusetzen, wie sie in zehn Jahren leben, aussehen und arbeiten möchten. In diesem Zusammenhang wird das schon in der Jahrgangsstufe 7 geübte Beschreiben von Personen vertieft. Hinzu kommen das Beschreiben von Orten (Zimmer, Arbeitsplätze) und Arbeitsabläufen. Das Beschreiben wird dabei schrittweise entwickelt – vom Sammeln erster Ideen über kurze Formulierungsübungen bis hin zum Verfassen der gesamten Beschreibung. Im Anschluss daran werden die Schülerinnen und Schüler dazu angeleitet, ein Radio-Feature zu einem Beruf zu produzieren. Dies bietet ihnen die Möglichkeit, sich mit einem möglichen „Traumberuf" genauer auseinanderzusetzen. Die zuvor geschulten Kompetenzen zum Beschreiben von Personen, Orten und Arbeitsabläufen werden dabei noch einmal gefördert, wenn die Lernenden zur Vorbereitung des Features interviewte Personen, die besuchten Arbeitsplätze und Arbeitsabläufe beschreiben. Abschließend können die Schülerinnen und Schüler ihr Wissen zum Beschreiben in einem Test überprüfen und anwenden.

Im zweiten Teilkapitel (**„Was will ich werden? – Sich um einen Praktikumsplatz bewerben"**) werden die Schülerinnen und Schüler auf ein mögliches Schulpraktikum vorbereitet. Sie lernen zunächst, wie man ein Bewerbungsschreiben mit Lebenslauf verfasst und wie man sich bei einem Bewerbungsgespräch angemessen verhält. Anschließend erarbeiten sie, wie eine Praktikumsmappe erstellt und ein Tagesbericht geschrieben wird.

Im Mittelpunkt des dritten Teilkapitels (**„Fit in ... – Einen Arbeitsablauf beschreiben"**) steht das gezielte Training für eine Klassenarbeit, in der die Lernenden einen Arbeitsablauf beschreiben. Dabei wenden sie noch einmal die im ersten Teilkapitel erworbenen Kompetenzen des Beschreibens an. Der Prozess des Planens, Schreibens und Überarbeitens wird ihnen in einzelnen Arbeitsschritten nahegebracht.

Literaturhinweise

- Anleitungen schreiben. Praxis Deutsch 229/2011
- *Baurmann, Jürgen:* Überarbeiten von Texten – sieben Fragen, sieben Antworten und ein Praxisbeispiel. In: Deutschunterricht 1/2005, S. 4–9
- Beschreiben und Beschreibungen. Praxis Deutsch 182/2003
- Bundesagentur für Arbeit: www.planet-beruf.de (Tipps für Schüler rund um das Bewerbungsverfahren)
- *Fix, Martin:* Texte schreiben. Schreibprozesse im Deutschunterricht. Schöningh, Paderborn 2006
- *Hauser, Francoise:* Würden Sie für mich aus dem Fenster springen? – Bewerbungswahnsinn für Anfänger und Fortgeschrittene. Herder, Freiburg/Brsg. 2013
- Kriterien entwickeln – Schreiben fördern. Praxis Deutsch 223/2010
- *Püttjer, Christian / Schnierda, Uwe:* Bewerben um ein Praktikum. Campus Verlag, Frankfurt/M. [2]2011 (Reihe „Bewerbung last minute")

Übungsmaterial im „Deutschbuch 8 Arbeitsheft"

- Einen Tagesbericht verfassen, S. 14–15
- Einen Ort beschreiben, S. 20–22
- Einen Arbeitsablauf beschreiben, S. 23–25

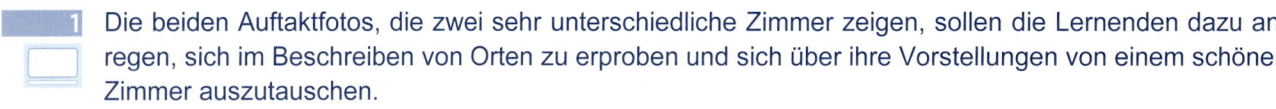
‖ S. 61 3 Zukunftsvisionen – Lebensentwürfe beschreiben

1 Die beiden Auftaktfotos, die zwei sehr unterschiedliche Zimmer zeigen, sollen die Lernenden dazu anregen, sich im Beschreiben von Orten zu erproben und sich über ihre Vorstellungen von einem schönen Zimmer auszutauschen.

– Das gelb gestrichene Jugendzimmer auf dem linken Foto ist mit hellen modernen Holzmöbeln eingerichtet und wirkt auffallend aufgeräumt, fast steril wie in einem Möbelkatalog. Das Hochbett aus Kiefernholz ist ordentlich gemacht, eine rot-orange karierte Decke wurde über das Geländer drapiert, eine orangefarbene Leselampe ist farblich darauf abgestimmt. Türen und Schubladen von Kommode und Schrank unter dem Hochbett sind geschlossen, auf Regalbrettern über der Kommode stehen Schachteln verschiedener Größen, die vermutlich für Ordnung bei allen möglichen Utensilien sorgen. Auf dem roten Sessel links im Bild liegt ein Handy zum Aufladen, auf dem weißen Sofa, von dem nur die Kante zu sehen ist, erkennt man eine aufgeschlagenen Zeitschrift. Nichts liegt auf dem graublauen Fußboden herum, kein Bild ist an den Wänden zu sehen. Ein weißer Wäschesack unter der Leiter zum Hochbett verweist ebenfalls auf den Ordnungssinn des Zimmerbewohners. Dass es sich vermutlich um einen männlichen Jugendlichen handelt, kann man aus einem kleinen Modellauto schließen, das auf der Kommode steht. Er scheint sportlich zu sein, denn neben dem Regal hängt ein Tennisschläger in einer Hülle vom Bettrost herab.

– Das ebenfalls gelb gestrichene Zimmer auf dem rechten Foto wirkt dagegen überfüllt: Die weiß gestrichene Kassettentür – vermutlich in einem Altbau – steht nach außen hin offen, hellrosa gestrichen ist eine alte Kommode mit Schubladen links im Bild. Darauf und im Regal darüber finden sich Fotos, Bücherstapel, CDs, Flaschen, Stifte und allerlei Krimskrams, erhellt von einer Tischlampe mit einem ovalen weißen Schirm. An den Wänden – auch über der Tür – hängen gerahmte und ungerahmte Fotos (möglicherweise Familienfotos), Poster, Zeichnungen und ein selbst angefertigtes Plakat. Ein dunkler Mantel oder eine Jacke wurde neben der Tür in die Ecke auf den Fußboden geworfen, an der Tür hängt auf einem Kleiderbügel ein leichtes, rot gemustertes Kleid mit Spaghettiträgern, das – ebenso wie die Frauen- und Mädchenporträts auf den Bildern – auf eine junge weibliche Bewohnerin schließen lässt.

2 Die Aufgabe gibt den Schülerinnen und Schülern die Möglichkeit, sich über ihre Zukunftsvisionen von einem „Traumzimmer" auszutauschen und dieses genau zu beschreiben. Bei der Rückmeldung durch ihre Lernpartner/-innen, ob die Beschreibung genau genug war, sollten erste wichtige Kriterien für eine gelungene Ortsbeschreibung klar werden.

3 Die Aufgabe regt zur Aktivierung des Vorwissens über Kriterien für eine gute Beschreibung an. Hier könnten schon Aspekte wie „Gliederung in Einleitung, Hauptteil und Schluss", „sachliche Sprache", „aussagekräftige Adjektive und treffende Verben", „sinnvolle Reihenfolge" oder „Präsens" genannt werden. Die Ergebnisse können in einem Tafelbild festgehalten werden:

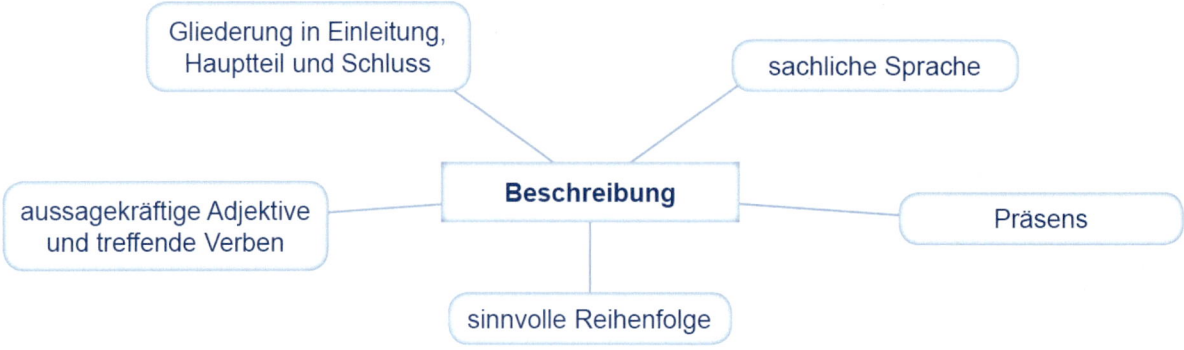

84

‖ S.62 3.1 Ich in zehn Jahren – Personen, Orte und Arbeitsabläufe beschreiben

‖ S.62 Veränderungen – Personen beschreiben

Die Aufgaben in diesem Abschnitt leiten die Schülerinnen und Schüler dazu an, Schritt für Schritt eine Person zu beschreiben, wobei auf das Vorwissen aus der Jahrgangsstufe 7 zurückgegriffen wird. Hier wird vor allem die Verwendung aussagekräftiger Adjektive und treffender Verben trainiert.

1 a Die auf den Fotos zu sehenden Schauspieler Daniel Radcliff, Emma Watson und Rupert Grint haben sich in mehrerlei Hinsicht verändert: Sie sind nicht nur älter (erwachsen) und dementsprechend auch größer geworden, sie tragen auch wesentlich elegantere (Abend-)Kleidung für Erwachsene und haben andere Frisuren.

b Die Lernenden rekapitulieren Merkmale, die man bei einer Personenbeschreibung berücksichtigen sollte, z.B. Geschlecht, ungefähres Alter, Größe, Figur, Hautfarbe, Kleidungsstil, Frisur, Gesicht.

2 Die Beschreibung, wie sie in zehn Jahren aussehen möchten, motiviert die Lernenden über einen sehr persönlichen Impuls zum Beschreiben.

3 a Beispiellösung für einen Steckbrief der jungen Emma Watson:

Gesamteindruck	Kleidung (evtl. auch Schmuck)	Haare und Gesicht	Besondere Kennzeichen
– Geschlecht: weiblich – Figur: zierlich – Hautfarbe: leicht gebräunt – Alter: ca. 12 Jahre – Größe: ca. 1,55 m	– Kleidungsstil: sportlich, lässig – Kleidung: blassgelber Pullunder, darunter ein weißes T-Shirt mit halblangen Ärmeln, kurzer, weiter weißer Rock, der leicht durchsichtig ist, keine Strümpfe, hellgraue Sneakers	– Haarfarbe: hellbraun, leicht rötlich schimmernd – Frisur: schulterlang, gelockt, Seitenscheitel – Gesichtsform: oval – Augenbrauen: geschwungen – Augen: braun, strahlend, freundlich – Nase: klein, gerade – Mund und Lippen: schmal, lächelnd – Kinn: rund	– eigenwilliger Kleidungsstil: durchsichtiger Rock zu derben Turnschuhen

b Beispiellösung für eine ausführliche Beschreibung:

Die junge Emma Watson – Personenbeschreibung
Emma Watson ist auf dem Foto etwa zwölf Jahre alt und ungefähr 1,55 Meter groß. Sie besitzt eine zierliche Figur und ihre Haut erscheint leicht gebräunt.
Ihre vollen hellbraunen, leicht rötlich schimmernden Haare trägt Emma auf der linken Seite gescheitelt. Sie fallen in großen Locken über die Schultern und umrahmen das ovale Gesicht mit dem runden Kinn. Unter geschwungenen dunklen Augenbrauen strahlen braune Augen, die freundlich wirken. Die schmalen Lippen unter einer kleinen, geraden Nase sind zum Lächeln leicht geöffnet.
Auf Grund seiner lässigen Kleidung erscheint das Mädchen sportlich. Es trägt einen blassgelben, am Hals rund abschließenden Pullunder. Darunter schauen die halblangen Ärmel eines weißen T-Shirts hervor, die bis zu den Ellbogen reichen. Emmas weiter, kurzer Rock endet eine Handbreit über dem Knie. Der weiße Stoff, der sich unterhalb einer Passe in runden Falten bauscht, wirkt leicht durchsichtig. Die schlanken nackten Beine stecken in hellgrauen Sneakers, was im Kontrast zu dem leichten Röckchen eigenwillig wirkt.
Insgesamt macht das Mädchen einen freundlichen und glücklichen Eindruck.

4 Beispiele für Steckbriefe der männlichen Schauspieler – als Heranwachsende und als Erwachsene:

Daniel Radcliffe als Heranwachsender (Foto links)			
Gesamteindruck	**Kleidung (evtl. auch Schmuck)**	**Haare und Gesicht**	**Besondere Kennzeichen**
– Geschlecht: männlich – Figur: schlank – Hautfarbe: hell – Alter: ca. 12 Jahre – Größe: ca. 1,65 m	– Kleidungsstil: sportlich, lässig – Kleidung: weiter weißer Pullover / weißes Sweatshirt mit Kapuze und seitlichem kurzen Reißverschluss, schwarze, weite Hose, weiße Chucks	– Haarfarbe: dunkelbraun – Frisur: halblange, glatte Haare, Stirnfransen, etwas zur Seite gekämmt – Gesichtsform: oval – Augenbrauen: kräftig – Augen: blau, freundlich – Wangen: auffallend rot – Nase: schmal, gerade – Mund und Lippen: schmal, ernst – Kinn: rund	– wirkt eher schüchtern: rote Wangen, steht vom Betrachter etwas abgewandt, eher steife Körperhaltung

Rupert Grint als Heranwachsender (Foto links)			
Gesamteindruck	**Kleidung (evtl. auch Schmuck)**	**Haare und Gesicht**	**Besondere Kennzeichen**
– Geschlecht: männlich – Figur: schlank – Hautfarbe: hell – Alter: ca. 12 Jahre – Größe: ca. 1,70 m	– Kleidungsstil: sportlich – Kleidung: weites hellgrünes T-Shirt mit hellem Aufdruck, darunter ein dunkelblaues oder dunkelgraues T-Shirt, sehr verwaschene, weite mittelblaue Jeans mit Löchern und Flecken, Hose ist etwas zu lang, hellbraune Chucks, die schon sehr getragen wirken	– Haarfarbe: rötlich – Frisur: mittellange, leicht gewellte Haare, dichter, in der Mitte gescheitelter Pony, der fast in die Augen fällt – Gesichtsform: oval – Augen: grün, freundlich – Augenbrauen: geschwungen – Nase: breit, gerade – Mund und Lippen: voll, lächelnd – Kinn: rund	– extrem lässig, fast nachlässig gekleidet

Daniel Radcliffe als Erwachsener (Foto rechts)			
Gesamteindruck	**Kleidung (evtl. auch Schmuck)**	**Haare und Gesicht**	**Besondere Kennzeichen**
– Geschlecht: männlich – Figur: schlank – Hautfarbe: hell – Alter: ca. 22 Jahre – Größe: ca. 1,70 m	– Kleidungsstil: elegant – Kleidung: grauer Anzug, schwarze Krawatte mit Krawattennadel, weißes Hemd, schwarze glänzende Lederschuhe	– Haarfarbe: dunkelbraun – Frisur: kurze, glatte Haare, links seitlich gescheitelt, langer, abgeschrägter Pony – Gesichtsform: oval – Augen: blau, freundlich – Augenbrauen: kräftig – Nase: schmal, gerade – Mund und Lippen: schmal, lächelnd – Kinn: rund	– festlich für eine Feier gekleidet

Rupert Grint als Erwachsener (Foto rechts)			
Gesamteindruck	**Kleidung (evtl. auch Schmuck)**	**Haare und Gesicht**	**Besondere Kennzeichen**
– Geschlecht: männlich – Figur: vollschlank – Hautfarbe: hell – Alter: ca. 22 Jahre – Größe: ca. 1,80 m	– Kleidungsstil: elegant – Kleidung: schwarzer Anzug, schwarze Krawatte, weißes Hemd, schwarze Lederschuhe	– Haarfarbe: rötlich – Frisur: kurze Haare, Pony bis fast zu den Augen – Gesichtsform: rund – Augen: grün, freundlich – Augenbrauen: geschwungen – Nase: breit, gerade – Mund und Lippen: voll, lachend – Kinn: rund	– festlich für eine Feier gekleidet

5 Die Beschreibungen, wie die Schülerinnen und Schüler in zehn Jahren aussehen möchten, werden sehr individuelle und unterschiedliche Lösungen ergeben. Es sollten aber alle Angaben, die bisher erarbeitet wurden, berücksichtigt werden.

S. 64 „Dort könnte ich mal arbeiten" – Orte beschreiben

Auf dieser Doppelseite werden die Schülerinnen und Schüler schrittweise dazu angeleitet, einen Ort – in diesem Fall ein Nachrichtenstudio – zu beschreiben. Dabei üben sie, sich zunächst mit Hilfe einer beschrifteten Skizze einen Überblick über den Ort zu verschaffen. Des Weiteren lernen sie, die Lage der einzelnen Gegenstände genau zu beschreiben und dazu treffende Verben zu benutzen.

1 Bei dem abgebildeten Ort handelt es sich um ein Nachrichtenstudio eines Fernsehsenders. Dort werden Personen mit den unterschiedlichsten Berufen benötigt, wie Nachrichtensprecher, Kameraleute, Techniker (Bildmischer, Tonmischer, Bühnenbildner, Lichttechniker), Redakteure, Regisseure usw.

Vorschlag für ein Tafelbild:

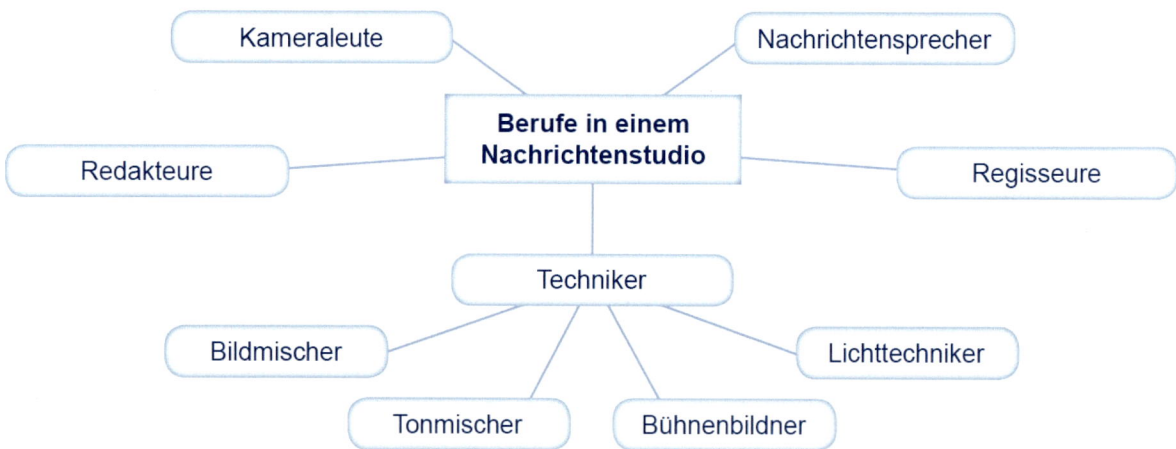

2 Beispiellösung für die beschriftete Skizze:

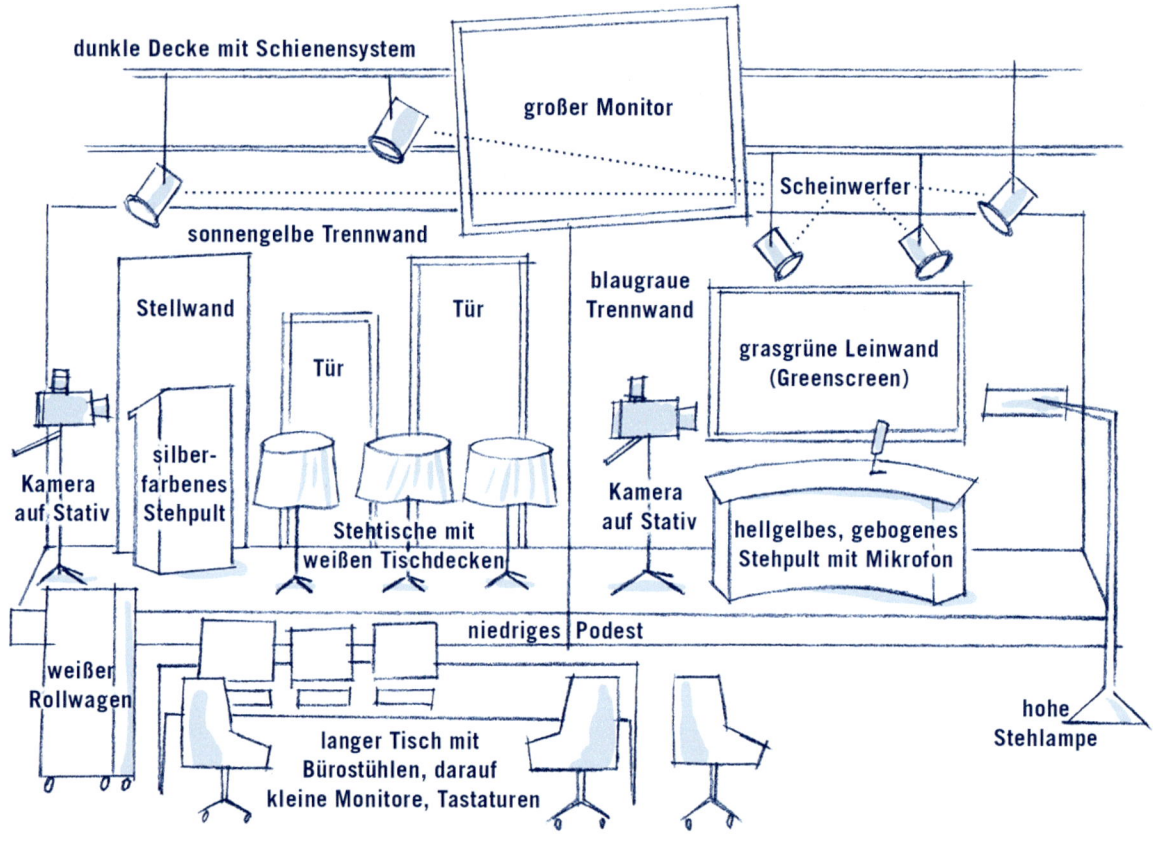

3 **a** Der Anfang der Ortsbeschreibung enthält unsachliche und ungenaue Formulierungen: Wertungen wie „wunderschön" und „schick", zum Teil in Umgangs- bzw. Jugendsprache (etwa „megagroß" oder „stylish"). Außerdem werden keine treffenden Verben, sondern nur „ist", „sind" und „haben" verwendet.

b Beispiellösung für eine Überarbeitung des Textanfangs:
Bei dem Raum handelt es sich um ein großes Nachrichtenstudio. Auf einem niedrigen Podest befinden sich links der Gästebereich und rechts der Aufnahmebereich. Beide Bereiche sind von Trennwänden umgeben, die im Gästebereich sonnengelb und im Nachrichtenbereich blaugrau erscheinen. Davor steht ein langer Tisch mit Monitoren. Im Gästebereich sieht man drei kleine Stehtische mit schneeweißen Tischdecken. Links daneben befindet sich ein Stehpult mit einer silberfarbenen Front. Davor ist eine sehr moderne Kamera auf einem Stativ aufgebaut.

4 Beispiellösung für den ergänzten Text:

<u>Innerhalb</u> des Nachrichtenbereichs befindet sich ein längliches, gebogenes hellgelbes Stehpult, <u>auf</u> dem ein kleines Mikrofon liegt. <u>Davor</u> steht ein Stativ <u>mit</u> einer Kamera. <u>Dahinter</u> hängt eine grasgrüne Leinwand, die man auch als Greenscreen bezeichnet. <u>Über</u> dem Stehpult hängen mehrere Scheinwerfer. Diese sind mit einem Schienensystem <u>unterhalb</u> der Decke befestigt und <u>auf</u> den Platz des Nachrichtensprechers gerichtet.

5 Beispiellösung für eine vollständige Beschreibung des Nachrichtenstudios:

Ortsbeschreibung: Nachrichtenstudio

Bei dem dunklen Raum handelt es sich um ein großes Nachrichtenstudio. Auf einem niedrigen Podest sind links der Gästebereich und rechts der Aufnahmebereich eingerichtet. Beide sind hell ausgeleuchtet. Den Aufnahmebereich umgeben an drei Seiten blaugraue Trennwände, den links anschließenden Besucherbereich begrenzen hinten und seitlich sonnengelbe Stellwände.

Vor dem Podest steht ein langer Arbeitstisch, auf dem sich mehrere Monitore und Tastaturen befinden. Davor sind mit Blick auf die Monitore und den Nachrichtenbereich Bürostühle platziert. Links daneben steht ein hoher weißer Rollwagen.

Im Gästebereich sind drei kleine runde Stehtische mit schneeweißen Tischdecken zu sehen. Links daneben befindet sich ein Stehpult mit einer silberfarbenen Front. Davor ist eine moderne Kamera auf einem Stativ aufgebaut. Hinter dem Stehpult erkennt man eine weiße Stellwand und zwei weiße Türen. Innerhalb des Nachrichtenbereichs befindet sich ein längliches, geschwungenes hellgelbes Stehpult für den Nachrichtensprecher, auf dem ein kleines Mikrofon liegt. Davor steht ein Stativ mit einer Kamera. Hinter dem Platz des Sprechers ist eine grasgrüne Leinwand aufgestellt, die man auch als Greenscreen bezeichnet. Über dem Stehpult hängen mehrere Scheinwerfer, die an einem Schienensystem unterhalb der dunklen Decke befestigt und auf den Platz des Nachrichtensprechers gerichtet sind. An der rechten Seite befindet sich vor dem Podest eine hohe Stehlampe.

Der Studio wirkt zunächst fremd, weil man anders als im Fernsehen auch die Arbeitsbereiche der Techniker und Regisseure sehen kann und erkennt, wie klein der Aufnahmebereich in Wirklichkeit ist.

6 Beim Verfassen der Beschreibungen von möglichen Arbeitsorten können die Schülerinnen und Schüler die Hilfen aus den Aufgaben 3 (treffende Verben) und 4 (Wörter für Positionsangaben) nutzen. Verbesserungsvorschläge können mit Hilfe des Informationskastens auf S. 65 im Schülerband erarbeitet werden.

S.66 Rund ums Fliegen – Arbeitsabläufe beschreiben

Die Aufgaben in diesem Abschnitt leiten die Schülerinnen und Schüler dazu an, Arbeitsabläufe zu beschreiben. Dazu untersuchen sie zunächst einen korrekt vorgegebenen Arbeitsablauf (eines Piloten), um die Erkenntnisse zu Fachbegriffen, Reihenfolge und Modus dann auf eine eigene Beschreibung (Sicherheitskontrolle am Flughafen) anzuwenden.

1 Die Aufgabe regt die Schülerinnen und Schüler dazu an, sich auf Grundlage ihres Vorwissens über den Beruf des Piloten auszutauschen.

2 Beispiele für die Klärung der Fachbegriffe:
- Flugunterlagen: enthalten wichtige Informationen für den Flug; dazu gehören Wetterberichte, technische Daten und Besonderheiten des Flugzeugs oder der Flughäfen
- Startschub: benötigte Antriebskraft, die vorher berechnet werden muss
- Autopilot: automatische Flugzeugsteuerung, die das Flugzeug in einer voreingestellten Höhe hält und dafür sorgt, dass es die programmierte Flugroute und -geschwindigkeit beibehält
- Tower: Kontrollturm am Flughafen
- Logbuch: ursprünglich Schiffstagebuch, hier ein Buch, in dem u.a. technische Probleme notiert werden

3 a Wörter, mit denen im Text die Reihfolge der einzelnen Arbeitsschritte deutlich gemacht wird:
zunächst – danach – darüber hinaus – nun – vorher – anschließend – dann – während – nach – zum Schluss

b Weitere Wörter, mit denen man die zeitliche Abfolge eines Vorgangs verdeutlichen kann:
als Erstes – zuerst – als Nächstes – hinterher – daraufhin – schließlich – abschließend – zuletzt – als Letztes

4 a Alle Passivformen aus dem Text:
werden … ausgewertet – wird … bestellt – muss … gefüttert werden – kann ... eingestellt werden – aufbewahrt werden

b Umformung der markierten Sätze ins Passiv:
– Danach wird entschieden, wie viel Treibstoff getankt wird.
– Mit einer Checkliste werden dann die Systeme des Flugzeugs überprüft.

5 Diese Aufgabe gibt den Lernenden die Möglichkeit, sich über ihre eigenen Erlebnisse bei einer Sicherheitskontrolle auszutauschen. Die Berichte darüber erleichtern das Verständnis der Bilder im Schülerband und die anschließende Beschreibung des Vorgangs.

6 a–d Beispiellösung für die vollständige Beschreibung:

Einen Arbeitsablauf beschreiben: Sicherheitskontrolle am Flughafen
(Einleitung) Auf die Sicherheitskontrolle am Flughafen sollten Passagiere sich vorbereiten, indem sie kleine Flüssigkeitsbehälter in einen durchsichtigen 1-Liter-Beutel legen.
(Hauptteil) Zuerst fordert der Sicherheitskontrolleur die Flugreisenden auf, ihr Gepäck und lose Kleidungsstücke wie Jacken oder Schals in die bereitgestellten Wannen zu legen. Diese werden dann auf einem Förderband durch einen Röntgenscanner geschoben – ein Gerät, das Gepäckstücke mittels Röntgenstrahlen durchleuchtet und so deren Inhalt sichtbar machen kann. Dieser wird währenddessen an Monitoren, also großen Bildschirmen, kontrolliert. Als Nächstes müssen die Passagiere durch einen Metalldetektor gehen, eine Art Schleuse in der Höhe und Breite einer Tür, die anzeigt, ob sie metallische Gegenstände am Körper tragen. Anschließend werden die Reisenden mit einer Handsonde, die etwa die Form und Größe eines Handspiegels mit Stiel aufweist, nochmals auf Metallgegenstände (wie Waffen) kontrolliert, indem der Sicherheitsbeamte mit diesem Gerät an ihrem Körper entlangstreicht. Am Schluss findet noch eine manuelle Kontrolle des Handgepäcks statt, bei der eine Aufsichtsperson aufmerksam in Taschen, Rucksäcke usw. schaut, um auffällige und nicht erlaubte Gegenstände zu erkennen.
(Schluss) Diese gründliche Sicherheitskontrolle ist sehr wichtig, damit Passagiere keine Waffen, Sprengstoffe oder anderen gefährlichen Gegenstände mit ins Flugzeug nehmen und dadurch andere gefährden können.

7 Bei der Beschreibung eines weiteren typischen Arbeitsablaufs in einem Beruf, der sie interessiert, können die Lernenden auf die Arbeitsanweisungen und Tipps aus Aufgabe 6 zurückgreifen.

S.68 Mein Traumberuf …? – Ein Radio-Feature produzieren

In dieser Unterrichtssequenz produzieren die Lernenden Schritt für Schritt ein Radio-Feature, das verschiedene Beschreibungsformate enthält, sodass sie das zuvor erarbeitete Wissen dabei nutzen können.

1 a In dem abgedruckten Regieplan wird der Beruf des Bauingenieurs auf einer Baustelle vorgestellt.

b Das Feature besteht aus:
– Geräuschen
– einem Interview
– Ortsbeschreibung
– Personenbeschreibung
– zusätzlichen Informationen über den Beruf

2 a/b Bei der Auswahl des Berufs, den die Schülerinnen und Schüler in einem Radio-Feature vorstellen wollen, sollten sie – wie im Tippkasten angegeben – darauf achten, dass sie den Arbeitsplatz tatsächlich besuchen und dort auch interessante Geräusche aufnehmen können und dass sie tatsächlich auskunftsfreudige Gesprächspartner finden.

    c Beim Erstellen des Regieplans können sie sich an dem Beispiel im Schülerband orientieren, aber auch weitere Elemente einfügen, z.B. die Beschreibung eines typischen Arbeitsablaufs.

3 a Folgende Fragen sind in einem Interview für das Radio-Feature sinnvoll:
- Wie sieht Ihr Tagesablauf aus?
- Was war Ihr interessantestes Projekt?
- Wie wird man ...?

    b Weitere mögliche Fragen:
- Was macht Ihnen an Ihrer Arbeit besonders viel Spaß?
- Was machen Sie nicht so gerne?
- Was können Sie uns über Ihr aktuelles Projekt erzählen?
- Mit wem arbeitet man als ... zusammen?

6 Bei der Beschreibung des Ortes und der Person gelten die Kriterien, die zuvor erarbeitet wurden, z.B. genaue Beschreibung, aussagekräftige Adjektive, treffende Verben, sachliche Sprache, Erklärung von Fachbegriffen, Präsens.
Die Informationen zum Beruf sollten möglichst konkret und für die Zuhörer verständlich sein.

S.70 Testet euch! – Einen Ort beschreiben

1 Vier Kriterien, die in der Beschreibung nicht erfüllt sind:
L Die Gegenstände wurden durch treffende Adjektive beschrieben.
A Es werden treffende Verben verwendet.
U Die Lage der Gegenstände wird genau beschrieben
B Es wird durchgängig eine sachliche Sprache verwendet.
→ Lösungswort: Laub

2 Beispiellösung für eine verbesserte Ortsbeschreibung:

Ortsbeschreibung: Behandlungsraum in einer Physiotherapiepraxis
Der Behandlungsraum der Physiotherapiepraxis misst etwa 25 Quadratmeter und wird durch weiße Deckenlampen und ein großes Sprossenfenster, auf das man frontal blickt, hell beleuchtet.
Die Wände sind unten blassgelb, oben weiß gestrichen, die Farbflächen werden durch einen leuchtend orangefarbenen und einen schwarzen Streifen getrennt. Den Fußboden der Praxis bedeckt helles Parkett. Rechts des Fensters ist an der Mauer eine Sprossenwand befestigt, an der ein großes rotes Handtuch hängt. Links des Fensters befindet sich ein fast deckenhoher Spiegel. Davor stehen die gelb bespannte Behandlungsliege mit orangefarbenen Kissen und der ebenfalls gelb gepolsterte Hocker des Therapeuten. Die Behandlungsliege wird von einem Schreibtisch durch eine orangegelbe Trennwand abgeteilt, hinter der sich die Patienten auch umziehen können. Der Schreibtisch an der linken Wand ganz vorne weist eine hellgraue Platte und dunkelblaue Container auf. Auf dem Tisch befinden sich eine flacher Monitor, zahlreiche Papiere, Behälter mit Stiften, Stempel und andere Büromaterialien. Auf den Regalbrettern darüber sind Bücher untergebracht. Vor dem Schreibtisch stehen ein moderner weißer Schreibtischstuhl sowie links davon ein großer grasgrüner Mülleimer mit Deckel.
Auf der freien Fläche vor dem Fenster und der Sprossenwand liegen große quadratische Gymnastikmatten auf dem Holzfußboden – eine kräftig rosafarbene und eine leuchtend blaue. Darauf sind unterschiedlich große Gymnastikbälle in Hellblau, Orange und Gelb verteilt. Ein weiterer, kleinerer grauer Gymnastik- oder Sitzball ruht in einem Gestell vor dem Fenster, durch das man ins Grüne blickt.
Das Licht, die hellen, bunten Farben und blühende Topfpflanzen auf der Fensterbank lassen den Raum freundlich und einladend erscheinen.

S.71 3.2 Was will ich werden? – Sich um einen Praktikumsplatz bewerben

S.71 „Wir bieten ..." – Eine Anzeige auswerten

 1 Die Stellenausschreibung des „Sportivo-Clubs" soll exemplarisch die Vorstellungen der Schülerinnen und Schüler von einem Praktikum aktivieren und so vielleicht auch unrealistische Erwartungen relativieren. Denkbare Antworten auf die Frage, wie sie sich ein Praktikum beim Sportivo-Club vorstellen, sind: Einsatz in unterschiedlichen Bereichen: Kunden an der Rezeption empfangen, Spielfelder oder Trainingsgeräte zeigen, Telefondienst, um Termine anzunehmen, Servicedienste in der Gastronomie, Zusammenarbeit mit Fitnesstrainern, Einblick in die Werbung des Studios.

 2 Die Aufgabe erfordert das genaue Lesen der Stellenanzeige und strukturiert die zu untersuchenden Aspekte bereits vor. Dementsprechend kann die Stellenanzeige wie folgt ausgewertet werden:
– Über das Unternehmen erfährt man: Es ist ein großes Sport- und Freizeitstudio mit vielen unterschiedlichen Sport- und Wellnessangeboten und einem Gastronomiebereich. Betreuung und Beratung der Kunden sind dem Betrieb wichtig.
– Praktikanten können vielfältige Erfahrungen und Einblicke sammeln, sowohl im Bereich der Kundenbetreuung und -beratung als auch im Marketing.
– Vom Bewerber wird erwartet, dass er Freude an Sport und am Umgang mit Menschen haben sollte. Ebenso werden Teamfähigkeit und Computerkenntnisse vorausgesetzt.
– Bei der Bewerbung muss besonders darauf geachtet werden, dass sie rechtzeitig (mindestens sechs Monate vor Praktikumsbeginn) und vollständig (Anschreiben, Nennung des gewünschten Zeitraums, Lebenslauf, Zeugniskopie) eingereicht wird. Des Weiteren sollte das Anschreiben an die Ansprechperson (Frau Nadja Weber) gerichtet sein.

 **3** a Die Aufgabe schärft das Bewusstsein der Schülerinnen und Schüler dafür, dass persönliche Stärken und Fähigkeiten an konkreten Beispielen gezeigt werden können, etwa:
    – Mitglied im Schulchor → musikalisch
    – Lieblingsfächer Deutsch und Sport → interessiert an Büchern und Sport, kann sich gut ausdrücken
    – Mitglied im Kletterverein → sportlich, mutig, teamfähig, verantwortungsbewusst
    – Lieblingsbuch „Tschick" → lesefreudig und abenteuerlustig
    – wöchentliches Austragen von Prospekten → arbeitsam, verantwortungsbewusst
    – zwei Hasen → tierlieb
    – Konsolenspiele → spielfreudig, erfahren im Umgang mit dem Computer
    – Mitarbeit bei der Schülerzeitung → engagiert, verantwortungsbewusst, teamfähig, organisationsfähig, erfahren im Umgang mit dem Computer

   b Auf der Grundlage von Teilaufgabe a erkennen die Schülerinnen und Schüler, dass bei einer Bewerbung nur die Fähigkeiten und Stärken genannt werden, die möglichst gut zu der ausgeschriebenen Stelle passen. Unterstrichen werden sollten deshalb: interessiert an Sport, sportlich, teamfähig, verantwortungsbewusst, arbeitsam, erfahren im Umgang mit dem Computer, engagiert, organisationsfähig.

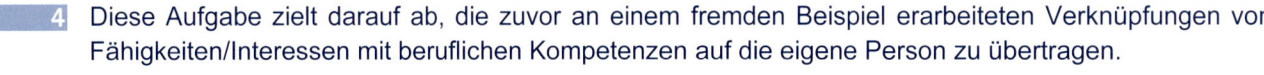 **4** Diese Aufgabe zielt darauf ab, die zuvor an einem fremden Beispiel erarbeiteten Verknüpfungen von Fähigkeiten/Interessen mit beruflichen Kompetenzen auf die eigene Person zu übertragen.

   a Die Schülerinnen und Schüler reflektieren eigene Fähigkeiten.

   b Diese Teilaufgabe verlangt nun von den Lernenden, die eigenen Fähigkeiten an ausgewählten Beispielen zu konkretisieren, um zu erkennen, dass bei einer Bewerbung die reine Nennung von individuellen Fähigkeiten nicht aussagekräftig genug ist. Hier sind ganz unterschiedliche Beispiele denkbar.

   c Im Austausch sollen die Schülerinnen und Schüler prüfen, in welchen Berufsfeldern ihre Fähigkeiten besonders vorteilhaft sind bzw. ob sie für den gewünschten Praktikumsplatz bereits die notwendigen Qualifikationen mitbringen.

S.72 Formal perfekt und mit persönlicher Note – Eine Bewerbung schreiben

1 a Das Bewerbungsschreiben soll den Schülerinnen und Schülern eine erste Orientierung geben, wie eine Bewerbung formal und inhaltlich gestaltet werden kann. Erkennen sollten sie an diesem Beispiel:
  – den klaren Aufbau (inkl. Absätze/Abstände)
  – die Vollständigkeit der Angaben (Absender, Adresse, Datum, Betreffzeile usw.)
  – die Berücksichtigung der in der Anzeige genannten Ansprechperson (Frau Weber)
  – den freundlichen Sprachstil
  – den korrekten Ausdruck und die korrekte Orthografie/Zeichensetzung
  – dass die eigenen Fähigkeiten und Interessen mit konkreten Beispielen untermauert werden

b Die Bewerbung berücksichtigt folgende Hinweise aus der Anzeige:
  – rechtzeitige Bewerbung (mindestens sechs Monate vor Praktikumsbeginn)
  – Angabe des Zeitraums für das geplante Praktikum
  – gewünschte Anlagen (Lebenslauf, Zeugniskopie)
  – Berücksichtigung der Ansprechperson und direkte Anrede (Frau Weber)
  – Hinweis auf Interesse an Sport, konkrete Darstellung wichtiger Eigenschaften und Fähigkeiten, die gefordert werden: Freude an Sport, Teamfähigkeit, Computerkenntnisse

Optimal wäre die Bewerbung auf die Anzeige zugeschnitten, wenn auch Erfahrungen in den in der Anzeige genannten Sportarten vorhanden wären, z.B. Tennis, Squash, Badminton, und/oder Erfahrungen in der Gastronomie (Aushilfe in einem Café oder Ähnliches).

2 Die Erarbeitung des Aufbaus gibt den Schülerinnen und Schülern eine Art Muster für ein eigenes Bewerbungsschreiben:
1 = Briefkopf (Absender, Anschrift, Datum)
2 = Betreffzeile
3 = Anrede
4 = Einleitung
5 = Hauptteil
6 = Schluss
7 = Grußformel
8 = Unterschrift
9 = Anlagen

3 a Folgende Mängel und Fehler können in dem Bewerbungsschreiben an Herrn Isenbort nachgewiesen werden:
  – Form: Es fehlen Briefkopf (Absender, Anschrift, Datum), Betreffzeile, Unterschrift sowie Absätze. Die Bewerbung hat keine erkennbare inhaltliche Struktur/Anordnung.
  – Inhalt: Die Bewerbung fängt zu unvermittelt an, ohne Einleitung. Es fehlt ein Hinweis auf den Zeitraum des Praktikums. Zwar werden einige wichtige Fähigkeiten für das Praktikum und Erfahrungen bei der Schülerzeitung genannt; dennoch fehlt ein überzeugender Grund, warum das Praktikum gerade bei dieser Zeitung gemacht werden soll und welche Erwartungen und/oder Ziele damit verbunden werden.
  – Sprache: Es gibt deutliche Mängel im Ausdruck, z.B.: „ich möchte gern einen Praktikumsplatz", „ganz gut", „in der Schülerzeitung", „ziemlich gut", „was so bei uns vor Ort passiert". Ebenso stören die gleichen Satzanfänge („Ich … Ich ..."). Der Schluss ist unpassend und unhöflich: „Sagen Sie mir doch ...".

Methodischer Hinweis
Die Aufgabe kann so ergänzt werden, dass die Schülerinnen und Schüler die Mängel und Fehler benennen, aber gleichzeitig konstruktive Tipps zum Verfassen eines Bewerbungsschreibens notieren.

b Die Überarbeitung des Bewerbungsschreibens wird durch die Formulierungshilfen unterstützt. Beispiellösung:

Clarissa Maxia
Juliusstraße 3
55116 Mainz
Tel: 06131/234
E-Mail: c.maxia@vum.de

Hartenberger Tagespost
Herr Isenbort
Ebertstraße 3
55116 Mainz

Mainz, den 20.03.20…

Bewerbung um ein Schulpraktikum vom 1.10.20… bis 14.10.20…

Sehr geehrter Herr Isenbort,

durch eine telefonische Anfrage habe ich erfahren, dass es möglich ist, bei der „Hartenberger Tagespost" ein Schulpraktikum zu absolvieren. Darum bewerbe ich mich hiermit in Ihrem Zeitungsverlag um einen Praktikumsplatz in der Zeit vom 1.10. bis zum 14.10.20… Zurzeit besuche ich die 8. Klasse des Goethe-Gymnasiums in Mainz.

Mit großem Interesse lese ich täglich Ihre Zeitung und wollte immer schon wissen, wie Journalisten bei einer richtigen Zeitung arbeiten. Denn an unserer Schule erscheint alle drei Monate eine Schülerzeitung, an der ich engagiert mitarbeite. So bringe ich für ein Praktikum einige Erfahrungen mit: Zu verschiedenen Themen habe ich bereits Informationen recherchiert, Interviews durchgeführt und journalistische Texte verfasst. Textverarbeitungsprogramme und Layoutgestaltungen am Computer beherrsche ich darum auch sehr gut.
Von einem Praktikum bei Ihrer Zeitung erhoffe ich mir Einblicke in die Arbeit einer professionellen Redaktion. Da ich mich auch in der Freizeit besonders für Ereignisse in meiner Umgebung interessiere, möchte ich gerne erfahren, wie Journalisten vor Ort Informationen zu bestimmten Ereignissen und Veranstaltungen recherchieren und auswerten. Ein Einsatz im Ressort „Lokales" wäre deshalb besonders reizvoll, aber auch andere Ressorts interessieren mich. Auf diese Weise könnte ich nach einem Praktikum sicher die Arbeit unserer Schülerzeitung verbessern.

Gerne stelle ich mich Ihnen in einem persönlichen Gespräch vor.

Mit freundlichen Grüßen
Clarissa Maxia

Anlagen
Lebenslauf
Zeugniskopie

---

4 a Die Aufgabe erfordert einen Transfer der bislang gewonnenen Kenntnisse und Fähigkeiten. Mit Hilfe der Anregungen und Fragen wird die Struktur des Bewerbungsschreibens nochmals vorgegeben und darauf hingewiesen, welche Informationen in das Schreiben eingebaut werden müssen. Es ist sinnvoll, die Bewerbung mit dem PC schreiben zu lassen, um so die Formatierungen zu üben.

b Austausch und Korrektur erfolgen in Partnerarbeit. Je nachdem, wie viel Zeit zur Verfügung steht, kann die Korrektur auch in einer Schreibkonferenz (vgl. S. 371 im Schülerband) stattfinden. Nach der Korrektur überarbeiten die Schülerinnen und Schüler ihre Bewerbungen und erfahren so, dass zur Textproduktion immer auch die Textüberarbeitung gehört.

S.74 Einen Lebenslauf verfassen

1 Die Schülerinnen und Schüler lernen jetzt exemplarisch den Aufbau und die Gestaltung eines Lebenslaufs kennen:
- Eingeleitet wird der Lebenslauf mit der „fett" formatierten Überschrift „Lebenslauf".
- Oben rechts wird in der Regel das Bewerbungsfoto angebracht.
- Anschließend folgen die einzelnen Gliederungspunkte, die fett geschrieben werden:
    - persönliche Daten
    - Schulbildung (beginnend mit dem aktuellen Jahr)
    - besondere Kenntnisse und Interessen
    Die jeweiligen Informationen folgen stichpunktartig, untereinander, in Normalschrift.
- Der Lebenslauf endet mit Ortsangabe, Datum und Unterschrift der Bewerberin/des Bewerbers.
- Der Umfang beschränkt sich auf eine Seite.
- Insgesamt muss der Lebenslauf übersichtlich und gut lesbar sein.

2 Die Aufgabe soll die Funktion des Lebenslaufs und dessen Bedeutsamkeit für das Bewerbungsverfahren verdeutlichen. Denn viele Arbeitgeber lesen zuerst den Lebenslauf, um sehr schnell einen ersten Eindruck von der Bewerberin/dem Bewerber zu bekommen. Die Übersichtlichkeit und die formalisierte Abfolge ermöglichen eine schnelle Erfassung wichtiger Daten, sodass sich verschiedene Bewerber leicht miteinander vergleichen lassen. Außerdem kann der Leser die Angaben, die immer auf einer Seite stehen sollten, schnell wiederfinden.

3 Weitere Tätigkeiten können z.B. besondere Aufgaben in der Schule (SV-Sprecher/-in), ein absolviertes Praktikum, eine Nebentätigkeit (Nachhilfeunterricht), ein freiwilliger sozialer Dienst (Betreuung einer älteren Dame im Seniorenheim) oder das Engagement in einem Verein sein.

4 a Die Aufgabe soll einen Transfer der bisherigen Ergebnisse ermöglichen. Nach Möglichkeit schreiben die Schülerinnen und Schüler die Lebensläufe mit dem PC, um die spezielle Formatierung zu üben. Ein Bewerbungsfoto ist für diesen Übungszweck nicht notwendig.

   b Die Korrekturen erfolgen in Partnerarbeit. Die Schülerinnen und Schüler sollten besonders auch die Übersichtlichkeit der Lebensläufe durch ausreichende Abstände und geeignete Schriftgröße sowie die Rechtschreibung und das Vorhandensein der Unterschrift kontrollieren und korrigieren.

S.75 „Darf ich mich vorstellen?" – Sich in einem Gespräch präsentieren

1 a Die Diskussion kann ergebnisoffen geführt werden, da der Kleidungsstil je nach Berufsfeld unterschiedlich ausfallen kann. Beispielsweise kleidet man sich in der Versicherungsbranche anders als im Bereich Medien. Dennoch kann in der Diskussion deutlich werden, dass ein Vorstellungsgespräch immer ein offizieller Anlass ist, zu dem man sich angemessen respektvoll kleidet. Ein Kapuzenshirt mit bunter Aufschrift ist eine sehr lässige Freizeitbekleidung und für ein offizielles Gespräch nicht geeignet. Ein weißes Hemd mit Sakko passt deutlich besser zu einem Bewerbungsgespräch, ein Anzug wäre jedoch für einen Schüler übertrieben.

   b Die Kriterien für einen angemessenen Kleidungsstil können in einem Tafelbild festgehalten werden:

Kriterien für einen angemessenen Kleidungsstil bei Bewerbungsgesprächen
– Die Kleidung passt zum Berufsfeld. – Der eigene Stil weicht nicht zu weit vom Kleidungsstil der Mitarbeiter ab. – Die Kleidung strahlt Seriosität aus. – Sie muss sauber sein. – Die Kleidung sollte zur Bewerberin / zum Bewerber passen. – Die Bewerberin / Der Bewerber muss sich in der Kleidung wohlfühlen. – Zu starke Auffälligkeiten (zu viel Make-up, Schmuck, Piercings usw.) sollten vermieden werden.

95

2 **a** Die Aufgabe lenkt den Blick der Schülerinnen und Schüler auf die Körpersprache beim Vorstellungsgespräch. Das nonverbale Verhalten – Einsatz von Mimik und Gestik – ist ein wichtiger Punkt für ein erfolgreiches Bewerbungsgespräch.
- Die Körpersprache auf dem linken Foto zeigt zwar Offenheit und Interesse, aber gleichzeitig auch eine deutliche Unsicherheit (eine Hand etwas ratlos vor dem Mund, die zweite unter dem Tisch versteckt, angespannte Sitzhaltung).
- Der Junge auf dem rechten Foto drückt eine gewisse Ratlosigkeit und beinahe schon Überforderung aus (rauft sich die Haare), nimmt dabei aber zugleich eine allzu lässige Sitzhaltung ein, die großspurig wirken könnte.

Beide Bewerber zeigen kein angemessenes und selbstbewusstes nonverbales Verhalten.

b Durch das Ausprobieren verschiedener Körperhaltungen in einem Vorstellungsgespräch werden die Schülerinnen und Schüler für nonverbale Verhaltensweisen und Signale sensibilisiert. Von besonderer Bedeutung sind Signale wie z.B. Interesse/Desinteresse, Offenheit/Abwehr, Selbstbewusstsein/Unsicherheit, Höflichkeit/Unhöflichkeit, Steifheit/Lockerheit. Dabei können auch ganz individuelle – vielleicht sogar unbewusste – Gesten und mimische Ausdrucksweisen kritisch beobachtet und gedeutet werden. Die Rückmeldungen an die Mitschülerinnen und -schüler dürfen jedoch keinesfalls beleidigend sein.

c Vorschlag für ein Tafelbild:

Tipps zur Körpersprache beim Vorstellungsgespräch	
Gestik	– Unterstütze das Reden durch gezielte Gesten, jedoch ohne Übertreibung. – Stimme durch Kopfnicken zu. – Vermeide den Ausdruck von Abwehr, Unsicherheit und Angst, z.B. durch das Verschränken der Arme vor der Brust. – Spiele nicht mit den Händen.
Körperhaltung	– Achte auf eine korrekte, aber entspannte Sitzhaltung. – Sitze nicht auf der Stuhlkante. – Verstecke die Arme nicht unter dem Tisch.
Mimik	– Halte Blickkontakt mit dem Gesprächspartner. – Schaue nicht ständig auf den Boden. – Lächele freundlich und nicht übertrieben oder verkrampft.

3 **a** Das kleine Rollenspiel ermöglicht eine deutlichere Vorstellung der Kommunikationssituation im Bewerbungsgespräch. Die Schülerinnen und Schüler überprüfen die zuvor genannten Kriterien einer gelungenen Körpersprache an einer konkreten Gesprächssituation. Gleichzeitig reflektieren sie die Wirkung eines bestimmten sprachlichen Verhaltens. Die Rollenspiele können auch in Kleingruppen mit vier Schülerinnen und Schülern (zwei Spieler, zwei Beobachter, wie später in Aufgabe 3b) ausprobiert werden. Die Beobachtungen werden anschließend im Plenum zusammengetragen. Folgende Rückmeldungen sind zu erwarten:
- unhöfliches Verhalten: Max setzt sich, bevor die Gesprächspartnerin ihn dazu auffordert oder selbst sitzt; Wunsch nach einem sehr speziellen Getränk
- wenig kommunikatives Verhalten: Knappe Antworten und unvollständige Sätze wirken nicht kommunikativ und freundlich, sondern eher unsicher oder desinteressiert.
- Das Interesse an dieser speziellen Praktikumsstelle wird nicht deutlich: Die zufällige Entdeckung des Sportstudios spricht nicht für eine bewusste Entscheidung.
- Der Wunsch nach einem Getränk ohne Zucker wird nicht als (ernährungs)bewusste Entscheidung dargestellt.
- Umgangssprache: „cool", „Geht so"

b Die Schülerinnen und Schüler erproben nun alternative Verhaltensweisen und zeigen so positives kommunikatives Verhalten. Bei der Beobachtung und Rückmeldung sollten die Kritikpunkte und auch die zuvor genannten Kriterien (vgl. die Tipps zu Aufgabe 2c) berücksichtigt werden.

‖ S.76 Eine Praktikumsmappe erstellen

1 Die Aufgabe verdeutlicht den Schülerinnen und Schülern, dass zu jedem Praktikum auch ein individueller Praktikumsbericht gehört, der abgegeben werden muss. Das Deckblatt enthält neben der Überschrift „Praktikumsmappe" knappe, gut sichtbare Informationen über die Praktikumsstelle, den Zeitraum des Praktikums und nennt den Namen der Praktikantin / des Praktikanten sowie die Klasse.

2 Mit dieser Aufgabe erarbeiten die Schülerinnen und Schüler den Inhalt einer Praktikumsmappe, indem sie die aufgeführten Fragen zuordnen. Das Ergebnis sollte so aussehen:

Punkt im Inhaltsverzeichnis	beantwortet folgende Fragen
1 Meine Bewerbung	– Wie seid ihr auf die Stelle aufmerksam geworden? – Wie habt ihr euch auf das Bewerbungsgespräch vorbereitet und wie verlief es?
2 Beschreibung des Unternehmens	– Wie groß ist das Unternehmen und wie ist es aufgebaut (Abteilungen, Mitarbeiter)? – Wann wurde das Unternehmen gegründet und wie hat es sich bis heute entwickelt? – Welche Produkte oder Services bietet das Unternehmen an?
3 Mein Praktikumsberuf und Arbeitsplatz	– Welche Merkmale hat der ausgeübte Beruf (Berufsbezeichnung, Ausbildungsweg, Tätigkeiten)? – Wie sieht euer Arbeitsplatz aus (Beschreibung, evtl. Skizze, Foto)?
4 Tagesberichte	– Welche Aufgaben und Tätigkeiten habt ihr an einem Tag verrichtet?
5 Rückblick und Beurteilung der Praktikumserfahrungen	– Welche Erwartungen hattet ihr an das Praktikum? – Was hat euch gefallen, was nicht? – Wurden eure Erwartungen an das Praktikum erfüllt? – Könntet ihr euch vorstellen, später in einem ähnlichen Beruf zu arbeiten?

3 Mit dieser Aufgabe werden die Schülerinnen und Schüler motiviert, Praktikumsmappen der Schule genauer zu sichten und auszugsweise zu lesen. So lernen sie gegebenenfalls auch schulspezifische Vorgaben kennen. Ebenso gewinnen sie einen Überblick, in welchen Unternehmen in der Umgebung ein Praktikum absolviert werden kann. Der Vergleich der Mappen und die Auswahl besonders gelungener Beispiele gibt eine Orientierung für die Gestaltung einer eigenen Mappe.

‖ S.77 Fordern und fördern – Einen Tagesbericht schreiben

Die Aufgaben dienen dazu, die Funktion und den Inhalt eines Tagesberichts während eines Praktikums zu erarbeiten. Anschließend wird ein fehlerhafter Tagesbericht überarbeitet. Schwächere Schülerinnen und Schüler finden für Aufgabe 2 im Sinne der Binnendifferenzierung zusätzliche Formulierungshilfen.

1 a Folgende W-Fragen werden in Max' Tagesbericht beantwortet:
- Wo (in welchem Bereich) hat er gearbeitet?
- Welche neuen Tätigkeiten/Arbeitsbereiche hat er kennen gelernt?
- Wann begann sein Arbeitstag?
- Wer hat ihn betreut/begleitet?
- Wie verlief der Arbeitstag?
- Was hat ihn an dem Arbeitstag besonders interessiert?

Der Einleitungssatz hat die Funktion, dem Leser sofort mitzuteilen, welcher Tätigkeitsbereich an diesem Praktikumstag im Mittelpunkt stand und welche Aufgaben/Arbeiten Max an diesem Tag kennen gelernt hat.

Der Tagesbericht wird im Präteritum verfasst, die Darstellung ist sachlich beschreibend und gut verständlich.

b Tagesberichte geben Verfasser/-in und Lesern die Möglichkeit, einen Arbeitstag in Ruhe zu betrachten. Beim Schreiben kann man sich als Praktikant noch einmal vergegenwärtigen, welche Tätigkeiten man an einem Arbeitstag ausgeführt hat und was den Arbeitstag vielleicht besonders interessant gemacht hat. Wenn man längere Zeit nach dem Praktikum nochmals überlegt, ob der Beruf in Frage kommt, helfen Tagesberichte, sich zu erinnern. Fremde Leser erhalten anhand von Tagesberichten einen guten Einblick in die Praxis des Praktikums und können sich über die Tätigkeiten in dem Beruf informieren.

 Beispiellösung für eine überarbeitete Fassung des Tagesberichts:

Tagesbericht: Montag, den 13. Oktober 20...
Im Mittelpunkt des Arbeitstages standen die Aufgaben im Gastronomiebereich, wo ich den kompletten Praktikumstag verbracht habe.

Zunächst kontrollierte ich die Getränkebestände in den Kühlschränken und füllte die leeren Bestände auf. Kurz vor Öffnung des Gastronomiebereichs presste ich verschiedene Obstsäfte aus und goss sie in Karaffen. Diese musste ich im Lauf des Tages immer wieder frisch auffüllen.

Nachdem der Gastronomiebereich geöffnet hatte, nahm ich die Bestellungen der Kunden entgegen und reichte sie an unsere Servicekraft weiter. Die Servicekraft arbeitete hinter der Theke und gab die Bestellungen in den Computer ein, sodass später die Rechnung leichter erstellt werden konnte. Ebenso erfuhr der Koch über den Computer, welche Speisen bestellt worden waren.

Darüber hinaus fertigte ich für den folgenden Tag eine neue Speisekarte am Computer an, denn es gab jeden Tag ein wechselndes Speiseangebot, das der Koch einen Tag vorher zusammengestellt hatte. Die Speisekarte sollte täglich mit einem anderen ansprechenden Bild kombiniert werden, das Gesundheit und Fitness ausdrückte. Zudem musste es zum „Snack des Tages" passen, der an diesem Tag der Fitness-Salat war. Die Gastronomieleiterin erklärte mir, dass diese Kleinigkeiten zur Marketingstrategie gehören, denn Werbung für Sport und Speisen seien in dem Unternehmen sehr wichtig. Die Aufgabe machte mir besonders viel Freude, weil ich meine Computerfähigkeiten gut einsetzen konnte. Obwohl ich das Bildbearbeitungsprogramm nicht kannte, fand ich mich schnell damit zurecht.

Dieser Arbeitstag hat mir einerseits sehr gut gefallen, weil ich am Computer kreativ arbeiten konnte. Auch die Gespräche mit den Kunden haben mir Spaß gemacht. Andererseits hatten die Aufgaben teilweise doch nur wenig mit Sport und Fitness zu tun. Selbstverständlich erfuhr ich einiges über gesunde Ernährung, doch ich musste auch sehr häufig einfach nur Bestellungen von Kaffee, Cola oder Mineralwasser entgegennehmen, was nach einiger Zeit etwas langweilig war.

Klassenarbeit – Einen Ort beschreiben

Aufgabenstellung

1   Du hast ein Praktikum in einem großen Hotel in der Frankfurter Innenstadt gemacht und dabei unter anderem am Empfang geholfen. Verfasse mit Hilfe des folgenden Bildes eine möglichst genaue Ortsbeschreibung für deinen Praktikumsbericht.

Klassenarbeit – Einen Arbeitsablauf beschreiben

Aufgabenstellung

1 In einer Berufsinformationsbroschüre hast du dich über Berufe rund um die Zeitung informiert. Dabei bist du auf die folgenden Bilder gestoßen, die zeigen, wie ein Bericht über ein aktuelles Ereignis in die Zeitung und zum Leser gelangt. Beschreibe den Arbeitsablauf in einem zusammenhängenden Text.

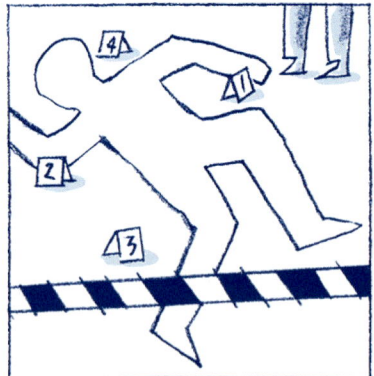
Ereignis, z. B. Unfall

Ereignis wird der Zeitung gemeldet

Recherche vor Ort

Redaktionskonferenz entscheidet, dass Bericht in die nächste Ausgabe kommt

Weitere Recherche und Schreiben des Artikels

Bildredaktion

Layout

Druck

Verkauf

Kopiervorlage

●● Fordern und fördern – Einen Ort beschreiben

1 Betrachte die Zeichnung genau und kreuze an, um was für einen Raum es sich handelt.
●●○
☐ Büro eines Staatsanwalts

☐ Gerichtssaal

☐ Konferenzraum

2 Verschaffe dir einen Überblick über die Möbel und einzelnen Gegenstände, die sich im Raum befinden.
●●○ Beschrifte sie mit treffenden Begriffen. Der Wortspeicher hilft dir dabei. Schreibe auf oder neben die
Zeichnung, verbinde ggf. die Gegenstände und Bezeichnungen durch Pfeile.

> **Begriffe:** Uhr – Sicherungskasten – Holztür – Sammlung mit Gesetzestexten – Bücher –
> Telefon – Deckenleuchte – Hängeleuchte – Garderobenständer – StGB (Strafgesetzbuch) –
> StPO (Strafprozessordnung)
> **treffende Adjektive:** weiß – grau – rot – hellbraun – klein – groß – rund – quadratisch – rechteckig

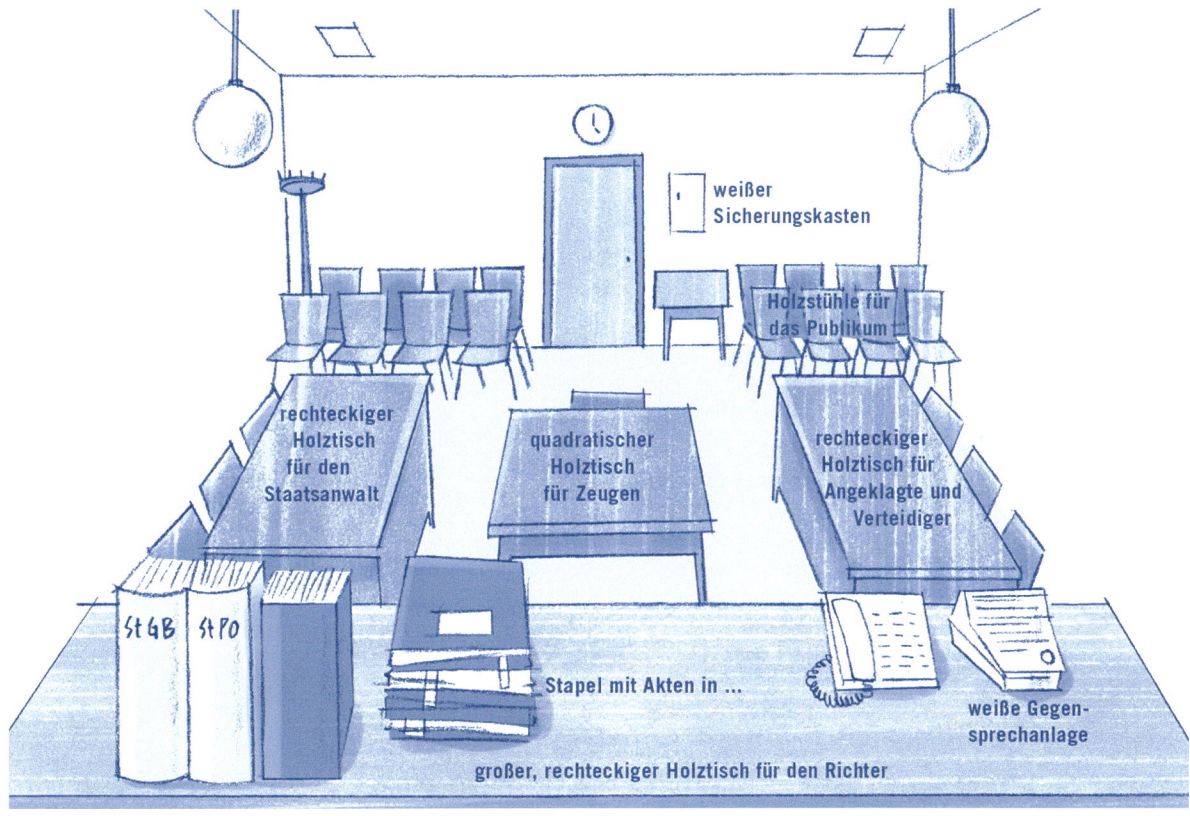

3 Überarbeite die folgenden Sätze, indem du die unterstrichenen unsachlichen oder ungenauen Passa-
●●○ gen umformulierst oder ergänzt und abwechslungsreiche, treffende Verben verwendest. Die Verben im
Wortspeicher helfen dir dabei.

> sich befinden – stehen – hängen – angrenzen an – liegen

Hinten links im Raum ist ein <u>voll unmoderner</u> Garderobenständer.

_____

_____

Cornelsen   Illustration: Christiane Grauert,
Milwaukee (USA)

KV 7, Seite 1

Kopiervorlage

An der Decke sind rechts und links vorne je eine <u>komische</u> Hängeleuchte und hinten zwei <u>eckige</u> Deckenleuchten.

_____

_____

Auf dem Richtertisch sind drei <u>fette</u> Bücher: <u>das StGB, die StPO</u> und eine Sammlung mit Gesetzestexten in <u>einem Ordner</u>.

_____

_____

_____

4 Vervollständige die folgenden Sätze, indem du in die Lücken Wörter einsetzt, die die Position der Gegenstände bezeichnen. Nutze dazu den Wortspeicher. Du kannst Wörter auch doppelt verwenden.

> rechts – links – neben – am Ende des Raums – in der Mitte – unter – mitten im Raum –
> über – zum – parallel

Vor dem Richtertisch steht _____ der kleine quadratische Holztisch für die

Zeugen. _____ und _____ davon befinden sich _____ zu den Seitenwänden

mit Blickrichtung _____ Zeugentisch zwei lange rechteckige Tische, die für den Staatsanwalt

bzw. den Angeklagten und den Verteidiger gedacht sind.

_____ sieht man _____ der Wand

eine hellbraune Holztür, _____ der eine Uhr hängt. _____ _____

der Tür erkennt man einen kleinen weißen Sicherungskasten, _____ dem ein niedriger

quadratischer Holztisch steht.

5 Verfasse nun in deinem Heft eine vollständige Beschreibung des Raums. Deine Vorarbeiten aus den Aufgaben 2 bis 4 helfen dir dabei. Achte darauf, den Raum in einer geordneten Reihenfolge zu beschreiben. Formuliere am Schluss, wie der Raum auf dich wirkt.
Du kannst so beginnen:
Bei dem Raum handelt es sich um einen relativ kleinen ...
Ganz vorne im Raum befindet sich ein breiter rechteckiger Holztisch, an dem der Richter sitzt.
Auf dem...

Kopiervorlage

●●● Fordern und fördern – Einen Ort beschreiben

1 Betrachte die Zeichnung genau und kreuze an, um was für einen Raum es sich handelt.
●●●

☐ Büro eines Staatsanwalts   ☐ Büro eines Steuerberaters

☐ Rechtsanwaltskanzlei   ☐ Gerichtssaal

☐ Lehrerzimmer   ☐ Konferenzraum

2 Verschaffe dir einen Überblick über die Möbel und einzelnen Gegenstände, die sich im Raum befinden.
●●● Beschrifte sie mit treffenden Begriffen. Der Wortspeicher hilft dir dabei. Ein paar Wörter musst du dir aber auch selbst ausdenken. Schreibe auf oder neben die Zeichnung, verbinde ggf. die Gegenstände und Bezeichnungen durch Pfeile.

> **Begriffe:** Sicherungskasten – Sammlung mit Gesetzestexten – Stapel mit Akten – Deckenleuchte –
> Hängeleuchte – Gegensprechanlage – StGB (Strafgesetzbuch) – StPO (Strafprozessordnung) – …
> **treffende Adjektive:** weiß – grau – hellbraun – klein – rund – quadratisch – …

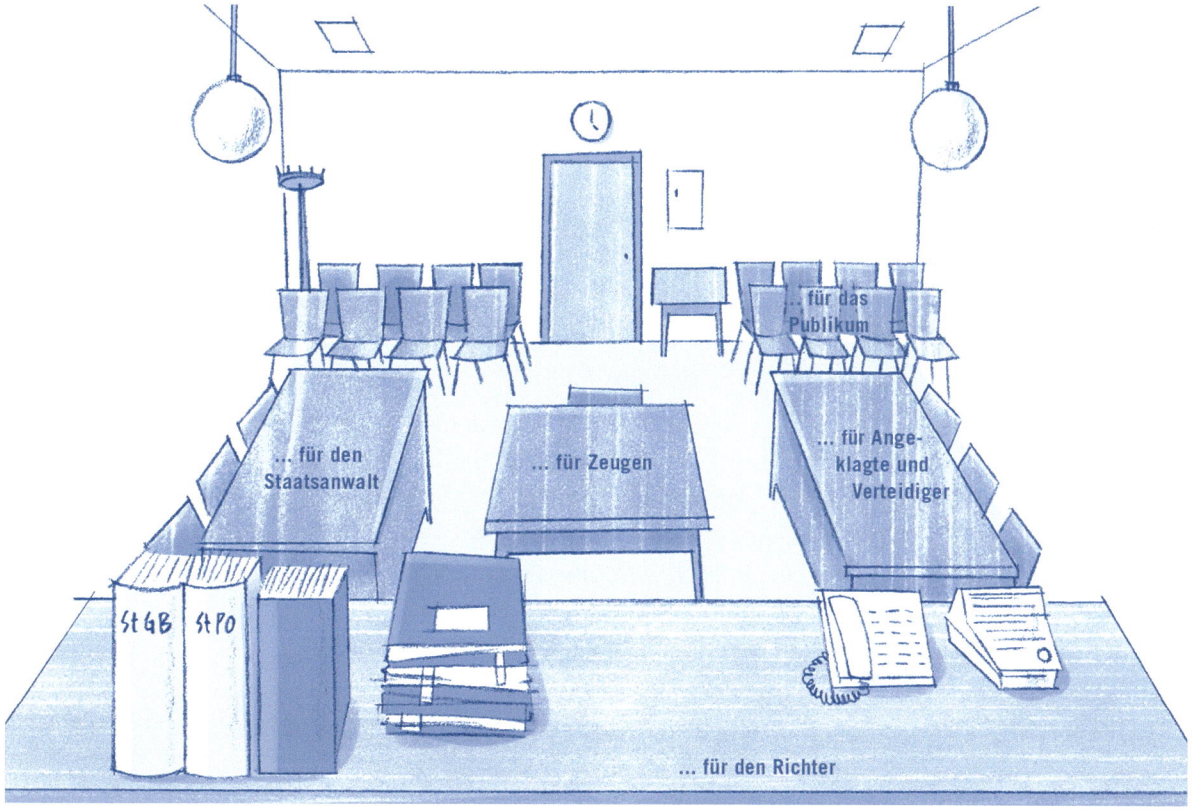

Kopiervorlage

3 Überarbeite die folgenden Sätze, indem du die unsachlichen oder ungenauen Passagen umformulierst oder ergänzt und abwechslungsreiche, treffende Verben verwendest.

Hinten links im Raum ist ein voll unmoderner Garderobenständer.

_____

_____

An der Decke sind rechts und links vorne je eine komische Hängeleuchte und hinten zwei eckige Deckenleuchten.

_____

_____

Auf dem Richtertisch sind drei fette Bücher: das StGB, die StPO und eine Sammlung mit Gesetzestexten in einem Ordner.

_____

_____

_____

4 Vervollständige die folgenden Sätze, indem du in die Lücken Wörter einsetzt, die die Position und Lage der Gegenstände bezeichnen.

Vor dem Richtertisch steht _____ der kleine quadratische Holztisch für die

Zeugen. _____ und _____ davon befinden sich _____ zu den Seitenwänden

mit Blickrichtung _____ Zeugentisch zwei lange rechteckige Tische, die für den Staatsanwalt

bzw. den Angeklagten und den Verteidiger gedacht sind.

_____ sieht man _____ der Wand

eine hellbraune Holztür, _____ der eine Uhr hängt. _____ _____

der Tür erkennt man einen kleinen weißen Sicherungskasten, _____ dem ein niedriger

quadratischer Holztisch steht.

5 Verfasse nun in deinem Heft eine vollständige Beschreibung des Raums. Deine Vorarbeiten aus den Aufgaben 2 bis 4 helfen dir dabei. Achte darauf, den Raum in einer geordneten Reihenfolge zu beschreiben. Formuliere am Schluss, wie der Raum auf dich wirkt.

Kopiervorlage

Fordern und fördern – Ein Bewerbungsschreiben überarbeiten

Isabel Key
Föhrenweg 10
12345 Stammberg
①

Raumausstattung Meier GmbH
Frau Pfeiffer
Hermannstraße 13
12345 Stammberg

① Telefonnummer und E-Mail-Adresse fehlen

Sehr geehrte Damen und Herren,

nachdem mir am 15.11.20… irgendjemand aus Ihrer Firma am Telefon mitgeteilt hat, dass sie Praktikanten nehmen, bewerbe ich mich hiermit um einen Praktikumsplatz in ihrem Raumausstattungsbetrieb.
Ich gehe in die 8. Klasse des Städtischen Gymnasiums in Stammberg.

Ich interessiere mich schon seit vielen Jahren sehr für die Einrichtung und Gestaltung von Räumen. Ich stelle die Möbel in meinem eigenen Zimmer regelmäßig um und gestalte es immer wieder total cool um. Dafür entwerfe ich richtige Pläne auf dem Computer. Außerdem bastle und nähe ich gerne meine eigenen Dekorationen. Ich kann gut mit der Nähmaschine nähen. Das macht mir wirklich superviel Spaß! In der Theater-AG unserer Schule bin ich für die Gestaltung des Bühnenbilds und der Dekorationen zuständig. Ich kann mir gut vorstellen, dass mir die Arbeit als Raumausstatterin gefallen würde.
Wenn Sie mich für ein Praktikum nehmen, bekommen Sie wirklich eine sehr kreative und zuverlässige Mitarbeiterin.
Meine Lieblingsfächer sind Kunst und Mathematik. Ich bin im Tennis-club, gehe paddeln und versorge eigenständig unseren Golden Retriever.
Wenn Sie mich nehmen, freue ich mich sehr!

Mit freundlichen Grüßen
Isabel Key

Anlage
Zeugniskopie

Kopiervorlage

1 Isabel hat leider in ihrer Bewerbung viele Fehler gemacht. Finde zunächst heraus, welche Bausteine eines Bewerbungsschreibens fehlen. Setze dazu an die entsprechende Stelle eine Nummer und notiere den Baustein am Rand.
TIPP: Der Wortspeicher hilft dir dabei. Aber Achtung: Die Bausteine stehen darin nicht in der richtigen Reihenfolge!

> Absender (Name, Straße und Hausnummer, Postleitzahl und Wohnort, Telefon, E-Mail-Adresse) –
> Anlagen (Lebenslauf, Zeugnis) – Anrede – Betreffzeile – Empfänger (Firma, ggf. Name, Anschrift) –
> Grußformel – Ort und Datum – Text (Einleitung, Hauptteil, Schluss) – Unterschrift (handschriftlich)

2 Markiere nun in dem Brief Fehler und Mängel. Achte dabei auf Aufbau, Sprache und Inhalt. Streiche durch, was nicht in das Bewerbungsschreiben gehört (achte z. B. auf Isabels Hobbys).
TIPP: Die Checkliste unten auf der Seite hilft dir beim Erkennen der Fehler und Mängel.

3 Überarbeite Isabels Bewerbung. Schreibe möglichst auf dem PC oder, wenn du dazu keine Möglichkeit hast, in dein Heft. Du kannst dazu Formulierungshilfen aus dem Wortspeicher benutzen.

> Bewerbung um ... – Sehr gehrte Frau ... – Zurzeit besuche ich ... –
> Da ich mich ... interessiere, würde ich gerne mehr ... –
> Ein Praktikum in Ihrem Betrieb würde mich besonders interessieren, weil ... –
> Über eine Einladung zu ... würde ich mich ...

Checkliste

Ein Bewerbungsschreiben verfassen

Form
- Sind die Angaben im Briefkopf vollständig (Angaben zum Absender, Adressaten, Ort/Datum)?
- Gibt die Betreffzeile einen genauen Hinweis auf den Inhalt des Briefs?
- Ist die Anrede korrekt?
- Ist die Bewerbung übersichtlich und durch Absätze strukturiert?
- Endet das Bewerbungsschreiben mit einem klar erkennbaren Schluss und einer Grußformel?
- Hat die Bewerberin/der Bewerber den Brief eigenhändig unterschrieben?
- Werden alle wichtigen Anlagen genannt?

Inhalt
- Führt die Einleitung genau zum Anliegen des Schreibens hin?
- Wird im Hauptteil deutlich, warum die Bewerberin/der Bewerber das Praktikum machen/die Stelle haben möchte?
- Wird deutlich, warum die Bewerberin/der Bewerber in diesem Betrieb ein Praktikum absolvieren/arbeiten möchte?
- Werden die eigenen Erfahrungen/Fähigkeiten an Beispielen deutlich?

Sprache/Rechtschreibung/Zeichensetzung:
- Ist die Einleitung sachlich und freundlich formuliert?
- Sind die Sätze korrekt und ansprechend formuliert?
- Werden die Satzanfänge abwechslungsreich gestaltet?
- Wird Umgangssprache vermieden?
- Ist die Rechtschreibung korrekt (insbesondere Großschreibung bei Höflichkeitspronomen)?
- Ist die Zeichensetzung korrekt?

Kopiervorlage

1 Isabel hat leider in ihrer Bewerbung viele Fehler gemacht. Finde zunächst heraus, welche Bausteine
●●● eines Bewerbungsschreibens fehlen. Setze dazu an die entsprechende Stelle eine Nummer und notiere
den Baustein am Rand.
TIPP: Die Checkliste unten auf der Seite hilft dir bei dieser und den folgenden Aufgaben.

2 Markiere nun in dem Brief Fehler und Mängel. Achte dabei auf Aufbau, Sprache und Inhalt. Streiche
●●● durch, was nicht in das Bewerbungsschreiben gehört.

3 Überarbeite Isabels Bewerbung. Schreibe möglichst auf dem PC oder, wenn du dazu keine Möglichkeit
●●● hast, in dein Heft.

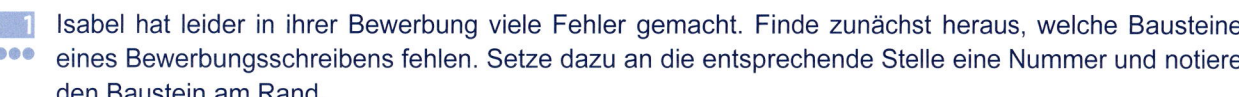

Checkliste ✓

Ein Bewerbungsschreiben verfassen

Form
– Sind die Angaben im Briefkopf vollständig (Angaben zum Absender, Adressaten, Ort/Datum)?
– Gibt die Betreffzeile einen genauen Hinweis auf den Inhalt des Briefs?
– Ist die Anrede korrekt?
– Ist die Bewerbung übersichtlich und durch Absätze strukturiert?
– Endet das Bewerbungsschreiben mit einem klar erkennbaren Schluss und einer Grußformel?
– Hat die Bewerberin/der Bewerber den Brief eigenhändig unterschrieben?
– Werden alle wichtigen Anlagen genannt?

Inhalt
– Führt die Einleitung genau zum Anliegen des Schreibens hin?
– Wird im Hauptteil deutlich, warum die Bewerberin/der Bewerber das Praktikum machen/die Stelle
  haben möchte?
– Wird deutlich, warum die Bewerberin/der Bewerber in diesem Betrieb ein Praktikum
  absolvieren/arbeiten möchte?
– Werden die eigenen Erfahrungen/Fähigkeiten an Beispielen deutlich?

Sprache/Rechtschreibung/Zeichensetzung:
– Ist die Einleitung sachlich und freundlich formuliert?
– Sind die Sätze korrekt und ansprechend formuliert?
– Werden die Satzanfänge abwechslungsreich gestaltet?
– Wird Umgangssprache vermieden?
– Ist die Rechtschreibung korrekt (insbesondere Großschreibung bei Höflichkeitspronomen)?
– Ist die Zeichensetzung korrekt?

Kopiervorlage

Diagnose – Beschreiben

1 Was ist beim Beschreiben zu beachten? Kreuze an, welche Angaben zutreffen und welche falsch sind.

		richtig	falsch
A	Eine Beschreibung gliedert man in Einleitung, Hauptteil und Schluss.	☐	☐
B	Die Einleitung sollte auf den Hauptteil neugierig machen, am Schluss sollte den Leser eine Überraschung erwarten.	☐	☐
C	Eine Beschreibung wird interessanter, wenn man keine feste Reihenfolge einhält, sondern hin und her springt.	☐	☐
D	Eine Beschreibung sollte in einer sinnvollen Reihenfolge verfasst sein, z. B. bei einem Arbeitsablauf in der zeitlichen Reihenfolge.	☐	☐
E	Eine Beschreibung verfasst man im Präteritum.	☐	☐
F	Eine Beschreibung verfasst man im Präsens.	☐	☐
G	In einer Beschreibung sollte man seine Gefühle zum Ausdruck bringen.	☐	☐
H	Eine Beschreibung wird in einer sachlichen Sprache verfasst.	☐	☐
I	Eine Beschreibung sollte keine Fachbegriffe enthalten.	☐	☐
J	In einer Beschreibung verwendet man möglichst treffende Wörter, auch Fachbegriffe, die ggf. erklärt werden.	☐	☐

2 In einer **Ortsbeschreibung** sollte man treffende Verben (z. B. sich befinden, stehen) verwenden und die Positionen der Gegenstände (z. B. vorne, links) genau bezeichnen. Setze in die folgende Beschreibung einer **Bankfiliale** treffende Verben und Positionsbezeichnungen ein.

_____ neben dem Eingang _____ zwei

Drucker für Kontoauszüge, ihnen _____

_____ zwei Geldautomaten. _____

trennt ein _____ Empfangstresen den _____

Teil der Bankfiliale vom Beratungsbereich ab. _____ sieht

man _____ in der Ecke _____

einem Fenster eine Sitzgruppe, die aus _____ Sesseln und

einem _____ Tisch besteht. _____ hinten

_____ der abgetrennte Bereich für die Kundenbera-

tung, den man _____ eine Glastür _____ der

Sitzgruppe betritt. Darin _____ seitlich zum Fenster ein

Bildbeschriftungen: Fenster · Fenster · Sitzgruppe · Kundenberatung · Empfangstresen · Kontoauszüge · Geldautomaten · Eingang

Kopiervorlage

Schreibtisch mit _____ Besucherstühlen auf der einen und einem Schreibtischstuhl auf der

_____ Seite. _____ dem Schreibtisch findet der Berater einen Computer, ein

Telefon und Schreibutensilien vor.

3 Setze in die Lücken der folgenden **Beschreibung eines Arbeitsablaufs** Wörter ein, die die Reihenfolge der einzelnen Arbeitsschritte deutlich machen. Achte dabei auch darauf, welche Ereignisse nacheinander und welche gleichzeitig stattfinden.

Einem Kunden ein Bankschließfach vermieten

Wenn der Kunde einer Bank ein Bankschließfach nutzen möchte, sollte er sich _____

überlegen, was er darin überhaupt aufbewahren möchte. Das können zum Beispiel Schmuck, Gold,

Bargeld, wertvolle Kunst, Versicherungspolicen oder ein Testament sein.

In der Bank erklärt der Bankangestellte dem Kunden _____ *die Geschäftsbedingungen.*

Wenn er _____ ein Schließfach mieten möchte, muss der Bankkunde sich _____

_____ ausweisen und eine Unterschriftenprobe abgeben. _____ schließt

der Kunde mit der Bank einen Mietvertrag für das Bankschließfach ab. _____ erklärt

der Bankangestellte dem Kunden auch, wie hoch die Versicherungssumme ist. _____

händigt der Bankangestellte dem Mieter einen Schlüssel bzw. Code aus, mit dem er Zugang zu seinem

Schließfach bekommt. _____ weist er ihn darauf hin, dass das Schloss auf Kosten des

Kunden ausgetauscht werden muss, falls dieser den Schlüssel bzw. Code verliert.

_____ zeigt der Bankangestellte dem Kunden noch den Tresorbereich und

erklärt ihm, wie das Schließfach funktioniert.

4 Formuliere die kursiv (schräg) gedruckten Sätze in der **Beschreibung des Arbeitsablaufs** (vgl. Aufgabe 3) ins Passiv um, damit der Text abwechslungsreicher klingt.

_____

_____

_____

_____

_____

KV 9, Seite 2

Kopiervorlage

4   Mit allen Sinnen – Schildern

Konzeption des Kapitels

Eine entwickelte Schreibkompetenz sowie das bewusste Lesen und Verstehen literarischer Texte erfordern einen breiten Wortschatz, ausgeprägtes Stilempfinden und Sprachsensibilität. Diese können sehr gut in der Auseinandersetzung mit dem schildernden Schreiben erworben und erweitert werden. In diesem Kapitel vertiefen die Schülerinnen und Schüler ihre Kenntnis einer Textform, die die Möglichkeit bietet, Wahrnehmungen und Gefühle, Stimmungen und Atmosphäre einer Situation auszudrücken. Die Lernenden werden schrittweise an die Formulierung eigener schildernder Texte mit einer variantenreichen Wortwahl und einer ausdrucksstarken, bildhaften Sprache herangeführt. Zugleich erweitern sie ihre Kompetenzen des Textverstehens, indem sie schildernde Passagen in literarischen Texten detailliert untersuchen und eigenständig fortschreiben.

Das erste Teilkapitel **("Mittendrin – Eindrücke anschaulich schildern")** aktiviert das Vorwissen zum schildernden Schreiben. Vertraute, mit Fotos kombinierte Situationen – auf der Kirmes, auf dem Weihnachtsmarkt, beim Public Viewing – bieten den Schülerinnen und Schülern Anlässe, um die Fähigkeiten des schildernden Schreibens auszubauen und zu vertiefen. Genaue Arbeitsanleitungen und Merkkästen unterstützen die Selbstständigkeit im Kompetenzerwerb, zu dem auch die reflektierte stilistische Überarbeitung eigener und fremder schildernder Texte gehört. Mit einem Test können die Schülerinnen und Schüler abschließend ihre Kompetenzen im Schildern überprüfen.

Im zweiten Teilkapitel **("Schilderungen in literarischen Texten")** wird der Kompetenzbereich „Umgang mit Texten" integriert. Anhand von Auszügen aus Jugendromanen von Morton Rhue, Friedrich Ani und Louis Sachar erschließen die Lernenden Funktion, sprachliche Gestaltungsmittel und Wirkung schildernder Passagen in literarischen Texten. Zugleich werden die Schülerinnen und Schüler am Textbeispiel mit den verschiedenen Formen der Zeitgestaltung in epischen Texten (Zeitdehnung, Zeitdeckung, Zeitraffung) und der besonderen Bedeutung des anschaulichen Schilderns bei der Zeitdehnung bekannt gemacht. Eine Möglichkeit zum kreativ-gestaltenden Vertiefen des Textverständnisses bietet die Schritt für Schritt angeleitete schildernde Fortsetzung eines Auszugs aus dem Jugendroman „Löcher". Dafür stehen im Sinne der Binnendifferenzierung Aufgaben auf zwei Anforderungsniveaus zur Verfügung.

Das dritte Teilkapitel **("Fit in ... – Schildern")** erlaubt die konzentrierte Vorbereitung auf eine Klassenarbeit. Die Schülerinnen und Schüler sind aufgefordert, eine Situation – gestützt durch ein Foto – zu schildern. Dabei werden die einzelnen Schritte des Schreibprozesses detailliert angeleitet.

Literaturhinweise

- *Abraham, Ulf / Baurmann, Jürgen:* Kriterien für Texte entwickeln – das Schreiben nach Vorgaben fördern. In: Kriterien entwickeln – Schreiben fördern. Praxis Deutsch 223/2010
- *Becker-Mrotzeck, Michael / Böttcher, Ingrid:* Kreativ gestaltend schreiben (Klasse 7/8 bis 13). In: Schreibkompetenz entwickeln und beurteilen. 4., überarbeitete Neuauflage. Cornelsen Scriptor, Berlin 2012
- *Feilke, Helmuth:* Erzählen gestalten – Erzählungen schreiben. In: Schriftlich erzählen. Praxis Deutsch 239/2013
- *Fenske, Ute (Hg.):* Rund um kreatives Schreiben. Cornelsen, Berlin 2013
- *Fix, Martin:* Texte schreiben. Schreibprozesse im Deutschunterricht. Schöningh, Paderborn 2006
- Raum und Räume. Praxis Deutsch 207/2008 (Anregungen zum Schildern von Umgebungen)

Übungsmaterial im „Deutschbuch 8 Arbeitsheft"

- Schildern, S. 26–27

	Inhalte	Kompetenzen
		Die Schülerinnen und Schüler
S. 81	**4 Mit allen Sinnen – Schildern**	– versetzen sich anhand eines Fotos in eine Situation und sammeln dazu Eindrücke, Empfindungen und Sinneswahrnehmungen – aktivieren ihr Vorwissen zum Schildern
S. 82	**4.1 Mittendrin – Eindrücke anschaulich schildern** Bildhafte Sprache verwenden	– schreiben einen schildernden Text weiter – stellen die wiedergegebenen Sinneseindrücke zusammen – untersuchen die verwendeten sprachlichen Mittel und ihre Wirkung – sammeln Ideen für eine eigene Schilderung – formulieren selbst eine Schilderung
S. 84	Atmosphäre einfangen, Eindrücke treffend wiedergeben	– sammeln Ideen für eine eigene Schilderung – nutzen einen Schreibplan (Einleitung, Hauptteil, Schluss) für eine eigene Schilderung – überarbeiten ihre Texte kriterienorientiert mit Hilfe des ESAU-Verfahrens
S. 85	Den Stil verbessern	– erkennen stilistisch überladene und klischeehafte Passagen in einem Text – überarbeiten diese Passagen – verfassen einen Werbetext mit Übertreibungen und klischeehaften Formulierungen
S. 86	Testet euch! – Schildern	– planen, verfassen und überarbeiten anhand von Vorgaben einen schildernden Text
S. 87	**4.2 Schilderungen in literarischen Texten** *Morton Rhue: Asphalt Tribe*	– erschließen schildernde Passagen in literarischen Texten – erkennen deren Funktion – untersuchen die verwendeten sprachlichen Mittel und deren Wirkung – erarbeiten Zeitraffung, Zeitdeckung und Zeitdehnung am Textbeispiel – interpretieren die Aussage schildernder Passagen – entwickeln durch Umformulieren ihr Stilempfinden und ihre sprachlichen Ausdrucksfähigkeiten weiter – verfassen selbst kleine schildernde Texte
S. 89	*Friedrich Ani: Wie Licht schmeckt*	
S. 91	*Louis Sachar: Löcher*	
S. 93	Fordern und fördern – Einen Text schildernd fortsetzen	– interpretieren einen literarischen Text, indem sie ihn gestaltend fortsetzen – berücksichtigen dabei die Textvorgaben
S. 95	**4.3 Fit in ... – Schildern**	– trainieren für eine Klassenarbeit – schreiben eine Schilderung zu einer Bildvorlage – überarbeiten ihren Text anhand einer Checkliste

▌S.81 4 Mit allen Sinnen – Schildern

1 Mit dem Foto eines Feuerwerks auf der Auftaktseite werden die Schülerinnen und Schüler auf das Thema des Kapitels eingestimmt: das Schildern von Situationen und Stimmungen, die Wiedergabe von Wahrnehmungen und Gefühlen. Sie erklären zunächst, warum ein Feuerwerk für viele Menschen eine große Attraktion darstellt: Ein Feuerwerk ist ein gigantisches Spektakel und hebt sich von alltäglichen Wahrnehmungen deutlich ab.

2 a Nun versetzen sich die Lernenden in die dargestellte Situation und nennen mögliche Sinneseindrücke, z. B. das Knallen der Explosionen, das Zischen der Raketen, Begeisterungsrufe der Zuschauer, staunende Blicke, farbenprächtiges Leuchten, Brandgeruch, das Gefühl der Bedrängnis in der Zuschauermenge.

b Mit diesem Arbeitsauftrag soll das Foto die Schülerinnen und Schüler zu einer sehr konkreten Schilderung möglicher Details anregen. Sie formulieren ihre Eindrücke aus der Teilaufgabe a im Zusammenhang aus.

3 Jetzt aktivieren die Lernenden ihr Vorwissen zum Schildern aus der Jahrgangsstufe 7. Die Ergebnisse können in einem Tafelbild gesichert werden. Zu einer anschaulichen Schilderung gehören: anschauliche Adjektive, ausdrucksstarke Verben, sprachliche Bilder (Metaphern, Vergleiche, Personifikationen), die genaue Schilderung von Einzelheiten, die Wiedergabe von Sinneseindrücken (Sehen, Hören, Riechen, Fühlen, ggf. Schmecken), persönlichen Gedanken und Gefühlen.

▌S.82 4.1 Mittendrin – Eindrücke anschaulich schildern

▌S.82 Bildhafte Sprache verwenden

▌S.82 Auf der Kirmes

1 a Zur Einstimmung schreiben die Schülerinnen und Schüler den vorgegebenen Text über die Kirmes in wenigen Sätzen weiter. Beispiellösung:
... In der Ferne höre ich schrille Schreie und helles Gelächter. Über allem liegt jedoch ein Teppich aus lauter Musik. Das Wummern der Bässe spürt man im Magen und es springt in die Beine, die nicht mehr still stehen können.

b Entscheidend sind bei der Beurteilung der Schülertexte die sprachliche und inhaltliche Stimmigkeit und dass eine handlungsbezogene Fortsetzung der Schilderung vermieden wird.

2 a In dem Text wiedergegebene Sinneseindrücke – Vorschlag für ein Tafelbild:

sehen	hören	fühlen	riechen/schmecken
– grelle Neonreklame – blaue, gelbe und grüne Lakritzbänder, Berge von Zuckerwatte, knallrote Paradiesäpfel, Schokofrüchte – Eiskugeln auf knusprigen Waffeln – dunkler Eingang der Geisterbahn – Schlange vor dem rot erleuchteten Kassenhäuschen – Achterbahn	– Gewirr von Geräuschen – Wortfetzen – Musik – ohrenbetäubendes Gekreische – schweres Atmen und Ächzen aus der Geisterbahn, Schreie, hohles, blechernes Lachen – reden und lachen	– Enge in den Menschenmassen – Sommerluft – helle Junisonne	– süßer Geruch von gebrannten Mandeln

b In einer Schilderung geht es darum, mit Worten ein Bild zu malen, sodass der Leser sich die Situation, z. B. auf der Kirmes, sehr genau vorstellen kann. Besonders wirkungsvoll sind in dem Text z. B. folgende sprachliche Gestaltungsmittel:

– ausdrucksstarke Verben: entgegenschlagen, zwängen, schieben, dringen, sich stapeln, balancieren, zusteuern, sich verlieren, verschwinden, sich schrauben, stürzen
– anschauliche Adjektive und Partizipien: eng, ohrenbetäubend, süß, klebrig, grell, knallrot, knusprig, geheimnisvoll, hohl, blechern, rot erleuchtet, Schwindel erregend
– sprachliche Bilder: Menschenschlange (Metapher), Fahrgeschäfte buhlen um Aufmerksamkeit (Personifikation), wie von einem unsichtbaren Faden gezogen (Vergleich), wie ein Tunnel (Vergleich), sich in der Dunkelheit verliert (Personifikation), wie ein Jet im Sturzflug (Vergleich)

3 a Beispiel: Auf der Wiese eines Freibads

b Beispiellösung für die ausformulierte Schilderung:

Auf der Wiese eines Freibads
Was gibt es Schöneres, als einen glühend heißen Sommertag im Freibad zu verbringen! Decken in allen Farben sind wie ein Flickenteppich auf dem grünen Rasen verteilt, bei dem an manchen Stellen schon auffallend viel braune Erde durchscheint. Auf dem türkisblauen Wasser treiben bunte Luftmatratzen und ein ganzes Rudel neonfarbener Wasserbälle tanzt auf der bewegten Oberfläche. Prustend durchpflügt ein Schwimmer das Nass, sodass kühlende Wassertropfen auf die erhitzten Menschen am Beckenrand spritzen. Von überall dringen Geräusche ans Ohr. Lautes Lachen und entfernte leise Musik weben einen Teppich, aus dem hin und wieder ein Kreischen heraussticht. In der Ferne hört man wildes Planschen und lustvolles Quietschen vom Kinderbecken her. Die warmen Sonnenstrahlen streicheln die Haut, süßes Himbeereis schmilzt in der heißen Sonne schneller, als man es essen kann. Der Duft von Sonnencreme hängt in der Luft, aber auch Pommes frites verströmen ihren unangenehmen Geruch und man sieht unzählige geleerte Limonadenflaschen in den überquellenden Papierkörben – umsummt von Bienen und Wespen.

||S.84 Atmosphäre einfangen, Eindrücke treffend wiedergeben

||S.84 Auf dem Kettenkarussell

1　a　Beispiele für die Sammlung weiterer Wahrnehmungen und Beobachtungen während der Fahrt auf einem Kettenkarussell: Fahrtwind – laute Schlagermusik – Aufleuchten der bunten Farben im hellen Sonnenlicht – Quietschen der Halterungen – das metallene Gestänge der Sitze drückt – mulmiges Gefühl in der Magengegend – Eindruck von Schwerelosigkeit

　　b　Die Lernenden sollten zum Vergleichen ihrer Notizen den Informationskasten zum Schildern auf S. 83 im Schülerband heranziehen. Wichtig ist, dass sie sich der Elemente einer Schilderung bewusst sind, um den Text anschaulich zu gestalten.

2　a–c　Mit dieser Aufgabenstellung wird den Schülerinnen und Schülern eine Art „Schreibplan" für ihre Schilderung vorgegeben, der auch in einem Tafelbild visualisiert werden kann:

Aufbau einer Schilderung	
Einleitung	ein oder zwei einleitende Sätze, die in die Situation einführen
Hauptteil	detaillierte Schilderung der Wahrnehmungen, Sinneseindrücke, Gefühle und Gedanken
Schluss	Abrundung des Bildes oder Formulierung eines abschließenden Gedankens

Beispiellösung:

Fahrt auf dem Kettenkarussell

Wie ein riesengroßer, funkelnder Pilz sieht dieses Kettenkarussell aus, denke ich, als ich zum Gewölbe hinaufschaue.

Schon beginnen sich die vielen bunt gemalten Bilder langsam wie ein Kaleidoskop zu drehen, das Kettenkarussell nimmt Fahrt auf. Gemächlich, dann immer schneller geht es im Kreis, höher und höher fliege ich in meinem engen Metallsitz. Ich lehne den Kopf zurück, über mir saust der Sommerhimmel vorüber, in dem weiße Wolken wie zerfetzte Segel treiben. Ohne Halt baumeln meine Füße im Nichts, ich spüre ein mulmiges Gefühl im Magen und umfasse die kühle Armlehne fester. In der endlosen Kreisbewegung verliere ich jede Orientierung. Ich schwebe und gleite durch warme Luft, fast als wäre ich schwerelos. Von oben betrachtet gleicht der riesige Rummelplatz einem Farbenmeer, in dem die Geschwindigkeit alle Umrisse verwischt. Der Fahrtwind reißt an meinen Haaren und zerrt an meinen Hosenbeinen, ich scheine zu fliegen. Nur von ferne höre ich spitze Schreie und dudelnde Schlagermusik, während unter mir die Halterungen des alten Gefährts quietschen. Ab und zu weht ein feiner Geruch nach gebrannten Mandeln vorbei.

Allmählich verlangsamt sich die Drehbewegung, einzelne Gesichter und Konturen werden wieder erkennbar. Beim Aussteigen fühle ich mich ganz benommen und es scheint, als würde sich nun der feste Boden unter meinen Füßen drehen.

3　Bei der Überarbeitung ihrer Schilderung vertiefen die Schülerinnen und Schüler den Umgang mit dem ESAU-Verfahren, das sich auch zur Überarbeitung anderer Aufsatzformen eignet.

||S.85 Den Stil verbessern

||S.85 Weihnachtsmarkt

1　Die Aufgabe zielt darauf, das sprachliche Stilempfinden der Lernenden zu schulen. Da die Schülerinnen und Schüler vielfach noch nicht über ein sicheres Urteilsvermögen in Stilfragen verfügen, muss mit individuellen Einschätzungen sehr vorsichtig und sensibel umgegangen werden.

2　a/b　Anhand einzelner Beispiele und unter Einbeziehung des Informationskastens soll das Klischeehafte der Formulierungen verdeutlicht und anschließend überarbeitet werden, z. B.:

Zeile	überarbeitungsbedürftige Passagen	Verbesserungsvorschläge
1–4	„Lautlos wehen die Schneeflocken vom Himmel herab und ein sanftes Dämmerlicht umhüllt den Weihnachtsmarkt, der im festlichen Glanz erstrahlt."	Lautlos wehen die Schneeflocken in der Dämmerung über dem stimmungsvoll beleuchteten Weihnachtsmarkt.
4–7	„In der Ferne sehe ich den prachtvoll geschmückten Weihnachtsbaum, der stolz in den Abendhimmel ragt."	In der Ferne hebt sich der festlich geschmückte Weihnachtsbaum vor dem dunklen Abendhimmel ab.
8	„ein unvergleichlicher, würziger Duft"	ein würziger Duft
11–14	„Süße, vertraute Weihnachtsmelodien erfreuen das Herz und wecken bei so manchem Erinnerungen an längst vergangene Zeiten."	Bekannte Weihnachtslieder dringen aus versteckten Lautsprechern und erfreuen die Besucher.
14–17	„Vor den belebten, bunten Ständen stehen Kinder und betrachten verträumt und mit leuchtenden Augen das Spielzeug und die vielen Süßigkeiten."	Im Gedränge vor den bunten Ständen versuchen kleine Kinder, einen Blick auf die vielen Süßigkeiten und das begehrte Spielzeug zu erhaschen.
17–20	„Wie verzaubert steht das Karussell am Rande des Marktplatzes und lädt die Besucher zu einer unvergesslichen Fahrt ein."	Das Karussell am Rand des Marktplatzes reizt zum Mitfahren.
21–24	„In den verträumten Gassen hinter dem Weihnachtsmarkt ist das fahle Licht des Vollmondes zu sehen, der wie ein prächtiger, runder Ball am Nachthimmel strahlt."	In die schmalen Gassen rings um den Weihnachtsmarkt dringt das helle Licht der Buden nicht, hier nimmt man den hell leuchtenden Vollmond wahr.
	→ Hier wird mit abgegriffenen Wendungen oder Übertreibungen gearbeitet.	→ Besser sind eigene, individuelle Formulierungen.

3 Beispiel für einen Werbetext, der mit Übertreibungen und Klischees für ein Urlaubsziel Reklame macht: Verbringen Sie Ihren Urlaub im Paradies – besuchen Sie unsere unvergleichliche Insel! Hier können Sie unbekümmert in toller Atmosphäre nach Herzenslust die Seele baumeln lassen. Gehen Sie für die schönsten Wochen im Jahr kein Risiko ein: Genießen Sie Ihren wohlverdienten Urlaub bei strahlendem Sonnenschein an herrlichen Stränden, in exquisiten Hotels und bei wundervollen Ausflügen in die zauberhafte Landschaft Ihrer Trauminsel. Ein unvergessliches Erlebnis!

S. 86 Testet euch! – Schildern

1 a Die Lernenden sammeln zunächst – unterstützt durch den Wortspeicher – zu der gewählten Situation detaillierte Eindrücke, eventuell in Form einer Mind-Map oder eines anderen Strukturdiagramms.

b Anschließend formulieren sie ihre Schilderungen aus. Beispiellösungen:

Public Viewing (Variante A)
Keiner kommt hier durch. Die Nervosität der unabsehbaren Menschenmenge kurz vor Spielende ist fast körperlich zu spüren. Dicht gedrängt stehen alle und starren gebannt auf die riesige Leinwand. Trommeln und Pfeifen steigern Lautstärke und Rhythmus, übertönen das aufgeregte Stimmengewirr. Wolken von Deo, Schweiß und Bier vermischen sich mit dem Geruch des heißen Asphalts. Nur noch eine kurze Weile müssen die Fans zittern und bangen – da ertönt der erlösende Schlusspfiff des Schiedsrichters. Wilde Rufe laufen durch die Menge, heftig werden Fahnen und Fähnchen geschwenkt, Wellen von Fangesängen branden auf. Fremde Menschen fallen sich begeistert in die Arme und schreien mit heiserer Stimme durcheinander: „Halbfinale! Halbfinale!"

117

Public Viewing (Variante B)

Seit drei Stunden schon ist die Fanmeile geöffnet, allmählich füllt sich das Gelände, das Gedränge nimmt zu. Überall sieht man bemalte Wangen und fast jeder hält einen gefüllten Pappbecher in der Hand. Immer mehr Menschen strömen erwartungsvoll auf den Platz, auf dem bis zum Beginn des Spiels ein Bühnenprogramm mit Live-Auftritten und Gewinnspielen das Publikum unterhält. Schon jetzt gibt es nicht die kleinste Lücke vor der Bühne. Fröhlich und ausgelassen warten die Menschen auf den Anpfiff, Lachen und begeisterte Kommentare der letzten Spiele sind zu hören. Unermüdliche schwenken bereits jetzt ihre Fahnen und Fähnchen. Menschen mit Platzangst schauen unsicher, wie gehetzt, ziehen sich dann an den Rand des Gedränges zurück. Noch immer brennt die Sonne auf blonde, braune, rote und schwarze Haare, auf bunte Baseball-Kappen, neonfarbene Perücken und verrückte Hüte, die sich manche Fans aufgesetzt haben. Schon ist ab und zu das Hämmern und Dröhnen der Trommler zu hören, die sich einstimmen. Der Geruch von Bratwurst, Cola und Bier hängt über der ausgelassenen Menge, durch die sich Verkäufer mit ihren kleinen Bauchläden drängen. Kleine Jungen sitzen auf den Schultern ihrer Väter und starren auf die noch dunkle Leinwand. Eine fröhliche Aufgeregtheit beherrscht den Platz, auf dem alle auf den Anpfiff warten.

S.87 4.2 Schilderungen in literarischen Texten

S.87 Morton Rhue: Asphalt Tribe

1 Die Schülerinnen und Schüler formulieren in einem ersten Schritt ihren je eigenen Zugang zum Text. Im Unterrichtsgespräch sollten vor allem die Anmerkungen aufgegriffen werden, die auf die besondere Lebenssituation der Straßenkinder abzielen. Dass es sich bei den Figuren um obdachlose Jugendliche handelt, muss gegebenenfalls geklärt werden.

2 Nun erschließen die Lernenden den Text, indem sie ihm zunächst Informationen zur Lebenssituation der Straßenkinder entnehmen:
- finanzieren ihr Leben durch kleine Diebstähle (vgl. Z. 3) und Betteln (vgl. Z. 17 f.)
- leben in Cliquen (vgl. Z. 5)
- fühlen sich frei – oder geben es zumindest vor (vgl. Z. 31 ff.)
- frieren, da sie sich auch in der kalten Winternacht im Freien aufhalten müssen (vgl. Z. 16 f.)
- suchen Schutz vor Regen und Kälte unter der Markise eines Zeitungskiosks (vgl. Z. 9 f.)
- schlafen im Freien, hinter einer Plastikplane unter einer Brücke, sind damit dem Wetter sowie dem Lärm und Schmutz der Straße in der Großstadt ausgesetzt (vgl. Z. 41 ff.)
- leben unter unhygienischen Bedingungen, Rainbow schläft in einem „schmutzigen, orangefarbenen Schlafsack" (Z. 45)

Die aus dem Text zu entnehmenden Informationen über die Lebenssituation jugendlicher Obdachloser lassen sich ggf. durch Kenntnisse der Schülerinnen und Schüler ergänzen. Sie können auch im Internet über das Leben von Straßenkindern und jugendlichen Obdachlosen recherchieren.

3 Die Straßenkinder haben eine distanzierte, abgrenzende Haltung, gehen auf Abstand zu den „normalen" Bewohnern der Stadt. Das wird durch verschiedene sprachliche Gestaltungsmittel zum Ausdruck gebracht:
- Für die Großstadt typische Etagenwohnungen bezeichnet die Ich-Erzählerin mit einer Metapher als „winzige Zellen" (Z. 23), um die empfundene Enge, das Eingesperrtsein, zu verdeutlichen.
- Die Menschen, die angepasst in dieser Welt zwischen Arbeit, Wohnung und Freizeitvergnügen pendeln, werden von den Straßenkindern als unfreie Menschen, als „Gefangene des Systems" (Z. 25), also der gesellschaftlichen Regeln, wahrgenommen. Auch hierbei handelt es sich um eine Metapher.
- Die Verwendung des Pronomens „die" (Z. 25) drückt besonders deutlich aus, dass sich die jugendlichen Obdachlosen als von den Bürgern abgegrenzte Gruppe verstehen, die in Distanz zu den „Gefangenen" ein angeblich freies Leben führt.

118

4 **a** Nun untersuchen die Lernenden die schildernden Passagen in dem Romanauszug. Die Ergebnisse können in einer Tabelle erfasst werden:

Morton Rhue: „Asphalt Tribe" – Schildernde Passagen	
sehen	– „Kalter Nebel wehte aus dem Park rüber" (Z. 7) – „die Tröpfchen funkelten unter den Straßenlaternen" (Z. 8 f.) – „Auf der Straße glänzten schwarze Pfützen und aus den Gullydeckeln stiegen Dampfwolken auf wie Gespenster." (Z. 11–14) – „In der Ferne sahen wir die Brooklyn Bridge, die sich über die Straße erhob. Graue Eiszapfen hingen an der Unterseite, und die Brücke wurde immer größer, bis sie so hoch war wie ein riesiges Haus." (Z. 34–37) – „Jemand lag zusammengerollt in einem schmutzigen, orangefarbenen Schlafsack." (Z. 44 f.) – „dicht über dem grünlichen Wasser segelten Möwen. Weiße Wellen brachen sich am Bug eines Schleppers mit rotem Schornstein, der langsam einen Lastkahn zog." (Z. 53–56)
hören	– „Ihre Reifen machten ratschende Geräusche auf dem nassen Asphalt." (Z. 29 f.) – „Wir hörten den Lärm der Autos, die da oben fuhren." (Z. 38 f.) – „Oben bretterten die Autos lang." (Z. 48) – „Ich lauschte dem endlosen Krach der Motoren und Hupen, manchmal kam noch das Quietschen von Reifen dazu." (Z. 49–51)
fühlen	– „Die feuchte Luft verklebte unsere Haare." (Z. 10 f.) – „Hier draußen in der Kälte" (Z. 30 f.) – „Es war wie in einem Zelt." (Z. 43 f.)
riechen	– „Es stank nach Abgasen." (Z. 39) – „Der Gestank der Abgase hing schwer in der Luft." (Z. 51 f.).

b Die Schilderungen zeigen die Verlorenheit und das Ausgeliefertsein der Jugendlichen. Nirgendwo finden sie Behaglichkeit, Wärme und Schutz. Das Gesicht der Stadt zeigt sich hart und unbarmherzig, lediglich der Blick auf den Fluss vermittelt einen Moment der Idylle. Damit steht die durch die Schilderung vermittelte Atmosphäre im Gegensatz zu dem im inneren Monolog geäußerten Standpunkt: Nur die Straßenkinder seien frei und deshalb in einer privilegierten Position.

c Zur Untersuchung der verwendeten sprachlichen Mittel – ausdrucksstarke Verben, anschauliche Adjektive, sprachliche Bilder – und ihrer Wirkung kann man z. B. mit folgenden Sätzen durch Streichen und Ersetzen „experimentieren":
– „Kalter Nebel wehte aus dem Park rüber, die Tröpfchen funkelten unter den Straßenlaternen" (Z. 7–9) → Nebel kam auf und man sah die Tröpfchen unter den Straßenlaternen.
– „Auf der Straße glänzten schwarze Pfützen und aus den Gullydeckeln stiegen Dampfwolken auf wie Gespenster." (Z. 11–14) → Auf der Straße gab es Pfützen und aus dem Gully kam Dampf.
– „Ihre Reifen machten ratschende Geräusch auf dem nassen Asphalt." (Z. 29 f.) → Man hörte ihre Reifen auf der nassen Straße.
– „[...] und die Brücke wurde immer größer, bis sie so hoch war wie ein riesiges Haus." (Z. 36–38) → Beim Näherkommen erschien die Brücke immer größer.

5 So könnten Ortsschilderungen, die eine bestimmte Stimmung zum Ausdruck bringen, beginnen:

Trostlosigkeit
Der Wind streicht eisig über den verlassenen Spielplatz zwischen den Hochhäusern, Staub wirbelt unter den leeren Bänken. Im Sandkasten ist ein zerbrochener kleiner Eimer zurückgeblieben, Rost hat die Schaufel daneben zerfressen. Von irgendwo dringt das klägliche Jaulen eines Hundes herüber. Kein Mensch ist zu sehen. Wolkenverhangen und schwer liegt der bleierne Himmel über der Stadt, feuchte Kälte dringt in jede Ritze ...

Wut

Wenn ich den Schulhof nur sehe, wird mir rot vor Augen. Mich packt der blanke Zorn. Sofort fällt mir wieder ein, was mir hier gestern Dennis zugerufen hat. Unwillkürlich balle ich die Fäuste, in meinem Kopf hämmert und pocht es. Deutlich sehe ich sein höhnisches Gesicht, eine verzerrte Grimasse, und höre seine schrille Stimme, obwohl der Schulhof jetzt verlassen und still daliegt. Wütend trete ich gegen eine leere Dose, die scheppernd ins Gebüsch fliegt ...

S. 89 **Friedrich Ani: Wie Licht schmeckt**

1 **a** Beispiel für die Zusammenfassung des Textes in einem Satz:
Lukas, der vortäuscht, ein guter Schwimmer zu sein, gerät beim Durchqueren eines Badesees in Schwierigkeiten, schluckt sehr viel Wasser und geht unter, wird aber letztendlich gerettet.

b Mögliche Vermutungen, warum Lukas nicht zugibt, dass er ein schlechter Schwimmer ist:
  – Er will vor Sonja angeben.
  – Er will vor der Gruppe und dem Mädchen nicht zugeben, dass er ein unsicherer Schwimmer ist.
  – Er will keine Schwäche vor den anderen zeigen.

2 Vermutlich werden einige Schülerinnen und Schüler den Text wegen seiner detaillierten Erzählweise schwer verständlich finden, andere hingegen könnten ihn gerade deswegen interessant finden. Wichtig ist es, dass die Lernenden ihren jeweiligen Eindruck anhand des Textes konkret begründen.

3 **a** Beispiele für Textstellen, die zeigen, was Lukas wahrnimmt, denkt und fühlt (auf Zeilenangaben wird verzichtet, da einiges umformuliert und zusammengefasst werden sollte):

Friedrich Ani: „Wie Licht schmeckt" – Wahrnehmungen, Gedanken und Gefühle des Ich-Erzählers		
wahrnehmen	**denken**	**fühlen**
– sieht nur noch verschwommenes Zeug – sieht zwei Enten – sieht die Enten über die Wiese wackeln – bemerkt, dass das Gras sehr kurz geschnitten ist – sieht Leute, hört sie schreien, krächzen und lachen – schmeckt etwas Fremdes im Wasser – hört, dass jemand seinen Namen ruft	– möchte so tun, als ob er kraulen kann – findet Kraulen „total dämlich" – denkt, die Methode funktioniert – glaubt, die Enten hätten sich verflogen – wundert sich darüber, dass er keinen Boden unter den Füßen hat – fragt sich, warum das Wasser jetzt grün ist – glaubt, das Gras wachse unter Wasser weiter	– bekommt keine Luft mehr – sackt weg – schluckt Wasser – findet keinen Boden mehr – merkt, dass er immer wieder unter Wasser taucht

b Der Leser kann sich so gut in Lukas hineinversetzen, weil seine Wahrnehmungen, Gedanken und Gefühle sehr detailliert ausgemalt werden. Dazu tragen die verwendeten Gestaltungsmittel bei:
  – Die Ich-Erzählung in Form eines inneren Monologs lässt den Leser besonders intensiv an der Situation teilhaben.
  – Die Wiedergabe von Lukas' Gedanken vermittelt Nähe: „Ich dachte, die Viecher haben sich verflogen" (Z. 17 f.), „Und die ganze Zeit wunderte ich mich, wieso der Boden weg war" (Z. 27 f.).
  – Fragen zeigen Lukas' Verunsicherung in der Situation, z. B.: „Wo kamen die auf einmal her?" (Z. 13 f.), „Wieso war es jetzt grün?" (Z. 43 f.).
  – Umgangssprachliche Wendungen laden zur Identifikation ein, z. B.: „was ich total dämlich fand" (Z. 5), „alles war brutal grün um mich" (Z. 44 f.).
  – Ellipsen geben die sich überstürzenden Eindrücke angemessen wieder, z. B.: „Tischtennisplatten, die sich rauf und runter bewegten. Liegestühle, die schwebten. Wabbelige Leute. Und zwei Enten." (Z. 11–13), „Grün. Das Wasser war nicht mehr blau. Sondern grün" (Z. 42 f.).

4 a/b Nachdem sie den Informationskasten auf S. 90 im Schülerband gelesen haben, setzen sich die Schülerinnen und Schüler mit der Zeitgestaltung in dem Romanauszug auseinander:
- Zeitraffung: Z. 1–8
- Zeitdehnung: Z. 10–34, insbesondere Z. 42–53

c Die Lernenden sollten benennen können, dass sowohl die sehr genaue und anschauliche Schilderung von Lukas' Wahrnehmungen im und unter Wasser zu einer Zeitdehnung führt als auch das erzählerische Mittel des inneren Monologs.

5 Beispiel für eine Fortsetzung des im Schülerband begonnenen schildernden Textes:
... Es scheint so, als ob er nur mit äußerster Anstrengung die große Tasche über dem Erdboden halten kann. Seine Hände umklammern die ausgefransten Henkel, seine schmalen Arme in dem fadenscheinigen Pullover hält der Kleine angewinkelt, sodass seine Körperhaltung verkrampft wirkt. Das Gewicht drückt ihn zur Seite, schief und gebeugt stolpert er über das Pflaster ...

S.91 Louis Sachar: Löcher

Auf der beiliegenden CD-ROM findet sich der Auszug aus dem Jugendroman „Löcher" als Hörtext, gesprochen von Marianne Graffam und Denis Abrahams. Der Hörtext wird begleitet von einem passgenauen Arbeitsblatt zur Übung des Hörverstehens (inkl. Lösungshinweisen) und eignet sich gut zur Einführung oder Ergänzung.

1 Die Lernenden werden nach dem Lesen des Romanauszugs eher Assoziationen mit Strafgefängnissen haben als mit einem Erziehungslager, in dem Jugendliche mit neuen Herausforderungen konfrontiert werden und Sinnvolles für ihr weiteres Leben lernen sollen. Die geschilderten menschenfeindlichen Lebensbedingungen wirken sehr abschreckend.

2 Im nächsten Arbeitsschritt stellen die Schülerinnen und Schüler detailliert zusammen, was sie im Text über die Lebensbedingungen im Camp erfahren.
Mögliche Ausarbeitung, wobei eine Anleitung zu einer strukturierten Auswertung empfehlenswert ist:

Louis Sachar: „Löcher" – Lebensbedingungen im Camp	
Umgebung/klimatische Bedingungen	**Verhalten der Aufsichtsperson**
– verlassene, kahle Gegend (vgl. Z. 1) – heruntergekommene Gebäude, Zelte (vgl. Z. 2) – nur zwei Bäume, sonst keine Vegetation, kein Gras, nicht einmal Unkraut (vgl. Z. 4–6) – in der Umgebung der Gebäude nur Ödland (vgl. Z. 44 f.) – mittags herrscht große Hitze (vgl. Z. 26 f., 41 f.) – Luft ist heiß und staubig (vgl. Z. 45) – im Umkreis von 100 Meilen kein Wasser (vgl. Z. 68–70), bei Flucht Gefahr zu verdursten – Erde ist so hart, dass das Schaufelblatt abprallt (vgl. Z. 74 f.)	– fordert eine korrekte Anrede (vgl. Z. 7–9) – fordert Stanley auf, sich völlig zu entkleiden, untersucht ihn auf versteckte Dinge (vgl. Z. 15–17) – verlangt von den Jugendlichen, jeden Tag Löcher einer bestimmten Größe zu graben und Gefundenes bei der Aufsicht abzugeben (Z. 18–22, 29–33) – geht höhnisch mit Stanley um, macht ihm klar, dass er keine Fluchtchancen hat: In der Wüste werde er verdursten (vgl. Z. 48–71).

3 Die Lernenden benennen, welche Vorstellungen die geschilderten Bedingungen im Camp beim Leser wecken, und begründen ihre Aussagen anhand des Textes: Die Stimmung ihm Camp wirkt bedrückend, da die trostlose Umgebung, die extremen klimatischen Bedingungen und die monotone, sinnlose Aufgabe harte Tage für die Jugendlichen bedeuten. Das Verhalten der Aufseher ist demütigend, da die jungen Leute streng kontrolliert werden und ihnen ihre ausweglose Lage sehr drastisch vor Augen geführt wird.

4 Bei der Beschreibung, wie sie sich an Stanleys Stelle fühlen würden, werden die Lernenden sehr individuelle Positionen vertreten – von vorgestellten Qualen auf Grund der Hitze und der harten Arbeit bis zur Unterordnung unter den schikanierenden Aufseher.

‖ S. 93 ‖ Fordern und fördern – Einen Text schildernd fortsetzen

In diesem Abschnitt werden die Schülerinnen und Schüler schrittweise dazu angeleitet, eine Leerstelle in einem literarischen Text gestaltend auszufüllen (den Text fortzusetzen) und auf diesem produktions-orientierten Weg ihre Interpretationskompetenzen und ihre Fähigkeiten des Schilderns weiter zu vertiefen. Schwächere Schülerinnen und Schüler finden im Sinne der Binnendifferenzierung zusätzliche Formulierungshilfen.

1 Als Vorarbeit sammeln die Schülerinnen und Schüler auf der Basis ihrer Textuntersuchung (siehe die Hinweise oben) Stichworte zu Stanleys Wahrnehmungen, Gedanken und Gefühlen.
Mögliche Ergänzungen:
– Angst, niemals wieder aus dem Camp herauszukommen
– unterdrückte Wut auf den Aufseher
– Furcht, in der Hitze oder vor Erschöpfung zusammenzubrechen

2 In ihrer Fortsetzung des Textes sollten sich die Lernenden an Erzählform und Tempus der Vorlage orientieren:
– Erzählform: Er-Erzähler
– Erzähltempus: Präteritum

3 Beispiellösung für eine Fortsetzung des Textes:

Stanley spürte, wie sein ganzer Körper zitterte. Erschöpft drehte er sich um und blickte in die endlose Leere der Wüste. Kein Baum, kein Grün, kein Wasser, nur Sand, Staub und ein paar Steine. Mit aller Kraft rammte er die Schaufel wieder und wieder in den Boden. Schon jetzt schmerzten seine Hände und brannten wie Feuer. Aber der Boden war hart wie Beton. Wie soll das werden, dachte er, wenn mittags die Sonne glüht? Verzweifelt irrte sein Blick in die Ferne, tastete den verschwimmenden Horizont ab und kehrte beobachtend zurück zu den anderen, die wie aufgezogen fortwährend an ihren Löchern gruben. Stanley fühlte sich einsam und verlassen. Heimweh drohte ihn zu packen. Angst, vor Erschöpfung zusammenzubrechen, kroch in seine Gedanken. Womöglich würde er niemals wieder aus dem Camp herauskommen! Er fühlte sich kraftlos, sein Hals und sein Mund schienen ausgedorrt wie die nackte, gelbe Wüste, die ihn umgab. Doch dann beschlich ihn Wut – Wut auf die Aufseher und ihre Schikanen: Denen würde er es zeigen! Stanley gab sich einen Ruck, stieß entschlossen die Schaufel in den harten Wüstenboden. Nicht aufgeben, hämmerte es in seinem Kopf, nur nicht aufgeben!

‖ S. 95 ‖ 4.3 Fit in ... – Schildern

Mit diesem Klassenarbeitstraining üben die Schülerinnen und Schüler, unterstützt durch eine Bildvorlage, eine Situation, eine Stimmung schildernd zu gestalten. Sie werden in einzelnen Schritten dazu angeleitet, zunächst die Aufgabenstellung zu verstehen, sich dann mit der vorgegebenen Situation und dem Foto auseinanderzusetzen und Schreibideen zu sammeln, um schließlich die Schilderung verfassen zu können. Abschließend bieten die Checkliste und der Informationskasten zum ESAU-Verfahren (S. 84 im Schülerband) eine Grundlage für die Überarbeitung des Textes.

‖ S. 95 ‖ Die Aufgabenstellung verstehen

1 Der partnerschaftliche Austausch soll sicherstellen, dass den Lernenden alle relevanten Aspekte der Aufgabenstellung bewusst sind, z. B.:
– sich in die Situation versetzen: der letzte Abend am Urlaubsort
– die Stimmung auf dem Foto zu Grunde legen
– sich mögliche Wahrnehmungen, Gedanken und Gefühle in dieser Situation bewusst machen
– Momentaufnahmen schildern, Einzelheiten konkret und detailliert ausführen
– bildhaft und abwechslungsreich schreiben
– in der Ich-Form schreiben und das Präsens benutzen

S.95 **Ideen sammeln**

2 Beispiel für die Ideensammlung:

S.96 **Die Schilderung schreiben und überarbeiten**

3 Beispiellösung für die ausformulierte Schilderung:

Der letzte Abend am See

Wehmütig sitze ich am Ufer des Sees und beobachte, wie die Sonne langsam, Stück für Stück, hinter der dunklen Silhouette der Bäume versinkt.

Auf der Wasseroberfläche wird das kupferne Licht der Abendsonne reflektiert. Ein ruhiger Abend, nur das kurze, helle Flöten eines Vogels irgendwo im Gebüsch durchbricht die Stille. Ab und zu quakt leise ein Frosch im hohen Schilf und manchmal höre ich das gedämpfte Glucksen der Wellen, wenn sie ans seichte Ufer schlagen. Wie wird es sein, wenn ich zu Hause wieder durch die lauten, von Abgasen er-füllten Straßen hetze, mich in den überfüllten Bus drängen muss?

Ein kühler Wind trägt den Geruch von feuchtem Gras herbei. Fröstelnd ziehe ich die Beine unter die Decke. Da bringt ein letzter goldener Sonnenstrahl den See noch einmal zum Leuchten, noch einmal durchflutet mich die Sommerwärme, die in diesen Ferien endlos schien. Kaum vernehmbar raschelt das trockene Schilf, genauso wie an den heißen Urlaubstagen. Jeder Tag dieser Ferien war erfüllt von Licht und Wärme, sodass ich selten an zu Hause und nie an die Schule gedacht habe. Doch jetzt steigen erste Nebel wie Wolkenfetzen über dem See auf, verhüllen wie in Zeitlupe das Segelboot, das sanft auf den Wellen schaukelt. Der dunkle Wald am jenseitigen Ufer verschwindet langsam im goldgelben Dunst. Ein Geruch von Holzfeuer weht vorbei.

Keine Frage, der Herbst kündigt sich an. Aber das bedeutet auch: Bald sehe ich meine Freunde wieder, die mein quengeliger kleiner Bruder die ganzen Ferien über nicht hat ersetzen können.

Material zu diesem Kapitel auf den folgenden Seiten und auf der CD-ROM

– Klassenarbeit – Zu einem Bild schildern: Sonnenaufgang in den Bergen am vorletzten Tag einer Klassenfahrt (mit farbigem Foto und Erwartungshorizont auf der CD-ROM)
– Fordern und fördern – Einen Text schildernd fortsetzen: Alexa Hennig von Lange: Ich habe einfach Glück (auf zwei Differenzierungsniveaus, mit Lösungshinweisen auf der CD-ROM)
– Diagnose – Schildern (mit Lösungshinweisen und Förderempfehlung auf der CD-ROM)
– Hörtext: Louis Sachar: Löcher (Auszug) (mit einem passgenauen Arbeitsblatt zur Übung des Hörverstehens inkl. Lösungshinweisen, nur auf der CD-ROM)

Klassenarbeit – Zu einem Bild schildern

Aufgabenstellung

1 Es ist der vorletzte Tag eurer Klassenfahrt nach Oberbayern. Der Wetterbericht hat einen schönen Tag vorausgesagt und deine Klasse ist besonders früh losgewandert, um den Sonnenaufgang in den Bergen zu erleben.

Versetze dich in diese Situation und schildere einem Freund oder einer Freundin deine Wahrnehmungen, Gedanken und Gefühle. Du kannst dich von dem Foto anregen lassen. Schreibe in der Ich-Form und verwende das Präsens.

Kopiervorlage

Fordern und fördern – Einen Text schildernd fortsetzen

Alexa Hennig von Lange
Ich habe einfach Glück

Die Ich-Erzählerin Lelle lebt mit ihren Eltern und ihrer Schwester Cotsch in einer typischen Einfamilienhaussiedlung am Rande einer Stadt. Die beiden Mädchen werden von ihrer Mutter mehr umsorgt, als ihnen lieb ist, und sie zeigen ihr dies auch. Unter diesen Abnabelungsprozessen der Töchter leidet die Mutter. Der Vater entzieht sich nach Möglichkeit dem etwas stressigen Familienleben. Cotsch, die ältere Tochter, konzentriert sich auf die Schule, leidet unter starken Stimmungsschwankungen und besucht seit einiger Zeit eine Therapeutin, Frau Thomas. Sie ist locker befreundet mit dem Nachbarsjungen Antoine. Als sie eines Abends nicht rechtzeitig nach Hause kommt, macht sich Lelle auf die Suche nach ihr.

Ich schiebe mein Fahrrad aus dem Schuppen, in der rechten Hand halte ich Papas Taschenlampe. Die hat er mir gnädigerweise aus seiner Handwerkskiste geangelt. „Lass die nicht zu lange
5 brennen, sonst werden die Batterien alle. Was willst du überhaupt damit? Ist dein Licht am Fahrrad wieder kaputt? Könnt ihr nicht besser auf eure Fahrräder aufpassen? Ihr seid doch nicht mehr fünf. Mama fährt die ganze Zeit mit platten
10 Reifen rum. Da gehen die Felgen kaputt. Ihr habt überhaupt kein Gefühl für eure Fahrräder." Das war alles, was Papa zur Cotsch-Suchaktion beizutragen hatte. Ich habe ja gleich gesagt, dass Papa sich nicht darum reißt, mitten in der Nacht
15 nach Cotsch zu fahnden.

Na ja, jetzt muss ich wenigstens nicht so dicht neben Papa im Auto sitzen und mir den Quatsch anhören, den er immer von sich gibt. Außerdem lässt er beim Autofahren immer diese afrikani-
sche Klaviermusik mit Trommeln laufen, und die 20 macht mich ganz nervös.

Mama klebt drinnen im hell erleuchteten Wohnzimmer an der Terrassentür und sieht zu mir rüber, wie ich die Gartentür hinter mir zuknalle. Die habe ich mal an einem Sonntagmorgen weiß 25 gestrichen, weil die von innen ganz abgeblättert war [...]. Als Papa das gemerkt hat, hat er einen Anfall gekriegt: „Seit wann streichst du unsere Türen? Siehst du hier überall die runtergelaufenen Tropfen? Jetzt kann ich die ganze Tür noch 30 mal abschleifen!" Papa hätte die Tür sowieso abschleifen müssen, weil die Farbe ja abgeblättert war. Aber das hatte er in dem Moment wohl ganz vergessen. Außerdem muss Papa nicht wissen, was ich mit der Taschenlampe will. Das ist mei- 35 ne Sache. Papa kümmert sich echt lieber um das Wohlergehen von Taschenlampen und Nachbarskindern als um seine eigenen Töchter. [...]

Manchmal hat Cotsch ja schon damit gedroht, wegzulaufen oder nicht mehr nach Hause zu 40 kommen. Vielleicht ist das heute die Nacht, in der sie ihre Drohung wahr macht. Bitte nicht. Die ist bestimmt mit Antoine zum Billardschuppen gefahren. Viel anderes kennt Cotsch ja nicht. Schule, Billardschuppen und Frau Thomas. [...] 45
Ich schwinge mich auf mein Rad und gebe Gas. Ich flitze durch den dunklen Tunnel. Rechts und links von mir auf den Mauern wächst Knöterich vermischt mit Goldregen. Die Blüten streifen über meine Haare. „Goldregen ist giftig!", sagt 50 Mama. Das Gift klebt auf meiner Kopfhaut und ich hoffe, ich kriege davon keinen Ausschlag.

(Aus: Alexa Hennig von Lange: Ich habe einfach Glück. Rowohlt Verlag, Reinbek 2002, S. 124–129)

                                                 KV 10, Seite 1

Kopiervorlage

Erschließe zunächst den Inhalt des Romanauszugs. Gehe so vor:

1 Lies den Text genau und notiere nach dem ersten Lesen zusammenfassend die Situation: Was ist passiert? In welcher Situation steckt Lelle?

Lelles Schwester Cotsch ist _____

und Lelle macht sich _____

Deshalb beschließt sie, _____

2 Notiere in Stichworten, was du über Cotsch sowie das Verhalten von Vater und Mutter erfährst.

Cotsch: ältere Schwester, konzentriert sich auf _____ , besucht eine _____

weil _____

Vater: kümmert sich mehr um _____ als um seine _____ ,

hilft / hilft nicht _____

Mutter: steht _____ , hilft / hilft nicht _____

_____

3 Kreuze an, welche Stimmung an diesem Abend in der Familie herrscht.
TIPP: Du kannst auch mehrere Adjektive ankreuzen.

☐ zuversichtlich – ☐ angespannt – ☐ gemütlich – ☐ hoffnungsvoll – ☐ traurig – ☐ aggressiv –
☐ abwartend – ☐ bedrückend

4 Notiere in Stichworten, wie du dich an der Stelle von Lelle fühlen würdest. Fröhlich? Verzweifelt? Wütend? ...

_____

_____

5 Der Textauszug aus dem Roman „Ich habe einfach Glück" bricht in dem Moment ab, als Lelle mit ihrem Fahrrad davonfährt. Schreibe die Geschichte weiter, indem du schilderst, was Lelle auf ihrer Fahrt wahrnehmen, denken und empfinden könnte. Berücksichtige dabei die Erzählform und das Tempus der Vorlage. Gehe so vor:

Lies den Text noch einmal ganz genau. Führe dir Lelles Situation deutlich vor Augen und notiere in der Mind-Map, was sie beim Start ihrer Suche nach ihrer Schwester wahrnehmen, denken und fühlen könnte. Notiere auch, welche Gedanken und Gefühle Lelle bewegen, wenn sie an ihre Eltern denkt.
TIPP: Schildere viele Details, aber wenig Handlung.

Kopiervorlage

Wahrnehmungen und Gefühle

aufgeregt weil …

ängstlich, da allein …

kühler Fahrtwind

empfindet Enge zwischen den
hohen Gartenmauern

Gedanken

Sorge um die Schwester Cotsch

wütend, dass sie keine Nachricht
hinterlassen hat

Hoffnung, sie im Billardschuppen zu finden

Nachdenken über das letzte Gespräch:
eventuell Hinweis?

**Lelles Wahrnehmungen,
Gedanken und Gefühle**

Gedanken und Gefühle, wenn Lelle an ihre Eltern denkt

findet es gemein, dass der Vater nur meckert und sich nicht sorgt

enttäuscht, dass er …

zugleich froh, dass er sie nicht nerven kann mit …

vorwurfsvoll, da er so wenig Interesse für …   aufbringt

enttäuscht auch über die Mutter, die …

6 In deiner Fortsetzung des Textes sollst du die Erzählform und das Tempus der Textvorlage beibehalten. Überprüfe beides anhand der Zeilen 1–4 und kreuze dann die richtige Lösung an.

Erzählform: ☐ Ich-Erzähler   ☐ Er-/Sie-Erzähler

Tempus: ☐ Präteritum   ☐ Präsens

7 Setze nun den Text mit Hilfe deiner Notizen aus den Aufgaben 5 und 6 schildernd fort. Schreibe in dein Heft. Schildere Lelles Eindrücke, Beobachtungen, Gefühle und Gedanken möglichst detailliert und anschaulich. Achte darauf, dass der erste Satz schlüssig an den Text anschließt. Du kannst so beginnen:

Aber darauf kann ich heute Abend keine Rücksicht nehmen. Wichtig ist, dass ich schnell in den Billardschuppen komme …

8 Überarbeite deinen Text mit Hilfe der Checkliste auf S. 96 im „Deutschbuch" und des ESAU-Verfahrens (vgl. S. 84 im „Deutschbuch"). Du kannst auch mit einer Lernpartnerin/einem Lernpartner die Texte austauschen.

Erschließe zunächst den Inhalt des Romanauszugs. Gehe so vor:

1 ●●● Lies den Text genau und notiere nach dem ersten Lesen zusammenfassend die Situation: Was ist passiert? In welcher Situation steckt Lelle? Was will sie unternehmen?

_____

_____

_____

2 ●●● Notiere in Stichworten, was du über Cotsch sowie das Verhalten von Vater und Mutter erfährst.

Cotsch: _____

_____

Vater: _____

_____

Mutter: _____

_____

3 ●●● Erläutere, welche Stimmung an diesem Abend in der Familie herrscht.

_____

_____

4 ●●● Notiere in Stichworten, wie du dich an der Stelle von Lelle fühlen würdest.

_____

_____

5 ●●● Der Textauszug aus dem Roman „Ich habe einfach Glück" bricht in dem Moment ab, als Lelle mit ihrem Fahrrad davonfährt. Schreibe die Geschichte weiter, indem du schilderst, was Lelle auf ihrer Fahrt wahrnehmen, denken und empfinden könnte. Berücksichtige dabei die Erzählform und das Tempus der Vorlage. Gehe so vor:

Lies den Text noch einmal ganz genau. Führe dir Lelles Situation deutlich vor Augen und notiere in der Mind-Map, was sie beim Start ihrer Suche nach ihrer Schwester wahrnehmen, denken und fühlen könnte. Notiere auch, welche Gedanken und Gefühle Lelle bewegen, wenn sie an ihre Eltern denkt.
TIPP: Schildere viele Details, aber wenig Handlung.

Kopiervorlage

Wahrnehmungen und Gefühle

aufgeregt weil …

Gedanken

wütend, dass sie keine Nachricht hinterlassen hat

Hoffnung …

Lelles Wahrnehmungen, Gedanken und Gefühle

Gedanken und Gefühle, wenn Lelle an ihre Eltern denkt

findet es gemein, dass der Vater …

enttäuscht auch über …

6 In deiner Fortsetzung des Textes sollst du die Erzählform und das Tempus der Textvorlage berücksich-
●●● tigen. Notiere, welche Erzählform und welches Tempus vorliegen.

7 Setze den Text mit Hilfe deiner Notizen aus den Aufgaben 5 und 6 schildernd fort. Schreibe in dein
●●● Heft. Schildere Lelles Eindrücke, Beobachtungen, Gefühle und Gedanken möglichst detailliert und anschaulich. Achte darauf, dass der erste Satz schlüssig an den Text anschließt.

8 Überarbeite deinen Text mit Hilfe der Checkliste auf S. 96 im „Deutschbuch" und des ESAU-Verfahrens
●●● (vgl. S. 84 im „Deutschbuch"). Du kannst auch mit einer Lernpartnerin/einem Lernpartner die Texte austauschen.

Kopiervorlage

Diagnose – Schildern

1 Kreuze die richtigen Aussagen zum Verfassen einer Schilderung an.

	A	B
1 Beim Schildern gestaltet man	☐ ein handlungsbetontes Geschehen.	☐ ein mit Worten gemaltes, anschauliches Bild.
2 Zu einer Schilderung gehören	☐ die Darstellung von Gedanken und die Wiedergabe von Gefühlen.	☐ genaue Angaben über Ort und Zeit.
3 Wahrnehmungen und Sinneseindrücke	☐ stehen im Zentrum einer Schilderung.	☐ können knapp gehalten werden.
4 Eine Schilderung ist handlungsarm, deshalb beschreibt man die Situation	☐ knapp und sachlich.	☐ anschaulich und detailliert.
5 Wichtige sprachliche Gestaltungsmittel einer Schilderung sind	☐ anschauliche Adjektive und Partizipien, ausdrucksstarke Verben sowie sprachliche Bilder.	☐ kurze Sätze und viel wörtliche Rede.
6 Durch Schilderungen kann man folgende Zeitgestaltung erreichen:	☐ Zeitdehnung („wie in Zeitlupe")	☐ Zeitraffung (Zusammenfassung längerer Zeiträume)

2 Sprachliche Bilder helfen dir, besonders anschaulich zu schildern. Ordne die folgenden Beispiele den Bezeichnungen zu: Metapher, Personifikation, Vergleich. Schreibe die jeweilige Formulierung in die passende Tabellenspalte. Achtung: Manche Sätze enthalten zwei sprachliche Bilder!

A Der Herbst gebärdet sich wie ein Berserker.
B Ein Orkan wütet.
C Der Sturm peitscht die Wellen.
D Strommasten knicken um wie Streichhölzer.
E Blätter tanzen durch die Luft.
F Mülltonnen stürzen um wie leere Pappkartons.
G Wie wilde Hunde heulen die Windböen im Gebälk.
H Graue Schleier ziehen übers Land.
I Grelle Blitze zucken wie Pfeile aus Wolkentürmen.

Metaphern	Personifikationen	Vergleiche

Kopiervorlage

3 Marcel hat in den Herbstferien an einem nebligen Spätnachmittag einen geheimnisvollen Höhleneingang entdeckt. In einer Mail will er seinen Freunden die Situation und die Stimmung schildern.

a Allerdings ist sein Text nicht sehr anschaulich. Schreibe über die markierten Wörter ausdrucksstärkere Formulierungen und fülle die Lücken, sodass aus dem Text eine anschauliche Schilderung wird. Nutze den Wortspeicher. Achtung: Du musst die Wörter noch in die richtige Verbform oder den korrekten Kasus setzen!

b Außerdem enthält Marcels Text Formulierungen, die nicht in eine Schilderung gehören. Streiche diese durch.

> aufgescheucht – ausladend – bunt gefärbt – der mir wie der Atem eines Ungeheuers erscheint – dunkel – durch den Kopf schießen – eisig – erspähen – feucht – flüchten – groß grau – heiser – hell – herb – kümmerlich – modrig – steil – taumeln – trocken – übersät – undurchdringlich – unheimlich – verschwinden – wabern – wie ein großes Maul – wie urzeitliche Tiere

Nebelfetzen sind zwischen den Bäumen, deren _____ Kronen

VORSICHT FEHLER!

in etwa zehn Meter Höhe im Grau stehen. Ein kühler Wind hebt sich, sodass _____

Blätter durch den Dunst fallen. Von ferne weht der _____ Geruch von Kartoffelfeuern heran.

Nur ab und zu schreit _____ ein Eichelhäher, das _____ Gras raschelt leise

unter meinen Schritten. Flink läuft eine Eidechse vor mir ins _____ Moos. Rechts erhebt

sich ein _____ Hang, der mit _____ Felsbrocken voll ist, die

sich _____ zwischen die _____ Sträucher

ducken. Da taucht etwa 5 Meter oberhalb des kleinen Pfads um 16:30 Uhr ein _____

Schlund auf – der Eingang zu einer Höhle! Wow, denke ich, ich bin bestimmt der Erste, der sie

entdeckt, und zwar genau am 4. November, Pits Geburtstag.

_____ öffnet sich der schwarze Höhleneingang vor mir. _____

Luft schlägt mir aus dem _____ Dunkel entgegen. Ein Schauer läuft mir

unter meiner roten Funktionsjacke, die ich zum Geburtstag bekommen habe, über den Rücken. Aufge-

regt streichen _____ Fledermäuse an mir vorbei ins _____ Tageslicht.

In dem schwarzen Loch ist nichts zu sehen, aber ich spüre deutlich einen _____ Luftzug,

_____. Sofort fallen mir Drachen,

Räuber, Zyklopen und Monster ein. Vielleicht sind diese _____ Höhlenbewohner in den

Sagen, Mythen, Märchen und dicken Fantasybüchern ja gar nicht erfunden?

Kopiervorlage

5 „Der Schimmelreiter" – Eine Novelle kennen lernen und verstehen

Konzeption des Kapitels

„Der Schimmelreiter" gehört zu den bekanntesten deutschen Novellen und behauptet seit über hundert Jahren einen festen Platz im schulischen Lektürekanon. Mit Blick auf jüngere Publikationen kann man sogar den Eindruck gewinnen, dass die Popularität von Storms berühmtem letzten Werk noch zunimmt. Die Gründe für die ungebrochene Beliebtheit der Novelle dürften insbesondere in der Mehrdeutigkeit und Deutungsoffenheit der spannenden, mit Gespensterspuk und Teufelspakt spielenden Geschichte zu suchen sein. Den Eindruck des Rätselhaften und Ungewissen erzielt Storm mit Hilfe einer virtuos verschachtelten Erzähltechnik, eines Binnenerzählers, dessen Glaubwürdigkeit unentwegt der Überprüfung bedarf, und vor allem mit einem ambivalent gezeichneten Protagonisten. Die Erzählung hält bis zum Schluss die Balance zwischen Idealisierung und Dämonisierung Hauke Haiens. Als Aufklärer und Rationalist verfolgt er mit genialisch-faustischer Besessenheit sein Lebensziel, den Bau eines neuen Deiches. Der Preis, den er dafür zahlt, dass er den Widerstand der abergläubischen Dorfgemeinschaft überwindet, besteht in Vereinzelung, Größenwahn und schließlich im Untergang seiner gesamten Familie. Der didaktische Akzent des Kapitels liegt folglich auf dieser Spannung zwischen dem eigenwilligen Vernunftmenschen Hauke Haien und den ihm gegenüber skeptischen, im Mythischen verhafteten Dorfbewohnern. Das Kapitel kann isoliert behandelt werden oder im Zusammenhang mit der Lektüre der Ganzschrift.

Das erste Teilkapitel **(„Hauke Haiens Aufstieg zum Deichgrafen – Erzähler, Figuren und Handlung untersuchen")** führt anhand von drei chronologisch angeordneten Textauszügen in Erzähltechnik, Figurenkonstellation und Handlung der Novelle ein. Ein Schwerpunkt liegt dabei auf dem Verfassen einer Figurencharakterisierung. Abschließend können die Schülerinnen und Schüler ihr Wissen in einem Selbsttest festigen.

Im zweiten Teilkapitel **(„Hauke Haiens Untergang – Erzähltexte um- und ausgestalten")** erproben die Lernenden an zwei weiteren Novellenauszügen, die der Chronologie der Handlung folgen, Möglichkeiten des gestaltenden Schreibens. Das Vorgehen orientiert sich an den Teilprozessen des Schreibhandelns und vertieft die erworbenen Kompetenzen in einem nach zwei Niveaustufen differenzierten Aufgabenangebot.

Das dritte Teilkapitel **(„Fit in ... – Gestaltend schreiben")** übt das gestaltende Schreiben noch einmal ein und kann zur Vorbereitung auf eine Klassenarbeit eingesetzt werden. Die Übungsformen sind an der Schrittfolge des Schreibprozesses ausgerichtet.

Literaturhinweise

• *Freund, Winfried:* Theodor Storm. Literaturwissen für Schule und Studium. Reclam, Stuttgart 1994
• *Freund, Winfried:* Von der Ohnmacht des Menschen. Die Novelle des poetischen Realismus. In: Der Deutschunterricht 4/2011, S. 22–31
• *Hildebrandt, Klaus:* Theodor Storm. Der Schimmelreiter. Oldenbourg Schulbuchverlag, München 1990 (Oldenbourg Interpretationen)
• *Mittelberg, Ekkehart (Hg.):* Theodor Storm. Der Schimmelreiter. Klassische Schullektüre. Unterrichtskommentar von Herbert Fuchs und Ekkehart Mittelberg. Cornelsen, Berlin 1980
• *Tomasetti, Lena:* „Der Schimmelreiter" aus kulturökologischer Perspektive. In: Deutschunterricht 2/2014, S. 29–35
• *Zimmerman, Christian von:* Der Schimmelreiter. Theodor Storms Spiel mit biographischen Narrativen. In: Der Deutschunterricht 2/2012, S. 38–49

|| S. 97 5 „Der Schimmelreiter" – Eine Novelle kennen lernen und verstehen

1 **a** Die Schülerinnen und Schüler sollten mit Hilfe der Illustration und der Zitate auf der Auftaktseite die Atmosphäre des Unheimlichen und Dämonischen benennen.

b Aus den Zitaten lässt sich zum einen folgern, dass die Novelle von einem Deichbau handelt, auf den der Reiter, der auf dem Bild zu sehen ist, stolz zu sein scheint. Zum anderen kann man schließen, dass der Reiter und sein Werk nicht unumstritten sind.

c Mögliche erste Gedanken zur Hauptfigur der Novelle: Der Schimmelreiter scheint sich für ein Genie zu halten, das seine Mitmenschen, die ihn fürchten, weit überragt.

Vorschlag für ein Tafelbild:

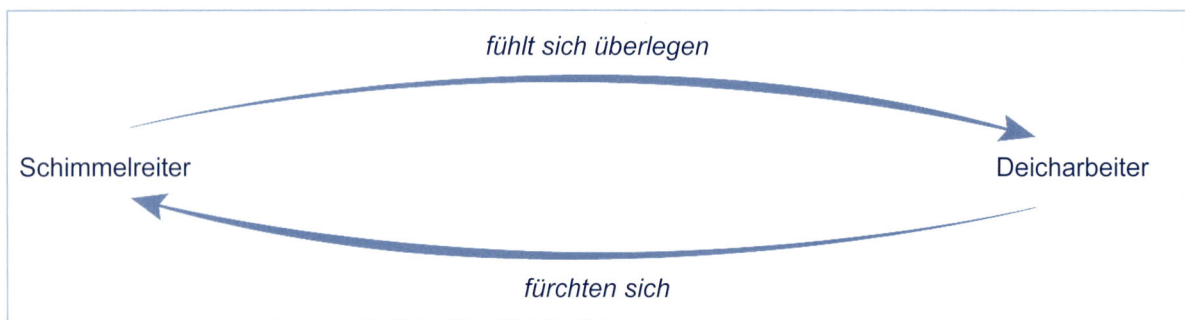

fühlt sich überlegen

Schimmelreiter

Deicharbeiter

fürchten sich

2 Die Illustration und die beiden Zitate verdeutlichen, wie unterschiedlich verschiedene Figuren denselben Sachverhalt – hier den Deichbau – einschätzen, wie notwendig also die genaue Untersuchung der Figuren eines literarischen Textes ist. Damit werden die Schüler für die Subjektivität und Relativität von Wirklichkeitswahrnehmung und Wahrheitsanspruch sensibilisiert. Diese Erkenntnis ist wichtig für das Verständnis der Novelle: Beim Deichbau stehen sich aufklärerischer Fortschrittsoptimismus Hauke Haiens und abergläubische Verteufelung durch die Dorfbewohner unversöhnlich gegenüber.

|| S. 98 5.1 Hauke Haiens Aufstieg zum Deichgrafen – Erzähler, Figuren und Handlung untersuchen

|| S. 98 Den Novellenanfang lesen – Die Erzähltechnik untersuchen

|| S. 98 Theodor Storm: Der Schimmelreiter (1)

Auf der beiliegenden CD-ROM findet sich der Anfang der Novelle „Der Schimmelreiter" als Hörtext, gesprochen von Denis Abrahams. Der Hörtext wird begleitet von einem passgenauen Arbeitsblatt zur Übung des Hörverstehens (inkl. Lösungshinweisen) und eignet sich gut zur Einführung.

1 Für das Unterrichtsgespräch wäre es ergiebig, wenn sich die ersten Eindrücke der Lernenden auf die folgende Aspekte bezögen, die an der Tafel gesammelt werden können:

„Der Schimmelreiter" – Erste Leseeindrücke	
Handlung	Der Erzählbeginn wirkt spannend, weckt Neugier: Wie geht das nächtliche Abenteuer des Reisenden aus?
Figuren	Wer ist der gespenstische Schimmelreiter?
Atmosphäre	unheimlich, rätselhaft
Erzählweise	Es gibt mehrere Erzähler.

2 a Die Lernenden sammeln, was sie über die Hauptfigur erfahren: Der Schimmelreiter wirkt unheimlich und gespenstisch. Dieser Eindruck entsteht insbesondere durch sein dämonisches Aussehen („dunkle Gestalt", Z. 70; „dunkler Mantel", Z. 73; „brennende Augen aus einem bleichen Antlitz", Z. 75 f.), das geräuschlose Auftreten („ich hatte keinen Hufschlag, kein Keuchen des Pferdes vernommen", Z. 78 f.; „lautlos", Z. 85) und das Flüchtige der Erscheinung („dann war's, als säh ich plötzlich ihren Schatten an der Binnenseite des Deiches hinuntergehen", Z. 87–89).

   b Die Schülerinnen und Schüler sollen den Zusammenhang zwischen dem nächtlichen Unwetter, dem einsamen Ritt auf dem Deich und dem rätselhaften Schimmelreiter entdecken. Sie können zum Beispiel mutmaßen, dass die gespensterhafte Erscheinung den Deich bewacht, darauf sein Unwesen treibt oder hier möglicherweise ein grausames Schicksal erlitten hat.

3 Zur Stimmung des Unheimlichen tragen bei: das starke Unwetter, die Einsamkeit des Reisenden auf dem Deich („keine Menschenseele war mir begegnet", Z. 49 f.), das Toben von Wind und Wasser („Wutgebrüll" der Wellen, Z. 34), die hereinbrechende Nacht („wüste Dämmerung", Z. 37), „das Geschrei der Vögel" (Z. 50 f.) und die Eiseskälte. Die gesamte Natur befindet sich im Zustand des Aufruhrs und der Unruhe. Unheilvolle Atmosphäre, stürmische Nacht, geisterhafte Erscheinung sowie die Angst und Einsamkeit des Fremden sind typische Merkmale einer Gespenstergeschichte.

4 a Die Aufgabe macht auf die verschachtelte Erzählkonstruktion mit mehreren Erzählern aufmerksam:
   - Erster Erzähler (Z. 1–22): Ein Mann erzählt, wie er als kleiner Junge bei seiner Urgroßmutter in einer Zeitschrift die Geschichte vom Schimmelreiter gelesen hat. Wenngleich er die Quelle nicht mehr ausfindig machen kann und er sich damit nicht für die Wahrheit des Erzählten verbürgt, ist ihm die Geschichte immer im Gedächtnis geblieben.
   - Zweiter Erzähler (Z. 23–120): ein Reisender (Erzähler der Geschichte in der Zeitschrift), der des Nachts auf einem Deich in Nordfriesland reitet und eine geheimnisvolle Gestalt auf einem Schimmel sieht
   - Dritter Erzähler (Z. 121 ff.): ein Schulmeister, der dem im Gasthaus rastenden Fremden eine Geschichte (nämlich die Hauke Haiens, des Schimmelreiters) erzählt

   b Genauere Untersuchung der ersten beiden Erzähler:
   - Erster Erzähler: Es handelt sich um einen auktorialen Ich-Erzähler, der mit großem zeitlichen Abstand zurückschaut, das Erzählte kommentiert („ich vermag mich nicht mehr zu entsinnen", Z. 7 f.) und dessen Wahrheitsanspruch relativiert („weder die Wahrheit der Tatsachen verbürgen", Z. 16 f.).
   - Zweiter Erzähler: Der Ich-Erzähler berichtet ebenfalls aus der Rückschau, erzählt aber nicht auktorial, sondern in Erinnerung an sein unmittelbares Erleben.

   Der erste Erzähler schafft durch die Kommentare Distanz, der zweite erweckt den Eindruck größerer Unmittelbarkeit.

5 Beim Umschreiben der Zeilen 1 bis 13 erkennen die Lernenden: Ein Er-/Sie-Erzähler ist nicht am Geschehen beteiligt und tritt als Figur in den Hintergrund; das nimmt dem Erzählten die Authentizität (und damit Glaubwürdigkeit).

‖S. 101‖ Der junge Hauke Haien – Die Hauptfigur charakterisieren

‖S. 101‖ Theodor Storm: Der Schimmelreiter (2)

1 Der erste Eindruck, den man von dem jungen Hauke gewinnt, ist der eines begabten, tiefsinnigen, zielstrebigen, ehrgeizigen Einzelgängers.

2 Zwischen Vater und Sohn besteht ein Konflikt, der sich um die Frage nach Haukes Zukunft und Bestimmung dreht. Der Vater möchte ihn zum Marschbauern (vgl. Z. 4) erziehen, erkennt aber, dass Haukes Interessen ihn nicht zur Landwirtschaft befähigen, und schickt ihn deshalb zur „Deicharbeit" (Z. 82). Hauke ist dagegen nicht an körperlicher Arbeit, sondern an „Denkarbeit" (Z. 83) interessiert. Er möchte seine Zukunft der Verbesserung der Deiche widmen. Bezeichnend ist, dass er die ironisch gemeinte Aufforderung des Vaters, er solle Deichgraf werden, als Appell ernst nimmt (Z. 90–92).

135

3 a/b Die vorgeschlagenen Adjektive lassen den Schülerinnen und Schülern Spielraum für individuell unterschiedliche Einschätzungen des jungen Hauke. Ergänzend kann man fragen, welche Adjektive am stärksten und welche weniger zutreffen. Nur für das Adjektiv „ängstlich" dürften sich überhaupt keine Textbelege finden lassen.

4 Vorschlag für ein Tafelbild:

Lebensumstände
Der Vater ist Marschbauer und möchte, dass Hauke den gleichen Beruf ergreift.

Verhältnis zu anderen Figuren
– Hauke widersetzt sich den Berufswünschen des Vaters.
– hält sich von den Deicharbeitern fern

Hauke

typische Verhaltensweisen, Eigenschaften, Interessen
– liest anspruchsvolle Fachbücher (Euklid)
– studiert mit Ausdauer Meer und Deich
– ist nicht an körperlicher, sondern an geistiger Arbeit interessiert
– ist ehrgeizig, will den Deich verbessern und Deichgraf werden

Sonstiges
(Spielraum für Vorschläge der Schüler/-innen)

5 Beispiellösung für eine Charakterisierung:

Figurencharakterisierung: Der junge Hauke Haien aus Storms „Schimmelreiter"

Der junge Hauke Haien lebt bei seinem Vater Tede Haien, einem Marschbauern, der möchte, dass sein Sohn den gleichen Beruf ergreift.

Doch Hauke interessiert sich schon als Kind „weder für Kühe noch Schafe" (Z. 1 f.) oder Bohnen, sondern begeistert sich stattdessen für Mathematik: „den Euklid hatte er allzeit in der Tasche" (Z. 15 f.). Sein Vater hätte gerne, dass er sich weniger mit mathematischen Fachbüchern beschäftigt, deshalb schickt er ihn zu Deicharbeiten. Hauke interessiert sich aber weniger für körperliche als für geistige Arbeit und verbringt seine freie Zeit am Deich, wo er über das Meer und den Deich nachdenkt. Während der Arbeitspausen hält sich Hauke „mit dem Buche in der Hand" (Z. 18 f.) von den anderen Deicharbeitern fern. Er macht sich Gedanken über das Meer, beobachtet die Bewegungen der Wellen und zeichnet Deiche in die Luft. Als er seinem Vater berichtet, die vorhandenen Deiche seien „nichts wert" (Z. 65), lacht dieser und verspottet seinen Sohn als „Wunderkind aus Lübeck" (Z. 71 f.). In dem Gespräch mit dem Vater wird deutlich, dass Hauke genau weiß, was er will – neue, bessere Deiche bauen (vgl. Z. 87 f.). Er scheint entschlossen, seine Pläne zu verwirklichen. Tede Haien hält seinen Sohn für eingebildet und weiß nicht recht, was er von dessen hochfliegenden Zielen halten soll. Doch die Verärgerung und der Spott seines Vaters bringen Hauke nicht davon ab, seine Zukunft dem Deichbau widmen zu wollen.

Zusammenfassend kann man sagen, dass Hauke sehr eigenwillig und ehrgeizig ist, seine Ziele mit Ausdauer und Willenskraft verfolgt.

6 Würde der Schlusssatz lauten: „Er wusste, was er dem Jungen antworten sollte", sind zwei unterschiedliche Antworten des Vaters wahrscheinlich:

– Tede Haien versucht, seinen Sohn davon abzubringen, wissenschaftliche Bücher zu lesen und seinen Ehrgeiz dem Deichbau zu widmen. Er könnte Haukes Wunsch, Deichgraf werden zu wollen, als Größenwahn abtun und ihm bewusst machen, dass ihm für dieses hohe Amt die notwendigen Voraussetzungen (Grundbesitz, Einfluss, Fürsprecher) fehlen.

– Der Vater sieht ein, dass es zwecklos ist, seinen Sohn von seinem Vorhaben abbringen zu wollen. Er gibt Hauke Ratschläge, wie er sein Ziel erreichen kann, und spricht ihm Mut zu.

S.104 Hauke Haien und Ole Peters – Den zentralen Konflikt erschließen

S.104 Theodor Storm: Der Schimmelreiter (3)

1/2 Sorgfältige Lektüre, Besprechung in Partnerarbeit und Standbild sollten zum einen Oles Isolation, zum anderen Haukes zunehmende Wertschätzung durch den Deichgrafen und seine Tochter Elke verdeutlichen. Oles Wut und Enttäuschung sowie Haukes Zufriedenheit sollten sich im Standbild nicht nur in der Anordnung der Figuren widerspiegeln, sondern auch in deren Mimik und Gestik.

3 a Textstellen, in denen die Beziehung zwischen Ole Peters und Hauke Haien verständlich wird, und deren Deutung:
  – „Dem noch stilleren, aber ihn geistig überragenden Hauke vermochte er in solcher Weise nicht beizukommen" (Z.16–19). → Ole Peters fühlt sich Hauke geistig unterlegen.
  – „Trotzdem verstand er es, Arbeiten für ihn auszusuchen, die seinem noch nicht gefesteten Körper hätten gefährlich werden können" (Z. 20–22). → Ole versucht, Hauke zu schaden.
  – „Der Zwiespalt zwischen Groß- und Kleinknecht wurde auch im Winter nicht besser, als nach Martini die verschiedenen Deichrechnungen zur Revision eingelaufen waren" (Z. 35–38). → Der Konflikt zwischen beiden dauert schon lange an.
  – „Ole Peters schlug mit einer Trense gegen den Ständer, neben dem er sich beschäftigte, als wolle er sie kurz und klein haben: ‚Hol der Teufel den verfluchten Schreiberknecht!'" (Z. 55–58) → Ole ist eifersüchtig auf Hauke.

b Zwischen den beiden jungen Männern besteht ein Konkurrenzverhältnis um die Gunst des Deichgrafen und seiner Tochter. Ole leidet darunter, dass beide Hauke vorziehen. Seine Eifersucht wird besonders im Schlussabsatz dieses Textauszugs deutlich. Auf die Zurücksetzung reagiert Ole mit körperlicher („als wolle er sie kurz und klein haben", Z. 56 f.) und verbaler Gewalt („‚Hol der Teufel den verfluchten Schreiberknecht!'", Z.57 f.). Die Dämonisierung Haukes nimmt hier ihren Anfang. Es ist zu erwarten, dass Ole sich rächen wird.

4 Verdeutlichung der Beziehung zwischen den vier Figuren – Vorschlag für ein Tafelbild:

5 Anhand der Textauszüge lassen sich unterschiedliche Gattungsmerkmale der Novelle festhalten:

a Textauszug 1 (S. 98–100):
  – Außergewöhnlich ist der Spuk des unheimlichen Schimmelreiters („unerhörte Begebenheit").
  – Die Novelle enthält drei Rahmenerzählungen (vgl. die Hinweise zu Aufgabe 4, S. 135 in diesen Handreichungen).

b Textauszug 3 (S. 104–105):
  – Im Konflikt zwischen dem strebsamen, klugen jungen Hauke und dem gewalttätigen, neidischen Großknecht Ole bahnt sich der zentrale Konflikt der Novelle an: der Gegensatz zwischen dem hochbegabten, ehrgeizigen Vernunftmenschen Hauke Haien und den argwöhnischen, neidischen und abergläubischen Dorfbewohnern, hier repräsentiert durch Ole Peters.
  – Der Konflikt zwischen Hauke und Ole wird – wie in einem Drama – zugespitzt (und auch teilweise dialogisch gestaltet).

S. 106 Testet euch! – Erzählweise und Figuren untersuchen

S. 106 Theodor Storm: Der Schimmelreiter (4)

1 **a** Richtig sind B und C: Es handelt sich um einen Er-/Sie-Erzähler. Der Erzähler greift auktorial und urteilend in die Handlung ein.

b Belegstellen für auktoriales Erzählen, z. B.: „einsam" (Z. 6), „noch immer fehlte ein Kind in dieser Ehe" (Z. 7 f.), „der Mann aber hatte anderes zu tun" (Z. 8 f.), „es war ein Leben fortgesetzter Arbeit, doch gleichwohl ein zufriedenes" (Z. 23 f.).

2 Hauke ist <u>verheiratet</u> und hat <u>kein</u> Kind. Er verbringt <u>wenig</u> Zeit mit seiner Frau Elke. Hauke arbeitet <u>hart</u> und ist ein <u>strenger</u> Deichgraf.

S. 107 5.2 Hauke Haiens Untergang – Erzähltexte um- und ausgestalten

S. 107 Theodor Storm: Der Schimmelreiter (5)

1 **a** Bevor sie den Text kreativ ausgestalten, sichern die Lernenden ihr Textverständnis, indem sie zunächst mit eigenen Worten wiedergeben, worum es in diesem Novellenauszug geht: Die Deicharbeiter wollen in den neuen Deich, an dem sie arbeiten, einen Hund eingraben. Sie folgen damit einem alten Brauch, der besagt, dass in den Deich etwas Lebendiges eingeschlossen werden müsse. Gegen großen Widerstand rettet Hauke den Hund.

b In einem nächsten Schritt erklären die Lernenden die gegensätzlichen Positionen der Figuren: Die Deicharbeiter glauben, ein Deich könne nur halten, wenn etwas Lebendiges in ihn eingegraben werde. Für sie ist dies ein von den Vorfahren überliefertes Gebot, für Hauke hingegen ist es Aberglaube („Heidenlehren", Z. 68), ja sogar Versündigung und Verbrechen („Frevel", Z. 22).

2 Schrittweise Entwicklung des Konflikts:
– Hauke sieht, wie die Deicharbeiter einen Hund im Deich verschütten wollen. Er befiehlt, ihm den Hund zu bringen.
– Ein alter Arbeiter rät Hauke, nicht einzugreifen.
– Die Arbeiter gehorchen nicht, sodass Hauke selbst den Hund retten muss.
– Er fragt nach dem Schuldigen, bekommt zunächst aber keine Antwort.
– Schließlich erklärt ein stämmiger Kerl, er habe den Hund zwar nicht hinabgeworfen, aber es sei zu Recht geschehen.
– Es kommt zwischen ihm und Hauke zum Streit.
– Die Deicharbeiter ballen die Fäuste, gehen in Kampfstellung.

3 **a** Mögliche Gedanken und Gefühle Hauke Haiens:
Er empfindet Zorn und Wut, weil er fürchtet, sein Werk mit einer Sünde zu belasten. Er bemerkt die Bedrohung, die von den Deicharbeitern ausgeht, aber auch ihre Angst vor ihm und seinem Schimmel. Er hält sie für abergläubische Heiden und droht ihnen in großer Verärgerung.
Beispiele für Notizen zur Vorbereitung eines inneren Monologs:
Was machen die Deicharbeiter denn da bloß? Ich muss sofort eingreifen und das arme Tier retten. Ich könnte sie alle davonjagen. Nein, das würde das Ende meines Lebenstraums bedeuten.

b Beispiel für einen inneren Monolog aus der Sicht Hauke Haiens:
Was machen denn die Arbeiter da? Sie sollen am Deich weiterbauen. Das darf doch nicht wahr sein, dass sie den Hund so herumstoßen! Um Himmels willen, was haben die vor? Ich fasse es nicht! Sie wollen doch nicht etwa den Hund im Deich vergraben? Was hat der gerade sagt? „Es muss was Lebendiges in den Deich hinein." Verstehe ich recht, sie wollen einen lebenden Hund opfern? Mit solch einer Sünde soll mein Deich nicht besudelt werden! Ich muss sofort eingreifen und das arme Tier retten. – Ich werde euch lehren, meine Befehle so zu missachten! Die können sicher

sein, dass ich das nicht dulden werde. – Unglaublich, wollen die mir etwa drohen? Na wartet, ich werde euch zeigen, wer der Deichgraf ist! Am liebsten würde ich sie alle wegjagen. Doch nein, das geht nicht. Das wäre das Ende meines Lebenstraums. Wie soll dann mein Deich jemals fertig werden?

4 Die Bewertung der Schülertexte in der Klasse oder Gruppe und die Überlegung, ob deren Inhalt und Sprache zur Figur und zur Handlung des Novellenauszugs passen, erfordern nochmals die genaue Auseinandersetzung mit der Textvorlage.

5 Für die zweite gestalterische Aufgabe, das Verfassen eines Dialogs zwischen den Arbeitern nach der Auseinandersetzung mit Hauke Haien, müssen die Schülerinnen und Schüler einen Perspektivwechsel vornehmen. Das Gespräch der Deicharbeiter sollte Folgendes berücksichtigen:
– Die Männer sprechen darüber, ob sie Hauke Haien den Gehorsam verweigern und die Arbeit am Deich einstellen sollen.
– Sie äußern ihre Angst vor dem eigenwilligen und gebieterischen Deichgrafen und seinem unheimlichen Schimmel.
– Sie weisen einander auf den Brauch hin, wonach etwas Lebendiges im Deich vergraben werden muss.
– Erbost reagieren sie auf Haukes Vorwurf, sie seien keine Christen. Sie halten ihrerseits den Deichgrafen für gottlos und sein Pferd für teuflisch.
– Sie ärgern sich darüber, dass Hauke den Hund gerettet hat.

6 Mögliche Schreibideen (zusätzlich zu den im Methodenkasten auf S. 109 im Schülerband genannten Möglichkeiten des gestaltenden Schreibens finden sich hier auch Anregungen für die Ausgestaltung eines alternativen Handlungsverlaufs):
Textauszug 1 (S. 98–100):
– Tagebucheintrag des Reisenden über das nächtliche Erlebnis auf dem Deich
– Brief an den Reisenden, der ihm erklärt, was es mit dem unheimlichen Schimmelreiter auf sich haben könnte
– alternativer Handlungsverlauf: Der Reisende spricht den Schimmelreiter an.
Textauszug 2 (S. 101–102):
– Tagebucheintrag von Vater oder Sohn zu Haukes Zukunft und zu dem Gespräch, das zwischen beiden stattgefunden hat
– Brief an eine der beiden Figuren, der Ratschläge gibt, wie der Konflikt beigelegt werden könnte
– alternativer Handlungsverlauf: Der Vater antwortet am Ende dem Jungen (vgl. Aufgabe 6 auf S. 103 im Schülerband und die Hinweise dazu auf S. 136 in diesen Handreichungen).
Textauszug 3 (S. 104–105)
– Tagebucheintrag oder innerer Monolog von Hauke, Elke, Ole oder dem Deichgrafen über das Verhältnis der Figuren zueinander
– Brief an Ole, der ihm die neue Situation erklärt und ihn besänftigt
– Brief an Hauke / Elke / den Deichgrafen, der auf Oles Leid aufmerksam macht
– Dialog zwischen Elke und Hauke über den Konflikt
– alternativer Handlungsverlauf: Es kommt zur offenen Auseinandersetzung zwischen Hauke und Ole.
Textauszug 4 (S. 106)
– Tagebucheintrag oder innerer Monolog von Elke, in dem sie über ihren Mann und ihre Ehe nachdenkt
– Brief an Hauke, der ihn an seine Verpflichtungen gegenüber der Ehefrau erinnert
– alternativer Handlungsverlauf: Schilderung eines Tages, der Hauke und Elke als Ehepaar zeigt, das viel Zeit miteinander verbringt und darüber Glück empfindet
Textauszug 5 (S. 107–108):
– Tagebucheintrag von Hauke oder einem Arbeiter, der von dem Streit am Deich handelt
– Brief an Hauke oder die Deicharbeiter, der Vorschläge macht, wie eine Versöhnung möglich ist
– alternativer Handlungsverlauf: Der Streit verschärft sich und es kommt zum Ausbruch von Gewalt.

S. 110 **Theodor Storm: Der Schimmelreiter (6)**

Auf der beiliegenden CD-ROM findet sich ein Auszug aus der Novelle „Der Schimmelreiter" als Hörtext, in dem von der Zeit nach Fertigstellung des Deichs erzählt wird (in der Reclam-Ausgabe S. 108–111). Der Hörtext, gesprochen von Denis Abrahams, wird begleitet von einem passgenauen Arbeitsblatt zur Übung des Hörverstehens (inkl. Lösungshinweisen).

1   a   Mit Hilfe der Skizze und des Einführungstextes auf Seite 110 im Schülerband lässt sich veranschaulichen und erklären, wie es zur Katastrophe kommt. Die Arbeiter wollen den neuen Deich durchstoßen, um dem anbrandenden Wasser die Gewalt zu nehmen; es soll auf dem Hauke-Haien-Koog versickern. Doch bevor dies geschieht, bricht der vernachlässigte alte Deich und das besiedelte alte Marschland wird überflutet.

    b   Die Deicharbeiter gehorchen nicht Hauke Haien, sondern Ole Peters, der ihnen mit seinen abergläubischen Vorstellungen und seinen Bedenken gegen den eigenbrötlerischen Deichgrafen nähersteht. In der Vernachlässigung des alten Deichs und im mangelnden Widerstand gegen Ole Peters liegt Haukes Hauptschuld (vgl. Z. 93 ff.).

2   Die große Anschaulichkeit des Novellenauszugs entsteht zum einen dadurch, dass der Erzähler Haukes Gefühle und Gedanken wiedergibt, die er eigentlich nicht kennen kann (z. B. Z. 1–3, 6 f., 82 f.). Zum anderen wirkt der Text durch die Schilderung von Sinneseindrücken sehr anschaulich, besonders des Sehens (z. B. „Seine Augen wurden groß", Z. 74), des Hörens („Da plötzlich erhob sich ein Schrei", Z. 63) und des Fühlens („Todesangst", Z. 65).

3   Hauke Haien wirkt hier heroisch und idealisiert durch die Gedanken und Gefühle, die ihm der Erzähler „andichtet". Sein verzweifelter Zorn über den Ungehorsam der Arbeiter, sein unerschütterlicher Versuch, das Unheil abzuwenden, und sein Schuldeingeständnis fügen sich zu einem Bild heldenhaften Außenseitertums und tragischer Größe. Hauke war immer überzeugt davon, die Deiche verbessern und damit das Land sicherer machen zu können. Am Ende steht die Einsicht in die Vergeblichkeit seines Handelns und das Eingeständnis des Scheiterns: „ich habe meines Amtes schlecht gewartet!" (Z. 101 f.).

S. 112   Fordern und fördern – Die Sicht einer Figur einnehmen

Mit dieser Übung können die Lernenden ihre erworbenen Kompetenzen des gestaltenden Schreibens vertiefen, wobei ihnen Aufgaben auf zwei Differenzierungsniveaus zur Verfügung stehen. Die Arbeitsaufträge orientieren sich an den Teilprozessen des Schreibhandelns.

   a   Die Schülerinnen und Schüler versetzen sich in den Deicharbeiter, der mit der Schaufel nach dem Schimmel gestoßen hat, und notieren die Geschehnisse aus seiner Sicht als Vorarbeit für einen Brief an Ole Peters.
    Beispiellösung:
–   Wir hatten fast schon eine Rinne durch den neuen Deich gegraben, als Hauke auf seinem Schimmel plötzlich vor uns stand.
–   Er schrie uns an und fragte, was wir da machten.
–   Als er hörte, dass du uns den Auftrag gegeben hattest, den neuen Deich zu durchstechen, wurde er wütend.
–   Er befahl uns, sofort unsere Arbeit zu unterbrechen.
–   Es kam zum gewaltsamen Streit zwischen uns und Hauke.
–   Hauke ritt mit seinem Schimmel mitten in uns hinein.
–   Ich versuchte, mich mit dem Spaten zu wehren, und stieß damit gegen das wild gewordene Pferd.
–   Mit Gewalt zwang Hauke uns, mit dem Bau einer Rinne durch den Deich aufzuhören.
–   Plötzlich entdeckte ein Arbeiter einen Bruch im alten Deich.
–   Wir gaben Hauke Haien die Schuld daran.
–   Zunächst schien es, als wolle Hauke aufgeben.
–   Dann ritt er zu der Bruchstelle und schrie etwas Unverständliches in den Sturm.

b Im nächsten Schritt sammeln die Lernenden, was der Arbeiter im Nachhinein über den Vorfall denkt, welche Gefühle er hat, wie er Hauke Haiens Verhalten bewertet und was er möglicherweise Ole Peters noch mitteilen möchte.

Beispiellösung:

- Du kannst dir die Situation sicherlich vorstellen: Hauke gebärdete sich wie ein Teufel. Er schrie und beschimpfte uns, dass wir es mit der Angst zu tun bekamen.
- Als dein Name fiel, glühten seine Augen vor Zorn.
- Ich war schockiert und dachte, dass er dich abgrundtief hassen muss.
- Er musste wahnsinnig geworden sein, so wie er auf seinem wilden Schimmel heransprengte.
- Dieser Teufel wagte es, uns seine irrsinnigen Befehle zu geben und uns zu drohen.
- Ausgerechnet er wünschte uns zu des Teufels Großmutter.
- Was sollten wir tun? Wenn du da gewesen wärst, hätten wir uns vielleicht wehren können.
- Als der alte Deich brach, packte uns das Entsetzen und wir bekamen Todesangst.
- Das hatte er nun davon, alles war seine Schuld.
- Endlich schien er einzusehen, was er angerichtet hatte.
- Für diese Katastrophe ist allein er verantwortlich.

c Beispiellösung für den Brief des Deicharbeiters an Ole Peters:

Lieber Ole,

heute ist etwas Schreckliches passiert, von dem ich dir unbedingt berichten muss.

Während des Sturms versammelten wir uns am neuen Deich und taten, was du uns befohlen hattest. Wir gruben eine Rinne durch den Deich und waren fast fertig, als Hauke mit seinem Schimmel herangeritten kam. Er war außer sich, schrie uns an und wollte wissen, was wir da machten. Als er hörte, dass du uns den Auftrag gegeben hattest, den neuen Deich zu durchstoßen, wurde er furchtbar wütend. Seine Augen glühten vor Zorn, als dein Name fiel. Ich war schockiert und dachte, dass er dich abgrundtief hassen muss. Du kannst dir die Situation sicherlich vorstellen: Hauke gebärdete sich wie ein Teufel, er brüllte und beschimpfte uns, dass wir es mit der Angst zu tun bekamen. Es kam zum gewaltsamen Streit zwischen uns und Hauke. Mit seinem Schimmel ritt er mitten in uns hinein. Er musste wahnsinnig geworden sein, so wie er auf seinem ungestümen Pferd heransprengte! Ich versuchte, mich mit dem Spaten zu wehren, und stieß damit gegen das wild gewordene Tier. Mit Gewalt zwang uns Hauke, mit dem Durchstoßen des Deichs aufzuhören. Dieser Teufel wagte es, uns seine irrsinnigen Befehle zu geben und uns zu drohen. Ausgerechnet er wünschte uns zu des Teufels Großmutter. Was sollten wir tun? Wenn du da gewesen wärst, hätten wir uns vielleicht wehren können.

Plötzlich entdeckte ein Arbeiter einen Bruch im alten Deich. Entsetzen packte uns, wir bekamen Todesangst. Das hatte der Deichgraf nun davon. Er ist schuld am Deichbruch – und wir sagten ihm das auch.

Zunächst schien es, als wolle Hauke aufgeben. Dann ritt er zu der Bruchstelle und schrie etwas Unverständliches in den Sturm. Für diese Katastrophe ist allein Hauke Haien verantwortlich. Was sollen wir nun tun? Wir brauchen dringend einen Rat.

Viele Grüße

...

2 Der Perspektivwechsel erzeugt Verständnis dafür, dass die Deicharbeiter Haukes Haiens Lebenswerk nicht mutwillig und boshaft zerstören. Ihnen ist der eigenwillige und vermessene Deichgraf mit seinen wissenschaftlichen, fortschrittsgläubigen Ansichten verdächtig. Haukes herrische Autorität und seine bedrohliche Erscheinung auf dem Schimmel führen dazu, dass sich die Arbeiter vor dem Deichgrafen fürchten und sich von ihm abwenden.

141

||S.114 5.3 Fit in … – Gestaltend schreiben

||S.114 Theodor Storm: Der Schimmelreiter (7)

||S.114 Die Aufgabenstellung verstehen

1 Der partnerschaftliche Austausch soll sicherstellen, dass den Schülerinnen und Schülern alle wichtigen Aspekte der Aufgabenstellung bewusst sind, z. B.:
- Man soll sich vorstellen, Ole Peters hätte als Augenzeuge Hauke Haiens Untergang miterlebt.
- Man soll sich in Ole Peters hineinversetzen.
- Man soll einen inneren Monolog aus Oles Sicht über Hauke Haiens Untergang schreiben.
- Dabei ist zu beachten, was bereits über den inneren Monolog gelernt wurde (vgl. die Infokästen auf S. 32 und 109 sowie die Checkliste auf S. 116 im Schülerband).

||S.116 Den Text verstehen und einen Schreibplan erstellen

2 Richtig sind die Aussagen B, C und E: Der alte Deich bricht und damit wird das Dorf überflutet werden. Hauke Haiens Frau Elke und seine Tochter gehen in den Wassermassen unter. Hauke gibt sich die Schuld am Deichbruch und am Tod seiner Familie und stürzt sich mit seinem Pferd in das tosende Wasser.

3 a Bei der Frage, wie sich Ole Peters angesichts dieser Katastrophe fühlt, sind sehr unterschiedliche Einschätzungen denkbar. Ole könnte beim Anblick von Haukes Untergang Mitleid und Reue zeigen, aber auch Erleichterung und Genugtuung empfinden.

b Mögliche Gedanken, die ihm durch den Kopf gehen könnten:
- Da steht nun der Teufel und betrachtet sein Werk.
- Mit seinem neuen Deich hat er uns allen nur Unglück gebracht.
- Das darf doch nicht wahr sein! Der alte Deich bricht und das ganze Land wird überflutet.
- Der Wahnsinnige, er treibt uns alle ins Verderben!
- Ich könnte zu ihm reiten und helfen. Nein, es ist zu spät. Die Natur rächt sich an ihm.
- Dieser Sturm ist die gerechte Strafe dafür, dass er nicht auf uns hören wollte.
- Wer ist das? Was wollen Elke und das Kind hier draußen?
- Unglaublich! Jetzt fahren sie geradewegs in die Flut.
- Was macht Hauke nun? Er reitet auf seinem Höllenschimmel in die Fluten. Sogar mit dem Meer will er es aufnehmen!

||S.116 Den Text schreiben und überarbeiten

4 Beispiellösung für einen inneren Monolog aus der Sicht von Ole Peters, der Hauke Haiens Untergang beobachtet:

Innerer Monolog von Ole Peters, als er den Untergang Hauke Haiens beobachtet
Da steht nun der Teufel und betrachtet sein Werk. Mit seinem neuen Deich hat Hauke Haien uns allen nur Unglück gebracht.
Das darf doch nicht wahr sein! Der Deich bricht! Das ganze Land wird überflutet werden, das Dorf wird versinken! Der Wahnsinnige, er hat uns alle ins Verderben getrieben. Ich könnte zu ihm reiten und helfen. Nein, zu spät … Die Natur rächt sich am Deichgraf. Dieser Sturm ist die gerechte Strafe dafür, dass er nicht auf uns hören wollte.
Um Himmels willen, der alte Deich bricht immer weiter, die Fluten überschwemmen die Marsch, bedrohen die Häuser!. Was ist das? Ein Wagen! Wer sitzt darin? Was wollen Elke und das Kind hier draußen? Unglaublich! Was schreit Hauke da? Will er sie warnen? Das nutzt nun auch nichts mehr. Das hätte er sich früher überlegen müssen. Elke und Wienke sind nicht mehr zu retten. Jetzt fahren sie geradewegs in die Flut. Sogar seine eigene Familie stürzt der Deichgraf ins Unglück. Das hat Elke nun davon, dass sie sich Hauke an den Hals geworfen hat.
Das Dorf ist schon überflutet. Was macht Hauke nun? Er reitet auf seinem Höllenschimmel in die Fluten. Sogar mit dem Meer will er es aufnehmen! Das ist dein Untergang, Hauke Haien.

142

Material zu diesem Kapitel auf den folgenden Seiten und auf der CD-ROM

– Klassenarbeit – Eine literarische Figur charakterisieren: Theodor Storm: Der Schimmelreiter – Hauke Haien (mit Erwartungshorizont auf der CD-ROM)
– Klassenarbeit – Gestaltend schreiben (einen inneren Monolog schreiben): Theodor Storm: Der Schimmelreiter (mit Erwartungshorizont auf der CD-ROM)
– Fordern und fördern – Eine literarische Figur charakterisieren: Theodor Storm: Der Schimmelreiter – Elke Volkerts (auf zwei Differenzierungsniveaus, mit Lösungshinweisen auf der CD-ROM)
– Fordern und fördern – Gestaltend schreiben: Theodor Storm: Der Schimmelreiter – Carstens Gespräch mit dem Knecht (auf zwei Differenzierungsniveaus, mit Lösungshinweisen auf der CD-ROM)
– Für Profis – Gestaltend schreiben (einen Tagebucheintrag schreiben): Theodor Storm: Der Schimmelreiter – Haukes Abschied (mit Lösungshinweisen auf der CD-ROM)
– Diagnose – Gestaltend schreiben (mit Lösungshinweisen und Förderempfehlung auf der CD-ROM)
– Hörtexte: Theodor Storm: Der Schimmelreiter – Beginn der Novelle, Theodor Storm: Der Schimmelreiter – Der neue Deich ist fertig, gesprochen von Denis Abrahams (jeweils mit passgenauen Arbeitsblättern zur Übung des Hörverstehens inkl. Lösungshinweisen, nur auf der CD-ROM)

Klassenarbeit – Eine literarische Figur charakterisieren

Aufgabenstellung

1   Lies den folgenden Auszug aus der Novelle „Der Schimmelreiter" von Theodor Storm. Charakterisiere Hauke Haien, die Hauptfigur der Novelle, anhand des folgenden Textauszugs.

Theodor Storm: Der Schimmelreiter (Auszug)

Hauke Haien wird Deichgraf – auch durch Elkes Fürsprache beim Oberdeichgrafen. Dies setzt ihn dem Spott und Argwohn der Dorfbewohner aus. Er nimmt sein Lebenswerk in Angriff: den Bau eines neuen Deichs.

„Wir werden bald eine andere Schleuse brauchen", sagte er; „und Sielen und einen neuen Deich!"

„Ich versteh dich nicht", entgegnete Elke, […]
5   „was willst du, Hauke?"

„Ich will", sagte er langsam und hielt dann einen Augenblick inne, „ich will, dass das große Vorland, das unserer Hofstatt gegenüber beginnt und dann nach Westen ausgeht, zu einem festen
10   Kooge eingedeicht werde: Die hohen Fluten haben fast ein Menschenalter uns in Ruh gelassen; wenn aber eine von den schlimmen wiederkommt […], so kann mit einem Mal die ganze Herrlichkeit zu Ende sein; nur der alte Schlendri-
15   an hat das bis heut so lassen können!"

Sie sah ihn voll Erstaunen an. „So schiltst du dich ja selber!", sagte sie.

– „Das tu ich, Elke; aber es war bisher auch so viel anderes zu beschaffen!"
20   „Ja, Hauke; gewiss, du hast genug getan!"

Er hatte sich in den Lehnstuhl des alten Deichgrafen gesetzt, und seine Hände griffen fest um beide Lehnen.

„Hast du denn guten Mut dazu?", frug ihn sein
25   Weib.

– „Das hab ich, Elke!", sprach er hastig.

„Sei nicht zu rasch, Hauke; das ist ein Werk auf Tod und Leben; und fast alle werden dir entgegen sein, man wird dir deine Müh und Sorg nicht
30   danken!"

Er nickte. „Ich weiß!", sagte er.

„Und wenn es nun nicht gelänge!", rief sie wieder, „von Kindesbeinen an hab ich gehört, der Priel sei nicht zu stopfen, und darum dürfe nicht
35   daran gerührt werden."

„Das war ein Vorwand für die Faulen!", sagte Hauke; „weshalb denn sollte man den Priel nicht stopfen können?"

„Das hör ich nicht; vielleicht, weil er gerade durchgeht; die Spülung ist zu stark." – Eine Er-
40   innerung überkam sie […]. „Als ich Kind war", sprach sie, „hörte ich einmal die Knechte darüber reden; sie meinten, wenn ein Damm dort halten solle, müsse was Lebigs da hineingeworfen und mit verdämmt werden; bei einem Deichbau auf
45   der andern Seite, vor wohl hundert Jahren, sei ein Zigeunerkind verdämmt worden, das sie um schweres Geld der Mutter abgehandelt hätten; jetzt aber würde wohl keine ihr Kind verkaufen!"

Hauke schüttelte den Kopf: „Da ist es gut, dass
50   wir keins haben, sie würden es sonst noch schier von uns verlangen!"

„Sie sollten's nicht bekommen!", sagte Elke und schlug wie in Angst die Arme über ihren Leib.

Und Hauke lächelte; doch sie frug noch einmal:
55   „Und die ungeheuren Kosten? Hast du das bedacht?"

– „Das hab ich, Elke; was wir dort herausbringen, wird sie bei Weitem überholen, auch die Erhaltungskosten des alten Deiches gehen für ein
60   gut Stück in dem neuen unter; wir arbeiten ja selbst und haben über achtzig Gespanne in der Gemeinde, und an jungen Fäusten ist hier auch kein Mangel. Du sollst mich wenigstens nicht umsonst zum Deichgrafen gemacht haben, Elke;
65   ich will ihnen zeigen, dass ich einer bin!"

Sie hatte sich vor ihm niedergehuckt und ihn sorgvoll angeblickt; nun erhob sie sich mit einem Seufzer: „Ich muss weiter zu meinem Tagewerk", sagte sie, […] „tu du das deine, Hauke!"
70   „Amen, Elke!", sprach er mit ernstem Lächeln; „Arbeit ist für uns beide da!"

(Aus: Theodor Storm: Der Schimmelreiter. Reclam Verlag, Stuttgart 2001, S. 70 ff.)

Kopiervorlage

Klassenarbeit – Gestaltend schreiben

Aufgabenstellung

1 Lies den folgenden Auszug aus der Novelle „Der Schimmelreiter" von Theodor Storm. Versetze dich in die Lage des Knechts und verfasse einen inneren Monolog zu dem Geschehen aus seiner Sicht. Schreibe in der Ich-Form.

Theodor Storm: Der Schimmelreiter (Auszug)

Der Deichgraf ist den Dorfbewohnern besonders wegen seines Schimmels unheimlich. Hauke Haien hat dieses Pferd einem zwielichtigen Reisenden abgekauft. Die abergläubischen Dorfbewohner meinen, in dem Schimmel ein wiederbelebtes Pferdeskelett zu erkennen, das früher auf einer Hallig lag und nun verschwunden ist.

– – Aber nicht allein an jenem Abend fütterte er [gemeint ist Hauke Haien] den Schimmel, er tat es fortan immer selbst und ließ kein Auge von dem Tiere; er wollte zeigen, dass er einen Pries-
5　terhandel[1] gemacht habe; jedenfalls sollte nichts versehen[2] werden. – Und schon nach wenig Wochen hob sich die Haltung des Tieres; allmählich verschwanden die rauen Haare; ein blankes, blau geapfeltes Fell kam zum Vorschein, und da er es
10　eines Tages auf der Hofstatt umherführte, schritt es schlank auf seinen festen Beinen. Hauke dachte des abenteuerlichen Verkäufers. „Der Kerl war ein Narr oder ein Schuft, der es gestohlen hatte!", murmelte er bei sich selber. – Bald auch, wenn
15　das Pferd im Stall nur seine Schritte hörte, warf es den Kopf herum und wieherte ihm entgegen; nun sah er auch, es hatte, was die Araber verlangen, ein fleischlos Angesicht; draus blitzten ein Paar feurige braune Augen. Dann führte er es aus
20　dem Stall und legte ihm einen leichten Sattel auf; aber kaum saß er droben, so fuhr dem Tier ein Wiehern wie ein Lustschrei aus der Kehle; es flog mit ihm davon, die Werfte hinab auf den Weg und dann dem Deiche zu; doch der Reiter
25　saß fest, und als sie oben waren, ging es ruhiger,

leicht, wie tanzend, und warf den Kopf dem Meere zu. Er klopfte und streichelte ihm den blanken Hals, aber es bedurfte dieser Liebkosung schon nicht mehr; das Pferd schien völlig eins mit seinem Reiter, und nachdem er eine Strecke 30 nordwärts den Deich hinausgeritten war, wandte er es leicht und gelangte wieder an die Hofstatt. Die Knechte standen unten an der Auffahrt und warteten der Rückkunft ihres Wirtes. „So, John", rief dieser, indem er von seinem Pferde sprang, 35 „nun reite du es in die Fenne[3] zu den andern; es trägt dich wie in einer Wiege!"
Der Schimmel schüttelte den Kopf und wieherte laut in die sonnige Marschlandschaft hinaus, während ihm der Knecht den Sattel abschnallte 40 und der Junge damit zur Geschirrkammer lief; dann legte er den Kopf auf seines Herrn Schulter und duldete behaglich dessen Liebkosung. Als aber der Knecht sich jetzt auf seinen Rücken schwingen wollte, sprang er mit einem jähen 45 Satz zur Seite und stand dann wieder unbeweglich, die schönen Augen auf seinen Herrn gerichtet. „Hoho, Iven", rief dieser, „hat er dir Leids getan?", und suchte seinem Knecht vom Boden aufzuhelfen. 50
Der rieb sich eifrig an der Hüfte: „Nein, Herr, es geht noch; aber den Schimmel reit der Teufel!"
„Und ich!", setzte Hauke lachend hinzu. „So bring ihn am Zügel in die Fenne!"
Und als der Knecht etwas beschämt gehorchte, 55 ließ sich der Schimmel ruhig von ihm führen.

(Aus: Theodor Storm: Der Schimmelreiter. Reclam Verlag, Stuttgart 2001, S. 84 ff.)

---

1 Priesterhandel: vorteilhafter Kauf
2 versehen: *hier vermutlich:* übersehen
3 Fenne: Marschland, *hier:* Weide

Klassenarbeit 8, Seite 1

Kopiervorlage

●● Fordern und fördern – Eine literarische Figur charakterisieren

Theodor Storm: Der Schimmelreiter – Elke Volkerts

Nachdem ihm Elke, die Tochter des Deichgrafen, bei einem sportlichen Wettkampf zum Sieg verholfen hat, lässt Hauke, der Knecht desselben, ihr einen Ring anfertigen und macht ihr einen Heiratsantrag. Elke lehnt zunächst ab, da sie noch warten möchte. Innerhalb kurzer Zeit sterben die Väter der beiden. Um Deichgraf zu werden, ist es Voraussetzung, über ausreichend Land, also Grundbesitz, zu verfügen. Als der Oberdeichgraf einen älteren Deichbevollmächtigten zum Deichgrafen ernennen will, ergreift Elke das Wort.

Der Pastor stand ihm *[Hauke Haien]* bei. „Weshalb", sagte er, „nicht den ins Amt nehmen, der es tatsächlich in den letzten Jahren doch geführt hat?" Der Oberdeichgraf sah ihn an: „Ich verste-
5 he nicht, Herr Pastor!"
Aber der Pastor wies mit dem Finger in den Pesel[1], wo Hauke in langsam ernster Weise zwei älteren Leuten etwas zu erklären schien. „Dort steht er", sagte er, „die lange Friesengestalt mit
10 den klugen grauen Augen neben der hageren Nase und den zwei Schädelwölbungen darüber! Er war des Alten Knecht und sitzt jetzt auf seiner eigenen kleinen Stelle; er ist zwar etwas jung!"
„Es scheint ein Dreißiger", sagte der Oberdeich-
15 graf, den ihm so Vorgestellten musternd.

„Er ist kaum vierundzwanzig", bemerkte der Gevollmächtigte Manners; „aber der Pastor hat recht: Was in den letzten Jahren Gutes für Deiche und Siele[2] und dergleichen vom Deichgrafenamt in Vorschlag kam, das war von ihm; mit 20 dem Alten war's doch zuletzt nichts mehr."
„So, so?", machte der Oberdeichgraf; „und Ihr meinet, er wäre nun auch der Mann, um in das Amt seines alten Herrn einzurücken?"
„Der Mann wäre es schon", entgegnete Jewe 25 Manners; „aber ihm fehlt das, was man hier ‚Klei unter den Füßen' nennt; sein Vater hatte so um fünfzehn, er mag gut zwanzig Demat[3] haben, aber damit ist bis jetzt hier niemand Deichgraf geworden." 30
Der Pastor tat schon den Mund auf, als wolle er etwas einwenden, da trat Elke Volkerts, die eine Weile schon im Zimmer gewesen, plötzlich zu ihnen. „Wollen Euer Gnaden mir ein Wort erlauben?", sprach sie zu dem Oberbeamten; „es ist 35 nur, damit aus einem Irrtum nicht ein Unrecht werde!"
„So sprecht, Jungfer Elke!", entgegnete dieser; „Weisheit von hübschen Mädchenlippen hört sich allzeit gut!" 40
– „Es ist nicht Weisheit, Euer Gnaden; ich will nur die Wahrheit sagen."

---

1 Pesel: prächtige Bauernstube

2 Siel: Abwasserleitung, kleine Deichschleuse
3 Demat: früheres Flächenmaß, etwa 5700 Quadratmeter

„Auch die muss man ja hören können, Jungfer Elke!"

45 Das Mädchen ließ ihre dunklen Augen noch einmal zur Seite gehen, als ob sie wegen überflüssiger Ohren sich versichern wolle. „Euer Gnaden", begann sie dann, und ihre Brust hob sich in stärkerer Bewegung, „mein Pate, Jewe

50 Manners, sagte Ihnen, dass Hauke Haien nur etwa zwanzig Demat im Besitz habe; das ist im Augenblick auch richtig, aber sobald es sein muss, wird Hauke noch um so viel mehr sein Eigen nennen, als dieser, meines Vaters, jetzt mein

55 Hof an Dematzahl beträgt; für einen Deichgrafen wird das zusammen denn wohl reichen."

Der alte Manners reckte den weißen Kopf gegen sie, als müsse er erst sehen, wer denn eigentlich da rede. „Was ist das?", sagte er; „Kind, was

60 sprichst du da?"

Aber Elke zog an einem schwarzen Bändchen einen blinkenden Goldring aus ihrem Mieder. „Ich bin verlobt, Pate Manners", sagte sie; „hier ist der Ring, und Hauke Haien ist mein Bräuti

65 gam."

– „Und wann – ich darf's wohl fragen, da ich dich aus der Taufe hob, Elke Volkerts – wann ist denn das passiert?"

– „Das war schon vor geraumer Zeit; doch war

70 ich mündig, Pate Manners", sagte sie; „mein Vater war schon hinfällig worden, und da ich ihn kannte, so wollt ich ihn nicht mehr damit beunruhigen; itzt[4], da er bei Gott ist, wird er einsehen, dass sein Kind bei diesem Manne wohl geborgen

75 ist. Ich hätte es auch das Trauerjahr hindurch schon ausgeschwiegen; jetzt aber, um Haukes und um des Kooges willen, hab ich reden müssen." Und zum Oberdeichgrafen gewandt, setzte sie hinzu: „Euer Gnaden wollen mir das verzei

80 hen!"

Die drei Männer sahen sich an; der Pastor lachte, der alte Gevollmächtigte ließ es bei einem „Hm, hm!" bewenden, während der Oberdeichgraf wie vor einer wichtigen Entscheidung sich die Stirn rieb. „Ja, liebe Jungfer", sagte er endlich, „aber 85 wie steht es denn hier im Kooge mit den ehelichen Güterrechten? Ich muss gestehen, ich bin augenblicklich nicht recht kapitelfest[5] in diesem Wirrsal!"

„Das brauchen Euer Gnaden auch nicht", ent 90 gegnete des Deichgrafen Tochter, „ich werde vor der Hochzeit meinem Bräutigam die Güter übertragen. Ich habe auch meinen kleinen Stolz", setzte sie lächelnd hinzu; „ich will den reichsten Mann im Dorfe heiraten!" 95

„Nun, Manners", meinte der Pastor, „ich denke, Sie werden auch als Pate nichts dagegen haben, wenn ich den jungen Deichgrafen mit des Alten Tochter zusammengebe!"

Der Alte schüttelte leis den Kopf: „Unser Herr 100 gott gebe seinen Segen!", sagte er andächtig.

Der Oberdeichgraf aber reichte dem Mädchen seine Hand: „Wahr und weise habt Ihr gesprochen, Elke Volkerts; ich danke Euch für so kräftige Erläuterungen und hoffe auch in Zukunft, 105 und bei freundlicheren Gelegenheiten als heute, der Gast Eueres Hauses zu sein; aber dass ein Deichgraf von solch junger Jungfer gemacht wurde, das ist das Wunderbare an der Sache!"

„Euer Gnaden", erwiderte Elke und sah den güti 110 gen Oberbeamten noch einmal mit ihren ernsten Augen an, „einem rechten Manne wird auch die Frau wohl helfen dürfen!" Dann ging sie in den anstoßenden Pesel und legte schweigend ihre Hand in Hauke Haiens. 115

(Aus: Theodor Storm: Der Schimmelreiter.
Reclam Verlag, Stuttgart 2001, S. 63 ff.)

---

4 itzt: *veraltet für:* jetzt
5 kapitelfest sein: über genauere Kenntnisse in einem
   bestimmten Bereich verfügen

Kopiervorlage

1 Charakterisiere Elke Volkerts mit Hilfe des vorliegenden Textauszugs.

●●○ Lies zunächst den Text sorgfältig und beschreibe anschließend, wie Elke auf dich wirkt. Finde dazu mindestens zwei weitere Adjektive, die Elke charakterisieren, und begründe deine Einschätzung anhand des Textes.

Adjektiv, das Elke charakterisiert	Das erkennt man an folgender Textstelle
selbstbewusst	Sie ergreift das Wort (vgl. Z. 34 f.).
bescheiden und redegewandt	(vgl. Z. 41 f.)
	(vgl. Z. 63 ff.)
	(vgl. Z.)

2 Trage alle Hinweise zusammen, die der Text zu Elke gibt. Vervollständige dazu die Mind-Map.

●●○

Lebensumstände

Tochter des verstorbenen …

erbt …

Patenkind des …

gibt Verlobung …

Verhältnis zu anderen Figuren

begegnet den Deichbevollmächtigten höflich und …

…

Elke

typische Verhaltensweisen,
Eigenschaften, Interessen

fühlt sich zu Hauke hingezogen

spürt, …

möchte …

…

…

…

Sonstiges

Äußeres: …

3 Schreibe nun auf der Grundlage deiner Vorarbeiten eine Charakterisierung Elkes in dein Heft. Die For-

●●○ mulierungsbausteine im Kasten können dir helfen. Wähle geeignete aus.

> Elke spielt in der Novelle eine wichtige Rolle, denn … – Sie wirkt sehr …, was sich zum Beispiel zeigt, als … – Über ihr Äußeres erfährt man nur, dass … Daraus kann man folgern … – Sie handelt … – Zu ihren Charaktereigenschaften gehört … – In dem Gespräch mit den Deichbevollmächtigten wird deutlich … – Sie wendet eine List an, indem … Damit gelingt es … – Es zeigt sich, dass … – Ihr Auftreten erscheint … – Deutlich wird, dass … – Ungewöhnlich ist, dass sich damals eine junge Frau … – Insgesamt kann man sie als … und … bezeichnen – Zusammenfassend kann man sagen …

Kopiervorlage

1 Charakterisiere Elke Volkerts mit Hilfe des vorliegenden Textauszugs.
●●● Lies zunächst den Text sorgfältig und beschreibe anschließend, wie Elke auf dich wirkt. Finde dazu mindestens drei weitere Adjektive, die Elke charakterisieren, und begründe deine Einschätzung anhand des Textes.

Adjektiv, das Elke charakterisiert	Das erkennt man an folgender Textstelle
selbstbewusst	Sie ergreift das Wort (vgl. Z. 34 f.).

2 Trage alle Hinweise zusammen, die der Text zu Elke gibt. Vervollständige dazu die Mind-Map.
●●●

Lebensumstände   Verhältnis zu anderen Figuren

...

...

...

...

...

...

Elke

typische Verhaltensweisen,
Eigenschaften, Interessen   Sonstiges

Äußeres: ...

...

...

...

...

...

3 Schreibe nun auf der Grundlage deiner Vorarbeiten eine Charakterisierung Elkes in dein Heft. Die For-
●●● mulierungsbausteine im Kasten können dir helfen. Wähle geeignete aus.

> Elke spielt in der Novelle eine wichtige Rolle, denn ... – Sie wirkt sehr ..., was sich zum Beispiel zeigt, als ... – Über ihr Äußeres erfährt man ... Daraus kann man folgern ... – Sie handelt ... – Zu ihren Charaktereigenschaften gehört ... – Ihr Auftreten erscheint ... – Deutlich wird, dass ... – Ungewöhnlich ist, dass sich damals eine junge Frau ... – Insgesamt kann man ... – Zusammenfassend ...

Kopiervorlage

Fordern und fördern – Gestaltend schreiben

Theodor Storm: Der Schimmelreiter – Carstens Gespräch mit dem Knecht

Der Deichgraf ist den Dorfbewohnern besonders wegen seines Schimmels unheimlich. Hauke Haien hat dieses Pferd einem zwielichtigen Reisenden abgekauft. Die abergläubischen Dorfbewohner meinen, in dem Schimmel ein wiederbelebtes Pferdeskelett zu erkennen, das früher auf einer Hallig lag und nun verschwunden ist.

– – Einige Abende später standen Knecht und Junge miteinander vor der Stalltür; hinterm Deiche war das Abendrot erloschen, innerhalb desselben war schon der Koog von tiefer Dämme-
5 rung überwallt; nur selten kam aus der Ferne das Gebrüll eines aufgestörten Rindes oder der Schrei einer Lerche, deren Leben unter dem Überfall eines Wiesels oder einer Wasserratte endete. Der Knecht lehnte gegen den Türpfosten
10 und rauchte aus einer kurzen Pfeife, deren Rauch er schon nicht mehr sehen konnte; gesprochen hatten er und der Junge noch nicht zusammen. Dem Letzteren aber drückte etwas auf die Seele, er wusste nur nicht, wie er dem schweigsamen
15 Knechte ankommen sollte. „Du, Iven!", sagte er endlich, „weißt du, das Pferdsgeripp auf Jeverssand!"

„Was ist damit?", frug der Knecht.

„Ja, Iven, was ist damit? Es ist gar nicht mehr da;
20 weder Tages noch bei Mondschein; wohl zwanzigmal bin ich auf den Deich hinausgelaufen!"

„Die alten Knochen sind wohl zusammengepoltert?", sagte Iven und rauchte ruhig weiter.

„Aber ich war auch bei Mondschein draußen, es
25 geht auch drüben nichts auf Jeverssand!"

„Ja", sagte der Knecht, „sind die Knochen auseinandergefallen, so wird's wohl nicht mehr aufstehen können!"

„Mach keinen Spaß, Iven! Ich weiß jetzt; ich
30 kann dir sagen, wo es ist!"

Der Knecht drehte sich jäh zu ihm: „Nun, wo ist es denn?"

„Wo?", wiederholte der Junge nachdrücklich.

„Es steht in unserem Stall; da steht's, seit es
35 nicht mehr auf der Hallig ist. Es ist auch nicht

umsonst, dass der Wirt *[gemeint ist Hauke Haien]* es allzeit selber füttert; ich weiß Bescheid, Iven!"

Der Knecht paffte eine Weile heftig in die Nacht hinaus. „Du bist nicht klug, Carsten", sagte er 40 dann; „unser Schimmel? Wenn je ein Pferd ein lebigs war, so ist es der! Wie kann so ein Allerweltsjunge wie du in solch Altem-Weiber-Glauben sitzen!"

– – Aber der Junge war nicht zu bekehren: Wenn 45 der Teufel in dem Schimmel steckte, warum sollte er dann nicht lebendig sein? Im Gegenteil, um desto schlimmer! – Er fuhr jedes Mal erschreckt zusammen, wenn er gegen Abend den Stall betrat, in dem auch sommers das Tier mitunter ein- 50 gestellt wurde, und es dann den feurigen Kopf so jäh nach ihm herumwarf. „Hol's der Teufel!", brummte er dann; „wir bleiben auch nicht lange mehr zusammen!"

So tat er sich denn heimlich nach einem neuen 55 Dienste um, kündigte und trat um Allerheiligen als Knecht bei Ole Peters ein. Hier fand er andächtige Zuhörer für seine Geschichte von dem Teufelspferd des Deichgrafen; die dicke Frau Vollina und deren geistesstumpfer Vater, der 60 frühere Deichgevollmächtigte Jeß Harders, hörten in behaglichem Gruseln zu und erzählten sie später allen, die gegen den Deichgrafen einen Groll im Herzen oder die an derart Dingen ihr Gefallen hatten. 65

(Aus: Theodor Storm: Der Schimmelreiter. Reclam Verlag, Stuttgart 2001, S. 86 f.)

 **1** Carsten tritt in den Dienst von Ole Peters ein und findet „andächtige Zuhörer für seine Geschichte von dem Teufelspferd" (Z. 57 ff.). Schreibe in der Ich-Form, was er seinem neuen Herrn von dem Gespräch mit dem Knecht Iven und von den Gründen, warum er Haukes Hof verlassen hat, erzählt. Gehe so vor:

a Lies den Text noch einmal sorgfältig und fülle anschließend die Tabelle aus.

Was geschieht? Was nimmt Carsten wahr?	Was könnte Carsten fühlen und denken?
– Es ist Abend. – tiefe Dämmerung	– unheimliche Abendstimmung – Carsten drückt etwas auf der Seele.
– Carsten spricht den Knecht auf das Pferde-geripppe auf Jeverssand an.	– Carsten erwartet bange die Reaktion des Knechts.
– Iven lässt sich nicht überzeugen.	– Carsten glaubt, dass er Recht hat.

b Schlüpfe nun in Carstens Rolle und erzähle aus seiner Sicht Ole Peters von dem Vorfall. Nutze deine Notizen, um zu verdeutlichen, was geschehen ist und was der Junge gedacht und gefühlt hat. Du kannst so beginnen:

Das Schlimme war, dass mich in Haukes Haus niemand verstand. Ich glaube, sie sind alle mit dem Teufel im Bunde – sogar der Knecht Iven. Die Abende waren immer besonders gespenstisch. Wahrscheinlich hatte auch da der Teufel seine Hand im Spiel. Aus der Ferne hörte man unheimliche Tierlaute. Ich stand bei Iven, der überhaupt nichts zu bemerken schien. Genüsslich zog er an seiner Pfeife. Würde er mich verstehen? Er musste doch auch beobachten, dass es hier nicht mit rechten Dingen zuging. Sollte ich ihn ansprechen? …

Kopiervorlage

1 Carsten tritt in den Dienst von Ole Peters ein und findet „andächtige Zuhörer für seine Geschichte von
dem Teufelspferd" (Z. 57 ff.). Schreibe in der Ich-Form, was er seinem neuen Herrn von dem Gespräch
mit dem Knecht Iven und von den Gründen, warum er Haukes Hof verlassen hat, erzählt. Gehe so vor:

a Lies den Text noch einmal sorgfältig und fülle anschließend die Tabelle aus.

Was geschieht? Was nimmt Carsten wahr?	Was könnte Carsten fühlen und denken?
– Es ist Abend.	– unheimliche Abendstimmung
– Carsten spricht den Knecht auf das Pferdegerippe auf Jeverssand an.	– Carsten erwartet bange die Reaktion des Knechts.
– Iven lässt sich nicht überzeugen.	

b Schlüpfe nun in Carstens Rolle und erzähle aus seiner Sicht Ole Peters von dem Vorfall. Nutze deine Notizen, um zu verdeutlichen, was geschehen ist und was der Junge gedacht und gefühlt hat. Du kannst so beginnen:

Das Schlimme war, dass mich in Haukes Haus niemand verstand. Ich glaube, sie sind alle mit dem Teufel im Bunde – sogar der Knecht Iven. Die Abende waren immer besonders gespenstisch. …

Kopiervorlage

Für Profis – Gestaltend schreiben

Theodor Storm: Der Schimmelreiter – Haukes Abschied

Hauke Haien hat zwar seinen Lebenstraum ver-
wirklicht und einen neuen Deich errichtet. Nach
einer schweren Krankheit fehlt ihm aber die
Stärke, Ole Peters davon zu überzeugen, dass
auch der alte Deich überholt werden muss. Als
eine gewaltige Sturmflut aufzieht, kommt es zur
Katastrophe.

Der Hausherr stand noch am Fenster: „Es geht
nicht länger, Elke!", sagte er, „ruf eine von den
Dirnen[1]; der Sturm drückt uns die Scheiben ein,
die Luken müssen angeschroben werden[2]!"

5   Auf das Wort der Hausfrau war die Magd hinausgelaufen; man sah vom Zimmer aus, wie ihr
die Röcke flogen; aber als sie die Klammern gelöst hatte, riss ihr der Sturm den Laden aus der
Hand und warf ihn gegen die Fenster, dass ein

10 paar Scheiben zersplittert in die Stube flogen und
eins der Lichter qualmend auslosch. Hauke
musste selbst hinaus, zu helfen, und nur mit Not
kamen allmählich die Luken vor die Fenster. Als
sie beim Wiedereintritt in das Haus die Tür auf-

15 rissen, fuhr eine Böe hintendrein, dass Glas und
Silber im Wandschrank durcheinanderklirrten;
oben im Hause über ihren Köpfen zitterten und
krachten die Balken, als wolle der Sturm das
Dach von den Mauern reißen. Aber Hauke kam

20 nicht wieder in das Zimmer; Elke hörte, wie er
durch die Tenne nach dem Stalle schritt. „Den
Schimmel! Den Schimmel, John! Rasch!", hörte
sie ihn rufen; dann kam er wieder in die Stube,
das Haar zerzaust, aber die grauen Augen leuch-

25 tend. „Der Wind ist umgesprungen!" rief er –
„nach Nordwest, auf halber Springflut! Kein
Wind; – wir haben solchen Sturm noch nicht erlebt!"
Elke war totenblass geworden: „Und du musst

30 noch einmal hinaus?"
Er ergriff ihre beiden Hände und drückte sie wie
im Krampfe in die seinen: „Das muss ich, Elke."

---

1 Dirne: veraltet für Mädchen, Magd
2 die Luken müssen angeschroben werden: die Fenster-
   läden müssen geschlossen werden

Sie erhob langsam ihre dunkeln Augen zu ihm,
und ein paar Sekunden lang sahen sie sich an;
doch war's wie eine Ewigkeit. „Ja, Hauke", sagte 35
das Weib; „ich weiß es wohl, du musst!"
Da trabte es draußen vor der Haustür. Sie fiel
ihm um den Hals, und einen Augenblick war's,
als könne sie ihn nicht lassen; aber auch das war
nur ein Augenblick. „Das ist unser Kampf!", 40
sprach Hauke; „ihr seid hier sicher; an dies Haus
ist noch keine Flut gestiegen. Und bete zu Gott,
dass er auch mit mir sei!"
Hauke hüllte sich in seinen Mantel, und Elke
nahm ein Tuch und wickelte es ihm sorgsam um 45
den Hals; sie wollte ein Wort sprechen, aber die
zitternden Lippen versagten es ihr.
Draußen wieherte der Schimmel, dass es wie
Trompetenschall in das Heulen des Sturmes hin-
einklang. Elke war mit ihrem Mann hinausge- 50
gangen; die alte Esche knarrte, als ob sie ausei-
nanderstürzen solle. „Steigt auf, Herr!", rief der
Knecht, „der Schimmel ist wie toll; die Zügel
könnten reißen." Hauke schlug die Arme um sein
Weib: „Bei Sonnenaufgang bin ich wieder da!" 55
Schon war er auf sein Pferd gesprungen; das Tier
stieg mit den Vorderhufen in die Höhe, dann,
gleich einem Streithengst, der sich in die

Kopiervorlage

Schlacht stürzt, jagte es mit seinem Reiter die
60 Werfte hinunter, in Nacht und Sturmgeheul hinaus. „Vater, mein Vater!", schrie eine klägliche Kinderstimme hinter ihm darein; „mein lieber Vater!"

Wienke war im Dunkeln hinter dem Fortjagenden
65 hergelaufen; aber schon nach hundert Schritten strauchelte sie über einen Erdhaufen und fiel zu Boden.

Der Knecht Iven John brachte das weinende Kind der Mutter zurück; die lehnte am Stamme
70 der Esche, deren Zweige über ihr die Luft peitschten, und starrte wie abwesend in die Nacht hinaus, in der ihr Mann verschwunden war; wenn das Brüllen des Sturmes und das ferne Klatschen des Meeres einen Augenblick aussetzten, fuhr sie
75 wie in Schreck zusammen; ihr war jetzt, als suche alles nur ihn zu verderben und werde jäh verstummen, wenn es ihn gefasst habe. Ihre Knie

zitterten, ihre Haare hatte der Sturm gelöst und trieb damit sein Spiel. „Hier ist das Kind, Frau!", schrie John ihr zu; „haltet es fest!", und drückte 80 die Kleine der Mutter in den Arm.

„Das Kind? – Ich hatte dich vergessen, Wienke!", rief sie; „Gott verzeih mir's." Dann hob sie es an ihre Brust, so fest nur Liebe fassen kann, und stürzte mit ihr in die Knie. „Herr Gott und 85 du mein Jesus, lass uns nicht Witwe und Waise werden! Schütz ihn, o lieber Gott; nur du und ich, wir kennen ihn allein!" Und der Sturm setzte nicht mehr aus; es tönte und donnerte, als solle die ganze Welt in ungeheuerem Hall und Schall 90 zugrunde gehen.

„Geht in das Haus, Frau!", sagte John; „kommt!" Und er half ihnen auf und leitete die beiden in das Haus und in die Stube.

(Aus: Theodor Storm: Der Schimmelreiter.
Reclam Verlag, Stuttgart 2001, S. 133 ff.)

Kopiervorlage

1   Stell dir vor, Elke hätte im Anschluss an diese letzte Begegnung mit ihrem Ehemann einen Tagebucheintrag verfasst. Schreibe diesen Tagebucheintrag. Gehe so vor:

a   Notiere zunächst zwei Gefühle, die Elke in dieser Situation empfindet. Die Begründungen findest du
im Text. Fülle die Lücken aus.

Elke ist …

_____, denn _____.

_____, denn _____.

b   Halte in der Tabelle fest, welche Einzelheiten Elke in ihrem Tagebuch niederschreibt, was sie denkt
und fühlt. Die Formulierungen im Wortspeicher können dir helfen.

> wie gelähmt sein – dunkle Vorahnungen haben – sich fürchten – sich fragen, ob – Angst haben –
> hoffen – in Sorge sein – sich erleichtert fühlen – bezweifeln, dass

Worüber schreibt Elke?	Was denkt und fühlt sie?

c   Schreibe nun den Tagebucheintrag als zusammenhängenden Text in dein Heft. Du kannst so beginnen:

*Wie wird diese Nacht wohl enden? Einen solchen Sturm habe ich noch nie erlebt. Ich glaube,
selbst Hauke bekam es mit der Angst zu tun. Die Läden lassen sich nicht mehr schließen, so sehr
tobt der Wind. Hoffentlich …*

Kopiervorlage

Diagnose – Gestaltend schreiben

1 Stelle Überlegungen zum gestaltenden Schreiben an. Beantworte die Fragen, indem du die richtigen Antworten ankreuzt.

Gestaltend schreiben	A	B
1 Warum schreibt man gestaltend?	☐ um sich mit den Figuren und der Handlung des Ausgangstextes auseinanderzusetzen und den Text besser zu verstehen	☐ um auszudrücken, wie man sich fühlt und was man denkt
2 Welche Textart gehört zu den Formen des gestaltenden Schreibens?	☐ eine Inhaltszusammenfassung schreiben	☐ einen Brief an eine literarische Figur schreiben
3 Was ist ein innerer Monolog?	☐ ein stummes Selbstgespräch in der Ich-Form	☐ ein stummes Selbstgespräch in der Er-/Sie-Form
4 Worauf kommt es an, wenn man eine Gesprächssituation / einen Dialog entwirft?	☐ Inhalt und Sprache des Dialogs sollten zu dem Originaltext passen.	☐ Inhalt und Sprache des Dialogs müssen nicht zu dem Originaltext passen, aber viele Gefühle und Gedanken zum Ausdruck bringen.
5 Worauf sollte man achten, wenn man einen Tagebucheintrag einer literarischen Figur verfasst?	☐ Man soll die Ereignisse genau so nacherzählen, wie sie im Ausgangstext beschrieben werden.	☐ Man soll auch die Gefühle und Gedanken der Figur ausdrücken.

2 Überlege, um welche Textart es sich jeweils handelt. Verbinde, was zusammengehört.

1 Ole Peters trieb die Deicharbeiter an: „Beeilt euch, gleich kommt Hauke auf seinem Teufelspferd. Ihr wisst ja, was er davon hält, dass wir uns ohne sein Wissen am Deich zu schaffen machen." „Diesmal lassen wir uns nicht verjagen", rief einer der Männer. „Dem Schimmel werd ich's geben, wenn er mir noch einmal zu nahe kommt!"

A einen Brief aus der Sicht einer Figur schreiben

2 Herrje! Dieser verdammte Hauke Haien ... Erst macht er sich beim Deichgrafen beliebt – und nun verdreht er auch noch Elke den Kopf. So ein Halunke! Dabei hätte ich doch ein Anrecht auf sie. Ist das der Dank für meine treuen Dienste?

B eine Gesprächssituation / einen Dialog entwerfen

3 Der heutige Tag hat mir eine weitere Demütigung beschert. Der Deichgraf zieht mir Hauke Haien vor, diesen Grünschnabel. Was aber noch schlimmer ist: Auch Elke macht Hauke schöne Augen. Ich bekomme immer mehr den Eindruck, hier nicht mehr erwünscht zu sein.

C einen inneren Monolog schreiben

Kopiervorlage

3   Überlege, wie man beim gestaltenden Schreiben vorgeht. Vervollständige den Lückentext.

Das Ziel des gestaltenden Schreibens ist es, _____ (die eigenen

Gefühle / den Ausgangstext) besser zu verstehen. Deshalb muss der Text, den man schreibt,

_____ (auch / nicht unbedingt) zum Ausgangstext passen. Um dies zu erreichen,

ist es wichtig, dass man den Originaltext _____ (rasch überfliegt /

sorgfältig liest). Wenn man einen _____ (inneren Monolog / Bericht)

oder einen Tagebucheintrag aus der Sicht einer bestimmten Figur schreiben soll, so kann man in einer

_____ (Tabelle / Nacherzählung) festhalten, was geschieht und was die

Figur dabei _____ (sagt / fühlt) und darüber _____

(denkt / schreibt). Diese Vorarbeit bildet die Grundlage für den _____

(zusammenhängenden / stichwortartigen) Text, den man anschließend schreibt. Am Ende überprüft

man, ob der eigene Text die wichtigsten _____ (Ereignisse

der Handlung / Orte) sowie die _____ (Freunde und Familie /

Gefühle und Gedanken) der Figur berücksichtigt.

Kopiervorlage

6 Momentaufnahmen – Kurzgeschichten lesen und verstehen

Konzeption des Kapitels

Eine erste systematische Einführung in die Kurzgeschichte wird in diesem Kapitel mit der Erarbeitung eines zentralen Aufgabenformats im Fach Deutsch verbunden: der erweiterten Inhaltsangabe (Inhaltsangabe mit anschließender aspektorientierter Interpretation). Vorgestellt werden sowohl klassische Kurzgeschichten aus der Mitte des 20. Jahrhunderts (von Hemingway, Borchert und Weisenborn) als auch solche aus neuerer und neuester Zeit. Die erweiterte Inhaltsangabe wird Schritt für Schritt angeleitet.

Im ersten Teilkapitel (**„Zwischenmenschliche Spannungen – Kurzgeschichten erschließen")** erarbeiten die Schülerinnen und Schüler zunächst am Beispiel klassischer Kurzgeschichten von Wolfgang Borchert und Ernest Hemingway typische Merkmale der Gattung. Anschließend wird der Bogen zur aktuellen Kurzgeschichte mit ihren komplizierteren Gestaltungen gespannt. Anhand einer Geschichte von Marlene Röder wird gezeigt, dass sich in modernen Texten Zeitebenen mischen und Leitmotive eine wichtige Funktion übernehmen können. In einem abschließenden Test können die Lernenden ihr bisher erworbenes Wissen überprüfen.

Im zweiten Teilkapitel (**„, ... bis sie ins Trockene kamen' – Inhalte zusammenfassen und deuten")** wird zunächst anhand einer weiteren klassischen, linear erzählten Kurzgeschichte – „Zwei Männer" von Günther Weisenborn – das Verfassen einer Inhaltsangabe ausführlich angeleitet. Im Anschluss daran erarbeiten die Schülerinnen und Schüler eine Deutung, die das Verhältnis der zentralen Figuren zueinander in den Blick nimmt. Insgesamt werden in diesem Teilkapitel – auch anhand einer zeitgenössischen Erzählung von Wladimir Kaminer – wichtige fachliche Kompetenzen trainiert: die Unterteilung einer Geschichte in Handlungsschritte, die Darstellung des Handlungsablaufs mit Hilfe geeigneter Kohärenzsignale, die Umwandlung von wörtlicher in indirekte Rede sowie die Verwendung von Zitaten und Textverweisen als Belegtechnik bei der Deutung literarischer Texte. Für die erweiterte Inhaltszusammenfassung der Kurzgeschichte von Kaminer stehen den Lernenden Arbeitsaufträge und Hilfen auf zwei Differenzierungsniveaus zur Verfügung.

Im dritten Teilkapitel (**„Fit in ... – Erweiterte Inhaltsangabe")** werden Inhaltsangabe und Deutung einer Erzählung von Julia Franck schrittweise angeleitet. Das Teilkapitel eignet sich als Übung für eine Klassenarbeit.

Literaturhinweise

- *Bellmann, Werner / Hummel, Christine (Hg.):* Deutsche Kurzprosa der Gegenwart. Reclam, Stuttgart 2005 (Textsammlung)
- *Brenner, Gerd:* Lernen lehren. Methoden für Deutsch und Fremdsprachen. Cornelsen, Berlin [2]2011 (Methoden der kreativen Weiterentwicklung von Kurzgeschichten)
- *Frank, Ursula:* Analytischer und kreativer Umgang mit moderner Kurzprosa. In: Deutsch betrifft uns, H. 3/2006
- *Fuchs, Herbert / Mittelberg, Ekkehart:* Klassische und moderne Kurzgeschichten. Varianten – kreativer Umgang – Interpretationsmethoden. Unterrichtskommentar. Cornelsen, Berlin [4]2005 (Reihe „Klassische Schullektüre")
- Inhalte wiedergeben. Praxis Deutsch 197/2006
- *Marx, Leonie:* Die deutsche Kurzgeschichte. Metzler, Stuttgart/Weimar [3]2005 (Sammlung Metzler 216)

Übungsmaterial im „Deutschbuch 8 Arbeitsheft"

- Eine Kurzgeschichte zusammenfassen und deuten, S. 34–37
- Eine erweiterte Inhaltsangabe schreiben, S. 38–39

Inhalte	Kompetenzen
	Die Schülerinnen und Schüler
S. 117 **6 Momentaufnahmen – Kurzgeschichten lesen und verstehen**	– antizipieren die Handlungskerne einiger der folgenden Kurzgeschichten – aktivieren ihr Vorwissen zur Analyse literarischer Texte
S. 118 **6.1 Zwischenmenschliche Spannungen – Kurzgeschichten erschließen** Die Merkmale von Kurzgeschichten kennen lernen *Wolfgang Borchert: Das Brot*	– beschreiben Konflikte zwischen den Figuren – stellen einen Bezug zwischen Titel und Text her – benennen die Hauptaussage / das Thema – erkennen die Offenheit von Anfang und Ende – untersuchen die sprachlichen Besonderheiten (v. a. Satzbau und Wortwahl)
S. 121 *Ernest Hemingway: Ein Tag Warten*	– zeichnen eine Spannungskurve mit Höhe- und Wendepunkt nach – untersuchen die Erzählperspektive – erarbeiten vergleichend die Merkmale der Kurzgeschichte in beiden Texten
S. 125 Eine Kurzgeschichte interpretieren *Marlene Röder: Schwarzfahren für Anfänger*	– benennen einzelne Handlungsschritte – identifizieren Zeitsprünge, unterscheiden Zeitebenen und rekonstruieren die chronologische Reihenfolge der Ereignisse – benennen Figurenmerkmale und belegen sie – weisen Leitmotive nach und stellen sie in einem zusammenhängenden Text dar
S. 130 Testet euch! – Eine Kurzgeschichte verstehen *Helga M. Novak: Schlittenfahren*	– charakterisieren das Verhalten einer Figur – untersuchen Wendepunkt und offenen Schluss – erklären ein Leitmotiv
S. 131 **6.2 „... bis sie ins Trockene kamen" – Inhalte zusammenfassen und deuten** *Günther Weisenborn: Zwei Männer*	– klären ihnen unverständliche Textstellen – stellen den Wendepunkt der Handlung fest – untersuchen das Verhältnis der Figuren – erläutern das Thema der Geschichte
S. 134 Eine Inhaltsangabe schreiben	– gliedern den Text in Handlungsschritte – fassen diese in eigenen Worten zusammen – nutzen angemessene Kohärenzsignale
S. 136 Den Text deuten – Eine weiterführende Aufgabe bearbeiten	– entwickeln einen Deutungsansatz – untermauern ihn durch Zitate – stellen die Deutung angemessen schriftlich dar
S. 138 *Wladimir Kaminer: Schönhauser Allee im Regen*	– benennen Thema und Wendepunkt – erklären die Erzählperspektive
S. 140 Fordern und fördern – Erweiterte Inhaltsangabe	– fassen den Inhalt fachgerecht zusammen – erklären in einem weiterführenden Schreibauftrag das Verhalten der Figuren
S. 142 **6.3 Fit in ... – Erweiterte Inhaltsangabe** *Julia Franck: Streuselschnecke*	– trainieren für eine Klassenarbeit – halten Handlungsschritte in Stichworten fest – gestalten diese zu einer Inhaltsangabe aus – verfassen eine aspektorientierte Deutung

6 Momentaufnahmen – Kurzgeschichten lesen und verstehen

1 a Illustrationen, die Momentaufnahmen aus einigen der im Kapitel behandelten Kurzgeschichten festhalten, wecken die Aufmerksamkeit der Lernenden.

Auf den Bildausschnitten dargestellte Situationen:

- Ein Mann harrt in einer überfluteten fremdländischen Landschaft auf einem strohgedeckten Dach aus und sieht sorgenvoll ins Wasser, in dem das Haus fast vollständig versunken ist. Ein totes Tier treibt vorbei.
- Ein Gespenst/Ein Gerippe schaut mit weit aufgerissenen Augen auf eine Bettdecke, unter der sich jemand zu verbergen scheint. Es sieht so aus, als mache das Gespenst einen Krankenbesuch, denn es zieht zum Gruß den Hut und hält einen Blumenstrauß in der Hand.
- In einem Bus oder einer U-Bahn/S-Bahn sitzt auf einem Platz unter zwei Halteschlaufen ein weinendes Mädchen mit leicht gesenktem Kopf. Davor steht aufrecht eine gefährlich aussehende, krokodilähnliche Figur, die etwas auf einem Block aufschreibt.

b Anhand der Bilder stellen die Lernenden Vermutungen an, worum es in den Geschichten gehen könnte:

- Rettung oder Ertrinken im Hochwasser
- Das Gerippe könnte den Tod darstellen, unter der Bettdecke liegt vielleicht eine dem Tod geweihte Person.
- Möglicherweise stellt eine Schaffnerin/ein Schaffner oder eine Kontrolleurin/ein Kontrolleur dem Mädchen wegen Schwarzfahrens einen Strafzettel aus.

2 Im Sinne eines „Advance Organizers" veranlasst diese Aufgabe die Schülerinnen und Schüler dazu, ihr Vorwissen über die literarische Interpretation zu aktivieren. Im Hinblick auf erzählende Texte (Epik) sollten sie aus der Klasse 7 die folgenden analytischen Begriffe kennen:

- Erzähler als eine vom Autor/der Autorin erfundene Figur
- Erzählformen (Ich-Erzähler, Er-/Sie-Erzähler)
- Figuren, Hauptfigur (die charakterisiert werden können)
- äußere und innere Handlung
- sprachliche Gestaltungsmittel wie veranschaulichende Adjektive, ausdrucksstarke Verben und sprachliche Bilder (Vergleich, Metapher)

Im Hinblick auf die Inhaltsangabe literarischer Texte sollte den Schülerinnen und Schülern aus Klasse 7 bekannt sein, dass diese

- mit Angaben zu Autor/Autorin, Titel, Textsorte und Thema eingeleitet wird,
- im Hauptteil den Inhalt sachlich und nüchtern in eigenen Worten im Präsens wiedergibt und in der Regel keine wörtliche Rede enthält.

6.1 Zwischenmenschliche Spannungen – Kurzgeschichten erschließen

Die Kurzgeschichte hat in der deutschen Literatur eine längere Tradition. Erste Ansätze gab es bei Johann Peter Hebel im frühen 19. Jahrhundert („Schatzkästlein des rheinischen Hausfreundes", 1811). Nachhaltig beeinflusst wurde die Entwicklung der Kurzprosa hin zur Kurzgeschichte dann von Bertolt Brecht („Kalendergeschichten", 1949). Für Autorinnen und Autoren nach dem Zweiten Weltkrieg (nach 1945) wie Wolfgang Borchert, Günther Weisenborn, Günter Eich, Ilse Aichinger, Heinrich Böll und Marie Luise Kaschnitz war dann insbesondere die US-amerikanische „short story" stilprägend. Kurzgeschichten dieser und späterer Autorinnen und Autoren stellen in knapper Form (offener Anfang, offenes Ende) krisenhafte Momentaufnahmen aus dem Alltagsleben eines oder mehrerer Menschen dar (daher der Titel des Kapitels, vgl. engl. „slices of life"). Ab den 1960er und 1970er Jahren erweiterten sich Themenspektrum und Darstellungsweisen der Kurzgeschichten; verwendet wurden nun auch Montagetechniken oder die Mischung von Zeitebenen. Nachdem die Entwicklung der Kurzgeschichte in den letzten Jahrzehnten des 20. Jahrhunderts stagniert hatte, setzte um die Jahrtausendwende mit Autorinnen und Autoren wie Wladimir Kaminer, Botho Strauß, Judith Hermann, Julia Franck oder Marlene Röder eine weitere dynamische Entwicklung ein.

Planungshilfe

In diesem Kapitel (Schülerband und Handreichungen inkl. Materialien, auch auf der beigefügten CD-ROM) werden die folgenden Kurzgeschichten verwendet:
– Ewald Arenz: Schlüsselerlebnis
– Wolfgang Borchert: Das Brot, Nachts schlafen die Ratten doch
– Georg Britting: Brudermord im Altwasser
– Julia Franck: Streuselschnecke
– Ernest Hemingway: Ein Tag Warten
– Wladimir Kaminer: Schönhauser Allee im Regen
– Kurt Marti: Happy End
– Helga M. Novak: Schlittenfahren
– Marlene Röder: Schwarzfahren für Anfänger
– Marlene Röder: Regel Nummer eins
– Günther Weisenborn: Zwei Männer

Darüber hinaus können die folgenden Texte eingesetzt werden:
– Ilse Aichinger: Das Fenstertheater (auch im Arbeitsheft zum „Deutschbuch 8")
– Peter Bichsel: Der Milchmann, Die Tochter
– Heinrich Böll: Monolog eines Kellners
– Wolfgang Borchert: Die Küchenuhr
– Walter Helmut Fritz: Augenblicke
– Marlen Haushofer: Der erste Kuss
– Guy Helminger: Die Bahnfahrt
– Ernest Hemingway: Indianerlager
– Thomas Hürlimann: Der Filialleiter
– Georg Kreß: Saugnäpfe
– Brigitte Kronauer: Porträt Nr. 5. Ehepaar Dortwang
– Günter Kunert: Mann über Bord, Fünfzehn
– Ralf Thenior: Zu spät
– Gabriele Wohmann: Denk immer an heut Nachmittag
– Wolf Wondratschek: Mittagspause

Für das „Deutschbuch 9" (Schülerband) sind folgende Texte vorgesehen:
– Sibylle Berg: Vera sitzt auf dem Balkon
– Wolfgang Borchert: Die Kirschen
– Julio Cortázar: Familienbande
– Daniel Kehlmann: Kritik
– Wolfgang Koeppen: Klas sieht seinen Vater
– Marlene Röder: Wie man ein Klavier loswird

‖S.118 Die Merkmale einer Kurzgeschichte kennen lernen

Die folgenden Merkmale einer „klassischen" Kurzgeschichte werden in diesem Teilkapitel erarbeitet: geringer Umfang, krisenhafte Alltagssituation als Handlungskern, Störung der Kommunikation, knappe Darstellung, Spannungskurve mit Höhe- und Wendepunkt, nur wenige handelnde Figuren, Leitmotive, offener Anfang (unmittelbarer Einstieg), offenes Ende, Alltagssprache, besondere Häufung von Parataxen, direkte Rede.

S. 118 **Wolfgang Borchert: Das Brot (1946)**

Als literarische Kurzform war die Kurzgeschichte in den ersten Jahren nach dem Zweiten Weltkrieg eine adäquate literarische Form, um die während der Nazi-Herrschaft und des Kriegs unüberschaubar gewordene gesellschaftliche Realität nach und nach wieder sprachlich darzustellen. Als einer der bekanntesten Vertreter der deutschen Kurzgeschichte aus der Nachkriegszeit gilt Wolfgang Borchert (1921–1947). In seinen Kurzgeschichten (darunter „Das Brot", „Die Kirschen", „Nachts schlafen die Ratten doch", „Die traurigen Geranien", „Die Küchenuhr" und „An diesem Dienstag") deutet er seelische Verletzungen oder Katastrophen meist in eher beiläufigen Gesten an.

1 Erste Eindrücke nach dem Lesen könnten sein: nur zwei Figuren, ganz andere Zeit, große Armut, Kälte – auch in der Beziehung, Betrug, Ehefrau lässt ihren Mann nicht fallen.

2 a Die Untersuchung dessen, was die beiden Figuren in der Kurzgeschichte sprechen und was sie denken, offenbart das Auseinanderklaffen von Reden und Denken.
Die Banalität und Hilflosigkeit des Gesprächs kann dadurch eindrucksvoll herausgearbeitet werden, dass die wörtliche Rede mit verteilten Rollen ohne den Erzählertext vorgetragen wird.
Das, was gesagt wird, ist eher banal, wird zudem mehrmals wiederholt, lenkt vom wahren Geschehen ab und zeigt – besonders durch die auffälligen Redundanzen – die kommunikative Hilflosigkeit des Paares sowie die beiderseitige Scheu, den Brotdiebstahl in Zeiten der Not anzusprechen:
- „Ich dachte, hier wär/e was" (Z. 24, Z. 40).
- „Ich habe auch was gehört" (Z. 26).
- „ich hörte hier was. Da dachte ich, hier wäre was" (Z. 42 f.).
- „Ich hab auch was gehört. Aber es war wohl nichts" (Z. 43 f.).
- „Nein, es war wohl nichts" (Z. 47).
- „Komm man. Das war wohl draußen" (Z. 48 f.).
- „Ja, das muss wohl draußen gewesen sein. Ich dachte, es wäre hier" (Z. 51 f.).
- „Komm man [...], das war wohl draußen. Die Dachrinne schlägt immer bei Wind gegen die Wand. Es war sicher die Dachrinne. Bei Wind klappert sie immer" (Z. 57–61).
- „Wind ist ja [...]. Wind war schon die ganze Nacht" (Z. 65 f.).
- „Ja, Wind war schon die ganze Nacht. Es war wohl die Dachrinne" (Z. 67–69).
- „Ja, ich dachte, es wäre in der Küche. Es war wohl die Dachrinne" (Z. 70 f.).
- „Es ist kalt [...], ich krieche unter die Decke. Gute Nacht" (Z. 75 f.).
- „Nacht [...] Ja, kalt ist es schon ganz schön" (Z. 77 f.).
Die Frau denkt über das Geschehen und über ihren Mann nach. Sie durchschaut dessen Lüge, will ihm aber nicht zeigen, dass sie weiß, dass er sich vom Brot genommen hat:
- „weil sie nicht ertragen konnte, dass er log" (Z. 37 f.).
- „Ich muss das Licht jetzt ausmachen, sonst muss ich nach dem Teller sehen, dachte sie. Ich darf doch nicht nach dem Teller sehen" (Z. 54–57).
- „Aber sie merkte, wie unecht seine Stimme klang, wenn er log" (Z. 73 f.).
- „Nach vielen Minuten hörte sie, dass er leise und vorsichtig kaute. Sie atmete absichtlich tief und gleichmäßig, damit er nicht merken sollte, dass sie noch wach war" (Z. 79–82).

b Der unausgesprochene Konflikt besteht darin, dass der Mann sich in Zeiten der Lebensmittelknappheit heimlich Brot abschneidet und isst und dass er damit seine Frau täuscht. Sie legt den Konflikt dadurch bei, dass sie ihm am nächsten Tag eine Extraration (vier Scheiben Brot) gibt und sich selbst mit zwei Scheiben begnügt. Der Konflikt wird gar nicht erst angesprochen.

c Die Tatsache, dass die beiden nicht offen über den Vorfall sprechen, könnte darin begründet sein, dass die Frau ihren Mann, der offensichtlich tagsüber außer Haus arbeiten muss, nach 39 Ehejahren nicht bloßstellen möchte, weil sie sich ihm trotz seiner Lüge eng verbunden fühlt.

3 Textstellen, in denen Gedanken und Empfindungen der Figuren sowie der Zustand ihrer ehelichen Beziehung deutlich werden:
- „Und sie sah von dem Teller weg" (Z. 23).
  → Sie will ihrem Mann nicht das Gefühl geben, auf frischer Tat ertappt worden zu sein.

– „sagte er und sah in der Küche umher" (Z. 24 f.), „sah wieder so sinnlos von einer Ecke in die andere" (Z. 41 f.).

→ Er sucht verzweifelt nach etwas, das sich für eine plausible Ausrede in seiner ihm peinlichen Situation eignet.

– „Sie sah ihn nicht an, weil sie nicht ertragen konnte, dass er log" (Z. 37 f.).

→ Sie will sich nicht anmerken lassen, dass sie seine Lüge durchschaut hat.

– „Sie [...] schnippte die Krümel von der Decke" (Z. 44–46).

→ Sie will den Beweis verschwinden lassen, um ihren Mann zu entlasten.

– „Ich muss das Licht jetzt ausmachen, sonst muss ich nach dem Teller sehen, dachte sie" (Z. 54–56).

→ Sie sorgt dafür, dass die Vorgänge im Dunkeln bleiben können, damit ihr Mann entlastet wird.

– „Er sagte das, als ob er schon halb im Schlaf wäre" (Z. 71 f.).

→ Er täuscht vor einzuschlafen, um auch seine Frau zum Schlafen zu bringen, damit er dann heimlich das abgeschnittene Brot essen kann.

– „Sie atmete absichtlich tief und gleichmäßig" (Z. 80 f.).

→ Sie will ihren Mann beruhigen und ihm Gelegenheit geben, das Brot heimlich zu essen, damit er endlich aus der peinlichen Situation herauskommt.

– „,Du kannst ruhig vier essen', sagte sie und ging von der Lampe weg" (Z. 88 f.).

→ Sie will im Dunkeln bleiben, damit er nicht von ihrem Gesicht ablesen kann, dass sie alles durchschaut hat.

– „Sie sah, wie er sich tief über den Teller beugte. Er sah nicht auf" (Z. 92 f.).

→ Auch der Mann will seiner Frau nicht ins Gesicht sehen, damit die peinliche Angelegenheit unausgesprochen bleiben kann.

– „In diesem Augenblick tat er ihr leid" (Z. 93 f.).

→ Sie hegt noch immer Zuneigung zu ihm.

4 **a** Der Titel gibt den in der Geschichte angelegten Konflikt noch nicht preis. Er wirkt nüchtern und entspricht damit dem Stil des Textes. In der Entstehungszeit der Geschichte (unmittelbar nach dem Zweiten Weltkrieg, als Lebensmittel rationiert waren und die Menschen vielfach Hunger litten) war rationiertes Brot eines der Hauptnahrungsmittel. Der Titel ist daher auch zeitgeschichtlich naheliegend.

b Mögliche Titel, in denen die Beziehung der beiden Figuren zum Ausdruck kommt:
Heimliche Lüge – Stille Liebe – Hilflose Worte

5 Vorschlag für ein Tafelbild zu den sprachlichen Besonderheiten in der Geschichte:

Sprachliche Besonderheiten	Wirkung
Wiederholungen von Aussagen	unterstreichen die Ausweglosigkeit der Lage
viele sehr kurze Sätze, parataktischer Satzbau (z. B. Z. 1–5 oder 10–14), Ellipsen (Z. 2, 13)	wirkt einsilbig, zusammenhanglos, unterstreicht, dass die beiden einander nichts erklären können, dass sie nicht von der Stelle kommen
einfache, schlichte Wortwahl (Alltagssprache)	passt zu der alltäglichen Situation und den ärmlichen Lebensverhältnissen des Ehepaars
wörtliche Rede	trägt normalerweise zur Verlebendigung bei, zeigt hier aber die Unfähigkeit (den Unwillen) zum klärenden Gespräch

6 Fragen, die die Kurzgeschichte offenlässt, könnten z. B. sein:
– Wie lange wird die Frau die Situation, die auf einer Täuschung basiert, durchhalten?
– Wird der Mann irgendwann erkennen, dass seine Frau alles durchschaut hat?
– Welche Konsequenzen wird er daraus ziehen?
– Wieso ist die Zuneigung der Frau zu ihrem Mann immer noch so stark, dass sie sogar dessen Lüge erträgt?

Abschließend kann darauf hingewiesen werden, dass ein offenes Ende – ebenso wie der offene Anfang – für die Kurzgeschichte dieser Epoche typisch ist.

7 a/b Zu weiteren Möglichkeiten einer kreativen Erschließung und Fortsetzung von Kurzgeschichten vgl. Gerd Brenner: Lernen lehren (vgl. Literaturhinweise auf S. 158 in diesen Handreichungen), insbesondere S. 94: Vier Ohren, S. 102: Standbild, S. 119: Regieanweisung, S. 122: Anschlusstext, S. 126: Figurenbiografie, S. 128: Filmskript, S. 130: Identifikationskreis, S. 131: Innerer Monolog, S. 139: Rückwärtsgeschichte, S. 140: Tagebucheintrag, S. 141: Traumkette, S. 143: Zeitsprung.

S. 121 Ernest Hemingway: Ein Tag Warten

„Ein Tag Warten" („A Day's Wait") repräsentiert hier die klassische amerikanische Kurzgeschichte, die maßgeblich von Ernest Hemingway (1899–1961) geprägt wurde, der 1954 den Nobelpreis für Literatur erhielt. Titel wie „Alter Mann an der Brücke („Old Man at the Bridge"), „Das Ende von etwas" („The End of Something"), „Für eine einen Kanarienvogel" („A Canary for One"), „Eine Verfolgungsjagd" („A Pursuit Race"), „Eine sehr kurze Geschichte" („A Very Short Story"), „Indianerlager" („Indian Camp") oder „Katze im Regen" („Cat in the Rain") gehören auch in deutschsprachigen Lehrbüchern und Textsammlungen nach wie vor zum Kanon klassischer Kurzgeschichten. Hemingways Geschichten sind von einem lapidaren Erzählverhalten und einer besonderen Kargheit des Stils geprägt; damit hat der US-amerikanische Schriftsteller insbesondere auch die Entwicklung der Kurzgeschichte in Deutschland nach dem Zweiten Weltkrieg maßgeblich beeinflusst.

1 In einer ersten Überprüfung des Textverständnisses erklären die Schülerinnen und Schüler das Missverständnis, das der Geschichte zu Grunde liegt: Der Sohn des Ich-Erzählers verwechselt die Temperaturangaben in Grad Celsius (Tod bei einer Temperatur von 44 Grad) und Grad Fahrenheit (gemessene Temperatur: 102 Grad) und glaubt deshalb, dass er keine Überlebenschance habe, weil sein Fieber weit über die tödliche Marke gestiegen sei.

2 Der Titel der Geschichte „Ein Tag Warten" bezieht sich darauf, dass die irrige Annahme des Jungen den ganzen Tag über unaufgeklärt bleibt und dieser einen Tag lang seinen Tod erwartet. Textbeleg: „Er hatte den ganzen Tag auf seinen Tod gewartet, die ganze Zeit über, seit neun Uhr morgens" (Z. 153–155).

3 a Offen bleibt zu Beginn der Geschichte das Verhältnis der Figuren zueinander: Jemand kommt in ein Schlafzimmer, in dem zwei andere Personen (darunter der Ich-Erzähler bzw. die Ich-Erzählerin, auch das ist noch nicht klar) im Bett liegen. Die hereinkommende Person scheint krank zu sein.

   b Erst in Z. 13 ff. („ein kranker, jämmerlicher, neunjähriger Junge") wird deutlich, dass es sich bei der Person, die zuvor ins Schlafzimmer des Ich-Erzählers gekommen ist, um dessen Sohn handelt. Nach wie vor unklar bleibt an dieser Stelle, ob es sich um einen Ich-Erzähler und somit um den Vater oder um eine Ich-Erzählerin (die Mutter) handelt.

4 a Hinweise darauf, dass den Jungen etwas sehr bedrückt, geben z. B. folgende Stellen:
   – „Normalerweise hätte er einschlafen müssen, aber als ich aufblickte, blickte er das Fußende des Bettes an und hatte einen seltsamen Ausdruck im Gesicht" (Z. 54–58).
   – Zeile 63–65, als der Junge dem Vater den vermeintlich bevorstehenden Todeskampf ersparen will: „Nach einer Weile sagte er zu mir: ‚Papa, du brauchst nicht hier bei mir zu bleiben, wenn es dir unangenehm ist.'"
   – „Ich nehme es nicht tragisch', sagte er und sah starr vor sich hin. Er nahm sich offensichtlich wegen irgendetwas schrecklich zusammen" (Z. 127–129).

   b Die Lernenden schätzen nun die Dauer des Wartens und damit in etwa die erzählte Zeit, die auch aus dem Titel der Geschichte hervorgeht: Der Junge hat seit neun Uhr morgens (vgl. Z. 154 f.) „den ganzen Tag" (Z. 153) auf seinen Tod gewartet, mindestens sechs oder acht Stunden lang bis zum Nachmittag oder frühen Abend, denn der Vater verabreicht ihm um elf noch Medizin, geht dann spazieren und Wachteln jagen, ehe er zu seinem kranken Sohn zurückkehrt und den Irrtum nach einigem Hin und Her aufklärt.

c Der Junge nimmt Rücksicht auf seinen Vater (vgl. Z. 63–65) und alle anderen Hausbewohner (vgl. Z. 103 ff.); er sorgt sich um sie, obwohl er seinen eigenen Tod erwartet. Schließlich hat er den Mut, die Todesangst, die ihn bedrückt, offen anzusprechen. Damit leitet er die Klärung des Missverständnisses ein. Dagegen hat sein Vater einen ganzen Tag lang die seltsamen Verhaltensweisen seines Sohnes nicht richtig deuten können und nicht wirklich ernst genommen, denn er ist „vergnügt" (Z. 99) über seinen Jagderfolg und „froh" (Z. 100) über die künftige Beute. Der Sohn erscheint damit als die sensiblere und in der Beziehung aktivere Figur.

5 Lösungsvorschlag für die Spannungskurve:

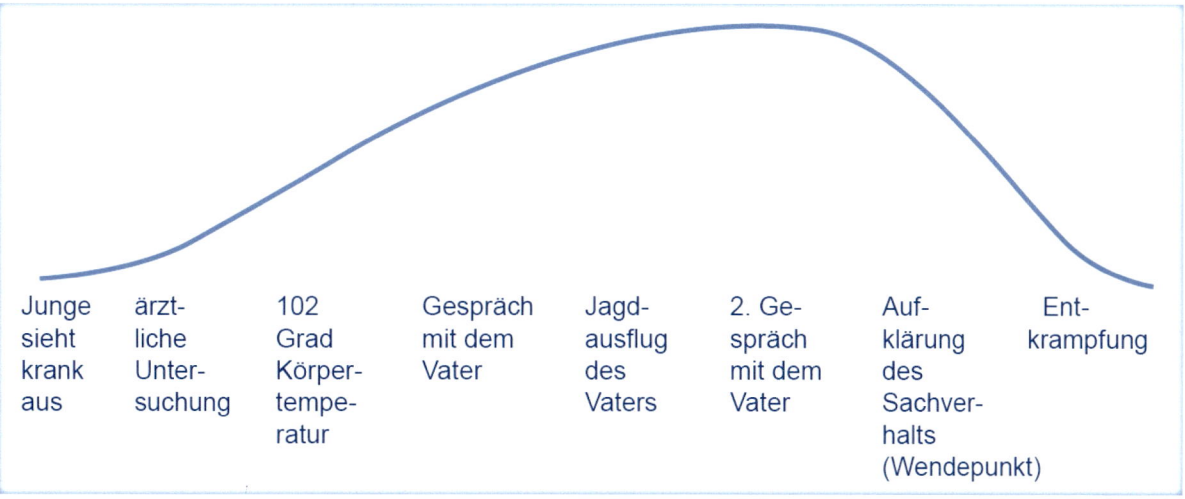

| Junge sieht krank aus | ärztliche Untersuchung | 102 Grad Körpertemperatur | Gespräch mit dem Vater | Jagdausflug des Vaters | 2. Gespräch mit dem Vater | Aufklärung des Sachverhalts (Wendepunkt) | Entkrampfung |

6 Nun untersuchen die Lernenden die Erzählperspektive: Die Geschichte wird in der Ich-Form aus der Sicht des Vaters erzählt. Diese Erzählperspektive trägt zum Spannungsaufbau bei, weil dadurch auch der Leser zunächst im Unklaren darüber bleibt, wieso der Junge ein so seltsames Verhalten zeigt. Er kann detektivischen Spürsinn entfalten, um die Ursache dieses Verhaltens im Leseprozess zu ergründen (wie in einem Kriminalroman). Die Spannungskurve bleibt deshalb so lange auf hohem Niveau.

7 Beispiellösung für eine Formulierung der Hauptaussage der Geschichte:
Die Kurzgeschichte zeigt, dass Missverständnisse und Kommunikationsstörungen zu fatalen Irrtümern führen und Menschen sehr stark belasten können. Sie verdeutlicht auch, dass Gesprächspartner (hier: der Vater) Verhaltenssignale auch sehr nahestehender Personen oft übersehen und sie deshalb aus ihrer schlimmen Lage nicht befreien können, obwohl das leicht möglich wäre.

8 Für die Erarbeitung der Kurzgeschichtenmerkmale in den Erzählungen von Borchert und Hemingway kann der Informationskasten „Die Kurzgeschichte" auf Seite 124 im Schülerband genutzt werden. Er fasst die bisherigen Ergebnisse der Unterrichtssequenz zusammen und kann auch bei der Analyse aller folgenden Kurzgeschichten herangezogen werden.
Mögliche Lösung/Vorschlag für ein Tafelbild:

Merkmale von Kurzgeschichten	Borchert: „Das Brot"	Hemingway: „Ein Tag Warten"
Momentaufnahme, wichtige Episode aus dem Alltagsleben	Brotdiebstahl, Anlügen des Ehepartners	Todesangst wegen Fieber
geringer Umfang	ca. zwei Seiten	ca. zwei Seiten
offener Anfang/unmittelbarer Einstieg	in den ersten Sätzen nicht klar, wer „sie" ist	in den ersten Sätzen nicht klar, wer „er" ist
Höhepunkt	Mann isst heimlich im Bett.	„Um wie viel Uhr glaubst du, dass ich sterben werde?" (Z. 137 f.)

165

Merkmale von Kurzgeschichten	Borchert: „Das Brot"	Hemingway: „Ein Tag Warten"
Wendepunkt	Frau gibt freiwillig Brot ab	Information über zwei verschiedene Temperatur-Messskalen
offener Schluss	unklar, ob der Mann die Täuschung und die Frau ihre Kenntnis der Täuschung weiter verheimlichen	Missverständnis wird zwar ausgeräumt, aber ob sich das Verhältnis zwischen Vater und Sohn ändert, bleibt offen
Alltagssprache	z. B.: „Nein, es war wohl nichts" (Z. 47)	z. B.: „Völlig [...]. Es ist wie mit Meilen und Kilometern. Weißt du, so wie: Wie viel Kilometer machen wir, wenn wir siebzig Meilen im Auto fahren?" (Z. 163 ff.)
z. T. einfacher Satzbau/ Parataxen	z. B. Z. 1–5	z. B. Z. 6–10

9 **a** Mit der Deutung des Pronomens „es" in den Zeilen 121–128 ergänzen die Lernenden die genaue Textlektüre und erkennen die Bedeutung kleinster Details für das Verständnis. Der Vater sagt dem Jungen: „Nimm's doch nicht so tragisch" (Z. 125 f.) und meint mit „es" die Tatsache, dass der Junge momentan krank ist. Der Junge dagegen versteht unter „es" die Erwartung, sterben zu müssen („‚Ich nehme es nicht tragisch', sagte er und sah starr vor sich hin", Z. 127 f.). Daher ist für ihn die Äußerung des Vaters, er solle „es" nicht so tragisch nehmen, banalisierend, unsensibel und unangemessen.

b Die Schüler versetzen sich im Perspektivwechsel in die Rolle des Jungen und notieren seine Gedanken und Gefühle, um die Deutung der Figur zu vertiefen. Beispiellösung:
Warum spielt Papa das so herunter? Damit kann er mich doch auch nicht trösten. Er enttäuscht mich. Hält er es nicht aus, dass ich sterben werde? Dann soll er doch besser gleich wieder gehen.

║S.125║ Eine Kurzgeschichte interpretieren

║S.125║ Marlene Röder: Schwarzfahren für Anfänger (2011)

Die Schriftstellerin und Glasmalerin Marlene Röder wurde 1983 in Mainz geboren. Sie hat 2011 im Ravensburger Buchverlag einen Band Erzählungen mit dem Titel „Melvin, mein Hund und die russischen Gurken" veröffentlicht, dem die Kurzgeschichte „Schwarzfahren für Anfänger" entnommen ist.

 Eine weitere Kurzgeschichte von Marlene Röder, „Regel Nummer eins", findet sich als Hörtext auf der beiliegenden CD-ROM, gesprochen von Marianne Graffam, begleitet von einem passgenauen Arbeitsblatt zur Übung des Hörverstehens. Auf dem Lösungsblatt dazu ist die Geschichte abgedruckt.

1 **a** Zunächst verschaffen sich die Lernenden einen Überblick über die Kurzgeschichte.
Wichtige Ereignisse:
- Josefine verlässt fluchtartig ihren Freund.
- Josefine fährt nachts S-Bahn.
- Sie wird beim Schwarzfahren erwischt.
- Ihr Freund rettet sie und sie finden wieder zueinander.

Handelnde Figuren:
- Josefine, 16
- Stefan (ihr etwa gleichaltriger Freund)
- Fahrkartenkontrolleurin

166

b Die Schülerinnen und Schüler können zu verschiedenen Einschätzungen kommen, welche Situation zentral für die Geschichte ist. Sie sollten ihre Meinung jedoch begründen. Beispiele:
- Josefine setzt die Beziehung zu ihrem Freund aufs Spiel, weil sie ihn nach dessen Liebeserklärung fluchtartig verlässt.
- Josefine und Stefan finden wieder zusammen, nachdem der Junge seine Freundin in der S-Bahn aus einer brenzligen Situation befreit hat.

2 Nun erarbeiten die Lernenden die Hintergründe der erzählten Handlung. Mögliche Erklärung, wieso Josefine so plötzlich von Stefan weggegangen ist: Sie hat Angst vor einer engen Beziehung, weil sie am Beispiel ihrer eigenen Eltern erfahren hat, dass Liebe zerbrechen und dieser Beziehungsbruch für eine beteiligte Person sehr schmerzhaft sein kann.

3 Erklärung des Titels „Schwarzfahren für Anfänger": Josefine lässt sich, weil sie so aufgewühlt ist, beim Schwarzfahren in der S-Bahn erwischen – und das, obwohl sie normalerweise jeden Kontrolleur erkennt und rechtzeitig die Flucht ergreift (vgl. Z. 27–29). Sie konstatiert selbst: „Anscheinend ist sie sogar zu blöd zum Schwarzfahren" (Z. 170 f.). Da sie aber nicht zum ersten Mal schwarzfährt, aber zum ersten Mal erwischt wird, könnte sich „Anfänger" vielleicht gar nicht aufs Schwarzfahren beziehen, sondern womöglich auf das Verliebtsein, in dem sie ein „Anfänger" ist.

4 **a** Die Schülerinnen und Schüler können darauf hingewiesen werden, dass neuere Kurzgeschichten oft eine kompliziertere Zeitgestaltung aufweisen als „klassische" Kurzgeschichten (vgl. den Informationskasten auf S. 128 im Schülerband).
Anders als die bisher untersuchten, linear erzählten Kurzgeschichten von Borchert und Hemingway weist die Geschichte „Schwarzfahren für Anfänger" mit vielen Rückblenden, die ineinander verschachtelt sind und unterschiedlich tief in die Vergangenheit reichen, Zeitsprünge auf:
- Z. 6–14 (Rückblende): Josefine erinnert sich an den hastigen Aufbruch aus Stefans Wohnung an diesem Abend. – Tempus wechselt vom Präsens ins Perfekt.
- Z. 43–47 (Rückblende): Josefine erinnert sich an das harmonische Zusammensein mit Stefan an diesem Abend. – Tempus wechselt vom Präsens ins Perfekt und Präteritum.
- Z. 66–68 und 74–105 (Rückblende): Josefine erinnert sich, wie sie vor einiger Zeit Stefan beim Herumfahren in der S-Bahn kennen gelernt hat. – Tempus wechselt vom Präsens ins Perfekt und (meistens) Präteritum, bei Vorzeitigkeit ins Plusquamperfekt.
- Z. 111–113 (Rückblende): Josefine erinnert sich an das harmonische Zusammensein mit Stefan an diesem Abend.
- Z. 114–118 (eingeschobene, weiter zurückreichende Rückblende): Stefan erinnert an das Kennenlernen. – Tempus wechselt vom Präsens ins Perfekt und Präteritum.
- Z. 119–139 (Rückblende): Stefan erklärt Josefine, dass er sie liebt. – Wechsel ins Perfekt und vor allem Präteritum
- Z. 140–145 (eingeschobene, weiter zurückreichende Rückblende): Josefine erinnert sich an das Kennenlernen. – Tempus wechselt ins Plusquamperfekt.
- Z. 146–149 (eingeschobene, noch weiter zurückreichende Rückblende): Josefine erinnert sich an den Schmerz der Mutter, als ihr Vater sie verlassen hat. – Tempus: Plusquamperfekt
- Z. 150–160 (Rückblende): Josefine reagiert verwirrt auf Stefans Liebeserklärung, verlässt die Wohnung. – Tempus: Präteritum

b Nun rekonstruieren die Schülerinnen und Schüler die chronologische Reihenfolge der Handlungsschritte:
- Josefines Mutter wird von ihrem Mann verlassen und leidet sehr darunter. (Z. 146–149)
- Josefine und Stefan lernen sich in der S-Bahn kennen. (Z. 66–68, 74–105, 114–118)
- Josefines Kopf liegt im Schoß ihres Freundes Stefan (Z. 43–47 und Z. 111–118), Stefan erinnert sie an das Kennenlernen (Z. 114–118).
- Stefan erklärt Josefine, dass er sich in sie verliebt hat, und Josefine ist verwirrt. (Z. 119–157)
- Josefine verlässt plötzlich überhastet die Wohnung ihres Freundes. (Z. 6–14 und Z. 158–160)
- Sie fährt mit der S-Bahn im Kreis. (Z. 1–5 und 15–19)
- Josefine wird von einer Kontrolleurin beim Schwarzfahren erwischt. (Z. 20–42, 48–66, 106–110, 161–177)

167

- Stefan befreit Josefine aus der brenzligen Situation, kassiert aber selbst einen Bußgeldbescheid. (Z. 177–193)
- Josefine und Stefan finden in der S-Bahn wieder zusammen. (Z. 194–216)

Zur Verdeutlichung können die Schülerinnen und Schüler die Handlungsschritte nummerieren und auf einem Zeitstrahl anordnen.

5 a Merkmale und Eigenschaften der beiden Hauptfiguren (mit Hinweis auf die Textstellen):

Josefine	Stefan
– ist sechzehn (Z. 41) – hat kurze, stachelige Haare (Z. 113) – fährt häufig schwarz (Z. 26 ff.) – fährt gerne mit der S-Bahn herum (Z. 58 f.) – wünscht sich ein harmonisches Zusammensein mit Stefan (Z. 44 ff.) – ist ratlos (fährt mit S-Bahn im Kreis, Z. 52 f.), ist „gerade ziemlich neben der Spur" (Z. 64) – hält es manchmal zu Hause nicht mehr aus (Z. 69 f.) – mag kein „Herz-Schmerz-Zeug" (Z. 97 f.) – hat mit der Mutter mitgelitten, als ihr Mann, Josefines Vater, sie verlassen hat (Z. 146 ff.) – fühlt sich von allen verlassen (Z. 161 ff.) – hat Angst vor der Liebe/vor einer Bindung (Z. 213)	– würde nie ohne Ticket mit der Bahn fahren (Z. 31) – macht (aus Josefines Sicht) immer alles richtig (Z. 32) – etwa im gleichen Alter wie Josefine (Z. 79) – trägt manchmal eine tief ins Gesicht gezogene Kapuze (Z. 80 f.) und Turnschuhe (Z. 177 f.) – wirkt kontaktfreudig (Z. 86 ff.) – spielt Basketball (Z. 116) – ist in Josefine verliebt (Z. 128 f.) – erscheint „gelassen" (Z. 187) – ist einfühlsam: kennt Josefines Verhalten (Z. 197 ff.) und ihre Gefühle gut (Z. 212)

b Beispiellösung für eine kurze Charakterisierung der beiden Figuren und eine Beschreibung ihrer Beziehung:

„Schwarzfahren für Anfänger": Josefine und Stefan

Josefine mit den kurzen, stachligen Haaren ist sechzehn und fährt oft ziellos mit der S-Bahn herum. In der S-Bahn hat sie auch den etwa gleichaltrigen Stefan kennen gelernt, der – anders als sie – nie schwarzfahren würde und aus ihrer Sicht immer alles richtig macht. Die vertrauensvolle Beziehung zwischen Josefine und Stefan ist zunächst dadurch belastet, dass Josefine bei der Trennung ihrer Eltern erfahren hat, wie schmerzhaft es sein kann, wenn eine Liebe zerbricht. Sie schreckt deshalb davor zurück, eine ganz enge Bindung an Stefan einzugehen, obwohl sie sich in seiner Nähe geborgen fühlt und die Harmonie mit ihm genießt. Von allem „Herz-Schmerz-Zeug" (Z. 97 f.) will sie sich fernhalten, um seelische Verletzungen, die sie befürchtet, zu vermeiden. Sie macht sich Gedanken darüber, ob man überhaupt eine intensive Beziehung eingehen sollte. Oft flüchtet sie von zu Hause und fährt ziellos mit der S-Bahn im Kreis. In dieser schwierigen persönlichen Lage findet sie in Stefan einen sensiblen, verständnisvollen Partner. Während Josefine in der sich anbahnenden Beziehung zwar gefühlvoll, aber ehe schüchtern und verschlossen wirkt, zeigt sich Stefan kontaktfreudig, selbstbewusst, offen und zielstrebig; er gesteht ihr bald, dass er in sie verliebt ist. Josefine ist dadurch verwirrt und flieht aus der Situation. Ratlos und traurig fährt sie erneut mit der S-Bahn herum und fühlt sich von allen verlassen. Die gewiefte Schwarzfahrerin ist nach Stefans Liebeserklärung so sehr „neben der Spur" (Z. 64), dass sie eine Kontrolleurin gar nicht bemerkt. Erst als Stefan sie aus der brenzligen Situation befreit und einfühlsam zu erkennen gibt, wie gut er sie kennt und versteht, wirkt auch Josefine wieder zuversichtlicher.

6 a/b/c Als Leitmotive, also „Bausteine", die in der Kurzgeschichte mehrfach an bedeutsamen Stellen vorkommen und für die Aussage besonders wichtig sind, kommen in Frage:
- mit der S-Bahn im Kreis fahren (Z. 15 f., 52 f., 67, 70 f., 102 f.): Dieses Leitmotiv macht die ausweglose Lage deutlich, in der Josefine sich zunächst befindet; sie empfindet einerseits eine starke Zuneigung zu Stefan, wagt es aber nicht, ihn näher an sich heranzulassen, weil sie die Bezie-

hungskatastrophe ihrer Eltern miterlebt hat. Daher kann sie sich kein klares Ziel setzen und lässt sich treiben.

– die (roten) Gummibärchen (Z. 45, 93 f., 96 f., 98 f., 101 f., 126 f.): Sie symbolisieren die Liebe zwischen den Menschen, die Josefine zunächst sehr skeptisch beurteilt und der sie sich nicht ausliefern möchte. Am Ende der Geschichte fasst sie Zutrauen, dass sie die Liebe, die Stefan ihr entgegenbringt, erwidern könnte.

– Halteschlaufen, die hin- und herschwingen (Z. 1, 210 f.): Die Halteschlaufen, die am Beginn und am Schluss der Erzählung erwähnt werden, geben anderen Menschen Halt („An manchen Schlaufen hängen Menschen und halten sich fest", Z. 2 f.). Josefine jedoch hält sich zunächst an nichts fest, sie hat momentan keinen Halt in ihrem Leben. Am Ende der Geschichte signalisieren die Halteschlaufen, dass Josefine und Stefan bald zusammen einen Halt im Leben finden könnten.

– Klemmbrett (Z. 23, 49, 109): Ebenso wie die Blätter im Klemmbrett der Fahrkartenkontrolleurin steckt Josefine in einer Situation fest, aus der sie zunächst keinen Ausweg findet. Sie weiß nicht, wie sie der Kontrolleurin noch entkommen soll. Zugleich ist sie in der Klemme, was die Beziehung zu Stefan anbetrifft: Sie mag ihn, aber sie blockiert eine Weiterentwicklung der Beziehung, weil die Beziehung ihrer Eltern auf dramatische Weise gescheitert ist.

Keine Leitmotive sind in dieser Geschichte:

– Turnschuhe: Stefans Turnschuhe kommen nur einmal vor (Z. 178 ff.), daher kann es sich nicht um ein Leitmotiv handeln.

– Handy (Z. 103): Kommt ebenfalls nur einmal vor und hat in der Geschichte keine besondere symbolische Bedeutung, es handelt sich also nicht um ein Leitmotiv.

7 Beispiellösung für einen zusammenhängenden Text, der verdeutlicht, worum es in der Geschichte geht, und an einem Leitmotiv erklärt, welche Bedeutung es für die Handlung hat:

Marlene Röder: „Schwarzfahren für Anfänger" – Inhalt und Erklärung eines Leitmotivs

In der Kurzgeschichte „Schwarzfahren für Anfänger" der Autorin Marlene Röder aus dem Jahr 2011 geht es um ein 16-jähriges Mädchen namens Josefine und einen etwa gleichaltrigen Jungen, der Stefan heißt. Beide mögen sich, doch ihre Beziehung erscheint zunächst problematisch.

Die Geschichte setzt unvermittelt ein. Beschrieben wird, wie Josefine nachts mit der S-Bahn im Kreis herumfährt und die hin- und herschwingenden Halteschlaufen anschaut. Kurz zuvor ist sie verwirrt und überstürzt von ihrem Freund Stefan aufgebrochen, nachdem dieser ihr seine Liebe gestanden hat. Parallel werden dann zwei ausweglose Situationen geschildert, in denen sich Josefine befindet: Eine Fahrkartenkontrolleurin will ihren Fahrschein sehen, Josefine ist jedoch eine Schwarzfahrerin. Und die Beziehung zu Stefan ist in einer Krise, weil sie eine zu enge Liebesbeziehung fürchtet. Denn nachdem sich ihre Eltern vor einiger Zeit auf dramatische Weise getrennt haben, hält Josefine nicht viel von der Liebe. Am Ende befreit Stefan sie aus beiden misslichen Lagen. Er taucht plötzlich in dem S-Bahn-Wagen auf und gibt ihr seine Fahrkarte. Da, wo sie sich kennen gelernt haben, finden sie wieder zueinander und ihre Beziehung scheint eine Zukunft zu haben, denn Stefan zeigt einfühlsam, wie gut er Josefine und ihre Furcht kennt. Am Ende der Geschichte wird das Bild der Halteschlaufen wieder aufgegriffen: Beide betrachten die Halteschlaufen nun gemeinsam. Damit wird ausgesagt, dass sie nun tatsächlich Halt aneinander finden könnten.

In der Geschichte spielt das Leitmotiv der roten Gummibärchen eine wichtige Rolle: Es kommt mehrfach vor, zum Beispiel in den Zeilen 45, 93 f. und 96 f. und auch im weiteren Verlauf. Josefine verbindet mit roten Gummibärchen die Liebe, die ihre Eltern einmal füreinander empfunden haben und die auch Stefan ihr nun eingestanden hat. Sie ist hin und her gerissen, ob sie diese Liebe für sich zulassen soll; denn sie weiß, dass man sehr leiden kann, wenn die Liebe zerbricht, und hält deswegen nicht viel von „Herz-Schmerz-Zeug" (Z. 97 f.). Nachdem sie zunächst vor einer engeren Beziehung geflohen ist, stellt sich die „Gummibärchenfrage" (Z. 101) allerdings am Ende der Geschichte für sie neu.

169

||S.130 Testet euch! Eine Kurzgeschichte verstehen

||S.130 Helga M. Novak: Schlittenfahren (1968)

Der deutsch-isländischen Schriftstellerin Helga M. Novak (1935–2013) wurde 1966 wegen des Verteilens regimekritischer Texte die DDR-Staatsbürgerschaft aberkannt. Sie lebte anschließend in Island, dann in Westdeutschland und ab 1987 in Polen. In ihrer politisch geprägten Lyrik prangerte sie unter anderem Eingriffe des ostdeutschen Staatsapparats in ihr Privatleben an. Außerdem verfasste sie autobiografische Romane, Hörspiele und Kurzprosa.

Anhand der Aufgabenstellungen zu dem kurzen Prosatext „Schlittenfahren" können die Schülerinnen und Schüler ihre in diesem Teilkapitel erworbenen Kenntnisse überprüfen.

1 a Adjektiv, welches das Verhalten des Vaters am besten beschreibt: hilflos. Der Vater stößt immer wieder ein und dieselbe Drohung aus: „Wer brüllt, kommt rein"(15, 20 f., 24, 41, 47). Diese Ankündigung setzt er jedoch nie in die Tat um. Dadurch entwickelt sich der Konflikt zwischen dem älteren und dem jüngeren Kind (Andreas) immer weiter, bis es am Ende zur Katastrophe kommt: Andreas fällt in den Bach. Der Vater realisiert die Gefahr nicht und bleibt bei seinem offensichtlich wirkungslosen Standardsatz: „Wer brüllt, kommt rein" (Z. 47).

   b Der Wendepunkt der Geschichte ist in Zeile 44 erreicht: „[...] jetzt ist Andreas in den Bach gefallen". Hier ist aus dem Streit zwischen den beiden Geschwistern eine Gefahr für den jüngeren Bruder geworden.

   c Die Kurzgeschichte hat einen offenen Schluss, denn man erfährt nicht, ob Andreas nun in Lebensgefahr ist, ob er den Unfall überlebt – oder ob der Bach flach und außer einer nassen Hose kein Unglück geschehen ist. Auch bleibt ungeklärt, ob der Vater jetzt sein Erziehungsverhalten ändert.

   d Ein Leitmotiv in dieser Geschichte ist die Tür, die vom Vater immer wieder geöffnet und geschlossen wird. Wenn er durch die geöffnet Tür hinaustritt, wendet er sich seinen Kindern nie wirklich zu. Er ist unfähig, auf ihren Konflikt konstruktiv einzugehen und die Situation zu befrieden. Er zieht es vor, sehr schnell wieder im Haus zu verschwinden und die Tür hinter sich zu schließen. Die geschlossene Tür symbolisiert seine Unfähigkeit zu einem situationsangemessenen Gespräch.

2 Eine Alternative zum Vergleich in Partnerarbeit wäre ein Abgleich der Ergebnisse im Klassenplenum.

||S.131 6.2 „... bis sie ins Trockene kamen" – Inhalte zusammenfassen und deuten

||S.131 Günther Weisenborn: Zwei Männer (1949)

Der Schriftsteller Günther Weisenborn (1902–1969) arbeitete zunächst als Schauspieler und Dramaturg an der Berliner Volksbühne. 1928 wurde sein Antikriegsstück „U-Boot S4" uraufgeführt. Seine Bücher wurden nach der Machtübernahme der Nationalsozialisten verboten. Nach mehreren Jahren im Untergrund wurde Weisenborn 1942 verhaftet und vom Reichskriegsgericht wegen Hochverrats zum Tode verurteilt; später wurde das Urteil in Festungshaft umgewandelt. 1945 wurde Weisenborn von der Roten Armee aus dem Zuchthaus Luckau befreit. Später arbeitete er in Westberlin und Hamburg als Dramaturg und Schriftsteller. Er war engagierter Pazifist und protestierte insbesondere gegen die atomare Bedrohung im beginnenden Kalten Krieg.

1 b Die Klärung schwer verständlicher Textstellen in der Erzählung „Zwei Männer" könnte sich z. B. auf die gesellschaftlich-historische Situation (die Sozialstrukturen in Argentinien während der ersten Hälfte des 20. Jahrhunderts oder früher, die Stellung der Indios und ihre Beziehung zu den Großgrundbesitzern) oder auf geografische Besonderheiten (den Paraná, den größten Strom Argentiniens) beziehen.

2 Den Wendepunkt der Geschichte findet man in den Zeilen 155 ff. Hier wird erzählt, dass der Indio in den reißenden Fluss springt, um seinem Herrn das Leben zu retten, woraufhin dieser ihn jedoch wieder aus dem Wasser zieht. Vorbereitet wird der Wendepunkt dadurch, dass der Farmer zum zweiten Mal – nach dem ersten, in Z. 27 ff. beschriebenen Versuch – zu seiner letzten Zigarette greift (Z. 133 ff.), um den Ernst der Lage zu verdeutlichen und den Indio als Kameraden in die kommenden schwierigen Stunden einzubeziehen: „Da folgte der Farmer dem Brauch aller Männer, zog seine letzte Zigarette, brach sie in zwei Teile und bot dem Indio eines an" (Z. 133 ff.). Daraufhin fasst der Peon den Entschluss, seinem Leben ein Ende zu setzen, um seinem Herrn eine Überlebenschance zu lassen; denn das Schilfdach, auf dem sie mitten im Strom schwimmen, kann – so seine Vermutung – nicht mehr lange zwei Männer tragen: „Er ist ein guter Kamerad, dachte der Peon. Es hat keinen Zweck. Es soll alles seinen Weg gehen" (Z. 138 ff.).

3 Die Schülerinnen und Schüler erschließen nun den Text detailliert, indem sie das sich verändernde Verhältnis der Figuren zueinander untersuchen.

a Zunächst stellen die Lernenden die gesellschaftlichen Positionen des Grundbesitzers und des Peons am Anfang der Geschichte auf einer Treppe dar.

Mögliche Lösung / Vorschlag für ein Tafelbild:

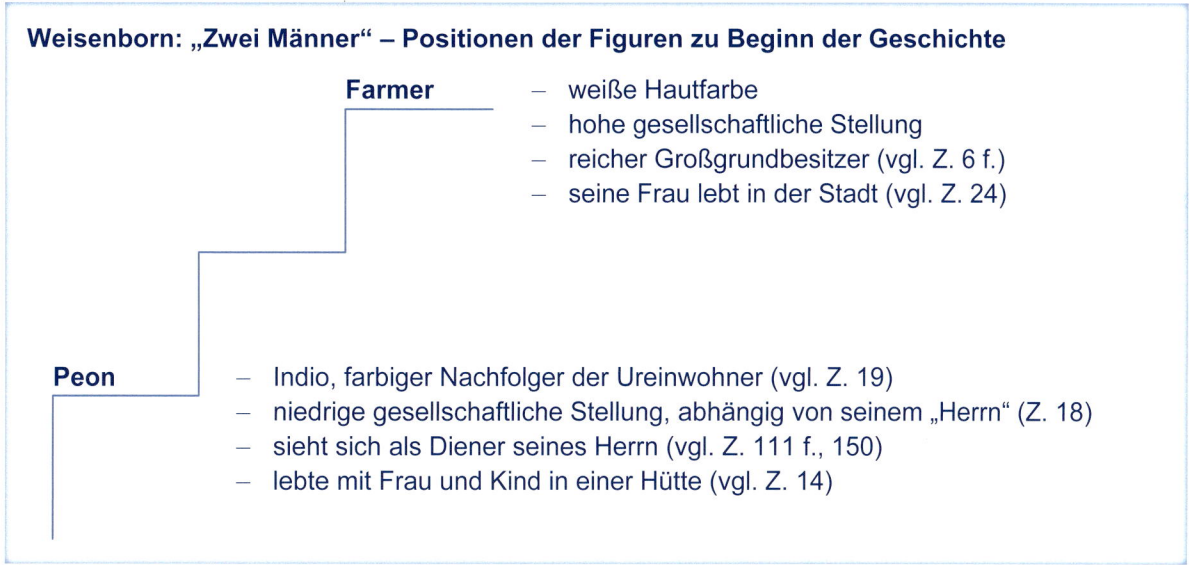

Weisenborn: „Zwei Männer" – Positionen der Figuren zu Beginn der Geschichte

Farmer
– weiße Hautfarbe
– hohe gesellschaftliche Stellung
– reicher Großgrundbesitzer (vgl. Z. 6 f.)
– seine Frau lebt in der Stadt (vgl. Z. 24)

Peon
– Indio, farbiger Nachfolger der Ureinwohner (vgl. Z. 19)
– niedrige gesellschaftliche Stellung, abhängig von seinem „Herrn" (Z. 18)
– sieht sich als Diener seines Herrn (vgl. Z. 111 f., 150)
– lebte mit Frau und Kind in einer Hütte (vgl. Z. 14)

b Die Hierarchie mit ihren enormen gesellschaftlichen Unterschieden ist am Ende der Geschichte abgebaut. Die beiden Männer sind durch die lebensbedrohliche Gefahrensituation und den Verlust ihrer materiellen Lebensgrundlagen so etwas wie Kameraden geworden, die einander ihr Überleben sichern („Sie klopften den Boden mit Stöcken nach Schlangen ab", Z. 168 f.) und sich – endlich in Sicherheit – gemeinsam in ein Maisfeld legen, um Schlaf zu finden. Als der Grundbesitzer vorschlägt, am nächsten Tag zurückzugehen und neu anzufangen, stimmt sein Landarbeiter zu. Ob das veränderte Verhältnis der beiden dann bestehen bleiben wird oder ob Herr und Peon in die alten Strukturen zurückfallen, bleibt jedoch offen.

c Mögliche Benennungen und Erläuterungen des Themas der Kurzgeschichte (unter Berücksichtigung des Titels):
– Die Geschichte handelt davon, wie Misstrauen und soziale Distanz durch Menschlichkeit/ Brüderlichkeit überwunden werden können.
– Menschlichkeit und Brüderlichkeit bewähren sich in dieser Geschichte in einer existenziellen Situation, in der es um Leben oder Tod geht.
– Die Geschichte handelt von einem reichen Landbesitzer und seinem Landarbeiter, deren soziale Stellungen weit auseinanderklaffen. Am Ende jedoch begegnen sich die beiden nach gemeinsam bestandener Lebensgefahr und dem Verlust aller materiellen Werte auf Augenhöhe als „zwei Männer" (wie es auch der der Titel sagt). Erst nach Aufhebung der gesellschaftlichen Unterschiede sind Kameradschaft und Brüderlichkeit zwischen ihnen möglich.

4 Bei dieser Übung ist es wichtig, dass die Schülerinnen und Schüler nicht nur zur Geschichte passende Aussagen auswählen, sondern auch begründen, warum sie zutreffen.

Zutreffend sind die folgenden Sätze (mit Beispielen für Begründungen):

– In der Geschichte geht es um das Verhalten zweier Männer in einer Notsituation. – Begründung: Die beiden Männer drohen, in der Flut unterzugehen. In dieser Notsituation verhalten sie sich nicht mehr nach den Regeln der gesellschaftlichen Hierarchie, sondern ebenbürtig wie „zwei Männer"; sie zeigen Menschlichkeit und Brüderlichkeit.

– Der Peon will sich für seinen Herrn opfern. – Begründung: „Der Dienst ist aus, adios, Senior! [...] Zum ersten Mal verzog der Indio sein Gesicht, dann hielt er den Atem an und sprang" (Z. 150–156).

– Der Peon überlegt, seinen Herrn ins Wasser zu stoßen, um selbst zu überleben. – Begründung: „Er glaubte nicht, dass der Farmer gutwillig das Dach verlassen würde, aber man konnte ihn hinunterkippen, denn es ging hier um Leben und Tod. Das dachte der Indio, und rückte näher. Sein Gesicht war steinern, es troff von Regen" (Z. 119–124). Diese Überlegung gibt der Peon jedoch später auf; nachdem der Landbesitzer seine letzte Zigarette mit ihm geteilt hat und der Peon daran denkt, dass er Frau und Kind verloren hat, „wurde aus der Feindschaft langsam ein Gefühl der Treue" (Z. 141 f.).

– Die Geschichte hat ein gutes Ende. – Begründung: Beide überleben und können ihre Existenz neu aufbauen.

Nicht zutreffend sind die übrigen Sätze. Begründungen:

– Der Farmer befindet sich ebenso im Ungewissen wie der Peon; beide rechnen mit dem Tod (vgl. Z. 26 f., Z. 36 ff.).

– Der Peon, nicht der Farmer hat seine Frau durch das Hochwasser verloren.

– Dass der Farmer sich mit dem Peon die letzte Zigarette teilt, interpretiert dieser zwar als Zeichen der Verbundenheit, aber nicht als Zeichen der Gleichberechtigung.

– Die zentrale Frage, ob die beiden Männer überleben, bleibt nicht offen.

S. 134 Eine Inhaltsangabe schreiben

1 Beispiellösung für die Gliederung des Textes in Handlungsschritte:

> **Z. 1–28: Die Situation nach dem Regenfall**
> Verheerende Regenfälle haben in Santa Sabina (Argentinien) das ganze Land überschwemmt. Ein Farmer und sein Landarbeiter sitzen gemeinsam inmitten der Fluten vor dem Haus des Farmers. Der Landarbeiter hat seine Frau und seine Hütte im Hochwasser verloren. Die Ernte des Farmers ist vernichtet.
>
> **Z. 29–93: Die zerstörerischen Fluten des Paraná**
> Mit Getöse nähert sich eine Flutwelle des Paraná. Die beiden Männer wissen, dass dies Todesgefahr bedeutet. Das Haus des Farmers wird überflutet und stürzt schließlich ein. Die beiden Männer haben sich auf das Schilfdach gerettet. Mit diesem werden sie von den Fluten davongerissen. Sie treiben in die ungewisse Dunkelheit.
>
> **Z. 94–132: Zeugen des Todes**
> Die beiden Männer werden auf dem Dach flussabwärts gerissen, sehen tote Menschen und Tiere treiben. Der Indio nimmt an, dass das Schilfdach nicht mehr lange beide Männer tragen wird. Er malt sich aus, wie es wäre, wenn er seinen Herrn in die Fluten stürzen würde, um selbst zu überleben.
>
> **Z. 133–165: Kameradschaft**
> Schließlich teilt der Farmer seine letzte Zigarette mit dem Peon. Daraufhin beschließt der Landarbeiter, der Frau und Kind verloren hat, sich zu opfern. Er will sich ins Wasser stürzen, damit sein Herr überleben kann. Obwohl er Kaimane entdeckt, springt der Indio in den Fluss. Er wird von dem Farmer aber sofort wieder herausgezogen. Dieser rettet dem Peon das Leben und befiehlt, er solle seinen alten Platz wieder einnehmen. Der Grundbesitzer will die Gefahren zusammen mit dem Indio bestehen.
>
> **Z. 166–175: Rettung**
> Am Morgen kommt Land in Sicht. Beide Männer retten sich ans Ufer. Sie schützen einander vor Schlangen und schlafen in einem Maisfeld. Dann beschließt der Grundbesitzer, auf das Farmgelände zurückzugehen und eine neue Existenz aufzubauen. Der Peon stimmt zu.

172

2 a/b Beispiellösung für die Einleitung und die Inhaltszusammenfassung:

Günther Weisenborn: „Zwei Männer" – Inhaltsangabe

(Einleitung) In der Kurzgeschichte „Zwei Männer" von Günther Weisenborn aus dem Jahr 1949 geht es um einen Farmer und seinen Landarbeiter, die miteinander in Todesgefahr geraten und am Ende überleben.

(Hauptteil) Nachdem verheerende Regenfälle in Santa Sabina (Argentinien) das ganze Land überschwemmt haben, hat sich ein Landarbeiter zu seinem Herrn geflüchtet. Niedergeschlagen sitzen die beiden inmitten der Fluten. Der Landarbeiter hat seine Frau und seine Hütte im Hochwasser verloren und die riesigen Felder des Grundbesitzers, dessen Frau in der Stadt lebt, sind überschwemmt, sodass die Ernte vernichtet ist.

Als sich mit Getöse eine Flutwelle des Flusses Paraná nähert, wissen die beiden Männer, dass dies Todesgefahr bedeutet. Bevor das Haus des Farmers überflutet wird und schließlich einstürzt, haben sich die beiden auf das Schilfdach gerettet, auf dem sie dann von den Fluten davongetragen werden und in die ungewisse Dunkelheit der Nacht hinaustreiben.

Während die beiden Männer auf dem Dach flussabwärts gerissen werden, sehen sie tote Menschen und Tiere vorbeitreiben. Weil der Indio annimmt, dass das Schilfdach nicht mehr lange beide Männer tragen wird, malt er sich aus, wie es wäre, wenn er seinen Herrn in die Fluten stürzen würde, um selbst zu überleben.

Als der Farmer jedoch schließlich seine letzte Zigarette mit ihm teilt, beschließt der Landarbeiter, der Frau und Kind verloren hat, sich zu opfern und ins Wasser zu springen, damit sein Herr überleben kann. Obwohl er Kaimane entdeckt, stürzt sich der Indio in den Fluss, wird von dem Farmer aber sofort wieder herausgezogen. Dieser rettet dem Peon das Leben und befiehlt, der Arbeiter solle seinen alten Platz wieder einnehmen, denn der Grundbesitzer will die Gefahren zusammen mit dem Indio bestehen.

Als am Morgen Land in Sicht kommt, retten sich beide Männer ans Ufer, wo sie einander vor Schlangen schützen und schließlich in einem Maisfeld schlafen. Dem Beschluss des Grundbesitzers, auf das Farmgelände zurückzugehen und dort eine neue Existenz aufzubauen, stimmt der Peon zu.

S. 136 Den Text deuten – Eine weiterführende Aufgabe bearbeiten

1 a Bei der Erarbeitung der weiterführenden Aufgabe zur Veränderung im Verhältnis zwischen dem Peon und seinem Herrn kann auf die Ergebnisse zu Aufgabe 3 (vgl. S. 171 in diesen Handreichungen) zurückgegriffen werden.

b Mögliche weitere Notizen und Zitate zum Verhältnis zwischen Landarbeiter und Grundbesitzer:
- Während die Männer auf dem Hausdach den Fluss hinabtreiben, überlegt der Landarbeiter, ob er seinen Herrn ins Wasser stoßen soll, um seine Überlebenschancen zu verbessern: „Er glaubte nicht, dass der Farmer gutwillig das Dach verlassen würde, aber man konnte ihn hinunterkippen, denn es ging hier um Leben und Tod" (Z. 119–122).
- Als der Farmer merkt, dass das Schilfdach in den Fluten untergehen könnte, kommt es zu einer Freundschaftsgeste: „Da folgte der Farmer dem Brauch aller Männer, zog seine letzte Zigarette, brach sie in zwei Teile und bot dem Indio eines an" (Z. 133–135).
- Schließlich gibt der Landarbeiter alle feindlichen Gefühle auf, erkennt, dass er seine Familie verloren hat, und will nun dem Farmer helfen zu überleben: „Als er den würzigen Geschmack des Tabaks fühlte, wurde aus der Feindschaft langsam ein Gefühl der Treue. Was willst du? Der Peon hatte seine Frau verloren und sein Kind. [...] Er hatte nichts mehr, was ihn zu leben verlockte. [...] Wenn er selbst ins Wasser sprang, hielt das Dach vielleicht noch und trug seinen Herrn bis zum Morgen" (Z. 140–149).

173

2 Beispiellösung der weiterführenden Aufgabe in einem zusammenhängenden Text:

Günther Weisenborn: „Zwei Männer" – Weiterführende Aufgabe

Im Verlauf dieser Geschichte ändert sich das Verhältnis des Landarbeiters zu seinem Herrn, einem reichen Grundbesitzer.

Anfangs trennen sie große Unterschiede, denn ihre sozialen Positionen klaffen weit auseinander. Der Farmer nimmt als reicher Großgrundbesitzer (vgl. Z. 6 f.) weißer Hautfarbe eine hohe gesellschaftliche Stellung ein. Er kann es sich leisten, seine Frau in der Stadt wohnen zu lassen (vgl. Z. 24). Der für ihn arbeitende und von ihm abhängige Peon hingegen steht am untersten Ende der sozialen Stufenleiter: Er ist ein „Indio" (Z. 19), also ein Nachkomme der Ureinwohner, der mit Frau und Kind in einem „Rancho" (Z. 14), einer Hütte, leben muss.

Am Anfang der Erzählung geht er ganz in seiner Rolle des Landarbeiters auf. Er flüchtet zu seinem Herrn (vgl. Z. 17 f.), nachdem er seine Frau und sein Zuhause verloren hat. Angesichts der Situation wirkt er versteinert und gleichgültig; er wird in dieser Situation als ein Mann beschrieben, „der mit breitem, eisernem Gesicht ins Leere starrte" (Z. 19–20). Dieses sprachliche Bild macht deutlich, dass der Landarbeiter von seinem Schicksal hart getroffen ist und dass er seine Gefühle hinter einer unbewegten Fassade unter Kontrolle hält. Er wird zunächst als treuer Diener seines Herrn dargestellt: „Er wäre bedenkenlos dem Farmer um die Erde gefolgt" (Z. 111–112).

Während er mit seinem Herrn auf dem im Fluss treibenden Hausdach sitzt, überlegt er allerdings, wie er seine eigenen Überlebenschancen verbessern kann. Denn es ist aus seiner Sicht unwahrscheinlich, dass das Schilfdach beide Männer noch lange trägt (vgl. Z. 113–118). Er weiß, dass es für beide „um Leben und Tod" (Z. 121 f.) geht, und stellt sich vor, den Farmer ins Wasser zu stoßen (vgl. Z. 119–124). Dazu rückt er näher an den Farmer heran; sein Gesicht ist dabei „steinern" (Z. 123), damit seine Gefühle und Absichten verborgen bleiben.

Als der Farmer jedoch einem alten Brauch folgend die letzte Zigarette mit ihm teilt, ändert der Landarbeiter seine Einstellung und glaubt, der Grundbesitzer sei „ein guter Kamerad" (Z. 138). Die veränderte Beziehung wird im Text deutlich angesprochen: „Als er den würzigen Geschmack des Tabaks fühlte, wurde aus der Feindschaft langsam ein Gefühl der Treue" (Z. 140–142). Weil er alles verloren hat, will der Peon sich jetzt sogar für seinen Herrn opfern: „Er hatte nichts mehr, was ihn zu leben verlockte" (Z. 145 f.). Selbst die Kaimane, die im Wasser lauern, können ihn nicht von dem Entschluss abhalten, in den Fluss zu springen, um dem Farmer bessere Überlebenschancen zu geben. Nachdem dieser ihn aber sofort wieder aus dem Wasser gezogen und ihm das Leben gerettet hat, hält er mit ihm bis zum Morgen durch und ist auch an seiner Seite, als sie das rettende Ufer erreichen.

Trennte am Anfang der Geschichte wegen der sozialen Unterschiede ein großer Abstand die Figuren, so begegnen sie sich am Ende nach gemeinsam bestandener Lebensgefahr und dem Verlust aller materiellen Werte auf Augenhöhe als „zwei Männer", wie es auch der Titel der Geschichte verdeutlicht. Die gesellschaftliche Hierarchie scheint abgebaut. Die beiden Männer sind so etwas wie Kameraden geworden, die einander ihr Überleben sichern: „Sie klopften den Boden mit Stöcken nach Schlangen ab" (Z. 168 f.). Endlich in Sicherheit legen sie sich gemeinsam in ein Maisfeld, um Schlaf zu finden. Als der Grundbesitzer vorschlägt, am nächsten Tag zurückzugehen und neu anzufangen, stimmt sein Landarbeiter zu (vgl. Z. 172–175). Ob die veränderte Beziehung der beiden dann bestehen bleiben wird oder ob sie in das alte Verhältnis von Herr und Peon zurückfallen, bleibt jedoch offen.

Methodische Hinweise zum Zitieren

Ergänzend zu den Informationskästen auf den Seiten 136 und 137 im Schülerband können die Lernenden auf Folgendes hingewiesen werden:

- Eine aus dem Ursprungstext entnommene Textstelle – ein Wort oder ein Satzausschnitt – muss immer in einen vollständigen eigenen Satz integriert werden. (Ungeübte Schreiberinnen und Schreiber neigen in solchen Fällen zu unvollständigen Sätzen.)
- Textzitate sollten – besonders dann, wenn sie länger sind – erläutert werden.

174

S. 138 **Wladimir Kaminer: Schönhauser Allee im Regen (2001)**

Der deutsch-russische, in deutscher Sprache schreibende Schriftsteller Wladimir Kaminer wurde 1967 in Moskau geboren; er lebt seit 1990 in Berlin. Sein Erzählband „Russendisko" wurde ein Bestseller.

Zum Hintergrund der Geschichte: Die Schönhauser Allee ist die größte Einkaufsstraße im Ortsteil Prenzlauer Berg des Berliner Bezirks Pankow, sie liegt also im ehemaligen Ostberlin. Ostberlin war die Hauptstadt der Deutschen Demokratischen Republik (DDR). Dort siedelten sich viele Migranten aus Vietnam, ehemals ein „sozialistischer Bruderstaat" der DDR, an; ursprünglich waren sie als Arbeitskräfte in die DDR gekommen. Deren Nachkommen leben nun insbesondere im Osten Deutschlands.

Auf der beiliegenden CD-ROM findet sich die Geschichte „Schönhauser Allee im Regen" von Wladimir Kaminer als Hörtext, gesprochen von Denis Abrahams. Der Hörtext wird begleitet von einem passgenauen Arbeitsblatt zur Übung des Hörverstehens (inkl. Lösungshinweisen).

1 a Mögliche Antworten:
- Der Titel passt gut, weil das Mädchen die Passanten nur im Regen mit diesem Spiel an der Nase herumführen kann und weil an der Schönhauser Allee viele Vietnamesen Geschäfte betreiben.
- Der Titel passt nicht so gut, weil es um das vietnamesische Mädchen geht und darum, wie es den Passanten ihre Vorurteile verdeutlicht. Wo das passiert, steht nicht im Vordergrund.

b Mögliche andere Überschriften: Das Mädchen in der Pfütze – Reingelegt – Falsch vermutet

2 Der Wendepunkt der Geschichte findet sich in den Zeilen 71–73: „Plötzlich springt das vietnamesische Mädchen aus der Pfütze nach vorn, das schmutzige Wasser bespritzt die Passanten." Das Mädchen ändert abrupt sein Rollenverhalten. Es spielt nicht mehr das verlassene, Mitleid erregende Kind aus der Fremde, das die Sprache nicht beherrscht, sondern ist ein keckes Mädchen, das deutsch spricht und die Passanten hereingelegt hat. Dadurch erweisen sich deren Spekulationen als Vorurteile.

3 Dass es sich um eine Vietnamesin und nicht um eine Deutsche handelt, ist für die Handlung ausschlaggebend. Denn ihr fremdländisches Aussehen weckt eine Reihe von Vorurteilen, nämlich
- dass das Mädchen eventuell arm ist und deswegen nicht nach Hause geht und sich umzieht, weil es gar kein zweites Paar Socken hat (Z. 41);
- dass es möglicherweise gar kein Zuhause mehr hat (Z. 42 f.);
- dass es vielleicht die deutsche Sprache gar nicht beherrscht (Z. 47–51, 58–62);
- dass das Mädchen ein Fall für die Polizei ist (Z. 66–70).

4 a Das Thema der Geschichte: In der Erzählung geht es um ein kleines vietnamesisches Mädchen, das auf einer Berliner Geschäftsstraße Fehlurteile und Vorurteile von Erwachsenen über fremdländisch aussehende Kinder entlarvt.

b Erzählperspektive: Die Geschichte wird von einem Ich-Erzähler / einer Ich-Erzählerin erzählt, der / die mit seiner / ihrer Tochter auf der Schönhauser Allee spazieren geht. Das vietnamesische Mädchen, die Hauptfigur der Erzählung, ist dem Erzähler / der Erzählerin bekannt, weil beide im selben Haus wohnen.

c Der Erzähler bezeichnet den Auftritt des vietnamesischen Mädchens als einen „Witz" (Z. 83), den er bereits kennt. Er betrachtet das Mädchen und sein Verhalten mit Wohlwollen, zumal er von den Eltern des Mädchens in deren Lebensmittelladen ab und zu etwas geschenkt bekommt.

5 Mit Denkblasen für das Mädchen und einen der Passanten vertiefen die Lernenden ihr Textverständnis auf kreative Weise. Sie müssen dabei auch einen Perspektivwechsel vornehmen.
- Mögliche Denkblase für das vietnamesische Mädchen: Da habt ihr wieder euren Schock! Warum fallt ihr auch immer wieder auf die Nummer herein und glaubt, dass ich stumm, verängstigt und völlig hilflos bin, nur weil ich vietnamesisch aussehe. Meine Familie ist schon lange hier und wir reden genauso gut deutsch wie ihr.
- Denkblase für einen Passanten: Das ist doch die Höhe! So mit unserer Gutmütigkeit und Hilfsbereitschaft umzugehen! Vielleicht sollte man ... Aber wenn ich genauer überlege, ist es ja vielleicht doch ein schlaues Kind, das uns den Spiegel vorhält. Nehmen wir das Ganze als Straßentheater, das uns anregt, über unsere Vorurteile nachzudenken.

175

S.140 Fordern und fördern – Erweiterte Inhaltsangabe

1 **a** Zusammenfassung der Aussage, worum es in der Geschichte geht:
In der Kurzgeschichte legt ein vietnamesisches Mädchen in einer Einkaufsstraße mit einem gezielten Auftritt eine Gruppe von Erwachsenen, die ihm helfen wollen, herein und entlarvt dabei einige ihrer Vorurteile.

b Beispiel für eine Gliederung in Handlungsschritte und die Zusammenstellung der wichtigsten Informationen:

Z. 1–30: Spaziergang auf der Schönhauser Allee
– Der Ich-Erzähler geht mit seiner Tochter nach einem Regenguss auf der Schönhauser Allee spazieren.
– Sie beobachten das Treiben auf der Straße und in den Läden.
– Der Ich-Erzähler beantwortet einige Fragen seiner Tochter.
Z. 31–70: Das vietnamesische Mädchen in der Pfütze und die Passanten
– Ein kleines vietnamesisches Mädchen steht knietief in einer großen Pfütze und schaut traurig.
– Eine alte Frau, ein Ehepaar, dann eine Touristengruppe bleiben stehen und fragen das Mädchen, was mit ihm los sei, ob es ein Zuhause habe und ob es die deutsche Sprache verstehe.
– Das Mädchen beantwortet keine dieser Fragen, sondern schweigt.
– Die Passanten kommen zu dem Schluss, dass das Mädchen die deutsche Sprache nicht beherrsche und Hilfe brauche.
– Deshalb wollen sie die Polizei rufen.
Z. 71–91: Überraschung
– Das vietnamesische Mädchen springt plötzlich aus der Pfütze.
– Es spritzt dabei die rundherum versammelten Passanten nass und teilt ihnen mit, dass es sie hereingelegt habe.
– Die Passanten verharren fassungslos.
– Das Mädchen verschwindet blitzschnell.
– Der Ich-Erzähler teilt mit, dass das Mädchen in seinem Haus wohne und dieses Schauspiel bei Regen öfter veranstalte.

---

c Beispiellösung für die Einleitung und die Inhaltsangabe:

Wladimir Kaminer: „Schönhauser Allee im Regen" – Inhaltsangabe

Die Kurzgeschichte „Schönhauser Allee im Regen" von Wladimir Kaminer handelt von einem kleinen vietnamesischen Mädchen, das Passanten auf einer Einkaufsstraße hereinlegt und ihnen dabei einige ihrer Vorurteile vor Augen führt.

Zu Beginn der Erzählung stellt der Ich-Erzähler dar, wie er mit seiner Tochter nach einem Regenguss auf der Schönhauser Allee spazieren geht. Während sie das Treiben auf der Straße und in den Läden beobachten, beantwortet der Ich-Erzähler einige Fragen seiner Tochter.

Dann sehen sie ein kleines vietnamesisches Mädchen, das knietief in einer großen Pfütze steht und traurig vor sich hin schaut. Außer dem Erzähler und seiner Tochter bleiben auch eine alte Frau, ein Ehepaar und dann eine ganze Touristengruppe neugierig stehen und fragen das Mädchen, was mit ihm los sei, ob es keine Strümpfe zum Wechseln, womöglich gar kein Zuhause habe und ob es die deutsche Sprache verstehe. Das Mädchen verharrt in seiner hilflosen Pose, beantwortet keine dieser Fragen, sondern schweigt. Deswegen kommen die Passanten zu dem Schluss, dass das Mädchen die deutsche Sprache nicht beherrsche und Hilfe brauche, weswegen die Polizei gerufen werden müsse. Im letzten Teil der Geschichte springt das vietnamesische Mädchen plötzlich lachend aus der Pfütze, spritzt dabei die um den Schauplatz des Geschehens versammelten Passanten nass und erklärt ihnen auf Deutsch, dass es sie hereingelegt habe. Während die Passanten fassungslos verharren, verschwindet das Mädchen blitzschnell. Am Ende teilt der Erzähler mit, dass das Mädchen im selben Haus wohne wie er und dieses Schauspiel bei Regen öfter veranstalte.

2 **a** Nun bereiten die Schülerinnen und Schüler mit einer Stoffsammlung die Erarbeitung des weiterführenden Schreibauftrags vor.
Mögliche Lösung in Stichworten:

Wie legt das Mädchen die Erwachsenen herein?	Welche Gedanken weckt es bei den Passanten?
trauriger Gesichtsausdruck → will Mitleid der Passanten erregen Zitat: „Sie bewegt sich nicht und guckt traurig vor sich hin" (Z. 34–35).	fragen besorgt, was mit dem Mädchen los sei Zitat: „Armes Mädchen! Du hast ja ganz nasse Füße" (Z. 36 f.).
schweigt und beantwortet keine Fragen → will das Mitleid und den Mutterinstinkt weiblicher Passanten verstärken Zitat: „Die kleine Vietnamesin schweigt" (Z. 40).	malen sich aus, dass das Mädchen eventuell gar keine Ersatzsocken oder – noch schlimmer – gar kein richtiges Zuhause habe. Zitate: „Hast du überhaupt andre Socken?" (Z. 41) „Wo wohnst du? Hast du ein Zuhause?" (Z. 42 f.)
schweigt weiter → weckt weitere Spekulationen und Sorgen, verstärkt den Beschützerinstinkt Zitat: „Das Mädchen schweigt" (Z. 48)	spekulieren, dass das Mädchen nicht deutsch spricht, dass es in der Großstadt seine Eltern verloren hat und dass es Hilfe braucht. Zitate: „Verstehst du eigentlich unsere Sprache?" (Z. 47) „Sie hat sich bestimmt verlaufen und kann ihre Eltern nicht finden, armes Kind" (Z. 49 ff.). „Sie signalisiert uns, dass sie Hilfe braucht" (Z. 60 f.).
steht weiter sprachlos in der tiefen Pfütze → appelliert an das Organisationstalent einiger Passanten	Passanten entschließen sich, die Polizei zu Hilfe zu rufen und bis zu ihrem Eintreffen auf das Mädchen aufzupassen. Zitat: „rufen Sie die Polizei, und wir passen inzwischen auf das Kind auf" (Z. 68–70)

b Beispiellösung des weiterführenden Arbeitsauftrags in einem zusammenhängenden Text:

Wladimir Kaminer: „Schönhauser Allee im Regen" – Weiterführende Aufgabe
Das Mädchen schafft es, die Erwachsenen hereinzulegen, indem es gar nichts tut und überhaupt nichts spricht. Dadurch ruft es immer mehr Spekulationen bei den Passanten hervor. Bis zur überraschenden Wende steht das fremdländisch aussehende Kind knietief in der Pfütze, „bewegt sich nicht und guckt traurig vor sich hin" (Z. 34–35). Durch diesen traurigen Gesichtsausdruck erweckt es das Mitleid der Passanten. So meint eine alte Frau, das Kind habe ja „ganz nasse Füße" (Z. 37). Besorgt, dass das Kind bitterarm sein könnte, fragt sie, ob es „überhaupt andre Socken" (Z. 41) habe, und malt sich gleich darauf aus, dass es womöglich überhaupt kein Zuhause habe (vgl. Z. 42–43). Je länger die kleine Vietnamesin still und unbeweglich in der Pfütze steht, umso mehr Gedanken machen sich die Passanten, sodass sich ein Mann schließlich erkundigt, ob sie denn „unsere Sprache" (Z. 47) verstehe. Weil das Mädchen weiter schweigend in der Pfütze verharrt, weckt es weitere Überlegungen der umstehenden Erwachsenen und verstärkt deren Beschützerinstinkt. So vermutet die alte Dame, das Mädchen habe sich bestimmt verlaufen und könne vermutlich seine Eltern nicht finden (vgl. Z. 49–50). Und eine schwangere Frau erklärt, dass das Kind „Hilfe braucht" (Z. 61). Indem das Mädchen sein Spiel weitertreibt und scheinbar hilflos in der Pfütze stehen bleibt, fordert es schließlich das Organisationstalent einiger Passanten heraus. Denn einige aus einer Touristengruppe ermuntern die anderen Umstehenden nun, die Polizei zu rufen; sie würden inzwischen auf das Kind aufpassen (vgl. Z. 68–70). Da ist es für die junge Schauspielerin an der Zeit, das Straßentheater zu beenden und die Zuschauer „fassungslos" (Z. 77 f.) zurückzulassen.

177

▐S.142 6.3 Fit in ... – Erweiterte Inhaltsangabe

▐S.142 Julia Franck: Streuselschnecke (2002)

Die Schriftstellerin Julia Franck wurde 1970 im Ostteil Berlins geboren. Sie wuchs in Westberlin und Schleswig-Holstein auf. Ihr mit dem Deutschen Buchpreis ausgezeichneter Roman „Die Mittagsfrau" (2007) wurde in 35 Sprachen übersetzt.
Anhand ihrer Erzählung „Streuselschnecke" können die Schülerinnen und Schüler selbstständig und Schritt für Schritt angeleitet für eine Klassenarbeit trainieren.

▐S.142 Die Aufgabenstellung richtig verstehen

1 Eine zusätzliche Abklärung der Aufgabenstellung kann im Klassenplenum stattfinden. Die Schülerinnen und Schüler können nötigenfalls noch einmal auf den Informationskasten auf S. 137 im Schülerband aufmerksam gemacht werden.

▐S.143 Die Kurzgeschichte verstehen und einen Schreibplan anlegen

2 Richtig sind die folgenden Aussagen zum Text (mit Textbelegen in Klammern):
- Das Geschehen, von dem erzählt wird, umfasst einen Zeitraum von etwa drei Jahren (vgl. Z. 36, 39).
- Die Ich-Erzählerin lernt ihren Vater erst mit 14 Jahren kennen (vgl. Z. 1).
- Das Verhältnis der Ich-Erzählerin zu ihrem Vater ist distanziert (vgl. Z. 8–12, 28 f., 37).
- Der Vater der Ich-Erzählerin ist Regisseur und stirbt nach dem 17. Geburtstag der Tochter (vgl. Z. 24, 63–64).
- Am Ende der Geschichte haben Vater und Tochter ein sehr vertrautes, inniges Verhältnis (vgl. Z. 58–63).
- Die Ich-Erzählerin lebt bei Freunden in Berlin und sorgt für sich selbst (vgl. Z. 4, 30–32).
- Die Tochter bringt dem Vater Blumen und Streuselschnecken ins Krankenhaus (vgl. Z. 50–51, 56–59).

3 Beispiellösung für die Gliederung in Handlungsschritte und die Zusammenstellung der wichtigsten Informationen:

> Z. 1–12: Der Anruf
> - Die Ich-Erzählerin erhält mit 14 Jahren einen Anruf von ihrem Vater, den sie nicht kennt.
> - Er will sich in Berlin, wo sie inzwischen ebenfalls lebt, mit ihr treffen.
> - Das Mädchen reagiert reserviert, willigt aber ein.
> Z. 13–22: Das erste Treffen
> - Vater und Tochter sitzen in einem Café und gehen zusammen ins Kino.
> - Er macht sie in einem Restaurant mit einigen seiner Freunde bekannt.
> Z. 22– 35: Weitere Treffen in den folgenden zwei Jahren
> - Der Vater nimmt die Ich-Erzählerin z. B. zu seiner Arbeit mit.
> - Sie ist Schülerin, lebt bei Freunden und bringt sich mit Aushilfsarbeiten durch.
> - Ihr Vater unterstützt sie finanziell nicht.
> Z. 36–62: Krankheit des Vaters
> - Der Vater teilt ihr mit, dass er unheilbar krank ist.
> - Er bittet sie um Morphium, sie kann und will es aber nicht besorgen.
> - In der Endphase seiner Krankheit bringt sie ihm auf seinen Wunsch hin selbst gebackene Streuselschnecken ins Krankenhaus.
> - Er bedauert, dass er nicht mehr Zeit mit ihr hat verbringen können.
> Z. 63–69 Tod und Beerdigung
> - Der Vater der Ich-Erzählerin stirbt.
> - Außer ihr kommt nur ihre kleine Schwester zur Beerdigung.
> - Die Mutter erscheint nicht. Sie hat ihren Mann zu wenig gekannt und nicht geliebt.

S. 144 Die erweiterte Inhaltsangabe schreiben und überarbeiten

4 a/b Beispiellösung für einen informativen Einleitungssatz und die Inhaltsangabe:

Julia Franck: „Streuselschnecke" – Inhaltsangabe

Die Kurzgeschichte „Streuselschnecke" von Julia Franck handelt von einem Mädchen, das erst mit 14 Jahren seinen Vater kennen lernt und ihm nach drei Jahren einer distanzierten Beziehung erst während seiner tödlichen Krankheit näherkommt.

Die Ich-Erzählerin erhält in Berlin, wo sie bei Freunden lebt, einen Anruf eines Mannes, von dem der Leser erst ganz zum Schluss erfährt, dass es sich um ihren Vater handelt. Er ist ihr völlig fremd und auf seinen Vorschlag, einander zu treffen, reagiert das 14-jährige Mädchen zunächst sehr reserviert, willigt dann aber in die erste Begegnung ein. Nachdem die beiden in einem Café gesessen haben und zusammen ins Kino gegangen sind, macht er sie in einem Restaurant mit einigen seiner Freunde bekannt. Das Verhältnis bleibt zuerst reserviert, auch wenn es in den folgenden zwei Jahren weitere Treffen gibt, bei denen sie zum Beispiel den Vater, der Regisseur ist, bei der Arbeit besucht. Obwohl sie als Schülerin auf sich alleine gestellt lebt und sich mit Aushilfsarbeiten durchbringen muss, bietet ihr Vater ihr keine finanzielle Unterstützung an und sie wagt es auch nicht, ihn danach zu fragen. Dann teilt ihr Vater ihr mit, dass er unheilbar krank ist. Das Morphium, um das er sie bittet, um seine Schmerzen besser ertragen zu können, kann und will sie nicht besorgen. In der Endphase seiner Krankheit bringt sie ihm auf seinen Wunsch hin selbst gebackene Streuselschnecken ins Krankenhaus. Angesichts seines bevorstehenden Todes bedauert er, dass er nicht mehr Zeit mit ihr hat verbringen können. Nachdem der Vater der Ich-Erzählerin gestorben ist, kommt außer ihr nur ihre kleine Schwester zur Beerdigung, nicht aber ihre Mutter. Die Erzählerin vermutet, dass sie ihren Mann zu wenig gekannt und nicht geliebt habe.

5 a Beispiellösung für die Stoffsammlung zu dem weiterführenden Schreibauftrag:
Verhältnis der Ich-Erzählerin zu ihrem Vater:
- „fremde Stimme" (Z. 4–5) → Vater ist ihr fremd
- „der Mann" (Z. 5) → Bezeichnung zeigt, dass die Tochter ihren Vater nicht als Vater, sondern als eine fern stehende Person wahrnimmt, weil sie ihn 14 Jahre lang nicht gekannt hat (distanziertes Verhältnis)
- Vor dem Treffen mit dem Vater empfindet sie Unbehagen (vgl. Z. 12).
- „Ich hatte mich geschminkt" (Z. 13–14) → Achtet darauf, dass ihr Vater ein positives Bild von ihr bekommt, verhält sich zu ihm wie zu einem Mann, nicht wie einem Vater gegenüber.
- „Unsympathisch war er nicht, eher schüchtern" (Z. 16–17) → Die Reserviertheit baut sich etwas ab, aber auch der Vater ist zurückhaltend.
- „ich traute mich nicht, danach zu fragen" (Z. 27), „schließlich kannte ich ihn kaum" (Z. 28–29) → Über wichtige Themen kann sie weiterhin nicht mit ihm reden; er ist ihr noch nicht vertraut genug. Das schließt auch existenzielle Fragen wie den Lebensunterhalt ein.
- „Zwei Jahre später, der Mann und ich waren uns noch immer etwas fremd" (Z. 36–37) → Das Verhältnis hat sich innerhalb von zwei Jahren kaum verbessert.
- „Ich dachte nach" (Z. 44–45), „Ich vergaß seine Bitte" (Z. 49–50) → Sie setzt sich mit der ungewöhnlichen Bitte des Vaters nach Morphium auseinander, geht ihr aber nicht konsequent nach.
- [...] „ich fragte ihn, ob er sich Kuchen wünsche" (Z. 52–53) → Sie kümmert sich intensiver um ihren Vater und erfüllt seine Wünsche.
- „Sie waren noch warm, als ich sie ins Krankenhaus brachte" (Z. 58–59) → Erstmals wird menschliche Wärme angedeutet.

b Beispiellösung des weiterführenden Arbeitsauftrags in einem zusammenhängenden Text:

Julia Franck: „Streuselschnecke" – Weiterführende Aufgabe

Das Verhältnis der Ich-Erzählerin zu ihrem Vater ist sehr distanziert. Sie lernt den Mann, von dem der Leser zu diesem Zeitpunkt und fast bis zum Ende nicht weiß, dass es ihr Vater ist, erst mit 14 Jahren kennen. Dass sie ihn wiederholt als „Mann" (Z. 5, 36) und ansonsten ausschließlich mit dem Personalpronomen „er" bezeichnet, macht deutlich, dass sie zunächst wenig für ihn empfindet. Er hat für sie eine „fremde Stimme" (Z. 4–5), was die Fremdheit zwischen beiden zum Ausdruck bringt. Beim ersten Treffen, zu dem sie mit „Unbehagen" (Z. 12) geht, findet sie ihn allerdings nicht unsym-

179

pathisch (vgl. Z. 16–17). Für dieses Treffen hat sie sich vorher „geschminkt" (Z. 14), was signalisiert, dass sie durchaus ein positives Bild hinterlassen möchte, ihrem Vater aber begegnet wie einem fremden Mann. Zwei Jahre lang trifft sie sich mit ihm, ohne dass sich eine wesentliche Annäherung ergibt. Weiterhin kennt sie „ihn kaum" (Z. 29), sodass sie sich auch nicht traut, ihn „danach zu fragen" (Z. 27), ob er sie finanziell unterstützen kann, denn die Schülerin muss sich ihren Lebensunterhalt mühsam erarbeiten. „[...] der Mann und ich waren uns noch immer etwas fremd", stellt sie fest (Z. 36–37). Eine Wende tritt ein, als ihr Vater ihr miteilt, dass er unheilbar krank ist. Mit seiner ungewöhnlichen Bitte, ihm Morphium zu besorgen, setzt sich die Ich-Erzählerin zwar auseinander, sie geht ihr aber nicht konsequent nach. Allerdings kümmert sie sich zunehmend um den kranken Vater und versucht, seine Alltagswünsche zu erfüllen (vgl. Z. 52–53). Am Ende wird erstmals menschliche Wärme zwischen den beiden angedeutet: Die Streuselschnecken, die er sich gewünscht hat, „waren noch warm, als ich sie ins Krankenhaus brachte" (Z. 58–59). Dass es sich bei dem stets nur „der Mann" und „er" Genannten um ihren Vater handelt, wird dem Leser erst in der letzten Textzeile bekannt; erst nach seiner Beerdigung nennt ihn die Ich-Erzählerin „meinen Vater" (Z. 68 f.).

Genau darauf beruht die Spannung der Geschichte: dass der Leser die zentrale Information über den Mann – dass er der Vater der Ich-Erzählerin ist – erst ganz am Ende erhält. Außerdem gibt es den Leser irritierende Textsignale, die eine Liebesbeziehung oder sogar einen Liebesdienst andeuten: Die Ich-Erzählerin schminkt sich (vgl. Z. 14), die beiden gehen ins Kino und essen (vgl. Z. 16, 18) und sie fragt sich, „ob er mir Geld geben würde" (Z. 25). Auch das Verschweigen der Identität zeigt die Fremdheit zwischen beiden. Die Tochter nimmt ihren Vater als „Mann", nicht als Vater wahr, weil er diese Rolle in ihrem Leben nie ausgefüllt hat.

Material zu diesem Kapitel auf den folgenden Seiten und auf der CD-ROM

- Klassenarbeit – Eine erweiterte Inhaltsangabe schreiben: Wolfgang Borchert: Nachts schlafen die Ratten doch (mit Erwartungshorizont auf der CD-ROM)
- Klassenarbeit – Eine erweiterte Inhaltsangabe schreiben: Ewald Arenz: Schlüsselerlebnis (mit Erwartungshorizont auf der CD-ROM)
- Fordern und fördern – Eine erweiterte Inhaltsangabe schreiben: Georg Britting: Brudermord im Altwasser (auf zwei Differenzierungsniveaus, mit Lösungshinweisen auf der CD-ROM)
- Für Profis – Eine erweiterte Inhaltsangabe schreiben: Kurt Marti: Happy End (mit Lösungshinweisen auf der CD-ROM)
- Diagnose – Erweiterte Inhaltsangabe (mit Lösungshinweisen und Förderempfehlung auf der CD-ROM)
- Hörtexte: Marlene Röder: Regel Nummer eins, gesprochen von Marianne Graffam; Wladimir Kaminer: Schönhauser Allee im Regen, gesprochen von Denis Abrahams (jeweils mit passgenauen Arbeitsblättern zur Übung des Hörverstehens inkl. Lösungshinweisen, nur auf der CD-ROM)

Klassenarbeit – Eine erweiterte Inhaltsangabe schreiben

Aufgabenstellung

1 Schreibe zu der Kurzgeschichte „Nachts schlafen die Ratten doch" von Wolfgang Borchert eine Inhaltsangabe.

2 Erläutere, wie es dem alten Mann gelingt, den Jungen umzustimmen und zu bewegen, das Trümmergrundstück zu verlassen. Belege deine Aussagen mit Zitaten aus dem Text.

Wolfgang Borchert: Nachts schlafen die Ratten doch (1949)

Die folgende Kurzgeschichte stellt eine Situation am Ende des Zweiten Weltkriegs dar. Viele deutsche Städte lagen damals in Schutt und Asche. Bei Bombenangriffen starben viele Menschen.

Das hohle Fenster in der vereinsamten Mauer gähnte blaurot voll früher Abendsonne. Staubgewölke flimmerte zwischen den steil gereckten Schornsteinresten. Die Schuttwüste döste. Er
5 hatte die Augen zu. Mit einmal wurde es noch dunkler. Er merkte, dass jemand gekommen war und nun vor ihm stand, dunkel, leise. Jetzt haben sie mich!, dachte er. Aber als er ein bisschen blinzelte, sah er nur zwei etwas ärmlich behoste
10 Beine. Die standen ziemlich krumm vor ihm, dass er zwischen ihnen hindurchsehen konnte. Er riskierte ein kleines Geblinzel an den Hosenbeinen hoch und erkannte einen älteren Mann. Der hatte ein Messer und einen Korb in der Hand.
15 Und etwas Erde an den Fingerspitzen.

Du schläfst hier wohl, was?, fragte der Mann und sah von oben auf das Haargestrüpp herunter. Jürgen blinzelte zwischen den Beinen des Mannes hindurch in die Sonne und sagte: Nein, ich
20 schlafe nicht. Ich muss hier aufpassen. Der Mann nickte: So, dafür hast du wohl den großen Stock da? Ja, antwortete Jürgen mutig und hielt den Stock fest.

Worauf passt du denn auf?
25 Das kann ich nicht sagen. Er hielt die Hände fest um den Stock.

Wohl auf Geld, was? Der Mann setzte den Korb ab und wischte das Messer an seinem Hosenboden hin und her.
30 Nein, auf Geld überhaupt nicht, sagte Jürgen verächtlich. Auf ganz etwas anderes.

Na, was denn?
Ich kann es nicht sagen. Was anderes eben.
Na, denn nicht. Dann sage ich dir natürlich auch nicht, was ich hier im Korb habe. Der Mann stieß 35 mit dem Fuß an den Korb und klappte das Messer zu.

Pah, kann mir denken, was in dem Korb ist, meinte Jürgen geringschätzig; Kaninchenfutter.
Donnerwetter, ja!, sagte der Mann verwundert; 40 bist ja ein fixer Kerl. Wie alt bist du denn?
Neun.

Oha, denk mal an, neun also. Dann weißt du ja auch, wie viel drei mal neun sind, wie?
Klar, sagte Jürgen, und um Zeit zu gewinnen, 45 sagte er noch: Das ist ja ganz leicht. Und er sah durch die Beine des Mannes hindurch. Drei mal neun, nicht?, fragte er noch mal, siebenundzwanzig. Das wusste ich gleich.

Stimmt, sagte der Mann, und genauso viel Ka- 50 ninchen habe ich. Jürgen machte einen runden Mund: Siebenundzwanzig?

Du kannst sie sehen. Viele sind noch ganz jung. Willst du?

Ich kann doch nicht. Ich muss doch aufpassen, 55 sagte Jürgen unsicher.

Immerzu?, fragte der Mann, nachts auch?
Nachts auch. Immerzu. Immer. Jürgen sah an den krummen Beinen hoch. Seit Sonnabend schon, flüsterte er. 60

Aber gehst du denn gar nicht nach Hause? Du musst doch essen. Jürgen hob einen Stein hoch. Da lag ein halbes Brot. Und eine Blechschachtel.
Du rauchst?, fragte der Mann, hast du denn eine Pfeife? 65
Jürgen fasste seinen Stock fest an und sagte zaghaft: Ich drehe. Pfeife mag ich nicht.

Kopiervorlage

Schade, der Mann bückte sich zu seinem Korb, die Kaninchen hättest du ruhig mal ansehen kön-
70 nen. Vor allem die Jungen. Vielleicht hättest du dir eines ausgesucht. Aber du kannst hier ja nicht weg.

Nein, sagte Jürgen traurig, nein nein.

Der Mann nahm den Korb hoch und richtete sich
75 auf. Na ja, wenn du hierbleiben musst – schade. Und er drehte sich um.

Wenn du mich nicht verrätst, sagte Jürgen da schnell, es ist wegen der Ratten.

Die krummen Beine kamen einen Schritt zurück:
80 Wegen der Ratten?

Ja, die essen doch von den Toten. Von Menschen. Da leben sie doch von.

Wer sagt das?

Unser Lehrer.

85 Und du passt nun auf die Ratten auf?, fragte der Mann.

Auf die doch nicht! Und dann sagte er ganz leise. Mein Bruder, der liegt nämlich da unten.

Da. Jürgen zeigte mit dem Stock auf die zusam-
90 mengesackten Mauern. Unser Haus kriegte eine Bombe. Mit einmal war das Licht weg im Keller. Und er auch. Wir haben noch gerufen. Er war viel kleiner als ich. Erst vier. Er muss hier ja noch sein. Er ist doch viel kleiner als ich.

95 Der Mann sah von oben auf das Haargestrüpp. Aber dann sagte er plötzlich: Ja, hat euer Lehrer euch denn nicht gesagt, dass die Ratten nachts schlafen?

Nein, flüsterte Jürgen und sah mit einmal ganz
100 müde aus, das hat er nicht gesagt.

Na, sagte der Mann, das ist aber ein Lehrer, wenn er das nicht mal weiß. Nachts schlafen die Ratten doch. Nachts kannst du ruhig nach Hause gehen. Nachts schlafen sie immer. Wenn es dun-
105 kel wird, schon.

Jürgen machte mit seinem Stock kleine Kuhlen in den Schutt. Lauter kleine Betten sind das, dachte er, alles kleine Betten.

Da sagte der Mann (und seine krummen Beine waren ganz unruhig dabei): Weißt du was? Jetzt 110 füttere ich schnell meine Kaninchen, und wenn es dunkel wird, hole ich dich ab. Vielleicht kann ich eins mitbringen. Ein kleines oder, was meinst du?

Jürgen machte kleine Kuhlen in den Schutt. Lau- 115 ter kleine Kaninchen. Weiße, graue, weißgraue. Ich weiß nicht, sagte er leise und sah auf die krummen Beine, wenn sie wirklich nachts schlafen.

Der Mann stieg über die Mauerreste weg auf die 120 Straße.

Natürlich, sagte er von da, euer Lehrer soll einpacken, wenn er das nicht mal weiß.

Da stand Jürgen auf und fragte: Wenn ich eins kriegen kann? Ein weißes vielleicht? 125

Ich will mal versuchen, rief der Mann schon im Weggehen, aber du musst hier so lange warten. Ich gehe dann mit dir nach Hause, weißt du? Ich muss deinem Vater doch sagen, wie so ein Kaninchenstall gebaut wird. Denn das müsst ihr ja 130 wissen.

Ja, rief Jürgen, ich warte. Ich muss ja noch aufpassen, bis es dunkel wird. Ich warte bestimmt. Und er rief: Wir haben auch noch Bretter zu Hause, Kistenbretter, rief er. 135

Aber das hörte der Mann schon nicht mehr. Er lief mit seinen krummen Beinen auf die Sonne zu. Die war schon rot vom Abend und Jürgen konnte sehen, wie sie durch die Beine hindurchschien, so krumm waren sie. Und der Korb 140 schwankte aufgeregt hin und her. Kaninchenfutter war da drin. Grünes Kaninchenfutter, das war etwas grau vom Schutt.

(Aus: Wolfgang Borchert: Das Gesamtwerk. Rowohlt Verlag, Hamburg 1949)

Kopiervorlage

Klassenarbeit – Eine erweiterte Inhaltsangabe schreiben

Aufgabenstellung

1 Schreibe eine Inhaltsangabe zu der Kurzgeschichte „Schlüsselerlebnis" von Ewald Arenz.

2 Erläutere das Verhältnis des Ich-Erzählers zu seinen Kindern. Belege deine Aussagen mit Zitaten aus dem Text.

Ewald Arenz: Schlüsselerlebnis (2008)

Was meine Schlüssel betrifft, bin ich – ganz anders als meine Frau – fast pedantisch sorgfältig. Als ich also nach einem sehr langen Theaterabend gegen ein Uhr nach Hause kam, hatte ich
5 meinen Schlüssel natürlich dabei. Leider hatte meine Frau den ihren diesmal auch gefunden, und der stak jetzt von innen im Schloss. Die Tür war zu, das Haus dunkel. Ich klopfte vorsichtig, um die Kinder nicht zu wecken. Das gelang
10 auch. Ich weckte niemanden. Die Tür blieb zu. Ich klingelte einmal kurz. Leider ist meine Frau das, was man bei Hunden „schussfest" nennt. Außerdem ist sie Mutter dreier Kinder. Lärm hat auf ihren Schlaf so viel Einfluss wie Mondpha-
15 sen auf den Friseur. Ich klingelte jetzt länger. Philly hört beim Einschlafen mit ihren Kopfhörern gern Techno. Türklingeln kommen in dieser Welt nicht vor, weil sie meist unter 90 Dezibel liegen. Und Theo? Theo feiert seit drei Monaten
20 seinen achtzehnten Geburtstag vor. Keine Klingel der Welt dringt durch zwei Liter Guinness im Blut eines Jugendlichen, der sich für erwachsen hält. Ich klingelte jetzt, bis innen die Batterie aufgab. Stille. Dunkelheit. Dann – plötzlich – das
25 Klatschen kleiner Füße auf dem Steinboden. Otto war ausgewacht. Ich hörte eine verschlafene dreijährige Stimme: Papa?" – Ja", sagte ich erfreut, „hör mal, Otto, zieh den Schlüssel raus und mach die Tür auf, ja?" Schweigen. Dann die
30 etwas wachere Stimme: „Papa, bist du ein Böser?" Das war tagsüber ein beliebtes Spiel. Jetzt war ich aber vor allem müde. „Nein, Otto. Mach die Tür auf!" Tapsende Füße. „Ich hol mein Swert, böser Mann. Dann slag ich dich!" – „Ot-
35 to!", rief ich. „Nein!" Aber Otto war oben und

kramte nach seinem Schwert. Ich setzte mich etwas resigniert vor die Tür. Die Katze kam und zeigte mir eine frisch gefangene Maus. Ich lobte sie pflichtbewusst. Plötzlich war Otto wieder da: „Papa, darf ich fernsehn?" – „Was?", rief ich. 40 „Otto, es ist mitten in der Nacht. Weck Mama und sag ihr, sie soll die Tür aufmachen. Und du darfst nicht fernsehen!" Otto dachte nach. Dann hörte ich ihn am Schlüssel hantieren. Leider drehte er in die falsche Richtung. Es war jetzt 45 doppelt abgesperrt. „Andersrum!", rief ich. „Andersrum, Otto!" – „Papa", fragte Otto stattdessen, „kannst du nicht rein?" Froh sagte ich: „Genau! Kluger Junge. Jetzt dreh den Schlüssel ..." – „Überhaupt nicht?", fragte Otto. „Die ganze 50 Nacht nicht?" – „Nein!", sagte ich ermunternd. „Dreh den ..." – „Dann", sagte Otto fröhlich, „sehe ich jetzt fern."

Am Anfang winkte Otto mir noch fröhlich zurück, wenn ich an das Fenster des Wohnzimmers 55 klopfte, aber später sah ich, dass er vor dem Fernseher eingeschlafen war. Freundlich und bläulich flackerte das Licht, als ich endlich aufgab und mich in den kalten Liegestuhl auf der Veranda legte. 60

Ich musste dann doch eingeschlafen sein, denn als die Sonne mich weckte, stand meine Frau vor mir, die Kaffeekanne in der Hand. „Wieso hast du nicht geklingelt? Wieso schläft Otto vor *Apocalypse Now*? Und wieso", fragte sie immer 65 strenger, „hast du eine tote Maus in der Brusttasche?" Die Katze auf meinem Bauch räkelte sich schnurrend in der Sonne, und ich zuckte nur die Schultern. Schlüsselfragen kann man nie wirklich beantworten. 70

(Aus: Ewald Arenz: Meine kleine Welt. Familiengeschichten.
ars vivendi verlag, Cadolzburg 2008, S. 17–20)

Kopiervorlage

Fordern und fördern – Eine erweiterte Inhaltsangabe schreiben

Georg Britting: Brudermord im Altwasser (1929)

Das sind grünschwarze Tümpel, von Weiden überhangen, von Wasserjungfern übersurrt, das heißt: wie Tümpel und kleine Weiher, und auch große Weiher ist es anzusehen, und es ist doch
5 nur Donauwasser, durch Steindämme abgesondert vom großen, grünen Strom, Altwasser, wie man es nennt. Fische gibt es im Altwasser, viele, Fischkönig ist der Bürstling, ein Raubtier mit zackiger, kratzender Rückenflosse, mit bösen Au-
10 gen, einem gefräßigen Maul, grünschwarz schillernd wie das Wasser, darin er jagt. Und wie heiß es hier im Sommer ist! Die Weiden schlucken den Wind, der draußen über dem Strom immer geht. Und aus dem Schlamm steigt ein Geruch
15 wie Fäulnis und Kot und Tod. Kein besserer Ort ist zu finden für Knabenspiele als dieses grün dämmernde Gebiet. Und hier geschah, was ich jetzt erzähle.
Die drei Hofberger Buben, elfjährig, zwölfjährig,
20 dreizehnjährig, waren damals im August jeden Tag auf den heißen Steindämmen, hockten unter den Weiden, waren Indianer im Dickicht und Wurzelgeflecht, pflückten Brombeeren, die

schwarzfeucht, stachlig geschützt glänzten, schlichen durch das Schilf, das in hohen Stangen 25 wuchs, schnitten sich Weidenruten, rauften, schlugen auch wohl einmal dem Jüngsten, dem Elfjährigen, eine tiefe Schramme, dass sein Gesicht rot beschmiert war wie eine Menschenfressermaske, brachen wie Hirsche und schreiend 30 durch Buschwerk und Graben zur breit fließenden Donau vor, wuschen den blutigen Kopf, und die Haare deckten die Wunde dann, und waren gleich wieder versöhnt. Die Eltern durften natürlich nichts erfahren von solchen Streichen, und 35 sie lachten alle drei und vereinbarten wie immer: „Zu Hause sagen wir aber nichts davon!"
Die Altwässer ziehen sich stundenweit der Donau entlang. Bei einem Streifzug einmal waren die drei tief in die grüne Wildnis vorgedrungen, 40 tiefer als je zuvor, bis zu einem Weiher, größer, als sie je einen gesehen hatten, schwarz der Wasserspiegel, und am Ufer lag ein Fischerboot angekettet. Den Pfahl, an dem die Kette hing, rissen sie aus dem schlammigen Boden, warfen 45 Kette und Pfahl ins Boot, stiegen ein, ein Ruder

Kopiervorlage

lag auch dabei, und ruderten in die Mitte des
Weihers hinaus. Nun waren sie Seeräuber und
träumten und brüteten wilde Pläne. Die Sonne
50 schien auf ihre bloßen Köpfe, das Boot lag unbeweglich, unbeweglich stand das Schilf am jenseitigen Ufer, Staunzen[1] fuhren leise summend
durch die dicke Luft, kleine Blutsauger, aber die
abgehärteten Knaben spürten die Stiche nicht
55 mehr.

Der Dreizehnjährige begann das Boot leicht zu
schaukeln. Gleich wiegten sich die beiden anderen mit, auf und nieder, Wasserringe liefen über
den Weiher, Wellen schlugen platschend ans
60 Ufer, die Binsen schwankten und wackelten. Die
Knaben schaukelten heftiger, dass der Bootsrand
bis zum Wasserspiegel sich neigte und das aufgeregte Wasser ins Boot hineinschwappte. Der
Kleinste, der Elfjährige, hatte einen Fuß auf den
65 Bootsrand gesetzt und tat jauchzend seine
Schaukelarbeit. Da gab der Älteste dem Zwölf-
jährigen ein Zeichen, den Kleinen zu schrecken,
und plötzlich warfen sie sich beide auf die
Bootsseite, wo der Kleine stand, und das Boot
70 neigte sich tief, und dann lag der Jüngste im
Wasser und schrie, und ging unter und schlug
von unten gegen das Boot, und schrie nicht mehr
und pochte nicht mehr und kam auch nicht mehr
unter dem Boot hervor; unter dem Boot nicht
75 mehr hervor, nie mehr.

Die beiden Brüder saßen stumm und käsegelb
auf den Ruderbänken in der prallen Sonne, ein
Fisch schnappte und sprang über das Wasser
heraus. Die Wasserringe hatten sich verlaufen,
die Binsen standen wieder unbeweglich, die 80
Staunzen summten bös und stachen. Die Brüder
ruderten das Boot wieder ans Ufer, trieben den
Pfahl mit der Kette wieder in den Uferschlamm,
stiegen aus, trabten auf dem langen Steindamm
dahin, trabten stadtwärts, wagten nicht, sich an- 85
zusehen, liefen hintereinander, achteten der Weiden nicht, die ihnen ins Gesicht schlugen, nicht
der Brombeersträucherstacheln, die an ihnen rissen, stolperten über Wurzelschlangen, liefen, liefen und liefen. 90

Die Altwässer blieben zurück, die grüne Donau
kam, breit und behäbig, rauschte der Stadt zu, die
ersten Häuser sahen sie, sie sahen den Dom, sie
sahen das Dach des Vaterhauses.

Sie hielten, schweißüberronnen, zitterten ver- 95
stört, die Knaben, die Mörder, und dann sagte
der Ältere wie immer nach einem Streich: „Zu
Hause sagen wir aber nichts davon!" Der andere
nickte, von wilder Hoffnung überwuchert, und
sie gingen, entschlossen, ewig zu schweigen, auf 100
die Haustüre zu, die sie wie ein schwarzes Loch
verschluckte.

(Aus: Georg Britting: Sämtliche Werke – Prosa.
Hg. von Wilhelm Haefs. Band 3/2. Süddeutscher Verlag,
München 1987, S. 20)

---

1 Staunzen: Stechmücken

Kopiervorlage

Plane und schreibe eine Inhaltsangabe zur Handlung der Kurzgeschichte „Brudermord im Altwasser"
von Georg Britting.
Erläutere anschließend, wie das zentrale Geschehen durch die Schilderung des Handlungsortes
(Z. 1–18) bereits angedeutet wird.
Gehe so vor, um die Aufgaben zu lösen:

1 Erschließe den Inhalt der Geschichte mit Hilfe von W-Fragen.

Wer ist an dem Geschehen beteiligt?

Insgesamt _____ Brüder im Alter von _____.

Wo spielt die Geschichte?

Am Ufer und auf einem Nebenarm der _____.

Zu welchem Zeitpunkt (Jahreszeit, Tageszeit) findet die Handlung statt?

_____

Was ist das zentrale Ereignis?

_____

_____

Welche Folgen hat dieses Ereignis?

Die beiden älteren Brüder sind _____ und sie _____

_____

2 Mache dir klar, worum es in der Geschichte hauptsächlich geht (Thema). Kreuze an.

Es geht um

☐ einen Bootsausflug auf der Donau.

☐ ein durch Übermut verursachtes tragisches Ereignis.

☐ einen geplanten Mord.

3 Gliedere die Handlung der Geschichte in Handlungsschritte (beginne mit Z. 19), gibt zunächst die jeweiligen Zeilen an und fasse den Inhalt jeweils in wenigen kurzen Sätzen oder Stichworten zusammen. Die
Überschriften sind hier bereits vorgegeben.

Z. 19-37: Spiele und Streiche an der Donau

_____

_____

Z. ___ - ___ : Erkundung eines unbekannten Weihers

_____

_____

Kopiervorlage

Z.   –   : Ein gefährlicher Streich

_____

_____

_____

Z. 76–102: Hilflosigkeit

_____

_____

_____

4 Verfasse nun mit Hilfe deiner Vorarbeiten die Inhaltsangabe. Schreibe in dein Heft.
●●○
   a Beginne mit einer informierenden Einleitung. Mache darin Angaben zur Art des Textes, zu Autor, Titel und Thema.

   b Schreibe anschließend den Hauptteil der Inhaltsangabe, indem du die Handlung der Geschichte knapp und in eigenen Worten darstellst. Verwende dazu die Handlungsschritte aus Aufgabe 3. Verdeutliche Zusammenhänge durch passende Satzverknüpfungen und Satzanfänge. Denke an die richtige Zeitform. Umschreibe die wörtliche Rede oder wandle sie in indirekte Rede um. Du kannst so beginnen:

> Drei Brüder zwischen elf und 13 Jahren halten sich in einem heißen Sommer häufig am Ufer der Donau auf. Zunächst ...

5 Sammle für den weiterführenden Schreibauftrag einige Zitate aus dem Text, mit denen du belegen
●●○ kannst, dass der Tod des kleinen Bruders bereits in der einleitenden Schilderung des Handlungsortes (Z. 1–18) angedeutet wird.

Z. 8: „Raubtier" (→ Gefahr)
_____

Z. 9 f.: _____

Z.   : „grünschwarz" (→ Schwarz = Tod) _____

Z. _____

Z. _____

6 Stelle nun deine Ergebnisse zu der weiterführenden Aufgabe in einem zusammenhängenden Text dar.
●●○ Nutze deine Stichworte aus Aufgabe 5, um zu erklären, wieso die Schilderung des Handlungsortes bereits auf das tragische Geschehen (den Tod des jüngsten Bruders) hinweist. Belege deine Aussagen mit Zitaten aus der Erzählung. Schreibe in dein Heft. Du kannst die folgenden Formulierungen verwenden:

> Der Ich-Erzähler bezeichnet die beiden älteren Brüder als „Mörder" (Z. 96). Bereits in der Schilderung des Handlungsortes in den Zeilen ... bis ... wird deutlich, dass Gefahr droht. Zum Beispiel wird mehrfach das Farbadjektiv ... verwendet (vgl. Z. ... und Z. ...). Dadurch wird angedeutet, dass ... Bedrohlich wirkt auch die Schilderung ... Eine direkte Anspielung ...

KV 16, Seite 4

Kopiervorlage

Plane und schreibe eine Inhaltsangabe zur Handlung der Kurzgeschichte „Brudermord im Altwasser" von Georg Britting.
Erläutere anschließend, wie das zentrale Geschehen durch die Schilderung des Handlungsortes (Z. 1–18) bereits angedeutet wird.
Gehe so vor, um die Aufgaben zu lösen:

1 Erschließe den Inhalt der Geschichte mit Hilfe von W-Fragen.
●●●
Wer ist an dem Geschehen beteiligt?

_____

Wo spielt die Geschichte?

_____

Zu welchem Zeitpunkt (Jahreszeit, Tageszeit) findet die Handlung statt?

_____

Was ist das zentrale Ereignis?

_____

_____

Welche Folgen hat dieses Ereignis?

_____

_____

2 Mache dir klar, worum es in der Geschichte hauptsächlich geht (Thema). Kreuze an.
●●●
Es geht um
☐ die Rache von zwei älteren Brüdern an ihrem kleinen Bruder.
☐ einen Bootsausflug auf der Donau.
☐ ein durch Übermut verursachtes tragisches Ereignis.
☐ ein Ferienerlebnis von drei Brüdern.
☐ einen geplanten Mord.

3 Gliedere die Handlung der Geschichte in Handlungsschritte (beginne mit Z. 19), formuliere zu jedem
●●● Schritt eine passende Überschrift und fasse den Inhalt jeweils in wenigen kurzen Sätzen oder Stichworten zusammen. Zwei Überschriften sind hier bereits vorgegeben.

Z. 19-37: Spiele und Streiche an der Donau

_____

_____

Kopiervorlage

Z. 38-55: _____

_____

_____

Z.   -   : _____

_____

_____

Z. 76-102: Hilflosigkeit _____

_____

_____

4 Verfasse nun mit Hilfe deiner Vorarbeiten die Inhaltsangabe. Schreibe in dein Heft.
●●●
  a Beginne mit einer informierenden Einleitung. Denke an die nötigen Angaben.

  b Schreibe anschließend den Hauptteil der Inhaltsangabe, indem du die Handlung der Geschichte knapp und in eigenen Worten darstellst. Verwende dazu die Handlungsschritte aus Aufgabe 3. Verdeutliche Zusammenhänge und berücksichtige alle Vorgaben für eine Inhaltsangabe.

5 Sammle für den weiterführenden Schreibauftrag einige Zitate aus dem Text, mit denen du belegen
●●● kannst, dass der Tod des kleinen Bruders bereits in der einleitenden Schilderung des Handlungsortes (Z. 1–18) angedeutet wird.

Z. 8: „Raubtier" (→ Gefahr) _____

Z. _____

Z. _____

Z. _____

Z. _____

6 Stelle nun deine Ergebnisse zu der weiterführenden Aufgabe in einem zusammenhängenden Text dar.
●●● Nutze deine Stichworte aus Aufgabe 5, um zu erklären, wieso die Schilderung des Handlungsortes bereits auf das tragische Geschehen (den Tod des jüngsten Bruders) hinweist. Belege deine Aussagen mit Zitaten aus der Erzählung. Schreibe in dein Heft. Du kannst so beginnen:

Der Ich-Erzähler bezeichnet die beiden älteren Brüder als „Mörder" (Z. 96). Bereits in der Schilderung des Handlungsortes ...

Kopiervorlage

●●●● Für Profis – Eine erweiterte Inhaltsangabe schreiben

Kurt Marti: Happy End (1960)

Sie umarmen sich, und alles ist wieder gut. Das Wort ENDE flimmert über ihrem Kuss.
Das Kino ist aus.
Zornig schiebt er sich zum Ausgang, seine Frau
5 bleibt im Gedrängel hilflos stecken, weit hinter ihm. Er tritt auf die Straße, bleibt aber nicht stehen und geht, ohne sie abzuwarten, geht voll Zorn, und die Nacht ist dunkel. Atemlos, mit kleinen, verzweifelten Schritten holt sie ihn ein,
10 er geht und sie holt ihn wieder ein und keucht. Eine Schande, sagt er im Gehen, eine Affenschande, wie du geheult hast. Mich nimmt nur wunder warum, sagt er. Sie keucht. Ich hasse diese Heulerei, sagt er, ich hasse das. Sie keucht
15 noch immer. Schweigend geht er und voller Wut, so eine Gans, denkt er, und wie sie nun keucht in ihrem Fett. Ich kann doch nichts dafür, sagt sie endlich, ich kann wahrhaftig nichts dafür, es war

so schön, und wenn's schön ist, muss ich halt heulen. Schön, sagt er, dieser elende Mist, dieses 20 Liebesgewinsel, das nennst du schön, dir ist ja nun wirklich nicht mehr zu helfen. Sie schweigt und geht und keucht. Was für ein Klotz, denkt sie, was für ein Klotz.

(Aus: Kurt Marti: Dorfgeschichten. Luchterhand Verlag, Darmstadt/Neuwied 1983, S. 20)

1 **a** Überlege und kreuze an: Worauf bezieht sich die Überschrift der Geschichte?

☐ auf die gesamte Geschichte   ☐ auf den ersten Abschnitt   ☐ auf den zweiten Abschnitt

b Begründe deine Entscheidung mit einem Textbeleg.

_____

2 Notiere: Worüber sprechen der Mann und die Frau auf dem Heimweg?

> über den Film – über das Verhalten der Frau während der Filmvorführung –
> über das Verhalten des Mannes im Kino

3 **a** Kreuze an: Welches Thema verbindet die beiden Abschnitte dieser Geschichte miteinander?

☐ Beständigkeit der Liebe

☐ Hass zwischen Partnern

☐ Paarbeziehungen – im Film und in der Wirklichkeit

☐ Unlösbarer Streit eines Paars

b Nutze das Ergebnis deiner Überlegungen, um eine Einleitung für eine erweiterte Inhaltsangabe zu der Geschichte zu verfassen. Schreibe in dein Heft. Denke an die erforderlichen Angaben.

Kopiervorlage

4 **a** Finde passende Überschriften für die beiden Handlungsschritte und notiere dazu jeweils den Inhalt in Stichworten oder kurzen Sätzen.

1. _____

_____

2. _____

_____

_____

b Verfasse in deinem Heft eine Inhaltszusammenfassung der Kurzgeschichte. Nutze deine Vorarbeiten.

5 Erläutere in einer weiterführenden Aufgabe die Beziehung des Paars, das sich auf dem Heimweg vom Kino befindet. Gehe so vor:

a Lege eine Stoffsammlung an, indem du die folgenden Fragen in Stichworten beantwortest. Notiere jeweils Textbelege.

	Mann	Frau
Was hält er/sie von dem Film?		
Was sagt er/sie zur Partnerin / zum Partner?		
Welches sprachliche Bild verwenden die beiden jeweils für den anderen und was meinen sie damit?		

b Betrachte die räumliche Beziehung zwischen Mann und Frau. Notiere Stichworte und Textbelege dazu und überlege, was dies über die Beziehung der beiden aussagt.

_____

_____

_____

c Notiere, welche doppelte Bedeutung der Satz „Das Kino ist aus" (Z. 3) haben könnte.

_____

_____

d Stelle nun deine Ergebnisse zu der weiterführenden Aufgabe in einem zusammenhängenden Text dar. Nutze deine Vorarbeiten und belege deine Aussagen mit Zitaten aus dem Text. Schreibe unter der Inhaltsangabe in deinem Heft weiter.

Cornelsen

Kopiervorlage

KV 17, Seite 2

Diagnose – Erweiterte Inhaltsangabe

1 Überlege, was man bei einer erweiterten Inhaltsangabe beachten muss. Kreuze die richtigen Aussagen an.

	A	B
1 Wie leitet man die Inhaltsgabe zu einer Kurzgeschichte ein?	☐ Indem man erklärt, warum die Geschichte gut gelungen ist.	☐ Mit Angaben zum Autor/zur Autorin, zur Textsorte, zum Titel und zum Thema.
2 Wie bereitet man die Inhaltsangabe am besten vor?	☐ Indem man die wichtigsten Sätze aus dem Text herausschreibt.	☐ Indem man den Text in Handlungsschritte unterteilt und zu jedem Schritt einige Stichworte oder kurze Sätze notiert.
3 Wie sollte der Inhalt eines Textes in einer Inhaltsangabe wiedergegeben werden?	☐ Wichtige Handlungsschritte sollten knapp, sachlich, genau und ohne Wertung wiedergegeben werden.	☐ Die Stimmung sollte genau wiedergegeben werden.
4 Mit welchen Formulierungen wird eine Kurzgeschichte zusammengefasst?	☐ Möglichst in eigenen Worten.	☐ Möglichst im Wortlaut des Ausgangstextes.
5 Wie verknüpft man in einer Inhaltsangabe einzelne Handlungsschritte?	☐ Indem man die Spannung langsam bis zum Höhepunkt der Handlung steigert.	☐ Indem man zeitliche und logische Zusammenhänge durch passende Verknüpfungswörter ausdrückt (z.B. nachdem, dann, solange, weil, sodass).
6 Welches Tempus wird in der Inhaltsangabe verwendet?	☐ Präteritum (bei Vorzeitigkeit Plusquamperfekt)	☐ Präsens (bei Vorzeitigkeit Perfekt)
7 Wie gibt man wörtliche Rede in der Inhaltsangabe wieder?	☐ Als Zitat.	☐ In indirekter Rede oder mit Umschreibungen.
8 Wie kann man im zweiten (deutenden) Teil die Eigenschaft einer Figur nachweisen?	☐ Indem man die Eigenschaft benennt, ein passendes Textzitat hinzufügt und dieses erläutert.	☐ Indem man in eigenen Worten einen Gegensatz zwischen dieser und einer anderen Figur herausarbeitet.
9 Wie kann man in einer Geschichte Leitmotive finden?	☐ Indem man Textbausteine findet, die mehrfach vorkommen und für die Gesamtaussage wichtig sind.	☐ Indem man ein Ereignis feststellt, das der Handlung eine ganz neue Wendung gibt.
10 Sind in einer Deutung Zitate aus dem Ausgangstext erwünscht?	☐ Erwünscht sind nur indirekte (sinngemäße) Zitate.	☐ Erwünscht sind wörtliche (direkte) oder sinngemäße (indirekte) Zitate.
11 Was gehört unbedingt zu einem Zitat?	☐ Anführungszeichen, um dem Leser das Auffinden im Originaltext zu erleichtern.	☐ Anführungszeichen und Zeilenangabe, damit der Leser die Stelle schnell finden kann.
12 Vor der Zeilenangabe steht	☐ immer „vgl.": „der Bürstling, ein Raubtier" (vgl. Z. 8).	☐ nur bei indirekten (sinngemäßen) Zitaten „vgl.", sonst steht nur die Zeilenangabe.

KV 18, Seite 1

Kopiervorlage

2 Die folgenden Sätze aus einer erweiterten Inhaltsangabe enthalten jeweils einen Fehler.

   a Benenne stichwortartig, was falsch gemacht worden ist. Wenn du nicht weiterweißt, kannst du deine Lösungen zu Aufgabe 1 nutzen.

   b Verbessere den Satz.

> VORSICHT
> **FEHLER!**

   A *(Einleitung:)* Die Kurzgeschichte „Zwei Männer" von Günther Weisenborn ist sehr spannend.

     Fehler: _____

     Verbesserung: _____

     _____.

(Aus der Inhaltsangabe:)

   B Die beiden sitzen angespannt vor dem Haus des Farmers. Schließlich kamen die Fluten des Paraná.

     Fehler: _____

     Verbesserung: _____

   C Der Landarbeiter misstraut seinem Herrn, was ich gut verstehen kann.

     Fehler: _____

     Verbesserung: _____

   D Sie harren noch einige Stunden auf dem Dach aus. Am Morgen kommt endlich Land in Sicht.

     Fehler: _____

     Verbesserung: _____

   E Am Ende schlägt der Farmer vor: „Morgen gehen wir zurück und fangen neu an."

     Fehler: _____

     Verbesserung: _____

(Aus der weiterführenden Aufgabe:)

   F Der Landarbeiter wird zunächst als treuer Diener seines Herrn dargestellt: „Er wäre bedenkenlos dem Farmer um die Erde gefolgt. (Z. 111–112)

     Fehler: _____

     Verbesserung: _____

   G Er weiß, dass es für beide „um Leben und Tod" (vgl. Z. 121f.) geht, und stellt sich vor, den Farmer ins Wasser zu stoßen (Z. 119–124).

     Fehler: _____

     Verbesserung: _____

Kopiervorlage

7 In der Großstadt – Songs und Gedichte untersuchen und vortragen

Konzeption des Kapitels

Seit Mitte des 18. Jahrhunderts gewinnt die Großstadt als Lebens- und Erfahrungsraum des Menschen immer mehr an Bedeutung. Zu Beginn des 20. Jahrhunderts lebte in Deutschland, Frankreich und England bereits mehr als die Hälfte der Bevölkerung in Städten. Schon im Naturalismus, vor allem dann im Expressionismus findet sich das Stadtmotiv in Literatur und Dichtung. Die Großstadt ist einerseits Ort des Elends und Schmutzes, steht für Einsamkeit, Isolation und Entindividualisierung, andererseits ist sie ein Ort der Kulturvielfalt, des technischen, industriellen und gesellschaftlichen Fortschritts, gesteigerter Erfahrungsintensität und repräsentiert somit das Lebensgefühl des modernen Menschen. Diese Ambivalenz der Großstadt ist den Schülerinnen und Schülern oft fremd, sie erleben Großstädte heute häufig als reizvoll und (ungebrochen) positiv, sie sind für Jugendliche besondere Anziehungspunkte an Wochenenden und auf Reisen. Gerade deshalb bieten Stadtgedichte vielfältige Anlässe zur Auseinandersetzung. Möglichkeiten des fächerübergreifenden Unterrichts gibt es mit den Fächern Kunst (Architektur), Erdkunde (Stadtentwicklung) und Religion (Armut in Großstädten).

Das erste Teilkapitel (**„Blick auf meine Stadt – Gedichte verstehen und interpretieren“**) setzt den Schwerpunkt im Bereich „Umgang mit Texten“. Ausgehend vom Thema „Großstadt“ werden Verstehensprozesse angeleitet, um Songtexte und Gedichte schließlich auch formal und fachsprachlich korrekt zu erschließen. Anhand verschiedener lyrischer Texte untersuchen die Lernenden die Situation des lyrischen Ichs, sprachliche Gestaltungsmittel sowie die Gedichtform (Strophe, Vers, Reim und Metrum) und verfassen schließlich eine vollständige Gedichtinterpretation. Auch das sinngestaltende Vortragen wird geübt. Ein Test bietet den Lernenden die Möglichkeit, ihre erworbenen Kompetenzen zu überprüfen.

Das zweite Teilkapitel (**„Babbeln, schwätzen, schwade, schnacken – Dialekte untersuchen“**) integriert den Lernbereich „Nachdenken über Sprache“. Funktionen und sprachliche Besonderheiten des Dialekts werden anhand verschiedener Gedichte (in Kölsch, Hessisch und Niederdeutsch) reflektiert. Dabei erarbeiten die Lernenden Grundzüge der zweiten (hochdeutschen) Lautverschiebung und der Aufteilung Deutschlands in verschiedene Dialektgebiete.

Das dritte Teilkapitel (**„Fit in ... – Ein Gedicht untersuchen“**) dient der Anwendung und Festigung des Erlernten beim Training für eine Klassenarbeit. Dabei wird die Interpretation eines Gedichts prozessorientiert und mit Hilfestellungen in einzelnen Arbeitsschritten angeleitet: vom Verständnis der Aufgabenstellung bis zur Textüberarbeitung.

Literaturhinweise

- *Beste, Gisela / Bremerich-Vos, Albert / Kämper-van den Boogart, Michael (Hg.):* Wissensspeicher Deutsch, Cornelsen Scriptor/ Volk und Wissen, Berlin [2]2006, S. 337 ff. (Einen lyrischen Text untersuchen)
- *Göttert, Karl-Heinz:* Alles außer Hochdeutsch. Ein Streifzug durch unsere Dialekte. Ullstein, Berlin 2011
- *Kutsch, Axel (Hg.):* Städte. Verse. Deutschsprachige Großstadtlyrik der Gegenwart. Landpresse, Weilerswist 2002
- Lyrik verstehen. Praxis Deutsch 213/2009
- *Matzkowski, Bernd:* Wie interpretiere ich Lyrik? Basiswissen. Bange Verlag, Hollfeld [2]2001
- *Spinner, Kaspar H.:* Umgang mit Lyrik in der Sekundarstufe I. Schneider, Baltmannsweiler 2003
- *Streets, Angelika:* Schreiben. In: Gisela Beste (Hg.): Deutsch Methodik. Handbuch für die Sekundarstufe I und II. Cornelsen Scriptor, Berlin [2]2008

Übungsmaterial im „Deutschbuch 8 Arbeitsheft“

- Ein Gedicht untersuchen und vortragen, S. 40–43

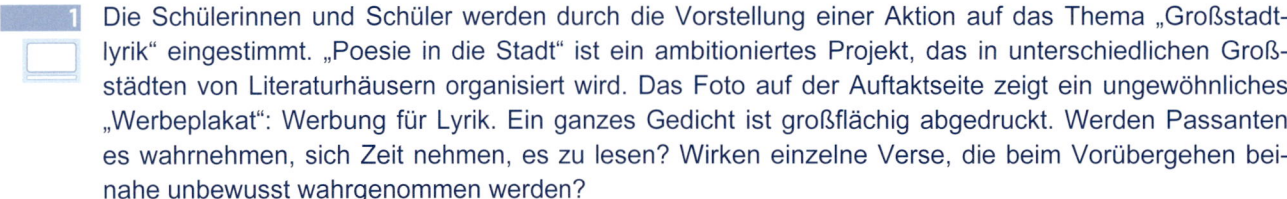

S.145 7 In der Großstadt – Songs und Gedichte untersuchen und vortragen

1 Die Schülerinnen und Schüler werden durch die Vorstellung einer Aktion auf das Thema „Großstadt-lyrik" eingestimmt. „Poesie in die Stadt" ist ein ambitioniertes Projekt, das in unterschiedlichen Groß-städten von Literaturhäusern organisiert wird. Das Foto auf der Auftaktseite zeigt ein ungewöhnliches „Werbeplakat": Werbung für Lyrik. Ein ganzes Gedicht ist großflächig abgedruckt. Werden Passanten es wahrnehmen, sich Zeit nehmen, es zu lesen? Wirken einzelne Verse, die beim Vorübergehen bei-nahe unbewusst wahrgenommen werden?

2 a Mit der Sammlung dessen, was die Schülerinnen und Schüler mit der Stadt verbinden, soll ihr Emp-finden, ihre Einstellung gegenüber der Großstadt eingeholt werden.

b Als eigener Zugriff, sich mit Gedichten als „verdichteter Sprache" zu beschäftigen, „dichten" die Ler-nenden anhand der gesammelten Begriffe selbst einige Verse.
Ein Beispiel (das auch als Impuls angeboten werden kann):

Schade
Der Bus ist wieder zu spät
Keine Gelegenheit früher
In die Stadt zu kommen

S.146 7.1 Blick auf meine Stadt – Gedichte verstehen und interpretieren

S.146 „Ich bin mit mir allein" – Das lyrische Ich

S.146 Unheilig: Lichter der Stadt

Zu Anfang der Unterrichtssequenz wird das lyrische Ich (der lyrische Sprecher) in den Mittelpunkt ge-stellt. Dafür eignet sich das Lied der Gruppe „Unheilig" besonders gut, denn es beginnt direkt mit dem Pronomen „Ich"; diese Ich-Bezogenheit wird in jeder Strophe deutlich.

1 a/b Mögliche Wirkung des Gedichts / Beispiele für die Beschreibung der Stimmung mit treffenden Ad-jektiven (mit Textbelegen zur Begründung in Klammern):
 – nachdenklich („Tausend [...] Gedanken", V. 19)
 – ruhig („Ich nehme mir die Zeit", V. 1, 11, 28; „Still zu stehen", V. 4, 14, 30)
 – distanziert von Trubel und Hektik („Dem Leben zuzusehen", V. 3; „Weit weg von mir", V. 8; „Fernab der Jagd des Lebens", V. 24)
 – gefühlvoll („Hier fühle ich mich frei", V. 15)
 – verträumt („Und schenk den Träumen Zeit", V. 21)

2 Erklärung der im Song beschriebenen Situation: Der Sprecher (das lyrische Ich) befindet sich am spä-ten Abend allein auf einem Dach hoch oben über der Stadt. Tief unter ihm geht das rege Treiben, das hektische Leben auf den Straßen, weiter, dem er aus der Ferne ruhig und distanziert zusehen kann. Das Alleinsein ist hier nicht negativ besetzt, es geht nicht um Einsamkeit, sondern darum, durch das Alleinsein, die Distanz vom pulsierenden Leben zu sich selbst zu kommen, Ruhe, Stille zu empfinden und damit im positiven Sinne bei sich zu sein – jenseits von Ablenkungen, vom städtischen Treiben.

3 a Auf der Skala, die angibt, wie sich das lyrische Ich fühlt, kann 5 = „sehr gut" eingetragen werden. Beispiele für sehr positive Formulierungen in dem Song: „Und genieße dieses Glück" (V. 10), „Hier fühle ich mich frei / Der Horizont ist grenzenlos und weit" (V. 15/16), „Fühle ich mich frei" (V. 25).

b Vorschlag für eine Visualisierung des Standorts des lyrischen Ichs als Tafelbild:

oben: das lyrische Ich

Stille, Weite   Alleinsein

Blick

↓

unten: die Stadt

pulsierendes Leben, Trubel

c Beschreibung des Gegensatzes von „oben" und „unten" durch das lyrische Ich:

oben (Dächer der Stadt)	unten (Großstadttreiben)
– Stille, Innehalten (vgl. V. 4)	– das Leben pulsiert (vgl. V. 7)
– Glück (V. 10)	– Lichter der Stadt (vgl. V. 12, 17)
– Freiheit, grenzenloser Horizont, Weite (vgl. V. 15/16)	– Alltag (vgl. V. 23)
– Wünsche, Gedanken, Träume (vgl. V. 19, 21)	– „Jagd des Lebens" (V. 24)
→ positive Empfindungen	→ Alltagseindrücke

d Das lyrische Ich verbringt allein den späten Abend auf den Dächern über einer Großstadt. Von oben herab sieht es auf die Lichter der Stadt, das bewegte Leben und Treiben. Das lyrische Ich empfindet Glück, dort oben allein zu sein und in Ruhe, fernab von allem Trubel, seinen Gedanken und Träumen nachhängen zu können. Es fühlt sich frei.

4 Ein Vergleich findet sich in Vers 17: „Die Großstadt unter mir wie ein Lichtermeer". Der Vergleich mit dem Meer dient dazu, die Vielzahl und die weite Ausdehnung der Lichter, die die Stadt erleuchten, anschaulich zu machen.

5 Mit der Möglichkeit, selbst eine Liedstrophe aus der Sicht „von unten nach oben" zu verfassen, nehmen die Lernenden einen Perspektivwechsel vor. Ein Beispiel:
Ich finde kaum die Zeit
In den dunklen Himmel zu sehen –
Und weiß gar nicht mehr, ob dort Sterne stehen

||S.148 „Unsre Wände sind so dünn wie Haut" – Sprachliche Bilder untersuchen

||S.148 Alfred Wolfenstein: Städter

Der Untersuchungsschwerpunkt dieser Sequenz liegt auf den sprachlichen Bildern; schon die Überschrift hebt mit einer Verszeile aus dem Gedicht „Städter" einen ungewöhnlichen Vergleich hervor. Vielleicht kennen die Schüler/-innen das Adjektiv „dünnhäutig", das eine (emotionale) Empfindlichkeit, Angegriffenheit, Verletzlichkeit, auch Gereiztheit beschreibt und auf mangelnden Schutz hinweist.

Auf der beiliegenden CD-ROM findet sich das Gedicht „Städter" von Alfred Wolfenstein als Hörtext, gesprochen von Denis Abrahams. Der Hörtext wird begleitet von einem passgenauen Arbeitsblatt zur Übung des Hörverstehens (inkl. Lösungshinweisen).

1 Mögliche Bilder und Gedanken zu Wolfensteins Gedicht:
– Stadt mit sehr dichter Bebauung, hohe Häuser
– enge, asphaltierte Straßenzüge, durch die sich auch Straßenbahnen schlängeln
– überfüllte Straßenbahnwaggons, Fahrgäste sitzen sehr eng beieinander, starren sich an (das kennen Schüler/-innen meist von Bussen oder Bahnen in den Stoßzeiten, wenn sie zur Schule fahren)
– schlecht gebaute Häuser mit dünnen Wänden, durch die Fremde mitbekommen, was sie nichts angeht
– Einsamkeit
Unter Berücksichtigung des Titels: Es geht um das Leben der Menschen in der Großstadt.

197

2 a Thema des Gedichts ist die Einsamkeit der Großstadtbewohner.

b Textstellen, die dies belegen: „die zwei Fassaden Leute" (V. 6 f.), „Ganz unangerührt und unge-schaut / Steht ein jeder fern und fühlt: alleine." (V. 13/14)

3 Als Annäherung an den Text und Hilfestellung werden den Schülerinnen und Schülern einige Wendun-gen angeboten, aus denen sie sich die passenden auswählen können, um den Inhalt der einzelnen Strophen wiederzugeben, z. B.:
1. Strophe: Häuser stehen dicht an dicht.
2. Strophe: Menschen sitzen eng und beziehungslos in den Straßenbahnen nebeneinander.
3. Strophe: dünne Wohnungswände, alle hören alles
4. Strophe: Jeder ist isoliert und alleine, keine Anteilnahme

4 Beschreibung der Stadt und des Lebens der Menschen (mit Textbelegen):
– Die Häuser stehen eng aneinander: „drängend fassen / Häuser sich so dicht an" (V. 2/3).
– Die Straßen dazwischen erscheinen eng und eingeklemmt: „dass die Straßen / Grau geschwollen wie Gewürgte stehen" (V. 3/4).
– Die Straßenbahnen sind überfüllt, gleichwohl wirken die Leute darin distanziert: „Ineinander dicht hineingehakt / Sitzen in den Trams die zwei Fassaden / Leute" (V. 5–7).
– Die Wände sind so dünn, dass man jedes Wort oder Geräusch der Nachbarn hören kann, die eige-nen vier Wände bieten keine Geborgenheit: „Unsre Wände sind so dünn wie Haut, / dass ein jeder teilnimmt, wenn ich weine" (V. 9/10).
– Die Menschen sind einsam, nehmen einander nicht wahr, finden nicht zueinander: „Ganz unange-rührt und ungeschaut / Steht ein jeder fern und fühlt: alleine." (V. 13/14)

5 a Bei der Erarbeitung der verwendeten sprachlichen Mittel sind die Schülerinnen und Schüler ange-halten, Textbelege herauszuschreiben, die unterschiedlichen sprachlichen Bilder voneinander zu un-terscheiden sowie zu benennen und sich über deren Wirkung Gedanken zu machen, um eine Deu-tung vornehmen zu können.

Textbeleg (Verszeile)	Stilmittel	Wirkung, Deutung
„Dicht wie Löcher eines Siebes (V. 1)	Vergleich	Der Vergleich zeigt, wie eng die Häuser neben-einanderstehen.
„stehn / Fenster beieinander, drängend fassen / Häuser sich so dicht an" (V. 1–33)	Personifikation	Vermenschlichung der Häuser, die Enge wird beinahe körperlich spürbar.
„dass die Straßen / Grau geschwollen wie Gewürgte sehn." (V. 3/4)	Personifikation + Vergleich	Die Straßen werden vermenschlicht, sie wirken wie Opfer eines Angriffs (geschwollen, als hätte man sie gewürgt). → bringt die menschenfeindliche Atmosphäre der Stadt zum Ausdruck
„Ineinander dicht hineinge-hakt / Sitzen in den Trams die zwei Fassaden / Leute" (V. 5–7)	Metapher Metapher	Menschen werden wie Gegenstände (Geräte, Häu-ser) beschrieben, wirken erstarrt, wie eine steife Hülle → menschenfeindliche Atmosphäre, Distan-ziertheit
„ihre nahen Blicke baden / Ineinander" (V. 7/8)	Personifikation	Meint keine Nähe, vielmehr verschwimmen die Blicke, finden keinen Halt.
„Unsre Wände sind so dünn wie Haut" (V. 9)	Vergleich	Erklärt, wie lärmdurchlässig die Wände sind, und verweist auf die Verletzlichkeit („Dünnhäutigkeit") der Menschen dahinter.
„wie still in dick verschlossner Höhle [...] steht ein jeder fern" (V. 12–14)	Vergleich	Die Menschen sind einsam und isoliert, als seien sie in eine Höhle eingesperrt, aus der sie nicht ent-rinnen können.

c Beispiellösung für eine Zusammenfassung der sprachlichen Gestaltung:
Die sprachlichen Bilder in dem Gedicht „Städter" von Alfred Wolfenstein führen dazu, dass die Großstadt beengt und trostlos wirkt und die Vereinzelung und Einsamkeit der Menschen in ihr besonders deutlich hervortritt. Auffallend ist die Kontrastierung: Häuser, Straßen und Wände werden durch Vergleiche und Personifikationen vermenschlicht, während die Menschen erstarrt, wie starre Werkzeuge („ineinandergehakt") oder Gebäudehüllen („Fassaden") erscheinen. Die Menschen bleiben vereinzelt und kommen sich – trotz der vermeintlichen Nähe – nicht nahe.

6 a Das letzte Wort des Gedichts – „alleine" (V. 14) – klingt beim Hörer bzw. Leser nach. Es betont ganz besonders die Gesamtaussage des lyrischen Textes: die Einsamkeit und Isolation des Städters.

b Vergleich der Bedeutungen des Worts „allein(e)" in dem Song von Unheilig und in Wolfensteins Gedicht:
Im Song „Lichter der Stadt" ist das Wort „allein" (V. 20) positiv besetzt: „Allein" bedeutet hier nicht einsam, vielmehr vom Alltag befreit, um nachzudenken und zu sich selbst zu finden. In Wolfensteins Gedicht beschreibt „alleine" (V. 14) eine überaus negative, traurige Situation: die Einsamkeit und Isoliertheit des Großstadtmenschen.

S. 150 Reim, Metrum und Rhythmus – Sinngestaltend vortragen

S. 150 Kurt Tucholsky: Augen in der Großstadt

Tucholskys Gedicht ist ein längerer Text, der sich sehr gut zum Vortragen eignet. Durch den Refrain kann die Grundstimmung besonders eindrucksvoll wiedergegeben werden.

1 a Der Sprecher des Gedichts beschreibt das Leben in der Großstadt bzw. die Menschen und ihr Verhältnis zueinander als isoliert und entfremdet. Die Großstadt ist ein eher feindlicher Lebensraum; auf den Straßen blicken sich die aneinander vorbeihastenden Menschen kurz an, doch die Chance, einander kennen zu lernen, entgeht ihnen. Bereits der Titel des Gedichts richtet den Fokus auf das Sehen, Wahrnehmen. Die Menschen sind auf „Augen", auf Blicke reduziert. Es geht um das Sehen und Gesehenwerden, aber hiermit ist nur eine flüchtige Begegnung, ein Nicht-festhalten-Können verbunden. Thema ist die Einsamkeit des Menschen mitten in einer Großstadtmenge („Millionen Gesichter"). Der Einzelne bleibt in der großen Masse anonym und vereinzelt, er wirkt klein und unwichtig.

b Der Austausch ermöglicht es den Lernenden, eigene Beobachtungen und unterschiedliche Gefühle in einer Großstadt zum Ausdruck zu bringen. Buntes Treiben, Hektik, Gedränge, aber auch Verabredungen, Events können thematisiert werden. Fremde Großstädte (z. B. auf Reisen) haben sie vielleicht fasziniert, möglicherweise aber auch das Gefühl von Fremdheit und Einsamkeit in der Menge verstärkt (fremde Gerüche, fremde Verkehrssituation, andere Architektur, man kennt niemanden).

2 Die Verse 5 bis 8 („da zeigt die Stadt / dir asphaltglatt / im Menschentrichter / Millionen Gesichter") thematisieren die Anonymität des einzelnen Menschen in der Großstadt. Obwohl ein „Du" direkt angesprochen wird („dir"), fühlt man sich nicht als Individuum gemeint und gesehen, sondern einer Masse ausgeliefert, die einen kaum wahrnimmt. Die Personifikation der Stadt („zeigt dir") verdeutlicht deren Macht, die Metaphern „asphaltglatt" und „Menschentrichter" unterstreichen die Textaussage, indem der Einzelne der großen Masse gegenübergestellt wird und nirgends Kontakt bekommen kann.

3 a/b Jeweils die letzten vier Verse jeder Strophe bilden eine Art Refrain, der variiert:
Die dreimal unverändert wiederholten Verszeilen „Zwei fremde Augen, ein kurzer Blick / Die Braue, Pupillen, die Lider – " (vom Ganzen zum Detail) betonen das Flüchtige des Eindrucks, des „Augen"-Blicks. Die Menschen – auf Augen, Blicke reduziert – erscheinen flüchtig, das Glück nicht haltbar. Beschrieben wird jedoch nicht nur die Vergänglichkeit dieses „Blicks", sondern die Flüchtigkeit des gesamten Lebens, das ähnlichen Gesetzen zu folgen scheint wie der städtische Alltag. Auf die wiederholte Frage „Was war das?" gibt es unterschiedliche Antworten, die sich jeweils auf die vorhergehenden Verse der Strophe beziehen:

199

- „Vielleicht dein Lebensglück ..." (V. 11): Die Antwort ist an ein „Du" gerichtet, ein Einzelner in der Masse der Großstädter wird direkt angesprochen; thematisiert wird das „vielleicht" unwiederbringliche Glück.
- „Kein Mensch dreht die Zeit zurück ..." (V. 23): Nun wird verallgemeinert: „kein Mensch"; das Großstadtleben wird auf das individuelle Leben schlechthin projiziert, das ähnlichen Gesetzen zu folgen scheint wie der städtische Alltag; der Wandel ist vollzogen, die glücklichen Stunden sind vorbei.
- „Von der großen Menschheit ein Stück!" (V. 37): Nun ist von der gesamten Menschheit die Rede; dies kommt einer Ausweitung der Anonymität gleich. Der Text wird in dieser Strophe politisch (vgl. V. 29–34) – eine Dimension, die Lernende dieser Altersstufe sicher nicht leicht verstehen werden.

Der jeweils letzte Vers des Refrains „Vorbei, verweht, nie wieder" verstärkt den Eindruck der endgültig und unwiederbringlich verlorenen Chancen – intensiviert durch Aufzählung, Reihung und Alliteration.

4 Untersuchung der Form des Gedichts – Vorschlag für ein Tafelbild:

Kurt Tucholsky: „Augen in der Großstadt" – Untersuchung der Form	
Aufbau: Strophe und Vers	– drei Strophen; 2 x 12 Verse, in der 3. Strophe 14 Verse – Wiederholung der Verse im Refrain (siehe Aufgabe 3) – zahlreiche Enjambements (Zeilensprünge, z. B. V. 1/2, 3/4, 5/6/7/8, 13/14, 25/26, 27/28, 31/32) → Wirkung: Das Leben fließt rasch dahin.
Reimform	– 1. und 2. Strophe: ababccddefef – 3. Strophe: ababccccddefef = Wechsel von Kreuzreim und Paarreim → Wirkung: Unruhe
Metrum (Versmaß) der 1. Strophe	– Jambus, Rhythmuswechsel durch Daktylen → Wirkung: ebenfalls unruhig, erhöht das Tempo

 Auf der beiliegenden CD-ROM findet sich das Gedicht „Augen in der Großstadt" von Kurt Tucholsky als Hörtext, gesprochen von Denis Abrahams. Der Hörtext wird begleitet von einem passgenauen Arbeitsblatt zur Übung des Hörverstehens (inkl. Lösungshinweisen) und eignet sich gut zur Ergänzung der Aufgabe 5.

5 Das Ausprobieren unterschiedlicher Vortragsweisen ist wichtig, denn der Vortrag sollte mit dem Inhalt des Gedichts korrespondieren. Leitfragen könnten sein:
- Wie kann die melancholische, wehmütige Grundstimmung am besten zum Ausdruck kommen?
- Wie kann man als Vortragender Traurigkeit, Vergeblichkeit, Monotonie des Alltags verdeutlichen, ohne beim Vortrag in Monotonie zu verfallen?
- Werden die Fragen auch als solche vorgetragen? Hört man das Fragezeichen?
- Werden die Antworten voneinander abgesetzt?
- Wie kann man die Reihung des letzten Verses gestalten? Erhöht man das Tempo? Oder legt man hinter jedem einzelnen Wort eine kleine Pause ein?

Die Schülerinnen und Schüler sollten sich nach dem Ausprobieren verschiedener Vortragsweisen begründet für eine entscheiden.

Damit die Lernenden den Gedichtvortrag wirklich gründlich vorbereiten können, sollte der Text als Kopie oder Ausdruck zur Verfügung stehen, um Betonungszeichen setzen zu können.

S. 152 Ein Gedicht analysieren und deuten

S. 152 Paul Boldt: Auf der Terrasse des Café Josty

Die Aufgaben in diesem Abschnitt leiten die Analyse eines Gedichts Schritt für Schritt an. Häufig fällt es Schülerinnen und Schülern besonders schwer, die sprachlichen Gestaltungsmittel, die ihnen aufgefallen sind, auch in ihrer Wirkung zu beschreiben bzw. zu einer Gesamtdeutung zusammenzuführen. Deshalb wird dies in einzelnen Arbeitsschritten eingeübt.

S. 152 1. Schritt: Mit dem Gedicht ins Gespräch kommen

1 a Das Sammeln erster Eindrücke ist notwendig, damit ein erster Zugang zu dem Gedicht festgehalten wird. Die Formulierungshilfen dienen dazu, die Eindrücke auch in vollständigen Sätzen verschriftlichen zu können. Außerdem kann dadurch eine Fragehaltung entstehen, die über das hinausgeht, was Schülerinnen und Schüler gerade bei Gedichten schnell „verzweifeln" lässt und zu der Aussage führt: „Das verstehe ich nicht."

b Oft entsteht bei Lernenden der Eindruck, Gedichtinterpretationen seien willkürlich („Jeder kann das darin sehen, was er sehen will"). Wichtig ist die Erkenntnis, dass ihre Eindrücke durch den Text selbst, die sprachlichen Bilder ausgelöst werden und dass der Text einer Willkür Grenzen setzt – wenn auch Wirkungsspielräume möglich sind. Deshalb sind die Begründungen für die ersten Eindrücke anhand einzelner Passagen oder Wörter aus dem Gedicht bedeutsam. So lernen die Schüler/-innen, dass die Eindrücke durch den Text motiviert sind (Leserlenkung).

2 Bezug des Titels zum Gedicht: Der Titel legt den Ort fest, von dem aus das lyrische Ich seine Beobachtungen macht – die Terrasse des Cafés Josty.

3 a/b Um sich dem Gedicht weiter zu nähern, wenden die Schülerinnen und Schüler die Methode „Talking to the Text" an. Dabei nehmen sie nun auch Einzelheiten des Gedichts in den Blick. Als Starthilfen sind im Schülerband einige Notizen vorgegeben, die allerdings unvollständig sind. Auf einer Kopie fertigen die Lernenden stichwortartig in ähnlicher Weise individuelle Überlegungen zu Inhalt, Form und sprachlicher Gestaltung an.

Die Enjambements sollten dabei sinnvoll am Versende notiert werden, um den Zeilen-„Sprung" zu verdeutlichen, z. B.:

Der Potsdamer Platz in ewigem Gebrüll

Vergletschert alle hallenden Lawinen

Der Straßentrakte: Trams auf Eisenschienen,

[...]

4 Diese Aufgaben bieten Hilfestellungen, um das Textverständnis zu überprüfen und zu vertiefen.

a In der zweiten Strophe werden die Menschen in den Straßen wie kleine Tiere beschrieben, mit Ameisen und Eidechsen verglichen: „Ameisenemsig, wie Eidechsen flink" (V. 6). Diese Metapher und der Vergleich ebenso wie die Reduktion der Menschen auf „Stirne" und „Hände" (V. 7) sowie die Verben „rinnen" (V. 5) und „schwimmen" (V. 8) erwecken den Eindruck, der Mensch sei wie die kleinen Tiere auf seine Instinkte reduziert, klassifiziert nach Kopf- und Handarbeit, getrieben, davongetragen, zwar fleißig und eilig, aber ohne Einfluss darauf, was mit ihm passiert. Der Mensch erscheint nicht als selbstständige, ganzheitliche, denkende und bewusst handelnde Persönlichkeit.

b Vers 10 ist sicher einer der Verse, die zunächst besonders sperrig wirken. Die Deutungsangebote sollen hier Anregungen geben. Möglich ist auch ein Ausschlussverfahren (es können keine Flugzeuge gemeint sein, weil ...). Wahrscheinlich werden die Lernenden auf das Licht der Autoscheinwerfer als Erklärung des Bildes kommen, wenn man sie an die Bewegung erinnert und/oder auf die nächsten Verse verweist, wo von Öllachen und Wagen die Rede ist.

c Die letzten beiden Verse (nach einem Gedankenstrich) bilden eine Art Fazit. Sie beschreiben Berlin (nunmehr die ganze Stadt und nicht mehr nur den einen Platz) als schwer krank („Eiter", „Pest"); erst in der Nacht zeigt die Stadt, die tagsüber durch ihr Glitzern blendet, ihr wahres, nämlich krankes Gesicht.

5 Nachdem sie genauere Untersuchungen vorgenommen haben, sollen die Lernenden die bisherigen Arbeitsergebnisse kurz kommentieren, um eine Art Zwischenstand festzuhalten. Der Kommentar wird entweder die ersten Eindrücke vertiefend unterstreichen (Schon nach dem ersten Lesen hatte ich den Eindruck, der sich nun auch näher belegen lässt, ...) oder revidieren (Nach dem ersten Lesen hatte ich den Eindruck, dass ... Dies hat sich aber bei genauerem Hinsehen nicht bestätigen lassen, denn ...).

S. 154 **2. Schritt: Das Gedicht untersuchen (Inhalt, Form, sprachliche Gestaltung)**

Der Methodenkasten auf Seite 155 im Schülerband gibt zur Untersuchung eines Gedichts entscheidende Hilfestellungen in Frageform. Diese können auf jede Gedichtinterpretation angewendet werden.

1 a Zunächst untersuchen die Lernenden Inhalt und Titel des Gedichts. So könnte die strophenweise Zusammenfassung des Inhalts aussehen:

Paul Boldt: „Auf der Terrasse des Café Josty" – Inhalt	
1. Strophe	Beschreibung des Verkehrs und des Großstadtlärms am Potsdamer Platz
2. Strophe	Beschreibung der Geschäftigkeit und Rastlosigkeit der Menschen
3. Strophe	Bedrohliche, gespenstische Wirkung des Platzes bei Regen in der Nacht
4. Strophe	Krankhafte Züge der Großstadt Berlin

b Nach dem Lesen des Gedichts erkennt man, dass der Titel, der zunächst Vorstellungen von einem netten Kaffeetrinken in einem schönen Café an einem belebten Platz aufkommen lassen könnte, einen Beobachtungsposten nennt, von dem aus das lyrische Ich den Potsdamer Platz und das Großstadtleben in Berlin beobachtet.

2 Nun analysieren die Schülerinnen und Schüler den Aufbau des Gedichts. Paul Boldt verwendet eindeutig die Form des Sonetts:
  – vierstrophiges Gedicht: zwei Quartette (zwei vierzeilige Strophen) + zwei Terzette (zwei dreizeilige Strophen)
  – Reimschema der Quartette: abba cddc = umarmender Reim
  – Reimschema der Terzette: efe fgg = variierender Reim
  – inhaltliche Zäsur zwischen den Quartetten und Terzetten durch den Wechsel der Tageszeiten: Kontrast von Tag und Nacht
Das unregelmäßige Metrum greift die Bewegtheit in der Stadt auf, was die Enjambements unterstützen.

3 Untersuchung der sprachlichen Gestaltungsmittel:

Paul Boldt: „Auf der Terrasse des Café Josty" – Sprachliche Gestaltungsmittel		
Textbeleg (Verszeile)	**Stilmittel**	**Wirkung, Deutung**
„Der Potsdamer Platz in ewigem <u>Gebrüll</u> / Vergletschert alle hallenden <u>Lawinen</u> / Der Straßentrakte" (V. 1–3)	Personifikation Metapher	Gebrüll = negativer Ausdruck, verstärkt durch Adjektiv „ewig" → Lärm endet niemals Lärm, Verkehr, Menschen stürzen wie Naturgewalten (Lawinen) auf dem Platz zusammen → negatives Bild des Platzes
„<u>Menschenmüll</u>" (V. 4)	Metapher	abwertend, Mensch als Abfall
„Die Menschen <u>rinnen</u>" (V. 5)	Metapher	Menschen bewegen sich wie eine Flüssigkeit → werden getrieben, kein bewusstes Handeln
„<u>Ameisenemsig</u>" (V. 6)	Metapher	Menschen wirken fleißig, geschäftig, rastlos, eher vom Instinkt getrieben; assoziiert „tierische" Eigenschaften → ohne Bewusstsein/Verstand; negatives Menschenbild
„<u>wie Eidechsen</u> flink" (V. 6)	Vergleich	

„Stirne und Hände [...] / Schwimmen wie Sonnenlicht durch dunklen Wald" (V. 7/8)	Personifikation, Vergleich	Mensch reduziert auf geistige und handwerkliche Tätigkeiten, „Zerstückelung" wirkt anonymisierend → Entmenschlichung; Menschen bewegen sich, ohne Einfluss darauf nehmen zu können → werden getrieben
„Nachtregen hüllt" den Platz in eine Höhle (V. 9)	Personifikation, Metapher	Natur (Nacht und Regen) lassen den Platz wie einen (unheimlichen) Teil der Natur erscheinen.
„Wo Fledermäuse, weiß, mit Flügeln schlagen" (V. 10)	Metapher	flackernder Lichtschein, Scheinwerferlicht, Autos wirken wie Lebewesen (Fledermäuse passen zu dem Bild der Höhle aus V. 9)
„Und lila Quallen liegen" (V. 11)	Metapher	Ölpfützen, die im Laternenschein lilafarben leuchten (Lila = Farbe des Todes im Expressionismus)
„Aufspritzt Berlin, des Tages glitzernd Nest, / Vom Rauch der Nacht wie Eiter einer Pest" (V. 13 f.)	Metapher Vergleich	Tag suggeriert (trügerische) Geborgenheit („Nest"), schöner Schein Nacht: Vorstellung einer aufplatzenden Wunde, (tödliche) Krankheit, Ekel

S. 155 **3. Schritt: Die Gedichtinterpretation schreiben**

Unter Rückgriff auf die Vorarbeiten und zusätzliche Formulierungshilfen verfassen die Schüler/-innen nun eine zusammenhängende Gedichtanalyse, wie sie auch in einer Klassenarbeit verlangt wird.

1–3 Beispiellösung für die gesamte Interpretation:

Paul Boldt: „Auf der Terrasse des Café Josty" – Gedichtinterpretation
(Einleitung) In dem Gedicht „Auf der Terrasse des Café Josty" von Paul Boldt aus dem Jahr 1912 beschreibt das lyrische Ich von einer Caféterrasse aus mit Blick auf den belebten Potsdamer Platz Beobachtungen in Berlin.
(Hauptteil) In der ersten Strophe stellt der Sprecher des Gedichts den hohen Lärmpegel und den Straßenverkehr tagsüber am Potsdamer Platz dar. Danach werden in der zweiten Strophe die Menschen in ihrer Geschäftigkeit und Rastlosigkeit gezeigt. Während in den ersten beiden Strophen die Großstadt bei Tag beschrieben wird, folgen in der dritten und vierten Strophe die negativen Eindrücke der Nacht: die bedrohliche, gespenstische Wirkung des Platzes im Dunkeln bei Regen und die als krankhaft wiedergegebenen Züge der Großstadt.
Bei dem vorliegenden Gedicht handelt es sich um ein Sonett, das aus zwei Quartetten (Strophen mit vier Versen) und zwei Terzetten (Strophen mit drei Versen) besteht. Die Quartette sind in umarmenden Reimen (abba cddc) verfasst, bei den Terzetten variiert der Reim (efe fgg).
Das Metrum des Gedichts ist unregelmäßig, was den Lärm der Großstadt und das bewegte Treiben ebenso unterstreicht wie zahlreiche Enjambements (zum Beispiel bei den Versen 1/2, 2/3, 10/11). Der Aufbau des Sonetts spiegelt sich im Inhalt wider, denn zwischen den Quartetten und den Terzetten liegt eine deutliche Zäsur, der Kontrast von Tag und Nacht.
Die sprachliche Gestaltung verstärkt den Eindruck einer lauten, überwältigenden und feindseligen Stadt, in der die Menschen rastlos und entfremdet leben. Gleich zu Beginn des ersten Verses wird der Ort des Geschehens, der „Potsdamer Platz" (V. 1), genannt. Der nie endende Lärm wird durch die Personifikation „in ewigem Gebrüll" (V. 1) vergegenwärtigt, die Metapher von den „hallenden Lawinen" (V. 2) unterstreicht den negativen Eindruck. Wie eine Naturgewalt erscheinen Lärm und Verkehr durch diese Bilder. Die Menschen dagegen werden mit der Metapher „Menschenmüll" (V. 4), die sich auf „Gebrüll" reimt, wie wertlose Gegenstände behandelt und abgewertet. Der Einzelne geht in Lärm und Schmutz der Straßen, in der Masse unter.
In der zweiten Strophe, dem zweiten Quartett, wird die an kleine, emsige Tiere erinnernde Umtriebigkeit der Menschen durch eine Metapher („Ameisenemsig", V. 6) und einen Vergleich („wie Eidechsen flink", V. 6) dargestellt. Enjambements unterstützen den Eindruck der schnellen, flinken Bewegungen. Die

203

Tierbilder lassen an eine eher vom Instinkt getriebene Geschäftigkeit denken. Dazu passen die Verben „rinnen" (V. 5) und „schwimmen" (V. 8), die ebenfalls kein eigenständiges, gezieltes Handeln der Menschen ausdrücken. Vielmehr werden sie von der Masse mitgeschwemmt und auf geistige und handwerkliche Tätigkeiten („Stirne und Hände", V. 7) reduziert. Individuelle Gedanken sind nicht gefragt, was die Wortschöpfung „von Gedanken blink" (V. 7) verdeutlicht.

Nach den Quartetten erfolgt eine Zäsur. Die Terzette zeigen nun den Platz bei Nacht im Regen, er wird metaphorisch mit einem Naturbild als „Höhle" (V. 9) bezeichnet. Dazu passt das Bild der flatternden Fledermäuse (vgl. V. 10) für das Scheinwerferlicht. Ölpfützen werden mit der Metapher Abscheu erweckender lilafarbener Quallen (vgl. V. 11) beschrieben. Im zweiten Terzett werden die Ekel erregenden Bilder verstärkt und nun nicht nur auf den Platz, sondern auf ganz Berlin bezogen in dem Vergleich „wie Eiter einer Pest" (V. 14). Die letzten beiden Verse nach dem Gedankenstrich stellen ein Fazit dar. Sie machen deutlich: Am Tag kann die Stadt Berlin schön erscheinen und Geborgenheit vermitteln („des Tages glitzernd Nest", V. 13). Doch dies trügt, in der Nacht werden Krankheit und Elend sichtbar.

(Schluss) Zusammenfassend kann man sagen, dass das Gedicht, besonders durch das letzte Terzett, ein eher abschreckendes Bild der Großstadt Berlin entwirft. Meiner Meinung nach wird in dem Gedicht die negative, krankhafte Kehrseite des Großstadtlebens auf ungewöhnliche Weise bildreich veranschaulicht. Dies geschieht durch die negativ wirkenden Naturbilder und Tiervergleiche, mit denen der Ekel des Betrachters beschrieben und Abscheu beim Leser hervorgerufen wird.

Mir gefällt das Gedicht nicht so gut, denn ich kann nicht nachvollziehen, warum eine Großstadt wie Berlin jemandem so krankhaft und Ekel erregend erscheint.

 b Es ist wichtig, den Text am Ende überarbeiten zu lassen. Der Methodenkasten „Ein Gedicht untersuchen" (S. 155 im Schülerband) und der Informationskasten „Ein Gedicht schriftlich interpretieren" (ebd., S. 156) sollten dafür genutzt werden. Sie können auch zuerst von den Schülerinnen und Schülern in eine Checkliste umformuliert werden.

 Testet euch! – Gedichte untersuchen

S. 157 Theodor Storm: Die Stadt

1 a So lautet der korrekte Beginn der Gedichtinterpretation:

In dem <u>Gedicht</u> „Die Stadt" von Theodor Storm aus dem Jahr 1854 beschreibt der Sprecher <u>seine Heimatstadt und seine Gefühle gegenüber dieser Stadt</u>.

In den ersten beiden Strophen wird ein <u>trostloses</u> Bild von der Stadt und der sie umgebenden Landschaft entworfen. In der dritten Strophe beschreibt <u>das lyrische Ich</u> seine <u>glückliche Jugend in dieser Stadt</u>. Das Gedicht besteht aus drei <u>Strophen</u> mit jeweils fünf <u>Versen</u>, die nach dem Schema <u>abaab</u> gereimt sind. Das Metrum ist ein <u>Jambus</u>.

b Beispiel für die Fortführung des Hauptteils:

Die Beschreibung der Stadt in den ersten beiden Strophen als grau, düster, eintönig und unbelebt wird durch die Wiederholung des Farbadjektivs „grau" (V. 1), die Adjektive „schwer" (V. 3) und „eintönig" (V. 5) sowie die Personifikation „der Nebel drückt die Dächer" (V. 3) verdeutlicht. Die Wahrnehmungen in der zweiten Strophe verstärken den trostlosen Eindruck; hier wird das Zahlwort „kein" durch Wiederholung hervorgehoben: „kein Wald" (V. 6), „kein Vogel" (V. 7). Kontrastwörter beschreiben den Gegensatz zu anderen, lieblicheren Orten: Statt eines rauschenden Walds (vgl. V. 6) gibt es in der grauen Stadt wehendes Strandgras (vgl. V. 10), statt anhaltenden Vogelgesangs im Mai (vgl. V. 6/7) hört man den harten Schrei der durchziehenden Gänse in der Herbstnacht (vgl. V. 8–10).

Eine Wende erfolgt in der dritten Strophe, in der deutlich wird, dass das lyrische Ich seine Heimatstadt liebt. Die Konjunktion „doch" (V. 11) leitet den Gegensatz ein. Es folgt die persönliche, vertraute Anrede der Stadt: „Du" (V. 12 und 15) und „dir" (V. 11 und 14). Positive Wörter und sprachliche Bilder wie „hängt mein ganzes Herz an dir" (V. 11) und „Der Jugend Zauber [...] ruht lächelnd doch auf dir" (V. 13/14) verdeutlichen die schönen Erinnerungen und die anhaltend positiven Gefühle des lyrischen Ichs ebenso wie die beiden Wiederholungen („auf dir, auf dir, V. 14; „Du graue Stadt am Meer", V. 12 und 15).

S.158 7.2 Babbeln, schwätzen, schwade, schnacken – Dialekte untersuchen

Das Wort „Dialekt" (von griechisch *dialegein:* sich unterhalten) bezeichnet eine regionaltypische Ausprägung einer Sprache. Der Begriff „Mundart" (im Sinne einer gesprochenen Variante der Sprache) wurde von Philipp von Zesen (1619–1689) bereits im 17. Jahrhundert geprägt, konnte sich allerdings nicht durchsetzen. Sechs Kriterien liegen den meisten Definitionsversuchen zu Grunde:
– „die sprachgeschichtliche Entstehung (vor der Hochsprache),
– die grammatisch-lexikalischen Möglichkeiten (anders als in der Hochsprache, teilweise eingeschränkter),
– die räumliche Erstreckung (landschaftsgebunden),
– die Gesellschaftsschicht der Benutzer (Unterschicht – was südlich der Mainlinie nicht zutrifft, wo auch gehobene Schichten durchaus Dialekt sprechen),
– der Verwendungsbereich (mündlich, familiär-intim) und
– die kommunikative Reichweite (geringerer Verständigungsradius)."
(Zitiert nach Ludwig Zehetner: Das bairische Dialektbuch. C. H. Beck, München 1985, S. 18).
Mit dem Begriffspaar „Dialekt – Hochsprache/Nicht-Dialekt" wird die Wirklichkeit nur unzureichend erfasst. Tauglicher ist das Drei-Schichten-Modell „Dialekt – Umgangssprache – Hochsprache", wenngleich auch diese Vereinfachung über die fließenden Übergänge hinwegtäuscht. So können alle Dialekte letztlich als Abstraktionen gelten, die in Reinform in der Wirklichkeit nicht auftreten.
Die „Akademie för uns kölsche Sproch" (http://koelschakademie.finbot.com) und die Stadt Frankfurt (http:/frankfurt-interaktiv.de/frankfurt/mundart/sprachfuehrer/a_b.html) bieten jeweils ein Mundart-Wörterbuch an, in dem die Schülerinnen und Schüler alltägliche Begriffe nachschlagen können.

S.158 Bläck Fööss: Unsere Stammbaum

1 a Die Ursprünge der AG „Arsch huh, Zäng ussenander!" gehen auf den 9. November 1992 zurück, als sich in Köln 100.000 Menschen zu einem Konzert „gegen Rassismus und Neonazis" versammelten, um gegen ausländerfeindliche Übergriffe in der Bundesrepublik zu protestieren. Im Laufe der Jahre griff die AG mehr und mehr soziale Fragen auf und setzte sich zum Ziel, das Auseinanderbrechen der Gesellschaft in Arm und Reich zu brandmarken. 75.000 Besucher erklärten sich am 9. November 2012 in Köln bei einer Kundgebung und einem Konzert mit diesen Zielen der AG solidarisch.
Der Slogan „Arsch huh, Zäng ussenander" („Hintern hoch, Zähne auseinander") appelliert also an das soziale Bewusstsein und die Zivilcourage der Bürgerinnen und Bürger, gesellschaftliche Missstände beim Namen zu nennen und sich politisch zu engagieren.

b Bei der begründeten Antwort auf die Frage, was sie davon halten, wenn sich Musiker und Künstler politisch engagieren, können die Schüler verschiedene Argumente gegeneinander abwägen, z. B.:
– Künstler können ihre Popularität für einen guten Zweck einsetzen.
– Künstler können ihre Popularität missbrauchen.
– Kunst hat immer eine gesellschaftliche Aufgabe.
– Sich nicht politisch zu engagieren, bedeutet Wegschauen.
– Künstler haben eine Vorbildfunktion.

2 Nach dem Vortrag durch die Schülerinnen und Schüler empfiehlt es sich, den Originalsong in der Klasse vorzuspielen.

Auf der beiliegenden CD-ROM findet sich der Song „Unsere Stammbaum" der Bläck Fööss als Hörtext, begleitet von einem passgenauen Arbeitsblatt zur Übung des Hörverstehens (inkl. Lösungshinweisen).

Mögliche Arbeitsaufträge
– Vergleicht euren Vortrag mit dem Originalsong. Stellt ihr Unterschiede in Aussprache und Betonung fest?
– Tauscht euch darüber aus, inwiefern die musikalische Gestaltung die inhaltliche Aussage des Songs unterstützt.

205

3 **a** Beispiel für eine Übersetzung ins Hochdeutsche:

Unser Stammbaum

Ich war ein stolzer Römer, kam mit Cäsars Legion,
und ich bin ein Franzose, kam mit Napoleon.
Ich bin Bauer, Schreiner, Fischer, Bettler und Edelmann,
Sänger und Gaukler, so fing alles an.

5 Refrain:
So sind wir alle hierhergekommen,
wir sprechen heute alle dieselbe Sprache.
Wir haben dadurch so viel gewonnen.
Wir sind, wie wir sind, wir Narren am Rhein.
10 Das ist etwas, worauf wir stolz sind.

Ich bin aus Palermo, brate (koche) Spaghetti für euch mit.
Und ich war ein Pimock, heute lache ich mit euch mit.
Ich bin Grieche, Türke, Jude, Moslem und Buddhist,
Wir alle, wir sind nur Menschen, vor'm Herrgott sind wir gleich.

15 Refrain:
So sind wir alle ...

Die ganze Welt, so sieht es aus,
ist bei uns hier zu Besuch.
Menschen aus allen Ländern
20 trifft man hier an jeder Ecke.
Man glaubt, man ist in Ankara, Tokio oder Madrid,
doch sie reden alle wie wir
und suchen hier ihr Glück

Refrain: So sind wir alle …

b/c Die Stadt Köln wird in dem Song als ein Schmelztiegel verschiedener Nationen, Kulturen und Religionen vorgestellt. Gerade in dieser kulturellen und ethnischen Vielfalt besteht nach Aussage des Songs der Reichtum der Stadt. Denn alle Menschen, so unterschiedlich auch ihre Wurzeln sein mögen, sind in einem gleich: Sie alle sind Menschen und sprechen insofern dieselbe Sprache (V. 6), als sie in Frieden leben und im Zusammenleben mit den anderen ihr Glück finden wollen. Damit greift der Song die Hauptintentionen der AG „Arsch huh, Zäng ussenander" auf, nämlich gegen Rassismus und Fremdenfeindlichkeit einzutreten.

d Beim Vergleich des Originalsongs mit der Übersetzung wird schnell klar: Das Lokalkolorit geht in der Übersetzung verloren. Die Verbundenheit der Sprecherin/des Sprechers mit ihrer/seiner Heimatstadt tritt zurück.

4 Beim Vergleich kölscher Wörter mit den hochdeutschen Pendants sollten nur die wichtigsten Lautveränderungen angesprochen werden:
- Endungen werden meist getilgt: Minsche > Menschen (V. 13).
- Einzelne Laute werden weggelassen: un > und (V. 2).
- Wörter werden zusammengezogen: simmer > sind wir (V. 5).
- Das Kölsche macht die neuhochdeutsche Diphthongierung der mittelhochdeutschen Langvokale i, u, iu (ü) nicht mit: i > ei (glich > gleich, V. 13); u > au (Buur > Bauer, V. 3; us > aus, V. 10); ü > eu (hück > heute, V. 6).
- e > i (met > mit, V. 10)
- Anlautendes g wird immer als j ausgesprochen: jewonnne > gewonnen (V. 7).

Der kölsche Dialekt kennt Sondervokabeln, die nieder- und hochdeutsche, aber auch französische, holländische, spanische und italienische (lateinische) Einflüsse aufweisen. So erklärt sich die Übernahme französischer Lehnwörter und aus dem Französischen gebildeter Sondervokabeln aus jenen zwanzig Jahren zwischen 1794 und 1814, in denen Köln und die linksrheinischen Rheinlande zu Frankreich gehörten. Im Song wird auf diesen historischen Zusammenhang in Vers 2 angespielt.

Mögliche Zusatzaufgabe

Übersetzt die folgenden kölschen Wörter und untersucht ihre Herkunft (Lösungen hier in Klammern):

- us der Lamäng (= aus dem Stegreif < frz. *de la main*, aus der Hand)
- Bajasch (= Sippschaft < frz. *bagage*)
- malad (= krank < frz. *malade*)
- Plümmo (= Oberbett < frz. *plumeau*)
- Paraplü (= Regenschirm < frz. *parapluie*, Lehnwort)
- Trottewar (= Bürgersteig < frz. *trottoir*, Lehnwort)
- Kappes (= Kohl < poln. *kapusta*)

S. 160 Adolf Stoltze: Die Frankforter Sprach

2

a Das Thema des Gedichts sind die Vorzüge der Mundart, speziell der Frankfurter Mundart, gegenüber der Hochsprache.

b Beispiel für die Gegenüberstellung der jeweiligen Eigenschaften – Vorschlag für ein Tafelbild:

Frankfurter Mundart (Dialekt)	Hochdeutsch
klingt schön (vgl. V. 1)	klingt vornehm und gestelzt (vgl. V. 7)
ist nicht eckig und spitz (vgl. V. 3)	kommt nicht von Herzen (vgl. V. 8)
kann jede Empfindung ausdrücken (vgl. V. 4), ist unverfälscht und kommt von Herzen (vgl. V. 5–8)	Die Bezeichnung „Hochdeutsch" klingt hochmütig und wertet den Begriff „Mundart" ab (vgl. V. 9–10).
ist als Sprechsprache dem Hochdeutschen überlegen (vgl. V. 12)	hat als Schriftsprache seine Berechtigung (vgl. V. 11)

c Die Schülerinnen und Schüler könnten bei der Diskussion, ob sie sich dieser Gegenüberstellung von Dialekt und Hochsprache anschließen, auf einige der im Folgenden ausgeführten Aspekte eingehen und auch schon an dieser Stelle darüber reflektieren, wann und bei welcher Gelegenheit ihnen Dialekt begegnet oder sie selbst Dialekt sprechen (siehe auch Aufgabe 2c und 3 auf S. 163 im Schülerband und den Hinweis dazu auf S. 209 in diesen Handreichungen).
Mundartliche Texte dokumentieren die Verbundenheit mit der jeweiligen Region. Sie werden häufig bei traditionellen Festen (wie Karneval, Heimatfesten usw.) gesprochen oder gesungen und haben auch im Volkstheater und im Puppenspiel ihren festen Platz (Millowitsch-Theater, Kölner Hänneschen). Außerhalb der sprachlichen Grenzen sind sie nur schwer verständlich. In der Mundart können Gedanken und Emotionen ohne Umweg über die Übersetzung in eine Hochsprache vermittelt werden. Die Komplexität der Gefühle, Erfahrungen, Assoziationen wird über einen Wortschatz transportiert, der häufig umfangreicher und differenzierter ist als die Hochsprache. Goethe, selbst hessischer Mundartsprecher, stellte fest: „Der Dialekt ist das Element, in dem die Seele ihren Atem schöpft." Diese Wertschätzung bringt die Besonderheit der Mundart mit ihrer Wortvielfalt als Sprache der Seele, des unverstellten Ichs zum Ausdruck. Mit geringfügigen Veränderungen, zwischengeschobenen Lauten, für einen (sprachlich) Außenstehenden kaum merkbaren Varianten können facettenreiche Zusatzinformationen gegeben werden.

3 Typisch für den südhessischen Dialekt, zu dem auch das Frankfurterische zählt, sind z. B.:

- die Senkung bzw. Hebung der Vokale:
  - Senkung: i > e (dir > derr), u > o (Frankfurter > Frankforter)
  - Hebung: o > u, e > i (keine Beispiele im Text)
- das Weglassen von Vokalen und Konsonanten im Auslaut („Hauptsach", V. 2, „gewachse", V. 6)

Fordern und fördern – Ein Dialektgedicht untersuchen

S. 161 **Luise Ortlieb: Hamborgs Nachtmelodie**

1 Das Thema des Gedichts wird in der ersten Strophe in den Versen 3 und 4 angesprochen. Es geht um die Ruhelosigkeit und Hektik des Großstadtlebens, das den Bürgern nicht einmal in der Nacht Ruhe und Besinnung erlaubt.

2 Die deutsche Sprache hat sich im Laufe der Jahrhunderte stark gewandelt. Die sogenannte zweite oder hochdeutsche Lautverschiebung hat vor allem im Bereich der Konsonanten zu typischen Veränderungen geführt, z. B. p > f/pf oder k > ch. Wie andere germanische Sprachen, z. B. Englisch, Dänisch, Schwedisch, Niederländisch usw., hat auch das Niederdeutsche diese zweite Lautverschiebung nicht mitvollzogen, sodass die niederdeutschen Wörter z. B. den englischen Wörtern ähneln.

3 Beispiel für die Übersetzung des niederdeutschen Gedichts:

Hamburgs Nachtmelodie

Die große Stadt will schlafen gehen,
Doch kommt sie nicht dazu,
Denn Menschensinn und Menschentun
Geben Tag und Nacht keine Ruhe!

5 Von Petri dröhnt der Glockenschlag,
Horch, nun ist es Mitternacht!
Die breite Straße liegt wie am Tag
In Lärm und Lichterpracht.

Sie brennt in Grün, in Blau, in Rot,
10 Neon ist das Fanal,
Die Autos jagen sich fast zu Tode
Die Asphaltbahn hinab!

Als noch der Mensch nach Werk und Tun
Macht sich getrost bereit,
15 Mit Stadt und Bürgern still zu ruhn
In sanfter Dunkelheit ...!

Die große Stadt will schlafen gehen,
Doch kommt sie nicht dazu,
Denn Menschensinn und Menschentun
20 Geben Tag und Nacht keine Ruhe.

4 In dem niederdeutschen Gedicht „Hamborgs Nachtmelodie" von Luise Ortlieb wird die Stadt personifiziert. Im ersten und zweiten Vers wird die Stadt als Lebewesen beschrieben. Die Verben „schlafen" und „dazu kommen" werden üblicherweise nur bei Personen oder Lebewesen verwendet. Dieses sprachliche Bild wiederholt sich in den Versen 17/18. So entsteht der Eindruck einer lebendigen Stadt, die wie ein Mensch fühlt und leidet.

5 Beispiele für die Lautverschiebung – Vorschlag für ein Tafelbild:

Lautverschiebung	Niederdeutsch → Hochdeutsch	Englisch
p → f/pf	Peper → Pfeffer	pepper
	Appel → Apfel	apple
t → s/ss/tz/z	wat → was	what
	Water → Wasser	water
	beter → besser	better
k → ch	breken → brechen	break
	koken → kochen	cook

6 Die niederdeutschen Wörter ähneln den englischen Wörtern, weil auch die englische Sprache die zweite Lautverschiebung nicht mitgemacht hat.

S. 163 Die deutschen Dialekte

1 Die Karte zeigt die Dialekte in der Bundesrepublik Deutschland und teilt sie – wie üblich – in das niederdeutsche (rot gekennzeichnet), mitteldeutsche (grün gekennzeichnet) und oberdeutsche (blau gekennzeichnet) Sprachgebiet ein. Zusätzlicher Hinweis: Die Grenze zwischen dem Niederdeutschen und dem Mitteldeutschen markiert die sogenannte Benrather Linie (maken → machen), nördlich der die zweite (hochdeutsche) Lautverschiebung nicht vollzogen wurde. Die mitteldeutschen Dialekte unterscheiden sich von den oberdeutschen dadurch, dass sie die Lautveränderungen der zweiten Lautverschiebung weniger konsequent vollzogen haben.

Die drei großen Sprachregionen sind ihrerseits auf der Karte gemäß der geografischen Lage in Ost- und Westniederdeutsch und Ost- und Westmitteldeutsch unterteilt, während der oberdeutsche Sprachraum in Ostfränkisch (im Norden), Alemannisch (im Südwesten) und Bairisch (im Südosten) aufgeteilt ist.

Die so differenzierten großen Sprachräume sind noch einmal in unterschiedliche regionale Dialekte aufgeteilt, die nur durch Bezeichnungen, nicht aber durch farbliche Markierungen oder Grenzen gekennzeichnet sind.

2 a Zuordnung der Gedichte zu den in der Karte verzeichneten Dialektgebieten:
  - Black Fööss: Unsere Stammbaum – Westmitteldeutsch (Ripuarisch/Mittelfränkisch)
  - Adolf Stoltze: Die Frankforter Sprach – Westmitteldeutsch (Hessisch)
  - Luise Ortlieb: Hamborgs Nachtmelodie – Westniederdeutsch (Nordniedersächsisch)

c Zur Beantwortung der Frage, warum es neben der Hochsprache so viele Dialekte gibt, kann auf die Ausführungen zu Aufgabe 2c auf S. 207 in diesen Handreichungen zurückgegriffen werden.

3 a/b Auch für diesen Arbeitsauftrag können die Hinweise zu Aufgabe 2c auf S. 207 in diesen Handreichungen herangezogen werden. Außerdem können die unten zusammengefassten Ergebnisse einer Umfrage zum Gebrauch des Dialekts als Tafelbild angeboten werden:

Zusammenhänge zwischen	
Dialekt und Alter	– häufige Verwendung bei älteren Menschen (über 60 Jahre) – Dialektunkenntnis bei über einem Drittel der jungen Menschen unter 30 Jahren
Dialekt und Berufsfeld	– häufige Verwendung bei Menschen in landwirtschaftlichen Berufen – geringer Dialektgebrauch bei Beamten, Angestellten und Selbstständigen
Dialekt und Größe des Wohnorts	– häufiger Gebrauch in kleinen Gemeinden – geringe Verwendung in Großstädten

Die Schülerinnen und Schüler werden als Anlässe und Situationen, bei denen sie selbst Dialekt sprechen oder in ihrer Mundart singen, in erster Linie Brauchtumsfeste (z. B. Karneval) nennen.

S. 164 7.3 Fit in … – Ein Gedicht untersuchen

Das Verfassen einer Gedichtinterpretation ist eine typische Aufgabenstellung für eine Klassenarbeit in der Jahrgangsstufe 8. Die einzelnen Schritte leiten dazu an, die Aufgabenstellung richtig zu verstehen, sich mit Inhalt, Form und sprachlichen Bildern des Gedichts auseinanderzusetzen, um schließlich mit Formulierungshilfen die Gedichtinterpretation gegliedert verfassen zu können.

S. 164 **Oskar Loerke: Blauer Abend in Berlin**

S. 164 **Die Aufgabenstellung verstehen**

1 a Der Hinweis auf das genaue Durchlesen und Verstehen der Aufgabenstellung ist bei jeder Übung für eine Klassenarbeit wichtig, da die Schülerinnen und Schüler häufig Operatoren („Untersuche") bzw. Schlüsselwörter (hier: „Inhalt", „Form" und „sprachliche Gestaltungsmittel") übersehen.

   b Der partnerschaftliche Austausch soll sicherstellen, dass den Lernenden alle wesentlichen Aspekte der Aufgabenstellung bewusst sind.

S. 165 **Das Gedicht untersuchen und eine Stoffsammlung anlegen**

2 a Mit dieser Aufgabe und der Starthilfe soll zunächst ein Hinweis gegeben werden, wie eine erste Annäherung an das Verständnis des Gedichts erfolgen kann, z. B.:
   In dem Gedicht wird die Stadt wie eine Wasserlandschaft beschrieben. Das Straßennetz des abendlichen Berlin wird mit Wasserwegen („Kanälen", V. 1) verglichen, in denen sich der Himmel spiegelt. Auch Kuppeln, Fabrikschornsteine und ihre Rauchschwaden ähneln Elementen einer Wasserwelt. Die Menschen/Stadtbewohner werden mit dem Sand am Grund des Wassers verglichen; wie dieser werden sie von den Wellen sanft hin und her bewegt.

   b Nun notieren die Lernenden ihre ersten Eindrücke, die sie später mit ihren Analyseergebnissen vergleichen können, z. B.:
   – Beim Lesen des Gedichts entsteht der Eindruck, als handele es sich bei der Stadt um einen Teil der Natur. Man spricht auch manchmal von Stadt-„Landschaft".
   – Mir fällt besonders auf, dass sehr positive Attribute benutzt werden wie „sacht [...] erzählen" (V. 8) und „im linden Spiel der großen Wellenhand" (V. 14).

3 Es ist sinnvoll, den Schülerinnen und Schülern eine Kopie oder einen Ausdruck des Gedichttextes auszuhändigen, damit sie ihn (wie in einer Klassenarbeit) direkt bearbeiten können: z. B. Betonungszeichen setzen, das Reimschema rechts danebenschreiben, Markierungen und Unterstreichungen vornehmen, Notizen am Rand festhalten.

Inhalt des Gedichts:
1. Strophe: Bild von Straßen und Häusern einer Großstadt am Abend
2. Strophe: Rauch aus Schornsteinen ist zu sehen, Menschen gehen durch die Straßen
3. Strophe: Menschen erscheinen als von Naturgesetzen regierte Wesen
4. Strophe: Menschen werden von einer höheren Naturkraft gehalten
Inhaltliche Zäsur zwischen den Quartetten und Terzetten: Himmel – Grund/Boden

Form:
– vier Strophen. Strophe 1 und 2 mit jeweils vier Versen, Strophe 3 und 4 mit jeweils drei Versen
   → Gedichtform: Sonett: zwei Quartette, zwei Terzette
– Reimform: abba abba cdd cdd; Quartette: umarmender Reim, Terzette: jeweils die ersten Verse reimen sich, jeweils der zweite und dritte Vers sind durch Paarreim verbunden → regelmäßig wie das Fließen des Wassers
– Metrum: durchgängig fünfhebiger Jambus → greift Wellenbewegung des Wassers auf
– zahlreiche Enjambements (V. 2/3, 4/5, 10/11/12, 13/14), sie fügen nicht nur die Zeilen, sondern auch die Strophen (V. 4/5, 11/12) eng aneinander → Vorstellung vom strömenden Wasser findet auch in diesem Stilmittel Ausdruck

Sprachliche Gestaltungsmittel:

Textbeleg (Verszeile)	Stilmittel	Wirkung, Deutung
„Der Himmel fließt in steinernen Kanälen" (V. 1)	Metapher	Der Himmel erscheint am Abend wie ein Fluss, der durch die Straßen fließt.
„Denn zu Kanälen steilrecht ausgehauen / Sind alle Straßen" (V. 2/3)	Metapher	Straßen wirken wie Schifffahrtskanäle.
„Und Kuppeln gleichen Bojen, Schlote Pfählen / im Wasser" (V. 4/5)	Vergleich	Kuppeln werden zu Bojen und Schlote zu Pfählen im Wasser → Die Stadt erscheint wie eine Hafenanlage.
„Schwarze Essendämpfe schwelen / Und sind wie Wasserpflanzen anzuschauen" (V. 5/6)	Vergleich	Rauchschwaden aus den Schornsteinen werden mit Wasserpflanzen verglichen, Rauch erinnert an Tang und Algen.
„Die Leben, die sich ganz am Grunde stauen" (V. 7)	Metapher	Menschen in großer Zahl befinden sich in den Straßen.
„Gemengt, entwirrt nach blauen Melodien" (V. 9)	Metapher	Menschen erscheinen wie eine unübersichtliche Menge, die dann aber mit Leichtigkeit aufgelöst wird wie durch eine wohlklingende Musik → harmonisches Bild
Wie eines Wassers Bodensatz und Tand (V. 10)	Vergleich	Menschen sind einer Naturmacht (dem Wasser) unterworfen; erscheinen wertlos
Regt sie des Wassers Wille und Verstand" (V. 11)	Personifikation	Wasser hat menschliche Eigenschaften, bewegt die Menschen → Bild für Naturgesetze
„Die Menschen sind wie grober, bunter Sand" (V. 13)	Vergleich	Menschen werden wie Dinge gesehen, sind zwar unterschiedlich („bunt"), aber doch Teil der Masse.
Im linden Spiel der großen Wellenhand" (V. 14)	Metapher, Personifikation	Schicksal des Menschen wird von einer übergeordneten höheren Naturkraft/Macht gütig gelenkt, diese hält den Menschen im positiven Sinne (fest) → erinnert an Hand Gottes

║S.166 Die Gedichtinterpretation schreiben und überarbeiten

4 a/b/c Beispiellösung:

Oskar Loerke: „Blauer Abend in Berlin" – Gedichtinterpretation

(Einleitung) In Oskar Loerkes Gedicht „Blauer Abend in Berlin" aus dem Jahr 1911 wird die Stadt wie eine Wasserlandschaft beschrieben. Die vielen Menschen, die in den abendlichen Straßen unterwegs sind, können sich von einer höheren (Natur-)Macht geschützt fühlen.

(Hauptteil) Das Gedicht lässt sich inhaltlich in zwei Teile gliedern. Im ersten Teil (V. 1–6) wird die Stadt geschildert: Der Blick des lyrischen Ichs richtet sich von oben in die Häuserschluchten der abendlichen Großstadt, die wie eine Wasserlandschaft mit Kanälen erscheint. Der in den Himmel aufsteigende Rauch der (Fabrik-)Schornsteine ähnelt Wasserpflanzen, Tang und Algen. Im zweiten Teil (V. 6–14) geht es um die Menschen in der Großstadt. Sie werden mit grobem bunten Sand verglichen (V. 13), der am Grund des Wassers dahintreibt, scheinen von Naturgesetzen regiert und von einer höheren Macht geschützt zu werden.

Bei dem vorliegenden Gedicht handelt es sich um ein Sonett, das aus zwei Quartetten und zwei Terzetten besteht. Die Quartette sind in umarmenden Reimen verfasst. Bei den Terzetten reimen sich jeweils die ersten Verse der beiden Terzette, der zweite und dritte Vers sind im Paarreim verbunden. Ebenso regelmäßig wie die Reimform ist das Metrum des Gedichts, ein fünfhebiger Jambus, was die fließenden Bewegungen des Wassers unterstreicht. Die zahlreichen Enjambements (auch über Strophen hinweg, z. B. V. 4/5, 11/12) unterstreichen die Vorstellung von ruhig strömendem Wasser. Der Aufbau des Sonetts spiegelt den Inhalt wider, denn zwischen den Quartetten und den Terzetten liegt eine Zäsur, der Kontrast zwischen Himmel und Boden/Wassergrund.

Im gesamten Gedicht wird die Stadt in sprachlichen Bildern als eine Wasserlandschaft dargestellt, auf deren Grund die Menschen dahintreiben. Die Straßen zwischen den Häuserschluchten gleichen Kanälen, in denen das abendliche Blau des Himmels wie Wasser fließt. Die Farbe Blau verweist sowohl auf den Himmel als auch auf das Wasser. Die Stadt erscheint wie eine Hafenbefestigung („Und Kuppeln gleichen Bojen, Schlote Pfählen / im Wasser", V. 4/5). Mit der Metapher „Die Leben, die sich ganz am Grunde stauen" (V. 7) wendet sich das Gedicht den vielen Bewohnern der Großstadt zu. Sie bewegen sich in einer unübersichtlichen Menge („gemengt", V. 9) durch die Straßen, zwar unterschiedlich, aber immer Teil der Masse, was in dem Vergleich „wie grober bunter Sand" (V. 13) zum Ausdruck kommt. In einem weiteren Vergleich („Wie eines Wassers Bodensatz und Tand", V. 10) werden sie wiederum wie Dinge betrachtet und wirken wertlos. Doch sie sind einer höheren Macht oder Naturmacht unterworfen und fühlen sich von ihr beschützt („Beginnen sacht vom Himmel zu erzählen", V. 8). Das Bild für die herrschenden Naturgesetze wird durch die Personifikation in der Verszeile „Regt sie des Wassers Wille und Verstand" (V. 11) hervorgerufen. Auch die Metapher und die Personifikation „Im linden Spiel der großen Wellenhand" (V. 14) verweisen auf das gütige Schicksal des Menschen. Er ist einer übergeordneten, höheren Naturkraft oder Macht untergeordnet, die den Menschen im positiven Sinne (fest)hält. Er kann sich geborgen fühlen.

(Schluss) Insgesamt wird deutlich, dass in diesem Gedicht die Stadt und die Menschen als Teil der Natur dargestellt werden. Die sprachlichen Bilder erzeugen den Eindruck, dass der Mensch von der Natur oder einem höheren Gesetz gut behandelt und behütet wird, sodass letzten Endes ein positives Bild von der Stadt und dem Leben darin entsteht. Mir gefällt das Gedicht, weil es eine positive, beruhigende Grundstimmung vermittelt.

5 Wichtig ist die Textüberarbeitung. Mit Hilfe der Checkliste auf S. 166 im Schülerband können die Lernenden überprüfen, ob sie richtig vorgegangen sind, ob sich in ihrem Text die wesentlichen Fachbegriffe für eine Gedichtuntersuchung wiederfinden und ob sie Textbelege genannt haben.

Material zu diesem Kapitel auf den folgenden Seiten und auf der CD-ROM

– Klassenarbeit – Ein Gedicht untersuchen: Richard Dehmel: Die stille Stadt
  (mit Erwartungshorizont auf der CD-ROM)
– Klassenarbeit – Ein Gedicht untersuchen: Alfred Lichtenstein: Die Stadt
  (mit Erwartungshorizont auf der CD-ROM)
– Kreativ-Werkstatt – Zu Gedichten schreiben: Ein Parallelgedicht schreiben (zu Orhan Veli: Ich höre Istanbul) – Ein Gegengedicht schreiben (zu Mascha Kaléko: „Window-Shopping")
  (mit Lösungshinweisen auf der CD-ROM)
– Fordern und fördern – Ein Gedicht untersuchen: Josef Reding: Meine Stadt
  (mit Lösungshinweisen auf der CD-ROM)
– Fordern und fördern – Einen mundartlichen Song untersuchen: Höhner: Echte Fründe
  (mit Lösungshinweisen auf der CD-ROM)
– Für Profis – Ein Gedicht untersuchen: Erich Kästner: Besuch vom Lande
  (mit Lösungshinweisen auf der CD-ROM)
– Diagnose – Ein Gedicht untersuchen: Georg Heym: Berlin I
  (mit Lösungshinweisen und Förderempfehlung auf der CD-ROM)
– Hörtexte: Alfred Wolfenstein: Städter, gesprochen von Denis Abrahams; Kurt Tucholsky: Augen in der Großstadt, gesprochen von Denis Abrahams; Bläck Fööss: Unsere Stammbaum, gesungen von Bläck Fööss (jeweils begleitet von passgenauen Arbeitsblättern zur Übung des Hörverstehens inkl. Lösungshinweisen, nur auf der CD-ROM)

Klassenarbeit – Ein Gedicht untersuchen

Aufgabenstellung

1 Verfasse eine Interpretation des Gedichts „Die stille Stadt" von Richard Dehmel.
Gehe so vor:
   – Untersuche den Inhalt, die Form und die sprachlichen Gestaltungsmittel des Gedichts.
   – Schreibe auf der Grundlage deiner Untersuchungsergebnisse eine zusammenhängende
   Gedichtinterpretation, bestehend aus Einleitung, Hauptteil und Schluss.

Richard Dehmel
Die stille Stadt (1896)

Liegt eine Stadt im Tale,
Ein blasser Tag vergeht;
es wird nicht lange dauern mehr,
bis weder Mond noch Sterne,
5 nur Nacht am Himmel steht.

Von allen Bergen drücken
Nebel auf die Stadt;
es dringt kein Dach, nicht Hof noch Haus,
kein Laut aus ihrem Rauch heraus,
10 kaum Türme noch und Brücken.

Doch als den Wandrer graute,
da ging ein Lichtlein auf im Grund;
und durch den Rauch und Nebel
begann ein leiser Lobgesang,
15 aus Kindermund.

(Aus: Richard Dehmel: Gesammelte Werke. Bd. I.
S. Fischer Verlag. Berlin 1913, S. 158)

Kopiervorlage

Klassenarbeit – Ein Gedicht untersuchen

Aufgabenstellung

1 Verfasse eine Interpretation des Gedichts „Die Stadt" von Alfred Lichtenstein.
Gehe so vor:
- Untersuche den Inhalt, die Form und die sprachlichen Gestaltungsmittel des Gedichts.
- Schreibe dann auf der Grundlage deiner Untersuchungsergebnisse eine zusammenhängende
  Gedichtinterpretation, bestehend aus Einleitung, Hauptteil und Schluss.

Alfred Lichtenstein
Die Stadt (1913)

Ein weißer Vogel ist der große Himmel.
Hart unter ihn geduckt stiert eine Stadt.
Die Häuser sind halbtote alte Leute.

Griesgrämig glotzt ein dünner Droschkenschimmel[1].
5 Und Winde, magre Hunde, rennen matt.
An scharfen Ecken quietschen ihre Häute.

In einer Straße stöhnt ein Irrer: Du, ach, du –
Wenn ich dich endlich, o Geliebte, fände ...
Ein Haufen um ihn staunt und grinst voll Spott.

10 Drei kleine Menschen spielen Blindekuh –
Auf alles legt die grauen Puderhände
Der Nachmittag, ein sanft verweinter Gott.[2]

(Aus: Alfred Lichtenstein: Gesammelte Gedichte.
Hg. von Klaus Kanzog.
Arche Verlag, Zürich 1962, S.60)

---

1 Droschkenschimmel: weißes Pferd, das eine Kutsche zieht
2 Der Nachmittag, ein sanft verweinter Gott: Selbst Gott ist traurig über den Zustand der Welt.

Kopiervorlage

Kreativ-Werkstatt – Zu Gedichten schreiben

Ein Parallelgedicht schreiben

Wenn man ein Parallelgedicht zu einer Gedichtvorlage schreibt, achtet man sowohl auf die Stimmung der Vorlage als auch auf die Form (Strophenform, Metrum, Reimschema). Der Gegenstand des Gedichts wird jedoch abgeändert (z. B. Herbst statt Frühling, eine andere Stadt anstelle der genannten).

Orhan Veli
Ich höre Istanbul (1941)

Ich höre Istanbul, meine Augen geschlossen.
Zuerst weht ein leichter Wind,
Leicht bewegen sich
Die Blätter in den Bäumen.
5　In der Ferne, weit in der Ferne.
Pausenlos die Glocke der Wasserverkäufer.
Ich höre Istanbul, meine Augen geschlossen.

Ich höre Istanbul, meine Augen geschlossen.
In der Höhe die Schreie der Vögel,
10　Die in Scharen fliegen.
Die großen Fischernetze werden eingezogen,
Die Füße einer Frau berühren das Wasser.
Ich höre Istanbul, meine Augen geschlossen.

Ich höre Istanbul, meine Augen geschlossen.
15　Der kühle Basar,
Mahmutpascha[1] mit dem Geschrei der Verkäufer,
Die Höfe voll Tauben.
Das Gehämmer von den Docks her;
Im Frühlingswind der Geruch von Schweiß.
20　Ich höre Istanbul, meine Augen geschlossen.

Ich höre Istanbul, meine Augen geschlossen.
Im Kopf den Rausch vergangener Feste.
Eine Strandvilla mit halbdunklen Bootshäusern,
Das Sausen der Südwinde legt sich.
25　Ich höre Istanbul, meine Augen geschlossen.

[…]

(Aus: Orhan Veli: Fremdartig/Garip. Gedichte in zwei Sprachen.
Hg. und übersetzt von Yüksel Pazarkaya.
Dagyeli, Frankfurt/M. 1985, um zwei Strophen gekürzt)

---

1 Mahmutpascha: ein bekanntes Geschäfts- und Basarviertel in Istanbul

Kopiervorlage

1 **a** Schließe die Augen, lass dir das Gedicht von einer Mitschülerin / einem Mitschüler vorlesen und höre es dir an.

    b Notiere anschließend in Stichworten, welche Eindrücke du von der Stadt Istanbul hast.

_____

_____

2 Lies nun das Gedicht und vergleiche deine Eindrücke mit dem Inhalt der einzelnen Strophen. Notiere: Was alles hört das lyrische Ich?

Strophe 1: Blätter, die leicht im Wind wehen, _____

Strophe 2: _____

Strophe 3: _____

Strophe 4: _____

3 **a** Notiere, welche Empfindungen und Gedanken das Gehörte im lyrischen Ich auslöst.

_____

_____

    b Überlege und halte in Stichworten fest, welche Wirkung die Wiederholung der Verszeile „Ich höre Istanbul, meine Augen geschlossen" hat.

_____

_____

    c Orhan Veli ist ein türkischer Schriftsteller. Notiere: Wodurch unterscheidet sich die türkische Großstadt Istanbul, wie er sie schildert, von dir bekannten deutschen Städten?

_____

_____

4 Schreibe nun ein „Hör"-Gedicht über eine Stadt deiner Wahl: „Ich höre ...". (Wenn du auf Reisen Städte anderer Länder kennen gelernt hast, kannst du auch eine ausländische Stadt wählen.)
Gehe so vor:
– Entscheide dich für eine bestimmte Stadt.
– Schreibe auf, was du mit dieser Stadt verbindest (Eindrücke, Erlebnisse, Geräusche, Gerüche usw.).
– Überlege, welche Höreindrücke und Empfindungen du in welcher der vier Strophen unterbringen möchtest. Mache dir Notizen.
– Gestalte abschließend die einzelnen Strophen aus.

Kopiervorlage

Ein Gegengedicht schreiben

Wenn man ein Gegengedicht zu einer Gedichtvorlage schreibt, geht es darum, eine Aussage zu formulieren, die der des vorgegebenen Gedichts entgegensteht (z.B. Faszination statt Bedrohlichkeit). Verändert wird also der Inhalt, die Form des Gedichts soll erhalten bleiben.

Mascha Kaléko
„Window-Shopping" (veröffentlicht 1977)

Brillantgefunkel für den Hals der Lady,
Parfum, zehn Dollar aufwärts, für die Gnädi-
ge Frau. Ein wirklich echtes Nerzcape für den Spitz,
Aus Sandelholz der – hm, Toilettensitz.
5   Da strömt das Volk im billigen Sonntagsschuh
Zum Luxusfenster der Fifth Ävennjuh
Und liegt vorm goldnen Kalb[1] platt auf dem Bauche.

Wenn ich mir schweigend diesen Prunk betrachte,
Denk ich mir nur, was Sokrates[2] schon dachte:
10   Wie vieles gibt es doch, was ich nicht brauche.

(Aus: Mascha Kaléko: In meinen Träumen läutet es Sturm.
© Deutscher Taschenbuch Verlag, München 1977, S. 54)

---

1 vorm goldnen Kalb: Anspielung auf die Geschichte vom Tanz um das Goldene Kalb im Alten Testament
2 Sokrates: griechischer Philosoph

1   a   Obwohl der Name der Stadt nicht genannt wird, kann man erschließen, um welche es sich handelt. Notiere den Namen und Textstellen, die dies belegen.

_____

b   Beschreibe mit eigenen Worten, was das lyrische Ich auf der Einkaufsstraße dieser Stadt beobachtet.

Das lyrische Ich beobachtet _____

_____

c   Das lyrische Ich sieht das „Window-Shopping" durchaus kritisch. Erläutere, worin diese Kritik besteht.

Das lyrische Ich kritisiert _____

_____

2   Verfasse nun ein eigenes Gedicht zum Thema „Window-Shopping". Du kannst ein Gegengedicht oder ein Parallelgedicht schreiben

a   Notiere zunächst, was du mit diesem Thema verbindest.

b   Gestalte dann die erste Strophe neu. Beachte dabei die formale Gestaltung.

c   Verfasse schließlich die zweite Strophe: Du kannst das Wort „Prunk" passend zu deiner ersten Strophe ersetzen. Auch „Sokrates" und die letzte Verszeile darfst du austauschen, wenn du deinem Gedicht eine andere Aussageabsicht verleihen willst.

Kopiervorlage

Fordern und fördern – Ein Gedicht untersuchen

Josef Reding
Meine Stadt

Meine Stadt ist oft schmutzig;
aber mein kleiner Bruder ist es auch
und ich mag ihn.

Meine Stadt ist oft laut;
5   aber meine Schwester ist es auch
und ich mag sie.

Meine Stadt ist dunkel
wie die Stimme meines Vaters
und hell
10   wie die Augen meiner Mutter.
Meine Stadt und ich:
Wir sind Freunde,
die sich kennen.

Nicht flüchtig kennen
15   wie die von fernher,
die der Bürgermeister
manchmal über die
Hauptstraße führt.
Er zeigt ihnen nicht
20   die Schutthalden.
Warum sollte er?
Zu Hause führen wir auch
unseren Besuch in das
Wohnzimmer und lassen ihn
25   mit unserem Mülleimer in Ruhe.

Aber manchmal, bevor ich
zur Schule gehe
klopfe ich dem braven, grauen
Müllkasten auf den Deckel,
30   dass er fröhlich klappert.
Und am Schuttfeld
werfe ich grüßend einen
Stein auf die blitzende Konservendose
dahinten, dass sie scheppert.

(© Josef Reding)

Kopiervorlage

Erarbeite Schritt für Schritt eine Interpretation von Josef Redings Gedicht „Meine Stadt". Gehe so vor:

1
a   Lies zunächst das Gedicht in Ruhe durch.

b   Notiere beim zweiten Lesen deine ersten Überlegungen zu Inhalt, Form und sprachlicher Gestaltung rechts neben dem Text. Du kannst Wörter, die für die Aussage besonders wichtig sind, umkreisen, z.B. Meine Stadt, Bruder, ..., Mutter, ..., Freunde, ...

2
a   Kläre, wer der lyrische Sprecher (das lyrische Ich) ist. Unterstreiche dafür zunächst alle Pronomen im Text, die darüber Aufschluss geben. Kreuze dann die richtige Aussage an.
Der lyrische Sprecher (Das lyrische Ich) ist

☐ ein Besucher der Stadt   ☐ ein Schüler/eine Schülerin

☐ ein Lehrer/eine Lehrerin   ☐ ein ausländischer Tourist

b   Notiere, mit welchem Vers du das belegen kannst.
TIPP: Er steht in der letzten Strophe. _____

c   Benenne das Thema des Gedichts in einem Satz. Berücksichtige dabei auch den Titel des Gedichts.

In dem Gedicht von Josef Reding denkt ein _____ über seine

Beziehung zu _____ nach.

3   Sammle Untersuchungsaspekte für den Hauptteil deiner Gedichtinterpretation.

a   Gib zunächst den Inhalt der einzelnen Strophen knapp wieder.
TIPP: Den Inhalt der ersten drei kurzen Strophen kannst du zusammenhängend darstellen.

In den ersten drei Strophen wird die Stadt mit _____

_____

_____

_____

_____

_____

_____

b   Im folgenden Abschnitt wird der formale Aufbau des Gedichts dargestellt. Streiche falsche Aussagen durch.

Das Sonett / Gedicht besteht aus vier / fünf / sechs Strophen, die alle gleich viele / unterschiedlich viele Verse enthalten. Die Verse sind nicht gereimt / folgen einem festen Reimschema. Das Metrum ist regelmäßig / unregelmäßig. Nicht nur inhaltlich, sondern auch formal lässt sich das Gedicht in zwei / drei Teile gliedern. So sind die ersten drei Strophen sehr kurz und beginnen alle mit „Meine Stadt ist ...". Die ersten beiden Strophen sind ganz verschieden / gleich aufgebaut und unterscheiden sich nur in fünf / drei Wörtern. Das Verb „kennen" unterbricht die beiden gedanklich zusammengehörenden Teile des Gedichts / verbindet den ersten Teil des Gedichts mit dem zweiten Teil. Die jeweils letzten / ersten Wörter, „Nicht" (V. 14) und „Aber" (V. 26) gliedern den Gedankengang der beiden längeren Strophen 3 und 4 / 4 und 5, in denen weniger schöne Seiten der Stadt / nur noch schöne Seiten der Stadt in den Blick genommen werden.

Kopiervorlage

c Untersuche die sprachlichen Gestaltungsmittel des Gedichts und ihre Wirkung. Achte besonders auf Wiederholungen und Gegensätze, Vergleiche und Personifikationen. Markiere sie zunächst verschiedenfarbig im Gedichttext.
Notiere dann die wichtigsten in der Tabelle und ergänze dahinter, wie sie wirken.

sprachliche Gestaltungsmittel	Textbeleg (Verszeile)	Wirkung, Deutung
Wiederholungen		
Vergleiche		
Gegensätze	hell – dunkel	positive und ...
Personifikationen	(V. 12)	

4 Schreibe eine vollständige Gedichtinterpretation in dein Heft. Verwende deine Vorarbeiten.

a Formuliere zunächst eine informierende Einleitung. Dazu gehören die Art des Textes, der Titel, der Name des Autors/der Autorin und das Thema des Gedichts. Du kannst folgende Formulierungen verwenden:
In dem Gedicht ... von ... / In ...s Gedicht ... geht es um ...

b Verfasse anschließend den Hauptteil deiner Interpretation. Beginne mit einer kurzen Inhaltsangabe, beschreibe dann den formalen Aufbau (Strophen, Verse, Reimform, Metrum) und gehe schließlich auf die sprachliche Gestaltung (Wortwahl, sprachliche Bilder usw.) und deren Wirkung ein. Denke dabei an Textbelege (Zitate mit Versangaben).

c Fasse am Schluss die wesentlichen Ergebnisse deiner Gedichtanalyse zusammen. Du kannst auch zu dem Gedicht Stellung nehmen und beschreiben, wie du deine eigene Stadt erlebst.
Folgende Formulierungen können dir helfen:
Zusammenfassend kann man feststellen ... / Insgesamt wird in dem Gedicht ... deutlich ...
Wenn ich über meine ... / Mir hat das Gedicht gut/nicht gefallen, weil ...

Kopiervorlage

Erarbeite Schritt für Schritt eine Interpretation von Josef Redings Gedicht „Meine Stadt". Gehe so vor:

1 ●●●
a   Lies zunächst das Gedicht in Ruhe durch.

b   Notiere beim zweiten Lesen deine ersten Überlegungen zu Inhalt, Form und sprachlicher Gestaltung rechts neben dem Text. Du kannst Wörter, die für die Aussage besonders wichtig sind, umkreisen.

2 ●●●
a   Notiere, wer der lyrische Sprecher (das lyrische Ich) ist. Denke an die Pronomen.

_____

b   Notiere, mit welchem Vers du das belegen kannst. _____

c   Benenne das Thema des Gedichts in einem Satz. Berücksichtige dabei auch den Titel des Gedichts.

In dem Gedicht von Josef Reding denkt _____

_____

3 ●●●
Sammle Untersuchungsaspekte für den Hauptteil deiner Gedichtinterpretation.

a   Gib zunächst den Inhalt der einzelnen Strophen knapp wieder.
TIPP: Den Inhalt der ersten drei kurzen Strophen kannst du zusammenhängend darstellen.

_____

_____

_____

_____

_____

_____

_____

_____

b   Stelle nun den formalen Aufbau des Gedichts in Stichworten dar. Berücksichtige Strophen, Verse, Reimschema und Metrum sowie mögliche Auffälligkeiten im Aufbau des Gedichts.

_____

_____

_____

_____

_____

_____

Kopiervorlage

c   Untersuche die sprachlichen Gestaltungsmittel des Gedichts und ihre Wirkung. Achte besonders auf Wiederholungen und Gegensätze, Vergleiche und Personifikationen. Markiere sie zunächst verschiedenfarbig im Gedichttext.
Notiere dann die wichtigsten in der Tabelle und ergänze dahinter, wie sie wirken.

sprachliche Gestaltungsmittel	Textbeleg (Verszeile)	Wirkung, Deutung
Wiederholungen		
Vergleiche		
Gegensätze		
Personifikationen		

 4   Schreibe eine vollständige Gedichtinterpretation in dein Heft. Verwende deine Vorarbeiten.

a   Formuliere zunächst eine informierende Einleitung. Dazu gehören die Art des Textes, der Titel, der Name des Autors/der Autorin und das Thema des Gedichts.

b   Verfasse anschließend den Hauptteil deiner Interpretation. Beginne mit einer kurzen Inhaltsangabe, beschreibe dann den formalen Aufbau und gehe schließlich auf die sprachliche Gestaltung und deren Wirkung ein. Denke dabei an Textbelege (Zitate mit Versangaben).

c   Fasse am Schluss die wesentlichen Ergebnisse deiner Gedichtanalyse zusammen. Du kannst auch zu dem Gedicht Stellung nehmen und beschreiben, wie du deine eigene Stadt erlebst.

Kopiervorlage

Fordern und fördern – Einen mundartlichen Song untersuchen

Höhner
Echte Fründe

Refrain:
Echte Fründe ston zesamme,
ston zesamme su wie eine Jott un Pott[1].
Echte Fründe ston zesamme,
5 es och dih Jlück op Jöck[2] un läuf dir fott.
Fründe, Fründe, Fründe en dr Nut
jon 'er hundert, hundert op e Lut[3].
Echte Fründe ston zesamme,
su wie eine Jott un Pott.

10 Do häs Jlück, Erfolg un küss[4] zo Jeld.
Dich kennt he op einmol Jott un alle Welt.
Minsche, die dich vürher nit jekannt,
kumme us de Löcher anjerannt,
sin janz plötzlich all met dir verwandt.

15 Refrain:
Echte Fründe ...

Scholderkloppe, Bravo nimm kei Engk[5].
Mer fingk dich wirklich toll un
drät[6] dich op de Häng.
20 Jlücklich, wä sich do nit blende liet[7]
un nit zo vell op schöne Auge jitt[8],
en jedem Fründe 'ne richtige Fründe och süht.

Refrain:
Echte Fründe ...

25 Do häs Pech; et jeiht dr Birsch erav[9].
Verjesse es all dat, wat do bisher jeschaff.
Minsche, die dich vürher jot jekannt,
jevven dir noch nit ens mih de Hand.
Jetz sühs do, wä met Rääch[10] sich Fründ jenannt.

30 Refrain:
Echte Fründe...

(Aus dem Album „Op Jöck".
(c) für den Text: Peter Horn-Peters, Jan-Peter Fröhlich,
Peter Werner-Jates, Franz-Martin Willizil, Günter Steinig)

1 Jott und Pott: Gott und Topf; gemeint ist, dass alle
   zusammenstehen, weil sie an Gott glauben und
   aus einem Topf essen.
2 op Jöck: unterwegs
3 op e Lut: auf ein Lot (alte kleine Maßeinheit: ein
   Lot ist ein Dreißigstel Pfund); gemeint ist: In der
   Not „wiegen" Freunde nur wenig, die meisten tau-
   gen nichts.
4 küss: kommst
5 Engk: Ende
6 drät: trägt
7 liet: lässt
8 jitt: gibt
9 Birsch erav: Berg herab
10 met Rääch: mit Recht

Kopiervorlage

1 Lies den Text und schreibe in wenigen Sätzen auf, worum es in dem Song geht. Vervollständige dazu die Satzanfänge.

In dem Song geht es um das Thema _____. Echte _____

zeigt sich erst dann, wenn man selbst in _____. In Zeiten, in denen es einem

gut geht, _____ ,

aber diese Freunde _____

_____

2 Nenne vier Dialektmerkmale der kölschen Mundart anhand von Beispielen im Text.

A keine Verschiebung von ü > eu, u > au   Beispiel: _____

B anlautendes g immer als j   Beispiel: _____

C keine Verschiebung von p > f   Beispiel: _____

D Auslassen des Konsonanten am Wortende   Beispiel: _____

3 Kreuze an: Zu welcher mundartlichen Region gehört der kölsche Dialekt?

☐ **A** Ostniederdeutsch

☐ **B** Bairisch

☐ **C** Westmitteldeutsch

☐ **D** Ostmitteldeutsch

4 **a** Übersetze den Song ins Hochdeutsche. Schreibe in dein Heft.
Du kannst so beginnen:

Echte Freunde

Refrain:
Echte Freunde stehen zusammen,
stehen zusammen so wie ein Gott und ein Topf.
Echte Freunde stehen zusammen,
ist auch dein Glück unterwegs und läuft dir fort.
Freunde, Freunde, Freunde in der Not
gehen hundert, hundert auf ein Lot.
...

b Vergleiche deine Übersetzung mit dem Original. Begründe, ob sich durch die Übersetzung die Aussage oder die Stimmung des Songs verändert.

Kopiervorlage

1 Lies den Text und schreibe in wenigen Sätzen auf, worum es in dem Song geht.
●●●

_____

_____

_____

_____

_____

_____

_____

2 Nenne vier Dialektmerkmale der kölschen Mundart anhand von Beispielen im Text.
●●●

A keine Verschiebung von ü > eu, u > au   Beispiel: _____

B _____   Beispiel: _____

C _____   Beispiel: _____

D Auslassen des Konsonanten am Wortende   Beispiel: _____

3 Notiere: Zu welcher mundartlichen Region gehört der kölsche Dialekt?
●●●

_____

4 a Übersetze den Song ins Hochdeutsche. Schreibe in dein Heft.
●●●
   b Vergleiche deine Übersetzung mit dem Original. Begründe, ob sich durch die Übersetzung die Aussage oder die Stimmung des Songs verändert.

Kopiervorlage

▱●●●● Für Profis – Ein Gedicht untersuchen

Erich Kästner
Besuch vom Lande (1930)

Sie stehen verstört am Potsdamer Platz.
Und finden Berlin zu laut.
Die Nacht glüht auf in Kilowatts.
Ein Fräulein sagt heiser: „Komm mit, mein Schatz!"
5 Und zeigt entsetzlich viel Haut.

Sie wissen vor Staunen nicht aus und nicht ein.
Sie stehen und wundern sich bloß.
Die Bahnen rasseln. Die Autos schrein.
Sie möchten am liebsten zu Hause sein.
10 Und finden Berlin zu groß.

Es klingt, als ob die Großstadt stöhnt,
weil irgendwer sie schilt.
Die Häuser funkeln. Die U-Bahn dröhnt.
Sie sind das alles so gar nicht gewöhnt.
15 Und finden Berlin zu wild.

Sie machen vor Angst die Beine krumm.
Und machen alles verkehrt.
Sie lächeln bestürzt. Und sie warten dumm.
Und stehn auf dem Potsdamer Platz herum,
20 bis man sie überfährt.

(Aus: Erich Kästner für Erwachsene. Ausgewählte Schriften.
Atrium Verlag, Zürich 1983, S. 196)

1 **a** Untersuche, wer in diesem Gedicht spricht. Kreuze an:

    ☐ Erich Kästner

    ☐ ein lyrischer Sprecher, der selbst zum ersten Mal in der
       Großstadt ist

    ☐ ein lyrisches Ich, das Besucher der Großstadt beobachtet

    ☐ ein Fremdenführer

 b Umkreise das sich wiederholende Personalpronomen „sie".
    Notiere: Wodurch wird deutlich, wer gemeint ist?

_____

 c Formuliere in einem Satz, worum es in diesem Gedicht geht.

_____

_____

Kopiervorlage

d Notiere in der Tabelle, welche Erfahrungen die Besucher in der Großstadt genau machen und welche Gefühle sie dabei empfinden. Gehe strophenweise vor.

Strophe	Die Besucher ...	Gefühle
1		
2		
3		
4		

2 Untersuche den formalen Aufbau des Gedichts.

a Gib die Strophen- und Verszahl an: _____

b Schreibe das Reimschema neben das Gedicht.

c Kreuze an: Lässt sich ein regelmäßiges Metrum feststellen? ☐ Ja ☐ Nein

3 Untersuche die verwendeten sprachlichen Mittel und ihre Wirkung. Du kannst Beispiele im Gedichttext markieren und dir daneben Notizen machen.
TIPP: Achte auf die Satzarten und die Personifikationen!

4 Erkläre, wie du die beiden letzten Verse verstehst.
TIPP: Denke an die Doppeldeutigkeit des Ausdrucks „überfahren werden".

_____

_____

_____

5 Schreibe eine vollständige Interpretation des Gedichts in dein Heft. Nutze deine Vorarbeiten.
Beachte die Gliederung einer Gedichtinterpretation:
1. Einleitung: Textsorte, Titel, Autor/-in, Entstehungsjahr, Thema
2. Hauptteil: kurze Inhaltsangabe, formaler Aufbau, sprachliche Gestaltungsmittel und deren Wirkung. Denke an Textbelege.
3. Schluss: Zusammenfassung der wesentlichen Ergebnisse / Gesamtwirkung des Gedichts und/oder eigene Stellungnahme.

Kopiervorlage

Diagnose – Ein Gedicht untersuchen

1 Streiche die Wörter durch, die nicht zu den Fachbegriffen für die Gattung Lyrik gehören.

> Erzähler – lyrisches Ich – Strophe – informativ – Vers – Abfolge einzelner Sinnabschnitte –
> Metrum – Rezept – Sonett – Titel – allgemeine Angaben – Vorlesung – Form – Gedichtvortrag –
> bildliche Sprache

2 Lies das Gedicht von Georg Heym in Ruhe und notiere deine ersten Eindrücke am Rand.

Georg Heym
Berlin I (1911)

Der hohe Straßenrand, auf dem wir lagen,
War weiß von Staub. Wir sahen in der Enge
Unzählig: Menschenströme und Gedränge,
Und sahn die Weltstadt fern im Abend ragen.

5 Die vollen Kremser¹ fuhren durch die Menge,
Papierne Fähnchen waren drangeschlagen.
Die Omnibusse, voll Verdeck und Wagen.
Automobile, Rauch und Huppenklänge.

Dem Riesensteinmeer zu. Doch westlich sahn
10 Wir an der langen Straße Baum an Baum,
Der blätterlosen Kronen Filigran².

Der Sonnenball hing groß am Himmelssaum.
Und rote Strahlen schoss des Abends Bahn.
Auf allen Köpfen lag des Lichtes Traum.

(Aus: Georg Heym: Dichtungen und Schriften.
Gesamtausgabe. Lyrik Bd. 1. Hg. von Karl Schneider.
C. H. Beck, München 1960)

---

1 Kremser: Pferdewagen für zehn bis 20 Personen, für Ausflugsgruppen geeignet
2 Filigran: feines Geflecht

3 a Umkreise die Pronomen, die deutlich machen, dass hier ein lyrisches Ich spricht.

  b Das lyrische Ich ist in diesem Gedicht ein Beobachter. Benenne drei Textstellen (mit Angabe des Verses), an denen der Leser dies erkennt.

4 Untersuche die Gedichtform.

  a Welches Reimschema weist das Gedicht auf? Schreibe die entsprechenden Buchstaben rechts daneben.

  b Bestimme das Metrum. Setze dafür zuerst die Betonungszeichen. Kreuze dann den richtigen Begriff an.

  ☐ Jambus   ☐ Trochäus   ☐ Daktylus   ☐ Anapäst

Kopiervorlage

c   Fülle die Lücken in dem folgenden Text, der die Form des Gedichts beschreibt:

Bei dem vorliegenden Gedicht handelt es sich um ein _____, das aus zwei

_____ und zwei _____ besteht. Die _____ sind in _____

Reimen verfasst. Bei den _____ variiert der Reim. Das Metrum des Gedichts ist ein

_____. Dieses feste Metrum wird durch _____ (z. B. V. 2/3, 9/10) aufgelockert.

Der Aufbau spiegelt sich auch im Inhalt wider, denn nach der zweiten Strophe folgt eine _____,

die den _____ von Verkehr/Gedränge und Natur verdeutlicht.

5   a   Untersuche die sprachlichen Bilder. Welche Deutungen passen zu den Bildern und zu dem Gedicht? Ergänze die Tabelle, benutze dazu den Wortspeicher. Beachte: Es passen jeweils mehrere Deutungen!

> faszinierendes Naturerlebnis – grau – leuchtendes Rot – qualvolle Enge – Sonnenuntergang im Westen – Menschenmassen – Stadt als bedrückender Raum – Entindividualisierung – erstarrt

Textbeleg (Verszeile)	Wirkung, Deutung
A „Wir sahen in der Enge / Unzählig: <u>Menschenströme</u>" (V. 3)	
B „Dem <u>Riesensteinmeer</u> zu" (V. 9)	
C „Der <u>Sonnenball</u> hing groß am <u>Himmelssaum</u>" (V. 12)	

b   Kreuze an, wie die fachsprachliche Bezeichnung dieser sprachlichen Bilder lautet.

☐ Personifikation   ☐ Vergleich   ☐ Metapher

6   Welche inhaltliche Aussage trifft zu: A, B oder C? Kreuze an.

☐ A   Das lyrische Ich in Heyms Gedicht träumt davon, sein Leben in der Natur und nicht mehr in der Großstadt zu verbringen.

☐ B   In Heyms Gedicht beobachtet ein lyrisches Ich („Wir") den zurückkehrenden Ausflugsverkehr in die abendliche Großstadt Berlin.

☐ C   In Heyms Gedicht thematisiert ein lyrisches Ich, wie schön es ist, am Abend in die Großstadt zurückzukehren.

7   Lies nochmals die beiden letzten Verszeilen. Welche Bedeutung haben sie für die Gesamtaussage des Gedichts? Streiche Unzutreffendes durch.

Das letzte Bild wirkt eher positiv / negativ. Das Rot / Orange des Sonnenuntergangs lässt ein besonderes Licht aufscheinen / vermissen. Der schöne / verregnete Ausflug in die sommerliche / winterliche Natur / Großstadt klingt noch nach. Die letzten Sonnenstrahlen erinnern die Rückkehrer in die graue, lärmende / glitzernde, lebendige Großstadt an das Naturerlebnis / Theatererlebnis. Allerdings wirkt das Verb / Adjektiv „schoss" (V. 13) etwas bedrohlich / verniedlichend. Ist die Natur der Stadt überlegen / unterlegen?

Kopiervorlage

8 Verbotene Liebe: „Romeo und Julia" – Ein Drama untersuchen

Konzeption des Kapitels

Mit „Romeo und Julia" lernen die Schülerinnen und Schüler eines der berühmtesten Dramen der Weltliteratur kennen. Romeo und Julia sind durch Shakespeares Tragödie zum bekanntesten Liebespaar der Literaturgeschichte geworden, wenn sie auch in Hero und Leander, Pyramus und Thisbe, Tristan und Isolde, Flore und Blanscheflur sowie Troilus und Cressida bedeutende Vorläufer haben. Arthur Brookes Epos „The Tragical History of Romeus und Juliet" (1562) war für Shakespeares Tragödie die wichtigste Quelle. Seine Bearbeitung der tragischen Liebesgeschichte stand wiederum Pate für unzählige Adaptionen in Literatur (z. B. Gottfried Keller: „Romeo und Julia auf dem Dorfe"), Oper (Bellini, Gounod), Film (zuletzt John Madden: „Shakespeare in Love" 1998; Carlo Carlei 2013) und Musical bis hin zu Leonard Bernsteins Erfolgsmusical „West Side Story". Die Liebesgeschichte von Romeo und Julia ist eingebettet in die Geschichte zweier rivalisierender Familien, der Capulets und Montagues, deren Protagonisten von Shakespeare in ihrem Charakter und Auftreten sehr differenziert und individuell gezeichnet sind, sodass sie für die Schülerinnen und Schüler viele Möglichkeiten der Identifikation oder Abgrenzung bieten. Thematisch geht es in „Romeo und Julia" um Eigenliebe und echte Liebe, um Familie und Eltern-Kind-Konflikte, um Freundschaft und Feindschaft, um Rivalität, Ehre und Verrat, um die Ambivalenz von Gut und Böse – signifikant verkörpert etwa durch den Bruder Laurenz, der mit seinen gut gemeinten Ratschlägen entscheidend das tragische Ende heraufbeschwört – und um die Macht des Schicksals, die der freien Willensentscheidung Grenzen setzt. Diese thematische Komplexität gibt allen Lernenden die Möglichkeit, ihren eigenen Zugang zu dem Stück zu finden. Textgrundlage ist eine für den Schulgebrauch bearbeitete Version von Diethard Lübke (Cornelsen, Berlin 2006), die durch ihren modernen Sprachgebrauch das Textverständnis erleichtert.

Das erste Teilkapitel (**„,... auf Leben und Tod' – Handlung und Figuren kennen lernen"**) beinhaltet Auszüge aus den ersten beiden Akten und dient der Einführung in die Handlung (Exposition) und der Erarbeitung der Figurenkonstellation des Dramas. Hierbei untersuchen die Schülerinnen und Schüler Ursachen und Motive für die Feindschaft der beiden Familien, den historischen Hintergrund des Stücks und die erste Begegnung der Liebenden, die den Konflikt heraufbeschwört, anhand von analytischen, aber auch produktionsorientierten Aufgabenstellungen (szenisches Lesen, Tagebucheintrag usw.).

Das zweite Teilkapitel (**„,... lass mich sterben' – Szenen gestaltend interpretieren"**) enthält Auszüge aus dem dritten und fünften Akt. Im Vordergrund stehen Formen des szenischen Interpretierens (szenisches Lesen, Stopp-Technik, Stimmenskulptur, Rollenbiografie), die eine affektive und kreative Auseinandersetzung mit dem Text ermöglichen. Die Analyse des Schlussbildes knüpft noch einmal an das erste Teilkapitel an, indem der Aufbau eines klassischen Dramas in den Blick genommen wird.

Das dritte Teilkapitel (**„Rund um Shakespeare – Projektideen"**) bietet überschaubare und leicht umsetzbare Einzelprojekte an, deren Ergebnisse in der Klasse vorgestellt und diskutiert werden können.

Literaturhinweise

- Klassische Theaterstücke. Praxis Deutsch 204/2007
- *Scheller, Ingo:* Szenische Interpretation: Theorie und Praxis eines handlungs- und erfahrungsbezogenen Literaturunterrichts in Sekundarstufe I und II. Seelze, Kallmeyer 2008
- *Ders.:* Szenisches Spiel. Handbuch für die pädagogische Praxis. Cornelsen Scriptor, Berlin 2004
- *Shakespeare, William:* Romeo und Julia. Übersetzt und für die Schule bearbeitet von Diethardt Lübke. Cornelsen, Berlin 2005 (Reihe „Einfach klassisch")
- *Spinner, Kaspar H.:* Basisartikel „Literarisches Lernen". In: Praxis Deutsch 200/2006, S. 6–16

Übungsmaterial im „Deutschbuch 8 Arbeitsheft"

- Eine Dramenszene untersuchen, S. 44–47

||S. 167 8 Verbotene Liebe: „Romeo und Julia" – Ein Drama untersuchen

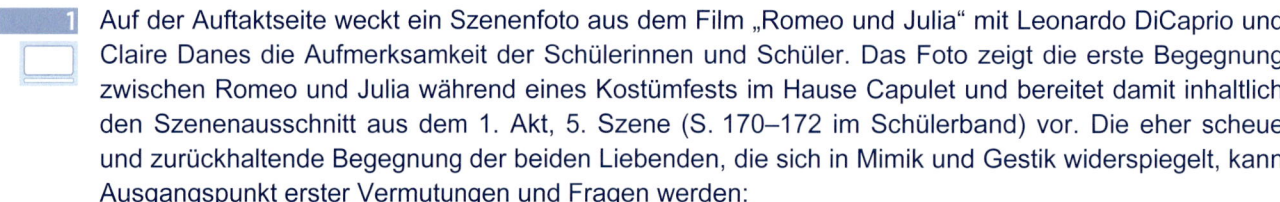

1 Auf der Auftaktseite weckt ein Szenenfoto aus dem Film „Romeo und Julia" mit Leonardo DiCaprio und Claire Danes die Aufmerksamkeit der Schülerinnen und Schüler. Das Foto zeigt die erste Begegnung zwischen Romeo und Julia während eines Kostümfests im Hause Capulet und bereitet damit inhaltlich den Szenenausschnitt aus dem 1. Akt, 5. Szene (S. 170–172 im Schülerband) vor. Die eher scheue und zurückhaltende Begegnung der beiden Liebenden, die sich in Mimik und Gestik widerspiegelt, kann Ausgangspunkt erster Vermutungen und Fragen werden:

– Wer sind die beiden Figuren?
– Wo begegnen sie sich?
– Wie verläuft diese erste Begegnung?
– Was sagen Mimik und Gestik über diese erste Begegnung aus?
– Welche Bildunterschrift könnte man dem Foto geben?
– Was wisst ihr über die Geschichte von Romeo und Julia?

2 Die Frage nach Leben und Werk Shakespeares kann auch als Hausaufgabe gestellt werden. Die Schülerinnen und Schüler können mit Hilfe einer Internetrecherche oder eines Lexikons wichtige Informationen sammeln und diese in einem Kurzvortrag in der Klasse präsentieren.

3 Nun wird die Aufmerksamkeit von den Figuren auf die Kenntnisse der Lernenden über das Theater gelenkt. Vorschlag für ein Tafelbild:

Was ist bei der Aufführung eines Theaterstücks wichtig?	
Schauspieler/-innen	verkörpern die Figuren im Stück (Rollen)
Regie	bestimmt Textauswahl, Deutung und Inszenierung
Bühnenbild	optische Gestaltung eines szenischen Raums (Kulissen, Malereien, Bühnenmaschinerie)
Kostüme/Requisiten	Kleidung und bewegliche Gegenstände, die zur Ausstattung von Szenen dienen (z. B. Tisch, Buch, Lupe)
Licht	Kunst der Bühnenbeleuchtung mit Kunstlicht
Ton	Einblenden von Musik und Geräuschen
Souffleuse/Souffleur	flüstert den Text zu, wenn Schauspieler/-innen „hängen" bleiben

||S. 168 8.1 „... auf Leben und Tod" – Handlung und Figuren kennen lernen

||S. 168 Zwei Familien im Streit – Die Exposition und den Konflikt untersuchen

||S. 168 William Shakespeare: Romeo und Julia (1. Akt, 1. Szene)

In diesem Szenenausschnitt kommt es zum Streit zwischen Mitgliedern der verfeindeten Familien Capulet und Montague, der nur durch das Eingreifen des Fürsten beendet wird. Der historische Kontext und die Einbettung der Liebestragödie in den Streit der beiden Familien werden in dieser Szene deutlich.

1 Das Lesen mit verteilten Rollen bereitet das szenische Spiel in Teilkapitel 8.2 vor. Unterstützt vom Figurenverzeichnis erhalten die Lernenden einen ersten Einblick, in welcher Situation sich die Figuren befinden.

2 Handlungsschritte des Szenenauszugs:
- Gregory und Sampson aus dem Hause Capulet zetteln eine Auseinandersetzung an.
- Benvolio aus dem Hause Montague versucht, den Streit zu schlichten.
- Tybalt aus dem Hause Capulet möchte keinen Frieden schließen.
- Der Fürst beendet den Streit.
- Der Fürst erinnert daran, dass unüberlegte Worte bereits dreimal zu Streitereien zwischen den beiden Familien geführt haben.
- Bei erneutem Konflikt zwischen den beiden Familien droht der Fürst mit der Todesstrafe.

3 Die Lernenden suchen nach Beispielen, wie sich der Hass der verfeindeten Familien in der Sprache äußert, und erläutern diese Textstellen.
Beispiellösung/Vorschlag für ein Tafelbild:

Der Hass zwischen den Familien Capulet und Montague	
feindliche Äußerungen	**Erläuterungen**
„Ich werde ihnen Fratzen schneiden." (Z. 4)	Gregory, Diener der Capulets, zeigt große Respektlosigkeit.
„Ich werde vor ihnen ausspucken." (Z. 5)	Diener Sampson will die Montagues beleidigen.
„Lass doch die feigen Hunde." (Z. 14)	Tybalt würdigt die Montagues durch das beleidigende und demütigende Schimpfwort herab.
„Los, Feigling, wehr dich!" (Z. 18 f.)	Tybalt beleidigt Benvolio aus dem Haus Montague durch die persönliche Herabsetzung als Feigling.
„Capulet, du Verbrecher!" (Z. 29)	Montague schneidet Capulet die Ehre ab.

Mögliche Zusatzaufgabe
Der Streit der beiden Familien findet im mittelalterlichen Verona statt. Überlegt, wo sich ein ähnlicher Streit zwischen zwei verfeindeten Parteien oder ein Zwist zwischen Familien heute abspielen könnte. Begründet eure Wahl.

4 Indem die Lernenden die Rolle des Fürsten erläutern, können sie auch die historischen Hintergründe der Tragödie erfassen. Der Fürst beendet den Streit, indem er „strengste Strafe" (Z. 36) androht, wenn seinem Willen nicht entsprochen werde. Als Stadtherr von Verona ist er für den Schutz aller Bürger verantwortlich und sieht in den Streitereien der beiden Familien den „Frieden der Stadt" (Z. 41) bedroht, was auch den wirtschaftlichen Interessen des Fürsten widerspricht. Denn ein florierender Handel ist in einer Stadt, in der Streit, Feindschaft und offene Auseinandersetzungen regieren, nicht möglich. Der Fürst verurteilt das Verhalten der Rädelsführer des Streits aber auch moralisch, weil er darin ethische Normen und Werte verletzt sieht („Wie die wilden Tiere, die ihre Raserei nur mit Blut besänftigen können!", Z. 34 f.).

Mögliche Zusatzaufgabe
Lest jeweils der Reihe nach nur einen Satz aus der Rede des Fürsten vor. Wiederholt diesen Vorgang, nennt aber beim zweiten Mal nur ein Wort aus eurem Vers, das ihr für wichtig haltet. Diskutiert anschließend über eure Auswahl an Schlüsselwörtern.

5 Die Heiratsgewohnheiten im Verona des ausgehenden 13. Jahrhunderts deuten darauf hin, dass die verfeindeten Familien die Beziehung zwischen Romeo und Julia verhindern werden. Es ist wahrscheinlich, dass die Oberhäupter der Familien schon anderweitige Heiratspläne für ihre Kinder geschmiedet haben.

Auf der beiliegenden CD-ROM findet sich ein Auszug aus dem 1. Akt, 2. Szene von „Romeo und Julia" als Hörtext, gesprochen von Denis Abrahams. Der Hörtext wird begleitet von einem passgenauen Arbeitsblatt zur Übung des Hörverstehens (inkl. Lösungshinweisen). Hörtext und Arbeitsblatt eignen sich zur Ergänzung und Vertiefung der Aufgaben 4 und 5 und zur Vorbereitung auf den nächsten im Schülerband abgedruckten Dramenauszug.

S. 170 William Shakespeare: Romeo und Julia (1. Akt, 5. Szene)

1 a/b Mit dieser Aufgabe üben die Lernenden das darstellende Lesen. Es empfiehlt sich, die Vorträge von Romeos Monolog auf einem Tonträger oder auf Video aufzunehmen und zu vergleichen. Nach der Diskussion der Beiträge wiederholen die (oder einzelne) Schülerinnen und Schüler ihren Vortrag. Im Plenum kann dann darüber diskutiert werden, ob die Lernenden die Anregungen umgesetzt haben.

2 Mögliche Darstellung der Szene aus der Sicht Romeos:
Zusammen mit meinem Cousin Benvolio habe ich mich auf das Kostümfest der Capulets geschlichen. Wir hatten uns verkleidet, sodass uns niemand erkennen konnte. Gerade hatte die Musik eingesetzt, da sah ich sie, das bezauberndste Mädchen, das ich jemals erblickt habe. Neben ihr verblassten alle anderen Frauen. Ich wagte, mich ihr zu nähern, und ergriff mit pochendem Herzen ihre Hand. Es gelang mir sogar mit etwas Überredung, ihren Mund zu küssen, und dies zweimal! Ich spürte voller Glück, dass sie meine Zuneigung sofort erwiderte. Wäre da nur nicht die Amme gewesen, die uns unsanft trennte. Von ihr musste ich auch noch erfahren, dass meine Angebetete eine Capulet ist. Soll ich meine Feindin lieben? Ich würde für sie mein Leben hingeben!

Mögliche Darstellung der Szene aus der Sicht Julias:
Meine Eltern haben für mich in unserem Haus ein Fest veranstaltet, bei dem Vater mir meinen zukünftigen Ehemann, den Grafen Paris, vorstellen wollte. Wie überrascht war ich, als plötzlich ein schöner junger Mann zu mir trat, meine Hand ergriff und mich mit geistreichen und verführerischen Worten zu einem Kuss überredete! Warum ließ ich es geschehen? Ich glaube, ich habe mich sofort verliebt, und ich war traurig, als die Amme unsere Begegnung plötzlich beendete. Ich sollte zu meiner Mutter kommen. Wie groß war jedoch mein Entsetzen, als ich von der Amme erfuhr, dass es sich bei meinem Geliebten um Romeo aus dem Haus der Montagues handelt. Kann ich meinen Feind lieben? Ja, ich kann es: Ich liebe diesen „verhassten" Feind!

Mögliche Zusatzaufgabe
Für Romeo und Julia bedeutet die Begegnung Liebe auf den ersten Blick. Schreibt eine kurze Geschichte mit dem Titel „Liebe auf den ersten Blick".

3 Bei den Versen ab Zeile 23 handelt es sich im Original um ein Sonett. Das Schreiben von Sonetten war am Hof Königin Elisabeths populär und hoch geachtet. Immer wieder hat Shakespeare Sonette in seine Dramen integriert.
Romeo spielt in dieser Szene auf die Pilgerreisen von Gläubigen ins Heilige Land an, die als Beweis für ihre Pilgerreise Palmblätter mitbrachten und deshalb „palmers" genannt wurden. Der Begriff taucht im Originaltext auf, ist aber in der Übersetzung getilgt. Romeo und Julia gehen, indem sie diesen religiösen Kontext aufgreifen, nur vordergründig „heilig" oder fromm miteinander um. So bezeichnet Romeo Julia als „Heilige" (Z. 29), Julia selbst erwähnt „Heiligenfiguren", deren Hände ein „andächtiger Pilger" berühren darf (Z. 28). Romeo greift diese religiöse Metaphorik auf (Z. 29 f.), um die körperliche Berührung der Geliebten von jeder „Sünde" (Z. 37) zu befreien. Der religiöse Kontext, in den die beiden Liebenden ihre Liebesbegegnung stellen, dient also nur dazu, die gesellschaftlichen Regeln und Konventionen vordergründig zu wahren und die körperliche Berührung zu rechtfertigen.

Mögliche Zusatzaufgabe
Stellt Überlegungen an, wie ihr die erste Begegnung der Liebenden inszenieren würdet.
Spielt die Szene vor.

4 a Die Lernenden erklären, welche Konflikte sich bereits in den ersten Szenen des Stücks (in der Exposition) abzeichnen: Die Feindschaft zwischen den beiden Familien, die schon mehrfach in Verona zu Streit und Auseinandersetzungen geführt hat, stellt für die Liebe zwischen Romeo und Julia ein großes Hindernis dar. Zwischen Romeo und Julia sowie deren Vätern wird es zum Streit über diese Liebesbeziehung kommen. Es ist möglich, dass man sie zwingen wird, eine Heirat mit einem anderen für sie ausgewählten Partner / einer anderen für sie ausgewählten Partnerin einzugehen.

b Beispiel für eine Zusammenfassung dessen, was man in den beiden Szenen über Ort und Zeit des Geschehens, Hauptfiguren und Konflikt des Dramas erfährt:
Das Drama „Romeo und Julia" spielt um 1300 in der italienischen Stadt Verona, in der sich zwei rivalisierende Familien seit Generationen bekriegen. Schon in der ersten Szene wird die Feindschaft der Familien Capulet und Montague deutlich, die durch die beiden Familienoberhäupter zusätzlich angestachelt wird. Nur Benvolio, Romeos Cousin, ist vergeblich um Ausgleich bemüht. Der Fürst tritt als Schlichter auf und beendet durch die Androhung empfindlicher Strafen den Streit. Auf einem Fest der Capulets lernt Romeo aus dem Hause Montague Julia Capulet kennen. Beide verlieben sich sofort ineinander. Sie befürchten und ahnen beide, dass ihre Liebesbeziehung große Konflikte aufwerfen wird.

5 Beim Schreiben der Tagebucheinträge Romeos und Julias können die Schülerinnen und Schüler auf die Vorarbeiten aus Aufgabe 2 zurückgreifen (vgl. die Hinweise auf S. 234 in diesen Handreichungen). Diese Einträge sollten aber vor allem die Hoffnungen und Befürchtungen der Liebenden widerspiegeln. So könnte Julia beispielsweise über die Reaktion ihres Vaters nachdenken, über die Schwierigkeiten, welche die Auflösung der angebahnten Verlobung mit Graf Paris mit sich bringen würde, über ihre Angst, dass auch die Montagues Romeo unter Druck setzen werden.

S.173 „Mit den leichten Flügeln der Liebe" – Eine Dramenszene untersuchen

S.173 William Shakespeare: Romeo und Julia (2. Akt, 2. Szene)

Die berühmte Balkonszene aus „Romeo und Julia" führt die Liebenden nach ihrer ersten Begegnung ein zweites Mal zusammen. Julia ahnt zunächst nicht, dass Romeo sie belauscht, und gesteht ihre Liebe ohne jede Scheu ein. Sie ist bereit, sich für diese unbedingte Liebe über alle Konventionen, „guten Sitten" und familiären Widerstände hinwegzusetzen, weil sie in Romeo nicht einen Montague, sondern einzig den Menschen sieht, dem sie vertraut und den sie liebt. Romeo, der sich bald zu erkennen gibt, erwidert diese Liebe voll und ganz. Auch er sieht in Julia nicht ein Mitglied der „verhassten" Familie Capulet, sondern allein den geliebten Menschen. – Das didaktische Potenzial dieser Szene liegt auf der Hand. Die Schülerinnen und Schüler werden an diesem Beispiel die verhängnisvollen Wirkungen einer vorurteilsbeladenen Perspektive auf andere Menschen einerseits, andererseits die Möglichkeit, sich von einer solchen Betrachtung zu emanzipieren, reflektieren.

Auf der beiliegenden CD-ROM findet sich der Auszug aus dem 2. Akt, 2. Szene von „Romeo und Julia" als Hörtext, gesprochen von Marianne Graffam, Denis Abrahams und Susanne Kreutzer. Der Hörtext wird begleitet von einem passgenauen Arbeitsblatt zur Übung des Hörverstehens (inkl. Lösungshinweisen).

1 Zum ausdrucksvollen Vortrag der berühmten Balkonszene vgl. die Hinweise zu Aufgabe 1 auf S. 234 in diesen Handreichungen.

2 Die Lernenden untersuchen Julias Monolog (Z. 1–14) und beschäftigen sich mit der Frage, warum es wichtig ist, dass sie glaubt, alleine zu sein. Julia äußert später selbst, dass die „guten Sitten" (Z. 48) einem Mädchen verbieten, in Anwesenheit des Geliebten den Gefühlen freien Lauf zu lassen. Als sie erfährt, dass Romeo sie belauscht hat, nimmt sie ihre Äußerungen aber nicht zurück, sondern setzt sich über die ihr von der Gesellschaft auferlegten Schranken hinweg.

Mögliche Zusatzaufgabe
Lest die Verse von Zeile 44 bis 62 laut vor. Nennt Wörter oder Textstellen, anhand derer deutlich wird, dass Julia nicht förmlich, sondern unmittelbar und natürlich spricht.

3 Die Aussagen in den Zeilen 13 bis 16 zeigen: Julia und Romeo sehen in dem anderen nur den geliebten Menschen. Sie blicken auf den Kern seines Wesens und nicht auf den Namen, auf die Zugehörigkeit zu einer bestimmten Familie und die damit verbundenen Einstellungen. Wenn Romeo erklärt, er sei „wie neu getauft" (Z. 16), so meint er, dass er so wie der Täufling, der durch die Taufe von allen Sünden reingewaschen wird, durch die Liebe zu Julia seine Vergangenheit, alle Vorurteile und Voreinstellungen abwirft und damit „neu geboren" ist.

235

4 Bei der Untersuchung der verwendeten sprachlichen Mittel sollten die Lernenden nach dem Auffinden der Sprachbilder auch deren Bedeutung erschließen und sie korrekt benennen (Vergleich, Metapher). Vorschlag für ein Tafelbild:

Sprachbilder für die Liebe	Art des Bildes	Bedeutung
„wie neu getauft" (Z. 16)	Vergleich	Die Liebe hat eine reinigende, erneuernde Wirkung auf die Persönlichkeit.
„liebe Heilige" (Z. 19)	Metapher	Romeo sieht seine Geliebte als so verehrungs-würdig an wie eine Heilige.
„Mit den leichten Flügeln der Liebe" (Z. 28)	Metapher	Die Liebe lässt Romeo alle Hindernisse über-winden, so wie ein Vogel sich mit Hilfe seiner Flügel über alles hinwegheben kann.
„Viel mehr Gefahr liegt in deinen Augen als in tausend Schwer-tern." (Z. 32)	Metapher	Julias Augen strahlen eine große Verführungs-kunst aus, der Romeo erliegt.
„Dich vergöttere ich" (Z. 68)	Metapher	Romeo verehrt Julia und liebt sie so inständig, wie man ansonsten nur Gott liebt.
„Meine Liebe ist so tief wie das Meer." (Z. 76)	Vergleich	Julia vergleicht ihre Liebe mit der Tiefe des Meeres: ihre Liebe ist unendlich.

Fazit: Die bildhafte Sprache (Metaphern, Vergleiche) der beiden Liebenden bringt die grenzenlose gegenseitige Liebe zum Ausdruck.

Methodischer Hinweis

Im Sinne der Differenzierung bei heterogenen Lerngruppen kann die linke Spalte der Tabelle vorgege-ben werden, die Schülerinnen und Schüler können dann in Partnerarbeit die Bedeutung der jeweiligen Sprachbilder erklären.

5 **a** Mögliche Handlungsschritte:
- Julia tritt auf den Balkon und spricht laut zu sich selbst.
- Romeo hält sich versteckt und hört zu.
- Julia gesteht ihre Liebe zu Romeo.
- Romeo antwortet Julia.
- Julia erkennt Romeo am Klang seiner Stimme.
- Julia fürchtet, dass Romeo entdeckt wird.
- Romeo will sein Leben einsetzen für Julias Liebe.
- Julia beteuert noch einmal ihre Liebe zu Romeo.
- Romeo schwört, dass er Julia liebt.
- Julia will Romeos Ehefrau werden und bittet um Nachricht, wo die Trauung stattfinden soll.
- Die Amme ruft und beendet das Gespräch der Liebenden.

b Alternativ zur freien Überlegung, wie sich die Handlung fortentwickeln könnte, kann man den Schü-lerinnen und Schülern verschiedene Fortsetzungen anbieten und sie diskutieren lassen, welche Entwicklung sie für wahrscheinlich halten:

A Die beiden zerstrittenen Familien versöhnen sich und willigen in die Hochzeit ein.
B Romeo und Julia fliehen aus Verona in eine andere Stadt und führen dort ein glückliches Leben.
C Julia gibt ihrem Vater nach und willigt in die Hochzeit mit dem Grafen Paris ein.
D Romeo will seine Stellung in der Familie der Montagues nicht gefährden und gibt Julia auf.
E Romeo und Julia sehen keinen Ausweg und beenden ihr Leben.

6 Mit der Fortführung der vorgegebenen Satzanfänge und deren Begründung vertiefen die Lernenden ihr Verständnis des Textes und seines Hintergrunds.

Beispiellösung:
– Nach meiner Meinung ist Julia sehr mutig, wenn sie sich gegen den Willen ihres Vaters stellt. Begründung: Das patriarchalische Gesellschaftssystem um die Wende zum 14. Jahrhundert gibt dem Vater das Recht, über die Zukunft seiner Tochter zu befinden.
– Durch eine Hochzeit zwischen Romeo und Julia könnte der Zwist zwischen den Familien überwunden werden. Begründung: Julia und Romeo gehören der neuen, jungen Generation an und könnten deshalb ein Zeichen setzen, die unselige Tradition der Feindschaft zu beenden.
– Ich finde, dass Romeos Liebe zu Julia eher egoistisch ist. Begründung: Romeo fühlt sich durch Julias Schönheit erotisch angezogen und will seine Leidenschaft um jeden Preis befriedigen. Echte Liebe wäre gewesen, offiziell um Julia zu werben und sie somit nicht in Gefahr zu bringen.
– Romeo und Julia verhalten sich sehr leichtsinnig, weil sie einander durch die Erklärung ihrer Liebe in Gefahr bringen. Begründung: Romeo sieht nur seine Liebe und Leidenschaft. Er riskiert in der Balkonszene nicht nur sein Leben, sondern setzt auch Julia durch sein Werben großen Gefahren aus. Julia ignoriert ebenfalls den Willen ihres Vaters und drängt sogar Romeo zur Heirat, ohne an die Folgen zu denken.
– Romeo und Julia sind Vorbild für alle Liebenden. Begründung: Romeo und Julia vertrauen ganz ihrer Liebe und lassen sich darin durch nichts beirren.

7 Alternativ können die Schülerinnen und Schüler ein Strukturdiagramm der Figurenkonstellation anfertigen. Beispiellösung:

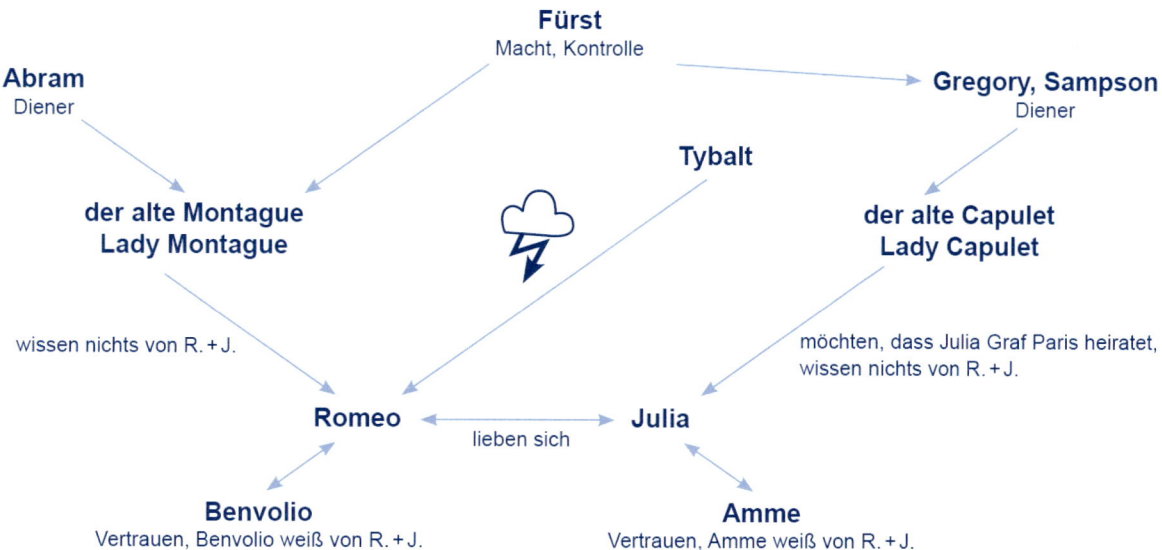

8 Der Vertiefung des Textverständnisses dient auch der Auftrag, einen Monolog Julias zu schreiben, in dem deutlich wird, was sie damit meint, dass Romeo ihre Liebe womöglich „zu schnell" gewonnen habe. Beispiellösung:
JULIA: Ich habe Sorge, dass Romeo denken könnte, ich sei leichtsinnig und nicht anständig. Ich hätte Romeo ja niemals meine Liebe so freimütig gestanden, wenn er mich nicht belauscht hätte. Aber ich wollte ihm gegenüber meine Worte, die ich nur für mich gesprochen hatte, nicht zurücknehmen, denn ich liebe ihn wirklich aus tiefstem Herzen. Ganz gehören werde ich ihm aber erst dann, wenn er in eine Heirat einwilligt.

‖S. 176 Testet euch! – Eine Dramenszene verstehen

‖S. 176 William Shakespeare: Romeo und Julia (2. Akt, 3. Szene)

1 Zutreffende Aussagen über die Szene und Begründungen anhand von Textstellen:
B Romeo bittet den Mönch darum, die Liebenden möglichst schnell zu verheiraten.
Textbeleg: „Du sollst uns durch die heilige Ehe verbinden" (Z. 12); „[...] ich bitte sehr darum, dass du einwilligst, uns *noch heute* zu verheiraten" (Z. 15).

D Bruder Laurenz hofft, dass der alte Familienstreit durch die Heirat beigelegt werden kann.
Textbeleg: „Vielleicht wird durch eure Liebe der alte Streit zwischen euren Familien in Liebe verwandelt." (Z. 18)

2 Einordnung in den Handlungsverlauf (Formulierungsbeispiel):
Nachdem Romeo auf dem Fest der Capulets Julia gesehen hat, haben sich beide auf den ersten Blick ineinander verliebt. In der Balkonszene hört Romeo heimlich Julias Liebesgeständnis und gesteht ihr auch seine Liebe. Sie verabreden die Heirat für den nächsten Tag. Nun bittet Romeo Bruder Laurenz, sie möglichst schnell zu trauen.

3 Erklärung der dramentheoretischen Begriffe:
– Protagonist: Hauptfigur
– Exposition: umfasst im klassischen Drama die Eingangsszene(n), meistens den gesamten ersten Akt, und ist eine Art Einleitung, die in die Handlung einführt. Die Zuschauer werden über Zeit und Ort des Geschehens informiert und lernen die Hauptfiguren kennen. Auch der Konflikt des Dramas wird in der Exposition angekündigt.

Auf der beiliegenden CD-ROM findet sich ein Auszug aus dem 3. Akt, 2. Szene von „Romeo und Julia" als Hörtext, gesprochen von Marianne Graffam. Der Hörtext wird begleitet von einem passgenauen Arbeitsblatt zur Übung des Hörverstehens (inkl. Lösungshinweisen).

S.177 8.2. „... lass mich sterben" – Szenen gestaltend interpretieren

S.177 Einen Dramentext szenisch interpretieren

S.177 William Shakespeare: Romeo und Julia (3. Akt, 3. Szene)

1 Vorschlag für ein Tafelbild:

Romeos Schmerz und Verzweiflung	
Textbelege	**Erläuterungen**
„Das Exil ist viel schrecklicher als der Tod." (Z. 7) „Folter ist das, keine Gnade." (Z. 18)	Romeo sieht in der Verbannung durch den Fürsten eine schlimmere Bestrafung als in der Todesstrafe, weil er im Exil die Trennung von Julia aushalten muss.
„Jede Katze, jeder Hund, jede kleine Maus darf sie ansehen." (Z. 19)	Romeo beklagt die Ungerechtigkeit der Trennung von Julia.
„Denken? Wärst du so jung wie ich [...]" (Z. 23)	Romeo ist nicht mehr in der Lage, seine Situation rational zu beurteilen.
„Ich kann nur stöhnen –" (Z. 30)	Romeo fühlt sich verwundet und verletzt.
„wo wohnt mein Name in meinem Körper, damit ich ihn auslöschen kann?" (Z. 56 f.)	Romeo will seinem Leben vor Schmerz ein Ende setzen.

2 Als es während der Unterredung mit Bruder Laurenz klopft, muss sich Romeo verstecken, weil er damit rechnen muss, dass Mitglieder der Familie Capulet ihm nachstellen und ihn töten wollen, um Tybalt zu rächen. Es könnte aber auch sein, dass der Fürst seine Leute ausschickt, um seinem Urteil, dass Romeo in die Verbannung gehen muss, Nachdruck zu verleihen.

3 a Vorschlag für ein Tafelbild:

Argumente, mit denen Bruder Laurenz Romeo wieder zu Besinnung bringt	
Textbelege	**Argumente**
„es ist ein mildes Urteil. Du bist nicht zum Tode verurteilt, sondern nur zur Verbannung." (Z. 4 f.)	Die Verbannung lässt Spielraum für eine Lösung des Konflikts, da Romeo am Leben bleibt.
„Verbannung ist eine kostbare Gnade." (Z. 16)	Der Fürst zeigt durch sein Urteil, dass er Romeo verzeihen möchte.
„Komm endlich zur Besinnung, wenn du ein Mann bist!" (Z. 59); „Deine Julia lebt doch" (Z. 66)	Romeos Schmerz und Trauer sind übertrieben, da ja beide Liebenden noch leben.
„Deine Liebesschwüre waren falsch, weil du die Liebe tötest, der du treu sein wolltest." (Z. 64 f.)	Echte Liebe bewährt sich in schwierigen Situationen. Man gibt nicht einfach auf.
„Fliehe dann nach Mantua. Dort sollst du wohnen, bis hier der richtige Zeitpunkt gekommen ist, um eure Ehe bekannt zu geben und den Fürsten um Verzeihung zu bitten." (Z. 73–75)	Die Aussicht, dass der Fürst die Strafe aufhebt und in die Heirat einwilligt, verlangt Abwarten und Geduld.

b Zur Vorbereitung auf seine Darstellung im szenischen Spiel charakterisieren die Lernenden Bruder Laurenz und überlegen, welche Rolle er im Drama spielt: Bruder Laurenz ist ein väterlicher Freund und besonnener Ratgeber von Romeo. Er selbst willigt deshalb in die Heirat von Romeo und Julia ein, weil er darin eine Chance sieht, den unseligen Zwist zwischen den Familien zu beenden.
Falls die Lernenden den Ausgang der Tragödie bereits kennen, könnten sie ergänzen: Unfreiwillig befördert Bruder Laurenz jedoch dadurch, dass er das Gute will, den tragischen Ausgang der Liebesbeziehung zwischen Romeo und Julia. Die Versöhnung der beiden Familienoberhäupter angesichts des Todes ihrer Kinder gibt Bruder Laurenz allerdings in einem dialektischen Sinn am Ende doch recht.

4 a Beispiel für die Vorbereitung des szenischen Spiels durch Anmerkungen zur Spiel- und Sprechweise der einzelnen Figuren:

Figur	Hinweise zur Spielweise	Hinweise zur Sprechweise
Romeo	– anfangs: in Bewegung – ab Z. 30: ruhig, in sich gekehrt – ab Z. 53: aggressiv gegen sich selbst, richtet den Dolch gegen sich selbst	– aufgebracht – ruhig – verzweifelt
Bruder Laurenz	– anfangs: versucht, Romeo zu beruhigen, mit Gesten zu beschwichtigen – ab Z. 59: resolut, bestimmt auftretend, gibt Romeo Anweisungen	– ruhig, verständnisvoll – vorwurfsvoll, anklagend, fordernd
Amme	– zunächst eher zurückhaltend – Z. 40–45: plötzlich resolut	– mitfühlend mit Julia und Romeo – laut, aufgebracht

b Die Notizen zu Sprech- und Spielweise können auch in der Feedbackrunde genutzt werden.

5 Anregungen zur Stopp-Technik:

Möglicher Stopp nach	Welche Figur lässt sich befragen?	Fragen
Z. 13: „Verbannung'" ist nur ein anderes Wort für ‚Tod'."	Romeo	Wieso sagst du so etwas? Was geht in dir jetzt vor?
	Bruder Laurenz	Was glaubst du, was mit Romeo los ist? Wie willst du jetzt vorgehen?
Z. 26: „Narren haben keine Ohren."	Bruder Laurenz	Warum sagst du das? Welche Gefühle hast du Romeo gegenüber?
	Romeo	Was löst der Satz bei dir aus?
Z. 33: „Ich komme von Julia."	Romeo	Was empfindest du? Was möchtest du am liebsten tun?
Z. 40: „Stehen Sie auf, wenn Sie ein Mann sind!"	Amme	Warum bist du so aufgebracht? Was bewegt dich?
	Bruder Laurenz	Wie findest du das Verhalten der Amme?
Z. 52: „[…] und fällt wieder zurück."	Amme	Wie geht es dir, wenn du das erzählst?
	Romeo	Wie geht es dir, wenn du das hörst?
Z. 75: „[…] den Fürsten um Verzeihung zu bitten"	Romeo	Wie geht es dir, wenn du den Pater so reden hörst?

||S. 180 Eine Stimmenskulptur gestalten

||S. 180 William Shakespeare: Romeo und Julia (3. Akt, 5. Szene)

Die Szene eignet sich deshalb so gut für das szenische Lesen und das Gestalten einer Stimmenskulptur, weil den Schülerinnen und Schülern durch ihr persönliches Erleben die hier thematisierte Vater-Kind-Beziehung in all ihren verschiedenen Facetten vertraut ist. Wichtig ist aber, dass die Lernenden nicht einem anachronistischen Denkansatz erliegen, sondern die Rollengebundenheit der Agierenden vor dem politisch-gesellschaftlichen Kontext des ausgehenden 13. Jahrhunderts berücksichtigen.

1 Besonders reizvoll ist es, die Variationen in der Sprechweise des Vaters auf eine knappe Textstelle zu konzentrieren und diese dann (auch übertrieben) gegensätzlich zu intonieren und/oder zu spielen, z. B.:
– Z. 2.: „Wie? Sie will nichts davon wissen?"
  Sprechweise/Spielweise: fragend, erstaunt ⟷ entsetzt, empört
– Z. 11: „Keine Widerrede! Es juckt mich in der Hand!"
  Sprechweise/Spielweise: bestimmend, patriarchal ⟷ aggressiv, sich zurückhaltend

2 a/b Das Verhältnis zwischen Julia und ihrem Vater (mit Textstellen belegt):
  Julia begegnet ihrem Vater mit dem gehörigen Respekt („Guter Vater", Z. 6). Sie ist sich ihrer Rolle als Kind, das eigentlich der väterlichen Autorität zu gehorchen hat, wohl bewusst („ich bitte dich auf Knien", Z. 6), zeigt aber andererseits Selbstbewusstsein und eigenen Willen, wenn sie ihren Vater bittet, ihr Anliegen anzuhören („hör mich an mit Geduld, nur ein Wort.", Z. 6 f.). Das verlangt in einer Zeit, in der die väterliche Verfügungsgewalt über die Kinder noch völlig außer Frage steht, Mut und Beharrlichkeit.
  Der alte Capulet sieht in Julias Verhalten die ungebührliche Auflehnung seiner Tochter gegen den Willen des Vaters. Dementsprechend wütend und fassungslos fällt seine Reaktion aus: „Du kleines Aas" (Z. 4), „du freches Luder!" (Z. 8), „Verfluchtes Miststück!" (Z. 15). Er lässt keine Widerrede zu

(„Keine Widerrede!", Z. 11), was auch in dem imperativen Sprachgestus deutlich wird: „du wirst am nächsten Donnerstag mit Paris in die Kirche Sankt Peter gehen oder ich werde dich dorthin schleifen" (Z. 4 f.); „Ich sage dir – du bist am Donnerstag in der Kirche" (Z. 9); „oder komm mir nie wieder unter die Augen" (Z. 10). Aus seiner Sicht hat er mit der geplanten Heirat Julias mit Graf Paris das Beste für sein Kind erreicht, umso mehr empört ihn Julias Widerstand.

Auch Julias Mutter und die ganze Familie, erst recht der zukünftige Schwiegersohn, Graf Paris, werden sich der Sicht des Vaters anschließen. Eine vermittelnde Rolle nehmen Bruder Laurenz und die Amme ein, der die Rolle als Kupplerin offensichtlich gefällt, die sich im Stück aber letztlich doch auf die Seite von Julias Mutter schlägt.

Die Schülerinnen und Schüler sind an ein partnerschaftliches Verhältnis zu ihren Eltern gewöhnt, das ihnen Freiraum und Eigenständigkeit garantiert. Sie werden das Verhalten des Vaters dementsprechend kritisch beurteilen, auch wenn sie dieses Verhalten aus den gesellschaftlichen Bedingungen der Zeit heraus rational verstehen lernen.

3 Als Vorbereitung für eine Stimmenskulptur Julias während dieser Szene sollte den Schülerinnen und Schülern verdeutlicht werden, dass Julia nicht als Revolutionärin auftritt, die alle gesellschaftlichen Gegebenheiten zum Einsturz bringen will. Sie respektiert und liebt ihren Vater und befindet sich deshalb in einem wirklichen Dilemma.

Mögliche Gedanken und Gefühle, die bei der Gestaltung von Julias Stimmenskulptur eine Rolle spielen könnten:
– Mein geliebter Romeo, ich bin verzweifelt und ratlos.
– Mein guter Vater will ja das Beste für mich, aber ich kann ihm diesmal nicht gehorchen und Graf Paris heiraten.
– Ich liebe doch nur Romeo und habe ihm vor dem Altar mein Jawort gegeben.
– Gibt es noch Hoffnung auf einen guten Ausgang? Manchmal zweifle ich daran.
– Ach Romeo, könnte ich doch bei dir sein und dir meinen Kummer mitteilen.
– Mein Vater hat mich mit seinen Beschimpfungen sehr verletzt und gedemütigt.
– Ich fühle mich so schrecklich allein und verlassen. Da hilft mir nur ...

4 Alternativ zur freien Überlegung, wie sich die Handlung fortentwickeln könnte, kann man den Schülerinnen und Schülern verschiedene Fortsetzungen anbieten und sie diskutieren lassen, welche Entwicklung sie für wahrscheinlich halten. Dabei können auch einzelne der zuvor schon angeregten Fortsetzungen (vgl. Hinweise zu Aufgabe 5b auf S. 236 in diesen Handreichungen) aufgegriffen werden:
A Die beiden zerstrittenen Familien versöhnen sich und willigen in die Hochzeit ein.
B Romeo und Julia fliehen aus Verona in eine andere Stadt und führen dort ein glückliches Leben.
C Julia gibt ihrem Vater nach und willigt in die Hochzeit mit dem Grafen Paris ein.
D Romeo will seine Stellung in der Familie der Montagues nicht gefährden und gibt Julia auf.
E Romeo und Julia sehen keinen Ausweg und beenden ihr Leben.

Mögliche Zusatzaufgabe

Stellt Überlegungen zu Lady Capulet, Julias Mutter, an. Entscheidet euch für eine oder auch mehrere der folgenden Lösungen und begründet sie.

Julias Mutter hält ihren Ehemann für:
– fürsorglich und verantwortungsvoll
– borniert und autoritär
– einen liebenden Gatten
– gesundheitlich stark gefährdet

|S. 181| Den Aufbau und den Schluss des Dramas verstehen

|S. 181| William Shakespeare: Romeo und Julia (5. Akt, 3. Szene)

1 a/b Falls im Unterricht das abschließende Projekt „Rund um Shakespeare – Projektideen" nicht umgesetzt werden soll, könnte an dieser Stelle zur Diskussion des Dramenschlusses das Interview mit Karin Beier (S. 185 im Schülerband) untersucht werden. Karin Beier sieht in dem Ausgang der Tragödie kein Happy End, sondern eine „zynische" Versöhnung der Familien angesichts zweier Kinderleichen. Sie betont, dass dieses Ende typisch ist und für viele vergleichbare Entwicklungen steht, bei denen alle Beteiligten erst dann zur Einsicht kommen, wenn die Katastrophe schon geschehen ist.

2 Beispiel für die Gliederung der Szene in Handlungsschritte:
— Romeo nimmt in der Gruft Abschied von Julia, die er für tot hält, und begeht Selbstmord durch Gift.
— Bruder Laurenz entdeckt Romeo und Julia.
— Julia erwacht und verabschiedet Bruder Laurenz, der ihr zur Flucht in ein Nonnenkloster verhelfen will.
— Julia entdeckt den toten Romeo und ersticht sich mit seinem Dolch.
— Der Fürst und das Ehepaar Capulet entdecken die Toten, die Capulets sind entsetzt über den Tod ihrer Tochter.
— Montague beklagt den Tod seines Sohnes.
— Bruder Laurenz informiert die Anwesenden über die Geschehnisse.
— Der Fürst macht die zerstrittenen Eltern für den Tod der Kinder verantwortlich.
— Capulet und Montague versöhnen sich.

3 Romeo und Julia können ihrem tragischen Geschick nicht entgehen. In Shakespeares Tragödie wird immer wieder, schon im Prolog, die Macht des Schicksals (Fortuna) angeführt, die das tragische Ende unausweichlich erscheinen lässt. Andererseits ist der selbstbestimmte Tod der Liebenden letztlich ein Sieg über das Schicksal und alle gesellschaftlichen Widerstände, weil Romeo und Julia nun im Tod für immer vereint sind. Wenn sie ihre unbedingte Liebe im Leben nicht gegen die gesellschaftlichen Zwänge und den Hass der verfeindeten Familien durchsetzen können, so stellt ihr Tod einen letzten bitteren Triumph über Engstirnigkeit, Vorurteile und auch unheilvolle Zufälle (z. B. dass Romeo die Botschaft von Bruder Laurenz nicht erhält) dar. Vordergründig endet die Tragödie auch positiv mit der Versöhnung der Familien. Der Selbstmord Romeos und Julias wird dabei überraschenderweise nicht als religiös verwerfliche Tat gewertet, sondern als unausweichliches Schicksal bzw. göttliche Fügung interpretiert. Doch schon der Fürst spricht von einem „traurigen Frieden" (Z. 91), der mit dem Tod der beiden jungen Menschen mehr als teuer erkauft ist. Die Schuld für diesen Tod liegt nicht im Verhalten der Liebenden, sondern bei den Eltern, die eine Gesellschaft repräsentieren, in der individuelles Handeln und individuelle Verwirklichung nicht zugelassen werden, die ihrerseits aber auch dem Willen Fortunas unterworfen sind.

4 a Nach der Lektüre der Schlussszene erarbeiten die Lernenden nun am Beispiel von Shakespeares Tragödie die strenge Form des klassischen Dramas. „Romeo und Julia" folgt dem klassischen Schema (vgl. das Schaubild auf S. 243).

b Ohne dass die Lehrkraft die Katharsis-Lehre des Aristoteles bemühen muss, können die Schülerinnen und Schüler doch erkennen, dass die Zuschauer durch den Dramenaufbau in die Handlung hineingezogen werden und darüber nachdenken sollen, welche Lehre sie aus dem Theaterstück zu ziehen haben. Auch ihr Leben ist durch das Schicksal bzw. die göttliche Fügung bestimmt, der es gilt, durch moralisches und tugendhaftes Verhalten nachzufolgen. Schon im Prolog des Originaltextes wird das Publikum ausdrücklich aufgefordert, in diesem Sinne der Handlung geduldig und aufmerksam zu folgen.

Mögliche Zusatzaufgabe
Im Originaltext des Dramas übergibt der Diener Romeos dessen Vater einen Brief seines Sohnes, den Romeo nach dem vermeintlichen Tod seiner Geliebten geschrieben hat. Formuliert diesen Brief.

„Romeo und Julia" – Aufbau des klassischen Dramas

3. Akt: Wendepunkt
(Peripetie, Höhepunkt des Konflikts)
Romeo rächt Mercutios Tod an Tybalt
und wird verbannt.

2. Akt: Steigende Handlung
(Zuspitzung des Konflikts)
Romeo Montague und Julia Capulet
verlieben sich auf dem Fest
und heiraten heimlich.

4. Akt: Fallende Handlung
*(retardierendes Moment,
Versuch, den Konflikt zu lösen)*
Bruder Laurenz plant den Scheintod Julias
und die Zusammenführung der Liebenden.

1. Akt: Exposition
*(Einführung in Zeit, Ort, Figuren und
Konflikt)*
Streit der Häuser Capulet und Montague am Beispiel des Streits der Diener

5. Akt: Katastrophe
(tragisches Ende)
Der Plan misslingt und führt
tragischerweise zum Selbstmord
der Liebenden.

S. 184 Fordern und fördern – Rollenbiografien gestalten

Mit Rollenbiografien Romeos und Julias erarbeiten sich die Schülerinnen und Schüler ein genaues und lebendiges Bild der beiden Figuren. Dabei können sie zwischen Aufgaben auf zwei Differenzierungsniveaus wählen, die in unterschiedlichem Ausmaß entweder durch Fragen geleitet und von vorgegebenen Informationen und Starthilfen begleitet sind.

1 Beispiel für eine **Rollenbiografie von Romeo:**

Ich bin Romeo aus der Familie der Montague und lebe um 1300 in Verona. Meine Familie ist der ärgste Feind des Hauses Capulet. Beide Häuser sind schon lange Zeit zerstritten. Meine Zeit verbringe ich gern mit meinem Cousin Benvolio. Mit ihm zusammen habe ich das Kostümfest der Capulets aufgesucht und dort Julia kennen gelernt. Ich habe mich unsterblich in sie verliebt und war voller Hoffnung, dass unsere Liebe den Hass der Familien überwinden wird. Deshalb habe ich mich auch auf das Wagnis einer Ehe mit Julia eingelassen. Aber die Dinge haben sich zum Schlechten gewendet. Ich habe, um meinen Freund Mercutio zu rächen, Julias Cousin Tybalt getötet. Wird sie mir das verzeihen? Schlimm ist, dass ich aus Verona verbannt bin und nun ungeduldig darauf warte, von Bruder Laurenz eine Nachricht zu erhalten, dass ich wieder nach Verona zurückkehren und Julia sehen kann.

Beispiel für eine **Rollenbiografie von Julia:**

Ich bin Julia, die 14-jährige Tochter der Familie Capulet, und lebe um 1300 in Verona. Meine Familie ist der ärgste Feind des Hauses Montague. Beide Häuser sind schon lange Zeit zerstritten. Meine Eltern sind sehr wohlhabend und können es sich z. B. leisten, ein Kostümfest zu veranstalten. Auf einem solchen Fest habe ich Romeo kennen gelernt und mich unsterblich in ihn verliebt. Deshalb habe ich auch nicht in die Heirat mit Graf Paris eingewilligt, sondern mit der Hilfe meiner Amme und von Bruder Laurenz heimlich Romeo geheiratet. Ich hatte so sehr gehofft, dass mein Vater sich besänftigen lässt, aber alles hat sich zum Schlimmen gewendet. Romeo hat meinen Cousin Tybalt getötet und ist aus Verona verbannt worden. Ich weiß nicht, ob ich ihn wiedersehen werde. Bruder Laurenz hat aber einen Plan entwickelt, der mich hoffen lässt. Ich werde ein Kraut nehmen, das mich wie tot erscheinen lässt. Romeo wird mich in meinem Grab aber als Lebende finden, gemeinsam werden wir dann fliehen.

2 Beispiel für ein **Rolleninterview mit Romeo:**

GRUPPE: Warum bist du trotz der Gefahr auf das Kostümfest der Capulets gegangen?

ROMEO: Benvolio und ich wollten unseren Spaß haben. Es hat uns gereizt, unerkannt in die Höhle des Löwen vorzudringen.

GRUPPE: Warum hast du dich auf eine Liebe zu Julia eingelassen, obwohl sie aus dem Haus Capulet stammt?

ROMEO: Ich habe das zu Anfang ja nicht gewusst. Dann habe ich mich unsterblich verliebt und es gab für mich kein Zurück.

GRUPPE: War dir nicht bewusst, dass du durch die Heirat Julia großer Gefahr aussetzt?

ROMEO: Ich habe geglaubt, dass unsere Liebe alle Widerstände überwinden kann und auch unsere beiden Familien versöhnt.

GRUPPE: Bereust du den Tod Tybalts, den du verursacht hast?

ROMEO: Tybalt hat mich herausgefordert. Was blieb mir anderes übrig? Ich befürchte nur, dass Julia mich deshalb nicht mehr lieben könnte. Ich kann es ihr nicht erklären, weil ich verbannt bin.

GRUPPE: Glaubst du an ein gutes Ende?

ROMEO: Ich vertraue auf die Hilfe von Bruder Laurenz, ich vertraue aber auch auf ein gütiges Schicksal, das alles richten wird.

Beispiel für ein **Rolleninterview mit Julia:**

GRUPPE: Welches Verhältnis hast du zu deinen Eltern?

JULIA: Ich liebe meine Eltern. Mein Vater wollte bestimmt das Beste, als er Graf Paris zu meinem Ehemann bestimmt hat. Aber ich habe mich unsterblich in Romeo verliebt. Deshalb habe ich ihn auch heimlich geheiratet.

GRUPPE: Hättest du nicht besser mit der Heirat abgewartet, bis deine Eltern ihr Einverständnis erklärten?

JULIA: Da hätte ich ewig warten können! Ich hatte ja auch die Hoffnung, dass sich durch meine Liebe zu Romeo unsere beiden Familien versöhnen.

GRUPPE: Warum hast du deiner Amme so blind vertraut?

JULIA: Sie hat mich seit meiner Geburt umsorgt und war meine eigentliche Mutter. Ihr konnte ich alles sagen. Ich bin sehr traurig, dass sie sich auf die Seite meiner Mutter geschlagen hat.

GRUPPE: Romeo hat deinen Cousin Tybalt getötet. Liebst du Romeo trotzdem immer noch?

JULIA: Ich fühle und weiß, dass Romeo nichts Unrechtes getan hat. Er hat sich bestimmt nur verteidigt. Aber natürlich beklage ich den Tod meines Cousins.

GRUPPE: Glaubst du noch an ein glückliches Ende?

JULIA: Ich vertraue Bruder Laurenz. Er hat einen Plan entworfen, der zwar riskant ist, der mich aber mit Romeo wieder vereinen wird. Ich bete zu Gott, dass unser Plan gelingt.

S.185 8.3 Rund um Shakespeare – Projektideen

Die im Schülerband vorgestellten Projektideen sind leicht realisierbar und können bis auf das Projekt 4 „Verfilmungen vorstellen" mit geringem Zeitaufwand umgesetzt werden.
Das Projekt 2 „Einen Theaterbesuch vorbereiten" kann auch von einer Gruppe außerhalb der Schulzeit vorbereitet und dann vor der Klasse vorgestellt werden.
Will die Lehrerin / der Lehrer die Projektidee nicht umsetzen, lassen sich die einzelnen Bausteine auch in die Bearbeitung der Teilkapitel 1 und 2 integrieren. Projektidee 1 ließe sich an Aufgabe 1 a/b auf S. 183 im Schülerband anbinden, die Projektideen 3 und 4 könnten sinnvolle und weiterführende Arbeitsschritte zur Behandlung der Balkonszene (S. 173 ff. im Schülerband) sein.

S.185 Karin Beier über Shakespeare – Ein Interview auswerten und kommentieren

1 **a** Karin Beier sieht in den im Drama angelegten Kontrasten die Chance, vielfältige Themen aufzugreifen und lebendige Charaktere auf die Bühne zu bringen. Der Aufbau des Stücks, vor allem aber die Chance für die Zuschauerinnen und Zuschauer, sich mit allgemeingültigen, sie immer noch betreffenden Fragen auseinanderzusetzen, sind weitere Aspekte, die heute noch für eine Aufführung von „Romeo und Julia" sprechen.
(Vgl. den Hinweis zu Aufgabe 1 auf S. 242 in diesen Handreichungen.)

b Beispiele für die Erläuterung einzelner Textstellen aus dem Interview:

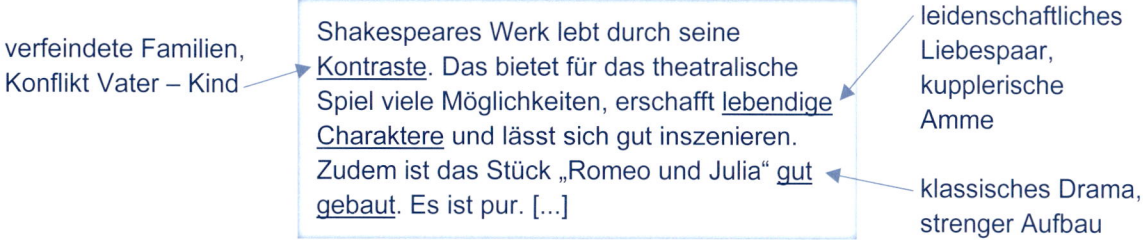

verfeindete Familien, Konflikt Vater – Kind

Shakespeares Werk lebt durch seine Kontraste. Das bietet für das theatralische Spiel viele Möglichkeiten, erschafft lebendige Charaktere und lässt sich gut inszenieren. Zudem ist das Stück „Romeo und Julia" gut gebaut. Es ist pur. [...]

leidenschaftliches Liebespaar, kupplerische Amme

klassisches Drama, strenger Aufbau

S.185 Einen Theaterbesuch vorbereiten

2 **a/b** Mögliche Fragen für ein Interview mit der Regisseurin / dem Regisseur, der Dramaturgin / dem Dramaturgen oder Schauspielern einer Shakespeare-Inszenierung in Wohnortnähe der Lernenden:

- Welche Erinnerungen haben Sie an Ihre erste Begegnung mit Shakespeare bzw. mit dem Drama „Romeo und Julia"?
- Können Sie uns sagen, was Sie an diesem Stück besonders fasziniert hat?
- „Romeo und Julia" ist eines der am häufigsten gespielten Theaterstücke. Gibt es dafür eine Erklärung?
- Shakespeares Drama ist mehr als 400 Jahre alt. Welche Überlegungen haben die Inszenierung geleitet, um das Stück für heutige Zuschauer interessant zu machen?
- Jugendliche unserer Zeit tun sich mit der Sprache der traditionellen Übersetzung von Shakespeares Dramen (z. B. mit der Schlegels) schwer. Was halten Sie von modernen Übersetzungen und Vereinfachungen?
- Welche Textfassung ist der aktuellen Inszenierung zu Grunde gelegt?
- Am Ende von „Romeo und Julia" versöhnen sich die beiden verfeindeten Familien angesichts des Todes ihrer Kinder. Dieses Happy End klingt doch sehr nach Hollywood. Erscheint Ihnen das überzeugend?
- Sollten Ihrer Meinung nach alle Heranwachsenden „Romeo und Julia" kennen? Und wenn ja: Warum?
- Wie haben Sie Ihre Rolle (bzw.: die Rolle von ...) angelegt? Können Sie sich mit der Figur identifizieren?

S. 186 **Übersetzungen vergleichen**

3 Es ist ratsam, dass die Schülerinnen und Schüler sich zunächst anhand des Originaltextes darüber verständigen, worum es in diesem Szenenausschnitt aus der Balkonszene überhaupt geht, bevor sie die einzelnen Übersetzungen zur Kenntnis nehmen. Sie werden dann beim Vergleich der Übersetzungen feststellen, dass Erich Frieds Textvariante dem englischen Original am nächsten kommt. In allen Übersetzungen wird das Versmaß (fünfhebiger Jambus) beibehalten, bei Günther allerdings nicht in den letzten beiden Versen. Schlegel versucht darüber hinaus, die Anaphorik als rhetorisches Stilmittel zu imitieren („So grenzenlos [...], „So tief [...]"). Günther will das Wortspiel „My bounty is as boundless as the sea" aufnehmen in seiner Version „Mein Herz ist weit, weitherzig wie die See", kommt dadurch aber zu einer falschen und missverständlichen Übersetzung: Das Meer ist nicht „weitherzig", sondern „unendlich" und „grenzenlos". „Bounty" wird noch am ehesten bei Schlegel („Huld") korrekt wiedergegeben; die adäquate Übersetzung ist eigentlich „Freigebigkeit". Die Wiedergabe des englischen Wortes „love" (Z. 2 und 8 im Original) mit „Liebe" (Schlegel) könnte auf heutige Jugendliche etwas künstlich und altertümlich wirken, „mein Engel" (Günther) erscheint hochtrabend, die Metaphorik passt nicht zum Original. Nach heutigem Sprachgebrauch wären „Geliebte" (so bei Fried), „Geliebter" (wie bei Schlegel bei der zweiten Nennung) als Übersetzung angemessen, außerdem „Liebste" bzw. „Liebster".

4 So könnte eine Übersetzung des Szenenausschnitts durch heutige Schüler/-innen aussehen:
ROMEO: Möchtest du ihn zurücknehmen? Aus welchem Grund, Geliebte?
JULIA: Um ehrlich zu sein, nur um ihn dir wieder neu zu geben. Und doch, ich wünsche mir nichts anderes, als was ich schon habe. Meine Freigebigkeit ist so unendlich wie die See, meine Liebe genauso tief. Je mehr ich dir gebe, desto mehr habe ich. Denn beides ist / beide sind unendlich (hören niemals auf). Ich höre drinnen ein Geräusch. Leb wohl, mein Liebster.

S. 186 **Verfilmungen vorstellen**

5 a/b Es ist nicht sinnvoll, dass die Schülerinnen und Schüler sich jeweils mit dem vollständigen Film beschäftigen. Deshalb sollten sie sich bei der Beurteilung der Verfilmungen gezielt auf den Beginn des Dramas oder auf die Balkonszene konzentrieren, die ja im Unterricht bereits besprochen worden sind, sodass die Lernenden in ihrer Wahrnehmung der filmischen Umsetzung schon hinreichend fokussiert sind. Bei der Bewertung sollte die Lehrerin / der Lehrer alle Meinungen zulassen und sie nicht einer Qualifizierung unterziehen. Anregend könnten allerdings die folgenden Fragen sein:
  – Entspricht die Darstellung dem Text / der Textintention?
  – Wirkt die Darstellung übertrieben, natürlich, zeitgemäß, kitschig ...?

Material zu diesem Kapitel auf den folgenden Seiten und auf der CD-ROM

  – Klassenarbeit – Eine Dramenszene untersuchen: William Shakespeare: Romeo und Julia (Prolog) (mit Erwartungshorizont auf der CD-ROM)
  – Fordern und fördern – Zu einer Dramenszene gestaltend schreiben: William Shakespeare: Romeo und Julia (4. Akt, 1. Szene, Auszug) (auf zwei Differenzierungsniveaus, mit Lösungshinweisen auf der CD-ROM)
  – Für Profis – Eine Dramenszene ergänzen: William Shakespeare: Romeo und Julia (4. Akt, 1. Szene, Auszug) (mit Lösungshinweisen auf der CD-ROM)
  – Hörtexte: William Shakespeare: Romeo und Julia, 1. Akt, 2. Szene, gesprochen von Denis Abrahams; 2. Akt, 2. Szene, gesprochen von Marianne Graffam, Denis Abrahams und Susanne Kreutzer; 3. Akt, 2. Szene, gesprochen von Marianne Graffam (jeweils begleitet von passgenauen Arbeitsblättern zur Übung des Hörverstehens inkl. Lösungshinweisen, nur auf der CD-ROM)

Klassenarbeit – Eine Dramenszene untersuchen

Aufgabenstellung

1 Erläutere, inwieweit im unten stehenden Prolog[1] der dramatische Konflikt und die Handlung des Dramas „Romeo und Julia" vorweggenommen werden.

2 In Vers 6 des Prologs ist die Rede vom „unglückliche[n], traurige[n] Tod". Erläutere, was mit diesen beiden Adjektivattributen gemeint ist. Beachte dazu die Anmerkungen.

3 „Man kann bei Shakespeares ‚Romeo und Julia' von einem Happy End sprechen." Nimm zu dieser Aussage kritisch Stellung.

William Shakespeare: Romeo und Julia (Prolog)

(Mehrere Schauspieler treten auf und sprechen im Chor.)

Zwei angesehene Familien aus Verona,
wo dieses Theaterstück spielen wird,
sind seit langer Zeit verfeindet
und bekämpfen sich aufs Blut.
5 Aus diesen Familien stammen zwei Liebende,
deren unglücklicher[2], trauriger[3] Tod erst
den blutigen Streit der Eltern beenden wird.
Das zeigen wir euch in den nächsten zwei Stunden.
Folgt dieser traurigen Liebesgeschichte
10 geduldig und mit Aufmerksamkeit.
Was im Text nicht gut ist, werden wir
Schauspieler durch unser Spiel verbessern.

(Aus: William Shakespeare: Romeo und Julia.
Übersetzt und für die Schule bearbeitet von Diethardt Lübke.
Cornelsen, Berlin 2005, S. 4)

---

1 Prolog: Vorspiel vor der eigentlichen Dramenhandlung
2 im Original „misadventur'd": einen Unfall, ein Unglück
  betreffend
3 im Original „piteous": Mitleid erregend, kläglich, erbärmlich

Kopiervorlage

Fordern und fördern – Zu einer Dramenszene gestaltend schreiben

William Shakespeare: Romeo und Julia (4. Akt, 1. Szene, Auszug)

(Die Zelle von Bruder Laurenz. Graf Paris hat Bruder Laurenz mitgeteilt, dass am kommenden Donnerstag seine Eheschließung mit Julia ansteht. Julia weiß von alledem nichts und trauert um den toten Tybalt. Julia tritt hinzu.)

GRAF PARIS: Welch glücklicher Zufall, <u>meine zukünftige Gattin</u>!

JULIA: Schon möglich, dass ich eine „Gattin" bin.

GRAF PARIS: Dieses „Schon möglich" wird <u>am Donnerstag Gewissheit</u>.

JULIA: Wer weiß!

5   **GRAF PARIS:** Kommen Sie zum Priester, um zu beichten?

JULIA: Nicht Ihnen, Herr Graf, will ich beichten.

GRAF PARIS: Könnten Sie leugnen, dass Sie mich lieben?

JULIA: Ich leugne nicht, dass ich liebe.

GRAF PARIS: Ich bin sicher, dass Sie *mich* lieben.

10   **JULIA:** <u>Das würde ich Ihnen nie direkt sagen.</u>

GRAF PARIS: Arme Seele! Gesicht ganz verweint.

JULIA: Meine Tränen haben wenig bewirkt.

(Zum Priester)

Mein Vater, haben Sie jetzt Zeit für mich,

15   oder soll ich nach der Abendmesse zu Ihnen kommen?

BRUDER LAURENZ: Ich habe jetzt Zeit für dich, meine Tochter. –

Herr Graf, wir müssen jetzt allein bleiben.

GRAF PARIS: Gott behüte, dass ich die Andacht störe!

Julia, Donnerstag früh werde ich dich aufwecken.

20   Bis dann, adieu, <u>nimm diesen heiligen Kuss</u>!

(Graf Paris geht fort.)

JULIA: Schließen Sie die Tür! Kommen Sie her!

<u>Weinen Sie mit mir! Hoffnungslos! Heillos! Hilflos!</u>

(Aus: William Shakespeare: Romeo und Julia. Übersetzt und für die Schule bearbeitet von Diethardt Lübke. Cornelsen, Berlin 2005, S. 66f.)

1   **a**   Lies den Auszug aus der Dramenszene genau.

    b   Notiere am Rand neben den unterstrichenen Textstellen Julias Gedanken und Gefühle.
Nutze dazu die Ideen aus dem Wortspeicher und ergänze sie.

> Was soll ... – o Gott, so schnell ... – Gattin? Wer hat ...? – ... vorsichtig sein! ... –
> ... mein Romeo ... wenn er wüsste ..., sein letzter Kuss ...

2   Schreibe in deinem Heft einen kurzen Monolog, in dem Julia am Ende dieses Szenenauszugs ihre Gedanken und Gefühle äußert. Verwende deine Randnotizen.
Du kannst so beginnen:

Julia: Was, um Himmels willen, meint Graf Paris mit „Gattin"?
Wer hat beschlossen, mich mit ihm zu verheiraten? Vater!
O mein Vater, was ...

Kopiervorlage

Fordern und fördern – Zu einer Dramenszene gestaltend schreiben

William Shakespeare: Romeo und Julia (4. Akt, 1. Szene, Auszug)

(Die Zelle von Bruder Laurenz. Graf Paris hat Bruder Laurenz mitgeteilt, dass am kommenden Donnerstag seine Eheschließung mit Julia ansteht. Julia weiß von alledem nichts und trauert um den toten Tybalt. Julia tritt hinzu.)

GRAF PARIS: Welch glücklicher Zufall, meine zukünftige Gattin!

JULIA: Schon möglich, dass ich eine „Gattin" bin.

GRAF PARIS: Dieses „Schon möglich" wird am Donnerstag Gewissheit.

JULIA: Wer weiß!

5 GRAF PARIS: Kommen Sie zum Priester, um zu beichten?

JULIA: Nicht Ihnen, Herr Graf, will ich beichten.

GRAF PARIS: Könnten Sie leugnen, dass Sie mich lieben?

JULIA: Ich leugne nicht, dass ich liebe.

GRAF PARIS: Ich bin sicher, dass Sie *mich* lieben.

10 JULIA: Das würde ich Ihnen nie direkt sagen.

GRAF PARIS: Arme Seele! Gesicht ganz verweint.

JULIA: Meine Tränen haben wenig bewirkt.

(Zum Priester)

Mein Vater, haben Sie jetzt Zeit für mich,

15 oder soll ich nach der Abendmesse zu Ihnen kommen?

BRUDER LAURENZ: Ich habe jetzt Zeit für dich, meine Tochter. –

Herr Graf, wir müssen jetzt allein bleiben.

GRAF PARIS: Gott behüte, dass ich die Andacht störe!

Julia, Donnerstag früh werde ich dich aufwecken.

20 Bis dann, adieu, nimm diesen heiligen Kuss!

(Graf Paris geht fort.)

JULIA: Schließen Sie die Tür! Kommen Sie her!

Weinen Sie mit mir! Hoffnungslos! Heillos! Hilflos!

(Aus: William Shakespeare: Romeo und Julia. Übersetzt und für die Schule bearbeitet von Diethardt Lübke. Cornelsen, Berlin 2005, S. 66f.)

1 a Lies den Auszug aus der Dramenszene genau.

●●●   b Unterstreiche fünf Textstellen, an denen es hilfreich ist, Julias Gedanken und Gefühle zu kennen. Notiere daneben am Rand diese Gedanken und Gefühle.

2 Schreibe in deinem Heft einen kurzen Monolog, in dem Julia am
●●● Ende dieses Szenenauszugs ihre Gedanken und Gefühle äußert. Verwende deine Randnotizen.

Kopiervorlage

●●●● Für Profis – Eine Dramenszene ergänzen

William Shakespeare: Romeo und Julia (4. Akt, 1. Szene, Auszug)

(Graf Paris hat Julia den Hochzeitstermin mitgeteilt und ist gegangen.
Julia ist entsetzt und wendet sich vertrauensvoll an Bruder Laurenz.)

JULIA: Sag mir doch, mein Vater, wie kann ich das verhindern?
Wenn auch du keine Hilfe weißt, bin ich entschlossen,
mit diesem Messer Abhilfe zu schaffen.
Gott verband schon mein Herz mit dem von Romeo,
5 bevor du meine Hand mit seiner verbunden hast. –
Du hast viel Erfahrung, gib mir Rat – oder,
in meiner höchsten Not, soll dieses Messer beenden,
was auch du nicht ehrenvoll beenden kannst!
Ich werde sterben, wenn du mir nicht helfen kannst!
10 **BRUDER LAURENZ:** Langsam, meine Tochter. Sicherlich gibt es noch Hoffnung. –
Wenn du dich selbst lieber töten willst,
als den Grafen Paris zu heiraten,
wirst du nicht zurückschrecken vor
etwas, das dem Tode ähnlich ist.
15 Wenn du es wagen willst, helfe ich dir dabei.
JULIA: Ich tue alles!
Sag mir, ich soll mich von der Turmspitze abstürzen,

_____

_____

20 _____

_____

_____. Ich tue alles! –

Alles das, was mich beim Erzählen
erschaudern lässt, will ich ohne Zögern tun,
25 um meinem süßen Liebsten die Treue zu halten.
BRUDER LAURENZ: Wenn es so ist – geh nach Hause,
sei fröhlich,
gib deine Zustimmung zur Ehe mit dem Grafen Paris.
Morgen ist erst Mittwoch. – Sorge dafür,
30 dass du morgen Abend allein in deinem Zimmer liegst.
Die Amme soll woanders schlafen.
Wenn du im Bett bist, nimm diese Phiole,
das Fläschchen, und trinke diesen Kräutergeist.

Kopiervorlage

Danach wirst du dich _____ fühlen.

35 Dein Puls _____.

Kein Atem _____.

Die Rosen deiner Lippen und deiner Wangen werden verbleichen.

Du wirst _____, wie _____, sein.

In diesem Zustand, der _____,

40 wirst du zweiundvierzig Stunden bleiben.

Dann wirst du aufwachen, wie aus _____.

Wenn dein Bräutigam, der Graf, am Morgen kommt,

bist du scheinbar tot.

(Aus: William Shakespeare: Romeo und Julia. Übersetzt und für die Schule bearbeitet von Diethardt Lübke. Cornelsen, Berlin 2005, S. 67–69)

1 Was lässt Julia in ihrer Vorstellung erschaudern? Ergänze in ihrer Rede die fehlenden Textteile. Erfinde dabei möglichst schauerliche Situationen, vor denen sie nicht zurückschrecken würde.

2 Bruder Laurenz übergibt Julia einen Schlaftrunk. Ergänze oben die fehlenden Teile seiner Rede.

Kopiervorlage

9 Aktuelles vom Tag – Zeitungstexte verstehen und gestalten

Konzeption des Kapitels

In diesem Kapitel werden zentrale Kompetenzen im Umgang mit der Zeitung und mit elektronischen Informationsformaten geschult. Einen besonderen Schwerpunkt bildet die Auseinandersetzung mit journalistischen Textsorten, und zwar sowohl analytisch als auch produktiv.

Im ersten Teilkapitel (**„Ereignisse, Meinungen, Unterhaltung – Journalistische Textsorten kennen lernen"**) erarbeiten die Schülerinnen und Schüler durch die Analyse dreier Titelseiten zum selben Thema und durch weiterführende Untersuchungsaufgaben verschiedene Zeitungstypen; dabei ist vor allem die Unterscheidung zwischen seriösen Zeitungen und der Boulevardpresse wichtig. Der nächste Schritt macht sie mit den verschiedenen Ressorts vertraut. Anschließend werden sie an die wichtigsten journalistischen Textsorten – Bericht, Reportage, Kommentar und Glosse – herangeführt und lernen, diese gezielt zu untersuchen und zu bestimmen. In die Analyse der Reportage integriert ist die Auswertung von Diagrammen, sodass auch diskontinuierliche Texte berücksichtigt werden. Zur Untersuchung einer zweiten Reportage wird eine binnendifferenzierte Übungseinheit angeboten. Schließlich erarbeiten die Schülerinnen und Schüler die Informationsvermittlung in elektronischen Medien: in Online-Zeitungen, Fernsehen und Radio. Abgerundet wird dieses Teilkapitel durch einen Test, mit dem die Lernenden selbst einschätzen können, wie sicher sie die erworbenen Kompetenzen beherrschen.

Im zweiten Teilkapitel (**„Was ist los? – Projekt ‚Zeitungsmacher'"**) werden die Schülerinnen und Schüler Schritt für Schritt angeleitet, selbst eine Klassenzeitung zu erstellen. Dabei wenden sie die im ersten Teilkapitel erworbenen Kompetenzen an und üben sie vertiefend ein; außerdem erarbeiten sie praktische Fähigkeiten und Fertigkeiten, von der Planung über die gezielte Recherche bis hin zur Gestaltung einer Zeitung.

Das dritte Teilkapitel (**„Fit in … – Einen Zeitungstext untersuchen"**) bietet ein Klassenarbeitstraining an. In einzelnen Schritten – vom richtigen Verstehen der Aufgabenstellung bis zur Überarbeitung des eigenen Textes – werden die Lernenden befähigt, eine Reportage fragengeleitet zu untersuchen.

Literaturhinweise

- Berichten. Praxis Deutsch 195/2006
- *Leubner, Martin:* Gebrauchstexte und ihre Didaktik. In: Günter Lange / Swantje Weinhold (Hg.): Grundlagen der Deutschdidaktik: Sprachdidaktik – Mediendidaktik – Literaturdidaktik. Schneider, Baltmannsweiler [4]2010, S. 297–318
- Medien: Alltag und Visionen. Deutschunterricht, Juni 2003
- Medienkommunikation. Der Deutschunterricht 2/2002
- Medien, Macht, Meinung – Schreiben für die Öffentlichkeit. Deutschunterricht, Oktober 2011
- Neue Medien – recherchieren, produzieren, präsentieren. Deutschunterricht, Dezember 2008
- Rund um Zeitungen. Arbeitsheft. Cornelsen, Berlin 2009
- Sprache und Kommunikation im Web 2.0. Der Deutschunterricht 6/2012
- *Stadter, Andrea:* Wie schreiben Journalisten? In: Praxis Deutsch 218/2009, S. 49–59
- Zeitungstexte. Praxis Deutsch 225/2011

Übungsmaterial im „Deutschbuch 8 Arbeitsheft"

- Einen Sachtext lesen und verstehen, S. 28–30
- Einen Sachtext zusammenfassen, S. 31–32
- Diagramme und Grafiken auswerten, S. 33

S. 187 9 Aktuelles vom Tag – Zeitungstexte verstehen und gestalten

Die Aufgaben der Auftaktseite motivieren die Schülerinnen und Schüler, ihr Wissen zu den Themen „Zeitung" und – allgemeiner – „Informationsmedien" zu aktivieren. Zugleich reflektieren sie im Austausch ihre eigenen Gewohnheiten bei der Informationsbeschaffung und Zeitungs- bzw. Zeitschriftenlektüre. Die auf dem Foto abgebildeten elektronischen Geräte weisen darauf hin, dass Zeitungen und Zeitschriften häufig auch elektronische Auftritte (Online-Ausgaben) anbieten.

1 Zeitungen, Zeitschriften und deren Online-Ausgaben lassen sich in dreifacher Hinsicht unterscheiden: inhaltlich, nach ihrer Erscheinungsweise und nach ihrem Äußeren / ihren Besonderheiten. Die Unterscheidung kann in einem Tafelbild festgehalten werden:

Unterschiede	Zeitungen	Zeitschriften	Online-Ausgaben
Inhalt	– breit gestreut, keine inhaltliche Beschränkung – tagesaktuell (v.a. Tageszeitungen) – bieten Hintergrundinformationen (Schwerpunkt bei Wochenzeitungen)	– Publikumszeitschriften: inhaltlich breit gestreut, z.B. Nachrichtenmagazine („Der Spiegel", „Focus") oder Illustrierte („Stern") – in der Regel jedoch thematisch gebunden: Fachzeitschriften, Hobbyzeitschriften usw.	– inhaltliches Spektrum entspricht im Wesentlichen der jeweiligen Printausgabe – Besonderheit: Einbeziehung von Videos („Crossmedia")
Erscheinungsweise	– täglich – oder wöchentlich	– wöchentlich – oder monatlich = Periodika: erscheinen periodisch	– ständige Aktualisierung bis hin zum „Liveticker"
Äußeres/ Besonderheiten	– Bögen lose ineinandergelegt – Zeitungsdruckpapier	– geheftet oder (seltener) gebunden – meist Hochglanzpapier – oft stärker bebildert als Zeitungen	– Verlinkung – unmittelbare Einbeziehung der Nutzer möglich (z.B. Kommentare, Blogs, „Gefällt-mir"-Button)

2 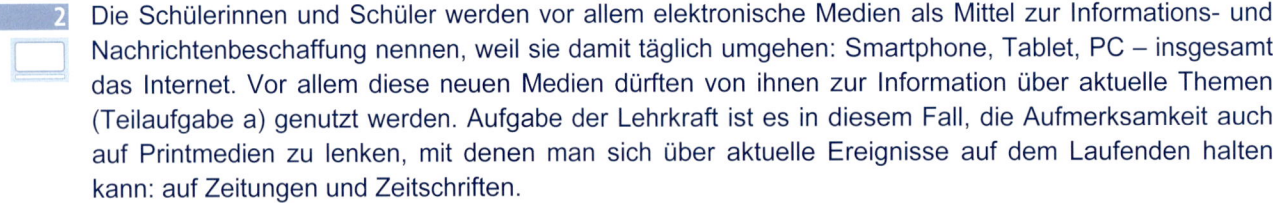 Die Schülerinnen und Schüler werden vor allem elektronische Medien als Mittel zur Informations- und Nachrichtenbeschaffung nennen, weil sie damit täglich umgehen: Smartphone, Tablet, PC – insgesamt das Internet. Vor allem diese neuen Medien dürften von ihnen zur Information über aktuelle Themen (Teilaufgabe a) genutzt werden. Aufgabe der Lehrkraft ist es in diesem Fall, die Aufmerksamkeit auch auf Printmedien zu lenken, mit denen man sich über aktuelle Ereignisse auf dem Laufenden halten kann: auf Zeitungen und Zeitschriften.

3 Man kann hier schon versuchen, die Ergebnisse der Umfrage zur (regelmäßigen) Zeitungs- und Zeitschriftenlektüre der Lernenden grafisch – in Form eines Diagramms – aufzubereiten. In jeder Klasse gibt es Schülerinnen oder Schüler, die das gerne machen und deren besondere Kompetenzen man dabei gut nutzen und fördern kann.

S. 188 ## 9.1 Ereignisse, Meinungen, Unterhaltung – Journalistische Textsorten kennen lernen

S. 188 ### Verschiedene Zeitungstypen

In diesem Abschnitt untersuchen die Schülerinnen und Schüler die Titelseiten dreier unterschiedlicher Zeitungen zum selben Thema und erarbeiten dadurch die verschiedenen Zeitungstypen, wobei vor allem die Unterscheidung zwischen seriösen Tageszeitungen und der Boulevardpresse wichtig ist.

1/2 Thema der Titelseiten: die Geburt des – zu diesem Zeitpunkt noch namenlosen – Prinzen George Alexander Louis of Cambridge, des ersten Kindes von Prinz William und seiner Frau Catherine, am 22.07.2013 in London.

Übereinstimmungen und Unterschiede der Titelseiten können vergleichend in einer Tabelle dargestellt werden:

Darstellung der Geburt von Prinz George Alexander Louis of Cambridge am 22.07.2013			
	Kölner Stadt-Anzeiger	**Bild**	**taz**
Zeitungstyp	regionale Tageszeitung	Boulevardzeitung	überregionale Tageszeitung, betont kritisch
Fotos/ Bildelemente	im Mittelpunkt Foto der jungen Familie (Entlassung aus dem Krankenhaus), dezente (Kleidungs-)Farben, glücklicher Eindruck	drei Bildelemente – Foto der Familie bei der Entlassung aus dem Krankenhaus (ähnliches Bild, aber größerer Ausschnitt als im „Kölner Stadt-Anzeiger") – zusätzlich in Vergrößerung Köpfchen des Babys als Ausschnitt → spricht Gefühle an – englische Flagge hinter dem Elternpaar	Foto des farbenprächtigen Londoner „Stadtschreiers", der die Geburt verkündet → mögliche Deutung der Bildauswahl: durch Darstellung eines alten Brauchs und Amts Anspielung auf veraltete Staatsform (Monarchie)
Text	nur Schlagzeile und Bildunterschrift	dazu passen die Schlagzeilen: – „Kates" kleiner Prinz (Beschränkung auf die Mutter) – dem Kind in den Mund gelegte selbstbewusste Aussage: „Hier bin ich!" (kursiv auf blauem Grund) – das kindlich-primitive „Winke! Winke!"	Dazu passt der Kontrast der Überschriften: – „Ein Prinz ward geboren" (altertümlich-biblische Wortwahl „ward") – vs. derb entlarvender („ent-thronender") Hinweis auf das Allgemein-Menschliche" („kackender Wurm") → entspricht der grundsätzlich (gesellschafts-)kritischen Ausrichtung der „taz"
Raum für das Thema auf der Seite	ca. ein Viertel der Seite	fast die Hälfte der Seite	ca. zwei Drittel der Seite

2 b Die Erwartungen an die Informationen der jeweiligen Zeitung werden vor allem durch folgende Aspekte gesteuert sein (zur Begründung vgl. die Details in der Tabelle):
- den Zeitungstyp
- die beschriebenen Gestaltungselemente:
  - „Kölner Stadt-Anzeiger" → eher nüchtern-seriöse Berichterstattung
  - „Bild" → Hervorhebung des menschlich Anrührenden bis zum Kitsch
  - „taz" → kritisch-satirische Berichterstattung und Kommentierung des Ereignisses

3 Damit die Schülerinnen und Schüler unterschiedliche Zeitungen genau und sinnvoll miteinander vergleichen können, sollte die Lehrkraft darauf achten, dass sie Zeitungen vom selben Tag mitbringen.

Bei der Erstellung des Layout-Rasters und der Untersuchung der Titelseiten ist es wichtig, dass die Lernenden die Fachbegriffe für die Elemente einer Titelseite aus dem Informationskasten auf S. 189 im Schülerband sachgemäß verwenden.

Die genaue Untersuchung von Layout und Inhalten kann insbesondere auf die Unterscheidung zwischen seriösen Tageszeitungen und Boulevardpresse abzielen.

4 a Mit der Gestaltung eigener Titelseiten aus dem mitgebrachten Text- und Bildmaterial wenden die Schülerinnen und Schüler das erworbene Wissen kreativ an.

b Variante zur Vorstellung der selbst gestalteten Titelseiten: Die Entwürfe werden ohne Kommentar der „Hersteller/-innen" ausgestellt; es ist dann Aufgabe der Klasse, diese Entwürfe einzuordnen (eher seriöse oder eher Boulevardpresse?) und zu bewerten.

‖S. 190 Die Themengebiete einer Zeitung – Die Ressorts

Diese Seite macht die Schülerinnen und Schüler mit den verschiedenen Ressorts (Themenbereichen/Redaktionsabteilungen) einer Zeitung vertraut.

1 Zuordnung der Artikelanfänge zu Ressorts:
- „Facebook wächst durch Smartphone-Werbung": Wirtschaft
- „Rafael Nadal fällt weiter aus": Sport
- „Strohballen standen in Flammen": Lokales
- „Bundespräsident Gauck in Wien": Politik

2 Viele Tageszeitungen haben eine Seite mit vermischten Berichten, die bisweilen eher Unterhaltungswert als einen wirklichen Nachrichtenwert besitzen und in Richtung Klatsch gehen können. Sie stehen unter Überschriften wie „Panorama", „Blick in die Welt" oder „Vermischtes". Der Kurztext über den Brand der Strohballen auf Seite 190 im Schülerband könnte auch auf einer solchen Seite untergebracht werden.

Darüber hinaus gibt es in großen Tageszeitungen Ressorts wie „Wissenschaft", „Technik/Automobil/Verkehr" oder „Reise", die oft nur im Umfang einzelner Seiten (etwa „Wissenschaft") oder nur einmal wöchentlich (etwa „Reise") erscheinen.

Die Ressorts können als Cluster in einem Tafelbild festgehalten werden:

S. 191 Journalistische Textsorten unterscheiden

Mit der Untersuchung von Bericht, Reportage, Kommentar und Glosse lernen die Schülerinnen und Schüler die wichtigsten journalistischen Textsorten kennen und unterscheiden.

S. 191 Der Bericht

S. 191 Chaos durch Wirbelsturm

1 Der Text berichtet über den Wirbelsturm „Sandy", der Ende Oktober 2012 weite Teile der US-amerikanischen Ostküste verwüstet hat. Der Vorspann (Lead) gibt darüber besonders konzentriert Auskunft.

2 a Die W-Fragen, die der Zeitungsbericht beantwortet, und die Antworten darauf überschneiden sich teilweise; dennoch kann man unterscheiden:
- Was ist passiert? Verheerender Wirbelsturm, Verwüstungen, mindestens 50 Tote
- Wer ist betroffen? 18 US-Bundesstaaten, 8,2 Millionen Menschen
- Wann ist das geschehen? Ende Oktober 2012
- Wo ist das gewesen? An der Ostküste der USA
- Welche Folgen hatte es, wie groß sind die Schäden? Schäden bis zu 50 Milliarden Dollar

b Die Aufgabenstellung bereitet die Erarbeitung des Lead-Stils vor: Bereits zu Beginn des Berichts, im Vorspann (Lead), werden die wichtigsten W-Fragen beantwortet.
Das Ergebnis kann als Tafelbild festgehalten werden:

„Chaos durch Wirbelsturm" – Beantwortung der wichtigsten W-Fragen im Vorspann (Lead)	
Wann?	(indirekt durch die Datumsangabe) Ende Oktober
Was?	Wirbelsturm
Wo?	US-Ostküste
Welche Folgen?	Chaos von historischem Ausmaß mindestens 50 Tote 50 Milliarden Schaden
Wer (ist betroffen)?	mehr als 8,2 Millionen Menschen

Im folgenden Text werden vor allem die Fragen „Was?" und „Welche Folgen?" ausführlicher behandelt. Damit wird dem Interesse der Leserinnen und Leser Rechnung getragen, die Genaueres über die Naturkatastrophe und deren Auswirkungen/Hintergründe erfahren wollen.

3 a Durch das Kürzen des Zeitungsberichts von hinten nach vorne erarbeiten die Lernenden mit einer anderen Vorgehensweise den Lead-Stil: Man kann den Text bis auf den Vorspann (Lead) kürzen; darin sind die wesentlichen Informationen bereits enthalten.

b Beschreibung der sprachlichen Gestaltung (Satzbau, Sprachstil) und der Wirkung:
- Der Text besteht überwiegend aus einfachen Hauptsätzen. Nur im zweiten Absatz (ab Z. 24) finden sich ganz vereinzelt einfache Satzgefüge.
- Es werden ganz überwiegend Fakten wiedergegeben; auch die wenigen Vermutungen (Z. 14: „möglicherweise"; vgl. auch Z. 24f.) sind durch Fakten gestützt.
- Der Sprachstil ist sachlich und nüchtern, auf jede Art von Ausschmückung wird verzichtet.
→ Dadurch wirkt der Text insgesamt sehr nüchtern, durch den Satzbau beinahe einhämmernd. Dieser Darstellungsstil ist dem Ereignis angemessen.

c Funktion des Berichts: sachlich-nüchterne Information.

4 Die Beschreibung des Textaufbaus und der Funktion der jeweiligen Textteile kann in einem Tafelbild festgehalten werden:

„Chaos durch Wirbelsturm" = Schlagzeile
„Hurrikan ‚Sandy' hinterlässt eine Schneise der Verwüstung"
= Untertitel

Z. 3–6 = Vorspann (Lead): informiert in Kürze über das Wichtigste, beantwortet die wesentlichen W-Fragen

Z. 7–52 = Haupttext: bietet Detailinformationen und Hintergründe

Basisinformation — Schlagzeile und Untertitel

Zusammenfassung der zentralen Informationen — Vorspann (Lead)

weitere Detailinformation — Haupttext

5 Grund für die Wiederholungen einzelner Informationen aus dem Vorspann im Haupttext: Der Vorspann enthält eine Zusammenfassung der wichtigsten Informationen. Da diese Zusammenfassung ganz knapp ist, möchten manche Leserinnen und Leser gerne Genaueres erfahren. Die Wiederholungen sind dabei notwendig, damit klar wird, worauf sich die genaueren Informationen beziehen.

6 Selbstständig erarbeiten die Schülerinnen und Schüler nun mit Hilfe des Informationskastens auf S. 192 im Schülerband eine Nachricht, die wie der Bericht eine sachlich informierende, aber im Gegensatz dazu eine sehr knappe journalistische Textsorte ist, die die wichtigsten W-Fragen in Kürze beantwortet. Gegebenenfalls können zunächst die Unterschiede benannt und in einem Tafelbild festgehalten werden.
Als Maßstab bzw. Muster für den Inhalt einer Nachricht zu dem Hurrikan „Sandy" können Untertitel und Vorspann (Z. 2–6) des Berichts auf S. 191 im Schülerband dienen.

|||S.193 Die Reportage

|||S.193 Matthias Rech: Auf Leben und Tod in der Notaufnahme

|||S.195 1. Schritt: Einen Sachtext analysieren und zusammenfassen

1 a/b Die Lernenden verschaffen sich zunächst einen Überblick über die Reportage, indem sie nur die Überschrift, den Vorspann und die Zwischenüberschriften lesen und die Grafik betrachten.
Voraussichtliche Vermutungen zum Inhalt: Tagesablauf in der Notaufnahme eines Krankenhauses.

c Mögliche Angaben zur Wirkung nach der zügigen Lektüre des gesamten Textes:
— informativ; Begründung: genaue Angaben (vgl. z.B. Z. 38–41, 108–110), Wiedergabe von Aussagen eines Fachmanns (vgl. z.B. Z. 42ff.), Diagramm
— aber auch spannend; Begründung: Stellen wie „in der es manchmal ums nackte Überleben geht" (Z. 10f.), „Notfälle selektieren, rechtzeitig Leben retten" (Z. 29), „Horrorvorstellung eines jeden Mediziners" (Z. 55f.), „Schockraum" (Z. 62), „Die rote Alarmlampe [...] leuchtet auf" (Z. 64f.), „Finale um Leben oder Tod" (Z. 74), „sie wissen nicht mehr, wohin mit den Kranken" (Z. 85f.), „glühen die Drähte" (Z. 92f.)

2 Folgende Unklarheiten könnten sich bei erneuter genauer Lektüre ergeben:
— Wie können die Ärzte den Ernst der Beschwerden und damit die Vor- oder Nachrangigkeit eines Patienten einschätzen? Darauf gibt der Text nur indirekt Antwort: Die Notaufnahme ist mit Ärzten verschiedener Fachbereiche besetzt (vgl. Z. 38ff.) → versammelte „geballte" Erfahrung.
— Was ist der „Schockraum" (Z. 62)? Wie sehen die Abläufe im „Schockraum" aus (vgl. Z. 62ff.)? Hier hilft gegebenenfalls nochmaliges sorgfältiges Lesen. Wichtig ist, welche Bedeutung die genaue Platzzuweisung für jeden Mitarbeiter in diesem Raum für besonders schwere Notfälle hat (vgl. Z. 69ff.): Sie ermöglicht einen reibungslosen Ablauf, da nicht nur die Rollen der verschiedenen

Fachleute verteilt sind, sondern durch die Markierungen auch garantiert ist, dass sie sich nicht gegenseitig behindern.

3 **a** Die Lernenden untersuchen (implizite) Vergleiche und Metaphern in den Aussagen des Leiters der Notfallambulanz:

– Durch den Satz „Jürgen Klopp spielt in Dortmund ja auch nicht mit, aber er trainiert sein Team jeden Tag" (Z. 77–79) wird der leitende Arzt der Notaufnahme mit dem Fußballtrainer verglichen: Der Chefarzt ist wie ein Trainer, der eine entscheidende Rolle bei der Vorbereitung hat, aber nicht (im Fall des Arztes: nicht unbedingt) selbst „mitspielt", also mitarbeitet.

– Der negative Vergleich mit einer Toastbrotfabrik („Wir sind ja hier nicht in der Toastbrotfabrik und machen Toastbrot mit Toastbrotmaschinen", Z. 56–58) unterstreicht die lebenswichtige Bedeutung der Arbeit in der Notaufnahme durch Gegenüberstellung mit der vergleichsweise unwichtigen Einrichtung „Toastbrotfabrik". Das Wort „Toastbrotmaschinen" weist außerdem darauf hin, dass in der Notaufnahme nichts maschinenhaft automatisiert abläuft; der Arzt mit seiner Erfahrung kann nicht ersetzt werden (vgl. Z. 58ff.).

– Die Metapher „Abflussstau" (Z. 87) stellt das Problem, dass die Zahl der Notfälle die Aufnahmekapazität des Krankenhauses an ihre Grenzen bringt, sehr anschaulich dar.

b Die „große Herausforderung der Notfallambulanz" (Z. 25f.) besteht darin, die Dringlichkeit der eingelieferten Krankheitsfälle richtig einzuschätzen.

4 **a** Beispiellösung für die Gliederung in Sinnabschnitte (sie sind zur leichteren Verständigung durchnummeriert):

„Auf Leben und Tod in der Notaufnahme" – Gliederung in Sinnabschnitte		
1	Z. 6–15	<u>Sonntagvormittag in der Notaufnahme</u> – Andrang von Krankenwagen vor dem Marienhospital in Düsseldorf – Wochenende in der Notaufnahme: besonders viel los
2	Z. 16–31	<u>Unterschiedlichste Beschwerden – Herausforderung für die Ärzte</u> – viele Patienten mit verschiedenen Erkrankungen – Herausforderung: dringende Fälle erkennen
3	Z. 32–37	<u>Aufnahme der Patienten</u> – Anmeldung, Wartebereich
4	Z. 38–61	<u>Probleme der Notfalldiagnose und Maßnahmen zu ihrer Bewältigung</u> – 3 Fachärzte (Internist, Chirurg, Neurologe), 2 Pflegekräfte, Schüler/Praktikanten → gesammeltes Fachwissen – Bagatellfälle von lebensbedrohlichen Erkrankungen unterscheiden – Technik (Ultraschall, Computertomografie) kann Arzt nicht ersetzen
5	Z. 62–73	<u>Der Schockraum</u> – für schwere Notfälle – jeder hat festen Platz (Bodenmarkierungen)
6	Z. 74–83	<u>Der Chefarzt als Trainer</u> – hat Notfallteam gut geschult – arbeitet nicht bei jedem Notfall mit
7	Z. 84–102	<u>Problem der Unterbringung der Patienten und seine Lösung</u> – mehr Patienten als Zimmer – Chefarzt entscheidet: Vorrang für dringende Fälle, Krankenbetten mit leichteren Fällen auf dem Flur *(Hinweis: Hier sind zwei Absätze zusammengefasst, da das Thema sie übergreift.)*
8	Z. 103–110	<u>Ein normaler Sonntag in der Notaufnahme</u> – 10–13 Uhr: alle Patienten versorgt: 100 Patienten, 22 stationär aufgenommen

259

b Sammlung der Informationen für den Einleitungsteil (Beispiellösung):
 – Autor: Matthias Rech
 – Titel des Textes: „Auf Leben und Tod in der Notaufnahme"
 – Textsorte: Reportage
 – Quelle: Westdeutsche Zeitung, 18.4.2012
 – Thema des Textes: Sonntagvormittag in der Notfallambulanz des Düsseldorfer Marienhospitals

c Für den Hauptteil liefern die Sinnabschnittsüberschriften und Stichworte (vgl. die Hinweise zu Aufgabe 4a) die inhaltlichen Bestandteile. In der ausgeführten Textzusammenfassung können Teile des Abschnitts 2 mit Teilen des Abschnitts 4 verbunden werden, da es in beiden Abschnitten um dasselbe Phänomen geht: die Vielzahl der Beschwerden und die Notwendigkeit, in der Hektik der Notfallambulanz die richtige Diagnose zu stellen; in Abschnitt 2 wird das am Beispiel konkreter Notfallpatienten an dem geschilderten Tag dargestellt, in Abschnitt 4 grundsätzlich.
Beispiellösung für Einleitung und Textzusammenfassung:

Untersuchung der Reportage „Auf Leben und Tod in der Notaufnahme"
(Einleitung) In der Reportage „Auf Leben und Tod in der Notaufnahme", die am 18.4.2012 in der „Westdeutschen Zeitung" erschienen ist, beschreibt der Autor Matthias Rech einen Sonntagvormittag in der Notfallambulanz des Düsseldorfer Marienhospitals.
(Hauptteil/Textzusammenfassung) In der Notfallambulanz herrscht am Wochenende besonders großer Andrang. Hier treffen Menschen mit unterschiedlichsten Beschwerden ein, die genau diagnostiziert werden müssen, wobei es vor allem um die Frage geht, wie ernsthaft die jeweilige Erkrankung ist, denn davon hängt es ab, in welcher Reihenfolge die Patienten behandelt werden. Die Unterscheidung zwischen Bagatellfällen und lebensbedrohlichen Erkrankungen ist die größte Herausforderung für die Notfallärzte, weshalb in der Notaufnahme auch drei Fachärzte – ein Internist, ein Chirurg und ein Neurologe – mit ihrem gesammelten Fachwissen arbeiten. Sie werden durch Pflegekräfte und Praktikanten unterstützt. Georg Welty, der Leiter der Ambulanz, weist darauf hin, dass auch technische Geräte wie Ultraschall und Computertomografie den Arzt nicht ersetzen können.
Während leichtere Fälle nach der Anmeldung im Wartebereich Platz nehmen, kommen dringende Notfälle sofort in den Schockraum, wo sie von einem eingespielten Team behandelt werden. Diese Ärzte und Pflegekräfte, denen Bodenmarkierungen feste Plätze im Schockraum zuordnen, hat der Leiter der Ambulanz geschult, der sich selbst an diesem Vormittag um die Unterbringung der vielen Patienten kümmern muss, weil nicht genügend Krankenzimmer zur Verfügung stehen. Welty entscheidet, welche Patienten dringend ein Zimmer benötigen und welche in ihrem Bett zunächst auf dem Gang stehen bleiben müssen.
Am Sonntagmittag stellt er fest, dass zwischen 10 und 13 Uhr 100 Patienten behandelt und davon 22 stationär aufgenommen worden sind. Wie erfolgreich das Ambulanzteam war, hänge davon ab, wie viele Leben gerettet worden seien.

║S. 196 2. Schritt: Diagramme auswerten

6 a Das Diagramm passt zum Anfang (Z. 6ff.) und auch zum Ende (Z. 108ff.) der Reportage, wo von der besonders großen Zahl an Patienten am Sonntag(vormittag) die Rede ist.

 b Das Diagramm stellt dar, wie viele Patienten pro Stunde an den verschiedenen Wochentagen zu bestimmten Uhrzeiten im Durchschnitt in die Notaufnahme kommen. Unter „MW" (= Mittelwert) ist der Durchschnitt für alle Werktage (Montag bis Freitag) zusammengefasst.
Aus dem Schaubild lässt sich ablesen, dass samstags und sonntags – wenn normale Arztpraxen geschlossen sind – besonders viele Patienten in die Notaufnahme kommen. Auch abends zwischen 18 und 22 Uhr, wenn kein Arzt Sprechstunde hält, kommen vergleichsweise viele Patienten in die Notfallambulanz. Zwischen 23 Uhr nachts und 7 Uhr morgens geht die Zahl der Notfallpatienten sehr stark zurück, wahrscheinlich, weil Menschen mit weniger starken Beschwerden dann den Arztbesuch auf den nächsten Vormittag verschieben.

260

S. 196 **3. Schritt: Die Textsorte erschließen**

7 Der erste Abschnitt der Reportage enthält nicht die Zusammenfassung des gesamten Textes, wie es beim Lead-Stil des Berichts der Fall wäre.

8 a Hinweis: Als „sachliche Informationen" werden die Passagen der Reportage aufgeführt, die über das geschilderte Geschehen an einem bestimmten Sonntagvormittag hinausgehen und Standardsituationen und Routineabläufe beschreiben. Daher ist z.B. die Stelle in Zeile 64f. („Die rote Alarmlampe im Flur der Ambulanz leuchtet auf") nicht berücksichtigt; sie enthält im Prinzip natürlich auch eine sachliche Information, die aber hier unter dem Aspekt der Ereignisschilderung gewertet wird. Sachliche Informationen in dem beschriebenen allgemeinen Sinn enthalten folgende Passagen:

- Z. 25–33: große Herausforderung der Notfallambulanz: Entscheidung über den Ernst der Fälle, Anmeldeverfahren
- Z. 38–61: personelle und technische Ausstattung der Notfallambulanz, Bandbreite der Beschwerden und Herausforderung, sie richtig einzuschätzen
- Z. 69–73: feste Zuordnung der Plätze für Ärzte und Pflegepersonal im Schockraum
- Z. 74–83: Rolle des ärztlichen Leiters
- Z. 97f.: Priorität bei der Bettenzuteilung für Notfallpatienten
- Z. 108–110: Bilanz des Sonntagvormittags

Das Erlebnishafte, die persönliche Sichtweise des Reporters, wird besonders in den Passagen deutlich, die das konkrete Geschehen an dem beschriebenen Vormittag schildern, z.B.:

- Z. 6–15, 16–25: Schilderung des Andrangs bei der Notaufnahme
- Z. 33–37: Beschreibung der Anmeldung einer alten Dame
- Z. 64–69: Schilderung der Situation im Schockraum vor Ankunft eines Notfallpatienten
- Z. 84–102: Beschreibung der Ratlosigkeit der Angestellten angesichts des „Patientenstaus" und Darstellung der Entscheidungen des Chefs

In besonderer Weise machen auch die Zitate, größtenteils von Aussagen des Arztes, das persönliche Erleben des Reporters deutlich (Z. 36f., 42f., 52f., 56ff., 77ff., 87f., 100ff., 105ff.).

Diese Passagen wirken lebendig und ermöglichen es der Leserin bzw. dem Leser besonders gut, sich in die Situation hineinzuversetzen; sie bekommen das Gefühl, dabei zu sein.

b Der Eindruck, live am Ort des Geschehens zu sein, gelingt z.B. durch folgende sprachliche Mittel:

sprachliche Mittel	Textbelege (Beispiele)
ausdrucksstarke Adjektive und Verben	„ums nackte Überleben" (Z. 10f.), „besonders heftig" (Z. 15), „humpelnden" (Z. 18f.), „lebensbedrohlich" (Z. 21), „sehnsüchtigen" (Z. 23), „angeblich harmlosen" (Z. 49f.), „ratlos" (Z. 85), „abgearbeitet" (Z. 104f.)
umgangssprachliche Ausdrücke	„knubbeln sich" (Z. 16), „Wehwehchen" (Z. 17f.), „verheddert haben" (Z. 48), „Horrorvorstellung" (Z. 55)
sprachliche Bilder	„zieht […] Blicke auf sich wie ein Magnet" (Z. 22ff.), „medizinischen Klaviatur" (Z. 42f.), „Wir sind ja hier nicht in der Toastbrotfabrik […]" (Z. 56ff.), „das große Spiel" (Z. 69), „Wie auf einer Taktiktafel" (Z. 69f.), „Finale um Leben und Tod" (Z. 74), Vergleich mit Fußballtrainer (Z. 76ff.), „Abflussstau" (Z. 87), „glühen die Drähte" (Z. 92f.), „dem Teufel von der Schippe geholt" (Z. 107)
Zeitadverbien	„Jetzt" (Z. 11, 16, 84), „Gerade" (Z. 33)
Fragen	„Wer muss dringend behandelt werden?" (Z. 27f.)
Aufzählungen	„Kranke sichten, Notfälle selektieren, rechtzeitig Leben retten und Schmerzen lindern" (Z. 28ff.), „Ein, zwei Nachfragen später" (Z. 35)
kurze Hauptsätze, z. T. Ellipsen	„Mittag. Die rote Alarmlampe im Flur der Ambulanz leuchtet auf. Das Telefon darunter schellt. Eine Voranmeldung." (Z. 64ff.) → bilden die Hektik sprachlich ab

9 Um sich der sprachlichen Besonderheiten der Reportage bewusst zu werden, formulieren die Lernenden einige Passagen um.

Beispiel für die Umformulierung der Zeilen 64–73 ins Präteritum:

Mittag. Die rote Alarmlampe im Flur der Ambulanz leuchtete auf. Das Telefon darunter schellte. Eine Voranmeldung. Ein Notarztteam kündigte der Ambulanz einen Schwerverletzten oder einen anderen Notfall an. Ärzte und Pfleger bereiteten sich vor. Es war das große Spiel. Wie auf einer Taktiktafel klebten auf dem Boden des Schockraumes Markierungen, damit jeder wusste, wo er zu stehen hatte – vom Anästhesisten bis zur OP-Schwester.

Diese Fassung rückt das Geschehen auf Distanz: Es verliert seine Unmittelbarkeit und damit das Packende.

Bei der Reduktion des letzten Absatzes (Z. 103–110) auf die bloßen Fakten im Berichtsstil bleibt etwa Folgendes übrig:

Um 13 Uhr hat das Ambulanzteam alle Notfälle versorgt. Bilanz von 10 bis 13 Uhr: 100 Patienten, von denen 20 stationär aufgenommen wurden. Das ist ein ganz normaler Sonntag am Marienhospital.

Auch durch diese Umformulierung gehen die Unmittelbarkeit und das Erlebnishafte des Reportagetextes verloren.

10 Die Reportage möchte die angespannte Lage in einer Notfallambulanz zur Zeit des größten Ansturms am Sonntagvormittag und die damit verbundene besondere Herausforderung für Ärzte und Pflegepersonal deutlich machen.

11 Abschließend weisen die Schülerinnen und Schüler zusammenfassend mit Hilfe des Informationskastens auf S. 196 im Schülerband und anhand einzelner Textbelege nach, dass es sich bei dem Artikel „Auf Leben und Tod in der Notaufnahme" um eine Reportage handelt:

- grundsätzliches Problem/allgemeine Fragestellung: großer Andrang in einer Notaufnahme am Sonntagmorgen
- szenischer Einstieg, interessante Situation zu Beginn: „Primetime"; „Stau" vor der Notaufnahme (Z. 6–15)
- sachliche Informationen: über die Abläufe (Was? Wie?) an einem Sonntagvormittag (Wann?) in der Notfallaufnahme eines Krankenhauses (Wo?) und die beteiligten Personen (Wer?)
- persönliche Eindrücke des Reporters, Schilderung des erlebten Geschehens: vgl. die Lösungen zu Aufgabe 8a.
- Schilderung von Atmosphäre und Stimmung vor Ort: vgl. die Lösungen zu Aufgabe 8a und b
- Zitate beteiligter Personen: vgl. die Lösungen zu Aufgabe 8a
- bildhafte Sprache (u.a. ausdrucksstarke Adjektive und Verben, sprachliche Bilder): vgl. die Lösungen zu Aufgabe 8b
- Präsens zur Vermittlung von „Gegenwärtigkeit"

S. 197 Fordern und fördern – Eine Reportage untersuchen

S. 197 Jan Schmidt: Die fliegende Intensivstation

1 a Beispiel für die Zusammenfassung des Artikels in einem Satz:
In dem Zeitungsartikel wird an einem konkreten Beispiel der Einsatz des Rettungshubschraubers „Christoph 6" in Bremen dargestellt.

b Mögliche Beantwortung der Fragen zum Textverständnis:
- Der Rettungsassistent vereinbart mit der Polizei einen Treffpunkt auf einem freien Platz, weil die Landung eines Hubschraubers in dicht besiedelten Wohngebieten zu riskant ist. Die Polizei bringt Arzt und Assistent dann zur Unfallstelle (vgl. Z. 21–28).
- Rettungshubschrauber werden vor allem eingesetzt, um den Arzt und den Rettungsassistenten schnell zum Einsatzort zu bringen; die Kombination von Hubschrauber und Polizeiwagen ist in dicht besiedelten Wohngebieten die optimale Lösung für ihren Transport.

2 Das Kurvendiagramm zeigt die Entwicklung der Zahl von ADAC-Rettungshubschrauber-Einsätzen in der Bundesrepublik Deutschland in den Jahren zwischen 1970 und 2012. Insgesamt ist zu beobachten, dass die Zahl der Rettungshubschrauber-Einsätze sehr stark zugenommen hat. Während zum Beispiel im Jahr 1985 nur etwa 5.000 und 1990 nur etwa 10.000 Einsätze geflogen wurden, waren es 2012 insgesamt 49.243.

3 Beispiele für den Nachweis, dass es sich bei dem Text um eine Reportage handelt:

Merkmale einer Reportage	Textbelege (Beispiele)
szenischer Einstieg (Schilderung einer Situation)	„Plötzlich ein schriller Ton: Alarm!" (Z. 3)
sachliche Informationen	über die Arbeit der Rettungshubschrauber: Z. 14–18, 22–28, 32f., 36–48
persönliche Wahrnehmung, schildernde Textpassagen	vor allem in Z. 3–14, 19f., 29–31, 33–35
Ansprechen der Sinne (→ Stimmung, Atmosphäre)	„schriller Ton" (Z. 3), „rasselnden Rotorblättern" (Z. 12), „Es dröhnt, es wackelt" (Z. 19), „Reifen quietschen. Blaulicht, Sirene …" (Z. 34f.)
kurze, teilweise elliptische Sätze, die die Hektik ausdrücken	„Plötzlich ein schriller Ton: Alarm!" (Z. 3), „Es dröhnt, es wackelt" (Z. 19), „Reifen quietschen. Blaulicht, Sirene…" (Z. 34f.)
Zitate, um die Situation anschaulich zu machen	Z. 4f., 29f.

4 Beispiellösung für eine Textzusammenfassung mit Einleitung und Hauptteil:

Zusammenfassung der Reportage „Die fliegende Intensivstation"
In seiner Reportage „Die fliegende Intensivstation", die in der „Kreiszeitung" erschienen ist, schildert Jan Schmidt den Einsatz eines Rettungshubschraubers am „Klinikum Links der Weser" in Bremen.
Sobald ein Notruf im Krankenhaus eingeht, begeben sich der Notarzt und der Rettungsassistent zum Hubschrauber „Christoph 6". Dieser ist einer von zwei Rettungshubschraubern am Klinikum und startet täglich zu etwa fünf Einsätzen. Mit dem Hubschrauber können Notärzte und Assistenten schneller zu einem Einsatzort gelangen als die Rettungsärzte am Boden.
Der Hubschrauber fliegt zu einem Treffpunkt, der mit der Polizei vereinbart worden ist, etwa einem Sportplatz oder einer Grünanlage, denn eine Landung am Einsatzort selbst – meist in einem dicht besiedelten Wohngebiet – wäre zu riskant. Eine Polizeistreife bringt die Ärzte dann schnell vom Landeplatz zum Einsatzort. In der Regel hat die Rettungsleitstelle auch bereits einen Krankenwagen dorthin geschickt, der den Patienten ins nächstgelegene Krankenhaus bringt. Aufsehen erregende Einsätze mit dem Rettungshubschrauber kommen eher selten vor.

Kopiervorlagen mit zwei weiteren Reportagen und ausführlichen Arbeitsanweisungen finden sich auf S. 276ff. und S. 284ff. in diesen Handreichungen.

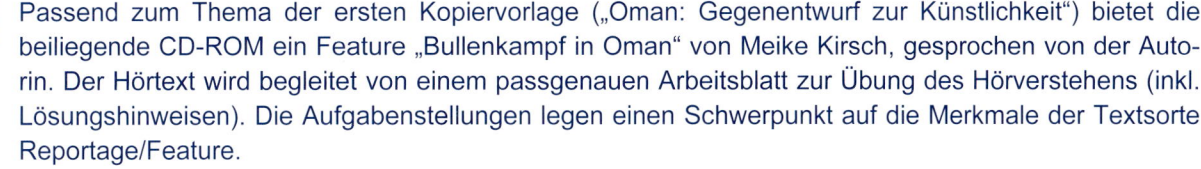

Passend zum Thema der ersten Kopiervorlage („Oman: Gegenentwurf zur Künstlichkeit") bietet die beiliegende CD-ROM ein Feature „Bullenkampf in Oman" von Meike Kirsch, gesprochen von der Autorin. Der Hörtext wird begleitet von einem passgenauen Arbeitsblatt zur Übung des Hörverstehens (inkl. Lösungshinweisen). Die Aufgabenstellungen legen einen Schwerpunkt auf die Merkmale der Textsorte Reportage/Feature.

S. 199 **Der Kommentar**

S. 199 **Norbert Lossau: Marslandung**

1 a Die Lernenden klären zunächst ihr Textverständnis: Der Autor äußert sich zur Landung des Mars-roboters „Curiosity", die er sehr positiv beurteilt, weil seiner Meinung menschliche Neugier und Grundlagenforschung zur Fortentwicklung des Menschen gehören.

b Die vorgegebenen Kennzeichnungen der Wirkung des Artikels treffen alle – mehr oder weniger – zu:
   - spannend: Es werden spannende Fragen aufgeworfen (vgl. Z. 16ff.).
   - informativ/lehrreich: Einzelne Aussagen sind informativ und lehrreich (z.B. Z. 38ff.).
   - urteilend: Der Verfasser vertritt eine positive Meinung zur Mars-Mission, seine Wortwahl ist aus-gesprochen positiv wertend („der kulturelle Wert [ist] gewaltig", Z. 4; „fantastische Leistung", Z. 7; „die NASA-Mission [hat] einen kulturellen Wert", Z. 51).
   - abwägend: In der Gegenüberstellung von unmittelbarem Nutzen und langfristigem, grundsätzli-chem Erkenntnisgewinn ist der Text auch abwägend (vgl. Z. 31 bis Ende).

Es überwiegt aber deutlich der wertend urteilende Charakter des Textes.

2 a Beispiellösung für die Erklärung möglicherweise schwer verständlicher Ausdrücke:
   - fantastische (Z. 7): großartige
   - unersättliche Neugier (Z. 13): eine Neugier, die nicht zu stillen ist, die nie an ein Ende kommt
   - basiert (Z. 25): ist auf … gegründet
   - Mechanismen (Z. 32): wie etwas (hier: der wissenschaftliche Fortschritt) funktioniert
   - abstrakte Formeln (Z. 40): Formeln der Mathematik und (hier vor allem) der Physik
   - Masterplan des Menschen (Z. 54): das, was den Menschen wesentlich ausmacht
   - Evolution (Z. 56): (Weiter-)Entwicklung des Menschen/der Menschheit

b Erklärungsbedürftig sind möglicherweise auch:
   - NASA-Mission (Z. 4): Weltraumforschungsprojekt der zivilen US-amerikanischen Bundesbehörde für Luft- und Raumfahrt NASA (National Aeronautics and Space Administration)
   - ökologische Nischen (Z. 19): kleine Bereiche, in denen Leben möglich ist, weil förderliche Wech-selbeziehungen zwischen Umgebung und Lebensformen (etwa Bakterien) bestehen
   - Basiswissen (Z. 35): grundlegendes Wissen

3 a Nun untersuchen die Schülerinnen und Schüler, wie der Verfasser seine Position vertritt.
Im Wesentlichen verwendet Lossau zwei Argumente:
   - Erkenntnis- und Forschungsdrang gehören zum Menschen (vgl. Z. 20–23, 52–56). Dazu gibt Lossau kein Beispiel, wohl aber eine weiterführende Erklärung: Ein Aufgeben dieser Neugier würde das Ende der menschlichen Weiterentwicklung bedeuten (vgl. Z. 55f.).
   - Für den (mittel- und langfristigen) wissenschaftlich-technischen Fortschritt ist Grundlagenfor-schung unerlässlich (vgl. Z. 24–37). Sie kann später im wahrsten Sinne „ungeahnte" praktische Auswirkungen haben; als Beispiel nennt er Navigationssysteme, für die Einsteins Relativitäts-theorie eine Grundlage bildet (vgl. Z. 38–46).

b Folgendes Gegenargument gegen die Erforschung des Mars nennt der Verfasser: Die Mars-Mission hat keinen unmittelbaren praktischen Nutzen für das Alltagsleben der Menschen (vgl. Z. 26–30).
Er entkräftet diesen Einwand mit dem Hinweis auf die Mechanismen des Fortschritts, dass sich nämlich Grundlagenforschung in der Regel nicht sofort, sondern erst langfristig in der Praxis für technische Innovationen nutzen lasse. Als Beispiel führt er die Verwendung der Relativitätstheorie für Navigationssysteme an (vgl. Z. 38–46).

4 Eine Gegenposition zu der des Verfassers könnte folgende Argumente vertreten:
   - Ein langfristiger Nutzen (wie beschrieben) ist denkbar, aber nicht garantiert.
   - Der Mars ist im wörtlichen wie auch im übertragenen Sinn (Dringlichkeit seiner Erforschung) „zu weit weg".
   - Damit könnte ein weiteres Argument verbunden werden: extrem hohe Kosten; das Geld könnte auf der Erde besser eingesetzt werden, etwa für humanitäre Zwecke.

5 a Im Vergleich mit einem Bericht erarbeiten die Schülerinnen und Schüler die Besonderheiten des Kommentars. Die Ergebnisse können in einem Tafelbild festgehalten werden:

	Bericht	**Kommentar**
Aufbau Vorspann	– nennt das Wesentliche – beantwortet die wichtigsten W-Fragen	– deutet das Wichtigste nur an – nennt die zentrale These ohne Begründung
Hauptteil	– bietet Detailinformationen und Hintergründe	– informiert über das Thema – formuliert eine Meinung dazu – begründet sie mit Argumenten und Beispielen → entwickelt einen Gedanken
Schlusssatz	– unwichtig – ein Bericht kann von hinten nach vorne gekürzt werden	– gedankliche Zuspitzung – unverzichtbar für die Argumentation
Sprache	– nüchtern – sachlich	– sachlich erklärend – wertend (z.B. „der kulturelle Wert [ist] gewaltig", Z. 4; „fantastische Leistung", Z. 7) – appellativ (z.B. „Wenn der Mensch diese Neugier verlieren sollte, wäre dies das Ende seiner Evolution", Z. 55f.)
Darstellungs-weise	– sachlich – informierend	– argumentierend – wertend – meinungsbildend

b Der Bericht will sachlich informieren, der Kommentar will dagegen zur Meinungsbildung beitragen.

S.201 **Die Glosse**

S.201 **David Froitzheim: Ballern statt Büffeln?**

1 a Der Text dürfte auf die Schülerinnen und Schüler am ehesten lustig wirken oder vielleicht auch frech: Schon die ersten beiden Sätze erscheinen entweder ironisch – oder provozierend: „Ich spiele Killerspiele. Und das ist gut so" (Z. 1). Lustig oder frech könnten auch die Aussagen wirken über den „niemals endenden Bemutterungsinstinkt" (Z. 11f.) der Politiker oder die Bezeichnung einer kritisierten Meinung als „gequirlter Mist" (Z. 28).

b Der Autor nimmt Stellung zu der häufig geäußerten Kritik an so genannten Ballerspielen oder Killerspielen; sie sind seiner Meinung nach nicht schädlich, wie viele Kritiker meinen bzw. befürchten (vgl. vor allem Z. 4ff.). Er kritisiert, dass die Erwachsenen, die die Spiele als gefährlich einstufen, nicht wirklich Ahnung von ihnen hätten (vgl. Z. 16ff.), und diffamiert sie daher als „so genannte" Experten (im Gegensatz zu tatsächlichen; Z. 32). Adressaten („ihr", Z. 35, 38) sind die von ihm kritisierten Erwachsenen, denen der Verfasser die Fragwürdigkeit ihres Urteils vorhält.

2 a/b Außer den schon bei den Hinweisen zu Aufgabe 1a genannten Stellen kann man als Mittel der Provokation und Übertreibung z.B. noch anfügen: das ironische „Oh Schreck" (Z. 6f.) und die ironische Aussage „Das scheint irgendwie genetisch bedingt zu sein" (Z. 13f.), die bewusst leicht paradoxe Formulierung „beruhigt draufhauen" (Z. 16), womit die Kritik der Erwachsenen generell als grob und unpassend gekennzeichnet wird, ähnlich wie mit der Wendung „Allgemeinplätze abgeben" (Z. 23f.), schließlich die knappe Aufforderung „Mund zu" (Z. 35). Bei den verwendeten sprachlichen Mittel fallen außerdem umgangssprachliche Wendungen auf (z.B. „Mädels", Z. 7; „Hey", Z. 28) und Ellipsen (z.B. „Komisch, oder?", Z. 10; „Ist auch einfacher ...", Z. 19f.).

3 Zur Definition der Textsorte Glosse siehe den Informationskasten auf S. 201 im Schülerband.

Die Gemeinsamkeiten und Unterschiede zwischen Kommentar und Glosse können in einem Tafelbild festgehalten werden:

	Kommentar	**Glosse**
Gemeinsamkeit	äußert eine Meinung	äußert eine Meinung
Darstellung der Meinung	ausgewogene Argumentation	betont subjektiv, z.T. provokant
Sprache	ausgewogen argumentierend, teilweise wertend	humorvoll, ironisch, spöttisch, übertreibend
Umfang	oft längerer argumentierender Text	kurz, pointiert (zugespitzt)
Absicht	zur begründeten Meinungsbildung anregen	zum Nachdenken anregen und/oder zum Schmunzeln bringen

4 Die Stellungnahme der Schülerinnen und Schüler zu der Glosse kann sich sowohl auf den Inhalt als auch auf den Stil beziehen, und in beiden Fällen ist sowohl Zustimmung als auch Ablehnung denkbar:

Möglichkeiten der Stellungnahme zum Inhalt:
- pro: „Ballerspiele" können entspannend wirken; nicht jeder, der sie spielt, wird zum Amokläufer
- kontra: Solche Spiele können die Hemmschwelle senken, da Konfliktlösungen durch Gewalt als „normale" Verhaltensmuster angeboten werden; vor allem in Verbindung mit anderen Aspekten – etwa Kontaktarmut, Außenseiterrolle – kann das problematisch werden; außerdem kann übermäßiges Spielen zur Abstumpfung und zum Verlust sozialer Kontakte führen; eventuell droht auch die Gefahr der Sucht.

Möglichkeiten der Stellungnahme zum Stil:
- pro: erfrischend locker und respektlos, authentisch
- kontra: zu frech, schadet dem Anliegen

||S. 202 Informationsvermittlung in Online-Zeitungen, Fernsehen und Radio

In diesem Abschnitt erarbeiten die Schülerinnen und Schüler die Informationsvermittlung in elektronischen Medien: in Online-Zeitungen, Fernsehen und Radio. Dabei vergleichen sie die Printausgabe mit der Online-Ausgabe einer Zeitung und untersuchen selbstständig – durch Fragen geleitet – das Nachrichtenangebot in Radio und Fernsehen.

1 Einleitend beschreiben die Lernenden anhand von Fragen die im Schülerband abgebildete Auftaktseite der Online-Ausgabe einer überregionalen Tageszeitung („Süddeutsche.de"), benennen Zusatzfunktionen des multimedialen Angebots und stellen Vermutungen über die Möglichkeiten der Suchfunktion an:
- Die Ressorts finden sich in der Menüleiste unterhalb des Titels („Süddeutsche.de") und des Untertitels („Neueste Nachrichten") sowie der Datumsangabe. Die Buttons sind mit den entsprechenden Ressorts verlinkt.
- Zusätzliche Funktionen der Online-Zeitung sind neben der ständigen Aktualisierung einerseits die Links (alle Texte sind als Links angelegt; das „mehr" unter dem Kurztext links weist ausdrücklich darauf hin), zum anderen die Angaben in der rechten Spalte; sie enthalten statistische Informationen (z.B. über die aktuelle Nutzung der Seite), aber auch Einschätzungen und Empfehlungen. Außerdem kann man z.B. Videos ansehen (Button rechts des Ressorts „Reise").
- Die Suchfunktion ermöglicht das Auffinden von Zeitungsartikeln zu einem bestimmten Stichwort; dabei können in der Regel auch ältere Artikel aus dem Archiv der Zeitung genutzt werden.

2 Für die Redakteure der Online-Ausgabe einer Zeitung bedeutet die ständige Aktualisierung enormen Stress: Sie müssen immer nach neuen Informationen suchen und darauf achten, dass die Texte auf der Website nicht veralten. Für die Leser bietet die Aktualisierung die Möglichkeit, stets „auf dem Laufenden" zu sein.

3 Der Aufbau einer Titelseite der Online-Ausgabe einer Zeitung ist deutlich von der Technik der Links geprägt: Die einzelnen Beiträge sind oft nur angerissen (so genannte Teaser = Anreize); Links führen dann zum Artikel. Das ist einerseits ein Vorteil (langwieriges Blättern und Suchen wird dem Nutzer erspart), kann andererseits aber auch ein Nachteil sein: Man kann sich leicht verzetteln, indem man von Stichwort zu Stichwort (d.h. von Link zu Link) springt und den Überblick verliert, z.B. über die Ressorts. Die Orientierung an den Ressorts ermöglicht bei der Nutzung einer Printausgabe der Zeitung eine konzentrierte Suche nach Informationen zu einem bestimmten Bereich.
Insgesamt sollte die Lehrkraft vermeiden, die beiden Formen – Print- und Online-Ausgabe einer Zeitung – einseitig wertend gegeneinander auszuspielen.

S. 203 Nachrichtensendungen im Fernsehen und im Radio

1 Um sich einen Überblick über Nachrichtensendungen, die im Fernsehen oder im Radio laufen, zu verschaffen, sind leicht recherchierbare Übersichten im Internet oder Programmzeitschriften hilfreich. Nützlich ist darüber hinaus der Hinweis auf Programmstrukturen: Die meisten Sender haben festgelegte Zeiten für bestimmte Formate, nicht nur für Nachrichten.

2 a Man sollte darauf achten, dass die Schülerinnen und Schüler bei der Untersuchung unterschiedlicher Nachrichtensendungen öffentlich-rechtliche und private Anbieter in ausgewogener Weise berücksichtigen.
Zusätzlich zu der Einigung auf einen Tag, an dem die Nachrichtensendungen untersucht werden, kann auch die Festlegung einer bestimmten Tageszeit (grob: Morgen / Mittag / Nachmittag / Abend) interessant sein, da dies den Vergleich bei der Darstellung aktueller Nachrichten erleichtert.

b Mögliche Aspekte, auf die man bei der Untersuchung der Nachrichtensendungen achten kann:
– Themen: Auswahl, Reihenfolge, Umfang
– Verteilung auf die einzelnen Ressorts: z.B. Politik (Außenpolitik/Innenpolitik), Wirtschaft, Kultur, Sport
– Journalistische Textsorten: Nachricht, Bericht, Reportage, Kommentar ...
– Gibt es Interviews?
– Einspielungen: Originalton (Radio), Filmsequenzen (Fernsehen)
Innerhalb der Kleingruppen kann man anhand der Liste auch gut eine Arbeitsteilung vornehmen.

4 Bei der Vorstellung der Untersuchungsergebnisse sind vor allem Auswahl, Ausführlichkeit und Aufbereitung der Nachrichten von Interesse. Für die Aufbereitung sind wichtig (allerdings themenabhängig und nicht bei jedem Thema in gleicher Weise zu erwarten):
– Einbeziehung von Hintergrundinformationen über das Ereignis hinaus
– Interviews mit Betroffenen und/oder Fachleuten
– Auswahl von Bildern und Filmen (im Fernsehen)
– Verwendung von Grafiken (im Fernsehen)
– Musikuntermalung

S. 204 Testet euch! – Rund um die Zeitung

1 Bestimmung der Textsorten: Text 1: Bericht – Text 2: Reportage – Text 3: Kommentar

2 Richtig sind folgende Zuordnungen:
1+C – Reportage: Text, der anschaulich und lebendig über ein Ereignis informiert
2+E – überregionale Zeitung: Zeitung, die in ganz Deutschland erhältlich ist
3+A – Lead-Stil: Die wichtigsten Informationen stehen am Textanfang.
4+B – Glosse: kurzer, pointierter Meinungsbeitrag, dessen Sprache humorvoll-spöttisch ist
5+D – Ressorts: Themengebiete einer Zeitung, z.B. Politik, Wirtschaft …

3 Richtig sind folgende Aussagen:
A Das Feuilleton ist der Teil einer Zeitung, in dem es um Kultur, also z.B. um Kunst und Musik, geht.
D Online-Zeitungen können ständig aktualisiert werden.

267

||S.205 9.2 Was ist los? – Projekt „Zeitungsmacher"

In diesem Teilkapitel wenden die Schülerinnen und Schüler ihr erworbenes Wissen über die Zeitung in einem Projekt „Klassenzeitung" an, dessen Arbeitsprozess Schritt für Schritt angeleitet wird.

||S.205 1. Schritt: Was ist denn angesagt? – Themen sammeln und ordnen

1 Weitere Anregungen: Auch Themen „außerhalb der Schule" können interessant sein und vielleicht ein eigenes Ressort der Klassenzeitung bilden, z.B. unter dem Titel „Die Welt da draußen" oder „Unser Schul-Ort" oder „Über den Tellerrand". Hier könnten z.B. von Interesse sein:
– Bevölkerungsstruktur der Stadt/des Ortes (Alter, Herkunft …)
– Freizeiteinrichtungen und Vereine
– öffentliche Verkehrsmittel
– Stadtbücherei
– Religionen und religiöse Bauwerke

||S.205 2. Schritt: Sich über ein Thema informieren – Die Recherche

3 Die Lehrkraft sollte unbedingt darauf bestehen, dass ein Rechercheplan erstellt wird, der auch überprüft werden sollte. Je nach zur Verfügung stehender Zeit (und abhängig vom Klassenklima, das für diesen Zweck kooperationsförderlich sein muss) kann man die Recherchepläne auch in der Klasse austauschen und nach dem Muster einer Schreibkonferenz (vgl. S. 371 im Schülerband) sichten lassen.

||S.206 3. Schritt: Von der Recherche zum Schreiben – Textsorten festlegen

4 Man sollte die Entscheidung der Lernenden für bestimmte Textsorten und die entsprechende Auswertung des Materials nutzen, um noch einmal das vermittelte Grundwissen über journalistische Textsorten, aber auch über Fragen der Gestaltung zu wiederholen und zu überprüfen – implizit (durch Beobachtung der „Redaktionskonferenzen" und kritische Sichtung der Ergebnisse) oder auch explizit, etwa durch vorangehende oder abschließende Wiederholung/Auflistung des Wesentlichen.

5 Bei der Auswahl und Zuordnung von Fotos, Illustrationen und Grafiken ist es wichtig, dass die Schülerinnen und Schüler auf Funktionalität achten – nach dem Motto: „Weniger ist oft mehr." Dabei sollte sich die Lerngruppe noch einmal die unterschiedlichen Funktionen von Bildmaterial bewusst machen:
– bloße Illustration, die eher der Auflockerung dient (z.B. witzige Zeichnungen, schöne Fotos)
– Veranschaulichung eines komplexen Sachverhalts oder Ablaufs (Schaubild, Fotofolge)
– zusätzliche Information, z.B. durch Fotos (etwa eines Bauwerks) oder Diagramme (statistische Angaben, z.B. zur Bevölkerungsstruktur)

||S.207 4. Schritt: Die Texte überarbeiten und das Layout erstellen

6 Bei der Schreibkonferenz, in der die Schülerinnen und Schüler ihre Texte zur Diskussion stellen und wechselseitig Korrekturvorschläge anmerken, ist besondere Sensibilität im Umgang der Lernenden miteinander gefordert. Unter Umständen kann oder muss die Deutschlehrerin/der Deutschlehrer die Gelegenheit nutzen – gegebenenfalls in Zusammenarbeit mit der Klassenleitung –, Defizite in dieser Hinsicht zu thematisieren und aufzuarbeiten.

7 Es kann reizvoll sein, bei der Gestaltung des Layouts der Klassenzeitung noch einmal das Thema Niveau/Profil einer Zeitung anzusprechen: seriöse Zeitung gegenüber Boulevardzeitung.

8 Auch die Entscheidung über die Reihenfolge der Ressorts kann mit dem Aspekt Niveau/Profil der Zeitung verbunden werden.

S.208 9.3 Fit in … – Einen Zeitungstext untersuchen

S.208 **Bernhard Honnigfort: Schmuggel in Hamburg: So arbeiten die Ermittler**

S.208 **Die Aufgabenstellung verstehen**

1 Im Austausch machen sich die Schüler/-innen alle relevanten Aspekte der Aufgabenstellung bewusst:
– Aufgabe 1a erfordert die Zusammenfassung des Inhalts mit Einleitung und Hauptteil, aber ohne Schluss. Vorbereitung: mehrfaches Lesen; Schlüsselwörter markieren, wenn der Text kopiert vorliegt, sonst (aber auch ergänzend) Stichworte notieren und/oder den Text in Sinnabschnitte gliedern, Zwischenüberschriften und ggf. Stichworte dazu notieren. Zu beachten: Konzentration auf die wichtigsten Informationen, keine Ausschmückungen.
– Aufgabe 1b erfordert, die Textsortenmerkmale der Reportage zu wiederholen (vgl. den Informationskasten auf S. 196 im Schülerband) und dann zwei davon im vorliegenden Text nachzuweisen.
– Aufgabe 2 verlangt zur Erklärung der Fragen – ggf. nochmaliges – genaues Lesen, um die in verschiedenen Teilen des Textes enthaltenen Aussagen zu berücksichtigen und zu integrieren.

S.209 **Den Text verstehen**

2 Richtig sind folgende Aussagen:
– Die „Schwarze Gang" sind die Hafenzöllner.
– Insgesamt gibt es 43 Hafenzöllner, die im Hamburger Hafen arbeiten.
– Das Schiff, das die Hafenzöllner kontrollieren, ist ein Frachtschiff aus Brasilien.
– Der Hamburger Hafen ist Deutschlands größter Hafen.

S.210 **Die Aufgaben zum Text beantworten und den Text überarbeiten**

3 **Aufgabe 1a**
a Bei der Einteilung eines Textes in Sinnabschnitte ist grundsätzlich zu überlegen, ob man eine Gliederung sehr kleinschrittig oder eher etwas „gröber" vornimmt. Letzteres macht den Text übersichtlicher und beugt einer Verzettelung in viele Einzelheiten vor, die dem Arbeitsauftrag – eine Zusammenfassung der wichtigsten Informationen zu schreiben – abträglich wäre. In diesem Sinne kann man folgende Sinnabschnitte unterscheiden (die Überschriften und Stichworte liefern die Grundlage für die Ausarbeitung des Hauptteils; vgl. die Beispiellösung zu Aufgabe 3c):

„Schmuggel in Hamburg: So arbeiten die Ermittler" – Gliederung in Sinnabschnitte	
Z. 5–36	Hafenzöllner („Schwarze Gang") auf dem Weg zu einem brasilianischen Bananenfrachter – Herbstmorgen, Zollboot mit „Kommissar" und 5 Kollegen – wollen nach Entladen den Frachter durchsuchen
Z. 37–43	Die „Schwarze Gang" – überall Bezeichnung für Hafenzöllner – 43 Hafenzöllner mit 5 Booten in Hamburg, zuständig für Hafen und Unterelbe
Z. 44–59	Durchsuchung des Frachters – 150 m lang, 4 Decks, viele Versteckmöglichkeiten
Z. 60–79	Grundsätzliches über die Arbeit der Hafenzöllner – Suchmannschaft in Hamburg: 43 Zöllner, 3 Schichten, 7 Tage/Woche – Hamburger Hafen: größter in Deutschland, 10.000 Schiffe/Jahr, 9 Mio. Container – suchen nach Drogen, Waffen, Zigaretten, gefälschten Produkten usw. → unmöglicher Beruf
Z. 80–87	Nichts gefunden, Rückfahrt
Z. 87–100	Entdeckung eines verdächtigen kleinen Containerschiffs – wird als nächstes Ziel anvisiert

269

b Sammlung der Informationen für die Einleitung:
  – Autor: Bernhard Honnigfort
  – Titel des Textes: „Schmuggel in Hamburg: So arbeiten die Ermittler"
  – Textsorte: Reportage
  – Quelle: Kölner Stadtanzeiger
  – Thema des Textes: Hafenzöllner durchsuchen in Hamburg einen Bananenfrachter aus Brasilien nach Schmuggelware

c Beispiellösung für die Einleitung und die Textzusammenfassung:

Untersuchung der Reportage „Schmuggel in Hamburg: So arbeiten die Ermittler" (1)
(Einleitung und Textzusammenfassung)
(Einleitung) In seiner Reportage „Schmuggel in Hamburg: So arbeiten die Ermittler", die im „Kölner Stadtanzeiger" erschienen ist, schildert Bernhard Honnigfort, wie Hafenzöllner in Hamburg einen Bananenfrachter aus Brasilien nach Schmuggelware durchsuchen.
(Textzusammenfassung) An einem Herbstmorgen ist im Hamburger Hafen die „Schwarze Gang", wie Hafenzöllner überall in Europa genannt werden, unterwegs zu einem brasilianischen Bananenfrachter. Das Zollboot ist mit dem Einsatzleiter und fünf Kollegen besetzt, die das Schiff nach dem Entladen betreten. Die Zollbeamten durchsuchen den Frachter, der mit 150 Metern Länge, vier Decks und vielen Winkeln zahllose Versteckmöglichkeiten bietet, nach Schmuggelware. Insgesamt gehören zur Hamburger Suchmannschaft 43 Hafenzöllner, die in drei Schichten an allen sieben Wochentagen unter anderem nach Drogen, Waffen, Zigaretten und gefälschten Produkten fahnden. Ihre Arbeit erscheint ihnen selbst unmöglich, denn im größten Hafen Deutschlands werden im Jahr 10.000 Schiffe mit etwa neun Millionen Containern be- und entladen.
Nachdem sie in dem brasilianischen Frachter nichts gefunden haben, machen sich die Zöllner auf den Rückweg. Da entdeckt der Einsatzleiter ein verdächtiges kleines Schiff, das als nächstes Ziel angefahren wird.

Aufgabe 1b
Die Lernenden sammeln zunächst Merkmale einer Reportage, die sich an dem Text belegen lassen:

Merkmale einer Reportage	Textbelege (Beispiele)
szenischer Einstieg (Schilderung einer Situation)	– Hafenzöllner warten an einem Herbstmorgen bei leicht unruhiger Elbe auf ihren Chef (vgl. Z. 5–17)
sachliche Informationen	– über die Bezeichnung „Schwarze Gang" (vgl. Z. 37f., 41–43) – über die Hafenzöllner in Hamburg (vgl. Z. 38–41) – über den Bananenfrachter und den Ablauf der Durchsuchung (vgl. Z. 44–59, besonders Z. 47–54 und 57–59: mögliche Verstecke) – Grundsätzliches über die Arbeit der Hamburger Hafenzöllner (vgl. Z. 60–79)
persönliche Wahrnehmung, schildernde Textpassagen	– „Es muss fix gehen" (Z. 5), „Da kommt" (Z. 14), „Mal sehen, was wird" (Z. 17) – Schilderung der Durchsuchung aus der Sicht dessen, der dabei ist: „Vielleicht sieht ja jemand verdächtig aus, vielleicht wirft jemand nervös etwas ins Hafenbecken" (Z. 34–36); vgl. auch Z. 44–59 – entsprechende sprachliche Mittel: „die wackeligen Leitern" (Z. 46f.), „so groß wie eine Turnhalle" (Z. 48f.) – Hineinversetzen in die Zollbeamten: „Die Männer [...] haben eigentlich einen völlig unmöglichen Job. Sie wissen das, sagen es aber nicht." (Z. 60–62) – Beschreibung des Geschehens im Präsens

Ansprechen der Sinne (→ Stimmung, Atmosphäre)	– „schaukelt leicht glucksend" (Z. 8f.) – „leicht kabbelig; es fängt an zu regnen" (Z. 13f.) – „dunkle Ecken" (Z. 52) – „die engen Gänge" (Z. 82f.) – „die ‚Oevelgönne' brummt" (Z. 88)
Zitate von beteiligten Personen, um die Situation anschaulich zu machen	– vgl. Z. 22f., 54, 97
kurze, teilweise elliptische Sätze, die Anspannung und Betriebsamkeit ausdrücken	– vgl. Z. 5, 10f., 17, 37, 81, 87, 92f., 97ff.

Nun wählen die Lernenden zwei Merkmale aus, die ihnen für die Textsortenbestimmung des vorliegenden Textes besonders gut geeignet erscheinen, und formulieren diesen Teil ihres Aufsatzes aus. Beispiellösung:

Untersuchung der Reportage „Schmuggel in Hamburg: So arbeiten die Ermittler" (2)
(Textsortenbestimmung)
Neben dem szenischen Einstieg in das Geschehen („Es muss fix gehen", Z. 5) kennzeichnet besonders die Verbindung von anschaulich und lebendig vermittelter Information mit den subjektiven Eindrücken und der persönlichen Sichtweise des Reporters den Text als Reportage. So vermittelt der Artikel viele sachliche Informationen über die Zollbeamten im Hamburger Hafen und ihre Arbeit, etwa dass 43 Hafenzöllner mit fünf Booten im Hafen und auf der Unterelbe (vgl. Z. 38 bis 41) nach Schmuggelware wie Drogen, Waffen oder gefälschten Markenprodukten suchen (vgl. Z. 74 bis 77) und dabei „in drei Schichten, sieben Tage die Woche" (Z. 63f.) arbeiten. Wie sie bei der Durchsuchung eines Frachtschiffs vorgehen, erfährt man in den Zeilen 45 bis 59.
Dass ihre Erfolgschancen im größten deutschen Hafen gering erscheinen, kommentiert der Verfasser aus seiner Sicht, wenn er von dem „völlig unmöglichen Job" (Z. 61) der Hafenzöllner spricht und zur Beschreibung ihrer Aufgabe einen Vergleich zieht: „Es ist so, als wollte die Schwarze Gang jeden Tag mit einem Spielzeugeimerchen einen See leer schöpfen" (Z. 77–79). Die persönliche Wahrnehmung des Reporters, der das Geschehen vor Ort erlebt, kommt als wichtiges Merkmal der Reportage beispielsweise auch in folgenden Aussagen zum Ausdruck: „Mal sehen, was wird" (Z. 17), „Vielleicht sieht ja jemand verdächtig aus, vielleicht wirft jemand nervös etwas ins Hafenbecken?" (Z. 34–36). Schildernde Textpassagen und sprachliche Gestaltungsmittel vermitteln ebenso wie das Schreiben im Präsens dem Leser den Eindruck, „live" am Geschehen teilzunehmen, etwa wenn die Decks durch einen Vergleich – „so groß wie eine Turnhalle" (Z. 48f.) – beschrieben werden oder wenn die Atmosphäre durch anschauliche Verben und Adjektive und die Wiedergabe von Sinneseindrücken lebendig wird: „das 17-Meter-Boot schaukelt leicht glucksend" (Z. 8f.), „die Elbe im Hafen ist leicht kabbelig; es fängt an zu regnen" (Z. 12–14).

Aufgabe 2
Abschließend beantworten die Lernenden die beiden Fragen zum Text. Beispiellösung:

Untersuchung der Reportage „Schmuggel in Hamburg: So arbeiten die Ermittler" (3)
(Beantwortung der Fragen)
Der Text liefert mehrere Erklärungen dafür, warum die Hafenzöllner „einen völlig unmöglichen Job" (Z. 61f.) haben: Bei der Schilderung der Durchsuchung des Frachters wird klar, dass es auf einem Schiff – wie der „Kommissar" sagt – „hunderttausend Verstecke" (Z. 54) gibt, die unmöglich alle durchsucht werden können. Hinzu kommen die Größe des Hafens und die Zahl der Schiffe (vgl. Z. 65ff.), die zu einem „wohlorganisierten Durcheinander" (Z. 72f.) führen. Dem gegenüber stehen 43 Zöllner, die in drei Schichten arbeiten (vgl. Z. 62f.). Dies macht die „Unmöglichkeit" ihres Auftrags, Schmuggelware zu finden, sehr deutlich.

Material zu diesem Kapitel auf den folgenden Seiten und auf der CD-ROM

- Klassenarbeit – Eine Reportage untersuchen: Hinab in die Tiefen des Vulkans
  (mit Erwartungshorizont auf der CD-ROM)
- Klassenarbeit – Einen Kommentar untersuchen: Nina Müller: Das Gute an der Einfachheit
  (mit Erwartungshorizont auf der CD-ROM)
- Fordern und fördern – Eine Reportage untersuchen: Meike Kirsch: Oman – Gegenentwurf zur
  Künstlichkeit (auf zwei Differenzierungsniveaus, mit Lösungshinweisen auf der CD-ROM)
- Fordern und fördern – Eine Reportage untersuchen: Alexander Stirn: Sternwarte im Jumbojet
  (auf zwei Differenzierungsniveaus, mit Lösungshinweisen auf der CD-ROM)
- Für Profis – Einen Kommentar untersuchen: Patrick Illinger: Wo Roboter besser sind als Menschen.
  NASA-Rover „Curiosity" auf dem Mars (mit Lösungshinweisen auf der CD-ROM)
- Diagnose – Zeitungstexte untersuchen (mit Lösungshinweisen und Förderempfehlung auf der
  CD-ROM)
- Hörtext: Meike Kirsch: Bullenkampf in Oman. Eine Reportage (mit einem passgenauen Arbeitsblatt
  zur Übung des Hörverstehens inkl. Lösungshinweisen, nur auf der CD-ROM)

Klassenarbeit – Eine Reportage untersuchen

Aufgabenstellung

Untersuche die Reportage „Hinab in die Tiefen des Vulkans":

1

  a Fasse die wichtigsten Informationen des Textes zusammen. Schreibe eine Zusammenfassung mit Einleitung und Hauptteil.

  b Weise anhand von zwei Merkmalen nach, dass der Text eine Reportage ist. Suche für jedes Textsortenmerkmal eine passende Textstelle.

2 Erläutere, wie die Besucher derzeit ins Innere des erloschenen Vulkans gelangen und welchen Zugang zur Magmakammer der Ingenieur und Guide Einar Stefánsson für die Zukunft plant.

Hinab in die Tiefen des Vulkans

Auf Island gibt es eine neue Attraktion: Ab sofort können Touristen in einem schmalen Stahlkorb in den Bauch des Vulkans Thrihnukagigur hinabfahren. Eine äußerst abenteuer-
5 **liche Reise in Richtung Mittelpunkt der Erde.**

Der Karabiner des Sicherungsseils klackt zu. „Und los", sagt der Guide. Sanft, aber bestimmt schiebt seine Hand die Besucher in Richtung Steg. Und die Füße gehorchen: Ein erster Schritt
10 auf dem Steg. Auf diesem Stahlkonstrukt, das so schmal und so lang ist wie die Sprungbretter im Schwimmbad. Dann ein zweiter. Der sichere Boden ist weg. Stattdessen links und rechts des Geländers nur Schwarz. Der Wind pfeift. Noch
15 zwei Schritte, noch einer. Am Ende des Stegs wartet eine Leiter. Vorsichtig umdrehen, drei

Sprossen nach unten klettern. Der Stahlkorb ist erreicht. Er schwebt im Krater des Vulkans.
Erstmals ist es in diesem Sommer auf Island möglich, einen Vulkan von innen zu sehen. Sein 20 Name ist fast unaussprechlich: Thrihnukagigur. Er liegt rund 40 Autominuten und eine knappe Stunde Gehzeit von Islands Hauptstadt Reykja- vík entfernt in einer Region mit lauter aktiven Vulkanen. Doch während die anderen Vulkane in 25 ihrem Inneren geschmolzenes Gestein kochen und gelegentlich ausbrechen, ist Thrihnukagigur inaktiv und seit seinem letzten Ausbruch vor 4000 Jahren von innen hohl. Er scheint dafür gemacht, in ihn hineinzuklettern. 30
Doch natürlich kann man das nicht so einfach: Über den Krater im Gipfel geht es mit einer Art Lift 120 Meter in die Tiefe, bis zum Boden der

Der Vulkan Thrihnukagigur, Island

Kopiervorlage

Magmakammer. Dabei ist das Wort Lift ein Eu-

35 phemismus[1]: Quer über den Krater ist eine Art Leiter gelegt, an der ein Stahlseil mit dem Stahlkorb hängt. Nachempfunden ist die Konstruktion den Liften, die Fensterputzer benutzen, um die Außenfassade von Wolkenkratzern zu reinigen.

40 Unten ist nichts als Schwarz. Es scheint, als habe das Loch keinen Boden. Rechts im Korb stehen zwei Teenager aus New York mit ihrem Vater. Links der Guide Einar Stefánsson, wettergegerbt das Gesicht. Auf seinem Kopf sitzt, wie beim

45 Rest der Gruppe, ein orangener Sicherheitshelm mit einer Grubenlampe. An den Hüften hängt ein Klettergeschirr, das über ein Sicherheitsseil am Geländer des Lifts befestigt ist.

Der Motor springt an, ein lautes Surren erklingt,

50 und der Korb setzt sich ruckelnd in Bewegung. Langsam gleitet die Gruppe in die Tiefe. Keiner sagt ein Wort. Auf den ersten Metern kommt der Lift gut voran. Das Loch ist relativ breit. Der Stahlkorb passt gut hindurch. Doch bald verengt

55 sich der Krater. Nun ist der Korb auf allen vier Seiten unmittelbar vom Fels umgeben. Um den Stein zu berühren, muss man noch nicht einmal den Arm ganz ausstrecken. Der Fels ist kalt und feucht. Zweimal muss der Guide den Lift stop-

60 pen, um ihn durch die schmale Stelle zu navigieren. Beim Anfahren ruckelt er jedes Mal bedrohlich. Als die schmale Stelle vorbei ist, geht es zügig weiter in die Tiefe. Nach ein paar Metern verbreitert sich der Krater plötzlich wieder. Und

65 nun tut sich ein Raum von ungeheurer Größe auf. Es ist, als würde man sich in einem Dom von der Spitze der Kuppel abseilen. […]

Sieben Minuten hat die Fahrt mit dem Lift zum Boden der Magmakammer gedauert, sagt die

70 Uhr. Gefühlt war es eine Minute. Und nun steht die Gruppe in diesem Raum, der in allen Farben leuchtet. Wie glühende Kohle in einem Grill wirken die Farben an den Wänden. Der Boden ist ein Teppich aus Felsbrocken. Die Kammer hat

75 einen Durchmesser von gut 80 Metern. 120 Meter hoch ist sie. [...] Von den Wänden tropft Wasser. Es ist kalt. Für einen Moment sind alle ganz ruhig. Flutlichter lassen die Höhle in fast

allen Farben des Regenbogens schimmern. Von hier unten scheint der Ausgang der Höhle uner- 80 reichbar weit weg. Irgendwo hier ist das geschmolzene Gestein aus dem Erdinneren gekommen. […]

Stefánsson ist einer von den drei Ingenieuren, die die Tour in den Vulkan veranstalten. Seit Anfang 85 Juni hat er schon 300 Touristen hier heruntergebracht. Bis Ende August […] werden es vermutlich über 1000 sein. […]

Und geht es nach ihm, werden es in den kommenden Sommern noch mehr. Denn Stefánsson 90 hat einen Antrag bei der Stadt Reykjavík gestellt. Sein Plan ist es, einen Tunnel vom Fuß des Vulkans in die Magmakammer hineinzugraben. Dann könnten die Touristen bald schon in Scharen die Höhle bestaunen. Doch noch ist die Ge- 95 nehmigung ungewiss. Sicher ist nur: Die Liftkonstruktion wird es im kommenden Sommer nicht geben.

Dann steht Einar Stefánssons auf und ruft. Die 40 Minuten sind um. Es geht zurück an die Erd- 100 oberfläche. Schon hebt der Lift wieder ab. Die Flutlichter unter uns lassen langsam nach. Dann richtet sich der Blick erwartungsvoll nach oben. Gar nicht schnell genug kann es jetzt auf dem Weg nach oben [gehen]. Weg vom Mittelpunkt 105 der Erde und wieder dem Sonnenlicht entgegen.

(Aus: Kölner Stadt-Anzeiger, 12.07.2012,
Quelle: http://www.ksta.de/reportagen/-hinab-in-die-tiefen-des-
vulkans,16126872,16606752.html, Stand 12.01.2014, © dpa)

Abstieg in den Thrihnukagigur-Krater

---

1 Euphemismus: Beschönigung

Foto:
© F1online

Klassenarbeit 14, Seite 2

Kopiervorlage

Klassenarbeit – Einen Kommentar untersuchen

Aufgabenstellung

Untersuche den Kommentar „Das Gute an der Einfachheit":

1

a Schreibe eine Textzusammenfassung mit Einleitung und Hauptteil. Stelle im Hauptteil mit eigenen Worten dar, welche Meinung Nina Müller zur Eigenart von „Innovationen" vertritt und mit welchen Argumenten und Beispielen sie ihren Standpunkt begründet.

b Die Autorin räumt ein, dass man Innovationen auch anders beurteilen kann. Benenne dieses mögliche Gegenargument und zeige, auf welche Weise Nina Müller das mögliche Gegenargument entkräftet.

2 Weise anhand von zwei Merkmalen nach, dass der Text ein Kommentar ist. Suche für jedes Textsortenmerkmal eine passende Textstelle.

Das Gute an der Einfachheit

Von Nina Müller

Wir leben in einer Welt, in der Innovationen[1] eine unermessliche Zahl an Möglichkeiten schaffen. Doch genau diese Errungenschaften machen unser Leben oftmals viel zu kompli-
5 **ziert. Das muss gar nicht sein.**

Die wichtigsten Dinge und Geräte wurden längst erfunden und entwickelt. Jetzt geht es darum, sie vermeintlich besser zu machen – das heißt: multifunktionaler, einzigartiger. Mittlerweile klin-
10 geln unsere Wecker nicht nur, nein, sie simulieren[2] Sonnenaufgänge, sind gleichzeitig Radio und Lampe und besitzen eine Snooze-Taste, dank der man wunderbar verschlafen kann. In Eisdielen gibt es Karotten- und Pumpernickel-
15 Lakritz-Eis und im Supermarkt um die Ecke findet man Chilischokolade oder Wasabiwasser[3]. Unsere Fernseher nehmen auf, verbinden sich mit dem Internet, greifen zurück auf die Festplatte unseres Computers und dienen als Fotoalbum,
20 Videothek und Musiksammlung in einem. Die Kosmetik ist auch ein schönes Beispiel, da viele Cremes heute mindestens fünf angebliche Eigenschaften haben, mit denen sie uns aussehen lassen wie neugeboren. Von Handys, Smart-
25 phones und ihrer ständigen Weiterentwicklung will ich gar nicht erst reden. Und all diese Innovationskraft ist ja auch wirklich großartig. Aber: Ich liebe die Einfachheit.

Ich liebe meinen Old-School-Wecker, der nicht mehr kann, als mich zu wecken. Ich liebe klassi- 30
sches Vanilleeis und mein Handy, mit dem man ausschließlich telefonieren und SMS schreiben kann. Es mag sein, dass viele mit Spezialeffekten ausgestatteten Geräte und Dinge praktisch sind. Aber genauso oft sind sie so kompliziert, dass 35
telefonbuchdicke Gebrauchsanweisungen erforderlich sind, um sie überhaupt benutzen zu können.

Daneben gibt es aber auch genug unglaublich unnötiges Zeug. Mein Lieblingsbeispiel hierfür 40
ist eine App, mit der man Kerzen auspusten kann. Wer braucht so was? Genauso blöd: Geräte, die ganz viel können, aber ihren eigentlichen Zweck mehr schlecht als recht erfüllen. So geschehen bei früheren Mobiltelefonen, die viele 45
Funktionen hatten, deren Antennen aber so schlecht waren, dass man den Gesprächspartner oft kaum verstanden hat.

Ich finde unseren Alltag schon verwirrend genug, da halte ich mein Umfeld gerne einfach und 50
überschaubar. An meinem Geburtstag möchte ich von Weckerklingeln und nicht dem neuen Lady-Gaga-Song geweckt werden. Ich will ganz normalen Schokoladenkuchen ohne exotische Zusätze essen. Und ich will meine Kerzen selbst 55
auspusten. Denn das schaffe ich auch sehr gut alleine.

(Aus: Kölner Stadt-Anzeiger, 23.11.2013. Quelle: http://www.ksta.de/noch-fragen-/kommentar-das-gute-an-der-einfachheit,15188068,25121494.html, Stand 10.01.2014)

---

1 Innovation: Neuerung, Erfindung
2 simulieren: nachahmen
3 Wasabi: sehr scharf schmeckende Gewürzpflanze

Fordern und fördern – Eine Reportage untersuchen

Oman: Gegenentwurf zur Künstlichkeit

Einst eines der rückständigsten Länder der Welt, hat sich das Sultanat zum arabischen Musterland gewandelt. Noch immer fehlt ihm alles Anmaßende und Laute – aber nichts an Zauber.

Von Meike Kirsch

Veränderung? Der Alte schaut uns lange an, dann lächelt er zahnlos – und springt auf. So flink, dass wir ihm kaum folgen können, eilt Ali bin Salem Al Abri in seinen Plastiksandalen eine
5 steile, in den nackten Fels gehauene Treppe nach unten. Hinein in die schattigen Gärten des Dorfes, in ein immer ohrenbetäubender werdendes Strudeln und Wirbeln – bis zu einer steinernen Rinne, in der Wasser fließt. Nun geht es – Tem-
10 po, Tempo, Tempo! Unglaublich, wie schnell ein 70-Jähriger laufen kann! – auf dem nur handbreiten Rand des Wasserlaufs weiter in die Schlucht. Rechts ein jäher Abgrund, tief unten üppig grüne Bananenstauden, Mangobäume, Frangipani in
15 voller Blüte, Mais, Buchweizen und Limonen, nur nicht hinschauen!
Ali Al Abri stoppt abrupt. Er bückt sich. Wuchtet, in der Hocke balancierend, einen kiloschweren Stein herum. Verschließt mit ihm ein Loch,
20 durch das eben noch Wasser schoss. „Deine Zeit

Bewässerungskanal (Falaj) im Bergdorf Al Hamra, Oman

ist abgelaufen", sagt er, der Wasserwächter des Dorfes Misfat Al Abri, zu einem der Bäume, in deren mächtigen Kronen melonenartige Papayas hängen. Irgendwann in seinem langen Leben hat es sich der Alte zur Gewohnheit gemacht, mit 25 Pflanzen und Tieren zu sprechen. „Nun du!", ruft er. Eine andere Gartenparzelle soll geflutet werden. Welche und wie lange, bestimmt noch heute ein uraltes System, das den Tag in halbstündige Fließintervalle teilt. 30
Zwar kommt das Trinkwasser für die 300 Bewohner von Misfat mittlerweile aus dem Hahn. Eine makellose Asphaltstraße führt zum Dorf, dessen Lehmhäuser wie Adlerhorste am Abhang kleben. Und Kinder im nahen Gebirge werden 35 jede Woche mit Helikoptern zur Schule geflogen. Aber verändert all das wirklich das Leben des Ali Al Abri? Der Alte läuft weiter, klettert flink wie ein Junge über große Steine, zwängt sich durch enge Stellen – bis hin zur Quelle. Ei- 40 nem Ort, an dem man glaubt, das eigene Herz schlagen hören zu können. Beinahe lautlos sickert das klare, kühle Wasser hier aus dem Kies. Frösche baden in ihm. Der Herr der Rinne setzt sich auf den Stein, auf dem er schon als Kind die 45 Stille genoss. Auch Libellen ruhen sich hier aus, sie strecken ihr Hinterteil der Sonne entgegen, spreizen ihre durchscheinenden Flügel. „Seht!",

Bergdorf Misfat al Abreen, Oman

Kopiervorlage

ruft der Alte, und es ist nicht klar, ob er die In-
50 sekten oder uns meint. „Alles wie immer." Er
summt zufrieden, das Echo der nahen Felswand
stimmt sofort ein.

Ali Al Abris Heimat, dem Sultanat am Horn von
Arabien, fehlt alles Anmaßende und Laute. Mit
55 den artifiziellen Wunderwelten, die jenseits seiner Grenzen in den Vereinigten Arabischen Emi-
raten entstehen, mit der bizarren Rekordjagd des
kleineren Nachbarn hat das noch immer geheimnisvoll anmutende Land so wenig gemein wie
60 feiner Pulverschnee mit seinem in tiefgekühlten
Luxusmalls erzeugten Imitat. Oman ist der Gegenentwurf zur Künstlichkeit. Das Anti-Dubai.
Authentisch, ursprünglich – und trotzdem mo-
dern.

65 Dabei galt das Sultanat, das fast so groß wie
Deutschland ist, noch vor drei Jahrzehnten als
eines der rückständigsten Länder der Welt. Unter
dem Regime von Said bin Taimur Al Said, dem
ängstlichen, engstirnigen Vater des jetzigen Sul-
70 tans, gab es weder Radio noch Telefon, gerade
einmal drei Knabenschulen mit 909 Schülern und
zehn Kilometer asphaltierte Straße. Die Menschen wohnten in Lehmhütten ohne Wasser und
Strom. Sie durften weder Bücher noch Sonnen-
75 brillen besitzen. Erst der 1940 geborene Qabus
bin Taimur, der 1970 den Vater stürzte, führte

seine jetzt 2,6 Millionen Untertanen in die Neu-
zeit – und, anders als die Herrscher von Dubai,
behutsam. Bei Ali bin Salem Al Abri, dem Wasserwächter, hängt das Bild des milde lächelnden 80
Sultans, der seinem Land Universitäten, Kran-
kenhäuser sowie internationales Ansehen brachte, direkt neben der Tür. Ein Ehrenplatz, der außer dem Potentaten nur einigen Koransuren und
der fotografierten Enkelschar gebührt. 85

Mit großer Wärme hat uns der Alte nach dem
Gang zur Quelle noch in die Kühle seines schie-
fen Hauses gebeten. „Sofort gehen? Aber nicht
doch! Allah hat doch reichlich Zeit erschaffen",
hatte er gesagt und keinen Widerspruch geduldet. 90
Was könnte es Wichtigeres geben als einen
Plausch unter Freunden? Also sitzen wir wie in
einem fernen Jahrhundert im Schneidersitz auf
den Teppichen seines Empfangsraumes, den Rücken von Kissen gestützt, von Weihrauch umne- 95
belt. Unser Gastgeber schneidet Orangen auf,
reicht Datteln mit Anis und bitteren Kaffee mit
Kardamom. Immer wieder füllt er die Tassen.
„Verzeiht, dass ich nicht mehr bieten kann", sagt
er. „Würde meine Frau noch leben, hättet ihr 100
selbstverständlich ein Essen bekommen."

Als wir abfahren, winkt Ali Al Abri uns lange
nach. Wir lachen: Noch am Morgen kamen wir
uns wie Eindringlinge vor. In den entlegenen,
von tiefen Schluchten durch- 105
furchten Gebirgsregionen des Je-
bel Akhdar begegneten uns bärti-
ge Männer, die Esel auf die Straße trieben. Tief verschleierte
Frauen, auf deren Köpfen Schüs- 110
seln und Wäschekörbe zu kleben
schienen. Niemand beachtete
uns. Wir vermuteten eine Welt
imprägniert mit Misstrauen vor
jeglichem Fremden. Doch nichts 115
davon. Wo auch immer wir
schüchtern nach dem Weg fragen
– große Herzlichkeit. [...]

(Aus: GEO spezial Nr. 1/2007:
Dubai, Emirate und Oman.
Quelle:
http://www.geo.de/GEO/reisen/reiseziele/oman-
ein-audio-reisemaerchen-52629.html?p=4)

KV 26, Seite 2

Kopiervorlage

Lies die Reportage aufmerksam durch. Überprüfe zunächst, ob du den Text verstanden hast:

1 Kreuze an, welches Land im Mittelpunkt des Artikels steht:

☐ Dubai ☐ Oman ☐ Vereinigte Arabische Emirate

2 Notiere, was du über seine geografische Lage, seine Größe und die Zahl der Einwohner erfährst.
TIPP: Du kannst es in den Absätzen 4 und 5 nachlesen. Betrachte dazu auch die Landkarte.

_____

_____

3 Kreuze an, warum Ali bin Salem Al Abri als „Wasserwächter des Dorfes" bezeichnet wird:

☐ weil er die Bewässerung der Ost- und Gemüsegärten aus einer alten Quelle regelt.

☐ weil er darauf achtet, dass das Trinkwasser des Dorfes nicht vergiftet wird.

4 Notiere: Woher beziehen die Einwohner seines Dorfes heute ihr Trinkwasser?
TIPP: Die Antwort findest du in der ersten Hälfte des Textes.

_____

5 Im Text wird die rasante Entwicklung des Sultanats in den letzten 30 Jahren beschrieben. Halte wichtige Angaben dazu in der Tabelle fest.

Das Sultanat vor etwa 30 Jahren ...	... und heute
eines der rückständigsten Länder der Welt	ursprünglich und zugleich modern
Menschen lebten in _____ ohne _____ und _____	Lehmhäuser, _____ _____
kein _____, kein _____; keine _____	Universitäten, _____
3 Knabenschulen mit _____	Kinder aus dem Gebirge _____ _____
10 km _____	_____

6 Notiere: Mit welchem Staat / welchem Emirat wird das Sultanat verglichen?

_____

7 Erkläre den Satz: „Oman ist der Gegenentwurf zur Künstlichkeit. Das Anti-Dubai." (Z. 61 f.).
TIPP: Lies den Absatz Z. 53–64 noch einmal.

_____

Kopiervorlage

Erarbeite nun einen Aufsatz mit Inhaltszusammenfassung und Textsortenbestimmung:

8 Bestimme zunächst das Thema der Reportage, indem du die zutreffende Aussage ankreuzt.

  ☐ Die Zurückgebliebenheit des Sultanats Oman

  ☐ Das Nebeneinander von Ursprünglichkeit und Moderne im Sultanat Oman

  ☐ Die enorme Bedeutung der Wasserwächter für die Dörfer in Oman

9 Gliedere den Text in Sinnabschnitte und fasse jeden Abschnitt in kurzen Sätzen oder Stichworten zusammen.

Z. 1–30: Der alte Wasserwächter
– üppige Gärten des Dorfes, Wasserrinne, reguliert uraltes Bewässerungssystem
Z. 31–52: Moderne und Ursprünglichkeit

–

_____

_____

_____

_____

_____

_____

_____

_____

_____

_____

_____

_____

10 Notiere alle Informationen, die für die Einleitung der Textzusammenfassung wichtig sind: Autor/-in, Titel des Textes, Textsorte, Quelle sowie Thema des Textes.

_____

_____

_____

11 Verfasse mit Hilfe deiner Vorarbeiten eine Textzusammenfassung mit Einleitung. Schreibe in dein Heft. Du kannst diese Formulierungshilfen nutzen:

In der Reportage „....", die in ... erschienen ist, beschreibt die Autorin ... das ...

Kopiervorlage

12
●●○

a Betrachte für die Textsortenbestimmung zunächst den Anfang des Artikels (Z. 1–30). Kreuze an: Eine Reportage beginnt mit

☐ einem Vorspann (Lead), der die wichtigsten W-Fragen beantwortet.

☐ einem szenischen Einstieg, der unmittelbar in eine interessante Situation einführt.

☐ einer pointierten Darstellung der eigenen Meinung.

b In einer Reportage schreibt eine Autorin/ein Autor über ein Geschehen, das sie/er selbst miterlebt hat. Notiere zwei Stellen, an denen dies besonders deutlich wird. Achte auf die Personalpronomen. Ein Beispiel: „Der Alte schaut uns lange an" (Z. 1).

_____

_____

c Eine Reportage enthält sachliche Informationen, gibt aber auch die persönliche Sichtweise und die subjektiven Eindrücke des Autors/der Autorin wieder. Sachliche Informationen hast du bereits zu Aufgabe 5 gesammelt. Notiere hier zwei Stellen, an denen die Eindrücke und die persönliche Sichtweise der Autorin besonders deutlich werden.

Ein Beispiel: „Ort, an dem man glaubt, das eigene Herz schlagen hören zu können" (Z. 41 f.)

_____

_____

d Eine bildhafte Sprache sorgt in einer Reportage für eine besonders anschauliche und lebendige Darstellung. Notiere weitere Beispiele aus dem Text (wie viele, ist in Klammern angegeben). Denke an den Zeilennachweis.

ausdrucksstarke Verben (2): „stoppt" (Z. 17), „wuchtet" (Z. 17 f.), _____

anschauliche Adjektive (2): „zahnlos" (Z. 2), „flink" (Z. 3), _____

Vergleiche (1): „dessen Lehmhäuser wie Adlerhorste am Abhang kleben" (Z. 34 f.), _____

_____

e Schreibe nun eine vollständige Textsortenbestimmung unter die Textzusammenfassung in dein Heft. Denke dabei an die Textbelege.

13
●●○

Erkläre in wenigen Sätzen, was die Autorin damit meint, dass sich das Sultanat zum arabischen Musterland gewandelt habe, dem aber nichts an Zauber fehle. Schreibe dies als Abschluss deines Aufsatzes in dein Heft.

Kopiervorlage

Lies die Reportage aufmerksam durch. Überprüfe zunächst, ob du den Text verstanden hast:

1 Schreibe auf, welches Land im Mittelpunkt des Artikels steht: _____

2 Notiere, was du über seine geografische Lage, seine Größe und die Zahl der Einwohner erfährst.

_____

_____

3 Notiere, warum Ali bin Salem Al Abri als „Wasserwächter des Dorfes" bezeichnet wird:

_____

_____

4 Notiere: Woher beziehen die Einwohner seines Dorfes heute ihr Trinkwasser?

_____

5 Im Text wird die rasante Entwicklung des Sultanats in den letzten 30 Jahren beschrieben. Halte wichtige Angaben dazu in der Tabelle fest.

Das Sultanat vor etwa 30 Jahren ...	... und heute
eines der rückständigsten Länder der Welt	ursprünglich und zugleich modern
Menschen lebten in _____ ohne _____	_____
kein _____	Universitäten, _____
3 Knabenschulen mit _____	
10 km _____	_____

6 Notiere: Mit welchem Staat/welchem Emirat wird das Sultanat verglichen?

_____

7 Erkläre den Satz: „Oman ist der Gegenentwurf zur Künstlichkeit. Das Anti-Dubai." (Z. 61 f.).

_____

_____

Kopiervorlage

KV 26, Seite 6

Erarbeite nun einen Aufsatz mit Inhaltszusammenfassung und Textsortenbestimmung:

8 Bestimme zunächst das Thema der Reportage:

9 Gliedere den Text in Sinnabschnitte und fasse jeden Abschnitt in kurzen Sätzen oder Stichworten zusammen.

10 Notiere alle Informationen, die für die Einleitung der Textzusammenfassung wichtig sind.

11 Verfasse mit Hilfe deiner Vorarbeiten eine Textzusammenfassung mit Einleitung. Schreibe in dein Heft.

Kopiervorlage

12 ●●●

a Betrachte für die Textsortenbestimmung zunächst den Anfang des Artikels (Z. 1–30). Vervollständige den Satz:

Eine Reportage beginnt mit

b In einer Reportage schreibt eine Autorin/ein Autor über ein Geschehen, das sie/er selbst miterlebt hat. Notiere drei Stellen, an denen dies besonders deutlich wird. Achte auf die Personalpronomen.

c Eine Reportage enthält sachliche Informationen, gibt aber auch die persönliche Sichtweise und die subjektiven Eindrücke des Autors/der Autorin wieder. Sachliche Informationen hast du bereits zu Aufgabe 5 gesammelt. Notiere hier drei Stellen, an denen die Eindrücke und die persönliche Sichtweise der Autorin besonders deutlich werden.
Ein Beispiel: „Ort, an dem man glaubt, das eigene Herz schlagen hören zu können" (Z. 41 f.)

d Eine bildhafte Sprache sorgt in einer Reportage für eine besonders anschauliche und lebendige Darstellung. Notiere weitere Beispiele aus dem Text (wie viele, ist in Klammern angegeben). Denke an den Zeilennachweis.

ausdrucksstarke Verben (3): „stoppt" (Z. 17), „wuchtet" (Z. 17 f.),

anschauliche Adjektive (3): „zahnlos" (Z. 2), „flink" (Z. 3),

Vergleiche (2): „dessen Lehmhäuser wie Adlerhorste am Abhang kleben" (Z. 34 f.),

e Schreibe nun eine vollständige Textsortenbestimmung unter die Textzusammenfassung in dein Heft. Denke dabei an die Textbelege.

13 ●●● Erkläre in wenigen Sätzen, was die Autorin damit meint, dass sich das Sultanat zum arabischen Musterland gewandelt habe, dem aber nichts an Zauber fehle. Schreibe dies als Abschluss deines Aufsatzes in dein Heft.

       KV 26, Seite 8

Kopiervorlage

Fordern und fördern – Eine Reportage untersuchen

Sternwarte im Jumbojet

Unterwegs mit einem fliegenden Observatorium: SOFIA. Die zum Teleskop umgebaute Boeing 747 macht Detailaufnahmen des Weltalls.

Von Alexander Stirn

„Noch 45 Minuten und nicht länger!" Charlie Kaminski ist gnadenlos. Er weiß genau, dass das Flugzeug, das unter seinem Kommando steht, noch genau eine Dreiviertelstunde seinen Kurs
5 beibehalten kann. Dann muss es abdrehen, in einer scharfen Linkskurve. Und dann werden einige Passagiere ziemlich bedröppelt dreinschauen. Die Passagiere sind Wissenschaftler, und das Flugzeug, das Kaminski kommandiert, ist keine
10 normale Maschine: Es ist eine fliegende Sternwarte.

„SOFIA" heißt die umgebaute Boeing 747, in deren Heck ein großes Teleskop[1] steckt. SOFIA, das steht für „Stratosphären-Observatorium für
15 Infrarot-Astronomie". Das Gemeinschaftsprojekt der amerikanischen Raumfahrtbehörde NASA und des Deutschen Zentrums für Luft- und Raumfahrt (DLR) hat es sich zum Ziel gesetzt, die [...] Wärmestrahlung des Universums zu er-
20 gründen – Strahlen, die Einblicke in die Kinderstube von Sternen und Planeten geben können. Da diese Signale am Erdboden nicht ankommen, müssen die Astronomen in die Luft gehen. Bislang haben sie das in den USA getan. Am ver-
25 gangenen Freitag jedoch hat sich SOFIA erstmals auf den Weg über den Atlantik gemacht: zu ihrem Antrittsbesuch in Deutschland. Ihr Kurs führte sie weit nach Norden, höher hinauf als
30 die Routen der Luftlinien, die von Kalifornien nach Europa fliegen. Charlie Kaminski, ein Ingenieur in einem beigen, nicht wirklich körperbetont geschnittenen Overall, hat

dazu den exakten Flugplan ausgearbeitet. Er hat 35 berechnet, in welcher Richtung die kosmischen Objekte[2] liegen, die die Astronomen während des Überführungsflugs beobachten wollen. Er hat Windprognosen und Flugverbotszonen berücksichtigt. Da das Teleskop nur starr nach links aus 40 dem Rumpf hinausschauen kann, ergibt sich daraus zwangsläufig der Kurs, den die Maschine zu steuern hat – und der Punkt, an dem die Beobachtung abgebrochen und in Richtung des nächsten Forschungsobjekts gedreht werden 45 muss. 44 Minuten sind es noch bis dahin.

Kaminskis Flugplan ist keine gerade Linie [...]: Das Flugzeug bewegt sich, der Himmel wandert im Lauf der Nacht über das Teleskop hinweg, oder genauer: die Erde und mit ihr die Atmo- 50 sphäre drehen sich unter dem Leuchtteppich der Fixsterne. Langsam fallen die Beobachtungsobjekte dadurch aus dem Sichtfeld des Teleskops. Alle zehn Minuten muss SOFIA ihren Kurs anpassen. „Ein Grad nach rechts", murmelt Kamins- 55 ki ins Mikrofon des Bordfunks.

Ein Stockwerk höher, im Cockpit des Jumbojets, dreht Pilot Troy Asher behutsam am Knopf des Autopiloten. Fast unmerklich legt sich das Flugzeug zur Seite. Es stammt aus dem Jahr 1977 – 60 und sieht auch so aus: Schalter, Knöpfe, Rundinstrumente dominieren die Pilotenkanzel. Digitalanzeigen gibt es kaum. Der Flugingenieur, der schräg hinter Asher sitzt, benutzt noch Papier

---

1 Teleskop: (großes) Fernrohr
2 kosmische Objekte: Objekte
   (z. B. Sterne, Galaxien) im Kosmos
   (Weltall/Universum)

65 und Bleistift, um den Treibstoffverbrauch der vier Triebwerke zu ermitteln.

140 Tonnen Kerosin hat SOFIA heute Morgen getankt. Mit einem Startgewicht von 361 Tonnen ist sie über Runway 25 des Flughafens im kali-
70 fornischen Palmdale gebrettert – um nach einer gefühlten Ewigkeit endlich in Richtung Europa abzuheben. [...]

Vor eineinhalb Stunden, über Somerset Island in der kanadischen Arktis, hat Asher die Rolltür ge-
75 öffnet, die das Teleskop während Start und Landung verdeckt. Sie ist größer als ein Fußballtor, trotzdem hat niemand etwas davon mitbekommen. „Die Aerodynamik[3] ist so gut, dass selbst wir auf die Anzeige schauen müssen, ob da hin-
80 ten ein Loch im Flieger ist", sagt Asher. [...]

„Noch 30 Minuten", meldet sich Missionsdirektor Kaminski über den Bordfunk, freundlich aber bestimmt. Leichte Turbulenzen erfassen die 56 Meter lange Maschine. Der Teil des Teleskops,
85 der in die Kabine ragt, tänzelt hin und her, auf und ab. Wobei der Eindruck täuscht: Eigentlich bewegt sich das Flugzeug, das Teleskop steht still. Insgesamt 17 Tonnen wiegt die hantelförmige Konstruktion. Auf der einen Seite hängt der
90 2,7 Meter große Spiegel. Er füllt das Loch im Rumpf fast komplett aus, hat mit der Kälte und der dünnen Luft zu kämpfen. Auf der anderen Seite des Druckschotts, im Flugzeuginnern, hängt „Great", das in Deutschland gebaute Mess-
95 instrument, das die vom Teleskop aufgefangenen Strahlen aufzeichnet. „Great" steht für „German Receiver for Astronomy at Terahertz Frequencies".

[...]

100 „Noch 15 Minuten." Charlie Kaminski bleibt unerbittlich. Rolf Güsten, Projektleiter der Great-Mission, stöhnt kurz auf. Viele Messungen hat er heute, bei seinem 13. Flug mit SOFIA, noch nicht geschafft. [...] IC342 heißt das extragalakti-

sche Objekt[4], das den Astronomen heute zu 105 schaffen macht. Sie wollen kein Bild der Spiralgalaxie aufnehmen, sie wollen vielmehr das Spektrum seiner infraroten Strahlung vermessen. [...] „IC342 ist eine Galaxie, in deren Innerem überproportional viele Sterne entstehen", sagt 110 Jürgen Stutzki, Physiker an der Universität Köln und einer der wissenschaftlichen Leiter der Mission. [...] Da die Strahlung aber so schwach ist, müssen die Astronomen pro Messpunkt bis zu einer halben Stunde lang Daten sammeln – so- 115 fern die Bedingungen an Bord das zulassen.

„Noch zehn Minuten." Kaminski betont jetzt jedes Wort besonders deutlich. Diese Frist immerhin können die Kölner [Wissenschaftler] offenbar noch voll nutzen, scheint es. Denn mit dem 120 Messinstrument Great ist „alles wunderbar, kein Grund, etwas zu ändern", sagt Urs Graf, Physiker von der Universität Köln. [...]

„Noch fünf Minuten", sagt Kaminskis Stimme im Kopfhörer. Jürgen Stutzki stöhnt. Zwei Mes- 125 sungen stehen noch aus [...]. Die Beobachtungen ruhen, die Forscher versuchen, von ihrer Zeit zu retten, was zu retten ist.

Kaminski macht jetzt einen Countdown. „Noch eine Minute." – „Noch 30 Sekunden." Güsten 130 gibt auf: „Drück den roten Knopf", sagt er mit ruhiger Stimme. Es ist vorbei, die Messung wird abgebrochen, das Teleskop fährt in seine Parkposition. „Wir sind bereit für den neuen Kurs", funkt Charlie Kaminski nach oben ins Cockpit. 135 Sekunden später legt sich der Jumbo in die lange angekündigte Linkskurve. „Ein bisschen Zeitnot gehört einfach dazu", sagt Rolf Güsten und schmunzelt. „Wir bereiten absichtlich zu viele Messungen vor – es wäre schließlich blöd, wenn 140 uns die Arbeit ausgehen würde." [...]

(Aus: Süddeutsche Zeitung, 22.09.2011, gekürzt, Quelle: www.astirn.de/web/2011/09/sternwarte-im-jumbojet/)

---

3 Aerodynamik: Wissenschaft von der Bewegung gasförmiger Stoffe, besonders der Luft
4 extragalaktisches Objekt: Himmelskörper außerhalb unserer Milchstraße

Kopiervorlage

Lies die Reportage aufmerksam durch. Überprüfe zunächst, ob du den Text verstanden hast:

1 Kreuze an, welche Art Fluggerät im Zentrum des Artikels steht:

☐ ein Raumschiff

☐ ein älteres Flugzeug, das zu einer Sternwarte umgebaut wurde

☐ ein altmodisches Flugzeug, mit dem Astronomen nach Amerika fliegen

2 Der Reporter begleitet das Luftfahrzeug und seine Passagiere auf dem Flug.

a Notiere, wo die Reise begann und wohin sie führt.
TIPP: Für den Start ist auch der Ort angegeben, für das Ziel nur der Kontinent.

Start: _____   Ziel: _____

b Kreuze an, ob die folgenden Aussagen zu den Passagieren an Bord zutreffen oder falsch sind.
TIPP: Es sind mehr Antworten falsch als richtig.

	richtig	falsch
A An Bord sind Piloten und Astronauten auf einer Weltraumexkursion.	☐	☐
B Die Passagiere sind Touristen auf dem Weg in die Ferien.	☐	☐
C An Bord sind Ingenieure, die ein neues technisches Gerät testen wollen.	☐	☐
D Die Passagiere sind Wissenschaftler, vor allem Astronomen und Physiker, sowie Ingenieure.	☐	☐

3 Überlege, was das Besondere an dem Fluggerät ist und was die Wissenschaftler an Bord untersuchen.
Ergänze dazu den Lückentext. Der Wortspeicher hilft dir dabei.
Beachte: Du musst die Wörter noch in die richtige Form setzen!

> Astronom – aufzeichnen – deutsch – Entstehung – Fußballtor – Heck – hinausschauen –
> Höhe – links – Observatorium – Teleskop – unsichtbar – Wärmestrahlung

Im _____ der umgebauten Boeing 747 befindet sich ein großes _____, mit dem

die amerikanischen und _____ Wissenschaftler die _____ des Universums

erforschen wollen. Diese Strahlen erlauben Erkenntnisse über die _____ von Sternen

und Planeten. Weil diese Strahlen auf der Erde nicht ankommen, müssen die _____ in

die Luft aufsteigen. Deshalb hat man das Flugzeug zu einem astronomischen _____

umgebaut. Wenn die Maschine eine ausreichende _____ erreicht hat, wird im Flugzeugrumpf

eine Rolltür in der Größe eines _____ geöffnet, damit das Teleskop _____

_____ kann. Nun fängt der Spiegel des Teleskops die _____

Strahlen auf und leitet sie an ein Messgerät mit dem Namen „Great" weiter, das sie _____.

Kopiervorlage

4 a Die fliegende Sternwarte heißt SOFIA. Notiere, wofür das die Abkürzung ist.
●● TIPP: Du findest die Lösung in einem der ersten drei Absätze des Textes.

b Du kannst dir selbst erklären, was diese Abkürzung bedeutet und was der Forschungsauftrag des Fluggeräts ist, indem du die einzelnen Fremdwörter nachschlägst und erklärst. Zwei Erklärungen sind bereits vorgegeben.

Stratosphäre: mittlere Schicht der Erdatmosphäre (ca. 10 bis 50 km Höhe)

Infrarot: die nicht sichtbaren Wärmestrahlen, die jenseits der roten Seite des Spektrums

liegen

Erarbeite nun einen Aufsatz mit Inhaltszusammenfassung und Textsortenbestimmung:

5 Bestimme zunächst das Thema der Reportage, indem du die zutreffende Aussage ankreuzt.
●●
☐ Ein Flug mit einer alten Boeing 747 von den USA nach Europa
☐ Eine Reise mit der fliegenden Sternwarte SOFIA von den USA nach Europa
☐ Eine Reise mit Wissenschaftlern in einer Weltraumrakete

6 Gliedere den Text in Sinnabschnitte und fasse jeden Abschnitt in kurzen Sätzen oder Stichworten zu-
●● sammen. Der Anfang ist hier als Beispiel vorgegeben. Schreibe in dein Heft.

Z. 1–31: SOFIA – die fliegende Sternwarte
– an Bord: Wissenschaftler
– umgebaute Boing 747, Teleskop im Heck
– ...
– Gemeinschaftsprojekt ...
– Wärmestrahlung des Weltalls erforschen (kommt auf der Erde nicht an) →
– ...
– auf dem Flug von ...

Z. 32–56: Ingenieur Charlie Kaminski
– Berechnung ...
– ...

7 Notiere alle Informationen, die für die Einleitung der Textzusammenfassung wichtig sind: Autor/-in, Titel
●● des Textes, Textsorte, Quelle sowie Thema des Textes.

8 Verfasse mit Hilfe deiner Vorarbeiten eine Textzusammenfassung mit Einleitung. Schreibe in dein Heft.
●●● Du kannst diese Formulierungshilfen nutzen:

In der Reportage „....", die in ... erschienen ist, beschreibt der Autor ... eine ...

Kopiervorlage

9 Betrachte für die Textsortenbestimmung zunächst den Anfang des Artikels (Z. 1–11). Kreuze an:
●●○ Eine Reportage beginnt mit

☐ einer genauen Darstellung der eigenen Meinung.

☐ einer Zusammenfassung der wichtigsten Informationen.

☐ der direkten Einführung in eine interessante Situation (szenischer Einstieg).

10 Die Reportage will den Lesern das Gefühl vermitteln, sie seien live bei dem Geschehen dabei. Zitate
●●○ beteiligter Personen und eine bildhafte Sprache (ausdrucksstarke Verben, anschauliche Adjektive,
sprachliche Bilder) sorgen für Anschaulichkeit. Notiere weitere Beispiele aus dem Text (wie viele, ist in
Klammern angegeben). Denke an Zeilennachweise.

Zitate (2): „Noch 45 Minuten und nicht länger" (Z. 1), _____

_____

anschauliche Adjektive (2): „gnadenlos" (Z. 2), _____

ausdrucksstarke Verben (2): „abdrehen" (Z. 5), _____

Metapher (1, zwischen Z. 47 und 56): „Kinderstube von Sternen und Planeten" (Z. 20 f.), _____

_____

Personifikationen (1, kurz nach dem Beispiel): „auf den Weg […] gemacht" (Z. 26 f.), _____

Vergleich (1, zwischen Z. 73 und 80): _____

11 Auch durch die gewählte Zeitform und Zeitangaben kann der Autor einer Reportage dem Leser den
●●○ Eindruck vermitteln, unmittelbar vor Ort zu sein.

a Notiere mit Textbelegen, in welchem Tempus der größte Teil der Reportage verfasst ist.

_____

b Notiere mit einem Textbeleg: Welche Zeitform wird für die Darstellung von Vorzeitigkeit verwendet?

_____

c Nenne zwei adverbiale Bestimmungen der Zeit, die zum Eindruck von Unmittelbarkeit beitragen.
Beispiel: „noch genau eine Dreiviertelstunde" (Z. 4)

_____

12 Eine Reportage enthält sachliche Informationen, gibt aber auch die persönliche Sichtweise und die Eindrü-
●●○ cke des Autors wieder, der selbst am Geschehen beteiligt war. Sachliche Informationen hast du zu den Aufgaben 1 bis 5 gesammelt. Notiere zwei Stellen, an denen Sichtweise oder Wahrnehmungen des Autors besonders deutlich werden. Ein Beispiel: „Fast unmerklich legt sich das Flugzeug zur Seite" (Z. 59 f.).

_____

13 Schreibe nun eine vollständige Textsortenbestimmung unter die Textzusammenfassung in dein Heft.
●●○ Nutze deine Vorarbeiten und denke an Textbelege.

Kopiervorlage

Lies die Reportage aufmerksam durch. Überprüfe zunächst, ob du den Text verstanden hast:

1
●●●
Notiere, welche Art Fluggerät im Zentrum des Artikels steht:

_____

2
●●●
Der Reporter begleitet das Luftfahrzeug und seine Passagiere auf dem Flug.

a   Notiere, wo die Reise begann und wohin sie führt.

Start: _____   Ziel: _____

b   Kreuze an, ob die folgenden Aussagen zu den Passagieren an Bord zutreffen oder falsch sind.

	richtig	falsch
A An Bord sind Piloten und Astronauten auf einer Weltraumexkursion.	☐	☐
B Die Passagiere sind Touristen auf dem Weg in die Ferien.	☐	☐
C An Bord sind Ingenieure, die ein neues technisches Gerät testen wollen.	☐	☐
D Die Passagiere sind Wissenschaftler, vor allem Astronomen und Physiker, sowie Ingenieure.	☐	☐

3
●●●
Überlege, was das Besondere an dem Fluggerät ist und was die Wissenschaftler an Bord untersuchen. Ergänze dazu den Lückentext. Der Wortspeicher hilft dir dabei. Aber Achtung: Nur jeweils einer der Begriffe vor oder nach dem Schrägstrich ist richtig! Außerdem musst du die Wörter noch in die richtige Form setzen!

> Astrologe/Astronom – aufzeichnen/löschen – Bug/Heck – chinesisch/deutsch –
> Entstehung/Zerstörung – Geschwindigkeit/Höhe – hinausschauen/filmen –
> Konservatorium/Observatorium – links/rechts – Mikroskop/Teleskop – Tennisball/Fußballtor –
> Wärmestrahlung/Kältestrahlung – sichtbar/unsichtbar

Im _____ der umgebauten Boeing 747 befindet sich ein großes _____, mit dem

die amerikanischen und _____ Wissenschaftler die _____ des Universums

erforschen wollen. Diese Strahlen erlauben Erkenntnisse über die _____ von Sternen

und Planeten. Weil diese Strahlen auf der Erde nicht ankommen, müssen die _____ in

die Luft aufsteigen. Deshalb hat man das Flugzeug zu einem astronomischen _____

umgebaut. Wenn die Maschine eine ausreichende _____ erreicht hat, wird im Flugzeugrumpf

eine Rolltür in der Größe eines _____ geöffnet, damit das Teleskop _____

_____ kann. Nun fängt der Spiegel des Teleskops die _____

Strahlen auf und leitet sie an ein Messgerät mit dem Namen „Great" weiter, das sie _____.

Kopiervorlage

4 **a** Die fliegende Sternwarte heißt SOFIA. Notiere, wofür das die Abkürzung ist:
●●●

_____

b Du kannst dir selbst erklären, was diese Abkürzung bedeutet und was der Forschungsauftrag des Fluggeräts ist, indem du die einzelnen Fremdwörter nachschlägst und erklärst. Eine Erklärung ist bereits vorgegeben.

_____

_____

Infrarot: die nicht sichtbaren Wärmestrahlen, die jenseits der roten Seite des Spektrums

liegen _____

_____

Erarbeite nun einen Aufsatz mit Inhaltszusammenfassung und Textsortenbestimmung:

5 Bestimme zunächst das Thema der Reportage:
●●●

_____

_____

6 Gliedere den Text in Sinnabschnitte und fasse jeden Abschnitt in kurzen Sätzen oder Stichworten zu-
●●● sammen. Schreibe in dein Heft.

7 Notiere alle Informationen, die für die Einleitung der Textzusammenfassung wichtig sind.
●●●

_____

_____

_____

_____

8 Verfasse mit Hilfe deiner Vorarbeiten eine Textzusammenfassung mit Einleitung.
●●● Schreibe in dein Heft.

9 Betrachte für die Textsortenbestimmung zunächst den Anfang des Artikels (Z. 1–11). Vervollständige
●●● den Satz:

Eine Reportage beginnt mit _____

_____

Kopiervorlage

10 Die Reportage will den Lesern das Gefühl vermitteln, sie seien live bei dem Geschehen dabei. Zitate
●●● beteiligter Personen und eine bildhafte Sprache (ausdrucksstarke Verben, anschauliche Adjektive,
sprachliche Bilder) sorgen für Anschaulichkeit. Notiere weitere Beispiele aus dem Text (wie viele, ist in
Klammern angegeben). Denke an Zeilennachweise.

Zitate (3): „Noch 45 Minuten und nicht länger" (Z. 1), _____

_____

anschauliche Adjektive (3): „gnadenlos" (Z. 2), _____

_____

ausdrucksstarke Verben (3): „abdrehen" (Z. 5), _____

_____

Metapher (1): „Kinderstube von Sternen und Planeten" (Z. 20 f.), _____

Personifikationen (1): „auf den Weg [...] gemacht" (Z. 26 f.), _____

Vergleich (1): _____

11 Auch durch die gewählte Zeitform und Zeitangaben kann der Autor einer Reportage dem Leser den
●●● Eindruck vermitteln, unmittelbar vor Ort zu sein.

a Notiere mit Textbelegen, in welchem Tempus der größte Teil der Reportage verfasst ist.

_____

b Notiere mit einem Textbeleg: Welche Zeitform wird für die Darstellung von Vorzeitigkeit verwendet?

_____

c Nenne drei adverbiale Bestimmungen der Zeit, die zum Eindruck von Unmittelbarkeit beitragen.
   Beispiel: „noch genau eine Dreiviertelstunde" (Z. 4).

_____

12 Eine Reportage enthält sachliche Informationen, gibt aber auch die persönliche Sichtweise und die sub-
●●● jektiven Eindrücke des Autors wieder, der selbst am Geschehen beteiligt war. Sachliche Informationen
hast du bereits zu den Aufgaben 1 bis 5 gesammelt. Notiere hier drei Stellen, an denen Sichtweise oder
Wahrnehmungen des Autors besonders deutlich werden.
Ein Beispiel: „Fast unmerklich legt sich das Flugzeug zur Seite" (Z. 59 f.).

_____

_____

_____

13 Schreibe nun eine vollständige Textsortenbestimmung unter die Textzusammenfassung in dein Heft.
●●● Nutze deine Vorarbeiten und denke an Textbelege.

Kopiervorlage

●●●● Für Profis – Einen Kommentar untersuchen

NASA-Rover „Curiosity" auf dem Mars
Wo Roboter besser sind als Menschen
Ein Kommentar von Patrick Illinger

Kaum hatte das Mars-Gefährt „Curiosity" auf dem Boden des Planeten aufgesetzt, war schon die Rede von den Menschen, die endlich folgen sollten. Es wird Zeit, dass die Mensch-
5 **heit begreift: Die bemannte Raumfahrt befriedigt hauptsächlich emotionale, patriotische oder machtpolitische Ziele. Will man das All ernsthaft erforschen, stören Astro-, Kosmo- oder Taikonauten[1] nur.**

10 Es war eine gewagte Landung, wie sie noch nie ein menschengemachtes Fluggerät hingelegt hat. Bei dem komplizierten Manöver standen zwar keine Menschenleben auf dem Spiel, wohl aber die Reputation[2] der Supermacht USA und ihrer
15 berühmten Behörde, der NASA[3]. Wäre die Ankunft des Roboterfahrzeugs „Curiosity" auf dem Mars gescheitert, hätte Amerika seinen Ruf als führende Weltraumnation der Erde gründlich beschädigt. […]
20 Doch das technische Meisterstück ist gelungen. Die NASA – und mit ihr die Menschheit – hat wieder einen Schritt ins All getan. Zwar sind mit Curiosity noch längst keine Menschen auf dem Roten Planeten gelandet, wie es Enthusiasten[4]

und Populisten[5] immer wieder fordern. Genau 25 hier liegt aber der große Vorteil jeder Robotermission: Bei der ernsthaften und wissenschaftlichen Erforschung des Alls stören Astro-, Kosmo- oder Taikonauten nur. Nichts, aber auch gar nichts, könnten menschliche Sinnesorgane an 30 einem Ort wie der Mars-Oberfläche erkunden, das nicht ein technisch ausgefeilter Roboter wie Curiosity viel besser könnte.

Insofern relativiert sich der auf den ersten Blick erschreckend hohe Betrag von zweieinhalb Mil- 35 liarden Dollar, den die nunmehr angelaufene Mars-Mission kostet. Ein bemannter Flug zum selben Ziel dürfte mindestens das Hundertfache verschlingen, und der wissenschaftliche Er-

---

1 Astro-, Kosmo-, Taikonauten: „Astronauten" heißen die Weltraumfahrer im Westen, in Russland heißen sie „Kosmonauten" und in China „Taikonauten".
2 Reputation: Ansehen, Ruhm
3 NASA: (National Aeronautics and Space Administration) zivile US-amerikanische Bundesbehörde für Luft- und Raumfahrt
4 Enthusiasten: besonders begeisterte Menschen
5 Populisten: Menschen, die das vertreten, was besonders „populär" ist, also von vielen gefordert wird

Cornelsen   Foto:
© Action Press/NASA

Kopiervorlage

40 kenntnisgewinn wäre keinen Deut[6] größer. Roboter haben in den vergangenen Jahrzehnten immer
wieder bewiesen, dass sie weiter kommen und
mehr Erkenntnisse liefern als jeder im Orbit[7]
kreisende Mensch. […]
45 Es wird Zeit, dass die Menschheit begreift: Bemannte Raumfahrt befriedigt hauptsächlich emotionale, patriotische oder machtpolitische Ziele.
Will man wissenschaftlichen Fragen auf den
Grund gehen, am Ende sogar herausfinden, ob es
50 anderswo im All Leben gibt, muss man das mit

wissenschaftlichen Methoden tun. Zum Beispiel
mit einem Labor, das mit modernster Technik
ausgestattet ist.
Ein solches Labor ist nun auf dem Mars gelandet. Auf dessen Erkenntnisse kann die Mensch- 55
heit in den kommenden Jahren gespannt sein.
Sie werden mehr über unseren Platz im Weltraum, über ferne Lebensräume und den Ursprung
des Universums sagen, als das ein paar Astronauten könnten, die eine Flagge in den Mars-Boden 60
rammen[8]. […]

(Aus: Süddeutsche Zeitung, 07.08.2012, Quelle: http://www. sueddeutsche.de/wissen/nasa-rover-curiosity-auf-dem-mars-wo-roboter-besser-sind-als-menschen-1.1433911, Stand 06.01.2014)

6 keinen Deut: kein bisschen, überhaupt nicht
7 Orbit: Umlaufbahn um die Erde
8 eine Flagge in den Mars-Boden rammen: Bei ihrer Landung auf dem Mond haben die Amerikaner eine US-
amerikanische Flagge in den Boden des Planeten ge-
rammt – eine Geste, mit der Forscher und Entdecker
vergangener Jahrhunderte ein Gebiet für ihr Land in Besitz nahmen, das bis dahin niemandem gehört hatte.

1 a Lies den Text aufmerksam durch und kreuze an, zu welchem Thema sich der Verfasser äußert:

☐ Wettbewerb der amerikanischen, russischen und chinesischen Weltraumforschung

☐ Pläne für bemannte Mars-Missionen

☐ Vorteile der unbemannten Raumfahrt

b Notiere, aus welchem aktuellen Anlass der Autor seinen Kommentar geschrieben hat.

_____

2 Erläutere mit eigenen Worten: Welche Folgen hätte nach Illingers Überzeugung ein Scheitern der Landung von „Curiosity" gehabt und welche nicht?

_____

_____

_____

_____

3 Kreuze an, welche Meinung der Autor vertritt. TIPP: Zwei Aussagen treffen zu.

☐ Illinger spricht sich grundsätzlich gegen die Raumfahrt aus.

☐ Illinger spricht sich grundsätzlich gegen die bemannte Weltraumforschung aus.

☐ Illinger spricht sich grundsätzlich für die unbemannte Raumfahrt zur Erforschung des Alls aus.

☐ Illinger findet Kosmonauten wichtiger als Astronauten.

☐ Illinger hält die Suche nach Leben im All für sinnlos.

☐ Illinger ist der Überzeugung, dass Menschen im All mehr Erkenntnisse liefern als Roboter.

☐ Illinger fordert, dass man aus patriotischen Gründen bemannte Raumfahrt betreiben sollte.

4 Untersuche die Argumente und Beispiele, mit denen der Autor seine Meinung begründet:

a Unterstreiche zunächst in den Textstellen A und B jeweils die Argumente blau und die Beispiele grün.

Erkläre dann mit eigenen Worten auf den Linien, was der Verfasser mit den Textstellen meint.

> **A** „Bei der ernsthaften und wissenschaftlichen Erforschung des Alls stören Astro-, Kosmo- oder Taikonauten nur. Nichts, aber auch gar nichts, könnten menschliche Sinnesorgane an einem Ort wie der Mars-Oberfläche erkunden, das nicht ein technisch ausgefeilter Roboter wie Curiosity viel besser könnte." (Z. 27–33) [...] „Roboter haben in den vergangenen Jahrzehnten immer wieder bewiesen, dass sie weiter kommen und mehr Erkenntnisse liefern als jeder im Orbit kreisende Mensch." (Z. 40–44)

_____

_____

_____

_____

Kopiervorlage

B „Es wird Zeit, dass die Menschheit begreift: Bemannte Raumfahrt befriedigt hauptsächlich emotionale, patriotische oder machtpolitische Ziele." (Z. 4–7, 45–47) [...] „Erkenntnisse [wie die des Mars-Labors] werden mehr über unseren Platz im Weltraum, über ferne Lebensräume und den Ursprung des Universums sagen, als das ein paar Astronauten könnten, die eine Flagge in den Mars-Boden rammen." (Z. 55–61)

_____

_____

_____

_____

_____

b Der Autor nennt in seinem Text ein grundsätzliches Argument gegen die Erforschung des Weltalls, das er aber für die unbemannte Raumfahrt relativiert und damit teilweise entkräftet. Suche die Stelle im Text und notiere das Argument sowie seine Entkräftung.

_____

_____

_____

c Stelle in Stichworten dar, welche Erkenntnisse sich Illinger von der wissenschaftlichen Erforschung des Alls erhofft.

_____

_____

_____

5 Fasse nun den Kommentar mit eigenen Worten schriftlich zusammen. Denke an die Einleitung. Stelle im Hauptteil die Meinung Illingers dar und nenne seine wichtigsten Argumente und Beispiele. Nutze deine Vorarbeiten. Schreibe in dein Heft.

6 Der Kommentar ist ein wertender Text. Nenne drei Stellen aus dem Artikel, die sprachlich eindeutig die Wertung des Verfassers aufzeigen.

_____

_____

_____

7 Beschreibe und belege abschließend knapp, warum es sich bei dem Text um einen Kommentar handelt. Schreibe diese Textsortenbestimmung unter die Textzusammenfassung in dein Heft.

Kopiervorlage

Diagnose – Zeitungstexte untersuchen

1 Mit Rammstein auf Tour

USA 20:56. In vier Minuten startet eine der größten Shows der jüngeren Popgeschichte. Zehntausend Amerikaner werden mit Rammstein singen: „Alle warten auf das Licht / Fürchtet euch / Fürchtet euch nicht." [...]

Von Alexander Gorkow

Thilo „Baby" Goos, Veranstaltungstechnik, Denver Coliseum: „Das, mein Lieber, ist eine der größten Bühnen, die momentan unterwegs sind. 24 Meter breit, 15 Meter hoch, eine reine Stahlkonstruktion. Hier werden 100 Lautsprecherboxen und viel Licht ans Hallendach gehängt, die Crew zieht 50 Tonnen Equipment an 120 Motoren hoch. Die Anlage hat 380.000 Watt. Es muss dengeln. Es ist Rammstein. Zwei der 24 Trucks hat die US Trucking Company alleine für die beiden mitreisenden Kraftwerke dabei. Das sind zwei Megawatt-Aggregate, und die ziehen rund 1000 Liter Diesel pro Show ausm Tank. Die Kraftwerke braucht man, damit in den Städten nicht das Licht ausgeht, wenn's bei Rammstein angeht. Öko ist das nicht." [...]

Von unten, aus dem Keller der Bühne, pfeifen Rauchfontänen durch den Gitterboden, bis weit hoch an die Decke. Von unten schießen Flammen durch den Gitterboden. Von unten strahlt das Licht durch den Gitterboden. Auf dem Gitterboden steht Rammstein-Sänger Till Lindemann. Er sieht ein bisschen traurig aus, wie einer, der aus der Unterwelt vorbeischaut. Dazu diese Stimme: wie sehr schlechtes Wetter. [...]

(Aus: Süddeutsche Magazin, Heft 27/2012)

2 Weniger Geld für Waffen und Streitkräfte

Weltweit sind im vergangenen Jahr die Militärausgaben gesunken. Dafür ist vor allem der Westen verantwortlich – hier wird gespart, die übrigen Staaten aber rüsten auf.

Von Silke Bigalke, Stockholm

Weltweit wurden vergangenes Jahr 1747 Milliarden Dollar für Waffen und Streitkräfte ausgegeben, 1,9 Prozent weniger als im Vorjahr. Die Zahlen stammen aus dem jährlichen Bericht des Stockholmer Friedensforschungsinstituts Sipri zu weltweiten Militärausgaben, der an diesem Montag erscheint. Die Ausgaben sind das zweite Jahr in Folge zurückgegangen. [...]

(Süddeutsche Zeitung, 14.04.2014)

3 FC Bayern München
Wie Trickdiebe ohne Tricks

Die Bayern bieten Fleißkärtchen-Fußball, ohne sich dafür zu belohnen. So auch beim 0:1 gegen Real Madrid. Dabei wird ersichtlich, was der Trainerwechsel von Jupp Heynckes zu Pep Guardiola bewirkt hat: Bei den Bayern herrscht eine neue Kultur. Es gibt keine Abenteuer mehr. Es fehlt der Pfiff.

Von Klaus Hoeltzenbein

Die Bayern kamen nach Madrid wie die Räuber, die es auf die Kronjuwelen abgesehen hatten. Sie drangen ein ins Stadion der Königlichen mit dem gleichen Fleiß, mit der gleichen Geduld, mit der Räuber einen Tunnel buddeln. Schaufel auf Schaufel, Pass auf Pass, Ballkontakt auf Ballkontakt. Ein emsiges, eintöniges Unterfangen. Am Strafraum aber stellten sie fest: Sie hatten ihr Handwerkszeug vergessen, um zum Tor zu gelangen. Wie die Räuber, die nach tagelangem Schaufeln am Tresor ankommen und begreifen müssen: Alles fehlt, kein Bohrer, kein Brecheisen, kein Dynamit, um das Ding zu knacken. Kein Spielzug, keine Flanke, keine Flügelzange, um von der Strafraumgrenze zum Tor durchzubrechen. Die Bayern traten auf wie Trickdiebe ohne Tricks. Wie Räuber ohne Dietrich.

(Süddeutsche Zeitung, 24.04.2014, Quelle: http://www.sueddeutsche.de/sport/fc-bayern-muenchen-wie-trickdiebe-ohne-tricks-1.1943409)

Kopiervorlage

1 Bestimme die Textsorte der drei Auszüge, indem du ihnen in der linken Spalte jeweils den richtigen Begriff aus dem Wortspeicher zuordnest.

> Bericht – Essay – Glosse – Meldung – Nachricht – Kommentar – Reportage – Rezension

Text	Textsorte	Ressort
1		
2		
3		

2 **a** Im Wortspeicher findest du Begriffe, die die Ressorts einer Zeitung bezeichnen. Aber Vorsicht: Nicht alle gehören hierhin! Streiche die Begriffe durch, die kein Ressort bezeichnen.

> Boulevardzeitung – Lokales – Kabarett – Kultur/Feuilleton – Nachrichten –
> Politik – Sport – Talkshow – Tageszeitung – Wirtschaft

b Zu welchen Ressorts gehören die Auszüge 1 bis 3? Schreibe die Bezeichnungen in die Tabelle.

3 Erkläre die folgenden Grundbegriffe der Zeitung, indem du die Beschreibungen in der rechten Spalte mit einem Pfeil den Begriffen in der linken Spalte zuordnest.

A	Erscheinungsweise	1	Themenbereiche einer Zeitung und die entsprechenden Redaktionsabteilungen
B	Boulevardzeitung	2	Gestaltung einer Zeitungsseite
C	Ressorts	3	Schlagzeile, Hauptüberschrift
D	Lead-Stil	4	sensationsorientierte Zeitung mit reißerischer Aufmachung
E	Headline	5	Häufigkeit des Erscheinens (täglich oder wöchentlich)
F	Layout	6	Aufbau des Zeitungsberichts

4 Was versteht man unter „Lead-Stil"? Kreuze die richtige Antwort an.

☐ Stil auf der ersten Seite einer Zeitung

☐ englischer Begriff für „Zeitungsstil"

☐ Aufbau eines Berichts nach dem Grundsatz: „Das Wichtigste zuerst"

5 Mit Diagrammen werden Daten und Informationen knapp und anschaulich dargestellt. Ordne den abgebildeten Diagrammen jeweils die passende Bezeichnung zu. Beachte: Der Wortspeicher enthält auch unpassende Begriffe und zu einem Diagramm passen zwei Bezeichnungen!

> Aufriss – Säulendiagramm – Landkarte – Kurvendiagramm – Schnittmuster –
> Kreisdiagramm – Querschnitt – Balkendiagramm – Tortendiagramm –

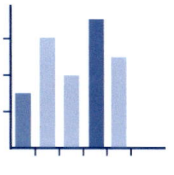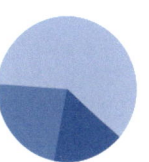

1 _____   2 _____   3 _____   4 _____

6 Welche Möglichkeiten bieten Online-Zeitungen, die eine gedruckte Zeitung nicht hat? Notiere mindestens zwei Besonderheiten auf der Rückseite dieses Arbeitsblatts.

Kopiervorlage

10 Roadmovies – Jugendroman und Film vergleichen

Konzeption des Kapitels

In diesem Kapitel stehen zwei moderne Werke aus Literatur und Film im Mittelpunkt. Beide verbindet das Genre „Roadmovie", das die Klammer der Teilkapitel bildet. Sowohl Wolfgang Herrndorfs Roman „Tschick" als auch der Film „Vincent will meer" beschreiben jugendliche Außenseiter, denen es auf spektakuläre – und teilweise auch bedenkliche – Weise gelingt, aus der Alltagswelt auszubrechen, auf ihren Reisen in (gestohlenen) Autos neue Erfahrungen zu sammeln. Dabei entwickeln sich Freundschaften, die in der kurzen Zeit des Unterwegsseins neue Chancen und Hoffnungen ermöglichen. Die Protagonisten im Roman und im Film zeigen, dass man dafür Vorurteile, Intoleranz und Ausgrenzung überwinden muss. Das Ausbrechen aus gewohnten Strukturen, Wahrnehmungs- und Denkmustern eröffnet den Jugendlichen ganz neue Perspektiven auf sich selbst und andere. Sowohl der Roman als auch der Film treffen auf der einen Seite einen witzigen, mitunter ironischen Ton, um typische jugendliche Probleme zu thematisieren. Auf der anderen Seite gehen beide auch einfühlsam auf existenzielle Krisen ein. Schon aus diesem Grund sind Roman und Film, die auf die Schülerinnen und Schüler sehr motivierend wirken, für den Einsatz im Deutschunterricht geeignet. Darüber hinaus bieten beide gute Möglichkeiten, Grundstrukturen und Erzähltechniken des Romans und Gestaltungsmittel des Films zu erarbeiten. Neben diesen basalen Kompetenzen will das Kapitel aber auch Freude am literarischen Lesen vermitteln und Lust, einen Spielfilm als künstlerisches Werk zu entdecken und zu verstehen.

Das erste Teilkapitel (**„,Tschick' – Einen Roman erschließen"**) präsentiert verschiedene Auszüge aus dem Jugendroman „Tschick". Die Schülerinnen und Schüler lernen die Protagonisten kennen, charakterisieren sie und untersuchen Figurenbeziehungen. Ebenso analysieren sie Erzählform und -verhalten. Ein weiterer Untersuchungsaspekt ist die besondere Bedeutung des Ortes für die Handlung. Dabei werden auch Gestaltungsmittel erarbeitet, die den Roman als Roadmovie kennzeichnen.

Im zweiten Teilkapitel (**„,Vincent will meer' – Die Sprache des Films untersuchen"**) werden die Lernenden dazu angeleitet, die filmische Gestaltung des Roadmovies „Vincent will meer" zu untersuchen. Zunächst nehmen sie die Exposition in den Blick, um im Anschluss daran einzelne Szenen genauer zu analysieren. Dabei erwerben oder vertiefen sie Kenntnisse über Einstellungsgrößen und Kameraperspektiven, Kamerabewegung, Schnitt und Montage als wesentliche Gestaltungsmittel der Filmsprache. Besondere Beachtung finden auch die Kompositionselemente der Filmbildinszenierung (Mise en Scène) sowie deren Wirkungsweisen. Im Vergleich mit dem Roman „Tschick" vertiefen die Lernenden ihre Kenntnisse über das Genre Roadmovie.

Im dritten Teilkapitel (**„Projekt: Eine Filmszene drehen – ,Wir sind dann mal weg!'"**) wenden die Schülerinnen und Schüler die zuvor erworbenen Kompetenzen der Filmanalyse in einem kreativgestaltenden Projekt an: Sie werden Schritt für Schritt angeleitet, eine kurze Filmszene zu einem vorgegebenen Thema zu drehen.

Literaturhinweise

• *Beicken, Peter:* Wie interpretiert man einen Film? Reclam, Stuttgart 2007
• *Bergala, Alain:* Kino als Kunst. Filmvermittlung an der Schule und anderswo. Hg. von der Bundeszentrale für politische Bildung, Berlin 2006
• Filmdidaktik. Der Deutschunterricht 3/2008
• Filmisches Erzählen. Deutsch 5–10, 17/2008
• *Fitz, Florian-David:* Vincent will meer. Ein Drehbuch. Deutsche Filmakademie e.V. 2011
• *Steinmetz, Rüdiger:* Filme sehen lernen 1. Grundlagen der Filmästhetik. Verlag Zweitausendeins, Leipzig 2005
• *Steinmetz, Rüdiger:* Filme sehen lernen 2. Licht, Farbe, Sound. Verlag Zweitausendeins, Leipzig 2008

S. 211 # 10 Roadmovies – Jugendroman und Film vergleichen

1 **a** Das Cover des Romans „Tschick" und das Szenenbild aus dem Film „Vincent will meer" auf der Auftaktseite des Kapitels haben einerseits die Funktion, den Schülerinnen und Schülern einen ersten Eindruck von Film und Roman zu vermitteln, sollen andererseits aber auch ihren Blick auf den Vergleich lenken.
Die Beschreibung von Cover und Szenenfoto sollte folgende Elemente verdeutlichen:
  – Cover und Szenenbild zeigen jeweils eine weite Landschaft ohne Häuser oder Menschen, im ferneren Hintergrund verschmelzen Himmel und Landschaft zu einem weiten Horizont.
  – Auf dem Buchtitel und dem Filmfoto sind Lichtspiele der Sonne zu sehen, die sich im Szenenbild aus dem Film im Wasser reflektiert.
  – Ebenso zeigen sowohl Cover als auch Filmszene im Vordergrund eine Straße, die auf dem Buchcover jedoch nur durch die Randstreifen angedeutet wird, während auf dem Filmfoto zwei Autos hintereinander fahren.
  – Das Buchcover weist relativ kräftige, kontrastierende Farben auf: graue Fahrbahnen, einen grünen Zwischenstreifen, eine gelblich sandfarbene Naturlandschaft, blauen Himmel.
  – Die Farben des Filmbildes sind sepiafarben verfremdet, es herrschen Hellbeige, Beigebraun und Schwarzbraun vor, es scheint zu dämmern.

b Der Vergleich soll verdeutlichen, dass Cover und Szenenfoto Autofahrten bzw. das Unterwegssein in einer weiten Landschaft andeuten. Sowohl Buchumschlag als auch Filmszene betonen die Weite der Landschaft. Durch die Lichtspiegelungen rufen beide Bilder auch eine etwas romantisch-wehmütige Stimmung hervor.

2 **a** Die Aufgabe soll Erwartungen an Roman und Film – und damit an das Kapitel insgesamt – wecken. Mögliche Erwartungen der Schülerinnen und Schüler an ein Buch oder einen Film, in dem davon erzählt wird, dass Jugendliche aus ihrer gewohnten Umgebung ausbrechen und auf Reisen gehen: Abenteuer, Kennenlernen neuer Menschen und Landschaften, neue Freundschaften, Herausforderungen und Prüfungen, Verfolgungen, Konflikte mit anderen (z.B. Polizei). Roman und Film werden spannend und abwechslungsreich gestaltet sein.

b Die Schülerinnen und Schüler werden vermutlich unterschiedliche Bücher und Filme mit einem ähnlichen Thema kennen, z.B. „Huckleberry Finns Abenteuer" von Mark Twain.

3 Auf die Frage nach eigenen Reisen mit Freunden sind individuelle Antworten möglich; sicher werden die Schüler/-innen auch von Erlebnissen auf Klassenfahrten berichten. Vermutlich wird deutlich werden, dass die Jugendlichen bei ihren Reisen mit Freunden viel Spaß hatten und einiges erlebt haben.

S. 212 10.1 „Tschick" – Einen Roman erschließen

S. 212 Maik Klingenberg und Tschick – Die Hauptfiguren kennen lernen

S. 212 Wolfgang Herrndorf: Tschick (1)

1 Der Textauszug aus dem Jugendroman ist so gewählt, dass ein erster Eindruck von den Figuren Maik und Tschick entsteht. Obwohl die Leseeindrücke verschieden sein können, sind zu erwarten:
  – Spannung: Nachdem die einzelnen Hochspringer aufgezählt worden sind, heißt es: „Und dann war nur noch ich drin" (Z. 24). Anschließend wird Maiks gelungener Flug genau beschrieben.
  – Witz:
    – durch jugendliche Umgangssprache: „die blöden Kühe" (Z. 43f.), „Scheißhochsprung" (Z. 50), „Scheißschule" (Z. 63), „Scheißmädchenthema" (Z. 63f.)
    – durch lustige Selbstbezeichnungen: „psychotische Schlaftablette" (Z. 46), „Aeroflot mein Arsch" (Z. 47)
    – durch Übertreibungen: „wenn ein Mehlsack unter der Latte durchrutscht" (Z. 61f.)

- Spannung/Neugier auf die weitere Handlung durch Andeutung: „Dachte ich jedenfalls immer, bis ich Tschick kennen lernte. Und dann änderte sich einiges. Und das erzähle ich jetzt." (Z. 65–67)
- Neugier auf Tschick:
  - durch den besonderen Namen: „Andrej Tschichatschow" und die russische Herkunft
  - durch die ausführliche Beschreibung seines außergewöhnlichen Aussehens (Z. 83–96): ungepflegt, ungewöhnliche Kleidung, kantig, prägnant, sieht aus „wie ein Mongole" (Z. 89), der „statt Augen Schlitze" hat (Z. 87f.)
  - durch die Beschreibung seines ungewöhnlichen Verhaltens: Er beachtet den Lehrer nicht (vgl. Z. 101ff., 110f.) und weigert sich, etwas über sich zu erzählen (Z. 125–129).

2 Die Schülerinnen und Schüler erklären, von welchen beiden Ereignissen der Text handelt:
- Im ersten Teil (Z. 1–67) geht es um einen Hochsprungwettbewerb, an dem Maik Klingenberg teilnimmt. Der Leser erfährt einiges über Maiks Rolle in der Klasse, sein Verhältnis zu den Mädchen und seine Selbsteinschätzung, seine Gefühle bzw. sein Unbehagen.
- Der zweite große Textabschnitt (Z. 68–129) erzählt von Tschicks Auftauchen in Maiks Klasse und davon, wie Maik ihn wahrnimmt: Es wird deutlich, was Maik zunächst von Tschick hält und wie Tschick als „Neuer" in der Klasse auftritt.

3 Die Aufgabe fordert die Schülerinnen und Schüler auf, sich nach den ersten Leseeindrücken mit den Figuren Maik und Tschick intensiver zu beschäftigen. Die Antworten auf die Frage, wer sie mehr interessieren würde, wenn Maik und Tschick Klassenkameraden von ihnen wären, können individuell verschieden sein, doch ist zu erwarten, dass viele Lernende sich auf Grund von Tschicks unkonventionellem Auftreten mehr für ihn interessieren.

4 a Der Arbeitsauftrag, sich ein genaueres Bild von den Hauptfiguren zu machen, greift auf die bisherigen Ergebnisse zurück, verlangt nun aber eine sorgfältigere Textarbeit. Durch die Aufgabe soll den Schülerinnen und Schülern deutlich werden, dass Figuren sowohl durch direkte als auch durch indirekte Aussagen charakterisiert werden können. Die Unterscheidung wird von der Lehrkraft erläutert. Besonders gute Schülerinnen und Schüler können bei der Textstellenarbeit auch mit Hilfe des Informationskastens auf Seite 214 im Schülerband direkte und indirekte Charakterisierungen kennzeichnen. Die Ergebnisse der Textarbeit können in die linke Spalte der Tabelle geschrieben werden.

b Mit dieser Aufgabe schulen die Schülerinnen und Schüler ihre Deutungskompetenz. Die Deutungen werden in die rechte Tabellenspalte geschrieben.
Aus Gründen der Zeitökonomie können die Teilaufgaben a und b auch arbeitsteilig für Maik und Tschick gelöst werden.
Das Gesamtergebnis in zwei Tabellen ist auf S. 302 und 303 zu finden.

c Mit dieser Aufgabe sollen die Schülerinnen und Schüler auf der Grundlage von Aufgabe 4b die Ergebnisse pointiert zusammenfassen. Es wird deutlich, dass sowohl Maik, obwohl er schon länger in der Klasse ist, als auch Tschick, der ganz neu in die Klasse kommt, Außenseiter sind. In dem Textauszug unterscheiden sie sich jedoch dadurch, dass Maik trotz guter Hochsprungleistung von den Mitschülern – und besonders von den Mädchen – nicht beachtet wird, während Tschick durch sein Aussehen und Verhalten als neuer Schüler große Aufmerksamkeit erhält. Die Ergebnisse können als Tafelbild festgehalten werden:

„Tschick" (1) – Wesentliche Eigenschaften der Hauptfiguren

Maik	**Tschick**
verliebt in Tatjana, aber von ihr unbeachtet, frustriert von Schule und Mädchen, wird von Mitschülerinnen und Mitschülern nicht beachtet	kommt aus Russland, ist neu in der Klasse, kennt niemanden, sieht ungewöhnlich aus, wirkt fremdartig und distanziert, verhält sich außergewöhnlich und unangepasst

Außenseiter

„Tschick" (1) – Direkte und indirekte Aussagen über die Figur Maik Klingenberg	
Textbeleg	**Deutung**
„Tatjana hockte [...] ganz am Rand. [...] Und ich saß wie auf glühenden Kohlen. Ich wollte unbedingt drankommen" (Z. 5–8).	Maik ist in Gegenwart von Tatjana nervös. Es ist ihm wichtig, positiv aufzufallen und (ihr) zu zeigen, was er kann.
„Eine extrem blöde Anfeuerung, denn er schaffte es natürlich nicht. Im Gegenteil, er flog geradezu unter der Latte durch, wie so oft beim Hochsprung, wenn man sich zu viel vornimmt." (Z. 13–17) „Der Witz war aber alt. Keiner lachte." (Z. 21)	Er beobachtet und sieht das Verhalten anderer kritisch.
„[...] und ich merkte schon beim Anlauf, das ist mein Tag. Es war der Tag des Maik Klingenberg. Ich hatte dieses Triumphgefühl schon beim Absprung. Ich sprang überhaupt nicht, ich segelte über die Anlage wie ein Flugzeug, ich stand in der Luft, ich schwebte. Maik Klingenberg, der große Leichtathlet." (Z. 25–32)	Er ist ein sehr guter Hochspringer und stolz auf seine Leistungen, er wünscht sich Anerkennung.
„Als mich die Matte wieder hochdrückte, war mein erster Blick zu Tatjana" (Z. 40–42).	Er empfindet besondere Gefühle für Tatjana und wünscht sich ihre Aufmerksamkeit.
„Sie hatten meinen Sprung überhaupt nicht gesehen, die blöden Kühe. Keins von den Mädchen hatte meinen Sprung gesehen. Es *interessierte* sie nicht, was die psychotische Schlaftablette sich da zusammensprang. Aeroflot mein Arsch." (Z. 42–47) „Aber wenn André über eins fünfundsechzig gekommen wär [...], wären die Mädchen puschelschwenkend über die Tartanbahn gerast. Und bei mir guckte nicht mal eine hin. Ich interessierte niemanden." (Z. 51–57)	Ihn frustriert das Desinteresse der Mädchen. Er hat eine negative Selbstwahrnehmung und sieht sich selbst als langweilig und uninteressant.
„Das war die Scheißschule, und das war das Scheißmädchenthema, und da gab es keinen Ausweg." (Z. 62–64)	Er ist frustriert von der Schule und von den Mädchen und sieht keine Möglichkeit, sich aus dieser Frustration zu befreien.
„Ich konnte Tschick von Anfang an nicht leiden. Keiner konnte ihn leiden. Tschick war ein Asi, und genau so sah er auch aus." (Z. 68–70) „Zwei Arschlöcher auf einem Haufen, dachte ich, obwohl ich ihn ja gar nicht kannte und nicht wusste, ob er ein Arschloch war." (Z. 79–82)	Er fällt schnell ein Urteil über Jugendliche, die anders aussehen und sich auffällig verhalten.
„Er war so mittelgroß, trug ein schmuddeliges weißes Hemd, an dem ein Knopf fehlte. [...] Die Beine relativ dünn, der Schädel kantig." (Z. 83–96)	Er beobachtet seine Mitmenschen sehr genau und kann sie gut beschreiben.

„Tschick" (1) – Direkte und indirekte Aussagen über die Figur Tschick	
Textbeleg	**Deutung**
„Keiner konnte ihn leiden. Tschick war ein Asi, und genau so sah er auch aus." (Z. 69–70)	Tschick ist ein Außenseiter, der auf den ersten Blick nicht sympathisch wirkt und seine Mitschüler durch seine Erscheinung und sein Auftreten nicht sofort für sich gewinnen kann.
„Wagenbach *schleppte* […] ihn in die Klasse" (Z. 70f.) „Er war ein Russe" (Z. 82)	Er kommt aus Russland, ist neu in Deutschland und geht nur widerwillig in die neue Klasse.
„Er war so mittelgroß, trug ein schmuddeliges weißes Hemd, an dem ein Knopf fehlte, 10-Euro-Jeans von KiK und braune, unförmige Schuhe, die aussahen wie tote Ratten." (Z. 83–86)	Er ist ungepflegt, seine Bekleidung ist einfach und zum Teil in auffällig schlechtem Zustand.
„Außerdem hatte er extrem hohe Wangenknochen und statt Augen Schlitze. Diese Schlitze waren das Erste, was einem auffiel. Sah aus wie ein Mongole, und man wusste nie, wo er damit hinguckte. Den Mund hatte er auf einer Seite leicht geöffnet, es sah aus, als würde in dieser Öffnung eine unsichtbare Zigarette stecken. Seine Unterarme waren kräftig, auf dem einen hatte er eine große Narbe. Die Beine relativ dünn, der Schädel kantig." (Z. 86–96)	Sein Aussehen ist sehr auffällig, er wirkt fremd und etwas beängstigend.
„Niemand kicherte. Bei Wagenbach kicherte sowieso niemand. Aber ich hatte den Eindruck, dass auch ohne Wagenbach keiner gekichert hätte." (Z. 97–100)	Sein Aussehen und Verhalten verunsichern seine Mitschüler und verschaffen ihm einen gewissen Respekt.
„Und er ignorierte Wagenbach komplett. Das war auch schon eine Leistung, Wagenbach zu ignorieren. Das war praktisch unmöglich." (Z. 101–104) „'Tschichatschow', sagte der Russe, ohne Wagenbach anzusehen." (Z. 110f.)	Er verhält sich distanziert und gleichgültig gegenüber dem Lehrer.
„'Du willst nicht erzählen, wo du herkommst?' 'Nein', sagte Tschick. 'Mir egal.'"(Z. 127–129)	Er erfüllt nicht die Erwartungen des Lehrers und verhält sich unangepasst.

5 Die Aufgabe ermöglicht es den Schülerinnen und Schülern, über den Fortgang der Handlung zu spekulieren und dabei eigene Ideen einzubringen. Unterschiedliche Lösungen sind möglich. Je nach Zeitplanung kann diese Aufgabe auch so ausgestaltet werden, dass die Lernenden eine Episode schreiben, in der Maik und Tschick den Entschluss fassen, in den Sommerferien gemeinsam zu verreisen.

|S.215 Maik und Tschick on the road – Den Erzähler untersuchen

|S.215 Wolfgang Herrndorf: Tschick (2)

1 a Den Schülerinnen und Schülern soll deutlich werden, dass es sich bei Maiks und Tschicks „Urlaubsreise" um einen relativ spontanen Ausbruch aus der gewohnten Umgebung handelt und die beiden Jugendlichen große Probleme und Herausforderungen annehmen: keine Landkarte (Z. 6f.), geografische Orientierungslosigkeit (Z. 5–26), Tschicks Unerfahrenheit auf Autobahnen (Z. 49–56), die Entdeckung eines anderen Autofahrers, dass Tschick noch keinen Führerschein besitzen kann (Z. 65–71, 78f.).

b Das Nachdenken über mögliche weitere Probleme während der Reise dient zunächst dazu, dass die Schülerinnen und Schüler sich in die Situation der beiden Jugendlichen hineinversetzen und den weiteren Handlungsverlauf vorausdenken. Darüber hinaus können die Lernenden aber auch schon ansatzweise den Roadmovie-Charakter des Romans erkennen, ohne dass diese Romandefinition hier schon thematisiert wird. Folgende mögliche Probleme könnten z.B. genannt werden: Der Autofahrer zeigt die beiden bei der Polizei an, sie werden von der Polizei gesucht, Tschick verursacht einen Unfall, sie verfahren sich und wissen nicht, wie sie wieder zurückkommen können, sie geraten in eine Polizeikontrolle, das Benzin geht aus, am Auto entsteht ein Schaden.

2 Die Aufgabe ermöglicht eine weitere Charakterisierung der Figuren und macht deutlich, dass Maik ängstlicher ist als Tschick. Einige Charaktereigenschaften lassen sich zusammenfassen, wobei darauf zu achten ist, dass die Schülerinnen und Schüler dies mit Textstellen begründen.
Folgende zutreffende Adjektive können begründet ausgewählt werden:
- naiv: Die beiden haben sich vorher keine Gedanken über mögliche Probleme gemacht und fahren arglos und blauäugig los, ohne Landkarte und ohne zu wissen, wo Rumänien liegt (Z. 5–26); sie haben vorher nicht darüber nachgedacht, dass sie entdeckt werden könnten (Z. 78–84).
- verantwortungslos: *(siehe unten unter kriminell und verantwortungslos)*
- erfinderisch: Tschick tut so, als hätte er den Hinweis des anderen Autofahrers als technischen Hinweis verstanden (Z. 72–76); sie probieren unterschiedliche Möglichkeiten aus, um Tschick älter wirken zu lassen (Z. 87–100).
- ängstlich: Maik ist ängstlich, als Tschick auf die Autobahn fährt (Z. 57–60) und als der fremde Autofahrer bemerkt, dass Tschick zu jung ist, um Auto fahren zu dürfen (Z. 72).
- abenteuerlustig: Trotz fehlender Orientierung fahren sie einfach los (Z. 5ff.).
- mutig, entschlossen und draufgängerisch: Maik und Tschick begeben sich ohne Führerschein mit dem Auto auf die Reise; obwohl sie keine Landkarte haben und nicht wissen, wo Süden liegt, fahren sie weiter (Z. 48f.), Tschick fährt auf die Autobahn, obwohl er sich dort nicht auskennt (Z. 49–52).
- kriminell und verantwortungslos: Tschick gefährdet sich selbst, Maik und andere Autofahrer (Z. 49–56), weil er Auto fährt, obwohl er als 14-Jähriger keinen Führerschein besitzt (Z. 78f.). (Zudem hat er das Auto geklaut, was jedoch nur aus dem Vorspann hervorgeht.)

3 a Die Aufgabe führt ins Zentrum des Teilkapitels, zur Analyse der Erzählweise. Gleichzeitig wird wieder die Arbeit mit Textbelegen trainiert. Folgende Aussagen treffen zu:

  B Die Geschichte wird aus der Sicht von Maik erzählt.
    Belege: „Tatsächlich hatten wir uns irgendwie auf den Autobahnzubringer verirrt, und Tschick [...] war wild am Rumkurbeln. [...] Ich hielt die Füße mit aller Kraft vorne gegengestemmt, ich dachte [...]" (Z. 48–59); „Ich stellte mich an den Straßenrand, und Tschick musste zwanzig Mal an mir vorbeifahren, damit ich gucken konnte, wie er am erwachsensten rüberkam." (Z. 84–87)

  C Der Erzähler erscheint gleichzeitig als erlebende und als erzählende Figur.
    Belege: „Wobei ich zugeben muss: Nachdem wir ausreichend gekotzt hatten über *Rieschah* und sein Klavier, hörten wir auch die andere Seite" (Z. 36–39); „Im Ernst, ich hab's Tschick nicht gesagt, und ich sag's auch jetzt nicht gern: Aber diese Moll-Scheiße zog mir komplett den Stecker. Ich musste immer an Tatjana denken" (Z. 40–44).

F Der Erzähler weiß nur das, was die Figur, aus deren Sicht er erzählt, sehen, hören und wissen kann.
Belege: „Mir ging wahnsinnig die Muffe, aber Tschick zuckte einfach die Schultern" (Z. 72f.); „Tatsächlich sah Tschick ein bisschen älter aus als vierzehn. Aber keinesfalls wie achtzehn. Wobei wir ja auch nicht wussten, wie er in voller Fahrt durch die verschmierten Scheiben aussah." (Z. 78–82)

H Der Erzähler stellt die Ereignisse in der Ich-Form dar.
Belege: „Ich hatte diesen kleinen Kompass am Schlüsselbund" (Z. 21f.); „Wobei ich zugeben muss" (Z. 36); „ich dachte, wenn wir jetzt sterben, liegt das an Rieschah" (Z. 58f.)

b Die Aufgabe fasst die Ergebnisse aus Teilaufgabe 3a zusammen und trainiert den Umgang mit den Fachbegriffen. Erzählform und Erzählverhalten können z.B. so beschrieben werden:

Der Roman ist in der Erzählform des Ich-Erzählers gestaltet. Der Ich-Erzähler erzählt aus der Sicht einer Figur, und zwar aus der Sicht von Maik, sodass ein personales Erzählverhalten vorliegt.
Der Ich-Erzähler erlebt das Geschehen als Beteiligter, er sieht alles aus seiner Sicht und kann nur seine eigenen Gedanken und Gefühle mitteilen (Innensicht). In andere Personen kann er nicht hineinsehen, von ihnen kann er nur erzählen, was er beobachtet oder mitgeteilt bekommt (Außensicht).
Der Ich-Erzähler dieses Romans erzählt im Präteritum, also aus einem zeitlichen Abstand. Das bietet ihm die Möglichkeit, seine eigenen Erlebnisse so zu erzählen, wie er gerne möchte, das heißt er kann die Reihenfolge, in der das Geschehen erzählt wird, selbst bestimmen und er kann zum Beispiel die Möglichkeit der Rückblende nutzen.

4 a Die Aufgabe dient einer vertieften Auseinandersetzung mit Erzählformen und Erzählverhalten. In der umgeschriebenen Textpassage ist die Erzählform verändert: Statt eines Ich-Erzählers erzählt ein Er-/Sie-Erzähler. Der Erzähler ist somit nicht mehr direkt am Geschehen beteiligt. Das personale Erzählverhalten ist gleich geblieben, denn der Er-/Sie-Erzähler erzählt offenbar aus der Sicht von Maik und weiß einiges über ihn („Doch Maik kannte sich mit Mozart und klassischer Klaviermusik nicht wirklich gut aus", Z. 7–9). Durch die veränderte Erzählform verliert das Erzählte an Unmittelbarkeit, es wirkt eher distanziert.

b Mit dieser Aufgabe trainieren die Schülerinnen und Schüler ihre Fähigkeit, eine Erzählform selbst anzuwenden und ihre Wirkung einzuschätzen. Somit lernen sie neben den Merkmalen und der Wirkung der im Roman vorliegenden personalen Ich-Erzählform auch die Merkmale und Wirkung der personalen Er-/Sie-Erzählform kennen, die häufig in Romanen vorkommt.
Beispiellösung für die Umformulierung der Zeilen 36–43 aus der Sicht eines Er-/Sie-Erzählers:
Die Musik fanden sie einfach nur furchtbar und sie regten sich unendlich über den Klavierspieler Richard Clayderman auf, den sie nur noch Rieschah nannten. Dennoch hörten sie auch noch die andere Seite, mussten aber feststellen, dass die Musik fast gleich blieb. Dennoch fanden sie, dass es immer noch besser war als nichts. Maik ging es bei der Musik besonders schlecht, doch wollte er Tschick nichts von seiner Stimmung sagen. Er empfand die Musik als reinste Moll-Scheiße, und er hatte das Gefühl, dass sie ihm komplett den Stecker zog.

Die Veränderung der Erzählform führt dazu, dass Maiks unmittelbares Erleben nicht mehr so wirklichkeitsnah und anschaulich erzählt werden kann. Der Leser hat nicht mehr das Gefühl, dass das Geschehen ihm so unmittelbar und ehrlich erzählt wird, wie es stattgefunden hat und von der beteiligten Figur erlebt wurde. Die Lebendigkeit des Erzählten geht etwas verloren.

5 a Die Aufgabe verdeutlicht den Sprachstil des Romans, der besonders durch Umgangs- und Jugendsprache geprägt ist, z.B.: „Landkarten sind für Muschis" (Z. 8), „Klaviergeklimper" (Z. 32), „Alter Finne" (Z. 35f.), „ausreichend gekotzt" (Z. 37), „ich hab's […] ich sag's" (Z. 41), „Aber diese Moll-Scheiße zog mir komplett den Stecker" (Z. 42f.), „dann kachelten wir" (Z. 46), „war wild am Rumkurbeln" (Z. 52), „eierte im Schritttempo" (Z. 55), „Mir ging wahnsinnig die Muffe" (Z. 72).
Der Sprachstil wirkt jugendlich, lebendig und unkompliziert, er erinnert teilweise an mündliches Erzählen, sodass der Leser das Gefühl hat, das Geschehen der Jugendlichen unmittelbar mitzuerleben. Der Erzählstil ähnelt damit dem Sprachstil vieler Jugendlicher.

b Die Umformung der Jugend- und Umgangssprache in Standardsprache sensibilisiert nicht nur das Sprachbewusstsein der Schülerinnen und Schüler, sondern zeigt ihnen vor allem, dass der verwendete Sprachstil eine spezielle Wirkung erzielen soll. Beispiele für Umformungen:
- „Landkarten sind für Muschis" (Z. 8): Landkarten sind nur etwas für Mädchen.
- „Klaviergeklimper" (Z. 32): nicht gut klingende, langweilige Klaviermusik
- „Alter Finne" (Z. 35f.): Die Musik war bemerkenswert/erstaunlich/ungewöhnlich/anstrengend.
- „ausreichend gekotzt" (Z. 37): uns ausreichend aufgeregt
- „ich hab's […] ich sag's" (Z. 41): ich habe es […] ich sage es
- „Aber diese Moll-Scheiße zog mir komplett den Stecker" (Z. 42f.): Aber diese traurige, sanfte Musik nahm mir jede Energie und machte mich unendlich traurig.
- „dann kachelten wir" (Z. 46): dann fuhren wir schnell
- „Mir ging wahnsinnig die Muffe" (Z. 72): Ich hatte große Angst.

Während die Standardsprache ernster und auch erwachsener klingt, steht die Jugend- und Umgangssprache für ein lebendiges, unmittelbares und damit auch anschauliches und spannendes Erzählen. Zudem wirkt die Jugend- und Umgangssprache immer wieder komisch oder lustig.

c Die Überlegungen, inwiefern die Verwendung von Umgangs- bzw. Jugendsprache zum Roman passt, sollen den Zusammenhang (Kongruenz) zwischen Erzählstil und Romanform (Roadmovie) verdeutlichen. Es wird erzählt, wie Jugendliche aus ihrer gewohnten Umgebung ausbrechen, die Welt der Ordnung und Regeln verlassen und wie unangepasst sie sich verhalten. Dazu passt die Jugend- und Umgangssprache, die nicht auf Regeln der Standardsprache Rücksicht nimmt. Die Jugendlichen lassen ihren Wünschen und Sehnsüchten freien Lauf. Dem Leser werden durch den Sprachstil zudem die Gefühlslage und die Stimmung der jugendlichen Figuren deutlich.

S.218 Isa steigt mit ein – Handlung, Figurenbeziehungen und Orte betrachten

S.218 Wolfgang Herrndorf: Tschick (3)

1 Der Textauszug führt mit Isa eine neue Figur ein, die Maik und Tschick eine Weile begleitet. Isas Auftreten zeigt bereits, dass sie eine eher ungewöhnliche Jugendliche ist, die ebenso wie Maik und Tschick unterwegs ist und Regeln missachtet. Mögliche Eindrücke von Isa:
- forsch-frech gegenüber Maik und Tschick: Sie hat keine Angst vor ihnen und beleidigt sie mehrmals.
- clever: Sie weiß, wie man Benzin aus dem Tank bekommt und dass man dabei nicht rauchen sollte.
- kriminell: Sie hilft den beiden Jugendlichen beim Diebstahl von Benzin.
- mutig, unbekümmert: Sie schreit laut über den Parkplatz.
- munter, lebendig: Sie fährt mit den beiden Jungen mit und redet ununterbrochen im Auto.
- forsch, bestimmend: Sie verlangt zuerst, die Musik zu hören, und dann, die Kassette wegzuwerfen.
- ungeniert und ungehemmt: Sie zieht sich vor den beiden Jungen aus.
- übertreibend: Sie erzählt den Jungen wilde Geschichten, die diese aber nicht glauben.
- geheimnisvoll, verschwiegen: Sie erzählt den beiden Jungen nicht alles, was diese gerne wissen möchten.

2 Die beiden Standbilder als szenische Hilfen zur Überprüfung und Vertiefung des Textverständnisses sollten die Veränderung der Beziehung zwischen den drei Protagonisten demonstrieren. Außerdem können die Standbilder zeigen, welche Figuren sich näherstehen:
- Anfangs stehen sich Maik und Tschick auf der einen und Isa auf der anderen Seite gegenüber. Auch wenn Isa den beiden Jungen hilft, wird deutlich, dass sie sich durch ihr Fluchen und ihre Beleidigungen nicht gerade freundschaftlich gegenüberstehen. Dennoch bilden alle drei eine Art verschworene Gemeinschaft, da sie das Benzin stehlen wollen. Isa wirkt besonders dominant, da sie weiß, wie man das Benzin aus dem Tank bekommt.
- Am Ende des Textauszugs wirken die drei Jugendlichen wie eine Gemeinschaft, weil sie sich deutlich näher gekommen sind. Sie haben gemeinsam gebadet, ihre Kleidung und die Süßigkeiten geteilt. Es fallen keine Flüche und Beleidigungen mehr. Maik ist von Isa besonders angetan, weil sie sich vor ihm auszieht. Dennoch bleibt eine Distanz zwischen den beiden Jungen und Isa, da sie nicht alle Fragen beantwortet und die beiden Jungen ihr auch nicht alles glauben.

3 a Beispiellösung:

„Tschick" (3) – Gliederung der Handlung in einzelne Szenen	
1. Szene (Z. 1–44)	
Ort	– Tankstellenparkplatz
Was passiert?	– Maik und Tschick versuchen, Benzin aus einem Autotank zu stehlen. – Isa beobachtet, wie es den beiden nicht gelingt, beleidigt sie wegen ihrer Unfähigkeit und hilft ihnen beim Diebstahl.
Figurenbeziehung?	– Konflikt zwischen Isa auf der einen, Maik und Tschick auf der anderen Seite. – Isa beschimpft die Jungen sehr heftig, hilft ihnen aber schließlich doch.
2. Szene (Z. 45–97)	
Ort	– im Auto unterwegs auf Autobahn und Nebenstraßen Richtung Gebirge
Was passiert?	– Isa fährt mit Maik und Tschick mit. – Sie flucht nicht mehr, sondern redet stattdessen ununterbrochen. – Isa hört die Musikkassette und verlangt, sie wegzuwerfen. – Gemeinsam versuchen die drei herauszufinden, wo sie sich befinden, was ihnen jedoch nicht gelingt. Sie fahren einfach der Sonne nach.
Figurenbeziehung?	– Sie streiten sich nicht mehr, sondern sind gemeinsam unterwegs. – Nach wie vor erscheint Isa etwas fordernd und besserwisserisch.
3. Szene (Z. 98–116)	
Ort	– im und am See
Was passiert?	– Alle drei baden im See. – Isa zieht sich anschließend vor Maik nackt aus und seift sich ein. – Maik ist verunsichert und weiß nicht, wo er hingucken soll. – Tschick schwimmt zu ihnen. – Sie diskutieren und streiten nicht mehr und benutzen dasselbe Handtuch.
Figurenbeziehung?	– Isa und Maik sind kurze Zeit ohne Tschick alleine. Sie verunsichert Maik durch ihr ungehemmtes Verhalten. – Die Beziehung der drei ist harmonisch und freundschaftlich. Das Teilen des Handtuchs zeigt, dass sie einander mögen.
4. Szene (Z. 117–132)	
Ort	– am See mit Blick auf die Landschaft im Abendnebel
Was passiert?	– Sie betrachten Berge und Täler, teilen sich Süßigkeiten und reden miteinander. – Isa erzählt wilde Geschichten, beantwortet aber nicht alle Fragen.
Figurenbeziehung?	– harmonisch; die drei versuchen, sich näher kennen zu lernen.

b So lassen sich die Veränderungen der Beziehung zusammenfassen:
   – Zunächst beschimpfen die Jugendlichen sich auf dem Parkplatz (Z. 1, 5f., 20) und die Jungen wollen, dass Isa verschwindet (vgl. Z. 13f.).
   – Im Auto lassen die Beleidigungen und Flüche nach (vgl. Z. 54–60).
   – Im See baden sie gemeinsam (vgl. Z. 98–100), zwischen Isa und Maik herrscht eine fast intime Beziehung (vgl. Z. 101–110).
   – Am Abend streiten sie sich nicht mehr (vgl. Z. 112ff.), teilen sich das Handtuch, die Kleidung und Süßigkeiten (vgl. Z. 116–120) und unterhalten sich (vgl. Z. 123–132).

c Die Diskussion darüber, ob die Redewendung „Drei sind einer zu viel" zur Beziehung von Isa, Maik und Tschick passt, erfordert eine Auseinandersetzung mit der im Text beschriebenen Beziehung der Jugendlichen. Die Schüler können darüber diskutieren, ob die Beziehung störungsfrei ist oder ob es zu Komplikationen kommt. Im Text werden die anfänglichen Beziehungsstörungen zugunsten einer harmonischen Dreierbeziehung überwunden. Aber der Auszug deutet dennoch verschiedene Möglichkeiten an, wie sich die Verhältnisse weiterentwickeln könnten: So könnte es zu Eifersucht zwischen den beiden Jungen kommen. Ebenso wäre es denkbar, dass die beiden sich durch Isa gestört fühlen und ihre Reise lieber allein fortsetzen möchten. Die Begründungen der Schülerinnen und Schüler sollten trotz aller möglichen Spekulationen textbasiert sein.

4 Die Schülerinnen und Schüler können auf der Grundlage der vorangegangenen intensiven Analyse erkennen, dass sich die Beziehung der Figuren an verschiedenen Handlungsorten verändert und die Handlungsorte im Roman eine tiefere Bedeutung haben. Sie spiegeln die Stimmung und Atmosphäre:
— Der unromantische, dunkle Parkplatz ist noch ein Ort der Auseinandersetzung.
— Das Auto wird zu einem Ort, an dem sich die Jugendlichen – nicht nur räumlich – annähern. Sie nutzen gemeinsam das Auto, um zusammen Neues zu erleben.
— Im „glasklaren" See (Z. 97) kommen sie sich näher, insbesondere Isa und Maik erleben eine besondere Vertraulichkeit. Maik entdeckt in der schönen Natur Isas Schönheit.
— Die Schilderung der Atmosphäre am See (Z. 117) klingt romantisch und passt zur zunehmenden Harmonie.

|S.220| „Tschick" als Roadmovie – Filmische Elemente in einem Roman entdecken

|S.220| Wolfgang Herrndorf: Tschick (4)

1 a Der Romanauszug stellt eine kurze, spannend erzählte Fluchtszene dar, die stark an ein Roadmovie erinnert. Sicher werden die Schüler von „Action" sprechen und wissen wollen, wie es weitergeht.

b Durch die Aufforderung, ihre Eindrücke zu beschreiben, und die Frage nach der Wirkung des Textauszugs wird den Schülerinnen und Schülern noch stärker deutlich, dass die kurze Szene sehr anschaulich und spannend die Flucht vor der Polizei, den daraus resultierenden Autounfall und die Fortsetzung der Flucht zu Fuß beschreibt.

c Die Lernenden sollen erkennen, wodurch die Spannung erzeugt wird, nämlich durch das Auftauchen der Polizei (Z. 11), die als Bedrohung wahrgenommen wird (Z. 11–13) und die plötzliche Flucht hervorruft, die sehr rasant beschrieben wird: „und wir nagelten mit fast achtzig Stundenkilometern durchs Gelände" (Z. 14–16). Die Flucht und der Unfall werden anschaulich dargestellt, sodass der Leser das Gefühl hat, hautnah dabei zu sein (Z. 16ff., 38–42). Ausdrucksstarke Verben betonen die Spannung, z.B. „rauschten" (Z. 33), „schmierte […] ab" (Z. 38), „es dampfte und zischte" (Z. 52), „rappelte sich auf" (Z. 53f.), „taumelte" (Z. 54), „fing an zu rennen" (Z. 55).

2 a/b Die im Kasten genannten Merkmale eines Roadmovies sind in den bisherigen Romanauszügen gut nachweisbar. Die Ergebnisse können in einem Tafelbild festgehalten werden:

Merkmale des Roadmovies	Umsetzung in „Tschick"
Flucht und Verfolgung	Maik und Tschick flüchten vor der Polizei.
Hetzjagd wegen Verstößen gegen das Gesetz	Tschick hat den Lada gestohlen und fährt ohne Führerschein, gemeinsam haben die beiden Benzin entwendet.
andere Vorstellungen vom Leben, Freiheitssuche, Unbehagen in der Gesellschaft	Maik und Tschick wollen dem frustrierenden Alltag entfliehen.
Flucht mit dem Auto	Tschick und Maik fliehen im gestohlenen Lada.
Unfälle	Die Jugendlichen verunglücken auf der Flucht vor der Polizei.

c Auf die Frage nach ähnlich strukturierten Filmen sind unterschiedliche Nennungen möglich, z.B. „Frau Ella" (2013), „Vincent will meer" (2010), „Into the Wild" (2007), „Knockin' on Heaven's Door" (1997), „Kleine Haie" (1992), „Thelma & Louise" (1991), „Stand by me" (1986), „Easy Rider" (1969) oder „Bonny und Clyde" (1967).

3 Die Überlegungen, wie sie sich eine Verfilmung des Romans „Tschick" als Roadmovie vorstellen, sollen das Bewusstsein der Schülerinnen und Schüler für den Roadmovie-Charakter des Romans schärfen. Für eine Verfilmung des Romanauszugs 4 (S. 220f. im Schülerband) sind viele unterschiedliche Ideen denkbar, z.B.:
- ab Z. 13: einsetzende schnelle Musik
- Z. 27f.: Maiks verzweifelter Blick als Nahaufnahme
- Z. 29/30: Aufnahme des Steilhangs aus der Vogelperspektive
- Z. 31/32: Schnitt Maik/Tschick
- Z. 37–42: Darstellung des Unfalls in Zeitlupe

S.222 Testet euch! – Figuren und Handlung untersuchen

S.222 Wolfgang Herrndorf: Tschick (5)

1 a Die Aufgabe fordert von den Schülerinnen und Schülern, über eine direkte oder indirekte Charakterisierung Maiks Entwicklung zu erkennen. Maik ist nun nicht mehr langweilig und ohne Freunde, sondern versucht alles, um das Abenteuer – gemeinsam mit seinem neuen Freund (vgl. Z. 10–12) – fortzusetzen. Ab Z. 42 bis zum Ende des Auszugs wird deutlich, dass er nicht bereit ist, die Reise zu beenden: Er nimmt nun selbst das Steuer in die Hand. Der Versuch, das Auto in einer Art Teamarbeit gemeinsam zu fahren, zeigt ebenfalls die neue Freundschaft.

b Die Schülerinnen und Schüler werden leicht Hinweise im Text finden, die vermuten lassen, dass das Abenteuer mit dem Unfall zu Ende sei, und sie sind gefordert, sehr genau zu lesen, um Andeutungen auf die Fortsetzung der Handlung zu finden: Zunächst stellt Maik beim Öffnen des verunfallten Ladas frustriert fest: „Ende, aus" (Z. 33). Angesichts der Umstände ist eine Weiterfahrt auch nicht vorstellbar. Doch Tschick überzeugt Maik offenbar, die Fahrt trotz seiner Verletzungen mit dem demolierten Fahrzeug fortzusetzen, und Maik ist begeistert: „[...] es war so fantastisch, wieder durch die Windschutzscheibe vom Lada zu gucken und das Steuer in der Hand zu halten" (Z. 45–48). Dass die Reise tatsächlich weitergeht, wird im letzten Satz des Auszugs deutlich: „[...] und dann rollten wir mit einem Schwung auf die Autobahn" (Z. 52f.).

c Auch in diesem Textauszug sind Elemente des Roadmovies aufzufinden: Gleich zu Beginn wird klar, dass die beiden Jugendlichen aus dem Krankenhaus flüchten (Z. 1–4). Tschicks Tippen aufs Gaspedal (Z. 38f.) deutet an, dass sie unbedingt wieder „aufs Gas drücken" und wegwollen, was für ein Roadmovie typisch ist. Trotz aller Hindernisse und ohne Beachtung der Gesetze wird die Autofahrt fortgesetzt. Angesichts solcher Umstände ist eine Verfolgung durch die Polizei bereits vorprogrammiert.

d Die Schülerinnen und Schüler tragen einander ihre Ergebnisse in Partnerarbeit vor. Es wäre sinnvoll, dass sie diese in Form eines Lerntempoduetts vergleichen.

Methodischer Hinweis: Lerntempoduett
Im Lerntempoduett erarbeitet zunächst jede Schülerin und jeder Schüler die Aufgabe individuell. Wer fertig ist, steht auf und sucht sich eine Partnerin oder einen Partner, die/der gleichzeitig fertig geworden ist. Nach dem Ergebnisaustausch wird die nächste Aufgabe wieder individuell in Einzelarbeit gelöst usw. Der Vorteil dieser Methode liegt im Wechsel von Einzelarbeit und Partnerarbeit bei individuellem Lerntempo.

S.223 10.2 „Vincent will meer" – Die Sprache des Films untersuchen

Der deutsche Spielfilm „Vincent will meer" von Regisseur Ralf Huettner stammt aus dem Jahr 2010. Das Drehbuch schrieb Florian David Fitz, der auch die männliche Hauptrolle des am Tourette-Syndrom leidenden Vincent übernahm. Daneben spielen Heino Ferch als Vincents Vater und Karoline Herfurth als magersüchtige Marie zentrale Rollen. „Vincent will meer" gewann zahlreiche Preise, u.a. 2011 den Deutschen Filmpreis in der Kategorie „Bester Film".
Der Film ist als DVD im Handel erhältlich.

S.223 Die Exposition

1 a Die Betrachtung der vier Filmbilder soll die Lernenden dazu anregen, den Inhalt der Exposition (von 00:30 bis 1:60) zu verstehen:
Die Szene zeigt die Trauerfeier von Vincents Mutter. Während der Feier erleidet Vincent einen Anfall, der auf seiner Erkrankung am Tourette-Syndrom beruht. Sein Vater und die anderen Trauergäste schauen ihn entsetzt an. Daraufhin stürmt Vincent aus der Kirche und sitzt schließlich traurig und alleine vor der Kirchentür.

b Die Bilder sind so ausgewählt, dass die Schülerinnen und Schüler Vincents schwierige Situation nachvollziehen und mit Hilfe der Bilder begründen können. An Gefühlen, die Vincent vermutlich empfindet, können genannt werden:
– Trauer (Bild 1: Trauerfeier)
– Scham und Verzweiflung (Bild 2/3: Anfall und entrüstet reagierende Mitmenschen, Flucht aus der Kirche)
– Traurigkeit, Einsamkeit, Ratlosigkeit (Bild 4: Vincent allein vor der Kirchentür).

2 a Die Aufgabe führt bereits zu wichtigen Handlungsebenen und Konflikten des Films hin. Die Schülerinnen und Schüler können anhand der Filmbilder aus der Exposition erkennen, dass Vincents Tourette-Syndrom ein zentraler Aspekt der Handlung sein wird und gleichzeitig Ursache für erhebliche Schwierigkeiten. Er leidet nicht nur unter der Erkrankung selbst, die ihn in furchtbare Situationen bringen kann, sondern sie lässt ihn in der Gesellschaft auch sonderbar erscheinen und macht ihn zum Außenseiter.
Ebenso deutet die Exposition einen Konflikt mit seinem Vater an, denn selbst er scheint nicht zu ihm zu stehen, sondern sich entrüstet von ihm abzuwenden (verschränkte Arme und skeptischer Blick auf Bild 2). Das ist besonders schwierig für Vincent, da seine Mutter gestorben ist.
Vincent sieht nur eine Möglichkeit, der schwierigen Situation zu entkommen: die Flucht. Damit ist der Kern des Handlungsverlaufs bereits vorweggenommen.

b Besonders Bild 3 zeigt, dass Vincent aus der Gesellschaft fliehen muss, weil er sich nicht akzeptiert, sondern abgelehnt fühlt. Die verwunderten Blicke der anderen Trauergäste und insbesondere die Reaktion des Vaters (Bild 2) zeigen seine Außenseiterrolle. Bild 4 verdeutlicht nochmals, dass Vincent von der Gesellschaft getrennt ist, denn er lehnt außen an der verschlossenen Kirchentür, hinter der sich die Trauergesellschaft befindet.

3 a/b Mit dieser Aufgabe vertiefen die Schülerinnen und Schüler ihre Kenntnisse der Filmanalyse und der entsprechenden Fachsprache. Die Bezeichnungen können sie im Orientierungswissen (S. 341 im Schülerband) nachschlagen, wo sie mit Bildbeispielen erklärt werden.
Die Auswertung der Bilder aus der Exposition zu „Vincent will meer" kann tabellarisch erfolgen und zu diesem Ergebnis führen:

„Vincent will meer" (Filmbilder S. 223, Exposition) – Einstellungsgrößen und ihre Wirkung		
Bild	**Einstellungsgröße**	**Wirkung**
1	Totale: Der Zuschauer sieht die Umgebung der Situation: eine Trauerfeier in einer mit vielen Blumen und dem Foto der Verstorbenen feierlich geschmückten Kirche.	Die Situation wirkt besonders andächtig, ruhig, feierlich und traurig.
2	Halbnah: Der Zuschauer erkennt sowohl die zentralen Figuren als auch die unmittelbare Umgebung.	Die Situation wirkt unangenehm: Sowohl Vincents Verkrampfung als auch die verwunderten/entrüsteten Blicke und Reaktionen der Umgebung – besonders die des Vaters – sind gut erkennbar.
3	Halbnah: Der Zuschauer sieht sowohl Vincents Flucht durch die große Kirchentür als auch die entrüsteten Blicke der anderen Trauergäste.	Die Flucht aus der Kirche wirkt dramatisch. Betont werden die dunkle Tür und die Helligkeit draußen. Die Flucht gelingt durch einen schmalen Spalt und erscheint eingerahmt durch das schwere Portal. Die Verwunderung der Gesellschaft wird spürbar.
4	Nah: Der Zuschauer beobachtet den Kopf und damit die Mimik der Figur, die im Mittelpunkt des Bildes steht.	Vincents Gefühle und Stimmung sind gut erkennbar: Er wirkt traurig, ratlos, fühlt sich einsam.

‖S.224 Einstellungsgröße und Kameraperspektive

1 Die Frage, welches der Szenenfotos die größte Neugierde auf den Film weckt, soll die Schülerinnen und Schüler motivieren, die Bilder genau zu betrachten. Die Antwortmöglichkeiten sind individuell unterschiedlich, sollten jedoch mit – auch detaillierten – Verweisen auf das Szenenbild begründet werden. Somit lenkt die Aufgabe den Blick bereits auf Einstellungsgrößen, ohne dass der Begriff genannt wird.

2 a Folgende Antworten sind denkbar:

„Vincent will meer" (Filmbilder S. 224) – Situation und Stimmung		
Bild	**lenkt Aufmerksamkeit auf**	**Stimmung**
1	Drahtzaun Vincents verzweifelten Gesichtsausdruck seine verkrampften Finger am Zaun	verzweifelt
2	Innenraum des Autos Getränk und Lebensmittel Gesichtsausdruck der Figuren	Schutz im Auto Zusammenhalt
3	Autobahn	Aufbruch, Unterwegssein, Schnelligkeit, Freiheit
4	rotes Auto, Tankwart	Bedrohung und Gefahr
5	Berglandschaft, Nebel	Freiheit, Abenteuer
6	Infusion/Verband, Hände zweier Figuren	Krankheit, Zusammenhalt, aber auch Distanz

311

b Mit dieser Aufgabe üben die Schülerinnen und Schüler die Analyse von Einstellungsgrößen und Kameraperspektiven.

„Vincent will meer" (Filmbilder S. 224) – Einstellungsgrößen und Kameraperspektiven		
Bild	**Einstellungsgröße, Kameraperspektive**	**Wirkung**
1	Halbnah, Normalperspektive	Aufmerksamkeit auf den Zaun und Vincents Mimik und Finger, der Zuschauer fühlt sich unmittelbar beteiligt
2	Nah, Normalperspektive	Aufmerksamkeit auf die Enge im Autoinnenraum und auf die Mimik der Figuren, der Zuschauer spürt die Enge und fühlt sich unmittelbar beteiligt
3	Totale, Vogelperspektive	Aufmerksamkeit auf die Länge der Autobahn, der leicht verschwommene Eindruck betont die Bewegung und Geschwindigkeit
4	Halbnah, leichte Froschperspektive	Aufmerksamkeit auf das rote Auto, das den Tankwart bedroht, der Zuschauer nimmt den Tankwart aus Sicht der Autoinsassen wahr
5	Totale, Vogelperspektive	Aufmerksamkeit auf die Weite der Landschaft, die drei wandernden Menschen wirken ganz klein, Betonung der Freiheit in der Natur
6	Groß, Normalperspektive	Aufmerksamkeit auf die Infusion/den Verband und damit auf die Erkrankung bzw. einen Krankenhausaufenthalt, ebenso auf die Hände, die sowohl nah als auch distanziert wirken

Mögliche Zusatzaufgabe

Mit Hilfe einer weiteren Aufgabe können die Schülerinnen und Schüler ihre Fähigkeit trainieren, Kameraperspektive und Einstellungsgröße sowie deren Wirkung zu untersuchen. Ein geeignetes Filmbild ist etwa Minute 13:45, Vogelperspektive: Vincent und Alexander liegen im gleichen Zimmer im Bett. Aufgabe: Untersucht Kameraperspektive und Einstellungsgröße und beschreibt die Wirkung.

3 Die Aufgabe stellt eine Verbindung zum Roman „Tschick" her; die Lernenden sollen erkennen, dass sowohl der Roman als auch der Film typische Themen und Motive von Roadmovies aufweisen. Sie können z.B. folgende Parallelen nennen:
– Verzweiflung und Frust bei Maik und Vincent
– Außenseiterrolle der Jugendlichen
– Freundschaft (phasenweise ähnliche Dreierkonstellation: zwei Jungen, ein Mädchen)
– Suche nach Freiheit, Ausbruch aus der eigenen Umgebung und Befreiung von Normen und Regeln
– Unterwegssein mit einem gestohlenen Auto
– Fahrten auf der Autobahn als Ausdruck von Freiheit und Unabhängigkeit
– Gesetzesverstoß: Benzindiebstahl
– Erlebnisse in der schönen Natur
– Verletzungen und Krankenhausaufenthalt

4 a Die Beobachtungsaufträge können arbeitsteilig an Kleingruppen verteilt und an der Tafel festgehalten werden. So soll sichergestellt werden, dass die Schüler „ihren" Untersuchungsaspekt beim Anschauen des Films genau in den Blick nehmen und sich in Ruhe Notizen dazu machen können.
Über die vorgeschlagenen Untersuchungsaspekte hinaus kann die Beobachtung der Figurenbeziehungen noch weiter aufgeteilt werden in: a) die Jugendlichen, b) Vincent und sein Vater, c) Vincents Vater und die Heimleiterin.

Gründe für den Aufbruch:

– Hier sollte deutlich werden, dass Vincent und Marie vor allem aus dem Heim flüchten, weil sie sich in ihrer Umgebung nicht wohlfühlen. Beiden ist bewusst, dass sie als Außenseiter der Gesellschaft behandelt werden. Sie möchten sich den im Heim herrschenden Normen und Regeln nicht unterwerfen, sondern frei sein.

– Aber sie haben auch unterschiedliche Motive, denn Vincent will mit der Asche seiner Mutter ans Meer.

– Alexander kommt zunächst unfreiwillig mit, nutzt aber später die Gelegenheit nicht, wieder zurückzukehren, sondern flieht mit den beiden anderen vor den Verfolgern, Vincents Vater und der Heimleiterin.

Probleme und Hindernisse:

– Zunächst sollte betont werden, dass Alexander ein zentrales Problem darstellt, da er sich durch seinen Ordnungszwang nur sehr schwer an das Unterwegssein in einem alten Auto gewöhnen kann.

– Ein weiteres Problem ist, dass die drei kein Geld haben, um Benzin und Lebensmittel zu bezahlen.

– Die Jugendlichen wissen anfangs nicht genau, wohin ihre Reise führen soll und wie sie zum Ziel kommen können.

– Im weiteren Verlauf wird die Verfolgung durch Vincents Vater und die Heimleiterin zu einem neuen Problem.

– Das letzte große Problem ist Maries Weigerung zu essen. Ihr Zusammenbruch führt zur Unterbrechung der Reise.

Entwicklung der Figurenbeziehungen

Beziehung der Jugendlichen:

– Das Verhältnis zwischen Vincent und Marie ist von Anfang an intensiv, im Heim unterstützen und helfen sie einander.

– Alexander fällt es zunächst schwer, sich auf Vincent einzulassen und das Zimmer mit ihm zu teilen, denn er sieht seine Ordnung und Reinlichkeit in Gefahr. Auf der Flucht führt sein Ordnungszwang zu immer mehr Konflikten. Er versucht anfangs, in das Heim zurückzukehren, was ihm jedoch nicht gelingt. Erst ganz langsam lässt er sich auf die anderen beiden ein. Alle drei nehmen Rücksicht auf die psychischen Probleme der anderen. Als sich Alexander schließlich die Möglichkeit bietet, problemlos ins Heim zurückzukehren, entscheidet er sich bewusst für die Fortsetzung der Flucht mit Vincent und Marie.

– Zwischen Vincent und Marie entwickelt sich eine immer intensivere Beziehung, die auch intime und erotische Formen annimmt.

– Alexander reagiert eifersüchtig und lässt die beiden durch eine heimtückische List im Stich.

– Der Konflikt gipfelt in einer körperlichen Auseinandersetzung zwischen Vincent und Alexander. Dieser Kampf hat eine Art reinigende Wirkung.

– Maries Krankenhausaufenthalt verändert die Beziehungen: Vincent lehnt es ab, Marie bei der Nahrungsverweigerung zu helfen. Er erkennt, dass sie ohne ärztliche Hilfe sterben würde.

– Darum bleibt Vincent nicht bei ihr, sondern begibt sich auf die Heimreise mit seinem Vater. Während der Heimfahrt steigt er jedoch aus dem Auto und kehrt – mit Alexander – in die Stadt, in der Marie im Krankenhaus liegt, zurück. Zwischen Vincent und Alexander scheint die Freundschaft enger zu werden.

Beziehung zwischen Vincent und seinem Vater:

– Diese Beziehung gestaltet sich von Anfang an sehr schwierig. Der Vater hat sich nicht um Vincent gekümmert und sieht keine andere Lösung, als ihn in ein Heim zu geben. Auf Vincents Gefühle und Probleme geht er nicht ein.

– Auch bei der Verfolgung geht es dem Vater nur darum, Vincent ins Heim zurückzubringen; er macht sich nicht wirklich Gedanken über die Probleme seines Sohns.

– Vincent erkennt dieses Desinteresse und entscheidet sich deshalb gegen seinen Vater und für die Flucht.

– Erst nach Maries Zusammenbruch kommt es zu einer ersten, auch emotionalen Annäherung zwischen den beiden. Offenbar versteht der Vater erst jetzt seinen Sohn besser. Sie kommen sich auch körperlich zum ersten Mal näher. Am Ende übergibt Vincent dem Vater das Gefäß mit der Asche seiner Mutter.

    – Am Ende lässt der Vater Vincent alleine weiterreisen und zeigt damit, dass er seinen Sohn versteht und ihm vertraut.

Beziehung zwischen Vincents Vater und der Heimleiterin:

    – Dieses Verhältnis ist zunächst stark von Auseinandersetzungen geprägt. Gleich zu Beginn wird deutlich, dass Vincents Vater die Heimleiterin lediglich als Dienstleisterin ansieht.

    – Während der Verfolgung machen sie sich ständig Vorwürfe.

    – Erst bei der Übernachtung im Hotel nähern sie sich etwas an und sprechen ohne Vorwürfe miteinander.

    – So entwickeln sie im Laufe der Handlung immer mehr Verständnis und Respekt füreinander.

b Der erneute Vergleich zwischen „Tschick" und „Vincent will meer" kann nach dem Anschauen des Films fundiert durchgeführt und auf die in Teilaufgabe a genannten Aspekte bezogen werden:

    – Es wird deutlich, dass die Protagonisten im Roman und im Film eine Außenseiterrolle in der Gesellschaft einnehmen. Auffällig ist, dass sich Maiks Situation und die Vincents stark ähneln, da sie sich beide von den Eltern verlassen fühlen und auf sich selbst gestellt sind.

    – Die Jugendlichen wollen aus einer lieblosen Umgebung fliehen und missachten dabei die bestehenden Normen und Gesetze.

    – Sie möchten sich frei fühlen und erleben durch die Reise eine neue Unabhängigkeit.

    – Wie für Roadmovies typisch spielt dabei die Autofahrt eine entscheidende Rolle, denn das Auto steht als Symbol für Unabhängigkeit.

    – Die Protagonisten müssen im Roman und im Film Hindernisse und Probleme überwinden, um ihre Reise fortsetzen zu können. Dabei ist ihnen ihre neue Freiheit wichtiger als die Beachtung von Gesetzen.

    – Im Roman und im Film führt der Weg auch in ein Krankenhaus, das jedoch nur eine Station auf der Reise ist.

    – Sowohl im Roman als auch im Film verändern sich die Beziehungen zwischen den Figuren. Sie treffen eher zufällig aufeinander, doch dann entwickelt sich ein Zusammengehörigkeitsgefühl, das sie gegen alle Hindernisse stark macht. Während im Roman die Freundschaft von Maik und Tschick im Mittelpunkt steht, spielen im Film alle drei Jugendlichen eine wichtige Rolle, auch wenn die Beziehung zwischen Vincent und Marie von besonderer Bedeutung ist. Dennoch fällt auf, dass sich bei Vincent und Alexander ähnlich wie bei Maik und Tschick aus anfänglicher Skepsis und Ablehnung durch die gemeinsame Reise eine Freundschaft entwickelt.

S.225 Schnitt, Montage und Kamerabewegung

1 **a** Anhand des kurzen Textes oben auf der Seite im Schülerband und der Filmbilder (39:32 bis 39:35 und 41:12 bis 41:19) lässt sich die dargestellte Situation erarbeiten: Vincent, Marie und Vincents Vater betrachten sich kritisch und misstrauisch. Es scheint, als seien Vincent und Marie verzweifelt und nicht bereit, die Lage hinzunehmen. Offenbar gelingt es den beiden, mit dem Auto des Vaters wegzufahren. Alexander rennt hinterher und springt in das fahrende Auto, um noch mitzukommen.

b In den möglichen Gedanken der dargestellten Figuren sollten zum einen eine allgemeine Skepsis und auch Misstrauen deutlich werden. Vincents und Maries Mimik drücken zudem eine Art Enttäuschung und Verzweiflung aus. Sie sind nicht bereit, ihre Flucht aufzugeben, und versuchen, sich stumm darüber auszutauschen. Der Vater wirkt hingegen wütend und fest entschlossen, seinen Sohn ins Heim zurückzubringen. Es scheint, als wolle er Vincent nicht mehr aus den Augen lassen.

c Besonders durch die Kameraeinstellung Groß bei den oberen Filmbildern wird deutlich, dass allen drei Figuren etwas durch den Kopf geht, worüber sie nicht sprechen. Sie wirken sehr angespannt. Dadurch wird Spannung erzeugt, denn der Zuschauer möchte wissen, was passieren wird.
Die unteren Bilder wirken rasant, aufregend und spannend, da Alexanders Versuch, ins fahrende Auto zu springen, nicht einfach ist.

314

2 a Mit Hilfe des Informationskastens auf S. 225 im Schülerband können die Schülerinnen und Schüler Schnitttechnik und Kamerabewegung der beiden Filmbildreihen benennen:

– Bei den Schnitten der oberen Filmbilder handelt es sich um eine Schuss-Gegenschuss-Technik. Sie hat die Funktion zu verdeutlichen, dass die Figuren miteinander kommunizieren, auch wenn es in dieser Szene ohne Worte, sondern nur durch die Mimik geschieht.

– Die Kamerafahrt auf den unteren Filmbildern ist eine Parallelfahrt. Dadurch kann die Geschwindigkeit des Autos und der Flucht besonders anschaulich und rasant dargestellt werden.

b Bei einem Roadmovie geht es immer um eine Reise, oft auch um eine Flucht, in der Regel in einem Auto. Bewegung ist also zentral für das Roadmovie. Die Kamerafahrt kann die Bewegung/Reise/Flucht besonders gut darstellen. Roadmovies enthalten oft auch Verfolgungsszenen, die sich durch Kamerabewegung und Schnitte gut inszenieren lassen.

3 Der Arbeitsauftrag, noch einmal Ideen für eine filmische Umsetzung des Auszugs (4) aus „Tschick" (S. 220/221 im Schülerband) zu entwickeln, dient dazu, die neu erworbenen Kenntnisse über die Techniken des Films produktiv und kreativ anzuwenden. Zudem wird erneut deutlich, dass der Roman „Tschick" gut als Roadmovie zu verfilmen ist. Die Schülerinnen und Schüler können dabei auch auf ihre Ideen zu Aufgabe 3 auf S. 221 im Schülerband (vgl. die Hinweise dazu auf S. 309 in diesen Handreichungen) zurückgreifen.

Die Schülerinnen und Schüler können unterschiedliche Vorschläge sammeln und in Form eines Drehbuchs festhalten. Dieses könnte z.B. für die Zeilen 1–30 so strukturiert sein:

„Tschick" (4) – Ideen für die filmische Umsetzung		
Handlung	**Einstellungsgröße, Kameraperspektive, Montage, Kamerabewegung**	**beabsichtigte Wirkung**
Fahrt der beiden Jungen entlang der Böschung (Z. 1–7)	Totale, Vogelperspektive auf das fahrende Auto und die Landschaft	Der Zuschauer erkennt die Fahrsituation und auch die abfallende Böschung neben dem Auto.
Maik sieht das Polizeiauto. (Z. 7–13)	Totale, Normalperspektive durch die Heckscheibe, aus der Sicht von Tschick	Der Zuschauer übernimmt Tschicks Blick zurück und sieht aus seiner Perspektive das Polizeiauto.
Maik macht Tschick auf das Polizeiauto aufmerksam. (Z. 13–14)	Nah auf Gesichter, Normalperspektive, Schuss-Gegenschuss-Technik	Der Zuschauer erkennt an der Mimik der beiden ihre Überraschung und Angst.
Die beiden fahren mit hoher Geschwindigkeit durchs Gelände. (Z. 14ff.)	Totale, parallele Kamerafahrt, spannende, schnelle Musik setzt ein	Die Geschwindigkeit der Autofahrt und damit die rasante Flucht vor der Polizei werden besonders deutlich.
Maik blickt aus dem Fenster auf den Abhang.	Halbnah, Vogelperspektive auf den Abhang	Die Gefährlichkeit der Situation wird deutlich.
Maik und Tschick schauen sich kurz an.	Nah auf Gesichter, Normalperspektive, Schuss-Gegenschuss-Technik	Man erkennt an den Blicken der beiden Jugendlichen, wie sie die Situation einschätzen.

Mögliche Zusatzaufgabe

Entwickelt Ideen zu einer filmischen Umsetzung des Textauszugs „Tschick" (5) auf S. 222 im „Deutschbuch". Wählt Stellen aus, für die sich verschiedene Schnitte oder eine Kamerafahrt eignen würden.

Im Sinne der Differenzierung können weniger leistungsstarke Schülerinnen und Schüler die folgende Tabelle teilweise oder komplett ausgefüllt als Anreiz zum Weiterarbeiten erhalten. Die Tabelle findet sich als Word©-Datei auf der beigefügten CD-ROM (Kapitel 10 → Handreichungen → S. 316) und kann – je nach Erfordernis vergrößert, ergänzt, mit weniger Angaben und/oder im Querformat – ausgedruckt werden.

„Tschick" (5) – Ideen für die filmische Umsetzung		
Handlung	**Einstellungsgröße, Kameraperspektive, Montage, Kamerabewegung**	**beabsichtigte Wirkung**
Tschick rutscht auf den Beifahrersitz und schaut Maik an, weil dieser das Auto fahren soll. (Z. 40 f.)	Groß, Normalperspektive: Tschicks und Maiks Gesichter werden als Schuss-Gegenschuss-Montage verknüpft	Die Gedanken beider Figuren sollen deutlich werden: zuerst Tschicks Idee, dass Maik fahren soll, dann Maiks ungläubige, fassungslose Mimik, dann wieder Tschicks Entschlossenheit.
Maik legt den ersten Gang ein. (Z. 42 f.)	Groß, Vogelperspektive: Maiks Hand auf der Gangschaltung, Schnitt	Die aufgeregte, angespannte Atmosphäre soll deutlich werden und Spannung erzeugen.
Maik und Tschick blicken sich an.	Schnitt, Groß, Normalperspektive: Maiks angespanntes, aufgeregtes Gesicht	
	Schnitt, Groß, Normalperspektive: Tschicks angespanntes Gesicht	
Sie fahren auf die Autobahn. (Z. 52 f.)	Halbnah, Normalperspektive, parallele Kamerafahrt zum fahrenden Auto	Die erneute Aufbruchstimmung soll deutlich werden.

‖S.226 Mise en Scène

1 a Die spontane Wiedergabe der ersten Eindrücke führt direkt zur Gestaltung/Inszenierung des Bildes, denn die Schülerinnen und Schüler sollen die Besonderheiten und die besondere Wirkung des Filmfotos (59:02) beschreiben. Dabei können sie – noch unstrukturiert – individuelle Eindrücke formulieren, z.B. Größe/Höhe der Berge, Größenverhältnis zwischen Bergen und Menschen, Wolken, Lichtspiel, Faszination der beiden Jungen. Die Wirkung des Bildes kann unterschiedlich formuliert werden, z.B. beeindruckend, beängstigend, faszinierend, geheimnisvoll.

b Nun sind die Lernenden aufgefordert, die dargestellte Situation und die erzielte Stimmung zu beschreiben: Vincent und Alexander erblicken während ihrer Wanderung im Gebirge eine besondere Aussicht auf die Bergwelt und schauen in die Ferne. Vermutlich wird hier ihr Wunsch geweckt, einen Gipfel zu besteigen. Die Jugendlichen befinden sich in einer Aufbruchstimmung, sie wollen eine Herausforderung wagen und betrachten diese noch voller Bewunderung aus der Distanz.

2 Die Schülerinnen und Schüler versetzen sich jetzt in Vincent und Alexander und formulieren aus ihrer jeweiligen Perspektive Gedanken und Gefühle angesichts der Aussicht auf die Berge. Auch wenn sich diese Gedanken und Gefühle ähneln werden, kann die Aufgabe auch arbeitsteilig erfolgen.

Mit dem Arbeitsauftrag wird die Funktion des Filmbilds noch deutlicher: die Bergbesteigung als eine weitere Etappe der Reise darzustellen – ein Vorhaben, das in der Regel mit dem Erreichen des Gipfels endet. Die Gedanken und Gefühle bringen sicher sowohl Faszination und Bewunderung als auch Respekt vor den Bergen zum Ausdruck. Ebenso kann Sehnsucht ausgedrückt werden, durch das Erklimmen eines Bergs der Gesellschaft noch weiter zu entkommen und sinnbildlich die Welt aus der Ferne, von oben zu betrachten.

3 a Mit dieser Aufgabe untersuchen die Lernenden die Bildinszenierung – Mise en Scène – nun strukturiert. Die einzelnen Aspekte können in acht Kleingruppen (inkl. jeweils einer Kontrollgruppe) arbeitsteilig untersucht werden. Das Gesamtergebnis kann beispielsweise so zusammengefasst werden:

„Vincent will meer" (Filmbild S. 226) – Bildkomposition / Mise en Scène	
Kameraeinstellung und Perspektive	Totale, Froschperspektive: Die gesamte Landschaft wird dargestellt, sodass der Zuschauer einen Überblick über die Örtlichkeit hat. Aus der Froschperspektive – also von unten nach oben – nimmt der Zuschauer die Berglandschaft ähnlich wahr wie Vincent und Alexander; auf diese Weise wirkt sie besonders beeindruckend. Die Kamera ist noch hinter und unterhalb von Vincent und Alexander positioniert, sodass die Jugendlichen von hinten klein, aber deutlich erkennbar sind.
Schauplatz und Figuren	Die Landschaft umfasst ein lang gestrecktes Tal, umgeben von unterschiedlich hohen Bergen. Links und in der Ferne erheben sich besonders hohe Berge, die von Wolkenfetzen und Nebelschwaden durchzogen sind. Die Jugendlichen stehen im Vordergrund, ungefähr in der Mitte des Tals, auf oder hinter einer Mauer und blicken in die Ferne.
Lichtverhältnisse und Farbgebung	Die Lichtverhältnisse sind geprägt vom Sonnenschein, der die Wolken hell, fast weiß leuchten lässt. Einige Sonnenstrahlen durchbrechen die Nebelwolken. Am Himmel ist – umgeben von weißen Wolken – das klare Blau zu erkennen. Die Berge heben sich teilweise dunkel von dem hellen Nebel, dem Blau des Himmels und den grünen Sträuchern ab. Vincents orangefarbenes T-Shirt leuchtet auffällig wie ein Signal in dem Bild.
Stimmung	Die Berglandschaft wirkt majestätisch und beeindruckend. Besonders durch die Lichtverhältnisse und den Nebel kommt eine geheimnisvolle Stimmung auf. Der Blick der beiden Jungen in die Ferne wirkt sehnsuchtsvoll.

b Die Aufgabenstellung soll zu einer Zusammenfassung führen, die deutlich macht, dass die Bildinszenierung künstlerisch wirkungsvoll gestaltet ist. Die Wirkung kann z.B. sein, dass man von der Landschaft vollkommen beeindruckt und fasziniert ist oder Lust bekommt, einen Berg zu besteigen. Ebenso denkbar wäre auch, dass der Mensch sich im Vergleich zur Natur sehr klein und unbedeutend vorkommt. Wichtig ist, dass die Schülerinnen und Schüler ihre Einschätzungen mit Hilfe der Untersuchungsergebnisse begründen. Wünschenswert wäre auch, dass die Ergebnisse in den Kontext des Films gestellt werden: Die Jugendlichen befinden sich auf der Flucht vor den Normen und Anforderungen der Gesellschaft, in der sie nicht wirklich vollständig akzeptiert werden. In dieser Landschaft scheint es keine gesellschaftlichen Normen und Erwartungen zu geben.

Mögliche Zusatzaufgabe

Mit Hilfe einer weiteren Aufgabe können die Schülerinnen und Schüler ihre Fähigkeit trainieren, eine Bildinszenierung zu untersuchen. Dafür geeignete Filmbilder:

– Minute 1:02:19: Darstellung der Natur aus Vincents Perspektive, auf den Kopf gestellt
– Minute 1:22:58: Vincent und sein Vater umarmen sich am Ende des Films am Meeresstrand

4 Die Aussage „Eine Kamera kann manchmal mehr sagen als Worte" soll die Lernenden dazu anregen, die Möglichkeiten der „Sprache der Kamera" zu reflektieren und zu erkennen, dass der Film durch gezielte ausdrucksstarke Inszenierungen ganz besondere Wirkungen erzielen kann.

Mögliche Zusatzaufgabe

Ein Vergleich mit einer Naturbeschreibung aus dem Roman „Tschick" kann den Austausch über den Unterschied zwischen literarischer und filmischer Sprache zusätzlich unterstützen. Dazu eignet sich im Roman besonders gut die Stelle auf S. 110f.: „Wir fuhren einfach nur herum, krochen immer weiter einen Hügel hinauf, und als wir ganz oben waren, war das Feld plötzlich zu Ende" bis „Die Wolken hoben sich und kamen wie eine Walze auf uns zu." Der Text kann den Lernenden in Kopie ausgehändigt werden.

Diese Textstelle ist auch in dem Klassenarbeitsvorschlag auf S. 322 in diesen Handreichungen enthalten (dort Z. 33–54).

S.227 Fordern und fördern – Eine Filmszene untersuchen

1 a Beispiellösung für eine Inhaltszusammenfassung der Szene (0:59:44–1:00:55):
   – Bild 1: Vincent sieht zunächst von unten das Kreuz auf dem Gipfel des Berges.
   – Bild 2: Er steigt als Erster am Gipfelkreuz hoch.
   – Bild 3: Als er oben angekommen ist, setzt er sich auf das Kreuz und zeigt mit dem Finger in die Ferne.
   – Bild 4: Neben Vincent sitzen nun auch Alexander und Marie auf dem Querbalken des Gipfelkreuzes.

b Gestaltung der einzelnen Filmbilder (Mise en Scène) und ihre Wirkung (Beispiellösung):

Filmbild 1:
   – Beschreibung des Filmbildes: Aus der Froschperspektive (Kameraeinstellung Halbnah) wird ein grau-braunes Kreuz gezeigt, das einsam in den Himmel ragt. Im Hintergrund ist ein blauer, wolkenloser Himmel zu sehen, der mehrere Lichtreflexe aufweist.
   – Wirkung: Das Gipfelkreuz wirkt majestätisch und eindrucksvoll.

Filmbild 2:
   – Beschreibung des Filmbildes: Von der Seite aus (Normalperspektive, Kameraeinstellung Halbnah) sieht man das obere Drittel des Gipfelkreuzes, das gerade von Vincent bestiegen wird. Im Hintergrund sind der blaue Himmel und rechts ein Zaun oder Leitungen zu erkennen. Lichtreflexe schimmern zwischen Vincent und dem Gipfelkreuz durch.
   – Wirkung: Durch das Licht und den blauen Himmel scheint es so, als ob Vincent dem Himmel ganz nah sei und fast eins mit ihm werde. Er ist am Ziel angekommen. Das Licht macht dieses Ereignis zu etwas ganz Besonderem.

Filmbild 3:
   – Beschreibung des Filmbildes: Vincent sitzt auf dem Querbalken des Gipfelkreuzes und überragt dessen Spitze. Er zeigt mit einem Arm in die Ferne. Sein Blick ist zur Seite auf einen Punkt in der Ferne gerichtet, der außerhalb des Bildes liegt. Im Hintergrund sind weit entfernt und unterhalb von Vincents Oberkörper andere Berggipfel zu sehen. Vom hellblauen Hintergrund des Himmels und der Gebirgsketten hebt sich Vincent durch sein orangefarbenes T-Shirt deutlich ab.
   – Wirkung: Vincent wirkt auf dem Gipfelkreuz so, als ob er über allem schweben würde. Über ihm gibt es nur noch den weiten Himmel. Seine Haltung erscheint selbstbewusst.

Filmbild 4:

- Beschreibung des Filmbildes: Marie und Alexander sitzen neben Vincent auf dem Querbalken des Gipfelkreuzes, das komplett zu sehen ist. Links des Längsbalkens sitzt Marie, auf der anderen Seite die beiden Jungen. Vincent hockt in der Mitte und hat sich so noch etwas höher positioniert. Alle drei schauen in dieselbe Richtung, dem Betrachter entgegen. Im Hintergrund sieht man weit unter ihnen die Berglandschaft. Die Figuren heben sich deutlich vom Himmel ab, dessen Blau über ihren Köpfen immer kräftiger wird.
- Wirkung: Die drei Jugendlichen wirken so, als schwebten sie in der Luft. Nichts stört ihren Blick, sie können alles sehen. Sie erscheinen in ihrer schwindelerregenden und eigentlich höchst gefährlichen Position sicher und entspannt, da sie das Ziel erreicht haben.

2 Erklärung, inwieweit der Auszug aus dem Song „Point of View" zu der Filmszene passt (Beispiellösung):

In dem Liedtext geht es darum, aus einer gewohnten Umgebung auszubrechen („escape from the places you know"), um etwas Neues auszuprobieren („to experience something new"). Das passt gut zu der Filmszene, denn die Jugendlichen sind ebenfalls aus ihrem Alltag geflüchtet und haben mit ihrer Reise („keep moving on") etwas ganz Neues gewagt. Dieser Ausbruch kommt nun zu seinem höchsten Ziel, dem Berggipfel und dem Gipfelkreuz. Hier haben sie sich endgültig von allem Gewohnten auf der Erde entfernt und scheinen über den Dingen zu schweben. Von hier aus haben sie einen guten Überblick und können die Welt aus einer ganz neuen Perspektive wahrnehmen. Dazu passend trägt der Song den Titel „Point of view".

3 Erläuterung, inwiefern die Szene und ihre Gestaltung zu einem Roadmovie passen (Beispiellösung):

Die Szene passt gut zu einem Roadmovie, weil es um den Ausbruch aus einer gewohnten Umgebung geht und um die Suche nach Freiheit. Die Filmbilder wirken so, als ob sich zuerst Vincent, dann die anderen beiden Jugendlichen von den Regeln und Erwartungen auf der Erde befreit hätten und nun über den Dingen schwebten. Sie scheinen dem Himmel, der die Freiheit symbolisiert, ganz nahe zu sein. Wie schon häufiger auf ihrer bisherigen Reise ignorieren sie die Gesetze, denn es ist nicht erlaubt, ungesichert ein Gipfelkreuz zu besteigen. Aber auf dem Gipfelkreuz scheint sie kein Verfolger einholen zu können.

S. 229 10.3 Projekt: Eine Filmszene drehen – „Wir sind dann mal weg!"

In diesem Teilkapitel werden die Schülerinnen und Schüler Schritt für Schritt dazu angeleitet, selbst eine Filmszene zu drehen, um das bisher Gelernte anzuwenden und zu vertiefen. Den Titel der Filmszene – „Wir sind dann mal weg" – vorzugeben, ist sinnvoll, weil so die zeitaufwendige Suche nach einem gemeinsamen Thema erspart bleibt. Zudem passt das Thema gut zum Genre Roadmovie, zu dem auch der besprochene Roman und der untersuchte Film gehören.

S. 229 1. Schritt: Ideen sammeln und Drehplan schreiben

1 a Zunächst müssen die Schülerinnen und Schüler Ideen für eine Filmszene sammeln und in einer Mind-Map oder einem Cluster festhalten. Folgende weitere Aspekte könnten darin z.B. aufgenommen werden: Freundschaft, Natur, See, Meer, Schiff, Auto, Fahrrad, Rucksack, Proviant, Karte, Kompass.

b In Kleingruppen muss entschieden werden, welche Ideen umgesetzt werden sollen. Dabei ist darauf zu achten, dass die Auswahl der Ideen in sich stimmig ist. Ebenso wichtig ist der Hinweis auf die Dauer der Filmszene von drei Minuten.

2 a Bei der Gestaltung des Drehplans sollten die Schülerinnen und Schüler stets im Blick haben, dass die Ideen auch problemlos und ohne zu viel Aufwand umsetzbar sein müssen.

b Die Ausformulierung der Dialoge und Monologe ist notwendig, um den Dreh mehrmals wiederholen zu können und um Improvisationen, die für Jugendliche besonders schwer sind, zu vermeiden.

S. 230 2. Schritt: Die Aufgaben im Filmteam verteilen

3 Die Aufgabenstellung soll ermöglichen, dass in der Kleingruppe die Aufgaben sinnvoll verteilt werden. Dafür muss zunächst geklärt werden, wer welche Fähigkeiten in welchem Bereich am besten einbringen kann. Beispiel:

– Für die Regie ist es hilfreich, wenn man beim Lesen eines Romans sofort Bilder im Kopf hat. Zudem braucht man Fantasie, Durchsetzungskraft, Teamfähigkeit.

– Für die Bedienung der Kamera ist es notwendig, dass man sich mit technischen Geräten auskennt oder zumindest keine Scheu vor ihnen hat.

S. 230 3. Schritt: Die Filmszene drehen

4 a Die Formulierung von Tipps, worauf beim Dreh zu achten ist, sensibilisiert die Schülerinnen und Schüler im Vorfeld der Dreharbeiten für Probleme und Lösungen und vermeidet so unnötige Enttäuschungen.

Tipps, worauf beim Drehen einer Filmszene zu achten ist	
Mögliches Problem	**Tipps**
verwackelte Aufnahme	– Konzentration auf eine ruhige Hand – Nutzung eines Stativs – üben
ruckhafte, unbeabsichtigte Kameraschwenks	– üben, mit der freien, ruhigen Hand zu drehen – Überprüfung des Stativs
zu viele Zooms	– auf Zooms eher verzichten, denn es ändert sich nur der Bildausschnitt, nicht jedoch die Perspektive des Betrachters – Zoom entspricht nicht den Sehgewohnheiten des Zuschauers
unklare, aussagelose Kameraeinstellung	– Konzentration auf das Wesentliche, das die Handlung trägt oder ein Hauptmotiv darstellt.
störende Umgebungsgeräusche	– Ruhe während der Aufnahme – Vermeidung von Umgebungsgeräuschen (Pausenhof, Mitschüler, Züge, Flugzeuge, Straßenverkehr usw.)

Es ist darauf zu achten, dass die Schülerinnen und Schüler, die gefilmt werden, sowie deren Eltern eine Einverständniserklärung unterschreiben.

b/c Die Aufgaben fordern die Schülerinnen und Schüler dazu auf, die Filmszenen mehrmals zu drehen und den Dreh nach der Sichtung der Materialien gegebenenfalls noch einmal zu wiederholen. Dabei können sie in der Praxis üben und variieren, was sie im zweiten Teilkapitel über Kameraperspektive und -bewegung, Einstellungsgrößen und Mise en Scène gelernt haben.

S. 230 4. Schritt: Schnitt, Montage, Ton

5 In einem letzten Schritt schneiden und montieren die Schülerinnen und Schüler ihren Film mit Hilfe eines Schnittprogramms und ergänzen gegebenenfalls Musik bzw. weitere Geräusche. Damit wenden sie die Kenntnisse über Schnitt und Montage an, die sie im zweiten Teilkapitel erworben oder vertieft haben.

6 Das Feedback zu den gedrehten Szenen sollte klar strukturiert sein. Zunächst erfolgen die positiven Rückmeldungen, anschließend kann Kritik in Form von konstruktiven Verbesserungsvorschlägen formuliert werden.

Material zu diesem Kapitel auf den folgenden Seiten und auf der CD-ROM

– Klassenarbeit – Einen Romanauszug untersuchen: Wolfgang Herrndorf: Tschick
  (mit Erwartungshorizont auf der CD-ROM)
– Projekt – Ein Filmplakat für die Verfilmung des Romans „Tschick" gestalten
  (mit Hinweisen zum Projekt auf der CD-ROM)
– Fordern und fördern – Eine Filmszene untersuchen: Vincent will meer (18:59–19:43)
  (auf zwei Differenzierungsniveaus, mit Lösungshinweisen auf der CD-ROM)
– Für Profis – Eine Bildinszenierung (Mise en Scène) untersuchen
  (mit farbigem Foto und Lösungshinweisen auf der CD-ROM)
– Diagnose – Literarische und filmische Gestaltung untersuchen: Wolfgang Herrndorf: Tschick
  (Auszug) (mit Lösungshinweisen und Förderempfehlung auf der CD-ROM)

Klassenarbeit – Einen Romanauszug untersuchen

Aufgabenstellung

1 Erkläre kurz die Situation, in der sich Maik und Tschick in diesem Romanauszug befinden.

2 **a** Beschreibe, wie im Romanauszug die Natur und die Stimmung dargestellt werden. Verweise auf einige passende Textstellen, z.B. aussagekräftige Adjektive, treffende Verben und Vergleiche.

    b Erkläre, inwiefern Naturbeschreibung und Stimmung zur Situation von Maik und Tschick passen.

3 Erläutere: Welche Bedeutung hat das Auto für die Jugendlichen in dieser Situation? Beachte auch die Aussage in Zeile 56 bis 59: „Wir holten Brot, Cola und Marmelade raus, und während wir noch damit beschäftigt waren, ein Picknick in unserem Auto aufzubauen, wurde es finster." Denke auch an die Merkmale des Roadmovies.

Wolfgang Herrndorf: Tschick (Auszug)

Wind kam auf, der Wind legte sich wieder. Erneut verschwand die Sonne hinter dunklen Wolken, und zwei Regentropfen fielen auf die Windschutzscheibe. Die Tropfen waren so groß, dass
5 fast die ganze Scheibe nass wurde. Tschick fuhr schneller, hohe Bäume bogen sich unter dem Wind, und plötzlich zerrte eine Böe unser Auto fast auf die andere Straßenseite. Tschick bog in einen holprigen Feldweg zwischen zwei Weizen-
10 feldern ein. Das Klaviergeklimper wurde dramatisch, und nach einem Kilometer hörte der Weg mitten im Feld auf.
„Ich fahr doch jetzt nicht zurück", sagte Tschick und rumpelte, ohne zu bremsen, geradeaus. Die
15 Halme prasselten auf das Blech und gegen die Türen. Tschick ließ den Wagen im Weizenfeld ausrollen, schaltete runter und gab Gas. Der Motor zog langsam an, und wie ein Schneepflug teilte die Kühlerhaube das Meer aus gelbem
20 Weizen. Obwohl der Lada seltsame Geräusche machte, schaffte er den Acker fast mühelos. Nur die Orientierung war schwierig, man konnte nicht richtig über die Halme hinaussehen. Kein Horizont. Ein dritter Regentropfen fiel auf unsere
25 Scheibe. Das Feld ging leicht bergauf. Wir fuhren kleine Kurven und Schnörkel und stießen auf eine Schneise, die wir eine Minute zuvor selbst gepflügt hatten. Ich schlug vor, Tschick sollte versuchen, unsere Namen in den Weizen zu
30 schreiben, sodass man sie von einem Hubschrauber aus lesen konnte oder später bei Google

Earth. Schon beim Querbalken vom T verloren wir die Übersicht. Wir fuhren einfach nur herum, krochen immer weiter einen Hügel hinauf, und als wir ganz oben waren, war das Feld plötzlich 35 zu Ende. Tschick bremste in letzter Sekunde. Mit der hinteren Hälfte standen wir noch im Korn, mit der Schnauze guckte der Lada in die Landschaft hinaus. Sattgrün und steil abfallend erstreckte sich eine Kuhweide vor uns und gab den 40 Blick frei auf endlose Felder, Baumgruppen und kleine Straßen, Hügel und Hügelketten und Berge und Wiesen und Wald. Auf dem Horizont türmten sich die Wolken. Man sah Wetterleuchten über einem fernen Kirchturm, aber es war 45 totenstill. Der vierte Regentropfen klatschte auf die Scheibe. Tschick stellte den Motor ab. Ich drehte Clayderman aus.
Minutenlang schauten wir einfach nur. Kleinere, hellere Wolken flogen unter den schwarzen hin- 50 durch. Blaugraue Schleier liefen über die entfernten Hügelketten, über die näheren Hügelketten. Die Wolken hoben sich und kamen wie eine Walze auf uns zu.
„Independence Day", sagte Tschick. 55
Wir holten Brot, Cola und Marmelade raus, und während wir noch damit beschäftigt waren, ein Picknick in unserem Auto aufzubauen, wurde es finster. Es war früher Nachmittag, aber es wurde finster wie die Nacht. 60

(Aus: Wolfgang Herrndorf: Tschick. Rowohlt Verlag Berlin,
Berlin 2010, S. 110–111)

Kopiervorlage

Projekt – Ein Filmplakat für die Verfilmung des Romans „Tschick" gestalten

Stellt euch vor, für die Verfilmung des Romans „Tschick" soll ein Filmplakat hergestellt werden. Sicher habt ihr gute Ideen, wie ihr in der Gruppe dieses Filmplakat gestalten könnt. Die folgenden Schritte helfen euch dabei – von der Ideensammlung über die Organisation und die Inszenierung einer Szene bis zur endgültigen Gestaltung des Plakats.

1. Schritt: Erste Ideen sammeln

1 Überlegt gemeinsam, was euch zu dem Roman einfällt. Sammelt eure Ideen. Ergänzt das Cluster.

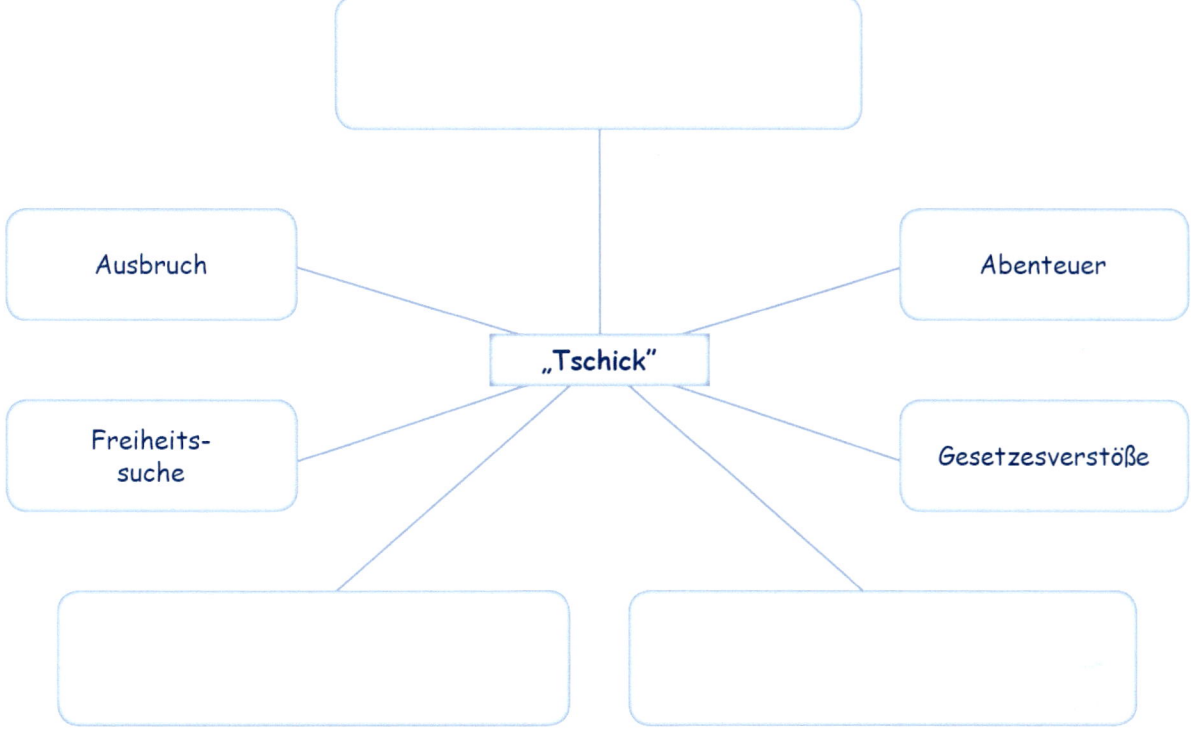

2. Schritt: Themen auswählen

2 Einigt euch auf ein Thema oder einige wenige Themen, die ihr für das Plakat in Szene setzen und darauf darstellen wollt.

3. Schritt: Aufbau, Gestaltung und Umsetzung planen

3 a Recherchiert bekannte Filmplakate, z.B. zu „Vincent will meer" oder anderen Filmen, und untersucht, wie sie gestaltet sind. Haltet eure Ergebnisse in der Tabelle fest. Die rechte Tabellenspalte lasst zunächst frei: Dort schreibt ihr später eure Ideen für euer Filmplakat hinein.

  b Tauscht eure Ergebnisse aus.

  c Sammelt nun Ideen für die Umsetzung eines Filmplakats zu „Tschick". Einigt euch auf die Vorschläge, die überzeugend, aber auch gut umsetzbar sind. Haltet sie in der rechten Spalte der Tabelle fest.

Kopiervorlage

Untersuchung eines vorliegenden Filmplakats und Ideensammlung für ein eigenes Filmplakat		
	Filmplakat zu _____	**Ideen für „Tschick"**
Was wird in Szene gesetzt und wie?		
Welcher Ort ist dargestellt?		
Welche Figur(en) / welches Motiv werden abgebildet?		
In welcher Beziehung stehen die Figuren zueinander?		
Was erzählt das Plakat über den Inhalt des Films?		
Was erfährt man über die Hauptfigur?		
Welche Farben dominieren?		
Wie wird der Filmtitel grafisch abgebildet?		
Welche Filmgattung verdeutlicht das Plakat (z.B. Western, Fantasy, Roadmovie)?		
Welche Stimmung wird vermittelt?		
Welche Wirkung erzielt die Gesamtdarstellung?		

Kopiervorlage

d Fertigt auf einem Blatt im Format DIN A3 eine Skizze für euer Filmplakat an.
   Ein Muster für das Filmplakat von „Vincent will meer" könnte z.B. so aussehen:

Hintergrund: blauer Himmel, weiter Horizont

blaues Meer (in gleicher Farbe wie der Himmel)
ankommende Welle …

Figuren:
Figur 1 (Vincent) im Vordergrund
Kleidung: ….
Gestik/Mimik: …

Figur 2 (Marie): …
Kleidung: ….
Gestik/Mimik: …

Filmtitel: …

4. Schritt: Aufgaben verteilen, Organisatorisches planen

4 Bevor ihr an die Umsetzung eurer Vorarbeiten geht, solltet ihr die Aufgaben verteilen und organisatorische Fragen klären. Die folgenden Checklisten helfen euch dabei. In die rechte Spalte könnt ihr jeweils eintragen, wer welche Aufgabe(n) übernimmt.

Aufgabe	Fähigkeit	Schülerin/Schüler
Regie	Fantasie, Durchsetzungskraft, Teamfähigkeit, Organisationstalent	
Kamera und Assistenz	technische Fähigkeit, ruhige Hand, Konzentration, guter Blick	
Schauspieler/-innen	Bereitschaft, sich fotografieren zu lassen, Ausstrahlung, schauspielerisches Talent	
Bildbearbeitung	Umgang mit dem PC und einem Bildbearbeitungsprogramm	

Kopiervorlage

Organisatorisches	Wer muss gefragt werden? Was muss besorgt werden?	verantwortlich (Schüler/-in)
Wo wollen wir fotografieren?	Hausmeister/-in fragen Deutschlehrer/-in fragen	
Wer bringt was mit?	Kamera	
	Requisiten	
	Kleidung	
Was muss rechtlich geklärt werden?	Einverständniserklärung der Schauspieler/-innen und ihrer Eltern	
Termine festlegen: – Wann wird fotografiert? – Wie lange haben wir Zeit? – Wann muss das Plakat fertig sein?	Deutschlehrer/-in fragen Teammitglieder fragen	

5. Schritt: Ausgestalten und Fotografieren der Szene

5 Gestaltet und fotografiert nun die Szene. Denkt an eure Vorarbeiten und nutzt insbesondere eure vorgefertigte Skizze. Beachtet folgende Aspekte:
- Gestaltet eine eindeutig erkennbare Mise en Scène.
- Wählt geeignete Kameraeinstellungen (Einstellungsgrößen) und Kameraperspektive(n) aus. Probiert unterschiedliche Varianten und besprecht die Wirkungen.
- Beachtet den dargestellten Vorder- und Hintergrund. Beseitigt störende Elemente.
- Achtet auf die passenden Lichtverhältnisse.
- Lest gegebenenfalls noch einmal das Orientierungswissen und die Informationskästen dazu im „Deutschbuch" nach.

6. Schritt: Das Filmplakat gestalten

6 Gestaltet gemeinsam euer Filmplakat.
- Denkt daran, alle Vorüberlegungen und Vorarbeiten zu berücksichtigen.
- Achtet auf die filmischen Gestaltungsmittel, die ihr im Unterricht kennen gelernt habt, insbesondere die Gestaltungselemente einer Mise en Scène.
- Verwendet ggf. sinnvolle Bildbearbeitungsprogramme.
- Wählt geeignete Schriftgrößen und -formate für eure Texte.

Kopiervorlage

Fordern und fördern – Eine Filmszene untersuchen

Vincent will meer (Szene im Badezimmer, 18:59–19:43)

Marie und Vincent sitzen im Büro der Heimärztin Frau Dr. Rose. Sie kritisiert Vincent, weil er zuvor einige Kinder geschlagen hat, die sich über ihn lustig gemacht haben. Während des Gesprächs fällt Frau Dr. Roses Autoschlüssel mit rosa Schweinchenanhänger auf den Boden, Vincent hebt ihn auf und legt ihn auf den Schreibtisch. In einem unbeobachteten Augenblick nimmt Marie den Autoschlüssel an sich. Kurz danach trifft sie Vincent im Waschraum.

Handlung und Dialog im Film

Kameraeinstellungen
(Filmbilder hier skizziert)

Am Abend in einem Waschraum in der Klinik
Vincent steht mit freiem Oberkörper und mit Jeans bekleidet in einem Waschraum vor einem Spiegel und putzt sich die Zähne. Vom Flur taucht Marie auf, ohne dass Vincent es zunächst bemerkt. Sie beobachtet ihn.
MARIE: Ich hab ein Auto. Wir können irgendwo hinfahren.
VINCENT: Jetzt?

Marie schaut kurz auf den Gang, um zu prüfen, ob sie bemerkt werden. Man hört im Hintergrund kurz Stimmen. Darum wirft sie, statt eine Antwort zu geben, den Autoschlüssel mit dem Schweinchenanhänger vor Vincent ins Waschbecken.

1

Vincent erkennt den Schlüsselanhänger wieder, den er zuvor im Büro von Frau Dr. Rose aufgehoben und auf den Schreibtisch zurückgelegt hatte.

2

MARIE: Ja oder nein? Wo willst du hin?

3

VINCENT: Ans Meer. Nach Italien.

4

MARIE: Okay.

5

Kopiervorlage

1 a Betrachte die Kameraeinstellungen der skizzierten Filmbilder. Kreuze an, welche zwei Einstellungsgrößen hier vorliegen, und ergänze die Bildnummern.

☐ Totale: Bild _____   ☐ Halbnah: Bild _____

☐ Nah: Bild _____   ☐ Groß: Bild _____

b Erkläre, wie die Einstellungsgröße in Bild 1 wirken soll. Vervollständige den folgenden Satz:

Durch die Kameraeinstellung in Bild 1 kommt der Autoschlüssel mit dem Anhänger besonders
_____

_____

2 Betrachte Bild 1 und erkläre die besondere Bedeutung des Autoschlüssels mit dem rosafarbenen
Schweinchenanhänger in dieser Filmszene. Berücksichtige dabei deine Kenntnis des gesamten Films.
Gehe wie folgt vor:

a Markiere im Wortspeicher die Anregungen, die für eine Erläuterung sinnvoll sind.
Beachte: Es sind auch unsinnige Vorschläge dabei!

> Führerschein – Glücksschwein – Freiheit – Autopanne – Unterwegssein –
> Anzeige wegen Diebstahls – Kitsch – Aberglaube – Befreiung – Schlüssel zum Glück –
> Schlüsselszene – Auto-Schlüsseldienst – Marzipanschweinchen

b Formuliere nun eine zusammenhängende Erklärung, indem du die folgenden Sätze ergänzt:

Der Autoschlüssel steht für die Fahrt mit dem Auto, die für die Jugendlichen eine ganz
_____

besondere Bedeutung hat. Denn sie ermöglicht
_____

_____

Die Autofahrt ist zudem für den ganzen Film wichtig, weil
_____

_____

3 a Kreuze an, welches filmsprachliche Mittel für die Bilder 2 bis 5 genutzt wurde. Erkläre mit eigenen
Worten, was dieser Fachausdruck bedeutet.

☐ Kamerafahrt   ☐ Schuss-Gegenschuss   ☐ Kameraschwenk

Erklärung des Fachausdrucks:

_____

_____

b Erkläre kurz, warum sich gerade diese Technik für diese Filmszene besonders gut eignet.
TIPP: Achte auf den Dialog!

_____

_____

_____

Kopiervorlage

4 In dieser Szene sagt Vincent, dass er nach Italien ans Meer möchte. Er hatte sich früher schon vorgenommen, die Mutter, als sie noch lebte, ans Meer zu bringen. Erkläre, wofür das Ziel – das Meer – darüber hinaus stehen kann. Berücksichtige deine Kenntnis des gesamten Films. Gehe wie folgt vor:

a Betrachte zunächst die Mind-Map mit Assoziationen zum Begriff „Meer". Du kannst auch eigene Assoziationen ergänzen. Markiere diejenigen, die dir für die Deutung der Szene weiterhelfen.

Urlaub/Reisen   Abenteuer

Sonne   Freiheit

Weite   Unterwegssein

…   …

Meer

Gefahren   Weltmeere

Stürme   Mittelmeer

Wellen   Nordsee

…   …

b Erkläre nun die Bedeutung des Reiseziels „Meer" im Zusammenhang der Filmszene. Ergänze den Lückentext.

Das Meer steht in dieser Filmszene für _____

_____

Wenn man ans Meer denkt, denkt man auch an _____

_____

Darüber hinaus steht das Meer auch für _____

_____

5 Der Titel des Films lautet „Vincent will meer". Erkläre, inwiefern dieser Titel eine doppelte Bedeutung hat, indem du die Sätze ergänzt.

Zunächst steckt in dem Titel das Nomen „Meer". Es verweist hier auf _____

_____.

Doch im Filmtitel ist das Nomen kleingeschrieben und wird somit als Adverb verwendet. Dann müsste

es aber eigentlich anders geschrieben werden, nämlich _____.

Dadurch bekommt der Filmtitel eine doppelte Bedeutung. Zum einen wird deutlich, dass Vincent _____

_____

_____.

Kopiervorlage

1 a Betrachte die Kameraeinstellungen der skizzierten Filmbilder. Notiere mit Angabe der Bildnummern: Welche zwei Einstellungsgrößen liegen hier vor?

_____

b Erkläre auf den Linien, wie die Einstellungsgröße in Bild 1 wirken soll.

_____

_____

2 Betrachte Bild 1 und erkläre die besondere Bedeutung des Autoschlüssels mit dem rosafarbenen Schweinchenanhänger in dieser Filmszene. Berücksichtige dabei deine Kenntnis des gesamten Films. Überlege auch, wofür ein rosafarbenes Schweinchen in diesem Zusammenhang stehen könnte.

_____

_____

_____

_____

3 a Benenne mit einem Fachausdruck, welches filmsprachliche Mittel für die Bilder 2 bis 5 genutzt wurde. Erkläre mit eigenen Worten, was dieser Fachausdruck bedeutet.
TIPP: Es handelt sich um eine besondere Schnitt- bzw. Montagetechnik.

_____

_____

b Erkläre kurz, warum sich gerade diese Technik für diese Filmszene besonders gut eignet.

_____

_____

4 In dieser Szene sagt Vincent, dass er nach Italien ans Meer möchte. Er hatte sich früher schon vorgenommen, die Mutter, als sie noch lebte, ans Meer zu bringen. Erkläre, wofür das Ziel – das Meer – darüber hinaus stehen kann. Berücksichtige auch bei dieser Aufgabe deine Kenntnis des gesamten Films. Sicher hilft es dir, wenn du zuvor alle Assoziationen und Gedanken zu dem Wort „Meer" in einer Mind-Map notierst. Schreibe auf die Rückseite dieses Arbeitsblatts oder in dein Heft.

5 Der Titel des Films lautet „Vincent will meer". Erkläre unter deinen Lösungen zu Aufgabe 4, inwiefern dieser Titel eine doppelte Bedeutung hat.
TIPP: Im Titel ist das Nomen „Meer" kleingeschrieben und wird somit – wenn auch falsch geschrieben – als Adverb verwendet.

KV 31, Seite 4

Kopiervorlage

Für Profis – Eine Bildinszenierung (Mise en Scène) untersuchen

1 Schau dir das Szenenfoto genau an. Beschreibe kurz die dargestellte Situation. Bearbeite alle Aufgaben in deinem Heft.

2 Beschreibe den Schauplatz (Location) und erkläre, was im Vordergrund, in der Mitte und im Hintergrund zu sehen ist.

3 Beschreibe die Lichtverhältnisse und die Farbgebung.

4 Gib die Stimmung des Bildes wieder.

5 Beschreibe die Wirkung des Fotos.

6 Passt das Foto zu einem Roadmovie? Begründe, welcher der beiden folgenden Meinungen du eher zustimmst. Du kannst auch beiden Positionen teilweise zustimmen.

A Das Foto passt gut zu einem Roadmovie, denn es drückt durch die verschiedenen Verkehrsmittel das Unterwegssein und den Wunsch nach Freiheit aus. Die Perspektive der Kamera ist die der Autoinsassen, sodass die Fahrt mit dem Auto im Mittelpunkt steht.

B Das Foto passt nicht gut zu einem Roadmovie, denn durch die vielen anderen Autos steht weniger ein individueller Ausbruch aus dem Alltag im Mittelpunkt. Zudem steht die Ampelschaltung für Regeln, an die man sich halten muss.

Kopiervorlage

Diagnose – Literarische und filmische Gestaltung untersuchen

Wolfgang Herrndorf: Tschick (Auszug)

Maik und Tschick sind beinahe die Einzigen der Klasse, die nicht auf Tatjanas Geburtstagsparty eingeladen worden sind. Dabei hatte Maik schon in mühevoller Arbeit ein Geschenk für Tatjana vorbereitet: eine Zeichnung von Beyoncé. Als Tschick davon erfährt, überredet er Maik, mit ihm in dem gestohlenen Lada zu Tatjanas Party zu fahren, um das Geschenk persönlich zu überreichen. Zunächst steigt nur Tschick aus und geht auf Tatjana und André zu, die alleine auf dem Bürgersteig stehen.

Tschick stand jetzt direkt vor ihnen. Sie starrten ihn an, als ob sie ihn nicht erkennen würden, und wahrscheinlich erkannten sie ihn wirklich nicht. Denn Tschick hatte meine Sonnenbrille auf. Au-
5 ßerdem trug er eine Jeans von mir und mein graues Jackett. Wir hatten den ganzen Tag meinen Kleiderschrank ausgeräumt, und ich hatte Tschick drei Hosen und ein paar Hemden und Pullover und so was geschenkt, mit dem Ergeb-
10 nis, dass er nun nicht mehr aussah wie der letzte Russenarsch, sondern wie ein Kleiderständer aus „Gute Zeiten, schlechte Zeiten". Wobei das keine Beleidigung sein soll. Aber er sah sich einfach selbst nicht mehr ähnlich, und dann hatte er auch
15 noch eine Ladung Gel im Haar. Ich konnte sehen, wie er Tatjana ansprach und sie antwortete – irritiert antwortete. Tschick winkte mir hinter seinem Rücken mit der Hand. Wie hypnotisiert stieg ich aus, und was dann passierte – frag mich
20 nicht. Ich weiß es nicht mehr. Plötzlich stand ich mit der Zeichnung neben Tatjana, und ich glaube, sie guckte mich genauso irritiert an wie vorher Tschick. Aber ich hab's eigentlich nicht gesehen.
25 Ich sagte: „Hier." Ich sagte: „Beyoncé." Ich sagte: „Eine Zeichnung." Ich sagte: „Für dich."
Tatjana starrte die Zeichnung an, und bevor sie wieder von der Zeichnung hochgucken konnte, hörte ich schon, wie Tschick zu André sagte:
30 „Nee, keine Zeit. Wir haben noch was zu erledigen." Er stieß mich an, ging zum Auto zurück,

und ich hinterher – und den Motor gestartet und ab. Ich rammte meine Fäuste gegen das Armaturenbrett, während Tschick in den zweiten Gang schaltete und die Straße runterschoss, die eine
35 Sackgasse war. „Soll ich's ihnen noch zeigen?", fragte er. Ich antwortete nicht. „Soll ich's ihnen noch zeigen?", fragte Tschick. „Mach, was du willst!", schrie ich. Ich war so erleichtert. Tschick raste auf das Ende der Sackgasse zu, riss
40 das Steuer kurz nach rechts und dann nach links, zog an der Handbremse, und machte mitten auf der Straße eine 180-Grad-Drehung. Ich flog fast aus dem Fenster. „Klappt nicht immer", sagte Tschick stolz. „Klappt nicht immer."
45 Er beschleunigte am rot geklinkerten Haus vorbei, und nur aus den Augenwinkeln sah ich, wie sie da immer noch standen auf dem Bürgersteig. Die Zeit schien angehalten zu sein. Tatjana mit der Zeichnung in der Hand, André mit dem
50 Mountainbike und Natalie, die gerade von hinten durch den Garten kam.
Der Lada schmierte mit sechzig um die nächste Kurve, und meine Fäuste hämmerten auf das Armaturenbrett. „Gib Gas!", rief ich. „Mach ich
55 doch." „Gib mehr Gas!", rief ich und sah meinen Fäusten beim Hämmern zu. Erleichterung ist gar kein Ausdruck.

(Aus: Wolfgang Herrndorf: Tschick. Rowohlt Verlag Berlin, Berlin 2010, S. 92–94)

Illustration:
Peter Menne, Potsdam

KV 33, Seite 1

Kopiervorlage

1   **a**   Wer erzählt die Handlung? Wie wird erzählt? Kreuze die verwendete Erzählform und das Erzählverhalten an.

         Erzählform: ☐ Ich-Erzähler/-in   ☐ Er-/Sie-Erzählerin

         Erzählverhalten: ☐ auktorial   ☐ personal

   b   Begründe deine Entscheidung, indem du im Text zwei geeignete Stellen markierst und hier die Zeilenangaben notierst:. _____

2   Nenne Textstellen, in denen in Jugend- und Umgangssprache erzählt wird.

_____

3   **a**   In Zeile 25 bis 26 spricht Maik mit Tatjana. Der Leser kann dabei etwas über Maiks Charakter erfahren. Kreuze an, um welche Art der Charakterisierung es sich dabei handelt.

         ☐ direkte Charakterisierung   ☐ indirekte Charakterisierung

   b   Begründe deine Entscheidung.

_____

_____

   c   Erkläre, welche Eigenschaften von Maik hier deutlich werden.

_____

4   Welche der folgenden Beschreibungen 1 bis 7 treffen auf die Beziehung zwischen Maik und Tschick in diesem Text am ehesten zu? Markiere die zutreffenden Aussagen und verbinde sie mit den passenden Textstellen.

1 Tschick bevormundet Maik.	**A** Z. 4–9
2 Maik wird durch Tschick mutiger.	**B** Z. 9–12
3 Maik tut etwas für Tschick.	**C** Z. 15–18
4 Tschick nutzt Maik aus.	**D** Z. 17–24
5 Maik wird durch Tschick abenteuerlustig.	**E** Z. 27–33
6 Tschick setzt sich für Maik ein.	**F** Z. 15–17
7 Maik behandelt Tschick respektlos.	**G** Z. 53–58

5   Kreuze Merkmale eines Roadmovies an, die in diesem Romanauszug deutlich werden.

     ☐ Außenseiterrolle der Hauptfiguren   ☐ Gesetzesverstoß

     ☐ Flucht und Verfolgung   ☐ Unterwegssein mit dem Auto

6   Kreuze an: Welche Einstellungsgröße und welche Montagetechnik würdest du für die Umsetzung der Szene von Z. 1 bis 3 wählen?

     Einstellungsgröße: ☐ Totale   ☐ Nah

     Montagetechnik: ☐ Parallelmontage   ☐ Schuss-Gegenschuss-Technik

     Begründe deine Entscheidung.

_____

Kopiervorlage

11 Wörter auf der Goldwaage – Über Sprachgebrauch nachdenken

Konzeption des Kapitels

In der Klasse 7 haben die Schülerinnen und Schüler das Thema „Wörter und ihre Bedeutungen" an den Beispielen von Homonymen, Synonymen, Metaphern sowie Fremdwörtern in den Blick genommen und dabei gelernt, dass die Beziehungen zwischen Wörtern und ihren Bedeutungen nicht immer eindeutig sind. In der 8. Jahrgangsstufe geht es nun vor allem um die Unterscheidung zwischen der Grundbedeutung (Denotation) und den Nebenbedeutungen (Konnotationen) eines Begriffs, um die Einsicht in Formen des manipulativen Sprachgebrauchs (z. B. Euphemismen, Hochwertwörter) und die Erkenntnis, dass die Sprache nicht nur bei Aussprache und Schreibweisen, sondern auch in der Bedeutung der Wörter einem dauernden Wandel unterliegt. Die Betrachtung der Jugendsprache als Beispiel einer Gruppensprache (Soziolekt) richtet ebenfalls den Blick auf Wandlung und Vielfalt sprachlicher Entwicklung (Sprachvarietät).

Das erste Teilkapitel (**„‚Ehre' – Wörter und ihre Bedeutung klären"**) wiederholt zunächst am Beispiel des Begriffs „Ehre" die Möglichkeiten, einen Begriff mit hierarchisierenden Operationen, mit der Bildung von Synonymen oder mit Hilfe von Beispielen zu definieren. Den Schwerpunkt des ersten Teilkapitels bildet dann die Unterscheidung von Denotation und Konnotationen eines Begriffs. Die Denotation ist die klar definierte, lexikalisch festgelegte Grundbedeutung eines Wortes. Im Gegensatz dazu bezeichnen die Konnotationen seine Nebenbedeutungen, das heißt die Erfahrungen, Empfindungen und Assoziationen, die der Einzelne mit diesem Wort verbindet. Dabei erkennen die Schülerinnen und Schüler, dass die Konnotationen eines Wortes sehr individuell geprägt sein können und vom jeweiligen Kontext (Alter, Geschlecht, kultureller Hintergrund usw.) abhängen. Am Beispiel einer kriegsverherrlichenden Rede wird die wertende Begriffsverwendung thematisiert. Die Lernenden erarbeiten, wie bildlicher Sprachgebrauch, Hochwertwörter und Euphemismen, zum Teil in Kombination, die manipulative Intention des Redners unterstützen.

Im zweiten Teilkapitel (**„‚Du Opfa!' – Sprachentwicklung und Sprachwandel untersuchen"**) wird am Beispiel „Opfer" der Bedeutungswandel eines Begriffs (hier im Sinne der Bedeutungsverschlechterung) untersucht. Der Schmähbegriff aus der Jugendsprache findet häufig Verwendung im Netz, sodass in diesem Zusammenhang typische Merkmale der Netzsprache analysiert und von der schriftlichen Standardsprache abgegrenzt werden können. Gleichzeitig wird damit eine Brücke zur Jugendsprache geschlagen, deren gemeinschaftsbildende, andererseits aber auch ausschließende und abgrenzende Funktion anschließend in den Blick genommen wird. Dass gerade die Jugendsprache einem steten und schnellen Wandel unterworfen ist, stellt noch einmal den Bezug zum Thema des Teilkapitels her.

Im dritten Teilkapitel (**„Projekt – Wörtern auf der Spur"**) werden Ideen für zwei überschaubare, leicht realisierbare Projekte zu „bedrohten Wörtern" und zur Jugendsprache angeboten, die den Schülerinnen und Schülern noch einmal die Möglichkeit bieten, ihre erworbenen Erkenntnisse anzuwenden und zu vertiefen. Das Suchen und Ordnen von Beispielen, die Diskussion der Fragen, wo Wörter diskriminierend wirken und unzulässig typisierend vereinfachen, können zu einem reflektierten eigenen Sprachgebrauch verhelfen.

Literaturhinweise

- *Neuland, Eva / Volmert, Johannes:* „ächz – würg – grins": Sprechen Jugendliche eine andere Sprache? In: Der Deutschunterricht 5/2009, S. 53–61
- *Seiler, Thomas Bernhard:* Begreifen und verstehen. Ein Buch über Begriffe und Bedeutungen. Verlag Allgemeines Wissen, Mühltal 2001 (Darmstädter Schriften zur Allgemeinen Wissenschaft)
- Sprache und Generation. Der Deutschunterricht 2/2013
- Sprachkritik: Neue Entwicklungen. Der Deutschunterricht 5/2006
- Sprachwandel. Praxis Deutsch 215/2009

||S.231

11 Wörter auf der Goldwaage – Über Sprachgebrauch nachdenken

1 Die Auftaktseite führt über einen Bildimpuls in das Thema ein. Die Gefühle eines Sportlers, der einen bedeutenden Sieg errungen hat, sind für die Schülerinnen und Schüler nachvollziehbar, da sie selbst ähnliche Situationen erlebt haben.

2 **a** Die Lernenden werden zum Beispiel folgende Begriffe zur Beschreibung der Gefühle des Sportlers nennen: Stolz, Freude, Genugtuung, Zufriedenheit, Glück, Seligkeit.

b Folgende Erklärungen der Begriffe sind denkbar: „Glück" meint zum Beispiel die ungetrübte Freude darüber, dass alle oder bestimmte Ziele und Wünsche vollkommen erfüllt sind. „Freude" ist demgegenüber weniger ausdrucksstark, „Seligkeit" meint wiederum einen Gemütszustand, in dem man sich völlig selbstvergessen und unreflektiert einem Glücksgefühl hingibt, usw.

c Die Schülerinnen und Schüler sollten zu der Erkenntnis gelangen, dass abstrakte Begriffe (hier Bezeichnungen für Gefühle) nur schwer zu definieren und voneinander abzugrenzen sind. Sie werden Möglichkeiten der Begriffsdefinition, die sie in der Klasse 7 kennen gelernt haben, rekapitulieren: Bildung von Ober- und Unterbegriffen, Synonymbildung, Beschreibung von Merkmalen, Erläuterung durch Beispiele.

||S.232

11.1 „Ehre" – Wörter und ihre Bedeutung erklären

||S.232

Das richtige Wort finden – Begriffe definieren

||S.232

Große Ehre für Natascha Keller / Theodor Fontane: Es kann die Ehre dieser Welt

1 **a** In dem Zeitungsartikel „Große Ehre für Natascha Keller" wird der Begriff „Ehre" im Sinne von Anerkennung verwendet. Mögliche Synonyme sind Achtung, Hochachtung, Hochschätzung, Ehrerbietung, Bewunderung, Reverenz.

b/c Der Sprecher in Fontanes Gedicht sieht diese Form der Anerkennung und Ehrerbietung, die gewissermaßen von außen an jemanden herangetragen wird, nicht als maßgeblich an. Er definiert „echte" Ehre als eine innere moralische und sittliche Haltung, die im Gegensatz zu der flüchtigen Anerkennung durch die „Welt" (V. 1) Bestand hat, weil sie Ausdruck tiefer Überzeugung ist.
An diesem Beispiel erkennen die Schülerinnen und Schüler erneut die Mehrdeutigkeit von Begriffen.

2 Erklärung des Begriffs „Ehre" durch Synonyme, denen Antonyme gegenübergestellt werden (Beispiellösung):

Ehre

Ehrlichkeit (die Wahrheit sagen)	⟷	Unehrlichkeit (lügen)
Wertschätzung (andere mit Respekt behandeln)	⟷	Geringschätzung
Bewunderung (jemanden bestaunen)	⟷	Verachtung
Achtung (jemanden schätzen)	⟷	Missachtung
Anstand (sich sittlich einwandfrei benehmen)	⟷	Unanständigkeit
Auszeichnung (jemanden hervorheben)	⟷	Geringschätzung

3 Begriffe, die etwas Gegenständliches bezeichnen, haben für die Kommunikationspartner in der Regel eine verbindliche Bedeutung. Mag auch die Beziehung zwischen Lautgestalt und Bedeutung eines Wortes beliebig (arbiträr) sein, so ist diese Entsprechung doch durch Konvention festgelegt und kann nicht willkürlich verändert werden, ohne dass es zu schweren Missverständnissen kommt. Abstrakten Begriffen (von lat. *abstrahere*, abziehen: rein begrifflich oder gedanklich, unanschaulich, von den konkreten Dingen abgelöst), vor allem Wert- und Gefühlsbegriffen, fehlt diese Eindeutigkeit der Bedeutung, weil die subjektive Rezeption des Sprechers oder Hörers etwa bei der Vorstellung von dem, was Ehre, Liebe, Glück bedeuten, eine wesentlichere Rolle spielt.

S. 234 **Fairplay auf dem Platz**

1 Bei beiden im Text genannten Beispielen – Abbruch des Angriffs und halbherzig geschossener Elfmeter – handelt es sich um Fairplay, da der Spieler eine für die eigene Mannschaft sich ergebende Vorteilssituation deshalb nicht ausnutzt, weil sie im ersten Fall auf einer Verletzung eines Gegenspielers, im zweiten Fall auf einer falschen Entscheidung des Schiedsrichters beruht. Beiden Spielern geht es um den partnerschaftlichen Umgang mit dem Gegner und nicht um einen Sieg um jeden Preis.

2 Der Arbeitsauftrag legt nahe, dass die Schülerinnen und Schüler das imaginierte Streitgespräch in der Kabine über Dzekos Verhalten spontan und ohne feste Regeln (z. B. Pro-und-Kontra-Debatte) durchführen sollen. Dennoch könnten in einer vorbereitenden Phase die Rollen (Dzeko, einzelne Mitspieler, der Trainer, der Vereinspräsident usw.) festgelegt und Rollenkarten ausgefüllt werden, auf denen die Lernenden ihre Position (Unterstützung für Dzekos Verhalten, Ablehnung seines Verhaltens) und die für sie wichtigsten Argumente notieren. Während des Rollenspiels können die beobachtenden Schüler als Einflüsterer oder „Ghostspeaker" hinter die Spieler treten, um ihnen zu Hilfe zu kommen. Sie haben außerdem die Aufgabe, die Argumente der einzelnen Spieler für die abschließende Diskussion festzuhalten.

Es kann reizvoll sein, die Klasse vor und nach dem Rollenspiel über Dzekos Verhalten abstimmen zu lassen und zu prüfen, ob sich durch die ausgetauschten Argumente das Stimmenverhältnis verändert hat.

3 a/b/c Beispiellösung für ein Schaubild zu Denotation und Konnotationen des Begriffs „Fairplay":

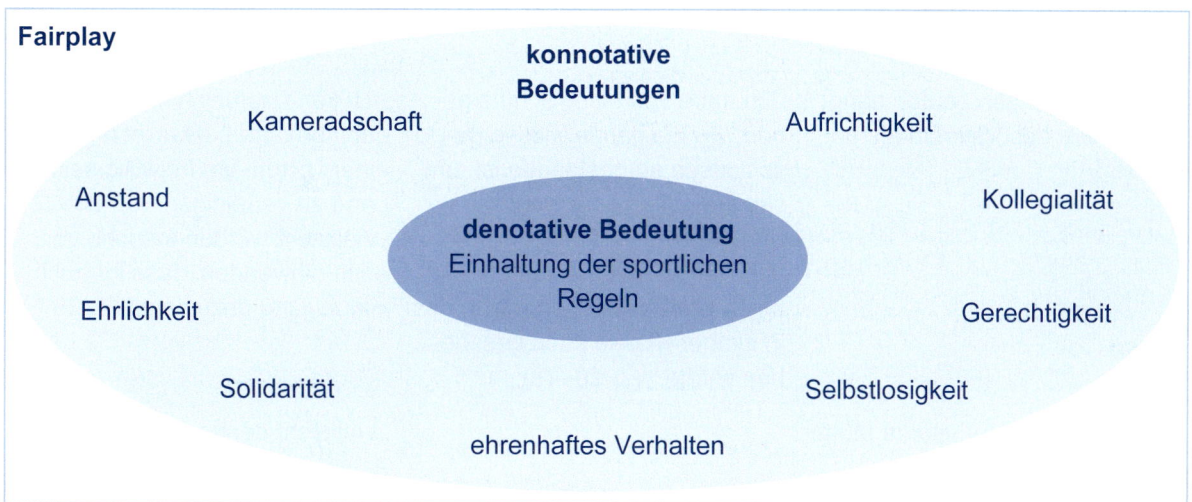

4 Die Schülerinnen und Schüler sammeln zunächst mögliche Konnotationen, z. B.:
- Hund: Treue, Schnelligkeit, Kamerad, Geruchssinn, Wachen ...
- Flugzeug: Geschwindigkeit, Abenteuer, Gefahr, Urlaub, Wolken ...
- Winter: Schnee, Eis, Kälte, Tod, Schnupfen, Snowboarden, Schlittschuhlaufen ...

Bei ihren Erläuterungen, warum die Konnotationen, die die Einzelnen mit einem Begriff verbinden, sehr unterschiedlich sein können, sollte deren individuelle, subjektive Seite eine Rolle spielen. Bei dem Wort „Flugzeug" hängen die Konnotationen z. B. davon ab, ob sich jemand auf den Urlaub freut, die Geschwindigkeit liebt oder Flugangst hat. Bei dem Begriff „Winter" assoziiert der eine Kälte und Krankheit, der andere freut sich auf den Wintersport.

5 a/b Nun verlagert sich die Sammlung von Konnotationen und deren Erläuterung auf abstrakte Begriffe. Beispiellösung:
- Heimat: Geburtsort, Geborgenheit, Verwandte, Verfolgung ...
- Glück: Zufriedenheit, Gesundheit, Zufall, Hufeisen, Glückspfennig, Schwein ...
- Zeit: Dauer, Tempus, Datum, Stunde, Verfall, Vergangenheit, Geschichte ...

337

S.235 „Das Feld der Ehre ruft alle!" – Euphemismen, Metaphern, Hochwertwörter

S.235 Lewis Milestone / Erich Maria Remarque: Im Westen nichts Neues

1 a/b Die Schülerinnen und Schüler werden die Rede des Lehrers Kantorek in Lewis Milestones Film „Im Westen nichts Neues" (nach dem Roman von Erich Maria Remarque) und das darin enthaltene Pathos sowie die unreflektierte Kriegsbegeisterung befremdlich und abstoßend finden. Dies ist angesichts des Wissens um die Schrecken und traumatischen Erfahrungen des Ersten, besonders aber des Zweiten Weltkriegs die erwartbare, „natürliche" Reaktion auf die Intention des Redners, seine noch halbwüchsigen Schüler für die freiwillige Kriegsteilnahme zu gewinnen. Unter historischer Perspektive entsprechen die Rede und deren Inhalt aber dem Zeitgeist vor Ausbruch und zu Beginn des Ersten Weltkriegs. Der Krieg wird in der Julikrise 1914 von allen Nationen geradezu herbeigesehnt, als unabwendbar und – bagatellisierend – als schnell vorübergehendes „Gewitter" gewertet, das die in Europa herrschenden Spannungen reinigt.

2 Argumentation des Lehrers – Vorschlag für ein Tafelbild:

These: Der Kriegsdienst für das Vaterland ist eine lohnende Pflicht.		
Argumente	**Beispiele**	**Gegenargumente**
„Ich weiß genau, dass unser herrlicher Kaiser auf euch und die gesamte Jugend unseres Landes rechnen kann." (Z. 1–3)	„wenn ich nicht zu alt wäre: Noch heute würde ich mit unserem Feldgrau hinausziehen" (Z. 6–8)	
„Von euch jungen Leuten hängt das Leben des Vaterlandes ab!" (Z. 15 f.)	„Ich habe von einer Schule gehört, wo die ganze Klasse geschlossen aufgestanden ist, um sich freiwillig zu melden." (Z. 24–26) „Und ihr würdet meinen berechtigten Stolz verstehen, wenn das in meiner Klasse auch geschehen würde." (Z. 26–28)	„Ich kann natürlich nicht von euch erwarten, dass jetzt gleich einer vortritt, um freiwillig sein Land zu verteidigen." (Z. 20–22) „Vielleicht würden manche von euch einwenden, dass ihr noch viel zu jung dazu seid." (Z. 29 f.)
pflichterfüllte Väter, starke Mütter (Z. 34–36)		„Vielleicht denken viele von euch an ihr Zuhause, an ihre Mütter, die euch nicht fortlassen wollen." (Z. 30–33)
„Erfahrungen sammeln" (Z. 41)		
„Ehre, [...] des Kaisers Rock tragen zu dürfen" (Z. 42 f.)		
Bewunderung durch die „Töchter des Landes" (Z. 44 f.)		
„auf dem Schlachtfeld [...] zu kämpfen, das ist die wahre Mannestugend!" (Z. 50–52)		„Ich weiß, dass ihr nicht danach strebt, als Helden verehrt zu werden." (Z. 46 f.)
kurze Dauer des Krieges ohne große Verluste (Z. 53 f.)		
„ehrenvoll ist es, für das Vaterland zu sterben!" (Z. 57 f.)		

Die Argumentationsstruktur zeigt, dass Gegenargumente so gut wie keine Rolle spielen. Ihre Formulierung als Möglichkeit, zum Teil im Konjunktiv (zweites Gegenargument), und der versteckte Appell an Selbstlosigkeit und Unterordnung im letzten Gegenargument heben die Gegenposition praktisch auf.

3 a Nun untersuchen die Schülerinnen und Schüler die sprachlichen Mittel, mit denen der Lehrer für den Krieg wirbt. Zunächst erklären sie, mit welchen Konnotationen zentrale Begriffe seiner Rede verbunden sind, welche Emotionen und Wertvorstellungen diese Hochwertwörter wecken, z. B.:
- (geliebtes) Vaterland (Z. 8–9): enge Bindung, Beziehung wie zu einem geliebten Menschen
- Pflicht (Z. 10, 19): unabweisbarer Dienst, sittlich und moralisch notwendige Haltung
- Verpflichtung (Z. 14): notwendige Aufgabe, die bedingungslose Unterordnung verlangt
- Stolz (Z. 27): Selbstbewusstsein, Selbstwertgefühl, große Freude
- Ehre (Z. 42, 66): Auszeichnung, Ruhm, Lob, Respekt, Reputation, Anerkennung, Wertschätzung
- Helden (Z. 17, 46 f.): Sieger, Heroen, Vorbilder auf Grund außergewöhnlicher Tapferkeit
- (wahre) Mannestugend (Z. 52): Tapferkeit und Einsatzbereitschaft, Unbescholtenheit, Stärke

b Beispiele für metaphorische Formulierungen, Erklärung ihrer Bedeutung und Wirkung:
- „das Leben des Vaterlandes" (Z. 15 f.): Personifizierung, dadurch Aufwertung und Erhöhung
- „eiserne Jugend" (Z. 16): die Jugend ist hart und unbeugsam wie ein Stück Eisen
- „die Pflicht ruft" (Z. 19): Personifizierung, dadurch Erhöhung der Eindringlichkeit der Aussage
- „Das Vaterland braucht seine Söhne" (Z. 61 f.): Personifizierung, dadurch Aufwertung
- „opfern auf dem Altar des Vaterlandes" (Z. 64): religiöses Bild, dadurch Erhöhung und Sakralisierung der unbedingten Unterordnung der persönlichen Wünsche unter das angebliche Staatswohl: Sie sollen wie ein Opfer dargebracht, das heißt aufgegeben werden.

c Die rhetorischen Fragen (Z. 34–45) heben sehr geschickt mögliche Einwände auf (vgl. die Hinweise zu Aufgabe 2) und bekräftigen dadurch die Intention des Lehrers, seine jungen Schüler für den Krieg zu begeistern. Auf die Fragen gibt es nämlich nur die Antwort, die der Lehrer hören will.

4 Erläuterung, was die Euphemismen tatsächlich bedeuten (Beispiellösung):
- „ein wenig Erfahrungen sammeln" (Z. 40–41): die Schrecken des Krieges kennen lernen
- „uns zu bewähren" (Z. 49): in einer lebensbedrohlichen Situation aushalten
- „wenn wirklich gewisse Verluste eintreten sollten" (Z. 54–55): Bagatellisierung des Todes Tausender Soldaten, „Verlust" steht hier verharmlosend für Tod
- „Süß und ehrenvoll ist es, für das Vaterland zu sterben!" (Z. 57–58): Umdeutung des sinnlosen Soldatentodes ins Positive
- „Feld der Ehre" (Z. 66): Schlachtfeld, Kriegsschauplatz mit Tausenden Toten und Verstümmelten

5 Die Schüler werden gegen die Rede des Lehrers einwenden, dass Krieg nie eine Lösung bestehender Probleme bedeutet, sondern ganz im Gegenteil neue Konflikte aufwirft und neues Gewaltpotenzial schafft. Krieg kann nur als letztes Mittel der Selbstverteidigung legitimiert werden. Sie werden die in der Rede verherrlichte Unterordnung des Einzelnen unter das angebliche Gemeinwohl und den unreflektierten Patriotismus kritisch betrachten und darauf verweisen, dass in den modernen demokratischen Verfassungen der Staatszweck so definiert ist, dass der Einzelne durch die Grundrechte und das Prinzip der Volkssouveränität vor einem Zugriff des Staates und in seiner Privatsphäre geschützt wird.

S. 237 Testet euch! – Denotation und Konnotation, Euphemismus, Metapher

S. 237 **Doping im Radsport**

1 Die markierten Ausdrücke beschönigen und verschleiern die Sachverhalte, deshalb handelt es sich um Euphemismen. Ihre wirkliche Bedeutung:
- unterstützende Hilfsmittel (Z. 8): Gemeint sind unerlaubte Dopingmittel.
- neue Erklärungen (Z. 12): Gemeint sind neue Ausreden und Lügen.

2 Stern: Denotation: Himmelskörper – Konnotationen: Glanz, Topstar, Auszeichnung, Silber, Schicksal

3 Metapher im ersten Textabsatz: „sein Stern begann [...] zu sinken" (Z. 4 f.).
Erklärung: Seine Karriere ging dem Ende entgegen, seine Berühmtheit ließ nach.

||S.238 11.2 „Du Opfa!" – Sprachentwicklung und Sprachwandel untersuchen

||S.238 „Opfer" – Wörter verändern ihre Bedeutung

||S.238 Lexikonartikel „opfern", „Opfer"

1 a Die Schülerinnen und Schüler erarbeiten den Bedeutungswandel des Begriffs:
  - „Opfer" meint ursprünglich die rituelle Darbringung wertvoller Güter an eine Gottheit oder an Heilige.
  - Später bezeichnet „Opfer" auch eine Person, die z. B. durch Krieg, eine Naturkatastrophe oder tragische Umstände (Unfall) Schaden erleidet.
  - In neuester Zeit wird der Begriff in der Jugendsprache als Schimpfwort im Sinne von „Loser" oder „Versager" verwendet.

b Im Englischen gibt es zwei unterschiedliche Wörter für den Begriff „Opfer", die beide von lateinischen Ausdrücken abgeleitet sind: *sacrificium* (Opfer) und *victima* (Opfer, Opfertier). Die übertragene Bedeutung „Leidtragender", „Betroffener" des englischen Worts *victim* ist etymologisch sofort einsehbar.

2 Das Foto zeigt aufgehäufte Nahrungsmittel und Geld vor einer Buddha-Statue. Dazu passt die älteste Bedeutung des Begriffs „Opfer": die rituelle Gabe von Gütern an eine Gottheit, die in der Statue versinnbildlicht ist.

3 a/b In der Jugendsprache wird der Begriff „Opfer" im Sinne der Bedeutungsverschlechterung als Schmäh- und Schimpfwort benutzt.

||S.239 Auszüge aus einem Herkunftswörterbuch

1 a/b Untersuchung des Bedeutungswandels – Vorschlag für ein Tafelbild:

	frühere Bedeutung	heutige Bedeutung	Bedeutungswandel
Gift	Gabe	giftige Substanz	Verengung/Verschlechterung
Witz	Wissen, Klugheit, Esprit	Spott, Scherz	Verengung
Frau	Herrin, Dame von Stand	erwachsene weibliche Person	Erweiterung
Hochzeit	hohes Fest	Fest der Eheschließung	Verengung

Beispielsätze, die die heutige Bedeutung verdeutlichen:
  - Das Gift dieser Pilze verursacht heftige Bauchschmerzen und Krämpfe.
  - Er hat einen lustigen Witz erzählt, der uns alle zum Lachen brachte.
  - Als Grundschullehrer arbeiten viel mehr Frauen als Männer.
  - Fritz und Luise haben ihre Hochzeit nur mit vier Freunden gefeiert.

||S.240 Ist „Opfer" schlimmer als „Loser"? – Netzsprache untersuchen

1 a Die Darstellung der verschiedenen Positionen zu dem Begriff „Opfer" kann in einem Tafelbild festgehalten werden, die Tabelle kann aber auch (nach Klärung der eingenommenen Positionen) von der beiliegenden CD-ROM (Kapitel 11 → Handreichungen → S. 341) ausgedruckt und den Lernenden zum Ausfüllen (als Vorbereitung für die Diskussion) ausgeteilt werden.

Chatteilnehmer	Position	eigene Stellungnahme dazu
Xenap	„Opfer" wird aus unerklärlichen Gründen als Schimpfwort verwendet.	
Jessenew	„Opfer" bedeutet in der Jugendsprache „Dummer".	
Ziska99	eher harmlose Bezeichnung für „Idiot"	
mr.jogi	eher nervende Bezeichnung für „Versager"	
KäptnFidus01	„Opfer" bedeutet „Schwächling". Die Benennung eines anderen mit diesem Begriff hat psychologische Gründe: Sie dient der Ich-Stärkung.	
eireen09	„Opfer" als Schimpfwort ist diskriminierender als „Verlierer" oder „Versager".	

b Da die Schülerinnen und Schüler hier ihre eigene subjektive Position zu dem in der Jugendsprache verwendeten Begriff „Opfer" einbringen sollen, sollte auf standardisierte Formen der Diskussion (Streitgespräch, Rollenspiel) eher verzichtet werden. In der Diskussion müssten aber vor allem die Positionen von eireen09 und KäptnFidus01 debattiert werden, da diese Sichtweise von vielen Psychologen vertreten wird. Stephan Voß, Leiter der Geschäftsstelle der Landeskommission Berlin gegen Gewalt, meint beispielsweise, dass der Begriff „Opfer" als Schimpfwort benutzt wird, „um sich der eigenen Identität zu versichern und alles abzuwehren, was mit dem Opfersein verbunden wird: Schwäche, Verluste, Ängste, Versagen, eben ‚loser' zu sein oder zu werden." (Stephan Voß: „Du Opfer ...", Berliner Forum Gewaltprävention Nr. 12, S. 58, online unter www.berlin.de)

2 a Die Chatbeiträge enthalten zahllose Ausdrücke, die von der Standardsprache abweichen, hier einige – bereits systematisierte – Beispiele, die sich als Tafelbild eignen:

Chatsprache – Abweichungen von der Standardsprache	
Ellipsen (unvollständige Sätze)	„War gestern im zug...", „Keinen Plan, was das soll!" (Xenap)
Umgangssprache	„Kram", „total" (Ziska99), „Opfergequatsche", „ätzend", ankotzen (mr.jogi)
Auslassung von Buchstaben/Verkürzungen	„n paar" (Xenap), „is" (Jessenw), „ne Bezeichnung" (Ziska99), „hat 'n Kampf verlorn" (eireen09)
Schreibung nach Aussprache	„Määänsch" (Ziska99), „soooooooooooo supa" (mr.jogi), „Opfa", „Verliera" (eireen09)
Ausdrucksformen der Comicsprache zur Wiedergabe von Handlungen	*kopfkratz* (Xenap)
Verwendung von Akronymen/Abkürzungen	*g* (= grins; Jessenw), *lol* (mr.jogi)
Großbuchstaben → Lautstärke	„HÄÄÄÄÄÄÄÄ?" (Xenap)

b Das Auffälligste an der Netzkommunikation ist die sogenannte Mündlichkeit. Mit den verwendeten sprachlichen Mitteln wird der Eindruck erweckt, als würde man sich unterhalten. Zudem wird versucht, die visuellen Komponenten einer Kommunikation z. B. durch Emoticons (Xenap, mr.jogi), Ausdrucksformen der Comicsprache zur Wiedergabe von Handlungen und Akronyme (Abkürzung, Kurzwort) abzubilden.

||S.241 Sprache im Netz

1 In dem Text werden vor allem die Anglizismen angesprochen, die unter anderem durch die technischen Innovationen Eingang in die deutsche Sprache finden und sie verändern, z. B. Software und WLAN. Die Schüler/-innen werden weitere Anglizismen nennen, etwa Smartphone, Tablet, downloaden oder chatten.

2 a/b Zu den typischen Merkmalen der Netzsprache vgl. die Hinweise zu Aufgabe 2a auf S. 341 in diesen Handreichungen. Die dafür angelegte Tabelle kann ergänzt werden, z. B. um folgende Zeilen:
  – Verschmelzung von Wörtern
  – Gebrauch dialektaler Formen
  – Verwendung von Emoticons
  Es dürfte den Lernenden leichtfallen, eigene Beispiele für die einzelnen Aspekte zu finden.

||S.242 „Voll porno, Alda!“ – Jugendsprache untersuchen

1 Die Illustration mit den Sprechblasen zeigt Jugendliche, die sich auf einer Party über ihre Eindrücke unterhalten. Die Schülerinnen und Schüler, die oft aus einem gehobenen bürgerlichen Milieu stammen, werden diese Ballung jugendsprachlicher Ausdrücke als nicht typisch für diesen Soziolekt bezeichnen, sondern eher als eine Kunstsprache. Tatsächlich vermitteln viele Szenewörterbücher ein eher klischeehaftes Bild, das kaum die Realität jugendsprachlicher Kommunikation wiedergibt. Erschwerend kommt hinzu, dass Jugendsprache einem steten und schnellen Wandel unterliegt.

2 a Vorschlag für ein Tafelbild, das die Beispiele bereits systematisiert:

Merkmale der Jugendsprache	Beispiele
bildhafte Ausdrücke	Gammelfleischparty
Auslassung von Buchstaben/Verkürzungen	Is ja, hab eben
Anglizismen	cool, Sound, chillen (entspannen, abhängen)
Ellipsen (unvollständige Sätze)	Echt asi manche, dauernd Pogo tanzen
Übertreibungen/Intensivierungen	Voll krass, übelst, supercool, megageil
Umgangssprache	Mucke (für Musik/Konzert), Hab eben meine Tante getroffen
Kurzformen	asi (Kurzform für asozial)
Füllwörter	echt, voll

b Beispiellösung für eine „Übersetzung" in die Standardsprache:

Jugendsprache	„Übersetzung" in die Standardsprache
Super Mucke. Voll krass der Sound!	Das ist sehr gute Musik / ein sehr gutes Konzert. Der Klang ist beeindruckend.
Echt asi manche, dauernd Pogo tanzen.	Einige benehmen sich gemeinschaftsschädigend, sie tanzen dauernd Pogo.
Nee, find ich supercool, echt megageil!	Nein, ich finde das sehr schön, wirklich ganz hervorragend!
Ich geh mal chillen!	Ich ruhe mich einmal aus.
Is ja übelst! Voll die Gammelfleischparty! Ich hab eben meine Tante getroffen!	Das ist ganz schlimm! Das ist eine Party von Leuten über 30. Ich habe eben meine Tante getroffen!

3 a/b Hier kann noch einmal auf die Ergebnisse von Aufgabe 1 zurückgegriffen werden. Die Schülerinnen und Schüler werden diskutieren, inwiefern ihre Beiträge klischeebeladen und unecht wirken.

S. 242 Jugendsprache im Wandel der Zeit

4 a Zur Bestimmung der Merkmale von Jugendsprache kann die Tabelle zu Aufgabe 2a herangezogen werden. Als weitere Aspekte/Zeilen könnten ergänzt werden:
- Veränderungen der Wortart, z. B. porno, raumschiff als Adjektive
- Verbindung von Anglizismen mit deutschen Vor- oder Nachsilben (Prä- oder Suffixen), z. B. abdancen, abgespaced, trashig

b Vergleicht man die jugendsprachlichen Ausdrücke von 1950, 1980 und 2012, wird vor allem die zunehmende Verwendung von Anglizismen deutlich.

c Beispiele für jugendsprachliche „Synonyme":
- tanzen: snashen, abhotten, hotten, zappeln
- super: de luxe, hamma, hammer, dick geflasht
- Dummheit: Pfosten, Vollpfosten, Horst

5 a/b Ziel dieser Übung ist es, den Schülerinnen und Schülern mit dem Erfinden einer „eigenen" Jugendsprache wesentliche Charakteristika dieses Soziolekts noch einmal spielerisch zu verdeutlichen. Kreativität, Spontaneität, Direktheit und Flexibilität sind typische Merkmale jugendlicher Kommunikation, Sprachspiele und Stilbasteleien sind beliebt. Modewörter wie „krass" oder „gedisst", Metaphern und Vulgarismen spielen eine wichtige Rolle. Hermann Ehmann betont zu Recht, dass es die Jugendsprache als mehr oder weniger komplettes Sprachsystem nicht gibt, sondern lediglich das schnelllebige, steter Veränderung unterworfene Sprechen von Jugendlichen, sodass mehrere Jugendsprachenvarietäten nebeneinanderstehen (vgl. Hermann Ehmann: Oberaffengeil. Neues Lexikon der Jugendsprache. Verlag C. H. Beck, München 1996, S. 23 [Beck'sche Reihe, Bd. 1170]). Das bedeutet natürlich auch, dass die Kommunikation zwischen einzelnen Gruppen schwierig ist. In der Reflexionsphase im Anschluss an die improvisierten Dialoge sollten diese Zusammenhänge herausgearbeitet werden.

S. 243 Fordern und fördern – Merkmale von Umgangssprache

S. 243 Aus einer Talkshow (Mitschrift)

1 Einziger Satz in der Hochsprache (geäußert von der Moderatorin):
„Wie ist es denn morgens, rauchen Sie denn auch auf nüchternen Magen?" (Z. 19–20)

2 Beispiele für typische Elemente der Umgangssprache in dem Text:
- „Nachts rausrennen, an die Tanke umme Ecke und erst mal Fluppen holen, ja?" (Z. 1–3): Ellipse (unvollständiger Satz)
- „umme" (Z. 2) statt „um die": Verschmelzung von Wörtern / Schreibung nach der Aussprache
- „Fluppen" (Z. 2): umgangssprachliches Wort für Zigaretten
- „'n Käffchen" (Z. 25): Auslassung von Buchstaben/Verkürzungen

3 Merkmale der Umgangssprache und Beispiele aus dem Text:
- Wörter verschmelzen miteinander: „hastse" (Z. 12) → hast sie
- umgangssprachliche Wendungen/Wörter: „Tanke" (Z. 1) → Tankstelle
- Ellipsen (unvollständige Sätze): „Und dann aufn Balkon!" (Z. 5)
- Auslassung von Buchstaben/Verkürzungen: „'n Käffchen" (Z. 25)

 **11.3 Projekt – Wörtern auf der Spur**

Das Projekt „Wörtern auf der Spur" ist überschaubar und ohne großen Aufwand zu realisieren. Die erste Projektidee greift noch einmal den Aspekt der Sprachentwicklung und des Sprachwandels auf, indem die Schülerinnen und Schüler Interviews zu „bedrohten", im normalen Sprachgebrauch nicht mehr verwendeten Wörtern durchführen und ein kleines „Lexikon der bedrohten Wörter" erstellen. Die zweite Projektidee „Jugendsprache" schließt an die Untersuchungen zu diesem Soziolekt an, setzt aber den Akzent verstärkt auf das Thema „Unwörter".

Die Lernenden können hier noch einmal ihre erworbenen Erkenntnisse anwenden und vertiefen. Das Suchen und Ordnen von Beispielen, die Diskussion der Fragen, wo Wörter diskriminierend wirken und unzulässig typisierend vereinfachen, sollen den reflektierten eigenen Sprachgebrauch fördern.

 **Projekt 1: Bedrohte Wörter**

1 Bedeutungen der angegebenen „bedrohten" Wörter:
- Kleinod: Juwel, Schmuckstück
- blümerant: flau
- Dreikäsehoch: kleiner Junge
- Labsal: Wohltat
- bauchpinseln: schmeicheln
- Augenstern: Schatz, Liebling
- fernmündlich: telefonisch
- Lichtspielhaus: Kino
- hold: anmutig, lieblich
- Schlüpfer: Unterhose, Slip

Projekt 2: Jugendsprache

1/2 Mögliche weitere Fragen für den Fragebogen
- Welche Schimpfwörter oder abwertenden Wendungen kennt ihr sonst noch?
- Worin seht ihr die Funktion derartiger „Unwörter" in der Jugendsprache?

Die Ergebnisse können in der Schülerzeitung oder auf der Homepage der Schule veröffentlicht und zur Diskussion gestellt werden.

Material zu diesem Kapitel auf den folgenden Seiten und auf der CD-ROM
- Test – Sprachwandel und Bedeutungswandel (mit Lösungshinweisen auf der CD-ROM)
- Test – Denotation und Konnotation, Euphemismen (mit Lösungshinweisen auf der CD-ROM)
- Fordern und fördern – Denotation und Konnotation, Euphemismen (auf zwei Differenzierungsniveaus, mit Lösungshinweisen auf der CD-ROM)
- Für Profis – Denotation und Konnotation, Euphemismen, Metaphern (mit Lösungshinweisen auf der CD-ROM)
- Diagnose – Bedeutung von Wörtern, Sprachwandel (mit Lösungshinweisen und Förderempfehlung auf der CD-ROM)

Test – Sprachwandel und Bedeutungswandel

„Geiz ist geil!" (Werbeslogan eines Warenhauses)

Aus einem Wörterbuch der deutschen Sprache

Geiz: übertriebene Sparsamkeit, Habsucht, Knauserei; mhd. *gīz* […] rückgebildet aus mhd. *gītsen* „gierig, habgierig sein" […]. Zu Grunde liegt das Substantiv ahd. (9. Jh.) / mhd. *gīt* „Habsucht, Gier". Mhd. *gītsen* führt zu nhd. **geizen:** „übertrieben sparsam sein, knausern", älter auch „heftig verlangen, streben nach". […] **Geizhals**, der: übertrieben sparsamer Mensch, Knauserer, eigentl. „gieriger Rachen" (Ende 15. Jh.). **Geizkragen**, der: (Mitte 19. Jh.), zu „Kragen" in seiner frühen Bedeutung „Hals". **Ehrgeiz**, der: Streben nach Ehren, übersteigerter Eifer, sich auszuzeichnen (1. Hälfte 16. Jh.) […].

(Quelle: Digitales Wörterbuch der deutschen Sprache (DWDS). Hg. von der Berlin-Brandenburgischen Akademie der Wissenschaften. www.dwds.de)

geil: lüstern, geschlechtlich erregt; ahd. *geil* „übermütig, überheblich, erhoben" (8. Jh.); mhd./mnd. *geil(e)* „von wilder Kraft, mutwillig, üppig, lustig, begierig" […]. Der alte Sinn „übermütig, froh" ist noch im 19. Jh. bezeugt; die heute vorherrschende Bedeutung entwickelt sich im Gegensatz zu „keusch" deutlich seit dem 15. Jh.; vgl. ahd. *geilī(n)* „Hochmut, Überheblichkeit" (8. Jh.), vereinzelt auch „Begierde, Fleischeslust" (11. Jh.), mhd. *geil(e)* „Üppigkeit, Fröhlichkeit" […].

(Quelle: Digitales Wörterbuch der deutschen Sprache (DWDS). Hg. von der Berlin-Brandenburgischen Akademie der Wissenschaften. www.dwds.de)

Carl Spitzweg: Der Geizhals (1840)

Abbildung:
© akg-images

Kopiervorlage

Untersuche den Slogan „Geiz ist geil", den ein Warenhaus in seiner Werbung verwendet. Gehe so vor:

1 Notiere die Bedeutungen, die das Wort „geil" laut Lexikonartikel hat.

_____

2 Kreuze an: In welchem Sinn wird das Wort heute meistens von Jugendlichen verwendet?

☐ **A** nett

☐ **B** herausragend, großartig

☐ **C** lustig, von wilder Kraft

3 **a** Überlege, wie sich die Bedeutung von „geil" in der Jugendsprache verändert hat, und kreuze den passenden Begriff an.

b Erläutere deine Entscheidung auf den Linien.

☐ **A** Bedeutungsverengung

☐ **B** Bedeutungsverschlechterung

☐ **C** Bedeutungserweiterung

_____

_____

_____

4 **a** Notiere: Wie lautet die Denotation (klar definierte Grundbedeutung) des Wortes „Geiz" laut Lexikonartikel?

_____

b Wie soll der Begriff im Werbeslogan verstanden werden? Kreuze an.

☐ **A** negativ im Sinn einer Bedeutungsverschlechterung

☐ **B** positiv im Sinn einer Bedeutungsverbesserung

5 Welche der folgenden Merkmale sind für die heutige Jugendsprache typisch? Kreuze an.

☐ Anglizismen   ☐ Übertreibungen

☐ Fremdwortgebrauch   ☐ Fragesätze

☐ Neologismen   ☐ Bedeutungsverschiebungen

☐ Hochsprache   ☐ Verkürzungen

Kopiervorlage

Test – Denotation und Konnotation, Euphemismen

1   Benenne die Denotation und mögliche Konnotationen der folgenden Begriffe:

A   Sonne

     Denotation: _____

     Konnotationen: _____

B   Herbst

     Denotation: _____

     Konnotationen: _____

C   Meer

     Denotation: _____

     Konnotationen: _____

2   Nenne zwei Euphemismen für den Begriff „sterben".

_____

_____

> **Aus einem Arbeitszeugnis**
> (1) Herr Martin K. hat in unserem Betrieb eine dreimonatige Probezeit absolviert. (2) Er zeigte sich bemüht, den Anforderungen gerecht zu werden. (3) Im Miteinander mit seinen Kollegen war er konfliktstark. (4) Bei der Problemlösung anspruchsvollerer Aufgaben wurde eine gewisse Bildungsferne deutlich. (5) Wir haben uns deshalb im gegenseitigen Einvernehmen zur Freisetzung von Herrn K. entschlossen.

3   a   Erkläre, inwiefern es sich bei den unterstrichenen Wörtern in dem Arbeitszeugnis um Euphemismen (Beschönigungen) handelt, indem du die eigentliche (gemeinte) Bedeutung notierst.

Euphemismus	eigentliche Bedeutung
zeigte sich bemüht	
konfliktstark	
Bildungsferne	
Freisetzung	

    b   Erläutere in einem vollständigen Satz, inwiefern es sich bei den Formulierungen um Euphemismen handelt.

_____

_____

Foto: © Manuel Cohen/akg-images

Kopiervorlage

Fordern und fördern – Denotation und Konnotation, Euphemismen

Respekt ist das soziale Schmiermittel der Gesellschaft

Niels van Quaquebeke (30), Leiter der Respect Research Group an der Universität Hamburg, erklärte in einem Interview mit dem „Hamburger Abendblatt":

Der Begriff wird leider oft unpräzise benutzt. Jemand, der sagt, er habe Respekt vor dem Kampfhund, meint eigentlich Angst. Ein Chef kann Respekt einfordern, meint aber Gehorsam. Ältere Menschen sprechen vielleicht davon, dass Jugendliche heutzutage keinen Respekt haben, bedauern aber eher den Mangel an Höflichkeit. Psychologen unterscheiden zwei Arten von Respekt: Es gibt den respektvollen
5 Umgang miteinander im Sinne von Achtung. Die einzige Bedingung dafür ist, dass man einander als gleichwertigen Menschen betrachtet. Die andere Art von Respekt [nämlich Anerkennung] bringt man einem Menschen für eine Meisterschaft, eine besondere Leistung entgegen. Das ist der Respekt, den man beispielsweise einem Jürgen Klinsmann für seine Errungenschaften im Fußball zollt. […]

(Aus: Hamburger Abendblatt, 05.04.2008, Quelle: www.abendblatt.de/vermischtes/journal/thema/article910740/
Respekt-ist-das-soziale-Schmiermittel-der-Gesellschaft.html, Auszug, Stand 20.01.2014)

1 Aus Sicht der Psychologen (Z. 4 ff.) hat der Begriff „Respekt" zwei unterschiedliche Hauptbedeutungen
●●○ (Denotationen). Eine steht bereits auf der Linie. Ergänze die zweite. Der Text hilft dir dabei.

Respekt: Denotationen: **A** _____   **B** _Anerkennung_____

2 Erläutere, welche denotative bzw. konnotative Bedeutung das Wort „Respekt" in den folgenden Sätzen
●●○ hat, indem du jeweils einen passenden Begriff aus dem Wortspeicher dahinter notierst. Markiere die
Konnotationen in der Tabelle gelb.

Gehorsam – Einfluss – Achtung – Angst – Ehre – Anerkennung	
	Denotation/Konnotation
A Der Schiedsrichter fordert Respekt für seine umstrittene Entscheidung.	
B Durch Strenge und harte Bestrafungen verschaffte sich der König Respekt.	
C Ich habe großen Respekt vor giftigen Schlangen.	
D Kleine Schüler sollten den Oberstufenschülern mit mehr Respekt begegnen.	

Kopiervorlage

3

a Erkläre, was die folgenden Ausdrücke bedeuten, indem du die gemeinte Bedeutung auf die Linie schreibst. Der Wortspeicher hilft dir dabei.
Beachte: Du musst die Ausdrücke in die richtige Verbform setzen!

> aus dem Amt werfen – sich einschränken – neue Arbeit suchen – erhöhen – entlassen

A Wir müssen alle den Gürtel enger schnallen.

_____

B Die Steuern müssen nach oben angepasst werden.

_____

C Der Minister wird von seinen Aufgaben entbunden.

_____

D Zahlreiche Arbeitnehmer werden freigesetzt und müssen sich umorientieren.

_____

_____

b Erläutere in einem vollständigen Satz, inwiefern es sich bei den Formulierungen um Euphemismen handelt.

Bei den abgedruckten Sätzen handelt es sich um Euphemismen, also Beschönigungen, weil

_____

_____

Kopiervorlage

●●● Fordern und fördern – Denotation und Konnotation, Euphemismen

Respekt ist das soziale Schmiermittel der Gesellschaft

Niels van Quaquebeke (30), Leiter der Respect Research Group an der Universität Hamburg, erklärte in einem Interview mit dem „Hamburger Abendblatt":

Der Begriff wird leider oft unpräzise benutzt. Jemand, der sagt, er habe Respekt vor dem Kampfhund, meint eigentlich Angst. Ein Chef kann Respekt einfordern, meint aber Gehorsam. Ältere Menschen sprechen vielleicht davon, dass Jugendliche heutzutage keinen Respekt haben, bedauern aber eher den Mangel an Höflichkeit. Psychologen unterscheiden zwei Arten von Respekt: Es gibt den respektvollen

5 Umgang miteinander im Sinne von Achtung. Die einzige Bedingung dafür ist, dass man einander als gleichwertigen Menschen betrachtet. Die andere Art von Respekt [nämlich Anerkennung] bringt man einem Menschen für eine Meisterschaft, eine besondere Leistung entgegen. Das ist der Respekt, den man beispielsweise einem Jürgen Klinsmann für seine Errungenschaften im Fußball zollt. […]

*(Aus: Hamburger Abendblatt, 05.04.2008, Quelle: www.abendblatt.de/vermischtes/journal/thema/article910740/
Respekt-ist-das-soziale-Schmiermittel-der-Gesellschaft.html, Auszug, Stand 20.01.2014)*

1 ●●● Aus Sicht der Psychologen (Z. 4 ff.) hat der Begriff „Respekt" zwei unterschiedliche Hauptbedeutungen (Denotationen). Nenne diese beiden Bedeutungen. Der Text hilft dir dabei.

Respekt: Denotationen: **A** _____   **B** _____

2 ●●● Erläutere, welche denotative bzw. konnotative Bedeutung das Wort „Respekt" in den folgenden Sätzen hat, indem du passende Begriffe dahinter notierst. Du kannst sie oben im Text finden. Markiere die Konnotationen in der Tabelle gelb.

	Denotation/Konnotation
A Der Schiedsrichter fordert Respekt für seine umstrittene Entscheidung.	
B Durch Strenge und harte Bestrafungen verschaffte sich der König Respekt.	
C Ich habe großen Respekt vor giftigen Schlangen.	
D Kleine Schüler sollten den Oberstufenschülern mit mehr Respekt begegnen.	

Illustration:
Nils Fliegner, Hamburg

Kopiervorlage

3
●●●

a Erkläre, was die folgenden Ausdrücke bedeuten, indem du die gemeinte Bedeutung auf die Linie schreibst. Der Wortspeicher hilft dir dabei.
Beachte: Nicht alle Ausdrücke passen und die passenden musst du in die richtige Verbform setzen.

> aus dem Amt werfen – angleichen – sich einschränken – neue Arbeit suchen –
> einen anderen Weg gehen – erhöhen – hungern – auf die Welt bringen – entlassen

A Wir müssen alle den Gürtel enger schnallen.

_____

B Die Steuern müssen nach oben angepasst werden.

_____

C Der Minister wird von seinen Aufgaben entbunden.

_____

D Zahlreiche Arbeitnehmer werden freigesetzt und müssen sich umorientieren.

_____

_____

b Erläutere in einem vollständigen Satz, inwiefern es sich bei den Formulierungen um Euphemismen handelt.

Bei den abgedruckten Sätzen handelt es sich um Euphemismen

_____

_____

Kopiervorlage

●●●● Für Profis – Denotation und Konnotation, Euphemismen, Metaphern

Der neue Betriebsleiter

1 Er war kräftig gebaut und hatte eine hohe Stirn bis zum Nacken.

2 Im Betrieb entpuppte er sich als durchsetzungsstark.

3 So machte es ihm nichts aus, sofort, wie er es selbst formulierte, eine „Betriebsoptimierung" in Angriff zu nehmen, von der die Hälfte der Belegschaft betroffen war.

4 Mindestens fünfzehn Mitarbeiter sollten demnach abgebaut werden.

5 Er war bei allen verhasst und nicht wenige wünschten ihm, dass er anstelle der Kollegen freigesetzt würde.

6 Er selbst empfand sich als <u>Leitwolf</u>, der seine Position mit allen Mittel verteidigen wollte.

7 In <u>stürmischer See</u> fühlte er sich besonders wohl.

8 Widerstand <u>heizte ihn auf</u> wie ein **Feuer**, dann schlug sein **Herz** vor Angriffslust wie wild.

1 Suche aus den Sätzen 1 bis 5 alle Euphemismen heraus, notiere sie und erkläre dahinter, was sie bedeuten.

1 A _____

   B _____

2 _____

3 _____

4 _____

5 _____

b Erläutere in einem vollständigen Satz, inwiefern es sich bei den Formulierungen um Euphemismen handelt.

_____

_____

_____

_____

Kopiervorlage

2 a Erkläre, was die unterstrichenen Wörter in den Sätzen 6 bis 8 bedeuten.

6   Leitwolf: _____

7   stürmische See: _____

8   heizte ihn auf: _____

b Erläutere in einem ganzen Satz, warum es sich dabei um Metaphern handelt.

_____

_____

_____

_____

3 a Bestimme jeweils die Denotation der fett gedruckten Wörter und ergänze drei mögliche Konnotationen.
   b Markiere, welche Konnotationen im vorliegenden Text gemeint sind.

A Feuer

Denotation: _____

Konnotationen (3 Beispiele): _____

B Herz

Denotation: _____

Konnotationen (3 Beispiele): _____

Kopiervorlage

Diagnose – Bedeutung von Wörtern, Sprachwandel

Von Mädchen, Frauen und edlen Damen

In Theodor Storms Novelle „Der Schimmelreiter" wird an einer Stelle die junge Elke Volkerts „Dirn" genannt, in der niederdeutschen Mundart heißt ein kleines Mädchen wie früher auch heute noch „lütte Deern". In anderen Landesteilen der Bundesrepublik würde die Anrede „kleine Dirne" heute allerdings vielleicht zu einer Beleidigungsklage führen.

Später heißt es im „Schimmelreiter": „Der junge Deichgraf Hauke Haien saß mit seinem Weibe Elke Volkerts auf deren väterlicher Hofstelle" (S. 106 im „Deutschbuch"). Heute wird nur noch in der Umgangssprache eine unsympathische, oft primitive Frau abwertend „Weib" genannt.

Als „Frau" (ahd. *vrouwe*) bezeichnete man im Mittelalter eine Dame von adligem Stand, eine Herrin. Auch die Bezeichnung „Fräulein" galt seit dem 11. Jahrhundert nur jungen, unverheirateten Edeldamen. Bis ins 19. Jahrhundert war der Begriff adligen jungen Damen vorbehalten. Danach wurde er auch zur Bezeichnung und Anrede unverheirateter bürgerlicher Mädchen genutzt. Seit den 1970er Jahren verschwand die Bezeichnung, weil sie als „Verkleinerungsform" von „Frau" nicht mehr zeitgemäß erschien.

1 a Lies den Text sorgfältig. Ergänze in der Tabelle die frühere und die heutige Bedeutung der Wörter. Der Wortspeicher hilft dir dabei.
Achtung: Nicht alle Wörter bzw. Wortgruppen passen, einen Begriff musst du zweimal verwenden.

> Hebamme – erwachsene weibliche Person – junges Mädchen – unverheiratetes adliges Mädchen –
> adlige Dame – Trachtenkleid – Prostituierte – abwertende Bezeichnung für eine Frau –
> junge unverheiratete Frau – Ehefrau eines Handwerkers

b Benenne die jeweilige Art des Bedeutungswandels: Bedeutungsverschlechterung? Bedeutungsverengung? Bedeutungserweiterung? Bedeutungsverbesserung?

Wort	frühere Bedeutung	heutige Bedeutung	Bedeutungswandel
A Dirne			
B Frau	Mittelalter:		
C Fräulein	Mittelalter – 19. Jh.: unverheiratetes adliges Mädchen	bis ca. 1970:	
D Weib			

Kopiervorlage

2 Nenne die Denotation (Grundbedeutung) des Begriffs „Frühling" und notiere dann drei mögliche Konnotationen (Nebenbedeutungen).

Denotation: ._____

Konnotationen (Beispiele): _____

3 a Erkläre die Bedeutung der unterstrichenen Wörter/Wortgruppen.

A Der Arbeitnehmer wurde wegen häufigen unentschuldigten Fehlens <u>von seinen Aufgaben entbunden</u>.

_____

_____

B Herr Klaus M. ist mit 97 Jahren <u>sanft entschlafen</u>.

_____

b Erläutere, warum es sich dabei um Euphemismen handelt.

Es handelt sich um Euphemismen, weil_____

_____

_____

12 Grammatiktraining – Konjunktiv und Modalverben

Konzeption des Kapitels

Schwerpunkt des Kapitels sind die Modi, das heißt die verschiedenen Aussageweisen, die durch die Verbformen Indikativ und Konjunktiv sowie durch Modalverben zum Ausdruck kommen.

Im ersten Teilkapitel (**„Gedankenexperimente – Konjunktiv II"**) geht es um den Konjunktiv II. Dieser ist die vorwiegend genutzte Aussageweise für gedankliche Konstruktionen, die anzeigt, dass eine Aussage etwas nur Vorgestelltes beinhaltet. Didaktisch bietet es sich an, mit dem Konjunktiv II und nicht etwa mit dem Konjunktiv I zu beginnen, weil der Konjunktiv I manchmal durch den Konjunktiv II ersetzt werden muss und dieser deshalb bei der Besprechung des Konjunktivs I bereits bekannt sein sollte. Inhaltlich wird das grammatische Phänomen des Konjunktivs II an das Thema „Science-Fiction" angebunden, denn daran kann man besonders gut verdeutlichen, dass es sich bei den besprochenen Inhalten (Außerirdische, Zeitreisen usw.) um reine Fantasien oder zumindest um sehr unwahrscheinliche Phänomene handelt. Neben dem Konjunktiv II und der würde-Ersatzform lernen die Schülerinnen und Schüler in diesem Teilkapitel irreale Konditionalgefüge kennen, die auch zu einem Vergleich mit dem Englischen herangezogen werden. Ein binnendifferenziertes Aufgabenangebot und ein Test zur Überprüfung des erworbenen Wissens runden das Teilkapitel ab.

Im zweiten Teilkapitel (**„Beeindruckende Naturereignisse – Konjunktiv I und Modalverben"**) steht zunächst der Konjunktiv I im Fokus, der vor allem als Möglichkeit der Redewiedergabe in der indirekten Rede verbreitet ist. Zum inhaltlichen Thema „Beeindruckende Naturereignisse" (Sturm, Erdbeben, Lawinen, Sonnenfinsternis) werden Sachtexte angeboten, die wörtliche wie auch indirekte Rede enthalten und sich zum Umschreiben eignen. In einem weiteren Schritt nehmen die Lernenden die Modalverben in den Blick und erarbeiten deren unterschiedliche Aussagewerte. Zu beiden grammatikalischen Phänomenen (Konjunktiv I und Modalverben) gibt es jeweils eine Seite mit binnendifferenzierenden Aufgaben. Am Schluss des Teilkapitels können die Schülerinnen und Schüler ihre Kompetenzen in einem Test überprüfen.

Das letzte Teilkapitel (**„Fit in … – Einen Text überarbeiten"**) kann zur Vorbereitung auf eine Klassenarbeit eingesetzt werden. Hier üben die Lernenden, einen Text zu überarbeiten, indem sie an den richtigen Stellen den Konjunktiv II bzw. die würde-Ersatzform verwenden und ihre Entscheidungen begründen. Dazu werden sie Schritt für Schritt angeleitet: Zunächst klären sie die Aufgabenstellung, dann aktivieren sie ihr Wissen zum Gebrauch des Konjunktivs II, ehe sie schließlich die Aufgabe bearbeiten.

Literaturhinweise

- *Bredel, Ursula:* Sprachbetrachtung und Grammatikunterricht. Schöningh, Paderborn 2008
- *Dürscheid, Christa:* Syntax. VS, Wiesbaden 2005
- *Karrasch, Günter:* „Die können sollen, müssen wollen dürfen". Modalverben in Sätzen. In: Praxis Deutsch 226/2011, S. 46–52
- Konjunktiv – verstehen und verwenden. Deutschunterricht 1/2014
- *Rösch, Heidi:* Es gäbe überhaupt erst eine Kultur im Meer. Den Konjunktiv betrachten anhand von Bertolt Brechts „Wenn die Haifische Menschen wären" (9./10. Schuljahr). In: Praxis Deutsch 202/2007, S. 44–49

Übungsmaterial im „Deutschbuch 8 Arbeitsheft"

- Der Konjunktiv II und die würde-Ersatzform, S. 51
- Die Verwendung des Konjunktivs II in Konditionalgefügen, S. 52
- Der Konjunktiv I in der indirekten Rede, S. 53–55
- Die Modalverben, S. 56
- Den Konjunktiv in der indirekten Rede prüfen, S. 57
- Teste dich! Das Verb – Konjunktiv und Modalverben, S. 58

Vielfältige Trainingsmöglichkeiten bietet auch die Übungssoftware auf CD-ROM zum „Deutschbuch 8 Arbeitsheft".

||S.245| 12 Grammatiktraining – Konjunktiv und Modalverben

1 Diese erste Einstiegsaufgabe soll die Neugier der Lernenden auf das Thema „Gedankenexperimente" wecken. Sie regt zu Spekulationen an, wie sich ein Urlaub auf einem fremden Planeten gestalten würde. Dabei ist anzunehmen, dass die Schülerinnen und Schüler durchaus sprachlich deutlich machen werden, dass es sich dabei um reine Fantasien handelt. Wahrscheinlich werden sie dabei allerdings eher die würde-Ersatzform als den Konjunktiv II verwenden.

2 Für diese Aufgabe werden zwei Sätze vorgegeben, wovon der erste in der würde-Ersatzform und der zweite im Konjunktiv II steht. Diese beiden Beispielsätze bieten die Grundlage für eine erste Auseinandersetzung mit der Frage, wie man sprachlich deutlich machen kann, dass Aussagen sehr unwahrscheinlich bzw. nur vorgestellt sind.

||S.246| 12.1 Gedankenexperimente – Konjunktiv II

||S.246| Konjunktiv II und die würde-Ersatzform

||S.246| Lebewesen auf fremden Planeten

1 Die Schülerinnen und Schüler sollen sich zunächst inhaltlich mit dem vorgegebenen Text zum Thema „Gedankenexperimente" auseinandersetzen, um sich auf das Fantastische, Irreale der dargestellten Inhalte einzustimmen.

2 a Die Lernenden untersuchen nun die sprachlichen Mittel, mit denen das Irreale, die Vermutungen zum Ausdruck gebracht werden. Die Tabelle bietet die Grundlage, um die Bildung des Konjunktivs II induktiv zu erarbeiten.
Vorschlag für ein Tafelbild (die passenden Personalpronomen sind hier ergänzt):

Verbformen aus dem Text (Konjunktiv II)	Indikativ Präteritum
es wäre	es war
es gäbe	es gab
sie sähen aus	sie sahen aus
sie wären	sie waren
sie hätten	sie hatten
sie sähen	sie sahen
sie wäre	sie war
sie besäßen	sie besaßen
sie könnten	sie konnten
sie hätten	sie hatten
sie sprächen	sie sprachen
sie hinge	sie hing
sie befänden sich	sie befanden sich
sie wüchsen	sie wuchsen

b Der Konjunktiv II wird in der Regel abgeleitet vom Präteritum Indikativ, z. B. sie hing – sie hinge. Bei unregelmäßigen Verben werden a, o, u im Wortstamm zu ä, ö, ü, z. B. es war – es wäre, sie wuchsen – sie wüchsen.

3 Mit einer selbst verfassten Fortsetzung des Textes wenden die Schülerinnen und Schüler das erworbene Wissen zum Konjunktiv II an. Mögliche Fortsetzung:
Um sich im Sand schnell fortzubewegen, <u>besäßen</u> die Lebewesen mehrere sehr bewegliche Beine. <u>Bestände</u> der Planet nur aus Wasser, <u>hätten</u> die Lebewesen anstelle von Armen und Beinen Flossen.

S. 247 Krieg der Welten

1 Die Lernenden klären zunächst, wie es Orson Welles gelang, in seinem Hörspiel die Fiktion von der Landung Außerirdischer in New York realistisch erscheinen zu lassen: Welles konnte mit seinem Hörspiel so viele Menschen in Angst und Schrecken versetzen, weil darin eine dringende Meldung mit „Live-Berichterstattungen" scheinbar das normale Radioprogramm unterbrach. Der Eindruck, dass es sich bei der Invasion der Marsmenschen um ein reales Ereignis handelte, wurde durch die Befragung eines vermeintlichen Augenzeugen noch verstärkt.

2 a Man sollte die Schülerinnen und Schüler auffordern, bei dieser Aufgabe alle Formen mit „würde" nicht zu berücksichtigen.
Beispiele für die Verwendung des Konjunktivs II im Text: könnten (Z. 10), gäbe (Z. 20), wäre (Z. 26), hätte (Z. 27), müsste (Z. 38).

b Der Konjunktiv II wird hier verwendet, um deutlich zu machen, dass es sich nur um Fantasien bzw. Befürchtungen der Bevölkerung handelte, nicht um reale Geschehnisse.

3 a Die Gegenüberstellung von Konjunktiv II und Indikativ Präteritum soll die Aufmerksamkeit der Schülerinnen und Schüler darauf lenken, dass Konjunktiv II und Indikativ Präteritum sich manchmal nicht unterscheiden. Dies ist einer der beiden möglichen Gründe für die Verwendung der würde-Ersatzform.
Vorschlag für ein Tafelbild:

würde-Ersatzform	Konjunktiv II	Indikativ Präteritum
sie würden landen (Z. 5)	sie landeten	sie landeten
es würde passieren (Z. 8)	es passierte	es passierte
es würde sich um ... handeln (Z. 8 ff.)	es handelte sich um ...	es handelte sich um ...
sie würde zufliegen (Z. 22)	sie flögen zu	sie flogen zu
sie würden setzen (Z. 33)	sie setzten	sie setzten
sie würden angreifen (Z. 36)	sie griffen an	sie griffen an
sie würden beginnen (Z. 46)	sie begännen	sie begannen

b In den meisten Fällen wurde die würde-Ersatzform verwendet, weil der Konjunktiv II vom Indikativ Präteritum nicht zu unterscheiden ist. Bei den Formulierungen „sie würden zufliegen" und „sie würden beginnen" wurde die würde-Ersatzform gewählt, weil der Konjunktiv II (sie flögen zu, sie begännen) ungebräuchlich ist.

4 a/b Beim Ausfüllen des Lückentextes sollen die Lernenden zunächst generell den Konjunktiv II verwenden, um anschließend begründet zu entscheiden, in welchen Fällen die würde-Ersatzform vorzuziehen ist (vgl. die Beispiellösung auf S. 360).

359

Die endgültige Fassung des Textes könnte so aussehen:

Außerirdische auf der Erde
Wenn tatsächlich ein Raumschiff auf der Erde ~~landete~~ <u>landen würde</u> (da Konjunktiv II = Indikativ Präteritum), <u>wäre</u> das für die meisten Menschen eine große Überraschung. Kaum jemand <u>wäre</u> auf ein solches Ereignis vorbereitet. Niemand <u>wüsste</u>, wie man sich gegenüber den Außerirdischen verhalten sollte. Schließlich ~~sprächen~~ <u>würden</u> sie nicht unsere Sprache <u>sprechen</u> (da Konjunktiv II ungebräuchlich) und <u>hätten</u> ganz andere Verhaltensweisen und Lebensgewohnheiten. Außerdem <u>wüsste</u> man nicht, ob sie mit friedlichen Absichten <u>kämen</u> oder einen Krieg gegen die Menschen ~~führten~~ <u>führen würden</u> (da Konjunktiv II = Indikativ Präteritum).

S. 249 Die Verwendung des Konjunktivs II in Konditionalgefügen

S. 249 **Jules Verne: Reise zum Mittelpunkt der Erde**

1	a	Die Lernenden klären zunächst den Inhalt des Textauszugs aus dem Science-Fiction-Roman. Der Ich-Erzähler Axel hat Bedenken gegen eine Reise zum Mittelpunkt der Erde, weil er glaubt, dass im Erdinnern die Temperaturen zu hoch seien. Professor Lidenbrock hält dem entgegen, dass es dort aus bestimmten physikalischen Gründen gar nicht heiß sein könne. Dieses Argument stützt er mit den Aussagen verschiedener Wissenschaftler, die gegen einen gasförmigen oder flüssigen heißen Kern der Erde sprechen.

	b	Diese Aufgabe regt die Schülerinnen und Schüler dazu an, sich mit Lidenbrocks Argumentation auseinanderzusetzen. Es sollte deutlich werden, dass es sich dabei um Spekulationen handelt, die man nicht belegen kann. Dies ist eine wichtige Grundlage, um sich im Folgenden mit irrealen Konditionalgefügen (Bedingungsgefügen) zu beschäftigen.

2	a	Satzgefüge mit Konditionalsätzen in dem Romanauszug:

	1	„<u>Kämen</u> wir bis zu einer Tiefe von nur zehn Meilen, <u>wären</u> wir an der Grenze der Erdrinde mit einer Temperatur von über dreizehnhundert Grad." (Z. 9–12)

	2	„Wenn im Inneren des Erdballs eine Hitze von zweimal hunderttausend Grad <u>existierte</u>, <u>würde</u> das aus den zerschmolzenen Stoffen erzeugte glühende Gas eine enorme Spannkraft <u>erlangen</u>." (Z. 15–19)

	3	„Wenn das Innere des Erdballs aus Gas <u>bestehen würde</u>, <u>würde</u> die Erde ein zweifach geringeres Gewicht <u>haben</u>." (Z. 26–29)

	4	„Wenn demzufolge zweimal täglich im Inneren Ebbe und Flut <u>entstehen würden</u>, <u>hätte</u> dies periodische Erdbeben zur Folge." (Z. 41–43)

	b	Dass Axel und der Professor die Erfüllung der jeweiligen Bedingungen für unwahrscheinlich halten, wird durch die Verwendung des Konjunktivs II bzw. der würde-Ersatzform deutlich.

	c	In dem Konditionalsatzgefüge „Wenn wir gleich morgen <u>losfahren</u>, <u>kommen</u> wir pünktlich am Vulkankrater an" wird der Indikativ verwendet. Daran erkennt man, dass der Professor die Erfüllung dieser Bedingung für wahrscheinlich hält.

3	Mögliche Konditionalsätze, in denen Axel seine Einwände formulieren könnte:
	–	Wenn wir 1500 Meilen ins Innere der Erde <u>klettern würden</u>, <u>würden</u> wir dafür sehr lange brauchen.
	–	Wenn wir uns <u>verlaufen oder verletzten würden</u>, <u>könnte</u> uns niemand helfen.
	–	Wenn wir im Erdinnern schrecklichen Ungeheuern <u>begegnen würden</u>, <u>könnten</u> diese uns verletzen oder gar auffressen.

4	a/b	Untersuchung der Konditionalsatzgefüge aus dem Text (vgl. Hinweise zu Aufgabe 2a):
	1	Kann unverändert bleiben: <u>Kämen</u> wir bis zu einer Tiefe von nur zehn Meilen, <u>wären</u> wir an der Grenze der Erdrinde mit einer Temperatur von über dreizehnhundert Grad. (Z. 9–12)
	2	Im Konditionalsatz ist die würde-Ersatzform besser geeignet, da Konjunktiv II und Indikativ Präteritum sich nicht unterscheiden: Wenn im Inneren des Erdballs eine Hitze von zweimal hunderttausend Grad ~~existierte~~ → <u>existieren würde</u>, <u>würde</u> das aus den zerschmolzenen Stoffen erzeugte glühende Gas eine enorme Spannkraft <u>erlangen</u>. (Z. 15–19)

3 Im Hauptsatz ist der Konjunktiv II besser geeignet, da die würde-Ersatzform unschön klingt: Wenn das Innere des Erdballs aus Gas <u>bestehen würde</u>, ~~würde~~ <u>hätte</u> die Erde ein zweifach geringeres Gewicht ~~haben~~. (Z. 26–29)

4 Kann unverändert bleiben, denn der Konjunktiv II (entständen) klingt unschön und ist ungebräuchlich: Wenn demzufolge zweimal täglich im Inneren Ebbe und Flut <u>entstehen würden</u>, <u>hätte</u> dies periodische Erdbeben zur Folge. (Z. 41–43)

S. 251 Deutsch und Englisch – Irreale Konditionalgefüge vergleichen

1 Übersetzung der englischsprachigen Sätze:
– Wenn ich in der Lotterie <u>gewinnen würde</u>, <u>würde</u> ich zum Mond <u>reisen</u>.
– Wenn ich einen Alien <u>sähe/sehen würde</u>, <u>würde</u> ich ein Foto <u>machen</u>.

2 Vorschlag für ein Tafelbild:

	Nebensatz	Hauptsatz
Englisch	If I <u>won</u> the lottery, If I <u>saw</u> an alien, → past tense	I <u>would travel</u> to the moon. I <u>would take</u> a photo. → conditional
Deutsch	Wenn ich in der Lotterie <u>gewinnen würde</u>, → würde-Ersatzform	<u>würde</u> ich zum Mond <u>reisen</u>. → würde-Ersatzform
	Wenn ich einen Alien <u>sähe</u>, → Konjunktiv II	<u>würde</u> ich ein Foto <u>machen</u>. → würde-Ersatzform

Der Vergleich der englischen und deutschen irrealen Konditionalgefüge ergibt: Im Deutschen wird im Hauptsatz und im Nebensatz der Konjunktiv II bzw. die würde-Ersatzform verwendet, im Englischen steht in irrealen Konditionalgefügen im Konditionalsatz (If-Satz) das „past tense" und im Hauptsatz das „conditional".

3 a Der vorgegebene Satz ist falsch, weil im Englischen bei irrealen Konditionalgefügen im Konditionalsatz (If-Satz) das „past tense" verwendet werden muss, nicht das „conditional".

b Korrekt lautet der Satz: If you <u>were</u> a millionaire, you <u>would buy</u> a plane.

4 a/b Hier sind individuelle Lösungen möglich, z. B.:
– If I <u>had</u> magical powers, I <u>would finish</u> my homework within five minutes.
– If you <u>were</u> invisible, you <u>would go</u> to the cinema every day without paying a penny.
– If I <u>could</u> fly, I <u>would accompany</u> the swallows to Africa.

S. 252 Fordern und fördern – Konjunktiv II

S. 252 Jules Verne: Reise um den Mond

1 a Sätze aus dem Text, in denen der Konjunktiv II verwendet wird:
– „Nach mathematischen Berechnungen <u>hätte</u> die Kapsel das Zentrum der Mondscheibe treffen müssen." (Z. 6–8)
– „Er hoffte immer noch, das Projektil <u>triebe</u> lediglich dem oberen Rand des Mondes entgegen – der zum Landen ohnehin günstigeren Gegend." (Z. 11–14)
– „Wenn das Projektil sein Ziel <u>verfehlte</u> und über den Mond hinaus in die Unendlichkeit des Planetensystems <u>fiele</u>, <u>wären</u> die Folgen für die drei Astronauten fürchterlich." (Z. 18–21)
– „Seine Fahrt hatte sich doch so weit verlangsamt, dass sie der Mondanziehung theoretisch nicht mehr <u>hätten</u> widerstehen können." (Z. 26–29)

b Der Konjunktiv II wird hier verwendet, weil es sich um Barbicanes Vorstellungen bzw. Befürchtungen handelt.

361

2 **a** Sätze im Text mit der würde-Ersatzform:
– „Den Mond <u>würde</u> man wohl kaum mehr <u>betreten</u>. Wohin aber <u>würde</u> das Geschoss <u>treiben</u>?"
(Z. 29–31)

b Umformulierung in den Konjunktiv II:
– Den Mond <u>beträte</u> man wohl kaum mehr. Wohin aber <u>triebe</u> das Geschoss?

c Die würde-Ersatzform wurde gewählt, weil die Formen des Konjunktivs II ungebräuchlich klingen.

3 **a** Satz, in dem der Konjunktiv verwendet wird, die würde-Ersatzform aber günstiger wäre:
– „Wenn das Projektil sein Ziel <u>verfehlte</u> und über den Mond hinaus in die Unendlichkeit des Planetensystems fiele, wären die Folgen für die drei Astronauten fürchterlich." (Z. 18–21)
Der Konjunktiv II „verfehlte" ist mit dem Indikativ Präteritum identisch. Dadurch wird nicht deutlich,
dass es sich nur Barbicanes Vorstellung handelt und nicht um eine Tatsache.

b Umformulierung mit der würde-Ersatzform:
– Wenn das Projektil sein Ziel <u>verfehlen würde</u> und über den Mond hinaus in die Unendlichkeit des
Planetensystems fiele, wären die Folgen für die drei Astronauten fürchterlich.

c Bei den Antworten auf die Frage „Wohin aber würde das Geschoss treiben?" sind individuelle Lösungen möglich, in denen die Schülerinnen und Schüler die erworbenen Kenntnisse zum Konjunktiv II und zur würde-Ersatzform anwenden können.
Beispiel:
Das Geschoss <u>würde</u> den Mond nicht <u>erreichen</u>. Stattdessen <u>würde</u> es immer weiter ins Weltall <u>trei-
ben</u>. Dann <u>wären</u> die Forscher in ihrer riesigen Kanonenkugel verloren und <u>könnten</u> nie zur Erde zurückkehren.

‖S. 253 Testet euch! – Konjunktiv II

1 In die Lücken gehören folgende Verbformen:
wäre – bräuchte – könnte – müsste – bestände → Lösungswort: durch

2 In die Lücken gehören:
könnte – gäbe – müsste – reisen würde – würde ... führen – wäre – hätte – existieren würde
→ Lösungswort: Zauberei

3 So könnte man noch durch die Zeit reisen (kombinierte Lösungswörter): durch Zauberei

S.254 12.2 Beeindruckende Naturereignisse – Konjunktiv I und Modalverben

S.254 Konjunktiv I in der indirekten Rede

S.254 Per Hinrichs: Stürmische Liebe

1 **a** Die einleitende Aufgabe fordert die Lernenden zur Beschäftigung mit dem Inhalt des Sachtexts auf. Der Reiz des „Sturmjagens" besteht für Johannes Dahl und die anderen Studenten darin, spektakuläre Stürme zu beobachten und zu filmen, um die Theorie der Wetterwissenschaften mit der genauen Beobachtung in der Natur zu verbinden. Zudem wollen sie aufklären und vor den Gefahren, die von Tornados ausgehen, warnen.

b Der Titel ist doppeldeutig. Normalerweise bezeichnet „Stürmische Liebe" eine große, leidenschaftliche Liebe, in diesem Fall meint der Titel jedoch (auch) die Liebe zu Stürmen.

2 **a** Sätze, in denen indirekte Rede verwendet wird (Verbformen im Konjunktiv I sind hier einfach unterstrichen, die Verbform im Konjunktiv II ist doppelt unterstrichen und die würde-Ersatzform ist mit Punktlinie unterstrichen):
- „Dahl sagt, sie wüssten meist einen Tag vorher, wann es wirklich losgeht." (Z. 22–23)
- „Unger freut sich begeistert, dass der Sturm die Windstärke zwölf habe." (Z. 47–48)
- „Die Wetterforscher hierzulande würden sich zu sehr um Regenwahrscheinlichkeit und Vorhersagegenauigkeit kümmern, mit den Warnungen vor wirklichen Gefahren wie bei der großen Elbe-Flut hapere es aber, erklären die Studenten." (Z. 53–59)

b Der Konjunktiv II bzw. die würde-Ersatzform wird verwendet, wenn der Konjunktiv I nicht vom Indikativ Präsens zu unterscheiden ist (wie z. B. wissen, kümmern).

3 **a/b** Beispiele für die Umformung der direkten Rede im Text in indirekte Rede:
- Johannes Dahl erklärt, er liebe Stürme und könne nicht genug davon bekommen. (Vgl. Z. 5–6)
- Christoph Gatzen erläutert, sie würden die Theorie der Wetterwissenschaften mit der Praxis der Beobachtung verbinden. (Vgl. Z. 9–11)
- Dahl berichtet, nur das Feintuning müssten sie kurz vorher noch besprechen. (Vgl. Z. 23–25)
- Christoph Gatzen stellt fest, das Gewitter tobe sich über Berlin aus. (Vgl. Z. 30–31)
- Gatzen behauptet, ein guter Storm Chaser werde nicht nass. (Vgl. Z. 41–42)
- Sebastian Unger meint, ein bisschen verrückt seien sie alle. Doch sie würden mit ihrer Arbeit auch aufklären und vor einer bisher unterschätzten Gefahr warnen wollen: den Tornados. (Vgl. Z. 49–53)

Methodischer Hinweis

An diesem Beispiel sollte man die Schülerinnen und Schüler darauf hinweisen, dass das Umschreiben der direkten in die indirekte Rede eine Änderung von Personal- und Possessivpronomen erfordern kann. Beispiele dafür sind oben sowie bei den Hinweisen zu Aufgabe 2 und 3 auf S. 364 in diesen Handreichungen markiert.

c Die direkte Rede bietet die Möglichkeit, wörtlich wiederzugeben, was gesagt wurde. Dadurch wirkt ein Text anschaulicher und lebendiger. Das wird in Erzählungen und anderen literarischen Texten, aber zum Beispiel auch in Reportagen genutzt. Die indirekte Rede gibt Aussagen nur wieder, paraphrasiert sie. Das erweckt den Eindruck eines größeren Abstands zu dem Gesagten. Man verwendet die indirekte Rede beispielsweise in Inhaltszusammenfassungen.

4 Diese Aufgabe bietet den Schülerinnen und Schülern die Möglichkeit, das Gelernte beim Verfassen eines eigenen Textes anzuwenden.

‖S. 256 Fordern und fördern – Konjunktiv I in der indirekten Rede

‖S. 256 Hagelkorn in den USA bricht gleich zwei Rekorde

1 Umformulierung der wörtlichen Rede im ersten Absatz (Z. 4–7 und 8–9) in indirekte Rede:
Der Nachrichtensender CNN berichtete, mit 875 Gramm Gewicht und einem Durchmesser von 20,32 Zentimetern <u>habe</u> es gleich zwei Rekorde gebrochen. Damit <u>sei</u> es vielleicht sogar das größte bisher bekannte Hagelkorn weltweit.

2 a Umformulierung der wörtlichen Rede im zweiten Absatz (Z. 15–25) in indirekte Rede (wobei die Schülerinnen und Schüler hier auch die Änderung der Personal- und Possessivpronomen beachten müssen):
Leslie Scott [...] erklärt, das Eisstück <u>sei</u> etwas kleiner als ein Fußball. Ihn <u>habe</u> anfangs die besondere Form des Hagelkorns mit seinen Eisfingern fasziniert. Leider <u>seien</u> die Finger nach einem Stromausfall seines Gefrierschranks geschmolzen. Experte Charles Knight erzählt, die Wissenschaftler in Colorado <u>würden</u> nun zunächst Nachbildungen aus Gips <u>anfertigen</u>. Diese <u>gäben</u> sie dann an Forscher, ein Museum in South Dakota und den Finder des Hagelkorns weiter.

b Der Konjunktiv II bzw. die würde-Ersatzform werden verwendet, wenn der Konjunktiv I vom Indikativ Präsens nicht zu unterscheiden ist.

3 a Umformulierung der wörtlichen Rede im dritten Absatz (Z. 26–33) in indirekte Rede (auch hier sind die veränderten Personalpronomen markiert):
Knight berichtet weiter, anschließend <u>würden</u> sie das Original <u>halbieren</u> und (<u>würden</u>) dessen innere Ringanordnung <u>fotografieren</u>. Mit einem Grinsen ergänzt er, das Hagelkorn <u>werde</u> in der Zwischenzeit in einer Gefriertruhe aufbewahrt. Sie <u>hätten</u> ihre Kollegen <u>ermahnt</u>, das eisige Gebilde nicht versehentlich für die Cocktail-Zubereitung zu benutzen.

b Die würde-Ersatzform (würden halbieren und fotografieren) wird verwendet, weil der Konjunktiv I vom Indikativ Präsens (halbieren und fotografieren) nicht zu unterscheiden ist und der Konjunktiv II (halbierten und fotografierten) nicht vom Indikativ Präteritum. Der Konjunktiv II (hätten ermahnt) wird verwendet, weil der Konjunktiv I genauso lautet wie der Indikativ Präsens (haben).

‖S. 257 Modalverben

‖S. 257 Wenn die Erde bebt

1 Die Lernenden überprüfen zunächst ihr Textverständnis:
Der Text informiert darüber, wie Erdbeben entstehen und wie man sie vorhersagen kann. Außerdem wird erklärt, welche Folgen schwere Erdbeben haben können und dass man heute versucht, erdbebensicher zu bauen.

2 a Mit der Übung werden die Lernenden induktiv an die Bedeutung der Modalverben herangeführt. Es gibt mehrere Möglichkeiten, den zweiten Satz (Z. 3–6) ohne Benutzung des Modalverbs „können" zu formulieren, z. B.:
– Man <u>verhindert</u> Erdbeben nicht, aber man <u>sagt</u> sie auf Grund von Aufzeichnungen und Druckmessungen <u>vorher</u>.
– Es <u>gibt keine Möglichkeit</u>, Erdbeben zu verhindern, aber <u>man ist in der Lage</u> / <u>es gibt die Möglichkeit</u>, sie auf Grund von Aufzeichnungen und Druckmessungen vorherzusagen.

b Durch das Modalverb „können" wird ausgedrückt, dass es keine <u>Möglichkeit</u> gibt, Erdbeben zu verhindern, aber dass <u>Möglichkeiten</u> bzw. <u>Fähigkeiten</u> bestehen, sie vorherzusagen.

3 Anhand ihrer Verwendung im Text unternehmen die Schülerinnen und Schüler einen ersten Versuch zur Systematisierung der Modalverben. Das Ergebnis kann in einem Tafelbild festgehalten werden.

Vorschlag für ein Tafelbild:

Modalverben im Text	Aussagewert
kann (Z. 3, 4, 11), können (Z. 23)	Möglichkeit, Fähigkeit
müssen (Z. 9), muss (Z. 12)	Gebot, Zwang
dürfen (Z. 15)	Erlaubnis
soll (Z. 18)	Empfehlung
wollen (Z. 20 f.)	Absicht

S. 258 Proben für den Ernstfall

1 a In die Lücken gehören: **1** wollen (Absicht) – **2** können (Möglichkeit) oder sollen (Empfehlung, Vorschrift) – **3** können (Möglichkeit, Fähigkeit) – **4** müssen (Gebot, Zwang) oder sollen (Vorschrift) – **5** dürfen (Erlaubnis) – **6** müssen (Gebot, Zwang) – **7** müssen (Gebot, Zwang) oder sollen (Vorschrift)

b Mit dieser Reflexionsübung festigen die Lernenden ihre Erkenntnis, dass unterschiedliche Modalverben den Aussagewert des Verbs, das sie begleiten, modifizieren, und sie erarbeiten zugleich, dass etwa die Aussagewerte von „müssen" und „sollen" sich teilweise überschneiden können, dabei jedoch einen unterschiedlichen Grad an Verbindlichkeit ausdrücken.

2 Zunächst überlegen die Schülerinnen und Schüler, in welchen Textsorten welche Modalverben besonders häufig vorkommen. Anschließend sind sie gefordert, selbstständig Sätze mit Modalverben zu formulieren.
Vorschlag für ein Tafelbild:

Textsorte	Modalverb	Beispielsatz
Anweisung/ Vorschrift	sollen	Man soll seinen Müll sortiert in die unterschiedlichen Mülleimer werfen.
Regel/Gesetz	müssen	Bei Feueralarm muss das Gebäude sofort geräumt werden.
Erlaubnis	dürfen	Wenn man in der Oberstufe ist, darf man während der Pausen das Schulgelände verlassen.
Appell	sollen	Alle sollen sich in der Schule rücksichtsvoll verhalten.

3 Diese Aufgabe bietet den Schülerinnen und Schülern die Möglichkeit, selbst den Gebrauch von Modalverben zu erproben, z. B.:
Bei Feueralarm muss das Gebäude sofort geräumt werden. Alle Schülerinnen und Schüler sollen sich an festgelegte Orte auf dem Schulhof begeben. Dort müssen die Lehrerinnen und Lehrer mit Hilfe von Klassenlisten überprüfen, ob alle das Gebäude verlassen konnten. Keiner darf sich entfernen.

S. 259 Fordern und fördern – Modalverben

S. 259 Lawinen

1 Modalverben aus dem ersten Absatz (Z. 1–12) und ihr Aussagewert:
kann (Z. 3, Möglichkeit) – muss (Z. 4, Zwang, Bedingung) – kann (Z. 7, Möglichkeit) – sollen (Z. 9, Empfehlung) – wollen (Z. 12, Absicht)

2 In die Lücken im zweiten Absatz (Z. 13–22) passende Modalverben und ihr Aussagewert:
1 können (Möglichkeit) – **2** sollen (Empfehlung) – **3** können (Möglichkeit) / dürfen (Erlaubnis) – **4** dürfen (Erlaubnis) – **5** möchte (Wunsch) / will (Absicht) – **6** muss (Gebot) / sollte (Vorschrift, Empfehlung) – **7** sollte (Vorschrift, Empfehlung)

Methodischer Hinweis

Man kann die Lernenden an dieser Stelle darauf aufmerksam machen, dass das Modalverb „sollen" in Empfehlungen aus Gründen der Höflichkeit oft im Konjunktiv II verwendet wird, z. B.: Man sollte sich auf der Piste stets rücksichtsvoll verhalten.

3 Beispiel für die Umformulierung der Ratschläge unter Verwendung von Modalverben:
- Vor der Abfahrt <u>muss</u> (Gebot) man unbedingt Informationen über die Schnee- und Wetterlage sowie das Lawinenrisiko einholen.
- Man <u>soll/sollte</u> (Empfehlung) immer nur auf frei gegebenen Pisten fahren.
- Man <u>darf</u> (Erlaubnis) auf keinen Fall abgesperrtes Gelände befahren.
- Man <u>soll/sollte</u> (Empfehlung) möglichst nicht quer zum Hang fahren und abrupte Sprünge vermeiden.

S.260 Testet euch! – Konjunktiv I und Modalverben

S.260 Die längste Sonnenfinsternis des Jahrhunderts

1 Beispiel für die Wiedergabe in indirekter Rede:
  A Wissenschaftler teilen mit, dass es sich bei der Sonnenfinsternis in Asien am 22. Juli um die längste totale Sonnenfinsternis dieses Jahrhunderts und somit um ein spektakuläres Naturereignis <u>handele</u>.
  B In Indien sagen allerdings viele Menschen, sie <u>hätten</u> Angst vor der Sonnenfinsternis, da die verdunkelte Sonne Unglück <u>bringe</u>.
  C Natürlich will man auch Geld mit dem Naturereignis verdienen. Der Chef einer Fluggesellschaft erklärt, die Sitzplätze für einen Sonderflug von Neu-Delhi Richtung Osten mit direktem Blick auf die Sonnenfinsternis <u>würden</u> rund 1200 Euro <u>kosten</u>.
  D In China teilen die Behörden mit, etwa 300 Millionen Menschen <u>könnten</u> im Tal des Jangtse das seltene Naturschauspiel miterleben, wenn nicht schlechtes Wetter den Blick auf das Ereignis <u>behindere</u>.
  E In Shanghai schwärmt ein Geschäftsmann aus den USA, er <u>hoffe</u>, das beeindruckende Schauspiel am klaren Himmel sehen zu können.
  F In Japan erklärt der deutsche Filmregisseur Roland Emmerich, dass er sehr froh <u>sei</u>, wenn er die Sonnenfinsternis zur Werbung für seinen neuen Katastrophenfilm nutzen <u>könne</u>.

2 Folgende Modalverben passen in die Lücken:
1 sollte (Empfehlung) / muss (Gebot) – 2 muss (Gebot) – 3 darf (Erlaubnis) / soll (Empfehlung, Vorschrift) – 4 möchte (Wunsch) / will (Absicht) – 5 kann (Möglichkeit)

S.261 12.3 Fit in … – Einen Text überarbeiten

1 a/b Die Schülerinnen und Schüler klären zunächst in Einzelarbeit, ob sie die Aufgabenstellung verstanden haben. Folgende Aussagen dazu sollten sie in ihr Heft schreiben:
 – Ich soll an den richtigen Stellen den Konjunktiv II bzw. die würde-Ersatzform verwenden.
 – Ob ich beim Überarbeiten den Konjunktiv II oder die würde-Ersatzform verwende, soll ich selbst entscheiden.

 c Der partnerschaftliche Austausch soll sicherstellen, dass den Lernenden tatsächlich die relevanten Aspekte der Aufgabenstellung bewusst sind.

2 Im nächsten Schritt rekapitulieren die Lernenden im partnerschaftlichen Austausch ihr Wissen über die Verwendung des Konjunktivs II und der würde-Ersatzform:
 – Durch den Konjunktiv II wird ausgedrückt, dass eine Aussage unwirklich, nur vorgestellt, unwahrscheinlich oder gewünscht ist.
 – Die würde-Ersatzform sollte man verwenden, wenn der Konjunktiv II im Textzusammenhang nicht vom Indikativ Präteritum zu unterscheiden ist oder wenn der Konjunktiv II ungebräuchlich ist oder unschön klingt.

3 a/b Beispiellösung für die Überarbeitung der Sätze, in denen der Konjunktiv II oder die würde-Ersatzform verwendet werden muss:
 – Z. 12–18: Es wäre natürlich toll, wenn man mit denen in Kontakt treten könnte – das würde ungeahnte Möglichkeiten des Wissens eröffnen. Man könnte die Aliens zum Beispiel fragen, wie sie das mit der Energie machen oder ob sie ihren Müll trennen – lauter solche hochinteressanten Dinge. […]
 – Z. 22–29: Wenn Sie wirklich in der Zeit zurückreisen könnten, dann müssten Sie das ganze Universum in den Zustand versetzen, in dem es zum angepeilten Zeitpunkt war. Dazu müssten Sie mehr Energie zur Verfügung haben, als das Universum selbst zur Verfügung stellt – und das ist absolut unmöglich. […]
 – Z. 32–37: Ich bin ein großer Geschichtsfan und würde daher ins beginnende 19. Jahrhundert reisen. Am liebsten würde ich in Weimar leben, wo Goethe seinen „Faust" geschrieben hat. Ich bin ein großer Bewunderer Goethes und würde dann mit ihm über seine Werke sprechen. […]
 – Z. 39–45: Dann wäre die entscheidende Frage, ob ich wieder zurückreisen dürfte – und wenn das der Fall wäre, würde ich die Zukunft lieber nicht kennen lernen. Vielleicht wäre sie ja so schlecht, dass wir erschrecken würden.
 Die würde-Ersatzform wurde dann gewählt, wenn sich der Konjunktiv II nicht vom Indikativ Präteritum unterscheidet oder wenn der Konjunktiv II ungebräuchlich ist oder unschön klingt (wie z. B. spräche).

Material zu diesem Kapitel auf den folgenden Seiten und auf der CD-ROM

 – Klassenarbeit – Einen Text überarbeiten: Der Beginn einer neuen Realität
 (mit Erwartungshorizont auf der CD-ROM)
 – Test – Konjunktiv I in der indirekten Rede: Unglaubliches Wetterphänomen – Riesige Eiswelle begräbt Häuser unter sich (mit Lösungshinweisen auf der CD-ROM)
 – Fordern und fördern – Konjunktiv II: Spektakuläre Begegnungen mit Außerirdischen
 (auf zwei Differenzierungsniveaus, mit Lösungshinweisen auf der CD-ROM)
 – Fordern und fördern – Konjunktiv I in der indirekten Rede: Aschewolke legt Flugverkehr lahm
 (auf zwei Differenzierungsniveaus, mit Lösungshinweisen auf der CD-ROM)
 – Für Profis – Konjunktiv I in der indirekten Rede: Die Planeten-Jäger – Wie Schüler im All nach Exoplaneten fahnden (mit Lösungshinweisen auf der CD-ROM)
 – Diagnose – Konjunktiv I und II (mit Lösungshinweisen und Förderempfehlung auf der CD-ROM)

Klassenarbeit – Einen Text überarbeiten

Aufgabenstellung

1 Elisa hat in einem Wissenschaftsmagazin einen Artikel gefunden, der eine mögliche Zukunft mit Datenbrillen beschreibt. Sie möchte diesen Text für ein Referat zum Thema „Zukunftsvisionen" auf ein Handout bringen, allerdings möchte sie sprachlich deutlich machen, dass es sich dabei tatsächlich nur um Fantasien handelt.

  a Überarbeite den Text, indem du an den richtigen Stellen den Konjunktiv II bzw. die würde-Ersatzform verwendest. Benutze im ersten Abschnitt (Z. 5–12) immer den Konjunktiv II und entscheide im zweiten und dritten Abschnitt (Z. 13–35), ob du den Konjunktiv II oder die würde-Ersatzform verwenden musst. Beachte: Die markierten Verben bleiben im Indikativ stehen!

  b Unterstreiche in deinem Text die würde-Ersatzformen und erkläre jeweils, warum du sie anstelle des Konjunktivs II verwendet hast.

Der Beginn einer neuen Realität

Datenbrillen [...] sind der erste Schritt zu einer totalen Vernetzung des Lebens. Das verspricht uns viele neue Möglichkeiten – und Konzernen das ganz große Geschäft.

5 Wissenschaftler vermuten: Im Jahr 2020 kann die Datenbrille das Smartphone als Statussymbol abgelöst haben. Man sieht kaum noch ein linkisches Däumeln auf Touch-Displays mehr. Der moderne Stadtmensch geht nicht mehr mit nach

10 unten geneigtem Kopf, sondern erhobenen Hauptes durchs Leben und empfängt dabei mehr Daten als je zuvor.

Ob die Toilette im Büro besetzt, das vegetarische Menü in der Kantine nicht mehr zu haben, der

15 Bus pünktlich oder der Herd zu Hause auch wirklich aus ist: Ein permanenter Strom an Informationen leuchtet in den Gläsern [...] auf. Die Freundin schickt ein Live-Video von sich, wie sie vor dem Spiegel einer Umkleidekabine ein

20 Kleid anprobiert, ein Warnhinweis zeigt den Restalkohol der Zecherei am Vorabend an, damit man nicht ins Auto steigt. Außerdem überträgt die Datenbrille den Hinweis auch an die Krankenversicherung.

Eingenässte Windeln funken an Eltern, abgelau- 25 fene Parkuhren ans Polizeirevier. Die teuren Überwachungskameras früherer Tage baut man ab, und inkognito läuft schon lange niemand mehr herum – jeder ist längst in der Menge der Stadt identifizierbar. Analoge Überfälle und 30 Diebstähle sind auf einem historisch niedrigen Stand – dafür hat die Cyberkriminalität heftig zugelegt. Fernseher landen zunehmend auf dem Müll – auch „Tagesschau" und „Tatort" kann man in die Brillen streamen. 35

(Aus: Die Zeit – Zeit Wissen, Nr. 4, Juni/Juli 2013,
gekürzt und leicht verändert)

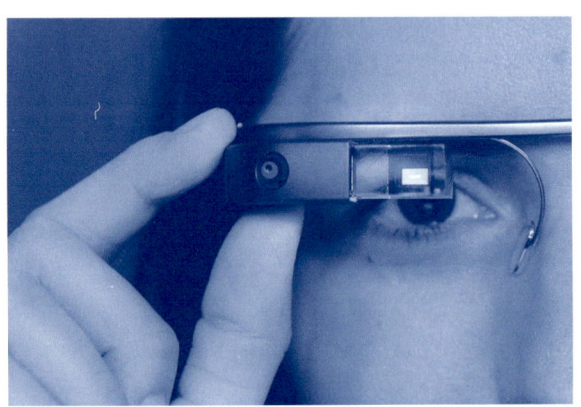

Test – Konjunktiv I in der indirekten Rede

Unglaubliches Wetterphänomen – Riesige Eiswelle begräbt Häuser unter sich

1 Setze in dem folgenden Text die Verbformen im Konjunktiv I ein.

Die Nachrichten berichten, dass sich in der kanadischen Provinz Manitoba ein kurioses Wetter-

phänomen ereignet _____ *(haben)*. Mehrere Häuser _____ *(sein)* durch

meterhohe Eiswellen aus dem Manitoba-See niedergewalzt worden. Experten erklären, eine Eiswelle

_____ *(entstehen)*, wenn ein sehr starker Wind die Eismassen vom See in Richtung der

Häuser _____ *(treiben)*. Man _____ *(können)* feststellen, dass dieses

Phänomen in letzter Zeit besonders häufig _____ *(auftreten)*.

2 **a** Entscheide bei dem folgenden Text jeweils, ob das Verb im Konjunktiv I, im Konjunktiv II oder in der würde-Ersatzform eingesetzt werden muss. Beachte: Es gibt immer zwei Lücken, dennoch ist die Verbform in vielen Fällen einteilig!

Bewohner der betroffenen Häuser berichten, dass die Eiswellen sie sehr überrascht _____

_____ *(haben)*. Sie _____ jedoch sehr froh _____ *(sein)*, die

Naturkatastrophe unbeschadet überlebt zu haben. Schließlich _____ man sein Haus sehr

schnell verlassen _____ *(haben)* müssen, um sich vor den Eismassen in Sicherheit zu

bringen. Zwei Männer erzählen, dass nun mehrere Fragen ihnen große Sorgen _____

_____ *(bereiten)*. So _____ sie nicht _____ *(wissen)*, wie sie

ihre Häuser schnell wieder aufbauen sollen. Außerdem _____ sie vorher klären

_____ *(müssen)*, ob es überhaupt sinnvoll ist, die Häuser wieder an der gleichen Stelle zu

errichten. Schließlich _____ eine solche Katastrophe sich wiederholen _____

(können).

b Begründe auf den Linien, warum du den Konjunktiv II oder die würde-Ersatzform verwendet hast.

_____

_____

_____

Test 3, Seite 1

Kopiervorlage

Fordern und fördern – Konjunktiv II

Spektakuläre Begegnungen mit Außerirdischen

1 Setze im folgenden Text die Verbformen im Konjunktiv II ein. Zwei Beispiele sind vorgegeben.

Im Jahr 1947 entdeckte ein Pilot in der Nähe der Kleinstadt Roswell angeblich neun unbekannte

Flugobjekte. Viele Menschen glaubten, dass tatsächlich ein außerirdisches Raumschiff mit Aliens

abgestürzt _____wäre_____ *(sein)*. Angeblich _____wüsste_____ *(wissen)* die US-Regierung

davon, _____ *(halten)* ihr Wissen jedoch geheim. Einige Ufologen unterstellten sogar,

dass die US-Regierung mehrere Alien-Leichen _____ *(besitzen)*. Im November 1989

behauptete ein Physiker, er _____ *(haben)* auf dem militärischen Sperrgebiet „Area 51"

an außerirdischen Fluggeräten gearbeitet. Beispielsweise _____ *(befinden)* sich dort das

Material des 1947 abgestürzten Ufos. Außerdem _____ *(können)* man dort tote oder gar

lebendige Besatzungen außerirdischer Flugobjekte treffen.

2 a Entscheide beim folgenden Text jeweils, ob das Verb im Konjunktiv II oder in der würde-Ersatzform eingesetzt werden muss. Beachte: Es gibt immer zwei Lücken, dennoch ist die Verbform manchmal einteilig!
TIPP: Verwende im ersten Satz die würde-Ersatzform. Insgesamt musst du sie dreimal benutzen.

Ufologen entdecken immer wieder Wesen, die sie für Außerirdische halten: 2003 fand ein Schatzsucher

in Chile ein 13 Zentimeter großes Wesen. Ufologen glauben, dass es sich dabei um die Mumie eines

Außerirdischen _____ _____ *(handeln)*. Ortsansässige behaupten gar,

dass in ihrer Gegend mehrere kleine Aliens _____ _____ *(leben)*.

Im Mai 2007 fand ein mexikanischer Bauer in einer Tierfalle ein Wesen, von dem er annahm,

Illustration:
Nils Fliegner, Hamburg

370

Kopiervorlage

KV 37, Seite 1

es _____ ein Alien-Baby _____ (sein). Er tötete es sofort, weil er meinte,

dass von ihm große Gefahren _____ _____ (ausgehen).

Im Jahr 2011 dachte ein Bauer in Guatemala, eines seiner Schweine _____ eine

Kreuzung aus einem Hausschwein und einem Alien geboren _____ (haben).

Außerdem habe er während der Geburt des Mischwesens Lichter gesehen, die nur zu Ufos gehören

_____ _____ (können). In all diesen Fällen stellten Forscher fest, dass es

sich um Mutationen von Tieren oder Menschen gehandelt haben musste.

b Unterstreiche die würde-Ersatzformen und begründe auf den Linien, warum du sie verwendet hast. Vergleiche dazu jeweils den Konjunktiv II mit dem Indikativ Präteritum.

_____

_____

_____

_____

Kopiervorlage

●●● Fordern und fördern – Konjunktiv II

Spektakuläre Begegnungen mit Außerirdischen

1 Setze im folgenden Text die Verbformen im Konjunktiv II ein.
●●●

Im Jahr 1947 entdeckte ein Pilot in der Nähe der Kleinstadt Roswell angeblich neun unbekannte

Flugobjekte. Viele Menschen glaubten, dass tatsächlich ein außerirdisches Raumschiff mit Aliens

abgestürzt _____ *(sein)*. Angeblich _____ *(wissen)* die US-Regierung

davon, _____ *(halten)* ihr Wissen jedoch geheim. Einige Ufologen unterstellten sogar,

dass die US-Regierung mehrere Alien-Leichen _____ *(besitzen)*. Im November 1989

behauptete ein Physiker, er _____ *(haben)* auf dem militärischen Sperrgebiet „Area 51"

an außerirdischen Fluggeräten gearbeitet. Beispielsweise _____ *(befinden)* sich dort das

Material des 1947 abgestürzten Ufos. Außerdem _____ *(können)* man dort tote oder gar

lebendige Besatzungen außerirdischer Flugobjekte treffen.

2 a Entscheide beim folgenden Text jeweils, ob das Verb im Konjunktiv II oder in der würde-Ersatzform
●●● eingesetzt werden muss. Beachte: Es gibt immer zwei Lücken, dennoch ist die Verbform manchmal
einteilig!

Ufologen entdecken immer wieder Wesen, die sie für Außerirdische halten: 2003 fand ein Schatzsucher

in Chile ein 13 Zentimeter großes Wesen. Ufologen glauben, dass es sich dabei um die Mumie eines

Außerirdischen _____ _____ *(handeln)*. Ortsansässige behaupten gar,

dass in ihrer Gegend mehrere kleine Aliens _____ _____ *(leben)*.

Im Mai 2007 fand ein mexikanischer Bauer in einer Tierfalle ein Wesen, von dem er annahm,

Kopiervorlage

es _____ ein Alien-Baby _____ *(sein)*. Er tötete es sofort, weil er meinte,

dass von ihm große Gefahren _____ _____ *(ausgehen)*.

Im Jahr 2011 dachte ein Bauer in Guatemala, eines seiner Schweine _____ eine

Kreuzung aus einem Hausschwein und einem Alien geboren _____ *(haben)*.

Außerdem habe er während der Geburt des Mischwesens Lichter gesehen, die nur zu Ufos gehören

_____ _____ *(können)*. In all diesen Fällen stellten Forscher fest, dass es

sich um Mutationen von Tieren oder Menschen gehandelt haben musste.

b Unterstreiche die würde-Ersatzformen und begründe auf den Linien, warum du sie verwendet hast.

_____

_____

_____

_____

Fordern und fördern – Konjunktiv I in der indirekten Rede

Aschewolke legt Flugverkehr lahm

1 Die gewaltige Aschewolke aus dem isländischen Vulkan Eyjafjallajökull hat nun auch Deutschland erreicht. Im Laufe der Nacht soll der Verkehr in großen Teilen des deutschen Luft-
5 raums schrittweise eingeschränkt werden. „Beschränkungen des Luftverkehrs gibt es zunächst im Nordwesten und schließlich im Südosten", erklärte die Sprecherin der Deutschen Flugsicherung am Donnerstag. „In Hamburg sind alle
10 Starts und Landungen bis 24 Uhr gestrichen worden", teilte eine Flughafensprecherin mit. „Ob der Betrieb am Freitag wieder aufgenommen werden kann, ist noch unklar. Das hängt von der weiteren Bewegung der Aschewolken ab."

15 2 „Die Vulkanasche stellt eine bedeutende Bedrohung für die Sicherheit von Flugzeugen dar", hieß es bei der britischen Flugsicherung. *„Piloten meiden Wolken aus Vulkanasche deshalb lieber."* „Wenn ein Pilot versehentlich in eine sol-
20 che Wolke gerät, heißt es um 180 Grad wenden und nichts wie raus", erklärte der Sprecher der Pilotenvereinigung Cockpit, Jörg Handwerg.

„Aschewolken können zu Triebwerksausfällen, Ausfällen der Messgeräte und zerkratzten Fenstern führen." 25

3 „Menschen und Tiere haben bei direktem Kontakt mit der Asche nichts zu befürchten", erläutert Bernd Zimanowski von der Universität Würzburg. „Die Asche ist nur in einer sehr hohen Konzentration für unsere Gesundheit gefähr- 30 lich. Das erwarten wir hier aber nicht."
Insgesamt fielen am Donnerstag rund ein Viertel der täglich etwa 28.000 europäischen Flüge aus, wie die Flugsicherheitsbehörde Eurocontrol in Brüssel mitteilte. „Es ist das erste Mal in der eu- 35 ropäischen Luftfahrtgeschichte, dass wir mit einem solchen Phänomen umgehen müssen", erklärte einer der Leiter von Eurocontrol.
Der „Nachschub" für die Wolke dürfte vorerst nicht abreißen: Der isländische Geophysiker 40 Einar Kjartansson prophezeite: „Der Vulkan wird voraussichtlich noch tagelang Asche spucken."

(Quelle: http://www.stern.de/reise/service/vulkanausbruch-auf-island-aschewolke-legt-deutsche-flughaefen-lahm-1558665.htm vom 15.04.2010, gekürzt und leicht verändert)

Ausbruch des isländischen Vulkans Eyjafjallajökull, Aschewolke (15.05.2010)

1

a Formuliere die wörtliche Rede in Abschnitt 1 (Z. 1–14) in indirekte Rede um. Verwende dabei immer den Konjunktiv I.

b Unterstreiche in deinem Text die Redebegleitsätze und markiere die Verben im Konjunktiv I.

<u>Die Sprecherin der Deutschen Flugsicherung erklärte</u>, Beschränkungen des Luftverkehrs

<u>gebe</u>

2 Formuliere die wörtliche Rede in Abschnitt 2 (Z. 15–25) in indirekte Rede um. Verwende bei dem kursiv gedruckten Satz die würde-Ersatzform, bei dem unterstrichenen Satz den Konjunktiv II und bei den übrigen Sätzen den Konjunktiv I.

3 Formuliere die wörtliche Rede in Abschnitt 3 (Z. 26–43) in indirekte Rede um. Entscheide dabei jeweils, ob der Konjunktiv I, der Konjunktiv II oder die würde-Ersatzform gewählt werden muss.

TIPP: Du musst zweimal den Konjunktiv II und einmal die würde-Ersatzform verwenden.

KV 38, Seite 2

Kopiervorlage

1 a Formuliere die wörtliche Rede in Abschnitt 1 (Z. 1–14) in indirekte Rede um. Verwende dabei immer
●●●   den Konjunktiv I.

    b Unterstreiche in deinem Text die Redebegleitsätze und markiere die Verben im Konjunktiv I.

_____

_____

_____

_____

_____

_____

2 Formuliere die wörtliche Rede in Abschnitt 2 (Z. 15–25) in indirekte Rede um. Entscheide bei dem kur-
●●● siv gedruckten und dem unterstrichenen Satz, ob du die würde-Ersatzform oder den Konjunktiv II verwenden musst. Verwende bei den übrigen Sätzen den Konjunktiv I.

_____

_____

_____

_____

_____

_____

3 Formuliere die wörtliche Rede in Abschnitt 3 (Z. 26–43) in indirekte Rede um. Entscheide dabei jeweils,
●●● ob der Konjunktiv I, der Konjunktiv II oder die würde-Ersatzform gewählt werden muss.

_____

_____

_____

_____

_____

_____

_____

Cornelsen

Kopiervorlage

●●●● Für Profis – Konjunktiv I in der indirekten Rede

Verena Linde

Die Planeten-Jäger – Wie Schüler im All nach Exoplaneten fahnden

Venustransit, 06.06.2012:
Der Planet Venus (die kleine schwarze Scheibe) hat begonnen, sich vor die Sonne zu schieben.

Die Schüler der Astronomie-AG des Göttinger Max-Planck-Gymnasiums haben im Klassenzimmer die Jalousien heruntergelassen. Moritz tippt auf der Tastatur herum. „Das sind die Ko-
5 ordinaten des Sonnensystems ‚DP Leonis‘“, erklärt er. Die Schülerinnen und Schüler steuern via Internet das Teleskop des „Mc-Donald-Observatoriums“[1], das im US-Bundesstaat Texas steht. Mit diesem Teleskop sind die Schüler auf
10 der Suche nach Exoplaneten. Das sind Himmelskörper, die nicht wie die Erde um unsere Sonne kreisen, sondern um Sterne außerhalb unseres Sonnensystems.

Nach einem Jahr Arbeit entdeckten sie im Son-
15 nensystem DP Leonis tatsächlich einen Exoplaneten! „Er besitzt sechsmal so viel Masse wie Jupiter“, schwärmt Moritz. Gesehen hat er den Planeten allerdings ebenso wenig wie seine Kollegen der AG: „Wir haben seine Existenz ausge-
20 rechnet. Wenn sich Exoplaneten um ihren Stern drehen, verdecken sie im Moment des Vorbeiziehens aus unserer Sicht immer einen Teil des Sterns. Dieser wird dadurch eine Spur dunkler –

und diesen Unterschied der Helligkeit können wir messen.“ 25

Bei dem Exoplaneten, den die Schüler entdeckt haben, war die Messung allerdings kniffliger. „DP Leonis ist nämlich ein Sonnensystem, in dessen Zentrum nicht nur ein Stern steht, sondern zwei“, erklärt Moritz. 30

Normalerweise müsste der Weg, den die beiden Sterne im All beschreiben, eine ovale Form haben. Doch Moritz und die anderen bemerkten, dass die Sterne nicht so zogen, wie sie es auf Grund ihrer Position zueinander eigentlich müss- 35 ten. Die Schüler rechneten und rechneten. Und kamen endlich zu dem Schluss: „Da muss noch ein Unruhestifter in der Gegend sein! Ein Planet, der durch seine Masse eine Anziehungskraft ausübt und damit die Sterne ein Stückchen von der 40 Bahn ablenkt.“

Mit ihrer Arbeit haben die Schüler eine ganze Reihe Astrophysiker beeindruckt. „Unsere Erkenntnisse haben wir mit Hilfe der Uni sogar in einer wissenschaftlichen Zeitschrift veröffent- 45 licht“, freut sich Moritz.

(Aus: GEOlino 2/2012, S. 16 ff., gekürzt und leicht verändert)

---

1 Observatorium: Sternwarte

1 Formuliere die wörtliche Rede aus diesem Text in deinem Heft in indirekte Rede um. Entscheide dabei jeweils, ob der Konjunktiv I, der Konjunktiv II oder die würde-Ersatzform gewählt werden muss.

2 Erkläre an jeweils einem Beispiel, warum du den Konjunktiv II bzw. die würde-Ersatzform verwenden musstest.

Kopiervorlage

Diagnose – Konjunktiv I und II

1 Setze im folgenden Text die Verben in die entsprechenden Verbformen im Konjunktiv II:

In Jules Vernes Roman „Reise zum Mittelpunkt der Erde" kann man lesen, wie es _____

(sein), wenn man zum Mittelpunkt der Erde reisen _____ *(kann)*. Zunächst einmal

_____ *(brauchen)* man einen konkreten Hinweis auf eine geeignete Einstiegsstelle.

Außerdem _____ *(müssen)* man sich auf eine lange und abenteuerliche Reise einstellen,

die man sorgfältig vorbereiten _____ *(sollen)*.

2 **a** Erkläre, wann man anstelle des Konjunktivs II die würde-Ersatzform wählen sollte.

Man verwendet anstelle des Konjunktivs II die würde-Ersatzform, wenn der Konjunktiv II _____

_____

b Entscheide bei dem folgenden Text, ob die Verben im Konjunktiv II oder in der würde-Ersatzform stehen müssen, und setze die passenden Verbformen entsprechend ein. Beachte: Es gibt immer zwei Lücken, dennoch ist die Verbform manchmal einteilig!

Es _____ die Möglichkeit _____ *(geben)*, durch einen Vulkan ins Innere der

Erde zu gelangen. Wenn man dann in Richtung Erdmittelpunkt _____ _____

(reisen), _____ man auf dem Weg mit verschiedenen Herausforderungen zu kämpfen

_____ *(haben)*. So _____ beispielsweise die Gefahr _____

(bestehen), dass man sich verläuft. Außerdem _____ die Wasservorräte zur Neige gehen

_____ *(können)*, was zu großen Schwierigkeiten _____ _____

(führen). Wahrscheinlich _____ im Innern der Erde auch noch urzeitliche Tiere wie

Dinosaurier _____ *(existieren)*.

Außerdem _____ dort sicher

spektakuläre Pflanzen und riesige Pilze

_____ *(wachsen)*.

Kopiervorlage

Anja Leue: Höhlen auf Mallorca – Zum Mittelpunkt der Erde

Mallorcas Untergrund steckt voller Überraschungen. Düstere Labyrinthe sind gefüllt mit mächtigen Säulen, zarten Stalaktiten[1] und Formen, die fast magisch wirken. Genau hier stand vor langer Zeit Jules Verne – angeblich. Der berühmte französische Schriftsteller liebte es, sich solche magischen Unterwelten auszumalen und seine Leser in diese zu entführen.

5 „Es stimmt! Jules Verne ist hier gewesen", behauptet Miquel Ginard, der Betreiber der Höhle Coves d'Artà. „Es gibt ein altes Gästebuch, in das sich Verne am 17. September 1877 eingetragen hat."
„Das ist nur ein Touristenscherz", meint dagegen der Jules-Verne-Experte Volker Dehs. „Jules Verne hat Mallorca nie besucht. Da bin ich mir sicher."

(Quelle: www.spiegel.de/reise/europa/hoehlen-auf-mallorca-zum-mittelpunkt-der-erde-a-873527.html, Auszüge, leicht verändert)

---

1 Stalaktit, der: Tropfstein an Höhlendecken

3 Forme die Sätze aus dem Text, die in wörtlicher Rede stehen, in indirekte Rede um. Verwende dabei immer den Konjunktiv I.

_____

_____

_____

_____

_____

_____

4 Setze in den folgenden Text jeweils die passende Verbform (Konjunktiv I, Konjunktiv II oder würde-Ersatzform) ein. Beachte: Es gibt immer zwei Lücken, dennoch ist die Verbform manchmal einteilig!

Ob Jules Verne die Coves d'Artà besucht hat oder nicht – bis heute beeindrucken dort spektakuläre

Gesteinsformationen die Touristen. Ein Urlauber berichtet, die „Königin" _____ ihn

besonders _____ *(faszinieren)*. Das _____ der größte Stalagmit

_____ *(sein)*. Ein anderer Besucher schwärmt, dass Menschen mit etwas Fantasie in

der Höhle auch steinerne Schafe, Quallen, Aale und gar einen Elefanten _____

_____ *(entdecken)*. In den Coves de Campanet erklärt eine Touristenführerin, dass die

Urlauber dort viel „Essbares" aus Kalkstein wie Spaghetti, Brokkoli und Champignonköpfe

_____ _____ *(sehen)*. Andere _____ sich beim Blick an

die Decke an Nägel und Schrauben erinnert _____ *(fühlen)*.

(Quelle: ebd., stark verändert)

Kopiervorlage

13 Grammatiktraining – Satzgefüge

Konzeption des Kapitels

In diesem Kapitel werden die Nebensatzarten wiederholt und mit dem Infinitivsatz und dem Partizipial-satz satzwertige Wortgruppen eingeführt, die ähnliche Funktionen wie die bereits bekannten Nebensät-ze erfüllen. Eingebettet ist das Kapitel in den thematischen Rahmen von kurzen, teils anekdotischen Reiseberichten und kuriosen Beschwerden über Reisebedingungen und -erlebnisse. Neben der Refle-xion sprachlicher Phänomene liegt ein Schwerpunkt auf Formulierungsübungen. Dabei erproben die Schülerinnen und Schüler vor allem verschiedene Formulierungsvarianten und untersuchen sie hin-sichtlich ihrer Verständlichkeit, Klarheit und Kürze. Insofern hat das Kapitel eine schreibdidaktische Ausrichtung, die sich auch im abschließenden Training für eine Klassenarbeit spiegelt.

Im ersten Teilkapitel (**„Kuriose Reisen – Nebensätze unterscheiden"**) stehen die verschiedenen Funktionen von Nebensätzen als Satzglieder im Mittelpunkt: Nebensätze als Subjekt, Objekt, Attribut oder als Adverbial. Ausgehend von Texten, die Reiseerlebnisse humorvoll thematisieren, untersuchen die Lernenden zunächst jeweils die Funktion der Nebensätze, schreiben dann einzelne Sätze um und reflektieren die unterschiedliche Wirkung der Originalsätze und der Umformulierungen, um auf diese Weise Sprachvarianten bewusst einsetzen zu können.

Das zweite Teilkapitel (**„Skurrile Beschwerden – Partizipial- und Infinitivsätze"**) thematisiert Partizi-pial- und Infinitivgruppen. Auch sie sollen als Formulierungsvarianten erkannt werden, die oft hilfreich sein können, aber manchmal auch zu sprachlichen Umständlichkeiten führen. Ausgangspunkt sind deshalb Briefe, in denen Partizipial- und Infinitivsätze zu wenig bzw. zu häufig genutzt werden. Anhand von Umformulierungen reflektieren die Lernenden deren Funktion. Zugleich erlernen sie dabei die Re-geln für die Kommasetzung in diesen Satzgefügen. Ergänzt wird das zweite Teilkapitel durch eine Sei-te, die das Vorkommen von Infinitivsätzen in verschiedenen Sprachen thematisiert und dadurch auf Besonderheiten der deutschen Sprache aufmerksam macht.

Als Übung für eine Klassenarbeit werden im dritten Teilkapitel (**„Fit in … – Einen Text überarbeiten"**) in einem Trainingsprogramm unterschiedliche Textüberarbeitungstechniken angewandt. Die Lernenden können dabei selbstständig arbeiten und durchlaufen anhand detailliert angeleiteter Aufgaben alle Pha-sen des Arbeitsprozesses vom Verstehen der Aufgabenstellung bis zur Überprüfung ihrer Textüberar-beitung.

Literaturhinweise

- *Bredel, Ursula u.a. (Hg.):* Didaktik der deutschen Sprache. Ein Handbuch. 2 Bände. Schöningh, Paderborn u. a. [2]2006
- *Bremerich-Vos, Albert (Hg.):* Zur Praxis des Grammatikunterrichts. Fillibach, Freiburg i.Br. 1999
- Die Stellung der Wörter im Satz. Praxis Deutsch 172/2002
- *Eisenberg, Peter:* Grundriss der deutschen Sprache. Bd. 1: Das Wort. Bd. 2: Der Satz. Metzler. Stuttgart/Weimar [3]2006
- *Köpcke, Klaus Michael u. a. (Hg):* Grammatik in der Universität und für die Schule. Theorie, Empirie und Modellbildung. Niemeyer, Tübingen 2007
- *Orth, Stephan / Blinda, Antje:* Sorry, Ihr Hotel ist abgebrannt. Ullstein, Berlin 2011
- Orthographische und grammatische Spielräume. Der Deutschunterricht 1/2012
- Sprachen in der Klasse. Praxis Deutsch 157/1999
- Sprachliche Heterogenität. Praxis Deutsch 202/2007
- *Steinig, Wolfgang / Huneke, Hans-Werner:* Sprachdidaktik Deutsch. Erich Schmidt, Berlin [2]2004
- Verben in Sätzen. Praxis Deutsch 226/2011
- Wortarten und Satzglieder. Deutschunterricht 1/2010

Übungsmaterial im „Deutschbuch 8 Arbeitsheft"

- Satzreihe und Satzgefüge, S. 64–73
- Das Komma zwischen Sätzen, bei Infinitiv- und Partizipialsätzen, S. 95–96

Vielfältige Trainingsmöglichkeiten bietet auch die Übungssoftware auf CD-ROM zum „Deutschbuch 8 Arbeitsheft".

Inhalte	Kompetenzen
	Die Schülerinnen und Schüler
S. 263 13 Grammatiktraining – Satzgefüge	– setzen sich mit einer schwer verständlichen Mitteilung im Nominalstil auseinander – formulieren den Text in Satzgefüge um
S. 264 13.1 Kuriose Reisen – Nebensätze unterscheiden S. 264 Subjekt- und Objektsätze: Nebensätze als Satzglieder	– klären die Begriffe Subjekt- und Objektsatz – formulieren Sätze um, indem sie Subjekt- und Objektsätze bilden oder auflösen – reflektieren, welche Vor- oder Nachteile der Text durch Subjekt- und Objektsätze gewinnt
S. 265 Relativsätze: Attribute in Form eines Nebensatzes	– klären den Begriff „Relativsatz" – bilden Relativsätze oder lösen sie auf – untersuchen die Wirkung von Relativsätzen
S. 266 Adverbialsätze: Adverbiale Bestimmungen als Nebensätze	– formen Adverbiale zu Adverbialsätzen um – reflektieren die Vor- und Nachteile der Nutzung von Adverbialen bzw. Adverbialsätzen – erproben Adverbialsätze in einem funktionalen Zusammenhang (Wegbeschreibung)
S. 268 Fordern und fördern – Nebensätze	– nutzen Nebensätze zur Umformulierung von Texten, erkennen Typen von Adverbialsätzen
S. 269 Testet euch! – Nebensätze	– erkennen und formulieren verschiedene Arten von Nebensätzen
S. 270 13.2 Skurrile Beschwerden – Partizipial- und Infinitivsätze Partizipialsätze	– lernen Partizipialsätze kennen und reflektieren, inwieweit diese zu umständlichen Texten führen können – lösen Partizipialsätze auf, reflektieren die veränderte Wirkung – üben die Kommasetzung bei Partizipialsätzen – erarbeiten Partizipialsätze als Mittel zur Satzverkürzung
S. 272 Infinitivsätze	– lernen Infinitivsätze als Formulierungsvariante kennen – verwenden Infinitivsätze zur Textüberarbeitung – reflektieren den Nutzen von Infinitivsätzen – üben die Kommasetzung bei Infinitivsätzen
S. 274 Infinitivsätze international – Sprachen vergleichen	– vergleichen Infinitivsätze in verschiedenen Sprachen – erarbeiten die Besonderheiten im Deutschen
S. 275 Fordern und fördern – Partizipial- und Infinitivsätze	– nutzen Partizipial- und Infinitivsätze als Formulierungsvarianten und reflektieren deren Vorteile – üben dabei die Kommasetzung
S. 276 Testet euch! – Partizipial- und Infinitivsätze	– überprüfen ihre Fähigkeiten, Infinitiv- und Partizipialsätze zu erkennen, für Umformulierungen zu nutzen und die Kommas korrekt zu setzen
S. 277 13.3 Fit in … – Einen Text überarbeiten	– üben prozessorientiert die Überarbeitung eines Textes mit Hilfe der zuvor erprobten Techniken

13   Grammatiktraining – Satzgefüge

Die Auftaktseite sensibilisiert die Schülerinnen und Schüler für den Nutzen von Satzgefügen. Die Mitteilung über Verzögerungen auf der Homepage einer Fluggesellschaft zeigt, wie umständlich Texte werden können, wenn man versucht, Nebensätze zu vermeiden.

 Die Aufgabe weckt Aufmerksamkeit für den Text auf der Homepage und fordert die Lernenden dazu auf, die Besonderheiten der Formulierungen und die Gründe dafür zu reflektieren.

a   Die Verständlichkeit des Textes leidet an einem Nominalstil, der zudem die Nomen mit zahlreichen attributiven Ergänzungen versieht, um Nebensätze zu vermeiden.
Inhaltlich könnten die Lernenden anmerken, dass gerade in einer Situation, in der die Reisenden auf Informationen angewiesen sind,
  – die Homepage selbst keine Angaben zu den Verzögerungen macht
  – und die Hotline offenbar abgeschaltet ist.
Beide Wege bieten den Fluggästen also keine Information.

b   Denkbare Vermutungen zu den umständlichen Formulierungen auf der Website:
  – Die Umständlichkeit rührt aus dem Bemühen, möglichst knapp zu formulieren, damit der Text auf die Seite passt.
  – Der Inhalt ist bewusst möglichst unklar formuliert, da er letztlich den Reisenden mitteilt, dass es keinerlei Mitteilungen gibt. Dies sollen sie vielleicht nicht direkt verstehen.

 Die Aufgabe fordert nun zu einer Umformulierung und der Reflexion darüber auf.

 a   Eine denkbare Umformulierung wäre:
Da die Flugzeiten sich gegenwärtig auf Grund des Wetters rasch verändern, können wir hier keine Aktualisierung des Flugplans veröffentlichen, wie sie sonst zeitnah erfolgt. Leider können Sie zurzeit auch keinen Kontakt mit der Hotline aufnehmen, weil diese momentan durch die vielen Anfragen überlastet ist.

b   Der neue Text ist verständlicher, aber auch ein wenig verändert, um diese klare Verständlichkeit zu erreichen. Er hat Vorteile für die Flugreisenden: Sie wissen nun Bescheid, dass sie keinerlei Informationen bekommen können. Nachteile hat der klar formulierte Text für die Fluggesellschaft, die zugeben muss, dass sie derzeit überfordert ist.

IIS. 264 13.1 Kuriose Reisen – Nebensätze unterscheiden

Im ersten Teilkapitel stehen Gliedsatzarten im Mittelpunkt. Es werden die verschiedenen Nebensatztypen wiederholt, die Satzglieder ersetzen können. Dabei folgen die einzelnen Abschnitte dem Grundmuster, dass die Lernenden sich zunächst inhaltlich mit der Textvorlage (einem kuriosen Reisebericht) auseinandersetzen, dann die sprachliche Besonderheit des Textes untersuchen und diese schließlich als Grundlage für eine Textüberarbeitung nutzen.

IIS. 264 Subjekt- und Objektsätze: Nebensätze als Satzglieder

Die Seite stellt Subjekt- und Objektsätze als Mittel vor, die Satzaussagen verdeutlichen können, aber zum Teil auch Satzgefüge zu kompliziert werden lassen.

 Die Aufgabe fordert zu einer Auseinandersetzung mit dem Text auf.
Beispiellösung:
Die Passagiere werden diese Reise wohl nicht vergessen, weil sie während des Flugs damit rechnen mussten, dass sich eine Bombe an Bord befindet.

2 **a** Diese Übung entwickelt nun die Begriffe Subjekt- und Objektsatz:

    – In Satz 1 liefert der Nebensatz die Antwort auf die Frage: Was sagte der Pilot? Der Nebensatz übernimmt die Funktion des (Akkusativ-)Objekts und heißt daher Objektsatz.

    – In Satz 2 fragt man nach dem Nebensatz: Wer oder was blieb unklar? Der Nebensatz nimmt also die Stelle des Subjekts ein und heißt daher Subjektsatz.

    Vorschlag für ein Tafelbild:

Textbeispiel	Frage	vertritt welches Satzglied?	Bezeichnung des Gliedsatzes
1 Der Pilot sagte sofort, <u>dass wir nicht in Panik verfallen sollten</u>.	<u>Was</u> sagte der Pilot?	(Akkusativ-)Objekt	Objektsatz
2 <u>Warum er dies mitteilte</u>, blieb uns unklar.	<u>Wer oder was</u> blieb unklar?	Subjekt	Subjektsatz

    b Satz 2 lautet ohne Nebensatz z. B.: Der Grund für diese Mitteilung blieb uns unklar.
Im umgeformten Satz ist das Subjekt „Der Grund für diese Mitteilung", im ursprünglichen Satz ist die Subjektstelle durch den Nebensatz besetzt (Subjektsatz).

    Vorschlag für ein Tafelbild:

Textbeispiel		Satzglied/ Gliedsatz
<u>Der Grund für diese Mitteilung</u>	blieb uns unklar.	Subjekt
<u>Warum er dies mitteilte,</u>	blieb uns unklar.	Subjektsatz

    c Lediglich in Satz 7 gibt es noch einen Objektsatz („Ob das nun gut ist oder nicht").

3 Diese Aufgabe fordert die Lernenden nun zur Umformulierung der zentralen Sätze des Textes auf.

    a Beispiele für Umwandlungen in Satzgefüge mit Objektsätzen:

      3 In der Luft erwähnte er, <u>dass es eine Bombendrohung und ein überschüssiges Gepäckstück gegeben habe</u>.

      5 Ich kann Ihnen berichten, <u>dass die Maschine gründlich gecheckt wurde</u>.

    b Beispiel für die Umwandlungen in ein Satzgefüge mit einem Subjektsatz:

      4 <u>Wer nun auf eine Entwarnung gehofft hatte</u>, wurde jedoch enttäuscht.

    c Die neuen Satzgefüge sind in der Regel besser verständlich. Manchmal sind sie durch die Umformulierung länger. Bei Satz 3 werden die Lernenden vermutlich den Originalsatz und die Umformulierung für ähnlich passend halten.

S. 265 Relativsätze: Attribute in Form eines Nebensatzes

Mit diesen Übungen wiederholen und vertiefen die Schülerinnen und Schüler ihr Wissen über den Relativsatz als Möglichkeit, Attribute in einem Nebensatz darzustellen und dadurch Satzstrukturen zu verdeutlichen. Die Möglichkeit, dass Relativsätze Satzgefüge auch undurchsichtiger machen können, wird dabei angesprochen.

1 Mit dieser Aufgabe soll anhand einer Worterklärung Wesentliches des Textes verdeutlicht werden: „Exzentrisch" heißt wörtlich zunächst „außerhalb des Zentrums / des Mittelpunkts" liegend. Gemeint ist eine Überspanntheit, die oft mit einer absurden Komik verbunden ist. Bezogen auf die Reiseanekdote könnten die Schülerinnen und Schüler z.B. folgende Erklärung vorschlagen: Exzentrisch ist jemand, der so sehr in seiner eigenen Welt lebt, dass er nicht einmal mehr merkt, wie absurd und lächerlich das eigene Verhalten auf andere wirkt. Genau dieses Verhalten zeigt die amerikanische Dame durch ihre Vorliebe für Stofftiere, die sie wie fast wie Menschen behandelt.

2 a Diese Übung fordert nun eine sprachliche Untersuchung ein. Der Relativsatz in Satz A lautet: „die immer zwei Kabinen buchte", und erklärt das Nomen „Dame", auf das er sich bezieht, näher.

b Der Relativsatz trägt seinen Namen, weil er in eindeutiger Beziehung zu einem Wort des übergeordneten Satzes steht, in der Regel zu einem Nomen. In Satz A bezieht sich der Relativsatz auf „Dame".
Vorschlag für ein Tafelbild:

Der Relativsatz (Attributsatz) und sein Bezugswort

Auf der „Queen Elizabeth 2" fuhr [...] eine [...] amerikanische Dame, die immer zwei Kabinen buchte.
---

c Weitere Relativsätze im Text und ihre Funktionen:
    E „den wir im Speisesaal haben" – ist ein Attribut von „Tisch"
    F „die ich noch erfragen möchte" – ist ein Attribut von „Sache"

3 a Mit dieser Aufgabe werden die Schülerinnen und Schüler nun zu einer Umformulierung und einer Reflexion der Formulierungsvarianten angeregt. Mögliche Lösung:
    B Eine Kabine war für sie und die andere für ihre Kuscheltiere, die immer mitreisten, vorgesehen.
    C Die Kreuzfahrerin, die immer in der Kabine speiste, buchte eines Tages im Restaurant einen Tisch für acht Personen.
    D Dem Kellner, der die Buchung aufnahm, erzählte sie: ...
    E Wir reservieren Ihnen gern den schönsten Tisch im Speisesaal.
    F Eine Frage möchte ich jedoch noch stellen: ...

b Das Ergebnis der Untersuchung könnte sein:
    – Relativsätze sind hilfreich, um umständliche Attributkonstruktionen zu vermeiden.
    – Sie wirken umständlich, wenn sie Dinge im Nebensatz formulieren, die sehr kurz und knapp auch im Hauptsatz ausgedrückt werden könnten.

||S. 266 Adverbialsätze: Adverbiale Bestimmungen als Nebensätze

Diese Seiten wiederholen die Typen von Adverbialsätzen, indem sie die Lernenden dazu auffordern, sie zur Um- oder Neuformulierung von Texten zu nutzen. Das flexible Wechseln zwischen adverbialer Bestimmung und Adverbialsatz soll dabei geschult werden.

1 a Die Aufgabe fordert zu einer inhaltlichen Auseinandersetzung mit dem Text auf. Als Ursachen, warum Menschen blindlings den Anweisungen eines Navigationsgeräts folgen, könnten etwa genannt werden:
    – Technikgläubigkeit
    – bisher gute Erfahrungen mit Navis
    – Bequemlichkeit

b Mögliche Ideen, wie man verhindern kann, von einem Navi in die Irre geführt zu werden:
    – Reiseroute auf der Karte mitverfolgen
    – Reiseroute vorab im Internet klären und dann mit den Vorschlägen des Navi abgleichen
    – sich Ortskenntnis verschaffen, um unsinnige Navi-Vorschläge zu bemerken

2 a Die Übung konzentriert nun über Umformulierungen die Aufmerksamkeit auf die Phänomene der adverbialen Bestimmungen und der Adverbialsätze. Denkbare Lösung für Satz 1: Während einer Reise in Australien vertrauten südkoreanische Touristen blindlings dem Navi ihres Mietwagens.

b Den neu formulierten Satz könnten die Lernenden für einfacher und weniger umständlich halten. Der ursprüngliche Satz könnte mündlich vorgetragen besser verstehbar sein, weil er wichtige Informationen aus dem Hauptsatz auslagert.

c Während der ursprüngliche Satz einen Adverbialsatz (Temporalsatz) nutzt, wird die entsprechende Information in der Umformulierung in einer adverbialen Bestimmung der Zeit ausgedrückt.
Zur Verdeutlichung kann man in einem Tafelbild den Adverbialsatz umstellen:

Nebensatz/Satzglied	Hauptsatz	Bestimmung des Gliedsatzes/Satzglieds
Als sie in Australien reisten,	vertrauten südkoreanische Touristen blindlings dem Navi ihres Mietwagens.	Temporalsatz
Während einer Reise in Australien	vertrauten südkoreanische Touristen blindlings dem Navi ihres Mietwagens.	adverbiale Bestimmung der Zeit

3 a Die Aufgabe dient der Erprobung von Umformulierungen. Denkbare Lösungen:

   2 Indem sie den Anweisungen des Navis folgten, entfernten sie sich immer weiter von der Ostküste.

   3 Selbst als sie im Waldgebiet von Cordalba ankamen, wurden sie nicht skeptisch.

   4 Obwohl sie Warnschilder passierten, fuhren sie unbeirrt weiter.

   5 Sie räumten selbst einen Felsbrocken aus dem Weg, damit sie den Anweisungen ihres Chefs in der schwarzen Box folgen konnten.

   6 Erst als sie im weichen Untergrund nahe Childers versanken, endete ihre Fahrt.

   7 Der Polizeichef von Childers riet: „Schalten Sie, auch wenn Sie das Navi benutzen, weiterhin Ihren Verstand ein, damit Sie nicht im Sumpf landen."

   b Mit adverbialen Bestimmungen lassen sich nähere Umstände oft in sehr kurzen Sätzen darstellen. Adverbialsätze sind zwar meistens länger, aber oft auch besser verständlich, weil die Informationen auf mehrere Teilsätze verteilt sind und Bezüge oft deutlicher werden.

4 Nun üben die Schülerinnen und Schüler, Adverbialsätze für eigene Texte zu nutzen. Eine Geschichte zu dem kurzen Text „Gibraltar? Gibraltar!" könnte zum Beispiel so aussehen:

Als ein Fernfahrer aus der Türkei nach Gibraltar an der Südspitze der Iberischen Halbinsel fahren wollte, tippte er den Ortsnamen in sein Navi ein. Obwohl das Display zeigte, dass der vorgeschlagene Ort in Großbritannien lag, akzeptierte der Fahrer den Vorschlag. Weil er dem Navi vertraute, schaute er niemals in eine Karte, während er eine lange Strecke durch Europa hinter sich brachte. Obwohl das Navi ihn immer weiter in den Norden Europas führte, wurde der Fahrer nicht misstrauisch. Auch als er an der Nordsee ankam, plagten ihn keine Zweifel. Nachdem er jedoch in Großbritannien auf das Ortseingangsschild „Gibraltar" stieß, konnte er sich nichts mehr vormachen: Er war 2.580 Kilometer falsch gefahren, weil er dem Navi blind vertraut hatte und nicht ahnte, dass es auch in Nordengland einen Ort namens Gibraltar gibt.

5 Die Wegbeschreibung veranschaulicht den Nutzen von Adverbialsätzen in einem funktionalen Zusammenhang. Eine denkbare Lösung, die sich auf die Illustration bezieht:

Nachdem du den Bahnhof verlassen hast, gehst du nach rechts in die Bahnhofstraße und am Museum vorbei, bis du auf die Kirchgasse triffst. Wenn du dort links abbiegst, kommst du an der Post vorbei. Gehe noch ein Stück weiter, damit du rechts in den Tulpenweg einbiegen kannst. Sobald du die Bushaltestelle siehst, ist es nicht mehr weit. Nachdem du der Rechtskurve des Tulpenwegs gefolgt bist, geht es an der nächsten Kreuzung nach links, sodass du nach wenigen Meter vor unserem Haus stehst.

||S.268 Fordern und fördern – Nebensätze

Diese Seite kann für eine Differenzierung genutzt werden. Die Aufgaben lassen sich parallel einsetzen: Jede Schülerin und jeder Schüler wählt dann ein Anforderungsniveau, das sie/er sich zutraut. Es ist aber auch eine Stufung möglich: Wenn man Aufgabe 1 bewältigt hat, kann man sich Aufgabe 2 und später Aufgabe 3 zuwenden, da die Aufgaben unabhängig voneinander und nacheinander bearbeitet werden können.

1 Mit dieser Übung liegt das einfachste Aufgabenformat vor, da für die Sätze die jeweilige Konjunktion angegeben ist. Die Nebensatzart kann aus diesen Konjunktionen geschlossen werden.

a Die Frage nach einer anderen Überschrift zielt auf einen inhaltlichen Zugang. Als Überschrift kommt etwa in Frage:
- Mit der Straßenbahn nach Afrika
- Mit der Luftmatratze nach Afrika
- Zwei Kinder zieht es in die Ferne

b/c Beispiele für die Verbindung zu Satzgefügen (in Klammern die Art des Adverbialsatzes):
2 Nachdem im Januar 2009 ein Junge und ein Mädchen (5 und 6) ihre Sonnenbrillen, Badesachen und Luftmatratzen eingepackt hatten, spazierten sie zur Hannoveraner Straßenbahn. (Temporalsatz)
4 Obwohl die Eltern zu Hause waren, hatten die Kinder die Tür aufgeschlossen und sich auf den Weg gemacht. (Konzessivsatz)
6 Als die Kleinen abends nach der Rückkehr im Bett lagen, träumten sie vermutlich von Giraffen und Löwen. (Temporalsatz)

2 a/b Diese Übung stellt höhere Anforderungen als Aufgabe 1, da die Sätze ohne Vorgabe von Konjunktionen verbunden werden müssen und vermutlich auch nicht nur Adverbialsätze auftauchen werden. Beispiellösung (in Klammern die Art des Nebensatzes):
1 Dass schon Kinder dem Trend zu Fernreisen folgen, zeigt die folgende Geschichte. (Objektsatz)
3 Da sie zu ihrem Traumziel Afrika reisen wollten, nahmen sie die Straßenbahn nach Süden. (Kausalsatz)
5 Als sie gerade in die Straßenbahn mit der Aufschrift „Afrika-Express" stiegen, fand sie ihr Vater. (Temporalsatz)

3 a/b Diese Aufgabenstellung erhöht die Anforderungen nochmals, da nun nicht mehr nur die Sätze zu verbinden sind, sondern auch Zusatzinformationen eingebaut werden müssen. Beispiellösung (in Klammern jeweils die Nebensatzarten):
1 Dass schon Kinder dem Trend zu Fernreisen folgen, zeigt die folgende Geschichte, die sich in Hannover ereignete. (Objektsatz + Relativsatz)
2 Nachdem im Januar 2009 ein Junge und ein Mädchen (5 und 6 Jahre) ihre Sonnenbrillen, Badesachen und Luftmatratzen eingepackt hatten, spazierten sie zur Hannoveraner Straßenbahn, obwohl sie kein Geld für die Fahrkarte hatten. (Temporalsatz + Konzessivsatz)
3 Da sie zu ihrem Traumziel Afrika reisen wollten, nahmen sie die Straßenbahn nach Süden, wobei der Straßenbahnfahrer sie ohne Fahrscheinkontrolle hatte einsteigen lassen. (Kausalsatz + Modalsatz)
4 Obwohl die Eltern zu Hause waren, hatten die Kinder die Tür aufgeschlossen und sich auf den Weg gemacht, auch wenn ihnen dabei etwas mulmig war. (Konzessivsatz + Konzessivsatz)
5 Als sie gerade in die Straßenbahn mit der Aufschrift „Afrika-Express" stiegen, fand sie ihr Vater, der ihnen in großer Eile nachgelaufen war. (Temporalsatz + Relativsatz)
6 Als die Kleinen abends nach der Rückkehr im Bett lagen, träumten sie vermutlich von Giraffen und Löwen, sodass sie in Gedanken doch in Afrika waren. (Temporalsatz + Konsekutivsatz)

S. 269 Testet euch! – Nebensätze

Nun können die Schülerinnen und Schüler den erreichten Lernstand selbst in einem Test ermitteln.

1 a/b Art der Nebensätze:
1 Subjektsatz
2 Objektsatz
3 Relativsatz
4 Temporalsatz
5 Konditionalsatz
6 Konzessivsatz
7 Finalsatz
8 Kausalsatz → Reisende

386

2 **a** Beispiellösung für die Verbindung der Hauptsätze zu Satzgefügen (Art des Nebensatzes in Klammern):
- Wer solche Fehler vermeiden möchte, sollte immer auch das Land prüfen. (Subjektsatz)
- Falls/Wenn du nach Paris in Frankreich willst, achte darauf, dass du nicht in Paris in Texas (USA) landest. (Konditionalsatz)
- Indem du den Ausdruck deiner Buchung genau prüfst, kannst du ein Verfliegen vermeiden. (Modalsatz)
- Wenn du in einer falschen Stadt landest, genieß die neue Erfahrung. (Konditionalsatz)

b Vorteile, die die neuen Sätze gegenüber den ursprünglichen haben, z.B.:
- Die neu formulierten Tipps machen den Zusammenhang zwischen den beiden (Teil-)Sätzen deutlicher.
- Die neu formulierten Tipps klingen flüssiger und nicht so stockend wie die einzelnen Sätze.

S.270 13.2 Skurrile Beschwerden – Partizipial- und Infinitivsätze

Im zweiten Teilkapitel werden die satzwertigen Partizipial- und Infinitivgruppen eingeführt und in ihrer Funktion untersucht.
Dabei sollte deutlich werden, wie sie zu eleganten und präzisen Formulierungen verhelfen können, aber auch, wo sie gestelzt und umständlich klingen.

S.270 Partizipialsätze

Die Seiten 270 und 271 im Schülerband führen die Partizipialsätze ein, indem sie die Lernenden nach einer Begriffsbestimmung zunächst die übertriebene Nutzung in einem Brief untersuchen und verbessern lassen. In weiteren Übungen (Aufgaben 5 und 6) werden die Partizipialsätze dann auch als sinnvolle Formulierungsvariante genutzt.

1 Die Aufgabe fordert zu einer nicht ganz ernst gemeinten inhaltlichen Auseinandersetzung mit dem absurden Brief auf.
Beispiele für weitere Forderungen von Trude Trennscharf, die sich aus den Besteckverletzungen ableiten lassen:
- Ich musste mich einer aufwendigen Schönheitsoperation unterziehen und bitte um Erstattung der hohen Kosten.
- Ich habe mir den Finger amputiert und benötige nun einen Kunstfinger, der von Ihnen zu bezahlen ist.
- Ich konnte meinen Urlaub nicht mehr genießen und bitte um Rückerstattung der Kosten.

2 Die Aufgabe rückt nun die sprachliche Gestaltung in dem Schreiben in den Mittelpunkt. Vermutlich werden die Schülerinnen und Schüler äußern, dass ihnen nicht nur der Inhalt seltsam vorkommt, sondern auch die gestelzte Art der Formulierung. Die Satzkonstruktionen sind bei einmaligem Lesen kaum verständlich, weil oft nur mühsam erschlossen werden kann, worauf sich bestimmte Satzteile beziehen (z. B. „Ansonsten vollkommen gelungen").

3 **a** Nun folgt die Einführung des Begriffs „Partizipialsatz".
Das Partizip des im Schülerband markierten Partizipialsatzes ist „zurückgekommen".

b   Vorschlag für ein Tafelbild:

Satzbeispiele (Partizipialsätze unterstrichen)	Komma oder kein Komma?
Aus dem Urlaub zurückgekommen**(,)** muss [...]	kein Verweiswort im übergeordneten Satz → Komma möglich, aber nicht verpflichtend
Ansonsten vollkommen gelungen**(,)** war [...]	kein Verweiswort im übergeordneten Satz → Komma möglich, aber nicht verpflichtend
Stets scharf geschliffen**,** **so** führten die Messer ...	Verweiswort im übergeordneten Satz („so") → das Komma ist notwendig
Sogar die Gabeln**,** ähnlich scharf gemacht**,** verletzten [...]	Partizipialsatz als nachgestellte Erläuterung zu einem Nomen → muss durch Komma abgetrennt werden
Derart verwundet**(,)** musste ich mir [...]	kein Verweiswort im übergeordneten Satz → Komma möglich, aber nicht verpflichtend
Noch immer verärgert**(,)** bitte ich [...]	kein Verweiswort im übergeordneten Satz → Komma möglich, aber nicht verpflichtend

4   a   Jetzt sind die Schülerinnen und Schüler gefordert, den Text sprachlich zu glätten, indem sie die Partizipialsätze eliminieren und durch Relativ- oder Adverbialsätze ersetzen. Beispiellösung:
Nachdem ich aus dem Urlaub zurückgekommen bin, muss ich leider eine Beschwerde an Sie richten. Obwohl das Essen im Hotel ansonsten vollkommen gelungen war, brachte es doch in einer Hinsicht ein Ärgernis mit sich. Die Messer, die stets scharf geschliffen waren, führten (nämlich) zu vielen Verletzungen. Sogar die Gabeln, die ähnlich scharf gemacht waren, verletzten mich. Da ich derart verwundet war, musste ich mir eigenes Besteck kaufen. Weil ich noch immer verärgert bin, bitte ich um Erstattung der Kosten.

b   Der überarbeitete Text ist besser verständlich, aber nicht mehr so kurz wie das Original. An manchen Stellen (z.B. beim Schlusssatz) entsteht eine Kausalität, die der Originaltext nicht herstellt.
Die Partizipialsätze sollten etwa bei den Schlusssätzen stehen bleiben:
  – Derart verwundet musste ich mir eigenes Besteck kaufen.
  – Noch immer verärgert bitte ich um Erstattung der Kosten.
Diese Sätze unterstellen – anders als die Umformulierungen – keine Kausalität, die die Schreiberin vermutlich auch gar nicht ausdrücken wollte.

5   a/b   Nun sind die Lernenden zu eigenen Formulierungen aufgefordert. Beispiellösung:
  1   Wenn Sie die Gabel zum Gesicht führen, sollten Sie ohne Umwege auf den Mund zielen.
  2   Auf hektische Bewegungen sollten Sie**,** das Messer in der Hand haltend**,** ganz verzichten.
  3   Diesen Ratschlägen folgend**(,)** könnten Sie zumindest tiefe Fleischwunden vermeiden.
  4   Die Gabel**,** auf Grund ihrer Zacken stets eine besondere Gefahr darstellend**,** muss immer mit großer Vorsicht zum Gesicht geführt werden.
  5   Messer und Gabel**,** in der Verbindung besonders risikobehaftet**,** sollten niemals zusammen Richtung Mund geführt werden.
Wir hoffen, Ihnen mit diesen Hinweisen weitere Verletzungen erspart zu haben. Stets an einer gütlichen Lösung interessiert**(,)** überweisen wir Ihnen zeitgleich 14,50 Euro.
Partizipialsätze können gut für Einschübe (Erläuterungen zu einem Nomen oder Pronomen) genutzt werden (2, 4 und 5). In Satz 3 und im Schlusssatz bietet ein Partizipialsatz die Möglichkeit für eine sinnvolle Satzverkürzung.

6   Die Aufgabe lenkt die Aufmerksamkeit der Lernenden auf die Leistung von Partizipialsätzen, Sätze kürzer zu formulieren. Denkbare Lösung:
  – Stets an einer gütlichen Lösung interessiert**(,)** sucht unsere Firma Kompromisse.
  – Auf Ausgleich bedacht**(,)** überweisen wir oft sogar unberechtigte Entschädigungen.

||S. 272 Infinitivsätze

Ausgehend von weiteren grotesken Beschwerden über Reisebedingungen und Vorkommnisse während des Urlaubs werden Infinitivsätze zunächst begrifflich erfasst, dann als Umformulierungsmöglichkeit genutzt und schließlich in ihrer Funktion reflektiert. Wesentlich ist dabei auch, die komplizierte Kommasetzung zu klären.

1 Auch diese Übungssequenz beginnt mit der inhaltlichen Auseinandersetzung: Herr Klugermann beschwert sich in seinem Brief darüber, dass der Gezeitenwechsel (Ebbe und Flut) dazu führte, dass er am Strand nicht immer ausreichend Wasser zum Baden vorgefunden hat. Die Lernenden werden erkennen, dass es absurd ist, auf Grund einer Naturgegebenheit eine Erstattung der Reisekosten einzufordern.

2 a Die Aufgabe fordert die Schülerinnen und Schüler auf, den Brief nun nicht mehr inhaltlich, sondern sprachlich zu untersuchen. Das Schreiben wirkt an vielen Stellen vor allem auf Grund von Nominalisierungen umständlich. Einige Beispiele: „Urlaubsgenussmöglichkeiten", „Unmöglichkeit des Schwimmens", „Nachteil einer Abwesenheit".

b Das einzige Satzgefüge mit Infinitivsatz in dem Brief lautet: „Ich bitte darum, mir den Reisepreis vollständig zu erstatten." Das Komma muss stehen, weil der Infinitivsatz von einem hinweisenden Wort im Hauptsatz – „darum" – abhängt.

Hinweis zum Informationskasten auf S. 273 im Schülerband
Selbstverständlich muss der einer Infinitivgruppe übergeordnete Satz nicht unbedingt ein Hauptsatz sein. Um die ohnehin komplizierte Darstellung nicht noch schwieriger zu machen, wird jedoch hier stets vereinfachend vom „Hauptsatz" gesprochen.

3 a/b Jetzt sind die Lernenden gefordert, den Text mit Hilfe von Infinitivsätzen zu verbessern.
Beispiellösung:

Sehr geehrte Damen und Herren,

während meiner Reise vom 24. August bis zum 7. September in Zeeland gab es leider nicht die Möglichkeit, den Urlaub durchgängig zu genießen. Wir gingen an jedem Nachmittag zum Strand, um zu baden. Es war aber unmöglich(,) im Meer zu schwimmen. Das Meer hatte den Nachteil, während mehrerer Tagesstunden abwesend zu sein. Es wäre Ihre Pflicht gewesen, in Ihrem Katalog auf diesen Umstand hinzuweisen. Ich bitte darum, mir den Reisepreis vollständig zu erstatten.

Lediglich in dem Satz „Es war aber unmöglich(,) im Meer zu schwimmen" ist das Komma nicht verpflichtend, da der Infinitivsatz nicht von einem Verweiswort oder einem Nomen abhängt.

c Wegen der durchgängigen Verwendung von Infinitivsätzen wirkt der überarbeitete Text flüssiger, weniger gestelzt und weniger komplex als der ursprüngliche, allerdings auch etwas eintönig.

4 a Ironisch zu verstehen ist der Satz, der von der „unerfreulichen Angewohnheit des Meeres, sich von Zeit zu Zeit [...] zurückzuziehen", spricht, da dem Meer wohl kaum eine „Angewohnheit" zugesprochen werden kann.

b/c Nun setzen die Schülerinnen und Schüler die fehlenden Kommas im ersten Teil des Antwortschreibens und formulieren eine Fortsetzung, in der sie selbst Infinitivsätze verwenden.
Beispiellösung:

Sehr geehrter Herr Klugermann,

wir bedauern, dass Sie mit Ihrer Reise nach Zeeland unzufrieden waren. Leider sehen wir jedoch keine Möglichkeit, Ihnen die Reisekosten zurückzuerstatten.
Aus unserer Sicht muss die Angewohnheit des Meeres, sich von Zeit zu Zeit aus der Badebucht zurückzuziehen, hingenommen werden. Ein Anspruch, die Reisekosten zurückzubekommen, besteht daher leider nicht. Auch Ihr Hinweis, im Katalog sei der Umstand der Gezeiten zu erwähnen, entbehrt jeder Grundlage, da dies eine Naturgegebenheit ist, die nicht eigens genannt werden muss. Wir hoffen, Sie trotz des entstandenen Ärgers wieder einmal als Kunden begrüßen zu können.

S.274 Infinitivsätze international – Sprachen vergleichen

Durch den Vergleich mit anderen Sprachen kann die Besonderheit des Satzbaus mit Infinitivsätzen im Deutschen herausgestellt werden.

1 a Diese Übung dient der inhaltlichen Annäherung. In Touristenhotels kommt es nicht selten vor, dass Liegen frühmorgens durch das Ablegen eines Handtuchs für den Tag reserviert werden, auch wenn die Handtuchbesitzer sich nicht den ganzen Tag dort aufhalten.

  b Die Sprachen auf dem Schild: Türkisch – Deutsch – Englisch – Französisch – Spanisch.
Aus der Reihenfolge der Sprachen könnte man folgern, dass das Schild an einem Pool in der Türkei steht, da die Satz zunächst auf Türkisch geschrieben ist. Vermutlich spiegelt die weitere Reihenfolge die Anzahl der Touristen aus den verschiedenen Nationen: Es gibt neben den türkischen wahrscheinlich am meisten deutsche Gäste in diesem Hotel.

2 a Die Aufgabe lenkt nun den Blick auf die Syntax.
Im türkischen Satz wird das Verbot („yasaktır") am Ende des Satzes zum Ausdruck gebracht, die Infinitivgruppe steht davor, wobei der Infinitiv „rezerve etmek" am Ende steht.
Im Englischen, Französischen und Spanischen steht der Infinitiv unmittelbar nach dem Verb des Verbots: „forbidden to reserve", „interdit de réserver", „prohibido reservar".

  b Anders als etwa im Englischen oder Französischen erfährt man im deutschen Satz erst ganz am Ende des Satzes, was genau verboten ist, da der Infinitiv „zu reservieren" am Schluss steht.

3 a Mögliche Lösungen für eine Umformulierung ohne Infinitivsatz:
    – Şezlonglara havlu koyarak rezervasyon yapılamaz.
    – Liegen dürfen nicht durch das Ablegen von Handtüchern reserviert werden.
    – You may not reserve deckchairs by placing towels on them.
    – La réservation des transats avec des serviettes est interdite.
    – No se reservan las tumbonas con toallas.

  b Der Verzicht auf die Infinitivsätze verschärft in der Regel die Sätze, lässt sie strenger und weniger höflich klingen.

4 a Die Vermutung, dass den fehlerhaften englischen Satz ein deutscher Urlauber auf das Schild geschrieben hat, resultiert aus der Satzstellung: Der Infinitiv steht am Ende des Satzes – wie im Deutschen, aber nicht wie im Englischen.

  b Im Englischen müsste der Satz lauten: <u>It is allowed to reserve</u> deckchairs by placing your own body on them.

S.275 Fordern und fördern – Partizipial- und Infinitivsätze

Die Seite kann für eine Differenzierung genutzt werden. Die Aufgaben lassen sich parallel einsetzen: Jede Schülerin und jeder Schüler wählt dann ein Anforderungsniveau, das sie/er sich zutraut. Es ist aber auch eine Stufung möglich: Wenn man Aufgabe 1 bewältigt hat, kann man sich Aufgabe 2 und später Aufgabe 3 zuwenden, da die Aufgaben unabhängig voneinander und nacheinander bearbeitet werden können.

1 Mit dieser Übung liegt das einfachste Aufgabenformat vor, da zunächst Partizipial- und Infinitivsätze nur erkannt werden müssen, dann die schon vorhandene Kommasetzung begründet und nur an einem Beispiel eine Umformulierung vorgenommen werden soll.

  a Hier erhalten die Lernenden Gelegenheit, sich mit der absurden Forderung des Klagenden auseinanderzusetzen. Die Lösungen werden individuell sein, z.B.: Versuche, mit den Einheimischen ins Gespräch zu kommen, nur dann lernst du Land und Leute kennen. Oder: Wenn du ungestört sein willst, musst du zu Hause bleiben oder in eine menschenleere Gegend reisen.

b Lösung/Vorschlag für ein Tafelbild:

> 2 Er, <u>Ruhe suchend</u>, sei in den Urlaub gefahren, <u>um sich zu erholen</u>.
>   Partizipialsatz   Infinitivsatz

c Der nachgestellte Partizipialsatz ist eine Erläuterung zu dem Pronomen „Er" und muss deshalb durch Kommas abgetrennt werden.

d Umformung des unterstrichenen Nebensatzes in einen Infinitivsatz:

> 1 Vor dem Amtsgericht Aschaffenburg klagte ein Tourist auf Reisekostenerstattung und begründete seine Klage damit, <u>im Urlaub nicht akzeptieren zu können</u>, dass er von Einheimischen gestört werde.

2 Die Anforderung ist höher als bei Aufgabe 1, da nun schwierigere Umformungen vorzunehmen sind und beide Kommas begründet werden sollen. In Teilaufgabe a wird zudem eine sprachliche Reflexion gefordert.

a Der Eindruck der Eintönigkeit bei Satz 1 rührt daher, dass die Nebensätze mit der gleichen Konjunktion („dass") beginnen und gleich gebaut sind.

b Beispiel für die Umformung des kursiv gedruckten Nebensatzes in einen Infinitivsatz:

> 1 Vor dem Amtsgericht Aschaffenburg klagte ein Tourist auf Reisekostenerstattung und begründete seine Klage damit, <u>im Urlaub nicht akzeptieren zu können</u>, dass er von Einheimischen gestört werde.

c Umformung des Nebensatzes in einen Partizipialsatz:

> 3 Er selbst, <u>durchaus an Land und Leuten interessiert</u>, habe den Urlaub wegen der Einheimischen überhaupt nicht genießen können.

d Begründung der Kommasetzung in Satz 2:
Der nachgestellte Partizipialsatz ist eine Erläuterung zu „Er" und muss deshalb durch Kommas abgetrennt werden.
Der Infinitivsatz beginnt mit „um", daher muss ein Komma stehen.

3 In dieser Aufgabe steigen die Anforderungen nochmals, hier wird ein hoher Grad an sprachlicher Reflektiertheit verlangt.

a Beispiellösung für die Umformulierung von Satz 1 mit zwei Infinitivsätzen:

> 1 Vor dem Amtsgericht Aschaffenburg klagte ein Tourist auf Reisekostenerstattung und begründete seine Klage damit, <u>im Urlaub nicht akzeptieren zu können</u>, <u>von Einheimischen gestört zu werden</u>.

b Umformulierung von Satz 4 unter Benutzung eines Infinitivsatzes:

> 4 Das Gericht entschied**(,)** <u>die Existenz Einheimischer am Urlaubsort sei von dem Touristen zu akzeptieren</u>**(,)** und wies die Klage ab.

Die Kommas müssen hier nicht unbedingt stehen, da es im Hauptsatz kein Hinweiswort gibt und der Infinitivsatz auch nicht mit „um" o.Ä. beginnt.

c In Satz 3 wäre die Verwendung eines Partizipialsatzes günstig, weil dadurch der Satz verkürzt werden könnte, ohne unverständlich zu werden.

d Beispiele für weitere Sätze, die Partizipial- und Infinitivsätze enthalten:
Das Gericht, <u>die Argumente des Klägers durchaus bedenkend</u>, konnte der Argumentation trotzdem nicht folgen.
<u>Fremde Länder bereisend</u> muss ein Tourist akzeptieren, <u>dort Einheimische anzutreffen</u>.

S.276 Testet euch! – Partizipial- und Infinitivsätze

Mit diesen Übungen können die Schülerinnen und Schüler den erreichten Lernstand selbst ermitteln.

1 Hier sind die Infinitivsätze einfach, die Partizipialsätze doppelt unterstrichen und alle nötigen Kommas gesetzt:
Wir hatten ursprünglich die Absicht, zwei Wochen zu bleiben, sind dann aber nach fünf Tagen wieder abgereist, um unseren Resturlaub auf dem Balkon zu verbringen.
Schon der Mitarbeiter an der Rezeption, an allem außer seiner Kundschaft interessiert, ignorierte uns bei der Ankunft. Endlich wahrgenommen(,) konnten wir uns nicht verständlich machen, da er kein Englisch sprach.

2 Beispiel für die Umformulierung unter Verwendung von Infinitivsätzen:
A In dem Hotel „Palace" ist es eher hinderlich(,) sich für Land und Leute zu interessieren.
B Um in den nächsten Ort zu gelangen, müssen Sie einen Fußmarsch von zehn Kilometern auf sich nehmen.
C Sie sollten fettige, unappetitliche Fleischportionen mögen, um am Büfett ordentlich zu schlemmen.
D Es ist zwar verständlich(,) in einem Hotel einen Zimmerservice zu erwarten, jedoch sollten Sie Ihre Betten besser gleich selbst machen.

3 a Beispiel für die Ersetzung der Nebensätze durch Partizipialsätze:
E Der Pool, in einem schattigen Hinterhof gelegen, war keine 10 qm groß.
F Dort angekommen(,) bemerkten wir sogleich den Fluglärm über unseren Köpfen.
G Aus dem Urlaub zurückgekehrt(,) waren wir wirklich urlaubsreif.

b Vorteil der umformulierten Sätze mit den Partizipialsätzen: Sie sind etwas kürzer. Nachteil: Sie sind nicht so leicht/schnell zu verstehen, die Bezüge sind weniger deutlich.

4 Erklärung, warum in den Sätzen ein Komma stehen muss:
1 Ein Infinitivsatz mit „um" wird durch ein Komma abgetrennt.
2 Bezieht sich der Infinitivsatz auf ein Nomen im übergeordneten Satz (hier: „Vorschlag"), muss er durch ein Komma abgetrennt werden.

■S.277 13.3 Fit in … – Einen Text überarbeiten

Mit diesem Teilkapitel können die Schülerinnen und Schüler für eine Klassenarbeit üben, die die erworbenen grammatischen Kompetenzen in einer Textüberarbeitung prüft.

1 b Die Lernenden vergewissern sich zunächst in Partnerarbeit, dass sie die Aufgabenstellung richtig verstanden haben. Verlangt werden:
1. eine Textüberarbeitung
2. ein kurzer Antwortbrief des Reiseunternehmens
Bei der Textüberarbeitung soll der Inhalt unverändert bleiben, unsinnige Sätze sollen also nicht inhaltlich korrigiert werden. Lediglich die Formulierungen sollen verändert werden, damit die Sätze flüssiger und verständlicher klingen. Dabei ist auf die Kommasetzung zu achten.

2 a/b Beispiellösung für die Umformulierung des Briefs von Ruben Meyer (nur zur Information sind hier die Nebensatzarten kursiv und in Klammern ergänzt; diese gehören natürlich nicht in eine Klassenarbeit):

Ruben Meyer
Am Walde 15
12345 Waldheim

Reisen für Klassen GmbH
Sonnengasse 12
54321 Südhausen

                                                                        12.10.2014

Buchungsnr. 1234711

Sehr geehrte Damen und Herren!

Heute wende ich mich an Sie mit der Bitte, uns einen Teil der Reisekosten zurückzuerstatten *(Infinitivsatz)*. Als Klassensprecher muss ich Ihnen mitteilen, dass wird sehr verärgert waren, auf unserer Reise nicht den uns bekannten Standard vorzufinden *(Infinitivsatz)*.
Schon das Frühstück wurde uns nicht auf einer Terrasse serviert, die zum Grundstandard einer jeden Suite gehört *(Relativsatz)*.
Während wir sonst in den allerbesten Hotels wohnen *(Adverbialsatz: Adversativsatz)*, waren wir dieses Mal in Acht-Bett-Zimmern untergebracht. Zudem mussten wir feststellen, dass kein Zimmerservice vorhanden war *(Objektsatz)*.
Es wird Sie nicht wundern, dass wir uns auch ärgerten, zum Abendessen nicht das gewohnte Fünf-Gänge-Menü zu erhalten *(Infinitivsatz)*. Das Büfett, auf einem einfachen Tisch ohne Hummer, Kaviar, Austern und Trüffel angerichtet *(Partizipialsatz)*, entsprach überhaupt nicht unseren Essgewohnheiten.
Zudem vermissten wir im Speisesaal der Jugendherberge Butler, die ihre Gäste in weißen Anzügen mit ausgesuchter Höflichkeit bedienen *(Relativsatz)*.
Auf Grund dieser Reisemängel, die in Ihre Verantwortung fallen *(Relativsatz)*, fordern wir Sie auf, uns die Reisekosten teilweise zurückzuerstatten *(Infinitivsatz)*.

Mit freundlichen Grüßen
Ruben Meyer

---

c Beispiellösung für einen Antwortbrief des Reiseunternehmens:

Reisen für Klassen GmbH
Sonnengasse 12
54321 Südhausen

Herrn
Ruben Meyer
Am Walde 15
12345 Waldheim

15.10.2014

Ihr Schreiben vom 12.10.2014

Sehr geehrter Herr Meyer,

vielen Dank für Ihr Schreiben, in dem Sie um Rückerstattung der Reisekosten bitten *(Relativsatz)*.
Wir freuen uns, wenn Kunden, die einen hohen Standard gewohnt sind *(Relativsatz)*, Reisen bei
unserem Unternehmen buchen *(Konditionalsatz)*. Zugleich müssen wir Ihnen aber mitteilen, dass
wir in Jugendherbergen nicht die Annehmlichkeiten eines Spitzenhotels bieten können *(Objektsatz)*.
Sicher werden Sie es schätzen, nicht den in Spitzenhotels üblichen Preis bezahlt zu haben *(Infinitivsatz)*. Aus unserer Sicht sind die von Ihnen beschriebenen Leistungen für eine Reise, für die Sie
89,80 Euro gezahlt haben *(Relativsatz)*, durchaus angemessen.
Wir würden uns freuen(,) Sie bald wieder auf einer Reise begrüßen zu dürfen *(Infinitivsatz)*(,) und
verbleiben mit freundlichen Grüßen

Ludger Lässig
Geschäftsführer Reisen für Klassen GmbH

4 Die kriteriengeleitete Überprüfung der Textüberarbeitung kann auch in Partnerarbeit vorgenommen
werden.

Material zu diesem Kapitel auf den folgenden Seiten und auf der CD-ROM

- Klassenarbeit – Einen Text überarbeiten: Beschwerdebrief an eine Fluggesellschaft
  (mit Erwartungshorizont auf der CD-ROM)
- Test – Nebensätze (mit Lösungshinweisen auf der CD-ROM)
- Test – Partizipial- und Infinitivsätze (mit Lösungshinweisen auf der CD-ROM)
- Fordern und fördern – Nebensätze (auf zwei Differenzierungsniveaus, mit Lösungshinweisen auf der
  CD-ROM)
- Fordern und fördern – Partizipial- und Infinitivsätze (auf zwei Differenzierungsniveaus, mit Lösungs-
  hinweisen auf der CD-ROM)
- Für Profis – Einen Text überarbeiten: Mit dem eigenen Auto in den Süden (mit Lösungshinweisen
  auf der CD-ROM)
- Diagnose – Nebensätze, Partizipial- und Infinitivsätze (mit Lösungshinweisen und Förderempfehlung
  auf der CD-ROM)

Klassenarbeit – Einen Text überarbeiten

Aufgabenstellung

1 a Thorben Reiser hat an einer Jugendreise nach Griechenland teilgenommen. Auf dem Hinflug ist sein Koffer verspätet und dann auch noch beschädigt angekommen. Unten findest du seinen Entwurf für einen Beschwerdebrief an die Fluggesellschaft, der noch überarbeitet werden muss. Überarbeite den Brief ab „Sehr geehrte Damen und Herren" sprachlich, indem du die Sätze flüssiger und verständlicher formulierst, ohne den Inhalt zu verändern. In den ersten Sätzen sind umständliche Formulierungen bereits unterstrichen und du findest am Rand einige Tipps für die Überarbeitung.

   b Formuliere einen kurzen Antwortbrief des Reiseunternehmens (zwei bis drei Sätze). Verwende darin unterschiedliche Nebensatzarten. Beginne mit „Sehr geehrter Herr Reiser ...".

Thorben Reiser
Blaustr. 23
45678 Rothausen

Air Süd
Startgasse 13
87654 Flugstedt

                                                              23.8.20XX

Flug: AS 7863, Buchungsnr. 7863.711

Sehr geehrte Damen und Herren,

1 gerade von einer Reise mit Ihrer Fluggesellschaft nach Griechenland zurückkommend muss ich mich heute leider an Sie wenden mit der Bitte einer Kostenerstattung für entstandene Unannehmlichkeiten. **2** Auf der Hinreise stellte ich bei der Ankunft am Flughafen das Nichtvorhandensein meines Koffers fest. **3** Der von mir sofort angesprochene Mitarbeiter Ihrer Fluggesellschaft erwies sich als äußerst unfreundlich und teilte mir eine Nachsendung des Koffers in mein Zeltlager mit. **4** Im Zustand großer Verärgerung fuhr ich also ohne Koffer in das Camp.
5 Auf Grund des Vorhandenseins all meiner Kleidung im Koffer hatte ich zunächst nur die von mir augenblicklich getragenen Kleidungsstücke zur Verfügung. **6** Ich musste also in die Stadt fahren, damit ich mir dort das Nötigste kaufen konnte, damit ich zumindest Wäsche zum Wechseln hatte. **7** Ich erlaube mir eine Einreichung der entsprechenden Rechnung mit der Bitte um Erstattung (siehe Anlage).
8 Bei dem nach fünf Tagen stattfindenden Eintreffen des Koffers musste ich dann zusätzlich eine Beschädigung des Gepäckstücks feststellen. **9** Die Seite, die am Koffer unten liegt, war durch einen langen Riss zerstört. **10** Der 229 Euro kostende Koffer ist nicht mehr benutzbar.
11 Auf Grund der durch Ihre Fluggesellschaft zu verantwortenden, die Annehmlichkeit der Reise erheblich beeinträchtigenden Umstände bitte ich Sie um eine Erstattung der entstandenen Kosten in Höhe von insgesamt 382,30 Euro auf mein Konto 2224711 bei der Kreissparkasse Rothausen.

Mit freundlichen Grüßen
Thorben Reiser

Randtipps:
1 Partizipialsatz vermeiden
1 Infinitivsatz nutzen
2 Objektsatz nutzen
3 Relativsatz

Kopiervorlage

Test – Nebensätze

1 Unterstreiche alle Nebensätze (bzw. Gliedsätze) und setze alle fehlenden Kommas.

A Viele Menschen machen auf Juist Urlaub obwohl es dort nicht immer sonnig ist.

B Wer früh bucht erhält oft einen Preisnachlass der bis zu 20 Prozent ausmachen kann.

C In den Hotels die in der Nähe des Strandes liegen muss man aber schon sehr früh buchen.

D Auch wenn es im Sommer sehr voll wird ist dies natürlich die schönste Zeit auf Juist.

2 Unterstreiche die Nebensätze und gib jeweils die Art des Nebensatzes genau an (bei Adverbialsätzen die genaue Bezeichnung).

		Art des Nebensatzes
A	Die Franzosen, die oft im Juli oder August Urlaub machen, bleiben gern in ihrem Land.	
B	Dort finden viele, was sie suchen.	
C	Wer das Meer liebt, fährt an die Küste.	
D	Aber auch Bergliebhaber kommen zum Zug, weil ein Teil der Alpen in Frankreich liegt.	
E	Die Pariser fahren gern in die Normandie, wohingegen die Menschen aus Bordeaux oft am Atlantik bleiben.	
F	Der Urlaub beginnt meist Mitte Juli, sodass die Autobahnen dann sehr voll sind.	

3 **a** Bezeichne die Funktion der Nebensatzarten aus Aufgabe 2. Ergänze die Buchstaben in der folgende Tabelle:

Die Stelle ...	des Subjekts	des Objekts	der adverbialen Bestimmung	des Attributs
kann folgender Nebensatz übernehmen:				

b Ergänze passende Nebensatzarten:

Wenn ich ein Nomen näher erklären will, nutze ich _____

Wenn ich nähere Angaben machen will, nutze ich _____

Kopiervorlage

4 Forme die unterstrichenen Wortgruppen zu einem Nebensatz um und gib genau an, welche Art von Nebensatz du verwendet hast. Denke an die Kommas!

A In Italien Urlaub machende Menschen lieben oft die italienische Lebensart.

_____

<u>lieben oft die italienische Lebensart.</u>_____

Nebensatzart: _____

B Auf Grund der deutlich spürbaren Lebensfreude der Italiener wird auch für die Touristen das Leben angenehm und leicht.

_____

<u>wird auch für die Touristen das Leben angenehm und leicht.</u>_____

Nebensatzart: _____

C Die Italienreisenden wissen auch von der Gastfreundschaft der Italiener.

<u>Die Italienreisenden wissen auch</u>_____

Nebensatzart: _____

D Bei einer Einladung isst man stets mit der ganzen Familie.

_____<u>isst man stets mit der ganzen Familie.</u>

Nebensatzart: _____

E Trotz des guten italienischen Essens sind viele Italiener dünn.

_____<u>sind viele Italiener dünn.</u>

Nebensatzart: _____

Kopiervorlage

Test – Partizipial- und Infinitivsätze

1 Unterstreiche alle Partizipialsätze und ergänze die nötigen Kommas. Kommas, die man setzen kann, aber nicht setzen muss, kannst du in Klammern schreiben.

A Ich ging mein bisschen Spanisch zusammensammelnd zur Rezeption.

B Der Hotelangestellte gerade in ein Telefonat vertieft nahm mich nicht wahr.

C Schon ein wenig genervt begann ich, auf den Tresen zu klopfen.

D Die Augen rollend gab mir der Hotelangestellte zu verstehen, dass ich Geduld haben müsse.

2 Unterstreiche alle Infinitivsätze und setze die nötigen Kommas.

A Statt mich zu bedienen räumte ein anderer Mitarbeiter einen Schrank auf.

B Ich hustete etwas um auf mich aufmerksam zu machen.

C Die Hoffnung noch zum Strand gehen zu können gab ich bald auf.

D Dann aber beendete der Hotelangestellte abrupt das Gespräch um mich zu bedienen.

3 Setze in den folgenden Sätzen die Kommas und gib jeweils auf der Linie den Grund an.

A Unsere Bitte ein Zimmer mit Meerblick zu erhalten hatten wir brieflich mitgeteilt.

_____

B Um uns den Urlaub leisten zu können mussten wir lange sparen.

_____

C Im Flugzeug half Sven Klein-Pia zu essen.

_____

D Ohne sich zu bekleckern hätte sie das in dem engen Flugzeug sonst nicht geschafft.

_____

4 Formuliere die Sätze um, indem du das Unterstrichene jeweils in einen Infinitivsatz umwandelst.

A Ich wende mich mit der Bitte an Sie, <u>dass Sie mir meine Kosten zurückerstatten</u>.

_____

_____

B <u>Sie sollten mir nicht immer wieder Briefe schreiben, sondern</u> mir endlich das Geld überweisen.

_____

_____

C In der Hoffnung <u>auf eine baldige Nachricht von Ihnen</u> verbleibe ich ...

_____

_____

Test 5, Seite 1

Kopiervorlage

5 Verbinde jeweils die beiden Hauptsätze, indem du Infinitivsätze verwendest.

A Ich fuhr zum Flughafen. Ich wollte meinen Flug umbuchen.

_____

_____

B Ich hatte keine große Hoffnung. Ich ging an den Schalter der Airline.

_____

_____

C Die Angestellte bediente mich nicht. Sie schaute nur auf ihren PC.

_____

_____

6 Füge den Inhalt des zweiten Satzes jeweils als Partizipialsatz in den ersten Satz ein. Notiere den vollständigen Satz.

A Ich rief die Reiseleiterin an. Ich war sehr verärgert.

_____

_____

B Während des Telefongesprächs suchte ich in meinen Unterlagen. Ich hielt den Hörer ans Ohr.

_____

_____

7 Denke über die Vor- und Nachteile von Partizipial- und Infinitivsätzen nach. Kreuze jeweils die zutreffende Aussage an.

	richtig	falsch
A Partizipialsätze kann man oft nutzen, um Sätze zu verkürzen.	☐	☐
B Infinitivsätze machen Sätze meist sehr viel kürzer.	☐	☐
C Partizipialsätze machen Sätze immer sehr viel leichter verständlich.	☐	☐
D Mit Infinitivsätzen lässt sich oft ein komplizierter Satzbau verhindern.	☐	☐

Kopiervorlage

Fordern und fördern – Nebensätze

1 **a** Unterstreiche im folgenden Text die Nebensätze und setze die Kommas.
TIPP: In Nebensätzen steht die Personalform des Verbs am Ende. Die ersten beiden Nebensätze sind unterstrichen, die Kommas aber nicht gesetzt.

b Gib jeweils die Art des Nebensatzes an.
TIPP: In dem Text kommen vor: 3 Relativsätze, 2 Subjektsätze, 1 Objektsatz, 2 Konditionalsätze (Bedingung), 2 Adversativsätze (Gegensatz), 1 Temporalsatz, 1 Konzessivsatz (Einräumung), 1 Finalsatz (Ziel, Absicht) und 2 Konsekutivsätze (Folge, Wirkung).

	Nebensatzart
Kalifornien ist ein Traumziel für viele Menschen die in die USA reisen.	
Wer große Städte mag wird sich in San Francisco und Los Angeles wohlfühlen.	
Wenn man von San Francisco nach Los Angeles will fährt man über eine Traumstraße an der Küste entlang.	
Oft ist es in San Francisco recht kühl wohingegen es einige Kilometer weiter im Landesinneren schon sehr heiß ist.	
Obwohl die Küste nah ist kann es an manchen Orten schnell bis zu 40 Grad warm werden.	
Der Joshua-Tree-Nationalpark der in der Nähe von Los Angeles liegt ist sogar eine richtige Wüste.	
Viele Kalifornienreisende fahren von San Francisco noch einige Hundert Meilen nach Norden damit sie im „Redwood National Park" den höchsten Baum der Welt sehen.	
Dieser Mammutbaum ist 115 Meter hoch sodass man vom Boden seine Spitze gar nicht sehen kann.	
Zu den Redwoods finden nicht viele Touristen während es im Grand Canyon stets überfüllt ist.	
Wer es sich leisten kann fliegt mit dem Hubschrauber über den Grand Canyon.	
Von oben erkennt man wie abrupt die Ebene von tiefen Gräben zerfurcht wird.	
Bevor die Sonne untergeht sieht man den Grand Canyon abends rot schimmern.	
Falls man gern spielt führt der Weg vom Grand Canyon nach Las Vegas.	
In Las Vegas findet sich der „Strip" an dem zahllose Casinos liegen.	
Innerhalb weniger Stunden kann man in Kalifornien somit ganz unterschiedliche Orte erleben sodass man aus dem Staunen nie herauskommt.	

Illustration: Peter Menne, Potsdam

Kopiervorlage

2 Verbinde jeweils die beiden Hauptsätze zu einem Satzgefüge mit Nebensatz.

A Die südliche Atlantikküste in Frankreich ist ein bevorzugtes Urlaubsziel. Dort gibt es lange Strände.

  Die südliche Atlantikküste in Frankreich ist ein bevorzugtes Urlaubsziel, weil _____

  _____

B Die Franzosen lieben die Gegend. Sie ist sonnig, aber nicht zu heiß.

  Die Franzosen lieben die Gegend, die _____

C Man kann auch einen Ausflug in eine Großstadt machen. Man kann nach Bordeaux fahren.

  Wer _____

D Die spanische Grenze ist nah. Man kann in einer Stunde in Spanien sein.

  _____ sodass _____

3 Formuliere das Unterstrichene zu einem Nebensatz um. Nutze „sodass", „wer", „weil".

A Auf Grund des stets hohen Seegangs schätzen auch Wellenreiter diese Küste.

  _____

B Viele Fischer beliefern täglich die stets frischen Fisch anbietenden Restaurants.

  _____

C Meeresliebende werden sich also am Südatlantik sehr wohlfühlen.

  _____

4 Entschlüssele verschachtelte Satzgefüge. Zeichne den Satzbauplan wie im Beispiel nach und setze die Kommas.

Der Flug, der anfangs nur verspätet schien, weil die Startbahn vereist war, wurde schließlich annulliert.

Haupt-
satz,   eingeschobener Nebensatz   Fortsetzung
1. Teil   Hauptsatz
                            weiterer eingeschobener
                            Nebensatz

A Als die Reiseleiterin die für uns zuständig war endlich kam hatten einige schon umgebucht.

  _____

  vorangestellter
  Nebensatz,
  1. Teil

B Nachdem ein Flugzeug in dem es noch Plätze gab uns aufgenommen hatte konnten wir fliegen.

  _____

  vorangestellter
  Nebensatz

Kopiervorlage

Cornelsen

●●● Fordern und fördern – Nebensätze

1 **a** Unterstreiche im folgenden Text die Nebensätze und
●●●   setze die Kommas.

   b Gib jeweils die Art des Nebensatzes an.

	Nebensatzart
Kalifornien ist ein Traumziel für viele Menschen die in die USA reisen.	
Wer große Städte mag wird sich in San Francisco und Los Angeles wohlfühlen.	
Wenn man von San Francisco nach Los Angeles will fährt man über eine Traumstraße an der Küste entlang.	
Oft ist es in San Francisco recht kühl wohingegen es einige Kilometer weiter im Landesinneren schon sehr heiß ist.	
Obwohl die Küste nah ist kann es an manchen Orten schnell bis zu 40 Grad warm werden.	
Der Joshua-Tree-Nationalpark der in der Nähe von Los Angeles liegt ist sogar eine richtige Wüste.	
Viele Kalifornienreisende fahren von San Francisco noch einige Hundert Meilen nach Norden damit sie im „Redwood National Park" den höchsten Baum der Welt sehen.	
Dieser Mammutbaum ist 115 Meter hoch sodass man vom Boden seine Spitze gar nicht sehen kann.	
Zu den Redwoods finden nicht viele Touristen während es im Grand Canyon stets überfüllt ist.	
Wer es sich leisten kann fliegt mit dem Hubschrauber über den Grand Canyon.	
Von oben erkennt man wie abrupt die Ebene von tiefen Gräben zerfurcht wird.	
Bevor die Sonne untergeht sieht man den Grand Canyon abends rot schimmern.	
Falls man gern spielt führt der Weg vom Grand Canyon nach Las Vegas.	
In Las Vegas findet sich der „Strip" an dem zahllose Casinos liegen.	
Innerhalb weniger Stunden kann man in Kalifornien somit ganz unterschiedliche Orte erleben sodass man aus dem Staunen nie herauskommt.	

Kopiervorlage

2 Verbinde jeweils die beiden Hauptsätze zu einem Satzgefüge. Verwende die angegebene Nebensatzart.
●●●

A Die südliche Atlantikküste in Frankreich ist ein bevorzugtes Urlaubsziel. Dort gibt es lange Strände. *(Kausalsatz)*

_____

_____

B Die Franzosen lieben die Gegend. Sie ist sonnig, aber nicht zu heiß. *(Relativsatz)*

_____

C Man kann auch einen Ausflug in eine Großstadt machen. Man kann nach Bordeaux fahren. *(Subjektsatz)*

_____

D Die spanische Grenze ist nah. Man kann in einer Stunde in Spanien sein. *(Konsekutivsatz)*

_____

3 Formuliere das Unterstrichene zu einem Nebensatz um.
●●●

A <u>Auf Grund des stets hohen Seegangs</u> schätzen auch Wellenreiter diese Küste. *(Kausalsatz)*

_____

B Viele Fischer beliefern täglich die <u>stets frischen Fisch anbietenden</u> Restaurants. *(Konsekutivsatz)*

_____

C <u>Meeresliebende</u> werden sich also am Südatlantik sehr wohlfühlen. *(Subjektsatz)*

_____

4 Entschlüssele verschachtelte Satzgefüge. Zeichne den Satzbauplan wie im Beispiel nach und setze die
●●● Kommas.

Der Flug, der anfangs nur verspätet schien, weil die Startbahn vereist war, wurde schließlich annulliert.

Haupt-		Fortsetzung
satz	eingeschobener Nebensatz	Hauptsatz
1. Teil		
	weiterer eingeschobener	
	Nebensatz	

A Als die Reiseleiterin die für uns zuständig war endlich kam hatten einige schon umgebucht.

B Nachdem ein Flugzeug in dem es noch Plätze gab uns aufgenommen hatte konnten wir fliegen.

Kopiervorlage

Fordern und fördern – Partizipial- und Infinitivsätze

1 **a** Unterstreiche alle Partizipial- und Infinitivsätze.
Setze die fehlenden Kommas.

b Kreuze jeweils an, um welche Satzart es sich handelt.
TIPP: Es gibt drei Partizipial- und drei Infinitivsätze.

		Partizipialsatz	Infinitivsatz
A	Während meine Mutter noch auf die Koffer wartete, stürmte mein Vater schon nach draußen um ein Taxi zu organisieren.	☐	☐
B	Den Taxistand suchend irrte er vor dem Flughafen umher.	☐	☐
C	In der Absicht mit den Leuten in ihrer Sprache zu sprechen stammelte mein Vater auf Spanisch.	☐	☐
D	Die Spanier sehr aufmerksam zuhörend verstanden aber offenbar kein Wort.	☐	☐
E	Statt ihn zum Taxistand zu führen zeigten sie ihm die Toiletten.	☐	☐
F	Mein Vater völlig verzweifelt wandte sich schließlich an die Flughafeninformation.	☐	☐

2 Setze die Kommas. Suche im Wortspeicher die jeweils passende Begründung für die Kommasetzung und trage hinter jedem Satz die entsprechende Ziffer ein.

> **1** Ein Infinitivsatz, der sich auf ein Nomen im übergeordneten Satz bezieht, wird durch Komma abgetrennt.
> **2** Ein Partizipialsatz als nachgestellte Erläuterung zu einem Nomen oder Pronomen wird durch Komma abgetrennt.
> **3** Ein Infinitivsatz, der durch „ohne" eingeleitet wird, wird durch Komma abgetrennt.
> **4** Ein Partizipialsatz, der auf ein hinweisendes Wort Bezug nimmt, wird durch Komma abgetrennt.
> **5** Ein Infinitivsatz, der durch „um", „statt" oder „stattdessen" eingeleitet wird, wird durch Komma abgetrennt.

VORSICHT
FEHLER!

Ziffer

A Ohne auf meinen Vater zu warten ging meine Mutter sofort zur Bushaltestelle. ☐

B Sie das billigere Verkehrsmittel vorziehend wollte in jedem Fall mit dem Bus fahren. ☐

C Ihre Absicht Geld zu sparen scheiterte aber an dem völlig überfüllten Bus. ☐

3 **a** Erläutere den Unterschied der Sätze. Markiere dazu die richtige Antwort und streiche die falsche durch.
A Sie bat, meinen Vater zu suchen. → Der Vater wird gesucht / um etwas gebeten.
B Sie bat meinen Vater, zu suchen. → Der Vater wird gesucht / um etwas gebeten.

b Erkläre, warum das Komma in den Sätzen der Teilaufgabe a stehen muss. Ergänze:

Ohne das Komma könnte es _____ beim Verstehen der Sätze geben.

Kopiervorlage

4 Verbinde jeweils die beiden Hauptsätze, indem du Infinitivsätze verwendest.
●●○

A Meine Mutter fährt in Urlaub. Sie möchte sich entspannen.

Meine Mutter fährt in Urlaub _____

B Mein Vater entspannt sich nicht. Er möchte sich lieber mit den Reiseleitern streiten.

Statt sich _____

C Er muss mindestens einmal Krach mit dem Hoteldirektor haben. Sonst macht ihm der Urlaub keinen Spaß.

Ohne _____

5 Formuliere das Unterstrichene jeweils zu einem Infinitivsatz um. Denke an die Kommas.
●●○

A Mein Vater sucht sofort das ganze Zimmer nach Staub ab, <u>damit er sich beschweren kann</u>.

Mein Vater sucht sofort das ganze Zimmer nach Staub ab _____

B <u>Weil sie sich nicht aufregen will</u>, zieht sich meine Mutter dann an den Pool zurück.

Um sich nicht _____

C Ich plane <u>Urlaube ohne Eltern</u>, sobald ich 18 bin.

Ich plane, ohne _____　zu _____　sobald _____

6 Füge den Inhalt des zweiten Satzes jeweils als Partizipialsatz in den ersten Satz ein. Notiere den voll-
●●○ ständigen Satz. Denke an die Kommas.

A Mein Vater hat ständig Streit mit anderen Touristen. Mein Vater braust leicht auf.

Mein Vater, leicht _____　hat ständig Streit mit anderen Touristen.

B Meine Mutter sucht dann immer schnell das Weite. Meine Mutter leidet unter diesen Situationen.

Unter _____　sucht meine Mutter dann immer schnell das Weite.

7 Denke über die Vor- und Nachteile von Partizipial- und Infinitivsätzen nach. Kreuze die zutreffenden
●●○ Aussagen an. Beachte: Manchmal treffen beide zu!

A	Ich habe meinen Vater um eine Änderung seines Verhaltens gebeten. Ich habe meinen Vater gebeten, sein Verhalten zu ändern.	Hier hat der Infinitivsatz den Vorteil, ☐ dass er weniger umständlich klingt. ☐ dass er kürzer ist.
B	Da mein Vater ständig Streit sucht, läuft er den ganzen Tag durch die Hotelanlage. Ständig Streit suchend(,) läuft mein Vater den ganzen Tag durch die Hotelanlage.	Hier hat der Partizipialsatz den Vorteil, ☐ dass er besser verständlich ist. ☐ dass er kürzer ist.
C	Mein Vater, auf Erholung verzichtend, genießt stattdessen den Streit. Mein Vater, der auf Erholung verzichtet, genießt stattdessen den Streit.	Hier hat der Partizipialsatz den Nachteil, ☐ dass er sehr umständlich klingt. ☐ dass er viel länger ist.

Kopiervorlage

●●● Fordern und fördern – Partizipial- und Infinitivsätze

1   **a**   Unterstreiche alle Partizipial- und Infinitivsätze. Setze die Kommas.

●●●   **b**   Kreuze jeweils an, um welche Satzart es sich handelt.

	Partizipialsatz	Infinitivsatz
A Während meine Mutter noch auf die Koffer wartete, stürmte mein Vater schon nach draußen um ein Taxi zu organisieren.	☐	☐
B Den Taxistand suchend irrte er vor dem Flughafen umher.	☐	☐
C In der Absicht mit den Leuten in ihrer Sprache zu sprechen stammelte mein Vater auf Spanisch.	☐	☐
D Die Spanier sehr aufmerksam zuhörend verstanden aber offenbar kein Wort.	☐	☐
E Statt ihn zum Taxistand zu führen zeigten sie ihm die Toiletten.	☐	☐
F Mein Vater völlig verzweifelt wandte sich schließlich an die Flughafeninformation.	☐	☐

2   Setze die Kommas. Begründe auf der Linie, warum jeweils das Komma stehen muss.

●●●

A   Ohne auf meinen Vater zu warten ging meine Mutter sofort zur Bushaltestelle.

_____

B   Sie das billigere Verkehrsmittel vorziehend wollte in jedem Fall mit dem Bus fahren.

_____

C   Ihre Absicht Geld zu sparen scheiterte aber an dem völlig überfüllten Bus.

_____

3   **a**   Erläutere den Unterschied der Sätze:

●●●

    A   Sie bat, meinen Vater zu suchen. → _____

    B   Sie bat meinen Vater, zu suchen. → _____

    b   Erkläre auf der Linie, warum das Komma in den Sätzen der Teilaufgabe a stehen muss.

_____

4   Verbinde jeweils die beiden Hauptsätze, indem du Infinitivsätze verwendest.

●●●

    A   Meine Mutter fährt in Urlaub. Sie möchte sich entspannen.

_____

    B   Mein Vater entspannt sich nicht. Er möchte sich lieber mit den Reiseleitern streiten.

_____

 Illustration: Peter Menne, Potsdam

Kopiervorlage

C Er muss mindestens einmal Krach mit dem Hoteldirektor haben. Sonst macht ihm der Urlaub keinen Spaß.

---

5 Formuliere das Unterstrichene jeweils zu einem Infinitivsatz um.
●●●

A Mein Vater sucht sofort das ganze Zimmer nach Staub ab, <u>damit er sich beschweren kann</u>.

B <u>Weil sie sich nicht aufregen will</u>, zieht sich meine Mutter dann an den Pool zurück.

C Ich plane <u>Urlaube ohne Eltern</u>, sobald ich 18 bin.

---

6 Füge den Inhalt des zweiten Satzes jeweils als Partizipialsatz in den ersten Satz ein. Notiere den voll-
●●● ständigen Satz.

A Mein Vater hat ständig Streit mit anderen Touristen. Mein Vater braust leicht auf.

B Meine Mutter sucht dann immer schnell das Weite. Meine Mutter leidet unter diesen Situationen.

---

7 Denke über die Vor- und Nachteile von Partizipial- und Infinitivsätzen nach. Vervollständige die Sätze.
●●●

A Ich habe meinen Vater um eine Veränderung seines Verhaltens gebeten.
Ich habe meinen Vater gebeten, sein Verhalten zu ändern.

Hier hat der Infinitivsatz den Vorteil, _____

B Da mein Vater ständig Streit sucht, läuft er den ganzen Tag durch die Hotelanlage.
Ständig Streit suchend(,) läuft mein Vater den ganzen Tag durch die Hotelanlage.

Hier hat der Partizipialsatz den Vorteil, _____

C Mein Vater, auf Erholung verzichtend, genießt stattdessen den Streit.
Mein Vater, der auf Erholung verzichtet, genießt stattdessen den Streit.

Hier hat der Partizipialsatz den Nachteil, _____

Kopiervorlage

⦁⦁⦁⦁ Für Profis – Einen Text überarbeiten

1 Ein Oberstufenschüler ist im Urlaub erstmals mit dem eigenen Auto in den Urlaub gefahren und hat über seine Erfahrungen eine Reportage für die Schülerzeitung geschrieben. Leider kann er nicht sehr flüssig schreiben, sondern formuliert oft umständlich und schwer verständlich. Überarbeite seinen Text, ohne den Inhalt zu verändern. Vereinfache umständliche Formulierungen und nutze z. B. Nebensätze, Infinitiv- und Partizipialsätze, um flüssiger zu schreiben und Zusammenhänge herzustellen. Schreibe zu jeder Ziffer (1–10) jeweils nur ein Satzgefüge in dein Heft.

Mit dem eigenen Auto in den Süden

1 Im Frühjahr hatte ich ein eigenes Auto bekommen. Selim, der mein Freund ist, und ich erhielten im Sommer endlich die Chance, dass wir einen Urlaub ohne meine Eltern verbringen konnten – und zwar in Italien.

2 Aber schon an der Deutschland und Österreich trennenden Grenze fing der Ärger an. Ein alle jungen Fahrer an den Straßenrand winkender Polizeibeamter unterstellte uns, dass wir das Auto gestohlen hätten.

3 Trotz auf meinen Namen ausgestellter Papiere glaubte er uns vor einer Überprüfung von allem im Computer nicht.

4 Kurz darauf näherten wir uns dem Brenner. Unser Auto blieb stehen. Wir hatten das Kontrollieren der Kühlflüssigkeit vergessen.

5 Neben uns, noch hoffend, dass wir von anderen Autofahrern mitgenommen werden, hielt plötzlich ein Motorrad, das einen Beiwagen hatte.

6 Wir, die wir sofort begeistert waren, stiegen auf den Rücksitz und in den Beiwagen der von einem älteren Herrn aus Innsbruck gefahrenen Maschine.

7 Ein mit dem Motorradfahrer befreundeter Monteur hatte wenig später unseren Wagen wieder flottgemacht. Dann ging es ab nach Italien.

8 Jeder jetzt an beginnenden Urlaub Denkende wurde aber enttäuscht:

9 Ein offenbar auf der Straße liegender Nagel führte zu einem Platten an unserem Auto.

10 Die Laune haben wir uns nicht verderben lassen. Selim und ich haben einfach am Wegrand die Sonne genießend gecampt.

Illustration: Peter Menne, Potsdam

Kopiervorlage

Diagnose – Nebensätze, Partizipial- und Infinitivsätze

1 Bestimme jeweils, um welche Art von Nebensatz es sich bei den unterstrichenen Wortgruppen handelt. Gib bei Adverbialsätzen auch den genauen Typ an (z. B. Temporalsatz).

		Art des Nebensatzes
A	<u>Wer in Urlaub fährt</u>, lässt sich immer auf ein Abenteuer ein.	
B	Niemand weiß genau, <u>was ihn erwartet</u>.	
C	Alle hoffen natürlich, <u>etwas besonders Schönes zu erleben</u>.	
D	Tatsächlich ist jeder, <u>der von einer Reise zurückkehrt</u>, ein bisschen reicher geworden.	
E	Manche haben neue Menschen kennen gelernt, <u>während andere vor allem wunderbare Natur gesehen haben</u>.	
F	<u>Indem wir andere Länder bereisen</u>, erweitern wir in jedem Fall unseren Horizont.	

2 Setze im folgenden Text alle Kommas:

Die Absicht so rasch wie möglich in die Ferne zu reisen hatte Luca schon als kleines Kind. Sein Vater selbst weit gereist hatte ihm stets von anderen Kontinenten erzählt auf denen vieles so ganz anders ist als zu Hause. Als Luca 16 Jahre alt wurde fuhr er dann das erste Mal mit dem Zug allein ins Ausland um seinen Cousin zu besuchen der in Barcelona lebt.

3 Verbinde jeweils die beiden Sätze, indem du einen nach der Vorgabe umformulierst.

  A Luca fuhr mit 16 Jahren nach Spanien. Seine Schwester war schon mit zehn dort. *(Adversativsatz)*

<u>Luca fuhr mit 16 Jahren nach Spanien</u>

  B Luca reiste nach Barcelona. Er wollte seinen Cousin treffen. *(Infinitivsatz)*

<u>Luca reiste nach Barcelona</u>

  C Luca konnte ein wenig Spanisch. Er hatte großen Respekt vor der Reise. *(Konzessivsatz)*

4 Forme das Unterstrichene zu einem Infinitiv-, Partizipial- oder Nebensatz um.

  A Luca wusste, dass es schwierig sein würde, <u>dass er sich in Barcelona zurechtfinden würde</u>.

  B <u>Im Falle von Problemen</u> brauchte er aber nur seinen Cousin anzurufen.

Kopiervorlage

14 Rechtschreibtraining – Fehler vermeiden, Regeln sicher anwenden

Konzeption des Kapitels

Auch in der Jahrgangsstufe 8 gilt es noch, im Orthografieunterricht bekannte Regeln und Strategien zu festigen. Andererseits werden aber in Fortsetzung der Jahrgangsstufe 7 die Schülerinnen und Schüler nun auch mit komplexeren Phänomenen der Orthografie und der Zeichensetzung konfrontiert, bei denen Syntax und Semantik, Etymologie und Sprachgeschichte eine Rolle spielen. Wie auch in den Vorgängerbänden des „Deutschbuchs" wird in den ersten beiden Teilkapiteln auf ein induktives Vorgehen gesetzt, bei dem eigene Beobachtungen an Sprachmaterial zur Formulierung von Regeln führen, die von den Lernenden selbstständig überprüft und mit Hilfe von Übungen erprobt und gefestigt werden können.

Die Welt der Technik, wie sie einerseits in Museen in vielfältiger Weise präsentiert und andererseits im Alltag durch Gebrauchsanweisungen, Bedienungsanleitungen und Ähnliches praktisch (oder auch nicht) vermittelt wird, gibt den Sprachgegenständen in kurzen Texten nicht nur einen unterhaltsamen thematischen Rahmen, sondern bietet – vor allem im Bereich der Fremdwortschreibung – in authentischer Weise Material für die behandelten Phänomene.

Das Gesamtkapitel wie auch das erste Teilkapitel müssen nicht als geschlossenes großes Unterrichtsvorhaben realisiert werden, sondern können in kleineren Sequenzen über das Schuljahr verteilt werden. Beim zweiten Teilkapitel erscheint eine vollständige Behandlung sinnvoll und möglich, aber auch hier ist ein Aufteilen in mehrere kleine Sequenzen prinzipiell möglich. Das dritte Teilkapitel bildet eine Einheit, die sinnvoll als Ganzes zu behandeln ist.

Das erste Teilkapitel (**„Technische Höhenflüge – Richtig schreiben"**) setzt einen ersten Schwerpunkt bei der Groß- und Kleinschreibung. Nochmals wird zunächst, jetzt aber nur noch in knapper Form, die Großschreibung von Nominalisierungen von Verben und Adjektiven wiederholt und gesichert. Die Groß- und Kleinschreibung bei Zeitangaben wird ebenfalls wiederholt, neu hinzu kommt die Schreibung von Eigennamen und geografischen Herkunftsbezeichnungen. Zwei weitere Schwerpunkte liegen bei der Fremdwortschreibung sowie bei der Getrennt- und Zusammenschreibung. Die Seiten „Fordern und fördern" und „Testet euch!" decken die behandelten Phänomene ab und bieten die Möglichkeit der individuellen Vertiefung sowie der selbstständigen Leistungskontrolle.

Das zweite Teilkapitel (**„Gebrauchsanweisungen – Zeichen setzen"**) greift die Kommasetzung in Satzgefügen und Satzreihen auf und führt als neue Phänomene die Kommasetzung bei Infinitiv- und Partizipialsätzen sowie das Komma bei Anreden, Ausrufen und Bekräftigungen ein. Außerdem wird der Gedankenstrich in seinen verschiedenen Einsatzmöglichkeiten behandelt. Das Thema „Gebrauchsanweisungen" bietet mit kurzen, unterhaltsamen Texten vielfältige Möglichkeiten zum entdeckenden Lernen, zur Förderung der Sprachaufmerksamkeit und zum Üben sowie Anregungen für das Schreiben eigener Texte, die dann auch hinsichtlich der Zeichensetzung in den Blick genommen werden können.

Das dritte Teilkapitel (**„Fit in … – Richtig schreiben"**) stellt ein besonderes Angebot für die individuelle Diagnose und differenzierte Förderung bereit. Anhand eines in zwei Abschnitten zu bearbeitenden Diagnosetextes ermitteln die Schülerinnen und Schüler für die in den beiden vorangegangenen Kapiteln thematisierten Phänomene der Groß- und Kleinschreibung, der Getrennt- und Zusammenschreibung bei Verbindungen mit Verb, der Fremdwortschreibung sowie der Kommasetzung in verschiedenen Bereichen ihre individuellen Stärken und Schwächen. Der leicht verständlich organisierte Auswertungsbogen ermöglicht ein weitgehend selbstständiges Vorgehen der Lernenden beim Zusammenstellen ihres persönlichen Übungsprogramms. Die Übungen an sechs Stationen orientieren sich an dem zuvor Gelernten und dienen damit der Sicherung und Vertiefung. Für fortgeschrittene Lernerinnen und Lerner stellen sie aber auch jeweils eine Aufgabe zur weiterführenden Sprachreflexion bereit.

Literaturhinweise

- *Bredel, Ursula / Reißig, Tilo (Hg.):* Weiterführender Orthographieerwerb. Schneider Verlag Hohengehren, Baltmannsweiler 2011
- *Bredel, Ursula:* Didaktik der Fremdwortschreibung. In: Ursula Bredel / Tilo Reißig (Hg.): Weiterführender Orthographieerwerb, a.a.O., S. 355–373
- *Bredel, Ursula:* Merksätze – Die Relation zwischen orthographischem Können und orthographischem Wissen. In: Ursula Bredel / Tilo Reißig (Hg.): Weiterführender Orthographieerwerb, a.a.O., S. 409–421
- *Eisenberg, Peter:* Das Fremdwort im Deutschen. De Gruyter, Berlin/New York 2011
- *Esslinger, Gesine:* Konzepte des Interpunktionserwerbs. In: Ursula Bredel / Tilo Reißig (Hg.): Weiterführender Orthographieerwerb, a.a.O., S. 318–339
- Fremdwörter. Praxis Deutsch 235/2012
- *Hinney, Gabriele:* Was ist Rechtschreibkompetenz? In: Ursula Bredel / Tilo Reißig (Hg.): Weiterführender Orthographieerwerb, a.a.O., S. 191–225
- *Hlebec, Hrvoje:* Aufgaben im weiterführenden Rechtschreibunterricht. In: Ursula Bredel / Tilo Reißig (Hg.): Weiterführender Orthographieerwerb, a.a.O., S. 422–440
- *Klicpera, Christian u.a.:* Rechtschreibschwierigkeiten. In: Ursula Bredel u.a. (Hg.): Didaktik der deutschen Sprache. Bd. 1. Schöningh/UTB, Paderborn 2003, S. 405–419
- Komma & Co. – Zeichen setzen. Deutschunterricht 3/2009
- *Mesch, Birgit:* Konzepte des Erwerbs der Groß- und Kleinschreibung. In: Ursula Bredel / Tilo Reißig (Hg.): Weiterführender Orthographieerwerb, a.a.O., S. 296–317
- *Noack, Christina:* Orthografische Strukturen beim Lesen nutzen. In: Ursula Bredel / Tilo Reißig (Hg.): Weiterführender Orthographieerwerb, a.a.O., S. 374–391
- Orthografische und grammatische Spielräume. Der Deutschunterricht 1/2012
- Orthographische Zweifelsfälle. Praxis Deutsch 198/2006
- Rechtschreiben. Deutschunterricht 3/2005
- Rechtschreiben erforschen. Praxis Deutsch 170/2001
- Schriftstrukturen entdecken. Praxis Deutsch 221/2010
- *Siebert-Ott, Gesa / Anselm, Kristina / Jansa, Kristina:* Orthographieerwerb unter mehrsprachigen Bedingungen. In: Ursula Bredel / Tilo Reißig (Hg.): Weiterführender Orthographieerwerb, a.a.O., S. 392–406
- Zeichen setzen. Praxis Deutsch 191/2005

Übungsmaterial im „Deutschbuch 8 Arbeitsheft"

- Was kannst du schon? – Rechtschreibung, S. 74–75
- Groß- und Kleinschreibung, S. 76–80
- Getrennt- und Zusammenschreibung, S. 81–86
- Fremdwörter richtig schreiben, S. 87
- Schreibweisen nach einem kurzen Vokal, S. 88
- Schreibweisen langer Vokale, S. 89
- Die Schreibung der s-Laute, S. 90
- „das" oder „dass"?, S. 91
- Texte überarbeiten
  - Strategien und Regeln zur Überprüfung der Rechtschreibung, S. 92
  - Textlupe: Strategien und Regeln anwenden, S. 93
  - Teste dich! Regeln zum Rechtschreiben, S. 94
- Zeichensetzung
  - Das Komma zwischen Sätzen, S. 95
  - Das Komma bei Infinitiv- und Partizipialsätzen, S. 96–97
  - Das Komma bei Appositionen und Erläuterungen, S. 98
  - Teste dich! Zeichensetzung, S. 99

Vielfältige Trainingsmöglichkeiten bietet auch die Übungssoftware auf CD-ROM zum „Deutschbuch 8 Arbeitsheft".

Inhalte	Kompetenzen
	Die Schülerinnen und Schüler
S. 279 **14 Rechtschreibtraining – Fehler vermeiden, Regeln sicher anwenden**	– finden Zugang zum Kapitelthema „Technik", indem sie begründete Vermutungen zum Foto eines Technikmuseums anstellen – beobachten und beschreiben Schreibweisen bei Eigennamen
S. 280 **14.1 Technische Höhenflüge – Richtig schreiben** Deutsche Technikmuseen – Groß- und Kleinschreibung Nominalisierungen erkennen	– festigen die Großschreibung bei Nominalisierungen von Verben und Adjektiven sowie die Kleinschreibung beim Superlativ mit „am"
S. 281 Schreibung von Eigennamen und Herkunftsbezeichnungen	– leiten aus Beispielen Regeln für die Schreibung von Eigennamen und Herkunftsbezeichnungen ab – trainieren die Anwendung dieser Regeln
S. 283 Schreibung von Tageszeiten und Wochentagen	– wiederholen und üben die Regularitäten bei der Groß- und Kleinschreibung von Tageszeiten und Wochentagen
S. 284 Industriehistorie erleben – Fremdwörter	– nutzen Wörterbücher für die richtige Schreibung und das Verständnis von Fremdwörtern – vergleichen verschiedene Arten von Wörterbüchern in ihrer Leistungsfähigkeit – isolieren typische Schreibweisen von Fremdwörtern aus dem Englischen, Französischen, Griechischen und Lateinischen und sammeln Beispiele dazu
S. 286 Hoch hinausfahren – Getrennt- und Zusammenschreibung	– unterscheiden bei Verbindungen mit Verb die verschiedenen Wortarten, die zum Verb dazukommen können – erschließen aus Beispielmaterial die Regeln für diese unterschiedlichen Fälle – trainieren die Getrennt- und Zusammenschreibung in diesen Fällen
S. 288 Fordern und fördern – Rechtschreibung	– festigen ihr Wissen zur Fremdwortschreibung, zur Getrennt- und Zusammenschreibung sowie zur Groß- und Kleinschreibung in differenzierten Partnerdiktaten
S. 289 Testet euch! – Rechtschreibung	– wiederholen und festigen die zuvor behandelten Rechtschreibphänomene in einem Rechtschreibrätsel
S. 290 **14.2 Gebrauchsanweisungen – Zeichen setzen** Das Komma in Satzreihen und Satzgefügen	– erläutern die Kommasetzung in vorgegebenen Texten anhand von Regeln – vertiefen die richtige Kommasetzung in Satzreihen und Satzgefügen

||**S. 279** # 14 Rechtschreibtraining – Fehler vermeiden, Regeln sicher anwenden

1 **a** Das Foto auf der Auftaktseite des Kapitels soll Neugier auf das inhaltliche Thema – Technik – wecken. Es zeigt das Deutsche Technikmuseum in Berlin.

Die vorgegebenen Namen verschiedener Museen ermöglichen zum Beispiel folgende argumentative Überlegungen zu dem abgebildeten Museum:

- Um ein Freilichtmuseum, ein Museum im Freien, scheint es sich angesichts des großen Gebäudes eher nicht zu handeln.
- Das Flugzeug auf dem Dach weist eher nicht auf Optik als Thema hin, also handelt es sich wahrscheinlich auch nicht um das Jenaer Optische Museum.
- Dagegen würde es gut passen zu Otto Lilienthal, einem deutschen Luftfahrtpionier, von dem die Lernenden vielleicht schon einmal etwas gehört haben. Aber ob es in einem relativ kleinen Ort wie Anklam ein so großes Museum gibt?
- So kann man auch gegen das Johannes-Kepler-Museum in Weil der Stadt argumentieren, zumal Johannes Kepler auch nicht zu dem Erscheinungsbild des Museums (Flugzeug, Schriftzüge/Slogans, u.a. „Unterwegs mit Auto & Co.") zu passen scheint.
- Die beiden Technikmuseen in Mannheim und Berlin erscheinen als mögliche Lösungen, da Flugzeug, Auto, Windstärken sich unter Technik subsumieren lassen.

Nicht auszuschließen ist natürlich, dass einzelne Schülerinnen und Schüler das Berliner Technikmuseum von einem eigenen Besuch kennen und wiedererkennen.

b In grundsätzlicherer Weise steht hinter dieser Aufgabe die Frage: Was gehört alles zur Technik? Das breite Spektrum, das sich hier sehr schnell ergibt, kann in einem Cluster an der Tafel gesammelt werden. Zu den einzelnen Technikbereichen kann dann überlegt werden, was mögliche und auch interessante Ausstellungsobjekte in diesem Bereich wären. Die Mutmaßungen über die Angebote von Technikmuseen können, wenn die Lernenden Erfahrungen mit technischen Museen haben, durch diese gestützt bzw. verifiziert werden.

Die Aufgabe kann ergänzt werden (ggf. als Zusatzaufgabe zur Differenzierung für einzelne Lernende) durch eine Recherche auf der Internetseite des Museums und eine anschließende Information über die Themen des Museums. Im Deutschen Technikmuseum in Berlin sind die in Aufgabe 1 auf S. 280 im Schülerband genannten Technikbereiche repräsentiert.

2 Nun wird die Aufmerksamkeit der Schülerinnen und Schüler auf die Aspekte Sprache und Rechtschreibung gelenkt. Folgende Auffälligkeiten bei der Namensbildung der Museen können thematisiert werden:

Bildung der Museumsnamen	
ungewöhnliche Bildung der Namen/Neologismen	„Ferropolis" (darauf wird auf S. 284 im Schülerband im Abschnitt zum Thema „Fremdwörter" eingegangen) „Technoseum" (gebildet/komprimiert aus Technik + Museum)
Bindestrichschreibung der Museumsnamen, die Eigennamen als Bestandteil enthalten	Otto-Lilienthal-Museum, Johannes-Kepler-Museum
Schreibung von Namen, die aus einem Adjektiv und einem Nomen gebildet sind	Wie verhält es sich hier mit der Großschreibung? Dazu können diese Namen zum Beispiel mit einem Artikel versehen werden: das Deutsche Technikmuseum in Berlin, das Optische Museum in Jena.
Zusammenschreibung der Komposita „Freilichtmuseum", „Technikmuseum"	Hier wären aber auch Bindestrichschreibungen erlaubt.

Die Schreibung von Eigennamen und Herkunftsbezeichnungen wird auf S. 281f. im Schülerband behandelt.

S.280 14.1 Technische Höhenflüge – Richtig schreiben

S.280 Deutsche Technikmuseen – Groß- und Kleinschreibung

S.280 Nominalisierungen erkennen

1 Zu den in der Aufgabenstellung genannten Technikbereichen kann – je nach individuellem Interesse – auch auf der Internetseite des Deutschen Technikmuseums recherchiert werden.

2 **a** Bei den im Text markierten Wörtern handelt es sich um fünf nominalisierte Adjektive und ein nominalisiertes Verb („Anschauen"). Die Artikel („das") bzw. die Präposition + Artikel („Beim") weisen auf die Nominalisierung hin. Diese führt zur Großschreibung der Adjektive und Verben.

b So sehen die ergänzten Regeln aus (vgl. Orientierungswissen auf S. 363 im Schülerband):
– Verben und Adjektive schreibt man groß, wenn sie im Satz als Nomen gebraucht werden (= Nominalisierung).
– Man erkennt solche Nominalisierungen häufig an ihren Begleitwörtern. Solche Begleitwörter können z.B. sein: Artikel, Adjektive, Präpositionen, Pronomen oder Zahlwörter.

Mögliche Zusatzaufgabe
Die Begleitwörter der anderen Nominalisierungen im Text können später, wenn die Lernenden den gesamten Text gelesen haben, als Beispiele zugeordnet werden.
– Artikel: Z. 2, 4, 5, 11, 13, 16
– Adjektive: Z. 20
– Präpositionen: Z. 2, 17, 23
– (Indefinit-)Pronomen: Z. 19f., 24f.

c Probe, mit der man erkennen kann, ob ein Wort groß- oder kleingeschrieben wird:
Wenn man einen Nomenbegleiter (z.B. einen Artikel) ergänzen kann, schreibt man das Wort groß. Im vorgegebenen Text kann z.B. der Artikel an den Stellen ergänzt werden, an denen er innerhalb von Aufzählungen als unnötige Wiederholung weggelassen wurde:
– Z. 4: das Modische und <u>das</u> Technische
– Z. 5: das Handwerkliche und <u>das</u> Industrielle
– Z. 13: das Zusammennageln und <u>das</u> Nieten
– Z. 24f.: etwas Interessantes oder <u>etwas</u> Überraschendes

3 **a/b** Der Text in der richtigen Groß- und Kleinschreibung (nominalisierte Verben und Adjektive sind mit ihren Begleitwörtern markiert):
ROBERT: <u>Am interessantesten</u> fand ich die Kofferproduktion mit Hilfe einer alten Maschinenanlage. Alle Produktionsschritte, zum Beispiel das Schneiden der Hartpappen, das Stanzen der Eisenbeschläge und das Zusammennageln und Nieten der Einzelteile, wurden vor unseren Augen live durchgeführt.
FELICIA: Das Genialste ist für mich einfach, wie der Mensch zum Fliegen gekommen ist. Besonders die alten Flugzeuge haben für mich etwas ungeheuer Faszinierendes.
HANNES: Ich kann gar nicht genau sagen, was mir <u>am besten</u> gefallen hat. Ich habe beim Streunen durchs Museum in jeder Abteilung etwas Interessantes oder Überraschendes entdeckt.

4 Die beiden Beispiele für den Superlativ mit „am" sind im Text oben zu Aufgabe 3 unterstrichen.
Regel: Adjektive im Superlativ mit „am" werden kleingeschrieben.

Mögliche Zusatzaufgabe
Wandle die beiden Aussagen von Felicia so um, dass sie jeweils einen Superlativ mit „am" enthalten:
? ist für mich einfach, wie der Mensch zum Fliegen gekommen ist.
Die alten Flugzeuge finde ich **?**

415

S. 281 **Schreibung von Eigennamen und Herkunftsbezeichnungen**

1 a/b So sieht die vervollständigte Tabelle der Eigennamen und Herkunftsbezeichnungen aus:

Eigennamen	Herkunftsbezeichnungen	
	Ableitungen auf -er	Ableitungen auf -isch
– Deutsche[s] Museum (Überschrift, Z. 8f., 16) – Deutsches Museum von Meisterwerken der Naturwissenschaft und Technik (Z. 10f.) – Deutsches Bergbau-Museum (Z. 21) – Zeche Zollverein (Z. 22) – Deutsche[s] Schifffahrtsmuseum (Z. 25f.) – Internationale[s] Maritime[s] Museum Hamburg (Z. 28f.) – Otto-Lilienthal-Museum (Z. 32f.) – Luftfahrthistorische Sammlung (Z. 33f.) – Frankfurter Rundschau (Z. 36)	– Rostocker Schifffahrtsmuseum (Überschrift) – Berliner Technikmuseum (Z. 1) – Mannheimer Technoseum (Z. 6) – Münchener Stammhaus (Z. 12) – Bonner Außenstelle (Z. 15) – Bochumer Deutsche[s] Bergbau-Museum (Z. 21) – Essener Zeche Zollverein (Z. 22) – das Rostocker, das Kieler und das Flensburger Schifffahrtsmuseum (Z. 26ff.) – Frankfurter Flughafen (Z. 35f.)	– das baden-württembergische Landesmuseum für Technik und Arbeit (Z. 4f.) – nordrhein-westfälische Museen (Z. 19) – das mecklenburg-vorpommerische Otto-Lilienthal-Museum (Z. 31ff.)

2 a/b Bei der selbstständigen Formulierung der Regeln für die Schreibung von Eigennamen und Herkunftsbezeichnungen sollte – z.B. durch das Schließen der Bücher – verhindert werden, dass die Lernenden sogleich im Informationskasten auf S. 282 im Schülerband nachschauen, wie die Regeln lauten.
Der spätere Vergleich der selbstverfassten Regeln mit denen im Merkkasten sensibilisiert die Lernenden für sprachliche Genauigkeit.

3 Beispiele für die richtige Zuordnung von Ausstellungsstück und Museum jeweils in einem Satz und in der richtigen Groß- und Kleinschreibung:
– Das Goldene Kaffeezeug ist im Dresdener Grünen Gewölbe zu bewundern.
– Das Historische Museum am Hohen Ufer in Hannover zeigt das niedersächsische Bauernhof-Modell Dreiseithaus.
– Werke der Malergruppe der Blaue Reiter werden in der Städtischen Galerie im Lenbachhaus München ausgestellt.
– Im Neuen Museum Berlin befindet sich die Mumienmaske einer Ägypterin.
– Ein Teil des Klappgestühls des Deutschen Bundestages ist im Bonner Haus der Geschichte aufgestellt.
Die sachliche Richtigkeit der Zuordnungen kann nötigenfalls durch eine kleine Rechercheaufgabe im Internet (Zusatzaufgabe als Differenzierungsmöglichkeit) sichergestellt bzw. überprüft werden.

4 Bei der Erfindung mehrteiliger Eigennamen und Herkunftsbezeichnungen mit dem Material aus den beiden Wortspeichern sind vielfältige Kombinationen möglich. Hier einige Beispiele:
die Graf-von-Zeppelin-Straße – die Carl-Zeiss-Allee – der Georg-Büchner-Platz – der Hamburger Hafen – das Münchener Olympiastadion – der Berliner Flughafen – ein New Yorker Museum
Nicht immer halten sich Eigennamen an die Regeln. Die Lernenden können zum Beispiel überprüfen, wie die Namen ihrer Straße oder der Schule geschrieben werden. Auch eine Recherche zu Namen weiterer Technikmuseen in Deutschland ergibt, dass die Schreibungen nicht immer regelkonform sind.

S. 283 Schreibung von Tageszeiten und Wochentagen

1 **a** So sind die Museen richtig den Aussagen zugeordnet:
1 das Optische Museum; **2** das Otto-Lilienthal-Museum; **3** das Technoseum

b Die richtige Groß- und Kleinschreibung der Zeitangaben:
1 samstagmorgens – am Samstagnachmittag – wochentags; **2** samstags – sonntagnachmittags; **3** vormittags
So lauten die vollständigen Sätze in korrekter Schreibweise:
1 Das <u>Optische Museum</u> öffnet <u>samstagmorgens</u> und schließt am <u>Samstagnachmittag</u> später als <u>wochentags</u>.
2 In den Weihnachtsferien können wir das <u>Otto-Lilienthal-Museum</u> nicht <u>samstags</u> besuchen, aber <u>sonntagnachmittags</u> gäbe es eine Gelegenheit dazu.
3 Das <u>Technoseum</u> öffnet <u>vormittags</u> früher als die anderen beiden Museen.

c Die Ratesätze mit Tageszeiten und Wochentagen können sich zum Beispiel auf die Öffnungszeiten von Einrichtungen vor Ort beziehen, die allen Lernenden bekannt sind.

2 Der Text in der richtigen Groß- und Kleinschreibung (Begründungen in Klammern):
Am <u>Heiligen Abend</u> (Eigenname) hat das Museum nur <u>vormittags</u> (Adverb) geöffnet. Am <u>ersten Weihnachtstag</u> (kein Eigenname!) findet am <u>Nachmittag</u> (Nomen) eine Lesung statt, bei der ein <u>spannender Weihnachtskrimi</u> (Adjektiv + Nomen) vorgestellt wird. Im Januar zeigen wir jeden <u>Mittwochabend</u> (Nomen) sowie <u>montagnachmittags</u> (Adverb) einen Kinofilm. […] Am <u>Ersten Mai</u> (Eigenname) ist das Museum nur <u>nachmittags</u> (Adverb) geöffnet. Am <u>Tag der Deutschen Einheit</u> (Eigenname) bieten wir ein besonderes Programm.

S. 284 Industriehistorie erleben – Fremdwörter

1 **a** Der Name des Industriemuseums „Ferropolis" ist abgeleitet aus lat. *ferrum* = Eisen und griech. *polis* = Stadt, Staat; er bedeutet also so viel wie „Stadt aus Eisen".

b „Polizei" und „Politik" haben beide etwas mit „Staat" zu tun, deshalb darf man schlussfolgern, dass diese Wörter vom griechischen *polis* abgeleitet sind (wenn auch vermittelt). Die Bedeutung von „Politur" dagegen geht in eine ganz andere Richtung, und tatsächlich leitet sich das Wort aus dem Lateinischen her, vom Verb *polire* = putzen, glätten, polieren. Orthografisch ist das aber nicht erkennbar.

2 **a** Herkunftssprache und Bedeutung der im Text markierten Fremdwörter (in Anlehnung an „Duden Bd. 6: Fremdwörterbuch"):
– Territorium: lateinisch(-französisch); Grund und Boden, Land, Bezirk, Gebiet
– imposant: lateinisch-französisch; eindrucksvoll, großartig, überwältigend
– Maschine: griechisch-lateinisch-französisch; Gerät mit beweglichen Teilen, das Arbeitsgänge selbst verrichtet und damit menschliche oder tierische Arbeitskraft einspart
– Trip: germanisch-französisch-englisch; Ausflug, Reise, Fahrt
Dass bei diesen Wörtern mehrere Herkunftssprachen angegeben werden, weist auf eine komplexere Begriffsgeschichte hin. Solchen Wortgeschichten können die Schülerinnen und Schüler z.B. mit Hilfe eines anderen Typs Wörterbuch, nämlich eines etymologischen Wörterbuchs (z.B. „Duden Bd. 7: Das Herkunftswörterbuch"), auf die Spur kommen. Entsprechende „Forscheraufträge" zu einzelnen interessanten Wörtern können als Differenzierungsaufgabe vergeben werden.

b Weitere Fremdwörter im Text (die Namen der Bagger werden nicht als solche aufgefasst):
– residieren: seinen Amts- oder Wohnsitz haben, sich aufhalten
– Industrie: Massenherstellung von Waren auf mechanischem Weg; Gesamtheit der Industriebetriebe
– Historie: Geschichte
– Zentrale: Mittelpunkt, Haupt(geschäfts)stelle
– Monument: (großes) Denkmal
– Visionär: jemand, der Visionen (*hier:* gewagte Zukunftsideen) hat

417

- Koloss: riesiges Standbild, riesiger Gegenstand
- Ensemble: Gesamtheit von Einzelteilen, Gebäuden oder Mitwirkenden (z.B. einer Aufführung)
- Museum: öffentliche Sammlung von Gegenständen, z.B. aus Kunst oder Wissenschaft; Gebäude dafür
- ideal: mustergültig, vollkommen
- Open Air: an der freien Luft, draußen
- Pop: hier Abkürzung für Popmusik: bestimmte Art von Unterhaltungsmusik/populärer Musik
- Konzert: (meist öffentliche) Aufführung von Musikwerken
- fotografisch: Adjektiv zu Fotografie = Lichtbild
- Exkursion: Ausflug unter (wissenschaftlicher) Leitung, Lehrfahrt
- gigantisch: riesig
- Atmosphäre: *(hier im Sinne von)* Stimmung, Umgebung

3 a Folgende Angaben werden in einem Fremdwörterbuch gemacht:
1 Möglichkeiten der Worttrennung
2 Artikel/Genus
3 Bildung des Genitivs Singular
4 Bildung des Nominativs Plural
5 Herkunftssprache(n)
6 Bedeutung(en)
7 Aussprache
8 Stilebene
So könnte eine erklärende Beschriftung der beiden Einträge aus dem Wörterbuch aussehen:

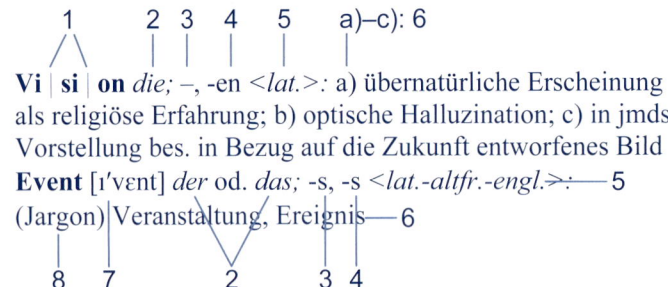

b Auch ein Rechtschreibwörterbuch bietet kurze Erläuterungen und einige der oben angeführten Angaben zu Fremdwörtern. Deshalb hilft es in den meisten Fällen nicht nur bei der richtigen Schreibung von Fremdwörtern, sondern auch bei deren Verständnis weiter. Differenziertere Erklärungen zum Bedeutungsumfang bietet aber das Fremdwörterbuch. Außerdem sind darin nicht nur die gängigen Fremdwörter verzeichnet, sondern auch weniger gebräuchliche.

4 Der Text mit den Anglizismen in regulärer Schreibweise:

<u>Action</u> in der „Stadt aus Eisen"
Ferropolis ist eine <u>coole</u> <u>Location</u> für ein <u>Festival</u> oder eine <u>Party</u>. Dafür wurde es auch schon mit einem Preis, dem <u>Live Entertainment Award</u>, ausgezeichnet. Die Stahlkolosse bieten unvergleichliche Möglichkeiten für eine spektakuläre <u>Performance</u>. Dazu werden auch <u>Backstage</u>-Besuche und ein <u>Catering</u> angeboten. Von den <u>Camping</u>-Plätzen im Umfeld gibt es sogar <u>Shuttle</u>-Busse zum Gelände.

Mögliche Zusatzaufgabe
Formuliert die Anglizismen aus dem Text in deutsche Ausdrücke um und entscheidet in jedem Fall, welche Formulierung angemessener und besser verständlich ist.

5 a/b Der Text mit den passenden Fremdwörtern aus dem Französischen (typische Merkmale französischer Schreibweise sind markiert):

Viel Eisen in der Stadt: Der Eiffelturm

Der <u>Ingenieur</u> Gustave Eiffel hat vor allem auf Grund des berühmten Bauwerks, des Eiffelturms in Paris, den Ruf eines <u>brillanten</u> <u>Konstrukteur</u>s. Für die <u>Montage</u> der 18.000 Gusseisenstücke hatten die Arbeiter nur zwei Jahre, von 1887 bis 1889, Zeit. Besucher können zwischen unterschiedlichen <u>Etagen</u> als Aussichtsplattformen wählen. Das höchste <u>Plateau</u> befindet sich in 276 Metern Höhe. Der Eiffelturm beherbergt auch <u>Restaurants</u>, in denen man vorzüglich speisen kann. Mini-Eiffeltürme gehören zu den beliebtesten <u>Souvenirs</u> aus Paris.

c Typisch französische Schreibweisen in den markierten Wörtern und weitere Beispielwörter dafür:

Typische Schreibweisen in Fremdwörtern französischer Herkunft				
-age	**-ant**	**-eur**	**-ill-**	**-ou-**
Montage	brillant	Ingenieur	brillant	Souvenir
Etage	Restaurant	Konstrukteur	Pavillon	Mousse
Bandage	Pendant	Amateur	Quadrille	Boutique
Blamage	Volant	Chauffeur		Clou
Collage	amüsant	Dompteur		
Courage		Jongleur		
Garage		Masseur		
Passage		Redakteur		
Visage		Regisseur		

Am Beispiel -ir kann darauf hingewiesen werden, dass viele gleich auslautende Nomen französischer Herkunft mit -ier geschrieben werden, z.B. Kavalier, Passagier, Pionier, Turnier. Mit -ir werden nur wenige Wörter geschrieben, die zudem aus anderen Sprachen stammen, etwa „Fakir" und „Wesir" (aus dem Arabischen) und „Vampir" (aus dem Serbischen).

6 a/b Die vervollständigten Wörter aus dem Griechischen mit Artikel und Bedeutung:
- das Thema: Gegenstand, (Gesprächs-)Stoff, Leit-, Grundgedanke
- die Physik: Wissenschaft von den Gesetzmäßigkeiten der unbelebten Materie
- die Rhetorik: Redekunst
- die Theorie: rein gedankliche Betrachtung (im Gegensatz zur Praxis); Lehre, Lehrmeinung
- das Phänomen: (mit den Sinnen wahrnehmbare) Erscheinung
- der Athlet: Wettkämpfer, Sportler
- die Atmosphäre: die Stimmung; Umgebung, Umwelt; Gashülle eines Himmelskörpers (besonders der Erde)
- die Euphorie: Begeisterung, Hochstimmung, Glücksgefühl
- der Rhythmus: regelmäßige Wiederkehr, geregelter Wechsel, taktmäßige Gliederung
- die Metapher: Wort mit übertragener Bedeutung, bildliche Wendung
- die Strophe: Gliederungseinheit eines Gedichts oder Lieds
- die Philharmonie: Name von Orchestern und ihren Konzertsälen

S.286 Hoch hinausfahren – Getrennt- und Zusammenschreibung

1 Die Überleitung von den Erzählungen der Lernenden über eigene Achterbahnfahrten zur Getrennt- und Zusammenschreibung kann erfolgen, indem man Sätze aus den Gesprächen aufgreift, in denen „Achterbahnfahren" in unterschiedlicher Form vorkommt, und daran die Getrennt- und Zusammenschreibung thematisiert, z.B.:
- Ich bin noch nie Achterbahn gefahren.
- Mir wird beim Achterbahnfahren immer schlecht.
- Wenn ich Achterbahn fahre, vergesse ich alles andere.
- Ich finde Achterbahnfahren ganz toll.

419

2 **a** Zuordnung der markierten Wortgruppen aus dem ersten Teil des Textes:
- – Wortgruppe aus Nomen + Verb, z.B.: Probe fahren, Luft holen
- – Wortgruppe aus Verb + Verb, z.B.: stehen bleiben
- – Wortgruppe aus Adjektiv + Verb, z.B.: laut lachen, gut sichern
- – Wortgruppe aus Adverb + Verb, z. B.: zusammen johlen, festhalten, losgehen, emporrasen
- – Wortgruppe aus Präposition + Verb, z.B.: durchstarten

b/c Bei der Formulierung von Regeln zu jeder Wortgruppe sollte (z.B. durch das Schließen der Bücher) verhindert werden, dass die Lernenden sofort im Informationskasten auf S. 287 im Schülerband nachschauen, wie die Regeln lauten. Der Vergleich der selbst verfassten Regeln mit denen im Merkkasten bietet den Mehrwert der Sensibilisierung für sprachliche Genauigkeit.

3 Die Lösungen für den zweiten Textabsatz können übersichtlich in einer Tabelle dargestellt werden:

Wortgruppen mit Verb: Getrennt oder zusammen?	
Getrenntschreibung	**Zusammenschreibung**
sicher steht (Adj. + V) schlecht werden (Adj. + V) Angst haben (Nomen + V) Schaden nimmt (Nomen + V) stehen geblieben (V + V)	durchatmen (Präp. + V) hinabstürzen (Präp. + V) hochfliegt (Adv. + V) aussetzt (Präp. + V) einfährt (Präp. + V) wahrhaben (Adj. +V, neue Bedeutung) sichergestellt (Adj. +V, neue Bedeutung) kaputtgeht (Adj. +V, neue Bedeutung) herausholen (Präp. + V)

4 Diese Aufgabe eignet sich zur Differenzierung für Lernende, die bereits über eine entwickelte Rechtschreibkompetenz verfügen. Sie können anhand der beiden Beispiele zur Schreibung von „hoch" und „wahr" in Verbindung mit Verben einen weitergehenden Einblick in die differenzierteren Prinzipien der Groß- und Kleinschreibung bekommen.

Im „Wahrig" (Die deutsche Rechtschreibung, 2006) findet man zu beiden Beispielen recht ausführliche Erläuterungen in einem Kastentext. Danach können folgende Fälle unterschieden werden:

„hoch" + Verb				
	Getrenntschreibung		**Zusammenschreibung**	
Bedeutung von „hoch"	oben, in der Höhe (= Ort)	sehr viel, große Anzahl	nach oben, empor (= Richtung)	übertragene Bedeutung
Beispiele	hoch fliegen (= in großer Höhe fliegen)	hoch verschulden hoch bezahlen	hochbinden hocharbeiten hochkurbeln	hochladen hochrechnen hochstapeln

„wahr" + Verb		
Zusammenschreibung	**Zusammen- oder Getrennt- schreibung**	**Getrenntschreibung**
„wahr" ist in der Verbindung mit einem Verb keiner bestimmten Wortart mehr zuzuordnen	„wahr" beschreibt das Ergebnis der Tätigkeit, die das Verb ausdrückt	in allen anderen Fällen
wahrhaben wahrnehmen wahrsagen	wahr machen / wahrmachen	wahr bleiben wahr sein für wahr halten

b Gedankenstriche können oft durch andere Satzzeichen ersetzt werden. Anhand des Textes können die Schülerinnen und Schüler folgende Fälle unterscheiden:
- Gedankenstriche, die auf etwas Folgendes hinweisen, können durch Doppelpunkte ersetzt werden: Das gilt für Z. 5, 10, evtl. auch Z. 20.
- Wo der nachfolgende Zusatz inhaltlich eng mit dem Vorangehenden zusammenhängt, sollte auf jeden Fall ein Komma gesetzt werden: Z. 18, Z. 20 (hier wäre auch ein Punkt oder Doppelpunkt möglich).
- Die paarigen Gedankenstriche können durch Klammern oder Kommas ersetzt werden, wobei Klammern als stärkere Abgrenzung wirken und es leichter machen, den eigentlichen Satz im Auge zu behalten: Z. 1/2, Z. 6/8, Z. 11/12, Z.14/15.
- Der Gedankenstrich, der einen Sprecherwechsel anzeigt (vgl. Z. 4, 19), kann nicht durch ein anderes Satzzeichen ersetzt werden. Entweder entfällt die Markierung ganz oder die Dialogform kann durch einen neuen Absatz bei jedem Sprecherwechsel verdeutlicht werden.

2 Folgende Beobachtungen können die Lernenden beim sensibilisierten Lesen machen:
- Gedankenstriche und Klammern führen beim Lesen zu einer deutlicheren Pause als Kommas, weil sie von vornherein anzeigen, dass eine Information folgt, die in den Gedankengang des Satzes eingeschoben ist bzw. aus ihm ausgegrenzt werden kann.
- Das erste Komma vor einer eingeschobenen Information lässt dagegen noch offen, welche syntaktische Konstruktion folgt; es könnte sich z.B. auch um eine Aufzählung handeln. Beim Lesen wird deshalb möglicherweise eine weniger deutliche Pause gemacht.
- Beim stillen Lesen vermitteln Klammern noch stärker als Gedankenstriche, dass die darin eingefügte Information auch zugunsten einer zusammenhängenden Aufnahme der Hauptaussage des Satzes übersprungen werden kann. Beim lauten Lesen lässt sich der Unterschied zwischen Klammern und Gedankenstrichen dagegen kaum verdeutlichen.

S. 295 Das Komma bei Anreden, Ausrufen und Bekräftigungen

1 a/b Dem Orientierungswissen auf S. 359 im Schülerband entsprechend können die Regeln zur Kommasetzung so ergänzt und folgende Beispiele zugeordnet werden:
- Eine Anrede wird durch Komma vom übrigen Satz abgetrennt: Z. 1, 5, 8, 10, 12, 15.
- Ausrufe, kommentierende Äußerungen und Bekräftigungen werden durch Komma abgetrennt: Z. 2, 13, 18.

c Die Sätze mit den vier ergänzten Kommas:
- Entweder man weiß, wie es geht, oder [...] (Z.13/14)
- [...] es muss doch auch jemanden geben, der Gebrauchsanweisungen gut findet? (Z.15–17)
- Aber die Erinnerung bleibt einfach eher da, wo man sich [...] geärgert [...] hat. (Z. 20 ff.)
Die Kommas trennen in all diesen Fällen Nebensätze von Hauptsätzen im Satzgefüge.

2 a/b Der Text mit allen notwendigen Satzzeichen und deren Begründung mit Regeln:

Satzbeispiele mit den notwendigen Satzzeichen	Regeln, die die Satzzeichen begründen
Gebrauchsanweisung, liebes Kind,	Eine Anrede wird durch Komma(s) abgetrennt.
das ist doch dieses vielsprachige, unansehnliche Papier.	Wörter oder Wortgruppen einer Aufzählung werden durch Komma(s) getrennt. Punkt als Satzschlusszeichen.
Eine Bleiwüste, so muss man es deutlich sagen,	Eine nachgestellte Erläuterung in Form eines Hauptsatzes wird durch Kommas abgetrennt; hier wären jedoch auch Gedankenstriche möglich.
mit schlechten Abbildungen, die man ...	Satzgefüge: Ein Relativsatz wird durch Komma abgetrennt.

... als Allererstes zur Seite legt, um nur widerwillig ...	Ein Infinitivsatz, der mit „um" eingeleitet wird, wird durch Komma abgetrennt.
... reinzugucken, wenn es gar nicht ...	Satzgefüge: Ein Konditionalsatz wird durch Komma abgetrennt.
... anders geht, nicht wahr?	Eine Bekräftigung wird durch Komma abgetrennt. Fragezeichen als Satzschlusszeichen am Ende einer (hier rhetorischen) Frage.

3 a/b Um den Aufwand und mögliche Hemmschwellen zu reduzieren, sollten die Interviews zum Thema „Gebrauchsanweisungen" in Partnerarbeit angegangen werden. Die Interviews sollten kurz sein, damit das Verschriftlichen nicht zu viel Zeit kostet. Aus den verschriftlichten Interviews kann zusätzliches Übungsmaterial gewonnen werden, zum Beispiel für Partnerdiktate oder für Übungstexte, bei denen die – weggelassenen – Kommas gesetzt und begründet werden müssen. Dazu sollten die Texte von der Lehrkraft so didaktisiert werden, dass sie das Spektrum der bislang vermittelten Regeln nicht überschreiten.

S. 296 Fordern und fördern – Kommasetzung

1 a Der Text mit den korrekt gesetzten Kommas:
1 Wenn die Spülmaschine startet, wird Wasser auf ca. 60 Grad erhitzt und in die Maschine gepumpt. 2 Um Kalkablagerungen zu verhindern, muss das Wasser zuvor enthärtet werden. 3 Das Spülmittel befindet sich in einem Behälter, der automatisch zum richtigen Zeitpunkt geöffnet wird. 4 Von Spülmittelresten im Klarspülgang befreit(,) wird das Geschirr danach durch heiße Luft getrocknet. 5 Bei den neueren Modellen, den Öko-Geschirrspülmaschinen, wird der sorgsame Umgang mit Energie großgeschrieben.

b Zuordnung der Sätze zu den syntaktischen Beschreibungen:

Satzgefüge mit Infinitivsatz	Satzgefüge mit Partizipialsatz	Satzgefüge ohne Infinitiv- oder Partizipialsatz	Satz mit Apposition oder nachgestellter Erläuterung
2	4	1, 3	5

2 a Der Text mit den richtig gesetzten Kommas:
1 Als es noch keinen Kühlschrank gab, bediente man sich anderer Kühlungsmethoden, um Nahrungsmittel über längere Zeit haltbar zu machen: 2 Beliebt war es, Fleisch und Fisch einzusalzen oder über schwelenden Hölzern zu räuchern. 3 Das Verfahren des Konservierens nutzend(,) wurden Obst und Gemüse erhitzt und unter Luftabschluss in Gläser oder Flaschen gefüllt, eine Methode, die später durch den französischen Chemiker Louis Pasteur perfektioniert wurde. 4 Die Kältemaschinen, die Carl Linde, ein deutscher Ingenieur, entwickelte, waren nur für die Industrie geeignet. 5 Heute sind moderne Kühl-Gefrier-Kombinationen, sparsam im Stromverbrauch, am beliebtesten.

b Zuordnung der Sätze zu den syntaktischen Beschreibungen:

Satzgefüge mit Infinitivsatz	Satzgefüge mit Partizipialsatz	Satzgefüge ohne Infinitiv- oder Partizipialsatz	Satz mit Apposition oder nachgestellter Erläuterung
1, 2	3	4, 5	3, 4, 5

3 Der Text mit allen Kommas und deren Begründung:

Kommasetzung	
Satzbeispiele mit den notwendigen Satzzeichen	**Regeln, die die Satzzeichen begründen**
1 Mikrowellen erhitzen Speisen, ohne einen Kontakt …	Ein Infinitivsatz, der mit „ohne" eingeleitet wird, wird durch Komma abgetrennt.
… zu einer Wärmequelle, z.B. einer heißen Fläche oder heißer Luft, zu haben.	Eine nachgestellte Erläuterung wird durch Komma(s) abgetrennt.
2 Durch die Mikrowellenstrahlung, elektromagnetische Wellen wie z.B. das Licht, werden die Wassermoleküle des Kochguts in Bewegung versetzt und erzeugen so durch Reibung Wärme.	Eine Apposition wird durch Komma(s) abgetrennt.
3 Durch eine Vakuumröhre, den Magnetron, …	Eine Apposition wird durch Komma(s) abgetrennt.
…erzeugt(,) werden …	Ein vorangestellter Partizipialsatz kann, muss aber nicht durch ein Komma abgetrennt werden.
… die Mikrowellen in den Garraum geleitet, wo die metallischen Wände des Mikrowellenherdes …	Satzgefüge: Nebensatz (Lokalsatz) und Hauptsatz werden durch Komma getrennt.
…die Wellen zusätzlich reflektieren, sodass eine gleichmäßige Verteilung der Wellen gewährleistet wird.	Satzgefüge: Ein Nebensatz (Konsekutivsatz) wird durch Komma abgetrennt.
4 Auch der häufig vorzufindende Drehteller, meist aus Glas hergestellt, hat …	Ein eingefügter Partizipialsatz, der eine nachgestellte Erläuterung ist, wird durch Kommas abgetrennt.
… den Zweck, die Wellen gleichmäßig zu verteilen.	Ein Infinitivsatz, der von einem Nomen im Hauptsatz („Zweck") abhängig ist, wird durch Komma abgetrennt.

S. 297 Testet euch! – Kommasetzung

1 Der erste Textteil mit den gesetzten Kommas:

Geschichte der Gebrauchsanweisung

Sie steckt als Beipackzettel in der Hi-Fi-Anlage genauso wie im Überraschungsei – die Gebrauchsanweisung. Nicht wahr, liebe Leser, Sie haben sich auch schon einmal über ihr Kauderwelsch geärgert, wünschend, dass ihr Verfasser dafür ewig in der Hölle schmoren möge. Viele Museen, vollgestopft mit technischen Geräten, zeigen die Entwicklung von der Dampfmaschine bis ins Atomzeitalter. „Doch mit der schriftlichen Vermittlung von technischem Know-how durch Gebrauchsanleitungen hat sich bisher noch kein Museum beschäftigt", sagt Clemens Schwender, wissenschaftlicher Mitarbeiter der TU Berlin. Unter dem Titel „Erst lesen – dann einschalten" gibt es nun eine Ausstellung, in der die Geschichte der Gebrauchsanweisung geschildert wird.

2 a So sieht die richtige Zuordnung von Kommas und Regeln aus:
1 = U (Infinitivsatz); 2 = U (Partizipialsatz); 3 = M; 4 = M; 5 = E; 6 = S

b Lösungswort: Museum

Auf der beiliegenden CD-ROM findet sich ein Hördiktat „Omas Technikmuseum", mit dem die Beherrschung der behandelten Rechtschreib- und Zeichensetzungsphänomene überprüft werden kann. Das Lösungsblatt leitet zur Selbstkontrolle und zur Übung der falsch geschriebenen Wörter an.

427

|S. 298| 14.3 Fit in … – Richtig schreiben

Die Übungen in diesem Teilkapitel können einfach nur als solche bearbeitet und ggf. zur Ergänzung der entsprechenden Abschnitte des ersten und zweiten Teilkapitels genutzt werden.

Sinnvoller ist es jedoch, dieses letzte Teilkapitel der Rechtschreibeinheit als eigene Unterrichtssequenz zur Diagnose und individuellen Förderung so umzusetzen, wie der Schülerband es nahelegt. Dazu sollten vorher die hier aufgegriffenen Rechtschreibphänomene in eigenen Einheiten bereits ausführlicher behandelt worden sein (wie es das erste und zweite Teilkapitel ermöglichen). Das Diagnoseverfahren und das anschließende Stationenlernen sind also eher für einen fortgeschrittenen Zeitpunkt im Schuljahr gedacht.

Mit den Kopiervorlagen auf der CD bekommt die Lehrkraft die Möglichkeit, ohne Aufwand den Stationenlauf zu gestalten. Das Material auf der CD enthält:

– die **Vorlagen für die Textüberarbeitung** und den **Fehlerbogen** zur Auswertung (vgl. S. 298–300 im Schülerband) mit Lösungshinweisen

– **Hinweise zum Stationenlernen** und einen **Laufzettel** mit **Bewertungs-/Rückmeldebogen** für die Schülerinnen und Schüler

– jeweils **ein Arbeitsblatt für jede Station** mit allen Übungen dieser Station (vgl. S. 301–306 im Schülerband)

– jeweils ein **Lösungsblatt zu jeder Station** für die selbstständige Kontrolle durch die Schülerinnen und Schüler

Zeitlich erscheint für die Unterrichtssequenz ein Umfang von vier bis sechs Unterrichtsstunden realistisch:

– Überarbeitung des Diagnosetextes: eine Unterrichtsstunde

– Auswertung der Textüberarbeitung und Erläuterung/Organisation des Stationenlernens: eine Unterrichtsstunde

– Durchführung des Stationenlernens: zwei bis drei Unterrichtsstunden

– ggf. Lernerfolgskontrolle: eine Unterrichtsstunde

Für die Lernerfolgskontrolle gibt es auf S. 437 bis 439 dieser Lehrerhandreichungen einen Vorschlag, der auf dieses Teilkapitel und das Stationenlernen ausgerichtet ist.

|S. 298| Ohne Technik durch den Tag – ein Selbstversuch

 1 a–c Der Text in der richtigen Schreibweise (die korrigierten Wörter sind unterstrichen, die korrigierten Stellen sowie die Kommas, die einzusetzen waren, markiert):

1 Gleich morgens nach dem Aufstehen fing es an:

2 Statt der elektrischen die analoge Zahnbürste zu nehmen, ist mir nicht so schwergefallen.

3 Beim Frühstücken den Toaster nicht zu benutzen, war kein Problem, ich habe einfach Haferflocken mit Milch gegessen.

4 Aber am Vormittag in der Schule war ich im Physikunterricht schnell lahmgelegt und vom Matheunterricht wurde ich sogar freigestellt.

5 An einem normalen Tag hätte ich mir mittags das Essen im Mikrowellenherd erwärmt, aber so habe ich mich an Brot, Obst und Salat satt gegessen – doch, echt delikat!

6 Die Spülmaschine war auch tabu, sodass ich das Abwaschen mit der Hand machen musste.

7 Das Planschen im Spülbecken hat mir als Kind auch mehr Spaß gemacht!

8 Für den Klavierunterricht war es dann höchst kompliziert, die Strecke von der Düsseldorfer Allee bis zum Bettina-von-Arnim-Platz ohne Bus zu bewältigen.

9 Ich habe überlegt, blauzumachen, bin dann aber doch Fahrrad gefahren, sogar die weitere Strecke über die Bergische Landstraße, um noch ein bisschen Fitness-Training zu bekommen.

10 Ich war mir nicht ganz sicher, ob Duschen verboten ist, weil bestimmt auch die Wasserpumpe elektrisch funktioniert.

11 Ich hab's dann doch gemacht, aber ohne hinterher die Haare zu föhnen.

12 Eine echte Krise hatte ich abends, als meine ganze Familie, meine Eltern sowie meine beiden Brüder, viel Spaß dabei hatten, einen Film im Fernsehen zu schauen.

13 Ich hab dann nach so einem – wie heißt es noch mal – ach ja: Buch gesucht, leider vergeblich.

14 Nein, liebe Lehrer, keine Sorge: Das war natürlich nur ein Scherz, ein saublöder!

15 Tatsächlich ging der Abend, schmökernd im Bett verbracht, sehr unspektakulär zu Ende.

16 Das Handy, eigentlich mein ständiger Begleiter, habe ich an diesem Tag besonders vermisst!

17 Aber viele technische Geräte haben mir, obwohl ich sie sonst häufig benutze, kaum gefehlt.

S. 299 Die eigenen Fehlerschwerpunkte finden

1 Die Korrektur sollte so erfolgen, dass falsch geschriebene Wörter komplett unterstrichen werden und die jeweils falsch geschriebene Stelle zusätzlich markiert wird, sodass eine Zuordnung der Fehler mit Hilfe des Fehlerbogens leicht möglich ist.

2 a–c Der **Fehlerbogen** findet sich auch auf der diesen Handreichungen beiliegenden CD-ROM und kann für alle Lernenden ausgedruckt werden.

Der Fehlerbogen ist so übersichtlich organisiert, dass die selbstständige Auswertung den Schülerinnen und Schülern kein Problem bereiten sollte. Dennoch bedarf es der Begleitung durch die Lehrkraft. Sie sollte insbesondere bei ganz schwachen und sehr starken Schülerinnen und Schülern beraten, welche Stationen tatsächlich zu bearbeiten sind: Wenn in allen Bereichen sehr viele Fehler gemacht wurden, sollte eine sinnvolle Auswahl an Stationen und/oder Übungen getroffen werden, damit diese Schülerinnen und Schüler nicht überdurchschnittlich viele Aufgaben erledigen müssen. Eine Beratung ist auch notwendig, wenn Schülerinnen oder Schüler etwas in der Kategorie „Andere Fehler" eingetragen haben. Für die Lernenden, die insgesamt nur sehr wenige Fehler gemacht haben, kommen jeweils die Aufgaben „Für Spezialisten" in Frage.

3 An allen Stationen sollten entweder **Arbeitsblätter** mit den jeweiligen Übungen liegen (diese sind identisch mit den einzelnen Stationen im Schülerbuch und können von der beiliegenden CD-ROM ausgedruckt werden) oder eine ausreichende Zahl an „Deutschbüchern".

Die Schülerinnen und Schüler markieren auf ihrem **Laufzettel** (auch dieser kann von der CD ausgedruckt werden) die Stationen, die sie zu bearbeiten haben. Die Reihenfolge und die Einteilung der Arbeitszeit können sie dabei selbst bestimmen.

Nach jeder Station kontrollieren die Lernenden ihre Lösungen am Lehrerpult mit Hilfe der dort bereitgestellten **Lösungsblätter** (die ebenfalls von der CD ausgedruckt werden können). Abgearbeitete Stationen werden auf dem Laufzettel abgehakt.

Insgesamt sollten für den Stationenlauf zwei bis drei Einzelstunden eingeplant werden.

S. 301 Training an Stationen

S. 301 Station 1: Groß- und Kleinschreibung

1 a–c Der Text in der richtigen Groß- und Kleinschreibung (nominalisierte Adjektive und Verben sind unterstrichen, Tageszeiten und Wochentage grau markiert):

Break-down der Haushaltstechnik

Am Montagmorgen fing es an: Beim Betätigen des Rollladenschalters gab es ein kleines Feuerwerk, ansonsten blieb es bis zum Eintreffen des Handwerkers, der Hausbesuche leider nur mittwochs nachmittags tätigt, zappenduster. Im Dunklen stolperte ich über das Fernsehkabel, wodurch nicht einfach der Stecker aus der Dose, sondern das Kabel aus der Fernseherrückwand gerissen wurde. Da Bügeln ohne Fernsehgucken sowieso langweilig ist, schadete es nicht, dass dienstagabends das Bügelbrett unter dem gewaltigen Gewicht eines Rüschenblüschens zusammenbrach, was das Dampfbügeleisen ebenfalls zum Aushauchen seines Geistes veranlasste. Bis Freitagnacht passierte seltsamerweise nichts Bemerkenswertes, abgesehen davon, dass der Gefrierschrank still und heimlich seinen Dienst einstellte, was mir erst Freitag früh auffiel, als meine Füße mir ein kühles Nass meldeten. In der Nacht von Freitag auf Samstag schlugen dann die Brandmelder Alarm, zum Glück aber nur auf Grund eines Defekts. Zu loben bleibt das unverdrossene Funktionieren meines Radioweckers, der mich diensteifrig auch Sonntag früh aus süßen Träumen holte, da ich vergessen hatte, ihn auszustellen.

Mögliche Zusatzaufgaben
Zu 1b: Wandle die Nominalisierungen in Nebensätze oder Infinitivsätze um, sodass die Verben und Adjektive wieder kleingeschrieben werden. Beispiel: Beim Betätigen des Rollladenschalters … → Als ich den Rollladenschalter betätigte, …
Zu 1c: Verwandle die nominalen Zeitangaben in adverbiale und die adverbialen Zeitangaben in nominale, z.B.: am Montagmorgen → montagmorgens.

2 Die Sätze in der richtigen Groß- und Kleinschreibung (die „kritischen Stellen" – Eigennamen und Herkunftsbezeichnungen, vgl. S. 282 im Schülerband – sind unterstrichen):
– Metzger Schmitz in der Stockholmer Allee bietet rheinischen Sauerbraten.
– Günstiges Meißner Porzellan im Ausverkauf auf dem Bertha-von-Suttner-Platz.
– Holen Sie sich ein gelbes Trikot im Fahrradladen im Wiesenweg.
– Besuchen Sie die hessischen Spezialitätenstände bei der Grünen Woche in Berlin.
– Eine bayrische und Münchner Dirndlkollektion finden Sie im Geschäft in der Straße An den Drei Eichen.

3 a Begründung, warum die unterstrichenen Adjektive trotz Nomenbegleiter kleingeschrieben werden müssen: Die Adjektive stehen nicht für sich, sondern sind Attribute von Nomen in ihrer Nähe, die aus stilistischen Gründen nicht wiederholt werden, aber mitzudenken sind:
– Die T-Shirts gefallen mir alle sehr gut. Ganz besonders mag ich die gestreiften [T-Shirts].
– Das schwarze [Fahrrad] ist mein Fahrrad.

b Durch die Zuordnung zu folgenden Regeln lassen sich die Schreibungen begründen:
– Adjektive, die Attribute eines Nomens sind, schreibt man klein: ein spannender Roman.
– Die von geografischen Namen abgeleiteten Wörter auf -er schreibt man groß: die Frankfurter Buchmesse, der Pfälzer Wein.
– Die von geografischen Namen abgeleiteten Wörter auf -isch werden kleingeschrieben: eine pfälzische Stadt, ein sächsischer Dichter.
– In mehrteiligen Eigennamen schreibt man alle Wörter (außer Artikeln, Konjunktionen und Präpositionen) groß: die Sächsische Schweiz (in einem solchen Fall „sticht" diese Regel also die vorangegangene).

S. 302 Station 2: Getrennt- und Zusammenschreibung

1 Getrennt oder zusammen? Die Lösungen können übersichtlich in einer Tabelle dargestellt werden:

Getrenntschreibung	Zusammenschreibung
frei hat	bevorstehen
verführen lassen	naheliegend
Ruhe haben	vorzubereiten
reiten üben	durchqueren
Safari gehen	zurücklehnen
fahren lassen	nahekommen
aktiv sein	durchstarten
klettern gehen	bereitstellen
stürzen lassen	abwärtsgehen
	hinabgeworfen
	aneinandergereiht

2 Für die Begründungen kann der Informationskasten auf S. 287 im Schülerband herangezogen werden. Die dort genannten drei Proben können für die jeweilige Entscheidung durchgeführt werden:
– die Bedeutungsprobe: Ändert sich die Gesamtbedeutung durch die Verbindung der zwei Wörter?
– die Betonungsprobe: Liegt die Hauptbetonung auf dem ersten Wort?
– die Erweiterungsprobe: Kann ein Wort oder eine Wortgruppe zwischen den beiden Wörtern der Verbindung eingesetzt werden?

430

Beispielsätze (mit Begründungen für die Getrennt- bzw. Zusammenschreibung):

dahinter/stecken:

— Siehst du den Spiegel? Könntest du bitte den Merkzettel <u>dahinterstecken</u>?
  Begründung: Zusammenschreibung, da Betonung auf dem Adverb

— Der Kiosk wurde aufgebrochen und die Polizei hat keine Ahnung, wer <u>dahintersteckt</u>.
  Begründung: Zusammenschreibung, da Betonung auf dem Adverb + neue Bedeutung

davon/kommen:

— Das könnte <u>davon</u> <u>kommen</u>, dass es in diesem Winter nicht richtig kalt war.
  Begründung: Getrenntschreibung, denn Adverb und Verb werden gleich betont.

— Der Täter sollte nicht mit einer so geringen Strafe <u>davonkommen</u>.
  Begründung: Zusammenschreibung, da Betonung auf dem Adverb + neue Bedeutung

fest/nageln

— Dieses Schild soll <u>fest</u> an die Tür <u>genagelt</u> werden.
  Begründung: Adjektiv und Verb werden meistens getrennt geschrieben. + Hier kann eine Wortgruppe eingeschoben werden.

— Kannst du diese Pappe bitte an der Wand <u>festnageln</u>?
  Begründung: Zusammenschreibung, da Betonung auf „fest" + kein Einschub möglich + etwas andere Bedeutung

wieder/sehen

— Mit der neuen Brille kann ich endlich <u>wieder</u> <u>sehen</u>.
  Begründung: Getrenntschreibung, denn Adverb und Verb werden gleich betont. „Wieder" kann hier ersetzt werden durch „erneut" oder „besser". + Einschub möglich

— Wir werden uns erst im nächsten Jahr <u>wiedersehen</u>.
  Begründung: Zusammenschreibung, da Betonung auf dem Adverb + kein Einschub möglich

zusammen/schreiben

— Lass uns den Brief an Oma doch <u>zusammen</u> <u>schreiben</u>.
  Begründung: Getrenntschreibung, denn Adverb und Verb werden gleich betont. „Zusammen" kann hier ersetzt werden durch „gemeinsam". + Einschub möglich

— Ich habe schnell das Wichtigste <u>zusammengeschrieben</u>.
  Begründung: Zusammenschreibung, da Betonung auf dem Adverb + kein Einschub möglich

frei/machen

— Das kannst du ganz <u>frei</u> <u>machen</u>, wie du willst.
  Begründung: Adjektiv und Verb werden meistens getrennt geschrieben. + Hier könnte eine Wortgruppe (z.B. „und unbeschwert") eingeschoben werden.

— Du musst den Brief mit einer Briefmarke <u>freimachen</u>.
  Begründung: Zusammenschreibung, da aus der Verbindung von Adjektiv und Verb ein Wort mit einer neuen Gesamtbedeutung („mit einer Briefmarke versehen") entsteht.

schön/reden

— Diese Politikerin kann wirklich <u>schön</u> <u>reden</u>.
  Begründung: Adjektiv und Verb werden meistens getrennt geschrieben. + Hier könnte eine Wortgruppe (z.B. „und flüssig") eingeschoben werden.

— Wir wollen die schwierige Situation aber nicht <u>schönreden</u>.
  Begründung: Zusammenschreibung, da aus der Verbindung von Adjektiv und Verb ein Wort mit einer neuen Gesamtbedeutung („beschönigen", „verharmlosen") entsteht.

vorher/sagen

— Dass du heute nach Köln fährst, hättest du mir aber wirklich <u>vorher</u> <u>sagen</u> können!
  Begründung: Getrenntschreibung, denn Adverb und Verb werden gleich betont. „Vorher" kann hier ersetzt werden durch „früher".

— Die weitere Wetterentwicklung lässt sich noch nicht <u>vorhersagen</u>.
  Begründung: Zusammenschreibung, da Betonung auf dem Adverb. Es kann keine Wortgruppe eingeschoben werden.

fest/nehmen

– Kannst du mich bitte mal <u>fest</u> in den Arm <u>nehmen</u>?
Begründung: Adjektiv und Verb werden meistens getrennt geschrieben. + Hier ist eine Wortgruppe eingeschoben worden.

– Der Polizei konnte den Flüchtigen <u>festnehmen</u>.
Begründung: Zusammenschreibung, da aus der Verbindung von Adjektiv und Verb ein Wort mit einer neuen Gesamtbedeutung („verhaften") entsteht.

zusammen/halten

– Wir können das Referat <u>zusammen</u> <u>halten</u>.
Begründung: Getrenntschreibung, denn Adverb und Verb werden gleich betont. „Zusammen" kann hier ersetzt werden durch „gemeinsam".

– Auch wenn die Lage schwierig ist, wird unser Team <u>zusammenhalten</u>.
Begründung: Zusammenschreibung, da Betonung auf dem Adverb + neue Bedeutung + kein Einschub möglich

3 a/b Das Ergebnis der Überlegungen lässt sich in einer Tabelle darstellen:

Getrennt oder zusammen? Nomen + Verb oder Verb?	
Kannst du mir bitte einen Teil abgeben?	An dem Erfolg können alle teilhaben.
Lasst uns Eis essen gehen!	Ab heute kann man im Park wieder eislaufen.
Ich will nicht meinen Kopf riskieren.	Hier scheint heute ja alles kopfzustehen!
– eigenständige Nomen mit eigener Bedeutung + Verben – alle Nomen sind hier Akkusativobjekte – man könnte ein Wort/eine Wortgruppe einfügen → Wortgruppe aus **Nomen + Verb**	– verblasste" Nomen, haben in der Verbindung mit dem Verb ihre Eigenständigkeit verloren – keine eigenen Satzglieder – man kann kein Wort/keine Wortgruppe einfügen → **Verben**
Nomen + Verb werden getrennt geschrieben, Nomen groß, Verben klein.	**Verben werden kleingeschrieben.**

Das Ergebnis kann mit Hilfe eines Wörterbuchs (z.B. „Duden Bd. 1. Die deutsche Rechtschreibung") überprüft werden.

S. 303 Station 3: Fremdwörter

1 a/b Wenn nötig, kann das phonetische Alphabet im Wörterbuch nachgeschlagen werden, um die im Text in Lautschrift geschriebenen Wörter richtig lesen/aussprechen zu können. An den meisten Stellen sollte aber vor allem der Kontext helfen, die Wörter zu erschließen.
Es handelt sich um die folgenden:
Racing-Saison – Crash – Overall – perfekt – Garage – Team – checken – positiv – Interview – Fan – Ingenieur – Computer – Detail – Tour – Gokart – Chance – trainiert

2 a/b Das Nachschlagen im Wörterbuch bestätigt, dass es für einige der Begriffe aus dem Kasten zwei richtige Schreibweisen gibt, für andere nur jeweils eine. Die richtigen Schreibweisen:

– platzieren / *(veraltet, aber noch möglich)* placieren
– Saxophon/Saxofon
– existenziell/existentiell
– Grafikerin/Graphikerin
– Dragee/Dragée
– Rhetorik
– orthografisch/orthographisch
– Download

432

3 Beispiellösung für die ergänzte Tabelle:

Die Herkunft bestimmter Wortbauteile		
Wortbauteile	**Sprache**	**Beispielwörter**
ph, th, rh	(Alt-)Griechisch	Phase, Amphibie, Philosoph, amorph … Therapie, Atheist, Psychopath … Rhapsodie, Rheuma, Rhythmus …
age, eau, eur, ou	Französisch	Collage, Blamage, Courage, Reportage … Eau de Toilette, Niveau, Rondeau … Charmeur, Amateur, Regisseur, Ingenieur … Ouvertüre, Toupet, Boutique, Filou …
ea, ity, oo, y	Englisch	easy, Beat, Jeans, Reader, Freak … City, Intercity, Publicity … cool, Hooligan, Pool, Shampoo … trendy, High Society, Party, Baby …
dis, ex, ismus, tion, iv	Latein	diskutieren, diskret, Disharmonie … experimentieren, extrem, Experte … Idealismus, Katechismus, Optimismus … Petition, Irritation, Interpunktion … naiv, Korrektiv, massiv, explosiv …

Mögliche Zusatzaufgabe

Bei den Beispielwörtern kann zusätzlich der Auftrag erteilt werden zu prüfen, wo die Wortbauteile vorkommen können: am Wortanfang, in der Wortmitte oder am Wortende. Daraus ergibt sich, dass es sich zum Teil um typische Vorsilben (dis-, ex-) bzw. Endungen (-age, -eau, -eur, -ismus, -ity, -tion) handelt.

S. 304 **Station 4: Kommasetzung in Satzgefügen**

1 Im folgenden Text sind alle Kommas gesetzt, Hauptsätze sind einfach, Nebensätze mit Punktlinie unterstrichen:

Lieber Tierfreund, liebe Tierfreundin,
hier noch ein paar wichtige Punkte*, die wir dir ans Herz legen möchten: In den ersten drei bis vier Tagen solltest du deinem Schützling Ruhe bieten, damit er sich an die neue Umgebung gewöhnen kann. Ein bis drei Mal pro Woche ist ein Vitaminpräparat, das dem Wasser oder Futter beigemischt werden kann, empfehlenswert. Platziere das Kleintierheim so, dass es hell steht, aber vor Sonneneinstrahlung und Zugluft geschützt ist. Die Futter- und Pflegeanleitung, die dir mitgegeben wird, solltest du unbedingt befolgen. Wenn es in den ersten zwei Wochen zu Auffälligkeiten kommt, setze dich bitte umgehend mit uns in Verbindung. Bitte bedenke, dass es sich bei deinem Pflegling um ein Lebewesen handelt, das auch so behandelt werden möchte.
Dass du viel Spaß mit deinem neuen Hausgenossen hast, wünscht dir das Team von deiner Zoohandlung.

*Bei diesem Satz handelt es sich um einen unvollständigen Hauptsatz, da das Prädikat fehlt. Ergänzt werden kann z.B. „hier folgen noch ein paar wichtige Punkte …".

2 Zur Bildung der Satzgefüge müssen nicht alle vorgegebenen Konjunktionen verwendet werden, die gleiche Konjunktion kann ggf. auch mehrmals benutzt werden. Beispiellösung:

1E Bevor Sie mit dem Lesen eines Buches beginnen, beherzigen Sie bitte folgende Hinweise.
2C Verwenden Sie das Buch nicht beim Duschen oder in der Nähe von offenem Feuer, da/weil Papier aufquellen kann und leicht entflammbar ist.
3D Wenn Sie unter Müdigkeit oder Konzentrationsstörungen leiden, sollten Sie das Lesen des Buches vermeiden.

4A <u>Wenn</u> Sie Seiten aus dem Buch herausreißen**,** kann das Verständnis des Buches beeinträchtigt werden.

5B <u>Sobald</u> Sie am Ende des Buches angekommen sind**,** wenden Sie sich bitte an Ihre Bibliothek oder Ihre Buchhandlung.

3 In der Gebrauchsanweisung für die erstmalige Verwendung eines Mobiltelefons werden zwei Arten von Nebensätzen verwendet:
— Infinitivsätze mit „um … zu" und
— Konditionalsätze (also Bedingungssätze), eingeleitet mit der Konjunktion „wenn".

Diese Satzarten simulieren ein Gespräch mit der Benutzerin/dem Benutzer: Sie nennen zum einen (durch die Konditionalsätze) Bedingungen, auf die dann die jeweils passende Reaktion angeboten wird; zum anderen nehmen sie (durch die Infinitivsätze) mögliche gewünschte Funktionen/Absichten in den Blick. Wie diese Absicht umgesetzt, die Funktion in Betrieb genommen werden kann, beschreibt jeweils der Hauptsatz.

S. 305 Station 5: Kommasetzung bei Infinitiv- und Partizipialsätzen

1 Für die vier zu bildenden Satzgefüge müssen nicht alle angebotenen Konjunktionen genutzt werden; verschiedene Lösungen sind denkbar, z.B.:
— Hilf mir lieber mal**,** <u>(an)statt</u> / <u>ohne</u> dich lustig zu machen.
— Ich erwarte nichts von Gebrauchsanweisungen**,** <u>außer</u> / <u>als</u> hilfreich zu sein.
— Da bleibt uns wohl nichts anderes übrig**,** <u>als</u> / <u>außer</u> ganz von vorne anzufangen.
— Diese Anleitung besteht nur aus Bildern**,** <u>um</u> in jedem Land verständlich zu sein.

2 Im folgenden Text sind die Infinitivsätze unterstrichen, die Wörter im Hauptsatz, die auf den Infinitiv hinweisen, umrahmt und die Kommas markiert.

Forschungsprojekt „Bedienungsanleitung"
Das Ziel einer wissenschaftlichen Studie zu Bedienungsanleitungen ist $\boxed{\text{es}}$**,** <u>deren unverzichtbare Funktion als Mittler zwischen Mensch und Technik zu erforschen</u>. Ein Team von Sprach- und Kulturwissenschaftlern aus allen Kontinenten arbeitet $\boxed{\text{daran}}$**,** <u>universale und kulturspezifische Merkmale von Bedienungsanleitungen herauszufinden</u>. Die Forscher haben es sich zur $\boxed{\text{Aufgabe}}$ gemacht**,** <u>der Menschheit endlich die Bedeutung dieser ganz besonderen Textsorte deutlich zu machen</u>. Eine $\boxed{\text{Möglichkeit}}$**,** <u>sich auch der historischen Dimension des Themas zu nähern</u>**,** bietet eine Sammlung von Faltzetteln, Handbüchern und Hinweisschildern aus fünfhundert Jahren.

3 **a/b** Der Text mit den gesetzten Kommas; solche, die auch entfallen können, sind eingeklammert, die Partizipialsätze zur Verdeutlichung hier mit Punktlinie unterstrichen:

Unverhofft
Gestern brauchte ich dringend Support für mein die Mitarbeit verweigerndes Handy. <u>Den PC startend</u>**(,)** griff ich gleichzeitig nach dem Telefonhörer. Ich wartete**(,)** <u>eine Mail schreibend</u>**(,)** fünf Minuten vergebens auf ein Durchkommen bei der Service-Hotline. So**,** <u>zwei Medien gleichzeitig nutzend</u>**,** qualmte mir nach kürzester Zeit der Kopf. *(Oder:)* <u>So zwei Medien gleichzeitig nutzend</u>**(,)** qualmte mir nach kürzester Zeit der Kopf. Entnervt knallte ich das Handy auf den Tisch**,** <u>ihm damit unverhofft ein Lebenszeichen entlockend</u>.

4 **a** Die von den Schülerinnen und Schülern zu verfassenden Anleitungen sollten insgesamt etwa 100 Wörter und ca. fünf bis sieben Sätze umfassen. Infinitiv- und Partizipialsätze sollten in verschiedenen Farben unterstrichen werden, damit die Lernenden selbst noch einmal überprüfen, ob sie die Anforderungen (mindestens drei Infinitiv- und zwei Partizipialsätze) erfüllt haben.

b Vor dem Partnerdiktat sollte die Lehrkraft die von den Schülerinnen und Schülern geschriebenen Texte auf ihre sprachliche Richtigkeit überprüfen, damit beim Diktat und seiner Korrektur keine Fehlschreibungen vermittelt werden.

S. 306 **Station 6: Kommasetzung bei Appositionen und nachgestellten Erläuterungen**

1 a/b Als Kurzhilfe für die Unterscheidung von Appositionen und nachgestellten Erläuterungen kann an der Tafel notiert werden:

Appositionen und nachgestellte Erläuterungen unterscheiden		
	Enthält	**Beispiel**
Apposition	nur ein Nomen oder eine Nomengruppe mit Nomenbegleitern	Die Trompete, ein Blechblasinstrument, klingt gut.
nachgestellte Erläuterung	einleitende Wörter: zum Beispiel, wie, nämlich …	Zusammen mit anderen Blechblasinstrumenten, zum Beispiel Posaunen, gehört sie in jede Bigband.
	und/oder einen Partizipialsatz, der sich als Attribut auf ein unmittelbar vorausgehendes Nomen bezieht	Mehrere Trompetenstöße, laut und betont gespielt, ergeben eine Fanfare.

Der Text mit den an der richtigen Stelle ergänzten Appositionen (einfach unterstrichen) und nachgestellten Erläuterungen (mit Punktlinie unterstrichen) sowie den gesetzten Kommas:

Musikinstrumente
Saiteninstrumente, wie zum Beispiel die Geige oder die Gitarre, werden entweder gezupft oder mit einem Bogen gestrichen. Beim Klavier, in gewisser Weise auch einem Saiteninstrument,* werden beim Anschlagen der Tasten Hämmerchen gegen Saiten im Inneren des Instruments geschlagen. Ein nur hinsichtlich der Tastatur, Manual genannt, ähnliches Instrument, nämlich die Orgel, wird mit Händen und Füßen gespielt. Bei der Orgel wird der Klang durch Pfeifen, angeblasen durch einen „Orgelwind" genannten Luftstrom, erzeugt. Durch eine besondere Technik des Anblasens entlockt man auch der Querflöte, einem Holzblasinstrument, Töne. Bei der Blockflöte, ihrer senkrecht zu haltenden Verwandten ohne Klappen, bläst man einfach in die Mundöffnung hinein.

*Kann auch als nachgestellte Erläuterung betrachtet werden.

2 a/b Bei der Zeichensetzung im folgenden Text handelt es sich um einen Vorschlag, es sind auch andere Entscheidungen für Kommas oder Gedankenstriche möglich. Auf jeden Fall muss aber an den markierten Stellen ein Zeichen gesetzt werden. Insbesondere bei Partizipialsätzen als nachgestellten Erläuterungen (die im Text mit Punktlinie unterstrichen sind) bietet es sich häufig an, Gedankenstriche statt Kommas zu setzen, da so auch optisch noch deutlicher wird, wo/wie der Satz beim Lesen gegliedert werden muss.

Wurfring
Der Wurfring, dem Frisbee verwandt, ist ein wunderbares Spiel- und Sportgerät – bestens geeignet für den Urlaub am Strand! Der Ring fliegt – perfekt eingestellt und flach geworfen – gerade und stabil. Die besondere Konstruktion (ein zweiteiliges Profil aus Polycarbonat-Kern und Weichgummi-Polster) sorgt für eine enorme Flugweite und komfortables Fangen. Die Flugeigenschaften können beeinflusst werden, zum Beispiel durch ein vorsichtiges Biegen nach oben oder nach unten. Der Ring ist – flach und trocken gelagert sowie vor Sonnenlicht und Hitze geschützt – robust und haltbar und bietet, umsichtig und sachgemäß verwendet, ein perfektes Sportvergnügen.

Material zu diesem Kapitel auf den folgenden Seiten und auf CD-ROM

- Klassenarbeit – Einen Text überarbeiten: Energiesparen – als Museum? (mit Erwartungshorizont auf der CD-ROM)
- Test: Rechtschreibtraining: Groß- und Kleinschreibung (u.a. bei Eigennamen und Zeitangaben), Schreibung von Fremdwörtern (mit Lösungshinweisen auf der CD-ROM)
- Test – Zeichensetzungstraining: Kommasetzung bei Satzgefügen, Infinitiv- und Partizipialsätzen (mit Lösungshinweisen auf der CD-ROM)
- Fordern und fördern – Rechtschreibtraining: Einen Text überarbeiten – Mathematik – einmal anders! (auf zwei Differenzierungsniveaus, mit Lösungshinweisen auf der CD-ROM)
- Fordern und fördern – Zeichensetzungstraining: Kommasetzung bei Satzgefügen, Infinitiv- und Partizipialsätzen – Anleitung zum Selberbauen: Die Zitronenbatterie (auf zwei Differenzierungsniveaus, mit Lösungshinweisen auf der CD-ROM)
- Für Profis – Rechtschreibung und Zeichensetzung trainieren: Einen Text überarbeiten – Das Motorrad- und Puppenmuseum in Greffen (mit Lösungshinweisen auf der CD-ROM)
- Kopiervorlagen zum Rechtschreibtraining an Stationen (nur auf der CD-ROM)
  - Die eigenen Fehlerschwerpunkte finden (Vorlagen für die Textüberarbeitung, Lösungshinweise und Fehlerbogen)
  - Stationenlernen: Wie mache ich das? + Laufzettel
  - Arbeitsblätter und Lösungsblätter für jede Station
- Hördiktat: Omas Technikmuseum, gesprochen von Marianne Graffam (mit einem Arbeitsblatt zur Selbstkontrolle und Übung der Fehlerwörter, nur auf der CD-ROM)

Klassenarbeit – Einen Text überarbeiten

Aufgabenstellung

1 Der folgende Beitrag für eine Präsentation am Ende einer Projektwoche muss noch einmal Korrektur gelesen werden.

a Finde und unterstreiche die Fehlerwörter im Text. Es gibt
- 9 Fehler bei der Groß- oder Kleinschreibung,
- 7 Fehler bei der Getrennt- und Zusammenschreibung von Verbindungen mit Verben,
- 17 falsch geschriebene Fremdwörter (die manchmal mehrere Fehler enthalten).

b Korrigiere diese Wörter jeweils auf der Linie darunter.

VORSICHT
FEHLER!

Energiesparen – als Museum?

Das hätten wir uns echt nicht träumenlassen, dass wir bei unserer Rescherche fündigwerden. Aber es

_____

gibt tatsächlich ein Energiespar-Museum, das allerdings wohl nur im Internet exestiert. Das hat den

_____

Vorteil, dass man es auch Frühmorgens oder Spätabends besuchenkann! Auf diesen Internetseiten

_____

haben wir wirklich überraschendes und Courioses rund um das Thema Energie sparen gefunden. Da

_____

wir bisher dachten, dass das Thema ein sehr Neues sei, waren wir erstaunt, wie sehr das einsparen

_____

von Energie schon frühere Genirationen beschäftigt hat. Selbst von unserem berühmtesten Dichter

_____

Johann Wolfgang von Goethe können wir auf diesem Gebiet sparenlernen! Seit einigen Jahren

_____

beschäftigt sich der darmstädter Bauingieneur Carsten Herbert mit der Historie des Energiesparens. In

_____

diesen Jahren hat er viel Zeit in Bibliotheken und Archiven verbracht und das Internet nach „Exponnaten"

_____

durchforstet, die direkt oder indirekt etwas mit Energiesparen zutun haben. Das Ergebnis ist eine

_____

Sammlung, die viele hundert Zeitdockumente und Quellen aus 2500 Jahren umfasst. In den einzelnen

_____

Kopiervorlage

Rupriken des Museums findet man enorm viel wissenswertes, zum Beispiel über Ausgrabungen einer

Hessischen archeologischen Forschungsgruppe, die belegen, dass die Menschen schon in der Bronze-

zeit, also vor 3500 Jahren, die Wände ihrer Hütten efektiv zu isoliren verstanden. Man kann sich auch

alte Energiespar-Comics und Energiespar-Cartons anschauen und sich informieren, wie Ilustratoren

Symbole für Energieverschwendung und Energiesparen designed haben. Von all dem haben wir uns in

unserer Projektwoche dazu insperieren lassen, selbst eine „Energiespar-Ausstellung" zu kreiren – und

die könnt ihr euch in unserem Klassenzimmer anschauen! Dort haben wir euch auch in einem handout

viele nützliche Energiespartipps zusammen getragen.

(Nach: http://www.energieverbraucher.de/de/Energiespar-Museum__1405/)

2 Im folgenden Handout mit den Energiespartipps fehlen noch die Kommas: Setze sie gut sichtbar. Achte auf Kommas in Satzgefügen, bei Infinitivsätzen und bei Aufzählungen, Appositionen sowie nachgestellten Erläuterungen.

Energiespartipps

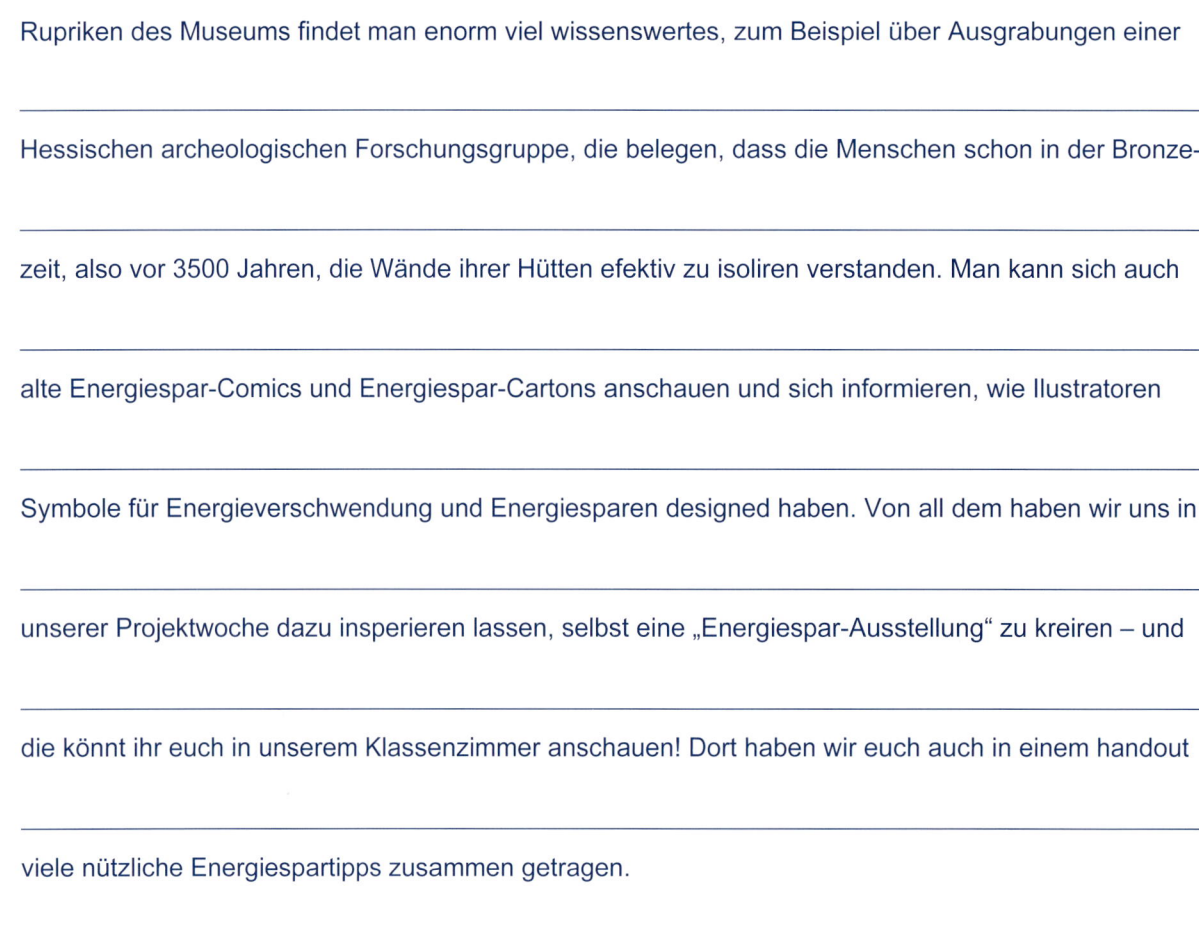

- Öffentliche Verkehrsmittel zu nutzen das Rad zu nehmen oder zu Fuß zu gehen ist umwelt-schonender als mit dem Auto zu fahren.
- Schaltet in allen Räumen in denen sich niemand aufhält das Licht aus.
- Ihr solltet Energiesparlampen verwenden anstatt Glühbirnen in die Lampen zu schrauben.
- Zieht wenn es kalt ist auch in der Wohnung einen Pullover an. Es spart schon viel Energie eine Wohnung nur zwei oder drei Grad weniger warm zu heizen.
- Überprüft ob Fenster und Türen die typischen Einfalltore für Kälte dicht sind um nicht unnötig Wärme entweichen zu lassen.
- Achtet darauf richtig zu lüften: Fünf bis zehn Minuten Stoßlüften bei abgestellter Heizung reichen völlig aus.
- Ein Schnellkochtopf bietet beim Kochen eine ideale Möglichkeit Energie zu sparen aber es hilft auch schon den Deckel auf den Topf zu setzen.
- Da der Stand-by-Modus unnötig kostbaren Strom frisst solltet ihr Computer Fernsehen und Musikanlage ganz ausschalten.
- Überflüssige Elektrogeräte wie zum Beispiel elektrische Dosenöffner solltet ihr ganz vermei-den.

(Nach: http://www.geo.de/GEOlino/natur/energiespar-tipps-52566.html)

Kopiervorlage

3 Die Projektgruppe hat noch mehr Tipps zum Energiesparen in Stichworten notiert. Formuliere aus diesen Stichworten drei vollständige Tipps und schreibe sie auf. Beachte: Die Schülerinnen und Schüler haben bei ihren Stichworten noch Fehler gemacht. Achte bei der Ausformulierung der Tipps auf die richtige Rechtschreibung und Zeichensetzung!

> **VORSICHT FEHLER!**
>
> ### Noch mehr Tipps fürs Energiesparen
>
> – Umweltschutzpapier statt Weißes Papier nehmen, weniger aus drucken – Energie sparen, Bäumeschützen – Klimaschutz: Kohlendioxit in der Luft vermeiden
>
> – heimische Produckte kaufen – lange, energieaufwendige Transpordwege vermeiden
>
> – weniger Müll produziren: Einkaufskorb statt Plastiktüte – Müll trennen – Einweg-Plastickprodukte vermeiden
>
> _____
>
> _____
>
> _____
>
> _____
>
> _____
>
> _____
>
> _____
>
> _____
>
> _____
>
> _____
>
> _____
>
> _____

Kopiervorlage

Test – Rechtschreibtraining

1 Fit in der Groß- und Kleinschreibung? Kreuze an, ob die Aussage richtig oder falsch ist.

		richtig	falsch
1	Von geografischen Namen abgeleitete Wörter auf -er werden kleingeschrieben, wenn sie wie ein Adjektiv verwendet werden.	☐	☐
2	Von geografischen Namen abgeleitete Wörter auf -isch werden großgeschrieben, wenn sie Bestandteil eines Namens sind.	☐	☐
3	Tageszeiten und Wochentage werden kleingeschrieben.	☐	☐
4	In kombinierten Zeitangaben schreibt man Adverbien klein und Nomen groß, z. B. *gestern Mittag*.	☐	☐

2 Fit bei der Schreibung von Eigennamen? Schreibe die Namen der Museen in der richtigen Groß- und Kleinschreibung jeweils auf die Linie darunter.

1 daserstedeutschescherenschnittmuseum

_____

2 dasmuseumzurgeschichtedesnaturschutzes

_____

3 dasmuseumderniederrheinischenseele

_____

4 dasjüdischemuseumwestfalen

_____

5 dasfischereimuseumbergheimandersieg

_____

3 Fit bei Fremdwörtern? Streiche die falsche Schreibweise durch.

Der kleinste functionstüchtige / funktionstüchtige Drahtesel der Welt steht im Deutschen Drahtmuseum in Altena. Drahtesel ist der umgangssprachliche Begriff für Fahrrad. Journalisten / Jornallisten greifen gerne zu diesem Sinnonym / Synonym, wenn sie in einem längeren Artikel / Artickel über die Zweiräder nach einer sprachlichen Alternative / Alternatieve suchen. Draht ist ein Material / Matherial, das auch oft in Metapfern / Metaphern verwandt wird. Im Museum wird auch dieses Tehma / Thema aufgegriffen und erklärt, was es zum Beispiel bedeutet, wenn jemandem „Nerven wie Drahtseile" attestiert / athestiert werden. Eine kleine Gallerie / Galerie zeigt außerdem Kunst mit Draht, zum Beispiel eine Drahtspirale / Drahtspierale des Objektkünstlers / Opjektkünstlers Hans-Volker Mixsa.

(Nach: Monika Salchert: 111 Museen in NRW, die man gesehen haben muss. Emons Verlag, Köln 2013, S. 14)

Kopiervorlage

Test – Zeichensetzungstraining

Kommasetzung bei Satzgefügen, Infinitiv- und Partizipialsätzen

1   a   Begründe bei jeder nummerierten Stelle, warum dort ein Komma gesetzt werden muss. Ordne dafür die Ziffern der Kommas der jeweils passenden Regel für die Kommasetzung zu.

     b   Unterstreiche im Text die beiden Bezugswörter für nachfolgende Infinitivsätze.

Der Gewürztrenner – Anleitung zum Überstehen eines langweiligen Mittagessens

Wenn das Mittagessen mal wieder nicht schmeckt und das Taschengeld zur Neige geht, **1**
ist der richtige Augenblick gekommen, **2** um mit einer kleinen Wette vom Mahl abzulenken.
Ein kleiner Wetteinsatz bietet zudem die Möglichkeit, **3** eure Kasse aufzubessern. So funktioniert's: Bittet jemanden darum, **4** ein Häufchen Pfeffer und Salz auf einen Teller zu schütten, **5** und vermischt beides ordentlich miteinander. Wettet dann, **6** dass ihr die beiden
Gewürze wieder voneinander trennen könnt. Jetzt braucht ihr einen Plastiklöffel, **7** den ihr
zunächst einige Male kräftig an einem Wollgewebe (zum Beispiel einem Pullover) reibt.
Und siehe da: Der Löffel, **8** knapp über die Pfeffer-Salz-Mischung gehalten, **9** zieht die
Pfefferkörnchen an!

_____   Komma vor einem Nebensatz (Relativsatz)

_____   Komma vor einem Nebensatz (Objektsatz)

_____   Komma nach einem Nebensatz (Konditionalsatz)

_____   Komma vor einem Infinitivsatz mit „um"

_____   Ein Infinitivsatz, der ein Bezugswort im Hauptsatz hat, wird durch Komma(s) abgetrennt.

_____   Ein Partizipialsatz, der sich auf ein unmittelbar vorausgehendes Nomen bezieht, wird durch Komma(s) abgetrennt.

2   a   Unterstreiche im folgenden Text
Nebensätze <u>doppelt</u>, Infinitivsätze <u>einfach</u>, Partizipialsätze <u>mit einer Punktlinie</u>.

     b   Setze die fehlenden Kommas.

VORSICHT FEHLER!

Die Erklärung

Um zu verstehen was passiert müsst ihr wissen dass jeder Körper normalerweise
eine ausgeglichene Ladung besitzt: Die Atome aus denen der Löffel besteht besitzen
genauso viele positive wie negative Ladungen. Durch das intensive Reiben an der
Wolle nehmen sie nun jedoch zusätzlich positive oder negative Ladungen auf. Der
Löffel erhält eine elektrostatische Aufladung von Fachleuten auch „Berührungselektrizität" genannt. Indem der Löffel so zu einer Art Magnet wird kann er die Gewürzmischung anziehen. Und weil die feinen Pfefferkörner leichter sind als die schweren
Salzkristalle heben sie zuerst ab.

(Beide Texte nach: http://www.geo.de/GEOlino/kreativ/zeitvertreib/wenn-es-knistert-glueht-und-leuchtet-experimente-mit-strom-340.html, Stand 22.04.2014)

Kopiervorlage

●● Fordern und fördern – Rechtschreibtraining

Einen Text überarbeiten

Mathematik – einmal anders! Für einen Beitrag unter diesem Titel in ihrer Schülerzeitung haben Stephanie und Sebastian ein Interview geführt. In ihrem Textentwurf sind sie an manchen Stellen noch unsicher bei der Schreibweise. Diese Stellen haben sie markiert.

1 Entscheide an den markierten Stellen, welche Schreibweise die richtige ist. Streiche die falsche Schreibweise durch. Schlage im Wörterbuch nach, wenn du unsicher bist.

VORSICHT FEHLER!

Mathematik – einmal anders!

Stephanie:	Mit vermeintlich ödem Mathematikunterricht hat das bonner / Bonner Arithmeum / Aritmeum, wie mir scheint, nichts zu tun?
Herr Pascal:	Ganz sicher nicht! Das fängt schon damit an, dass – kaum vorstellbar, aber wahr – das rechnen / Rechnen ganz ohne Zahlen begann. Wie das ging, erfahrt ihr in der ersten Etaje / Etage, wo ihr euren Rundgang am besten / Besten beginnt.
Sebastian:	Was bekommt man denn dann zu sehen?
Herr Pascal:	Auf dem Weg nach unten, der Grawitation / Gravitation und der Chronologie / Chronulogie folgend, begegnen euch die wichtigsten Maschinen und Errungenschaften der Geschichte des rechnens / Rechnens, die dem heutigen Verständnis der Mathematik zugrunde liegen.
Stephanie:	Zum Beispiel?
Herr Pascal:	Beispielsweise die Rechenmaschine von Gottfried Wilhelm Leibniz. Das Museum ließ sie nach bauen / nachbauen und erbrachte anhand des Replikats / Replickats den Beweis, dass die Maschine funktionierte. Damit verhalf es dem Namensgeber der hannoveraner / Hannoveraner Backwaren zu einem späten Triumph / Triumpf.
Sebastian:	Welche Maschinen sind noch besonders sehenswert?
Herr Pascal:	Zu den Exponnaten / Exponaten zählt auch ENIGMA. Diese Chiffriermaschine / Chiffriermaschine wurde, insbesondere im zweiten/ Zweiten Weltkrieg, von den Deutschen zum verschlüsseln / Verschlüsseln von Nachrichten benutzt. Im gleichen Raum steht eine Aparratur / Apparatur, die in den USA um 1890 bei einer Volkszählung zum Einsatz kam und bereits die Prinzipien / Prinziepien der modernen Datenverarbeitung vorweg nimmt / vorwegnimmt. Der Computerchip, gegen den Schach-Großmeister Kasparow 1996 verlor, wurde vom Forschungsinstitut für diskrete / Diskrete Mathematik entwickelt, in dessen Gebäude sich das Museum befindet.
Stephanie:	An manchen Ausstellungsstücken findet man eine blaue Hand. Was bedeutet das?
Herr Pascal:	Alles, was mit diesem Symbohl / Symbol gekennzeichnet ist, darf angefasst und ausprobiert werden. Bedienungsanleitungen sind ausgelegt. So kann man das Museum zwar gut allein erkunden / alleinerkunden, sehr zu empfehlen sind aber auch öffentliche Führungen.
Sebastian:	Wann gibt es die denn?
Herr Pascal:	Immer am Sonntag Vormittag / Sonntagvormittag um 11 Uhr. Im Übrigen hat das Museum dienstags / Dienstags bis sonntags / Sonntags von 11 bis 18 Uhr geöffnet.

(Nach: Eckhard Heck: 111 Orte in Bonn, die man gesehen haben muss. Emons Verlag, Köln 2013, S. 20)

Illustration: Nils Fliegner, Hamburg

Kopiervorlage

●●● Fordern und fördern – Rechtschreibtraining

Einen Text überarbeiten

Mathematik – einmal anders! Für einen Beitrag unter diesem Titel in ihrer Schülerzeitung haben Stephanie und Sebastian ein Interview geführt. In ihrem Textentwurf sind sie an manchen Stellen noch unsicher bei der Schreibweise. Diese Stellen haben sie markiert.

1 ●●● Entscheide an den markierten Stellen, welche Schreibweise die richtige ist. Streiche die falsche Schreibweise durch. Schlage im Wörterbuch nach, wenn du unsicher bist.

> VORSICHT
> FEHLER!

Mathematik – einmal anders!

Stephanie: Mit vermeintlich / vermeindlich ödem Mathematikunterricht hat das bonner / Bonner Arithmeum / Aritmeum, wie mir scheint, nichts zu tun?

Herr Pascal: Ganz sicher nicht! Das fängt schon damit an, das / dass – kaum vorstellbar, aber wahr – das rechnen / Rechnen ganz ohne zahlen / Zahlen begann. Wie das ging, erfahrt ihr in der ersten Etaje / Etage, wo ihr euren Rundgang am besten / Besten beginnt.

Sebastian: Was bekommt man denn dann zu sehen?

Herr Pascal: Auf dem Weg nach unten, der Grawitation / Gravitation und der Chronologie / Chronulogie folgend, begegnen euch die wichtigsten Maschinen und Errungenschaften der Geschichte des rechnens / Rechnens, die dem heutigen Verständnis der Mathematik zugrunde liegen / zugrundeliegen.

Stephanie: Zum Beispiel?

Herr Pascal: Beispielsweise die Rechenmaschine von Gottfried Wilhelm Leibniz / Leibnitz. Das Museum ließ sie nach bauen / nachbauen und erbrachte anhand des Replikats / Replickats den Beweis, das / dass die Maschine funktionirte / funktionierte. Damit verhalf es dem Namensgeber der hannoveraner / Hannoveraner Backwaren zu einem späten Triumph / Triumpf.

Sebastian: Welche Maschinen sind noch besonders sehenswert?

Herr Pascal: Zu den Exponnaten / Exponaten zählt auch ENIGMA. Diese Chiffriermaschine / Chifriermaschine wurde, insbesondere im zweiten / Zweiten Weltkrieg, von den deutschen / Deutschen zum verschlüsseln / Verschlüsseln von Nachrichten benutzt. Im gleichen Raum steht eine Aparratur / Apparatur, die in den USA um 1890 bei einer Volkszählung zum Einsatz kam und bereits die Prinzipien / Prinziepien der modernen Datenverarbeitung vorweg nimmt / vorwegnimmt. Der Computerchip / Computerschip, gegen den Schach-Großmeister Kasparow 1996 verlor, wurde vom Forschungsinstitut für diskrete / Diskrete Mathematik entwickelt, in dessen Gebäude sich das Museum befindet.

Stephanie: An manchen Ausstellungsstücken findet man eine blaue / Blaue Hand. Was bedeutet das?

Herr Pascal: Alles, was mit diesem Symbohl / Symbol gekennzeichnet ist, darf angefasst und ausprobiert werden. Bedienungsanleitungen sind aus gelegt / ausgelegt. So kann man das Museum zwar gut allein erkunden / alleinerkunden, sehr zu empfehlen sind aber auch öffentliche / Öffentliche Führungen.

Sebastian: Wann gibt es die denn?

Herr Pascal: Immer am Sonntag Vormittag / Sonntagvormittag um 11 Uhr. Im übrigen / Übrigen hat das Museum dienstags / Dienstags bis sonntags / Sonntags von 11 bis 18 Uhr geöffnet.

(Nach: Eckhard Heck: 111 Orte in Bonn, die man gesehen haben muss.
Emons Verlag, Köln 2013, S. 20)

Kopiervorlage

Fordern und fördern – Zeichensetzungstraining

Kommasetzung bei Satzgefügen, Infinitiv- und Partizipialsätzen

1 In jedem der folgenden Sätze fehlen jeweils zwei Kommas. Finde in jedem Satz
die beiden Stellen und trage die beiden fehlenden Kommas ein.

Anleitung zum Selberbauen: Die Zitronenbatterie

1 Hättet ihr gedacht dass es möglich ist Strom aus Obst zu erzeugen?

2 Um es selbst auszuprobieren müsst ihr nur zwei unterschiedliche Metalle
in eine Zitrone stecken wozu ihr zum Beispiel einen Eisennagel und eine
Büroklammer aus Kupfer nehmen könnt.

3 Die beiden Metalle dienen als Elektroden Plus- und Minuspol genannt zwischen denen der
Strom fließt.

4 Befestigt jeweils an diesen Elektroden ein Stück Draht dessen Enden ihr miteinander verbindet um im Inneren der sauren Frucht einen chemischen Prozess in Gang zu setzen, durch
den der Stromkreis geschlossen wird.

5 Weil Eisenatome ihre Elektronen weniger fest an sich binden als Kupferatome gibt das Eisen Elektronen an das Kupfer ab wodurch ein Elektronenfluss entsteht, der nichts anderes
ist als Strom.

6 Das Geheimnis unserer Batterie liegt also darin dass der Zitronensaft mit seiner Säure wie
ein Elektrolyt wirkt, also wie eine Flüssigkeit die Strom leiten kann.

7 Da die Säure wie ein Treibstoff wirkt fließt in der Frucht kein Strom mehr sobald die Säure
verbraucht ist.

8 Um den Stromfluss auch hören zu können müsst ihr nur Kopfhörer aufsetzen und die Drahtenden an jeweils einen Pol des Steckers halten anstatt sie miteinander zu verbinden.

9 Nachdem ihr es so in eurer Zitronenbatterie habt knistern hören könnt ihr eure Elektroden
auch in andere Obst- und Gemüsesorten stecken um zu vergleichen, in welcher es am lautesten knackt.

(Nach: http://www.geo.de/GEOlino/kreativ/zeitvertreib/wenn-es-knistert-glueht-und-leuchtet-experimente-mit-strom-340.html,
Stand 22.04.2014)

2 a Unterstreiche die jeweilige Satzkonstruktion in der folgenden Weise:
  – <u>Nebensatz</u> – TIPP: Nebensätze werden mit Konjunktionen wie „weil", „wenn", „nachdem", „dass"
    oder mit Relativpronomen wie „der", „die", „das" eingeleitet.
  – <u>Infinitivsatz</u> – TIPP: In Infinitivsätzen steht das Verb im Infinitiv + zu.
  – <u>Partizipialsatz</u> – TIPP: In Partizipialsätzen steht das Verb im Partizip, z. B. „genannt" oder „knis-
    ternd"; Partizipialsätze müssen dann durch Komma abgetrennt werden, wenn durch ein hinwei-
    sendes Wort darauf Bezug genommen wird oder wenn der Partizipialsatz eine nachgestellte Er-
    läuterung ist.

b Trage in der Tabelle ein, welche Satzkonstruktionen in den Sätzen 1 bis 9 wie oft vorkommen.
  Beachte: Manche Konstruktionen kommen in einem Satz mehrmals vor!

	Satz 1	2	3	4	5	6	7	8	9
Nebensatz	1								
Infinitivsatz	1								
Partizipialsatz									

Kopiervorlage

●●● Fordern und fördern – Zeichensetzungstraining

Kommasetzung bei Satzgefügen, Infinitiv- und Partizipialsätzen

1 In den folgenden Sätzen fehlen alle Kommas (insgesamt 22).
●●● Finde die Stellen und trage die Kommas ein.

Anleitung zum Selberbauen: Die Zitronenbatterie

1 Hättet ihr gedacht dass es möglich ist Strom aus Obst zu erzeugen?

2 Um es selbst auszuprobieren müsst ihr nur zwei unterschiedliche Metalle in eine Zitrone stecken wozu ihr zum Beispiel einen Eisennagel und eine Büroklammer aus Kupfer nehmen könnt.

3 Die beiden Metalle dienen als Elektroden Plus- und Minuspol genannt zwischen denen der Strom fließt.

4 Befestigt jeweils an diesen Elektroden ein Stück Draht dessen Enden ihr miteinander verbindet um im Inneren der sauren Frucht einen chemischen Prozess in Gang zu setzen durch den der Stromkreis geschlossen wird.

5 Weil Eisenatome ihre Elektronen weniger fest an sich binden als Kupferatome gibt das Eisen Elektronen an das Kupfer ab wodurch ein Elektronenfluss entsteht der nichts anderes ist als Strom.

6 Das Geheimnis unserer Batterie liegt also darin dass der Zitronensaft mit seiner Säure wie ein Elektrolyt wirkt also wie eine Flüssigkeit die Strom leiten kann.

7 Da die Säure wie ein Treibstoff wirkt fließt in der Frucht kein Strom mehr sobald die Säure verbraucht ist.

8 Um den Stromfluss auch hören zu können müsst ihr nur Kopfhörer aufsetzen und die Drahtenden an jeweils einen Pol des Steckers halten anstatt sie miteinander zu verbinden.

9 Nachdem ihr es so in eurer Zitronenbatterie habt knistern hören könnt ihr eure Elektroden auch in andere Obst- und Gemüsesorten stecken um zu vergleichen in welcher es am lautesten knackt.

(Nach: http://www.geo.de/GEOlino/kreativ/zeitvertreib/wenn-es-knistert-glueht-und-leuchtet-experimente-mit-strom-340.html, Stand 22.04.2014)

2 **a** Unterstreiche die jeweilige Satzkonstruktion in der folgenden Weise:
●●●   – <u>Nebensatz</u>
     – <u>Infinitivsatz</u>
     – <u>Partizipialsatz</u>

b Trage in der Tabelle ein, welche Satzkonstruktionen in den Sätzen 1 bis 9 wie oft vorkommen.

	Satz 1	2	3	4	5	6	7	8	9
Nebensatz									
Infinitivsatz									
Partizipialsatz									

Kopiervorlage

Für Profis – Rechtschreibung und Zeichensetzung trainieren: Einen Text überarbeiten

1 Dieser Artikel für eine Jugendzeitschrift enthält noch 25 Fehler bei der Rechtschreibung.

   a Finde die Fehler und unterstreiche die Fehlerwörter.

   b Korrigiere diese Wörter auf den Linien darunter. Wenn du unsicher bist, schlage im Wörterbuch nach.

2 In dem Artikel gibt es außerdem noch 12 Fehler bei der Kommasetzung. Trage die fehlenden Kommas ein und streiche Kommas, die zu viel gesetzt wurden.

VORSICHT
FEHLER!

Das Motorrad- und Puppenmuseum in Greffen

Was mag das für ein Museum sein? Puppen und Motorräder? Konnte sich da jemand beim sammeln

_____

nicht entscheiden? Die Lösung ist simple: Auf einem alten Hof zeigt das Ehepaar Beckmann zwei

_____

sehenswerte Sammlungen die nur auf den Ersten Blick nichts miteinander zutun haben. Heiner Beck-

_____

manns große Passion sind motorisirte Zweiräder. Für sein Museum hat er cirka 200 Motorräder, Roller

_____

und Schlepper zusammen getragen. Weil es in der Mehrzahl Männer sind, die an dieser Leidenschaft

_____

teil haben waren es zunächst auch überwiegend Männer die dem Museum eine Visiete abstatteten. Um

_____

etwas dagegen zu unternehmen das sich deren Begleiterinnen langweilten fing Christa Beckmann an

_____

antieke Puppen zu sammeln und diese ebenfalls auszustellen. In einem Separee tritt man in eine

_____

Puppenwelt mit 1600 „Bewohnerinnen" bezaubernde Kreationen aus Stoff, Porzelan, und Celluleud. Die

_____

ältesten Puppen stammen noch aus der Bidermeyerzeit während bei den Motorrädern Maschinen aus

_____

der Zeit vor Beginn des 20. Jahrhunderts heraus ragen. Einmal Jährlich, am Wochenende vor Phings-

_____

Kopiervorlage

ten wird das Museum zum Treffpunkt Internationaler Motorradfreunde: Sie fahren mit bei der „Spöken-

kiekerfahrt" zu der zunächst nur Motorräder zu gelassen waren, die vor dem ersten Weltkrieg gebaut

worden sind. Inzwischen dürfen auch „Jungspunde", gebaut bis 1925 mit auf die Tur. Das Museum in

der beelener Straße kurz vor Greffen hat von Ostern bis Oktober Sonntags von 11 bis 17 Uhr geöffnet.

(Nach: Monika Salchert: 111 Museen in NRW, die man gesehen haben muss.
Emons Verlag, Köln 2013. S. 92 f.)

Kopiervorlage

15 Glücklich sein – Texte auswerten, Lernstrategien anwenden

Konzeption des Kapitels

Dieses Kapitel stellt Lese- und Lernstrategien, die in den anderen Kapiteln angewandt werden, vollständig, systematisch und im Zusammenhang vor. Es kann daher sowohl als Einführung in Arbeitstechniken wie auch zur Wiederholung bereits vorhandener Kenntnisse und Fertigkeiten eingesetzt werden. Einen Schwerpunkt bildet die Erweiterung der Kompetenzen im Bereich Lesen. Während in den vorangegangenen Jahrgangsstufen bereits Methoden zur Texterschließung (z.B. die Fünf-Schritt-Lesemethode) vermittelt wurden, werden in der 8. Klasse die Lesekompetenzen dahin gehend ausgebaut, dass die Lernenden zwischen verschiedenen Leseverhalten und Lesesituationen unterscheiden und je nach Funktion und Intention des Lesens unterschiedliche Lesestrategien anwenden können. Da die Texterschießung auch einen Schwerpunkt in Lernstandstests bildet, werden die Schülerinnen und Schüler außerdem angeleitet, Strategien zum Umgang mit solchen Tests und ihren typischen Aufgabenformaten zu entwickeln. In Vorbereitung auf Formen der Wissensaneignung in Studium und Beruf wird abschließend die Aufnahme von Informationen über das Hören trainiert. Thematisch beschäftigen sich alle Texte in diesem Kapitel mit dem Thema „Glück". Die Begrenzung auf einen Themenbereich soll den Lernenden den Zugang erleichtern und ermöglichen, dass sich ihre Aufmerksamkeit auf die methodischen Kompetenzen konzentriert.

Im ersten Teilkapitel (**„Lesetechniken anwenden – Informationen entnehmen und bewerten")** werden die Schülerinnen und Schüler darauf aufmerksam gemacht, dass man je nach Zweck und Intention des Lesens unterschiedliche Lesestrategien anwendet. Die bewusste Nutzung einer Lesestrategie oder das Erlernen einer bisher unbekannten kann dazu beitragen, schneller, gezielter und effektiver mit Texten umzugehen. Dies üben die Lernenden anhand eines Sachtextes, den sie abschließend zusammenfassen und bewerten. Integriert ist die Anleitung zum Auswerten von Diagrammen. Anhand von zwei kurzen Texten Hermann Hesses vertiefen die Schülerinnen und Schüler ihre Kompetenzen, literarische Texte zu erschließen und zu verstehen.

Im zweiten Teilkapitel (**„Wie bereite ich mich vor? – Aufgabenformate kennen lernen")** erschließen die Lernenden einen Sachtext und überprüfen ihr Textverständnis. Dabei erproben sie unterschiedliche Aufgabenformate, wie sie in standardisierten Testverfahren vorkommen. Es werden außerdem Strategien vermittelt, um mit solchen Tests besser zurechtzukommen, z.B. indem die Schülerinnen und Schüler selbst Testaufgaben entwickeln.

Im letzten Teilkapitel (**„Zuhören trainieren – Hörtexte verstehen")** erfahren die Lernenden, wie sie aktiv zuhören und den vorgetragenen oder vorgelesenen Texten Informationen entnehmen können.

Literaturhinweise

- *Bertschi-Kaufmann, Andrea (Hg.):* Lesekompetenz – Leseleistung – Leseförderung. Grundlagen, Modelle und Materialien. Kallmeyer-Klett , Seelze-Velber 2007
- *Brenner, Gerd:* Lernen lehren. Methoden für Deutsch und Fremdsprachen. Cornelsen, Berlin [2]2011
- *Groeben, Norbert / Hurrelmann, Bettina (Hg.):* Lesekompetenz. Bedingungen, Dimensionen, Funktionen. Juventa, Weinheim/München [3]2009
- Lesen beobachten und fördern. Praxis Deutsch 194/2005
- *Rosebrock, Cornelia / Nix, Daniel:* Grundlagen der Lesedidaktik und der systematischen schulischen Leseförderung. Schneider, Baltmannsweiler [4]2011

Übungsmaterial im „Deutschbuch 8 Arbeitsheft"

- Informationen entnehmen und vergleichen, S. 28–33
- Eine Kurzgeschichte zusammenfassen und deuten, S. 34–39
- Ein Gedicht untersuchen und vortragen, S. 40–43

449

15 Glücklich sein – Texte auswerten, Lernstrategien anwenden

 1 **a** Die Zitate und Denksprüche auf der Auftaktseite verweisen zum einen auf die thematische Klammer des Kapitels, das dem Begriff „Glück" auf verschiedenen Ebenen und in verschiedenen Aspekten gewidmet ist. Zum anderen werden die Lernenden durch die Lücken (fehlenden Vokale) in den einzelnen Wörtern der Sprüche bereits auf den Lesevorgang, und damit auf Arbeitstechniken des Lesens, aufmerksam gemacht.

Die vollständigen Sprichwörter lauten:

- Glück hängt nicht davon ab, wer du bist oder was du hast. Es hängt nur davon ab, was du denkst. *(Dale Carnegie)*
- Das Geheimnis des Glücks liegt nicht im Besitz, sondern im Geben. Wer andere glücklich macht, wird glücklich. *(André Gide)*
- Das Vergleichen ist das Ende des Glücks und der Anfang der Unzufriedenheit. *(Søren Kierkegaard)*

b Die Schülerinnen und Schüler werden feststellen, dass die Sätze trotz der Buchstabenlücken lesbar sind. Ihnen wird dadurch vermittelt, dass man als bereits erfahrener Leser beim Lesen ganze Worte erfasst und nicht die einzelnen Buchstaben: Der erfahrene Leser ergänzt sogar vorhandene Lücken im Wort, weil er über ein „Wortbild" verfügt.

 2 Die Fragestellung regt die Schülerinnen und Schüler dazu an, über ihre Einstellungen und Erfahrungen zum Thema „Glück" zu reflektieren und sich darüber austauschen. Die ausgewählten Sprichwörter verweisen alle in der einen oder anderen Weise darauf, dass der Ursprung des Glücksempfindens bei einem selbst liegt: Glück hängt vom eigenen Denken ab, nicht vom Besitz; Glück liegt im richtigen Handeln anderen gegenüber; das Glücksempfinden leidet unter dem Vergleich mit anderen.

Als weitere Impulse können andere, auch gegenteilige Ansichten (z.B. Geld macht glücklich) in das Gespräch eingebracht werden. Die Schülerinnen und Schüler können auch andere Sprichwörter oder Aussprüche zum Thema „Glück" sammeln, z.B.: Jeder ist seines Glückes Schmied; Glück ist das Einzige, was sich verdoppelt, wenn man es teilt; Glück im Unglück haben; Geld alleine macht nicht glücklich.

Man kann die Schülerinnen und Schüler auch nach Glücksbringern oder Glückssymbolen und Wortverbindungen im Zusammenhang mit „Glück" fragen (z.B. Hufeisen, Glückspfennig, Glücksklee, Glücksschwein, Schornsteinfeger, Glücksfee, Glücksrad (Fortuna), Glückskind).

 3 Mit dieser Aufgabe werden die Schülerinnen und Schüler zum Thema „Lesetechniken" hingeführt. Ihnen soll bewusst werden, dass sie bereits erfahrene Leserinnen und Leser sind, die je nach Lesesituation und Leseintention unterschiedliche Lesetechniken bewusst oder unbewusst anwenden können. Ziel der Unterrichtseinheit ist es, die entsprechenden Kompetenzen der Lernenden zu erweitern oder zu festigen.

Mit dem Begriff „Lesetechniken" (in der Fachliteratur wird der Begriff „Lesestrategien" synonym benutzt) sind unterschiedliche Herangehensweisen an den Text gemeint. Der Unterschied besteht darin, wie intensiv ein Text gelesen und verarbeitet wird. Die Schülerinnen und Schüler sollen lernen, dass effizientes Lesen sich dadurch auszeichnet, dass man als Leser flexibel unterschiedliche Lesetechniken einsetzen kann. Je nach Leseziel und Lesesituation ist es z.B. nicht immer nötig und sinnvoll, einen Text als Ganzes erschließen zu wollen.

a Die Lernenden reflektieren zunächst, wann sie welche Lesetechnik einsetzen:

- Beispiele für überfliegendes Lesen: Suchergebnisse einer Internetrecherche sichten, eine Zeitung oder Zeitschrift nach Artikeln zu einem bestimmten Thema durchsuchen
- Beispiele für gründliches Lesen: einen Sachtext erschließen, einen Erzähltext untersuchen, ein Gedicht interpretieren

450

In diesem Zusammenhang können auch verschiedene Situationen und Ziele des Lesens bewusst gemacht werden, z.B.:

- Man liest, um zu lernen: Dabei erfasst man Neues und/oder ruft im Gedächtnis Gespeichertes auf und wiederholt es.
- Man liest, um diskutieren zu können: Dabei möchte man die argumentative Struktur eines Textes erfassen und sich eine eigene Meinung bilden.
- Man liest, um sich in ein Thema einzuarbeiten: Man versucht zunächst, sich einen Überblick über das Thema zu verschaffen.
- Man liest, um literarische Texte zu verstehen.
- Man liest, um über einen Text zu schreiben: Der Text oder verschiedene Texte müssen im Hinblick auf eine bestimmte Fragestellung bearbeitet werden.
- Man liest, um sich zu unterhalten, um zu genießen, zur Entspannung.

b Nun beschreiben die Schülerinnen und Schüler so genau wie möglich, wie sie beim überfliegenden Lesen und beim gründlichen Lesen vorgehen.
Die Ergebnisse können in einem Tafelbild festgehalten werden, z.B.:

Lesestrategien nutzen	
Vorgehen beim überfliegenden Lesen	**Vorgehen beim gründlichen Lesen**
– Überschrift, ggf. Unterüberschrift und Vorspann beachten – auf Zwischenüberschriften achten – Fettgedrucktes wahrnehmen – auf Signalwörter achten (z.B. bestimmte Signalwörter, die in einer Aufgabe oder Fragestellung vorkommen)	– den Text mehrmals lesen – die Bedeutung unbekannter Wörter klären – Schlüsselwörter markieren – Fragen an den Rand schreiben – die Gliederung des Textes beachten – den Text in Sinnabschnitte gliedern, wenn keine Gliederung vorhanden ist – Abschnitte zusammenfassen

S.308 15.1 Lesetechniken anwenden – Informationen entnehmen und bewerten

S.308 Texte überfliegen

S.308 Die Sehnsucht nach Glück / Glück: Was ist das?

Das Thema „Glück" hat in den Medien Hochkonjunktur: Immer wieder beschäftigen sich Zeitungsartikel und Beiträge in Radio oder Fernsehen damit. Berichtet wird von „Glücksforschern", „Glücksratgeber" werden zu Bestsellern, sogar Seminare zur „Glücksfindung" werden angeboten. Stellvertretend seien hier nur zwei Buchtitel genannt:

- von Hirschhausen, Eckart: Glück kommt selten allein. Rowohlt Taschenbuch Verlag, Reinbek [13]2012
- GeoWissen: Glück, Zufriedenheit, Souveränität. Heft 47/2011

1 Die Schülerinnen und Schüler lesen beide Texte zunächst möglichst schnell und gezielt im Hinblick auf die Fragestellung: „Welche Faktoren fördern das Glücklichsein?" Die einzelnen Abschnitte werden nur überflogen, indem die Überschriften und die ersten Zeilen in den Blick genommen werden. Zudem sucht man nach Signalwörtern, die in der Fragestellung vorkommen und sich dann im Idealfall im Text wiederfinden. Hier ist vor allem das Wort „Faktor" im Zusammenhang mit Glück ein solches Signalwort. Der erste Text „Die Sehnsucht nach Glück" bietet Informationen zur Frage nach den Faktoren, die das Glücklichsein fördern können (vgl. Z. 35ff.).

2 a Nun lesen die Lernenden die vollständigen Texte durch und fassen zusammen, worum es darin geht:

- Der erste Text „Die Sehnsucht nach Glück" handelt davon, dass der Begriff „Glück" allgemein positiv besetzt ist und jedermann sich danach sehnt. Es gibt allerdings viele verschiedene Auffassungen von Glück. Zudem werden Faktoren benannt, die ein dauerhaftes Glücksgefühl begünstigen.
- Der zweite Text „Glück: Was ist das?" beschäftigt sich ebenfalls mit verschiedenen Auffassungen von Glück. Es geht hier aber um historische Einschätzungen und vor allem um die Erforschung von Glück. Ganz unterschiedliche Forschungsrichtungen beschäftigen sich mit der wissenschaftlichen Erkundung des Begriffs „Glück" und der Entstehung von Glücksempfinden: Philosophie, Soziologie, Psychologie und die Hirnforschung.

3 Über welche der angebotenen Informationen und Aspekte die Schülerinnen und Schüler diskutieren möchten, hängt von persönlichen Interessen und auch vom Vorwissen ab. Die Texte bieten aber genügend Ansatzpunkte zum Nachdenken.

Beispiele für Fragestellungen: Inwiefern kann Glück in der Untätigkeit liegen? Warum ist gerade der glücklich, der dem Glück nicht mehr hinterherläuft? Was genau ist eine „Glücksdatenbank"? Was haben Glück und gesellschaftliche Bedingungen miteinander zu tun? Warum entstehen positive und negative Gefühle in unterschiedlichen Bereichen des Hirns?

Der erste Text geht auch darauf ein, dass es verschiedene Kategorien von Glück gibt. Hier sind über den Text hinaus verschiedene Einteilungen möglich, z.B. Glück als Zufall (kommt von außen, ist ein momentanes Ereignis), Glück als Lohn/Belohnung (etwas, das man sich erarbeitet hat, das man verdient hat, ein Ergebnis), Glück als Ausdruck einer Reihe erfolgreicher Maßnahmen (etwa Zufriedenheit, Anspruchslosigkeit, Glück als länger anhaltender Zustand).

‖S. 310‖ Sachtexte erschließen, zusammenfassen und bewerten

‖S. 310‖ Christina Krätzig: Bhutan: Glück als Staatsziel

1 a/b Die Lernenden überfliegen den Text zunächst. Als Hilfe beim überfliegenden Lesen wird ihnen die Leitfrage gestellt: „Welche Bedingungen wurden ergriffen, um das Glück der Bhutaner zu fördern?" Diese Leitfrage dient dazu, dass die Schülerinnen und Schüler zunächst die zentralen Informationen des Textes aufnehmen.

Mögliche Antwort:
- Ausbau des Gesundheits- und Bildungssektors:
  - Steigerung der Lebenserwartung durch gute Gesundheitsfürsorge
  - Ausbau von Krankenhäusern, gute Versorgung mit Ärzten
  - Förderung der Schulbildung (60 % der Bevölkerung können lesen und schreiben)
- Unter dem jungen König:
  - „gute Regierungsführung"
  - nachhaltiges und gerechtes Wirtschaftswachstum
  - Erhalt der bhutanischen Kultur
  - Umweltschutz

2 Beim ersten vollständigen Lesevorgang sollten die Schülerinnen und Schüler den gesamten Text erfassen, ohne sich an einzelnen Textstellen aufzuhalten.

Wörter, die möglicherweise geklärt werden müssen:
- Bruttonationalglück (Z. 3): Definition im Text: „Jeder Mensch [...] soll so glücklich wie möglich leben können; die Regierung soll das ermöglichen und die Rahmenbedingungen dafür schaffen."
- Bildungssektor (Z. 9): Bildungsbereich (Sektor: Gebiet, Bereich)
- nachhaltig (Z. 31): anhaltend
- buddhistisch (Z. 41): zu Buddhismus: eine Weltreligion, Lehre Buddhas (der Erleuchtete, Name des indischen Religionsstifters)
- Meditation (Z. 47): geistige Übung, (mystische) Versenkung
- Euphorie (Z. 49): Hochgefühl

- materiell (Z. 50): sachlich, auf Besitz, Gewinn, den eigenen Nutzen bedacht; finanziell/geldlich
- spirituell (Z. 53): geistig
- publizieren (Z. 60): veröffentlichen

3 Beim zweiten Lesevorgang wird „gründlich" gelesen. Die Schülerinnen und Schüler nehmen Markierungen vor, schreiben Notizen an den Rand und fassen Textaussagen zusammen.

a Beispiele für Schlüsselwörter:

Z. 1–7: Entwicklungsziel – „Bruttonationalglück" – König Jigme Singye Wangchuk – Anfang der 1970er Jahre – Jeder ... so glücklich wie möglich – Regierung ... Rahmenbedingungen

Z. 8–17: Ausbau des Gesundheits- und Bildungssektors – Lebenserwartung – Netz von Krankenhäusern und Ärzten – kostenlos – 60 Prozent der Bevölkerung ... lesen und schreiben

Z. 18–28: 2006 – Sohn des früheren Königs – demokratische Entwicklung – 2008 ... ersten Wahlen – Verfassung – Bruttonationalglück als Staatsziel

Z. 29–39: Prämissen ... übernommen – „guten Regierungsführung" – nachhaltiges und gerechtes Wirtschaftswachstum – Erhalt der bhutanischen Kultur – Umweltschutz

Z. 40–53: menschenfreundliche Politik – buddhistischen Tradition – Nächstenliebe – Toleranz – Überwindung von Gier – innerer Ausgeglichenheit – Glück – Meditation – materielle und spirituelle Bedürfnisse in Einklang

Z. 54–61: 2008 – Glück seiner Untertanen ... erforschen – Interviewer – alle Landesteile – genug zu essen – Nachbarn trauen – wie oft sie meditieren – nicht publiziert

c Beispiellösung für die Gliederung in Sinnabschnitte (mit ergänzenden Stichworten):

„Bhutan: Glück als Staatsziel" – Gliederung in Sinnabschnitte	
Z. 1–7	Entwicklungsziel „Bruttonationalglück" – seit Anfang der 1970er Jahre wichtigstes Staatsziel – geprägt von König Jigme Singye Wangchuk – jeder soll so glücklich wie möglich sein – Regierung soll Rahmenbedingungen schaffen
Z. 8–17	Ausbau des Gesundheits- und Bildungssektors – Steigerung der Lebenserwartung um mehr als 25 Jahre – gute kostenlose Krankenversorgung – 60% der Bevölkerung können lesen und schreiben
Z. 18–28	Machtübernahme durch den jungen König (2006) – demokratische Entwicklung voranbringen – 2008 erste Wahlen – Bruttonationalglück als Staatsziel in Verfassung verankert
Z. 29–39	Fortführung des Ziels: Glück der Untertanen – gute Regierung – nachhaltiges und gerechtes Wirtschaftswachstum – Erhalt der bhutanischen Kultur – Umweltschutz
Z. 40–53	Buddhistische Tradition begründet menschenfreundliche Politik – Nächstenliebe, Toleranz, Überwindung von Gier → innere Ausgeglichenheit, Glück – Glück = ursprünglicher Zustand, durch Meditation wieder zu erreichen – Einklang von materiellen und spirituellen Bedürfnissen
Z. 54–61	Erforschung des Glücksempfindens in Bhutan seit 2008 – Interviewer in allen Landesteilen – genug zu essen, Nachbarn trauen, wie oft meditieren – nicht publiziert

4 **a/b** Beispiellösung für die Einleitung und Textzusammenfassung:

„Bhutan: Glück als Staatsziel" – Textzusammenfassung

(Einleitung) In dem Bericht „Bhutan: Glück als Staatsziel" von Christina Krätzig geht es um den asiatischen Staat Bhutan, in dem das Glück der Bevölkerung oberstes Staatsziel ist.

(Hauptteil) In Bhutan ist das „Bruttonationalglück" seit Anfang der 1970er Jahre wichtigstes Entwicklungsziel des Landes. Jeder soll glücklich sein und die Regierung soll dafür die Voraussetzungen schaffen. Deshalb hat der König den Gesundheits- und Bildungssektor ausgebaut, was zu einer Steigerung der Lebenserwartung um mehr als 25 Jahre geführt hat. Bis heute gibt es in dem Land eine gute kostenlose Krankenversorgung und mittlerweile können 60 Prozent der Bevölkerung lesen und schreiben. Nachdem 2006 der Sohn des Königs die Macht übernommen hat, hat die demokratische Entwicklung Fortschritte gemacht: 2008 hat es in Bhutan erstmals Wahlen gegeben und das Bruttonationalglück ist als Staatsziel in die Verfassung aufgenommen worden. Dem Glück der Untertanen sollen eine gute Regierung, ein anhaltendes und gerechtes Wachstum der Wirtschaft sowie Umweltschutz und die Erhaltung der bhutanischen Kultur dienen.

Diese menschenfreundliche Politik hat ihre Wurzeln in der buddhistischen Tradition des Landes, zu der Nächstenliebe, Toleranz und die Überwindung von Gier ebenso wie das Meditieren gehören. Ziel ist die Verbindung von materiellen und geistigen Bedürfnissen.

Seit 2008 lässt der König das Glücksempfinden seiner Untertanen erforschen. Dazu fragen Interviewer in allen Regionen des Landes die Bevölkerung, ob sie genug zu essen habe, ihren Nachbarn trauen könne und wie oft sie meditiere. Allerdings sind die Ergebnisse der Befragung nicht veröffentlicht.

c Mögliche Bewertungen zum Schluss des Textes:
- Durch den vorliegenden Text ist mir deutlich geworden, wie wichtig es ist, dass sich ein Herrscher seinem Volk gegenüber verantwortungsvoll verhält.
- Einerseits finde ich es gut, dass der König von Bhutan zunächst auf den Ausbau des Bildungs- und Gesundheitssektors setzte. Auf der anderen Seite gibt es in Bhutan auch viele Vorschriften, die nicht zu einem modernen Staat passen.
- Das Staatsziel „Bruttonationalglück" finde ich gut, ich meine aber auch, dass die Wirtschaftsförderung wichtig ist, damit der Staat über genügend Geld verfügt, um alle anderen Maßnahmen bezahlen zu können.

5 **a** Nun strukturieren die Lernenden die aus dem Text erschlossenen Informationen in Visualisierungen. Beispiele finden sich auf S. 455.

b Anschließend beurteilen die Schülerinnen und Schüler die Visualisierungen im Vergleich mit ihrer Textzusammenfassung:
- Eine Mind-Map eignet sich gut dazu, wichtige Aspekte eines Themas nach Oberbegriffen geordnet zu sammeln. Dabei lassen sich auch untergeordnete Aspekte gut einfügen.
- Ein Flussdiagramm ist gut geeignet, um chronologische Abfolgen oder Prozessabläufe darzustellen.
- Die Textzusammenfassung stellt durch Satzverknüpfungen Zusammenhänge her, die die grafischen Darstellungen entweder gar nicht oder nur teilweise wiedergeben. Allerdings ist sie nicht auf einen Blick zu erfassen.

454

Beispiel für eine Mind-Map zur Visualisierung der Informationen:

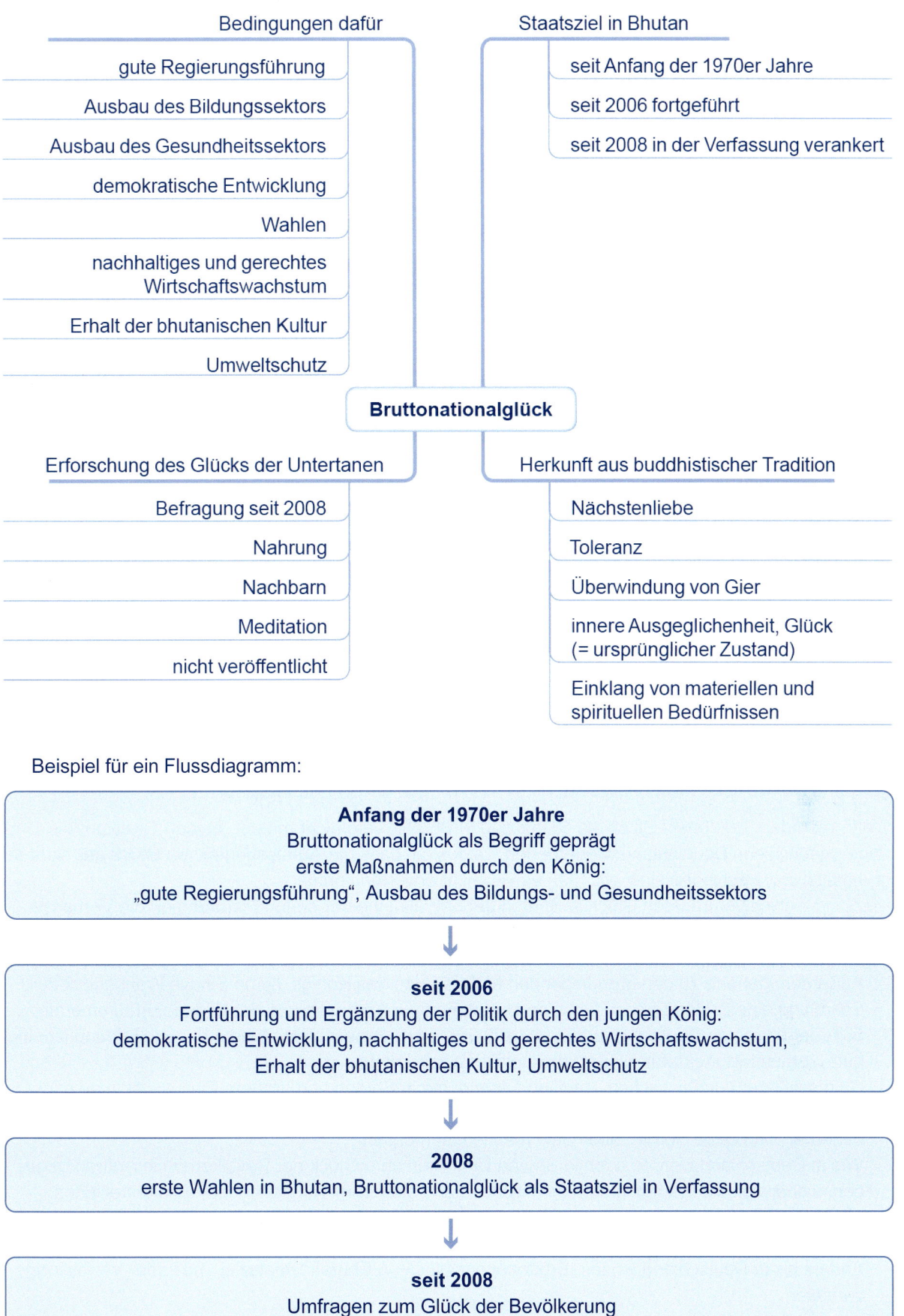

Beispiel für ein Flussdiagramm:

Anfang der 1970er Jahre
Bruttonationalglück als Begriff geprägt
erste Maßnahmen durch den König:
„gute Regierungsführung", Ausbau des Bildungs- und Gesundheitssektors

↓

seit 2006
Fortführung und Ergänzung der Politik durch den jungen König:
demokratische Entwicklung, nachhaltiges und gerechtes Wirtschaftswachstum,
Erhalt der bhutanischen Kultur, Umweltschutz

↓

2008
erste Wahlen in Bhutan, Bruttonationalglück als Staatsziel in Verfassung

↓

seit 2008
Umfragen zum Glück der Bevölkerung

455

S.313 Grafiken entschlüsseln und auswerten

1 a In Partnerarbeit untersuchen die Lernenden das links abgedruckte Diagramm „Glücksskala".

– Die Überschrift „Glücksskala", die darunter abgedruckte Frage „Wie glücklich sind Sie zurzeit in Ihrem Leben?" und die weiteren Erklärungen verweisen darauf, dass das linke Diagramm das momentane Glücksempfinden der Befragten darstellt. Befragt wurden (n) 1004 Personen, die durchschnittliche Angabe zum Glückszustand (Bewertung zwischen 1 = überhaupt nicht glücklich und 10 = sehr glücklich) liegt bei 7,4.

– Die Farbgebung zeigt den Glückszustand an: hellblau = unglücklich, dunkelblau = glücklich.

– Die Prozentzahlen beziehen sich auf den Anteil der insgesamt 1004 Befragen, die ihren Glückszustand auf einer Skala eingeordnet haben.

b Beispiel für eine Ausformulierung der Untersuchungsergebnisse:

Das Diagramm mit dem Titel „Glücksskala" zeigt, dass die Mehrheit der 1004 Befragten sich zum Befragungszeitpunkt als glücklich empfand. Immerhin 11 Prozent der Befragten gaben jedoch an, dass sie sich unglücklich fühlten (Stufen 1, 2 und 3 auf der zehnteiligen Skala). Zirka 52 Prozent der Befragten ordnen sich auf einer Glücksskala von 1 (überhaupt nicht glücklich) bis 10 (sehr glücklich) unter den Stufen 8, 9 oder 10 ein, bezeichnen sich also als glücklich, wobei sich von diesen glücklichen Befragten die meisten allerdings nur bei Stufe 8 eingeordnet haben, also nicht als „sehr glücklich".

2 a/b Aus der Grafik rechts lässt sich ablesen, was für die Befragten Glück bedeutet. Dafür wurden ihnen sieben Aussagen vorgelegt, zu denen sie jeweils angeben konnten, ob die Aussage für sie „sehr", „eher", „eher nicht" oder „gar nicht" zutrifft. Die Balkendiagramme zeigen an, für wie viel Prozent der Befragten die jeweilige Aussage „sehr" zutrifft. Interessant dabei ist, dass auf die Frage „Was bedeutet für Sie Glück?" Gesundheit, Familie, Freude „über die kleinen Dinge des Lebens" und ein Arbeitsplatz am häufigsten genannt wurden.

Mögliche Überschriften für die Grafik: Glücksfaktoren – Was zum Glück gehört

c Die im Schaubild genannten Prozentzahlen ergeben, wenn man sie addiert, mehr als 100%, weil die Befragten zu jeder Aussage angegeben haben, ob diese für sie zutrifft oder nicht.

3 Aus den beiden Grafiken lässt sich ablesen, dass sich 52% aller 1004 Befragten für glücklich halten. Zum Glück gehören offenbar für die meisten Befragten die eigene Gesundheit und die der Angehörigen, eine liebevolle Familie, die Freude an kleinen Dingen und ein Arbeitsplatz.

4 Wenn man den Text über „Glück als Staatsziel" in Bhutan vergleicht mit den beiden Grafiken, die Umfrageergebnisse in Deutschland wiedergeben, zeigt sich, dass die Auffassungen von Glück gar nicht so grundsätzlich verschieden sind, wie man es vielleicht erwarten könnte:

– Zum staatlich verordneten Glück in Bhutan gehörte als eine der ersten Maßnahmen die Verbesserung der Gesundheitsversorgung. Gesundheit hat auch bei den Glücksvorstellungen der befragten Deutschen Vorrang vor allen anderen Glückserwartungen.

– Außerdem gehörte zu den grundlegenden Maßnahmen des Königs Jigme Singye Wangchuck zur Schaffung eines guten Lebens für seine Untertanen die Verbesserung der Bildung. Für immerhin 56% der befragten Deutschen bedeutet es Glück, einen Arbeitsplatz zu haben – und Bildung ist eine gute Voraussetzung dafür, einen Arbeitsplatz zu bekommen.

– Geld spielt der buddhistischen Tradition folgend, die in Bhutan von großem Einfluss ist, eine nachgeordnete Rolle. Und auch von den befragten Deutschen gaben nur 31% an, dass es für sie Glück bedeute, „sich keine Sorgen über Geld machen zu müssen".

– Wie in Deutschland werden auch in Bhutan Umfragen zum Glück der Bevölkerung in Auftrag gegeben, wobei sich die Fragen in dem asiatischen Land aber zum Teil auf andere Inhalte beziehen: nämlich ob die Menschen ausreichend zu essen haben und wie viel Zeit ihnen für das Meditieren bleibt.

– Anders als in Deutschland ist das „Bruttonationalglück" in Bhutan Staatsziel und in der Verfassung verankert.

456

||S.314 Literarische Texte erschließen

||S.314 Hermann Hesse: Chinesische Legende

1 a Die Lernenden nähern sich zunächst dem erzählenden Text, indem sie ihre ersten Leseeindrücke austauschen.
Diese könnten z.B. so lauten:
  – Die Geschichte klingt wie ein Märchen.
  – Die Geschichte scheint in einer früheren Zeit zu spielen.
  – Die Geschichte ist so aufgebaut, dass man bestimmt eine Lehre daraus ziehen soll.

b Beispiel für eine Zusammenfassung des Textes:

Hermann Hesse: „Chinesische Legende" – Textzusammenfassung

Die Geschichte „Chinesische Legende" von Hermann Hesse handelt von dem alten Chinesen Chunglang, dessen Meinung über Glück und Unglück in mehreren Situationen eine andere ist als die seiner Nachbarn.
Zuerst verliert Chunglang ein Pferd und die Nachbarn bekunden ihr Beileid zu diesem Unglück, worauf der Alte fragt, woher sie wüssten, dass dies ein Unglück sei. Dann kehrt das Pferd zurück und bringt ein ganzes Rudel Wildpferde mit. In den Augen der Nachbarn scheint dies Glück zu bedeuten, was der Alte erneut in Frage stellt. Die vielen nun zur Verfügung stehenden Pferde bringen den Sohn des Alten dazu zu reiten, wobei er sich ein Bein bricht. Dies scheint in den Augen der Nachbarn ein Unglück zu sein, doch erneut bezweifelt der Alte deren Urteil. Der Beinbruch bewahrt den Sohn schließlich davor, zu niedrigen Diensten am Kaiserhof eingezogen zu werden. Darüber muss sein alter Vater lächeln.

2 Chunglang muss am Schluss der Geschichte lächeln, weil sich herausstellt, dass er recht behalten hat: Es schien zwar ein Unglück zu sein, dass sich sein Sohn ein Bein gebrochen hat. Dieses Unglück bewahrt ihn aber davor, in den unliebsamen Dienst als Stiefelknecht des Kaisers eintreten zu müssen. Chunglangs Haltung zeigt, dass es sich oft erst später erweist, was im Leben als Glück oder Unglück zu bezeichnen ist.

3 a Mögliche neue Titel für die Geschichte:
  – Glück im Unglück
  – Vermeintliches Unglück erweist sich als Glück

4 a Beispiellösung für eine Gliederung des Textes:

„Chinesische Legende" – Gliederung des Textes	
Z. 1–8	Chunglang verliert sein Pferd. in den Augen der Nachbarn ein Unglück, der Alte stellt das in Frage
Z. 9–15	Chulangs Pferd kommt mit einem Rudel Wildpferde zurück. in den Augen der Nachbarn Glück, der Alte stellt das in Frage
Z.16–23	Chunglangs Sohn bricht sich beim Reiten das Bein. in den Augen der Nachbarn Unglück, der Alte stellt das in Frage
Z. 24–29	Chunglangs Sohn entgeht dem Stiefeldienst am Kaiserhof. Glück, der Alte lächelt

b Die Gliederung kann grafisch z.B. so dargestellt werden:

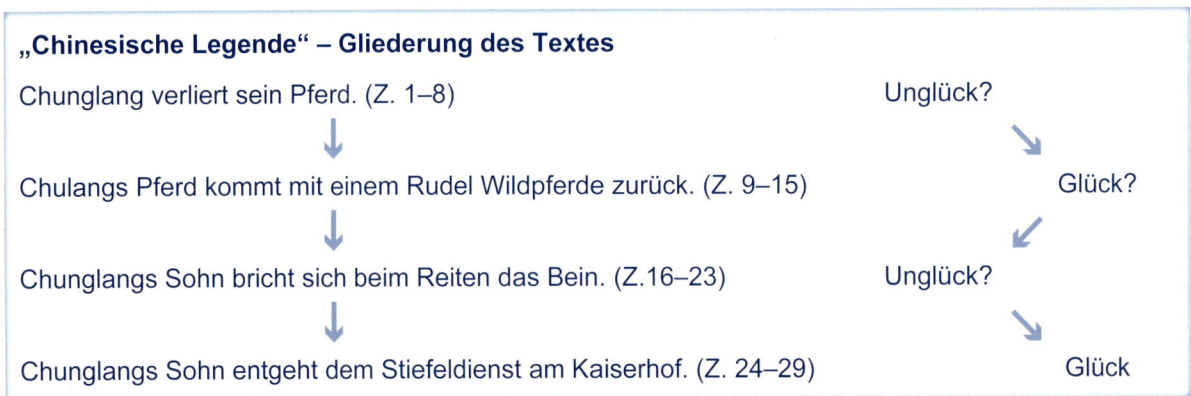

„Chinesische Legende" – Gliederung des Textes

Chunglang verliert sein Pferd. (Z. 1–8) — Unglück?

Chulangs Pferd kommt mit einem Rudel Wildpferde zurück. (Z. 9–15) — Glück?

Chunglangs Sohn bricht sich beim Reiten das Bein. (Z.16–23) — Unglück?

Chunglangs Sohn entgeht dem Stiefeldienst am Kaiserhof. (Z. 24–29) — Glück

5 **a** Die Figuren wirken holzschnittartig, sie sind nicht als Charaktere ausgearbeitet. Selbst die Hauptfigur Chunglang ist als Typ gestaltet. Da es keine innere Handlung gibt, werden Gedanken und Gefühle nicht übermittelt. Nur aus Chunglangs Verhalten kann man Eigenschaften erschließen, lediglich in der wörtlichen Rede wird deutlich, dass er die Meinung seiner Nachbarn nicht teilt und offensichtlich eine andere Sichtweise von Glück und Unglück hat.

b Adjektive, die auf Grund seines Verhaltens zu Chunglang passen: Er erscheint zuversichtlich, klug, überlegen, erfahren, abwartend, umsichtig, vorausschauend.

c Die Nachbarn halten den Alten anfangs vielleicht für merkwürdig oder glauben, dass er nicht mehr wirklich versteht, was ihm passiert ist. Der Verlust eines wertvollen Pferdes (Z. 4) bedeutet für sie auf jeden Fall ein Unglück und sie können vermutlich nicht verstehen, dass der Alte anderer Meinung ist. Als das Pferd zurückkommt und auch noch Wildpferde mitbringt, sieht dies für die Nachbarn wie ein großer Glücksfall aus. Sie verstehen die Reaktion des Alten nun erst recht nicht. Der Beinbruch des Sohnes kann von ihnen nur als Unglück gedeutet werden. Dass der Alte auch in diesem Fall sagt, dass man noch gar nicht wissen könne, ob dies ein Unglück sei, lässt vielleicht bei manchem die Ansicht aufkommen, dass der Alte verwirrt ist. Aber vielleicht begreift der eine oder andere am Schluss, als der Sohn nicht zum harten Dienst am Kaiserhof eingezogen wird, dass der Alte recht haben könnte mit seiner ungewöhnlichen Einschätzung von Glück und Unglück.

6 **a** Die Untersuchung der sprachlichen Auffälligkeiten in der Geschichte erlaubt auch Aussagen über die Textsorte Legende. Märchenhaft erscheinen z.B. folgende Wendungen:
- „Ein alter Mann mit Namen Chunglang [...] besaß ein kleines Gut in den Bergen." (Z. 1–3)
- „Eines Tages begab es sich ..." (Z. 3)
- „Und siehe da" (Z. 9)
- veraltet anmutende Ausdrücke wie „begab es sich" (Z. 3), „Beileid zu bezeigen" (Z. 6), „versetzte" (Z. 14), „eine Neigung zum Reiten zu fassen" (Z. 17f.), „abermals" (Z. 21)
- Die Antwort des Alten wird dreimal in fast identischem Wortlaut wiedergegeben: „Der Alte aber fragte: ‚Woher wollt ihr wissen, dass das ein Unglück ist?'" (Z. 7f.), „Der Alte vom Berge aber versetzte: ‚Woher wollt ihr wissen, dass es ein Glücksfall ist?'" (Z. 14f.), „Und abermals sprach der Alte zu ihnen: ‚Woher wollt ihr wissen, dass dies ein Unglücksfall ist?'" (Z. 21–23).

Diese Mittel bewirken den Eindruck, der Text stamme aus einer lange zurückliegenden Zeit.

b Durch die eingeschobene wörtliche Rede Chunglangs wird die Bedeutung seiner Worte und damit der jeweiligen Textstelle besonders betont. Es wird angedeutet, was er denkt.

7 Zur Inhaltsangabe vergleiche die Hinweise zu Aufgabe 1b auf S. 457 in diesen Handreichungen. Mögliche Begründung, ob es sich um eine Geschichte über Glück oder über Unglück handelt: Es handelt sich bei der „Chinesischen Legende" eher um eine Geschichte über das Glück, denn letztlich haben alle Ereignisse, die zuerst als Unglück gewertet werden könnten, positive Folgen: Die Zahl der Pferde und damit der Besitz des Alten vergrößert sich erheblich (vgl. Z. 10f.) und sein Sohn entgeht dem untergeordneten Dienst am Kaiserhof (vgl. Z. 27–29). Die Deutung, dass es sich um eine Geschichte über das Glück handelt, belegt auch der Schlusssatz: „Chunglang musste lächeln" (Z. 29).

S.316 Gedichte verstehen und interpretieren

S.316 Hermann Hesse: Blauer Schmetterling

1 a Einleitend beschreiben die Schülerinnen und Schüler ihre ersten Eindrücke des Gedichts mit treffenden Adjektiven, z.B.:
Das Gedicht wirkt einfach, leicht, spielerisch, liedhaft.

b Diese Wirkung entsteht durch den einfachen Aufbau (zwei Sätze, verteilt jeweils auf vier Verse), das einfache Versmaß und den Rhythmus des Gedichts, aber auch dadurch, dass es von einem Schmetterling handelt.

2 In einem nächsten Schritt erklären die Lernenden die beschriebene Situation:
Das lyrische Ich beobachtet einen blauen Falter im Wind. Diesen schönen, aber kurzen und flüchtigen Eindruck vergleicht das lyrische Ich mit dem Glück, das nur für einen kurzen Moment andauert, ehe es schon wieder vergeht.

3 a Reimform des Gedichts:
einfache Kreuzreime – ababcdcd

b Die Zäsur liegt nach dem vierten Vers des nicht in Strophen untergliederten Gedichts. Sprachlich ist die Zäsur daran zu erkennen, dass der erste Satz des Gedichts endet und der zweite beginnt.

c Inhaltlich trennt die Zäsur die Beobachtung des vorbeifliegenden Falters von dem dadurch geweckten Nachdenken über die Flüchtigkeit des Glücks. In den Versen 5 und 6 – „So mit Augenblickswinken, / So im Vorüberwehn" – vergleicht das lyrische Ich das Glück (vgl. V. 7) mit der glitzernden, flimmernden, aber schnell vergänglichen Schönheit des Schmetterlings.

4 Weitere sprachliche Auffälligkeiten und ihre Wirkung können in einem Tafelbild festgehalten werden:

Hesse: „Blauer Schmetterling" – Sprachliche Auffälligkeiten		
Textstelle	**Bezeichnung**	**Wirkung**
„Flügelt (V. 1)	Neologismus (Wortneuschöpfung)	macht die Bewegung des Schmetterlings besonders anschaulich
„Flügelt ..." (V. 1) „Falter ..." (V. 2)	ungewohnte Stellung des Prädikats, Alliteration im Anfangsreim	hebt das ausdrucksstarke, bildhafte Verb besonders hervor
„Ein perlmutterner Schauer" (V. 3)	ausdrucksstarkes Adjektiv, Metapher	Vergleich des Schmetterlings mit anderen Naturerscheinungen
„Glitzert, flimmert, vergeht" (V. 4)	helle Vokale, knappe Aufzählung ausdrucksstarker Verben	betonen besonders die Schönheit und die Flüchtigkeit, Vergänglichkeit
„Augenblicksblinken" (V. 5), „Vorüberwehn" (V. 6)	Neologismen (Wortneuschöpfungen)	vergleichen Schmetterling und Glück, heben ebenfalls die Flüchtigkeit des glücklichen Augenblicks hervor
„Glitzern, flimmern, vergehn" (V. 8)	Wiederholung der Aufzählung aus Vers 4 (allerdings im Infinitiv)	unterstreicht den Vergleich von Schmetterling und Glück, betont noch einmal die Schönheit, Flüchtigkeit und Vergänglichkeit

5 Eine Interpretation des Gedichts sollte die Vorarbeiten aus den Aufgaben 1 bis 4 einbeziehen und besonders folgende Aspekte berücksichtigen:
- Wirkung des Gedichts: Leichtigkeit, wie leicht hingeschrieben, in Wirklichkeit ein in sich geschlossener, vollkommen konstruierter Gedichttext
- einfaches Reimschema
- sprachliche Zäsur spiegelt sich im Inhalt wider: zunächst flüchtige Beobachtung des Schmetterlings, dann symbolische Überhöhung: der Falter als Sinnbild für die Vergänglichkeit des Glücks
- schwebender Rhythmus scheint auf die Bewegung des flatternden Schmetterlings zu verweisen
- Auffassung vom Glück: Glück wird als momentanes Erleben angesehen, das schnell vergeht. Es wird ein Vergleich mit einem Schmetterling gezogen, an dem man sich kurzzeitig erfreut, der aber schnell wieder verschwunden ist.

Beispiellösung:

Hermann Hesse: „Blauer Schmetterling" – Gedichtinterpretation

Das Gedicht „Blauer Schmetterling" von Hermann Hesse wirkt leicht und spielerisch, doch wenn man es näher betrachtet, erweist es sich als ein geschlossener, sorgfältig komponierter lyrischer Text. Darin beobachtet ein lyrisches Ich einen im Wind vorbeiflatternden blauen Falter. Diesen schönen, aber kurzen und flüchtigen Eindruck vergleicht der lyrische Sprecher mit dem Glück, das nur für einen kurzen Moment andauert, ehe es vergeht.

Einfache Kreuzreime nach dem Schema ababcdcd tragen zum Eindruck der Leichtigkeit bei. Der schwebende Rhythmus scheint auf die Bewegung des flatternden Schmetterlings zu verweisen. Das Gedicht besteht aus acht Versen und obwohl es nicht in Strophen unterteilt ist, enthält es eine Zäsur nach dem vierten Vers. Sprachlich ist diese Zäsur daran zu erkennen, dass der erste Satz des Gedichts endet und der zweite beginnt. Inhaltlich trennt die Zäsur die flüchtige Beobachtung des vorbeifliegenden Falters von dem dadurch ausgelösten Nachdenken über die Flüchtigkeit des Glücks. Der Falter erscheint damit als Sinnbild für dessen Vergänglichkeit.

Gleich zu Beginn des Gedichts findet sich der Neologismus „Flügelt (V. 1), der die Bewegung des Falters besonders anschaulich werden lässt. Zugleich fällt dabei die ungewohnte Satzstellung mit dem Prädikat am Satzanfang auf, die ebenso wie die Alliteration mit dem Beginn des zweiten Verses („Falter") das bildhafte Verb besonders hervorhebt. Die knappe Aufzählung ausdrucksstarker Verben mit hellen Vokalen „Glitzert, flimmert, vergeht" (V. 4) betont die Schönheit ebenso wie die Flüchtigkeit und Vergänglichkeit des Augenblicks, in dem der Schmetterling vorbeifliegt und verschwindet. In den Versen 5 und 6, den ersten beiden nach der Zäsur, vergleicht das lyrische Ich das Glück ausdrücklich mit dem Schmetterling: Wie dieser, „So mit Augenblickswinken, / So im Vorüberwehn" (V. 5/6), streift den Menschen das Glück und vergeht gleich wieder. Dabei fallen neben der Wiederholung beim Satzbau („So im") die Wortneuschöpfungen „Augenblickswinken" (V. 5) und „Vorüberwehn" (V. 6) auf. Dass die Aufzählung aus Vers 4 in Vers 8 – allerdings im Infinitiv und nun mit Bezug auf das Glück – wiederholt wird, unterstreicht ein letztes Mal den Vergleich zwischen dem rasch vorbeiflatternden Schmetterling und dem wunderbaren, aber nicht andauernden Glück.

Das Gedicht bringt damit eine ganz bestimmte Auffassung vom Glück zum Ausdruck: Glück wird als momentanes schönes Erleben angesehen, das schnell vergeht.

▌S.317▐ 15.2 Wie bereite ich mich vor? – Aufgabenformate kennen lernen

▌S.317▐ Glück hinterlässt Spuren

Zu diesem Sachtext werden Aufgabenformate vorgestellt, wie sie in Tests zur Überprüfung des Textverständnisses vorkommen: Auswahlaufgaben (Multiple-Choice-Aufgaben), Richtig/Falsch-Aufgaben (True/False-Aufgaben), Zuordnungsaufgaben (Matching-Aufgaben), Lückentexte und Kurzantworten. Die Schülerinnen und Schüler sollen Sicherheit dafür gewinnen, wenn diese Aufgabenformate ihnen später in Tests begegnen. Sie sollten sich auch darüber austauschen, wie sie mit solchen Aufgaben umgehen, und einander Tipps geben, wie man solche Aufgaben leichter lösen oder wie man Routine bei deren Lösung gewinnen kann. Die Lösungen zu den Aufgaben 1 bis 6 finden sich zur Selbstkontrolle der Lernenden auch im Schülerband auf S. 377.

1 Lösung der Auswahlaufgabe (Multiple-Choice-Aufgabe):
– Korrekt ist Aussage B: Dopamin ist ein Botenstoff, der Signale zwischen Nervenzellen überträgt.

2 Lösungen zur Richtig/Falsch-Aufgabe (True/False-Aufgabe):
– Nervenzellen schütten Dopamin aus. r
– Dopamin stimuliert das Belohnungssystem im Gehirn. f
– Endorphine entstehen bei Angst. f
– Die Menge an Dopamin ist bei jedem Menschen unterschiedlich. r
– Der Genuss von Schokolade löst bei allen Menschen Glücksgefühle aus. f
– Schon beim Gedanken an etwas, das uns glücklich macht, produziert das Gehirn Dopamin. r

3 Lösung der Zuordnungsaufgabe (Matching-Aufgabe): Die richtigen Satzgefüge lauten:
– Menschen reagieren auf Reize ängstlicher, wenn sie eine hohe Dopaminkonzentration im Gehirn haben.
– Menschen würden lebensnotwendige Dinge wie Nahrungsaufnahme und Schlaf vernachlässigen, wenn sie ständig Glück empfinden würden.
– Im Gehirn von Menschen finden sichtbare Prozesse statt, wenn sie Glück empfinden.
– Möglicherweise sinkt bei Menschen der Dopaminspiegel, wenn sie älter werden.

4 Ergänzung des Lückentexts mit passenden Wörtern aus dem Wortspeicher:
Auch wenn wir Glück im ganzen Körper empfinden, entsteht dieses Gefühl im <u>Gehirn</u>. Wenn uns etwas Schönes passiert, wird im <u>Belohnungszentrum</u> des Gehirns <u>Dopamin</u> ausgestoßen, ein Botenstoff, der die Nervenzellen erregt. Weil Dopamin an der Entstehung von <u>Glücksgefühlen</u> beteiligt ist, wird es auch <u>Glückshormon</u> genannt. Forscher meinen, dass die Menge von <u>Dopamin</u> auch darüber entscheidet, ob Menschen eher ruhig und gelassen oder eher gestresst oder ängstlich reagieren.

5 Beispiellösungen für Kurzantworten:
a Die Philosophie, die Soziologie, die Psychologie und die Hirnforschung beschäftigen sich mit der Erforschung von Glück.
b Wenn unser Glücksgefühl nicht abklingen würde, würden wir lebensnotwendige Dinge, z.B. das Essen, Trinken und Schlafen, vernachlässigen.

7 Die Schülerinnen und Schüler tauschen sich nun über ihre eigenen Erfahrungen mit den unterschiedlichen Aufgabentypen aus. Jede/r Lernende hat Vorlieben, muss sich aber bewusst werden, dass sie/er lernen muss, auch mit Aufgabenformaten umzugehen, die für sie/ihn schwierig sind. Dabei können Tipps von Mitschülern hilfreich sein, z.B. bei einem Test zunächst die Aufgaben zu lösen, die einem schwerfallen, weil im Verlauf des Tests die Konzentration nachlässt.

▌S.320▐ Glück kann man trainieren

1–3 Die Schülerinnen und Schüler erproben an einem überschaubaren, eher einfachen Text in Gruppen- oder Partnerarbeit die unterschiedlichen Aufgabenformate zur Überprüfung des Textverständnisses, indem sie selbst Aufgaben entwickeln und diese in wechselseitigen Tests ausprobieren.

S. 321 15.3 Zuhören trainieren – Hörtexte verstehen

Die Aufgabenstellungen dieses Teilkapitels führen schrittweise in den Umgang mit Hörtexten ein. Sie leiten die Schülerinnen und Schüler von der Aktivierung des Vorwissens über die erste Informationsaufnahme bis zur Reflexion über den Text an.

S. 321 Glück macht Schule

Das Interview „Glück macht Schule" findet sich als Hörtext auf der beiliegenden CD-ROM, gesprochen von Denis Abrahams, Marianne Graffam und Christian Schmitz.

1 Die Schülerinnen und Schüler werden durch die Aufgabenstellung darauf hingewiesen, dass durch die Voreinstellung und das Vorwissen die Erschließung eines Textes beeinflusst und gelenkt wird. Dies gilt auch für Texte, die über das Hören wahrgenommen werden. Die Überschrift eines Textes und der Vorspann, z.B. auch zu einem Vortrag oder einem Interview, geben wichtige Informationen, die dem Leser bzw. Hörer bei der weiteren Aufnahme des Textes helfen.
– Die Überschrift „Glück macht Schule" kann zunächst irritierend wirken, weil grammatisch gesehen „Glück" hier Subjekt ist und damit personifiziert wird. Der Titel nimmt – durchaus doppeldeutig – die Redewendung „Schule machen" auf, die bedeutet: Nachahmer finden, sich durchsetzen. Gemeint ist, dass über „Glück" in der Schule reflektiert und sogar darüber nachgedacht wird, in einem Schulfach „Glück" zum Unterrichtsstoff zu machen.
– Beim Lesen oder Hören des Vorspanns wird deutlich, dass es in dem Text um ein Schulprojekt geht, bei dem sich alles um das Thema „Glück" dreht.
Da das Interview hörend aufgenommen und das Hörverständnis überprüft werden soll, ist darauf zu achten, dass die Lernenden nicht den gesamten Text schon vorher lesen. Dazu kann die Lehrkraft z.B. nur die Überschrift und den Vorspann per Overheadprojektor oder Beamer anbieten, während die Deutschbücher geschlossen bleiben.

2 Nach dem Einstieg über die Überschrift und den Vorspann zum Interview (vgl. Aufgabe 1) sollen die Lernenden das Interview über das Hören wahrnehmen. Zum Vorlesen müssen sich zwei Schülerinnen und zwei Schüler für die verschiedenen Rollen (Reporterin, Schülerin Angela, Schulleiter Herr Becker, Schüler Sven) bereit erklären. Alternativ kann der Text von der beiliegenden CD-ROM vorgespielt werden.

a Die Schülerinnen und Schüler werden zum aktiven Hören angeleitet: Neben dem aufmerksamen Zuhören sollen auch Notizen angefertigt werden. Ähnlich wie bei der Erschließung eines Textes, der gelesen wird, werden Stichpunkte zum Inhalt notiert, Fragen aufgeschrieben und unbekannte Wörter vermerkt (aktives Zuhören).

b Beispiellösungen für die Formulierung des Themas, um das es in dem Text geht, in einem Satz:
– Der Text handelt von einem Schulprojekt über das Thema „Glück".
– In dem Interview wird von einem Projekt berichtet, mit dem Schülerinnen und Schüler für das Thema „Glück" sensibilisiert werden sollten.
– In dem Text geht es darum, wie Schülerinnen und Schüler innerhalb eines Projekts erfahren, was man unter „Glück" verstehen kann.

c Die Schülerinnen und Schüler sollen sich bei der Klärung der möglicherweise unbekannten Wörter und Ausdrücke gegenseitig helfen. Die meisten Wörter sollten sich aus dem Textzusammenhang klären lassen. Möglicherweise unbekannt könnten sein:
– Konzept (Z. 22): Plan, Entwurf
– offene Türen einrennen (Z. 23f.): jemandem einen Vorschlag machen, den dieser ohnehin (schon lange) befürwortet
– Beliebtheitsskala (Z. 31): Skala = Maßeinteilung, Reihenfolge, Rangfolge
– sensibilisieren (Z. 37): empfänglich/empfindsam machen
– Vertrauensübungen (Z. 49): Übungen, bei denen das Vertrauen gestärkt wird
– Meditationsübungen (Z. 52f.): Meditation = geistige Übung, (mystische) Versenkung

3 a Dem zweiten Lesevorgang beim gründlichen Lesen entspricht hier das zweite aktive Zuhören zur Überprüfung des Hörverständnisses, bei dem die zuvor gemachten Notizen ergänzt oder korrigiert werden können.

b Die Schülerinnen und Schüler werden hier durch Leitfragen angewiesen, ihr Hörverständnis zu überprüfen. Ziel ist es, dass sie in der Lage sind, sich später selbst Fragen zum Text zu stellen. Richtig sind folgende Antworten:

A Der Schulleiter befürwortete das Projekt zum Thema „Glück" sofort,
  – weil er zuvor einen Fernsehbeitrag über das Unterrichtsfach „Glück" gesehen hatte.

B In der Projektwoche zum Thema „Glück" gab es
  – Informationsveranstaltungen zum Thema „Glück".
  – spezielle Theater- und Sportkurse.

C Bei der Übung „Honigdusche" geht es darum,
  – über andere besondere Dinge zu sagen.
  – das Gemeinschaftsgefühl und das Selbstbewusstsein zu stärken.

Die Lösungen zu Aufgabe 3 finden sich zur Selbstkontrolle der Lernenden auch im Schülerband auf S. 377.

4 Mögliche Ansätze für eine Diskussion der Frage „Was haltet ihr von einer Projektwoche zum Thema ‚Glück'?":

– Dafür bleibt kein Raum im Unterrichtsplan.
– Andere Themen sind wichtiger.
– In anderen Fächern (Religion, Philosophie) wird ohnehin über Glück gesprochen.
– Das Thema ist wichtig, denn Achtsamkeit und Rücksicht auf die seelische Gesundheit und den psychischen Zustand der Schülerinnen und Schüler kommen oft zu kurz.

5 Die Schülerinnen und Schüler können im Prinzip mit jedem Text selbst ihr Hörverständnis prüfen. Das Vorgehen kann genauso gestaltet werden wie hier in den Aufgabenstellungen und im Methodenkasten auf S. 322 im Schülerband vorgegeben.

Als Aufgabenformate zum schnellen Überprüfen des Hörverständnisses eignen sich die eingeübten Formate (vgl. S. 318 bis 319 im Schülerband).

Wichtiger Hinweis

Auf der beiliegenden CD-ROM finden sich zahlreiche Hörtexte zu den einzelnen Kapiteln des Schülerbands (darunter Kurzgeschichten, Dramen-, Novellen- und Romanauszüge, Gedichte und ein Feature), jeweils mit passgenauen Arbeitsblättern zur Übung des Hörverstehens inkl. Lösungshinweisen. Eine Übersicht über diese Hörtexte bietet das Inhaltsverzeichnis dieser Handreichungen auf S. 9 f.

Material zu diesem Kapitel auf den folgenden Seiten und auf der CD-ROM

– Test – Das Textverständnis prüfen, Aufgabenformate trainieren: Nicole Walter: Glück als Schulfach (mit Lösungshinweisen auf der CD-ROM)
– Test – Einen Hörtext verstehen: Jürgen Schupp: Die Glückskurve des Lebens verläuft wie ein U (mit einer Version zum Anhören und Lösungshinweisen auf der CD-ROM)
– Fordern und fördern – Einen Sachtext erschließen, Lesetechniken anwenden: Susanne Paulsen: Niemand ist eine Insel / Diagramm: Quellen für Glück und Wohlbefinden (auf zwei Differenzierungsniveaus, mit Lösungshinweisen auf der CD-ROM)

463

Test – Das Textverständnis prüfen, Aufgabenformate trainieren

Nicole Walter
Glück als Schulfach
Lernen ohne Leistungsdruck

Ein Südseestrand, ein Pferderücken, eine große Familie – Glück hat viele Gesichter. Für Lisa Käufer klingt das Glück an diesem Tag nach Trommeln und Beats. Sie und ihre Freundinnen
5 mussten nach der Schule lange auf den Bus warten. Um sich die Zeit zu verkürzen, haben sie, statt mit schlechter Laune durchzuhängen, im Glücksunterricht geschaffene Rhythmen geklatscht. Eine Art Musikmachen mit dem eige-
10 nen Körper. „Die Zeit verging im Nu, wir haben so viel gelacht", sagt Lisa. Ein kleines Beispiel dafür, wie Glücksunterricht im Alltag der Schüler ankommt.
Als der Schuldirektor Ernst Fritz-Schubert 2007
15 erstmals an seiner Heidelberger Schule das Fach Glück einführte, machte er bundesweit Furore. Inzwischen ist Fritz-Schubert pensioniert und Glück ist an einigen Schulen in Deutschland, Österreich und der Schweiz in den Stundenplan
20 integriert. Als eigenständiges Fach oder als Projektkurs, einmalig oder in mehreren Klassenstufen nacheinander.

Fitness, Freunde und Freude
Die Inhalte sind an allen Schulen ähnlich und
25 geprägt von Erkenntnissen aus Psychologie und Soziologie, aber auch durchzogen von viel Praktischem: Auf dem Stundenplan stehen das Zusammenspiel in der Gemeinschaft, sich das Glück im Alltag bewusst zu machen, die eigenen
30 Stärken und Schwächen zu entdecken und sich selbst Ziele zu setzen, sich im eigenen Körper wohlzufühlen, Gesundheit und Ernährung, Sport – aber ohne Leistungsdruck, Theaterspielen. Ernst Gehmacher, Soziologe und Glücksforscher
35 in Wien, fasst das prägnant zusammen: „Ich spreche immer von den drei großen F: Fitness, Freunde und Freude an dem, was man tut." Auch in den USA und Großbritannien wird das Glücklernen in der Schule und in Universitäten

schon länger ausprobiert. „Social and Emotional 40 Learning" heißt es dort.
Werner Sander unterrichtet Glück als Wahlfach in der 11. Klasse des Anna-Essinger-Gymnasiums in Ulm. Besonders hat ihm imponiert, wie eine Schülerin gleich in der ersten Stunde für 45 sich das Glück definiert hat: „Glück ist für mich, wenn ich jeden Abend zufrieden einschlafe." „Das ist es", sagt Sander, der ursprünglich gegen Mobbing und gegen die Härten des Notendrucks angehen wollte und sich so Schritt für Schritt 50 zum Glückslehrer entwickelte. „Es geht nicht um das große, einmalige Glück, sondern darum, innerlich stabil zu sein, seine eigenen Stärken zu kennen und die Schwächen als Ressourcen zu nutzen. Das ist wichtig im Leben, aber in der 55 Schule kommt es zu kurz."

Spielerische Übungen
Jede Stunde beginnt Sander mit einem Warm-up: rhythmische Körperbewegungen, Body-Drumming genannt, die locker machen und 60 Hemmungen nehmen sollen. Im Unterricht stehen spielerische Übungen an erster Stelle, um ganz praktisch zu erfahren, was Glück und Zufriedenheit schafft. Ein Beispiel: Alleine oder mit anderen zusammen ist „der Rubikon zu über- 65 schreiten", um auszuprobieren, wie man spielerisch Hindernisse überwinden kann. Zwei Klebebänder auf dem Fußboden des Klassenraums symbolisieren den historischen Grenzfluss, den Caesar einst überschritt und damit einen Bürger- 70 krieg auslöste. Drei Kartons kommen dazu, auf die jeweils nur ein Fuß passt, um „trocken" über die Wasserscheide zu kommen. „Das geht nur, wenn alle miteinander sprechen, sich helfen und gemeinsam eine Lösung finden", sagt Sander. 75 Lisa Käufer, die sich zu Beginn dieses Schuljahrs für den Glückskurs bei Werner Sander entschieden hat, erhofft sich davon einiges. „Mich selbst

Kopiervorlage

zu finden, im Alltag ruhiger zu sein und im
80 Schulstress besser zu bestehen", sagt sie. Anfangs hat sie vor allem gereizt, dass das Fach im
Abitur anerkannt wird und die mündliche Prü-
fung ersetzen kann. Inzwischen sieht Lisa darin
eine echte Bereicherung und vor allem die Mög-
85 lichkeit, die eigenen Stärken besser auszuschöp-

fen. Glück, das bedeutet für sie „mit Freunden
zusammen zu sein, nicht alleine zu sein, sondern
Menschen um mich zu haben, die ich mag, und
die Dinge zu tun, die ich gern tue." [...]

(Aus: Fluter. Magazin der Bundeszentrale für Politische Bildung,
19.11.2012, Quelle: http://www.fluter.de/de/116/thema/11024/,
Stand 30.4.2014)

1 Lies den Text aufmerksam durch und überprüfe dein Textverständnis, indem du die folgenden Aufgaben löst. Dabei übst du auch den Umgang mit verschiedenen Aufgabenformaten.

2 Kreuze an: Wer führte das Fach Glück ein?

☐ Ernst Gehmacher, ein Soziologe und Glücksforscher aus Wien

☐ Schuldirektor Ernst Fritz-Schubert aus Heidelberg

☐ Werner Sander, ein Lehrer aus Ulm

3 Welche der folgenden Aussagen zum Text treffen zu, welche nicht? Kreuze an.

		richtig	falsch
A	Freunde und Gemeinschaftserleben spielen beim Erlernen des Glücks eine wichtige Rolle.	☐	☐
B	Im Fach Glück wird man in Kunst und Sport unterrichtet.	☐	☐
C	Das Fach Glück ist inzwischen an allen Schulen in Deutschland eingeführt.	☐	☐
D	Ziel des Fachs ist es, sich das Glück im Alltag bewusst zu machen und eigene Stärken und Schwächen zu erkennen.	☐	☐
E	Auch in Australien und Frankreich wird das Glückslernen als „Social and Emotional Learning" in der Schule schon länger ausprobiert.	☐	☐

4 Bilde Satzgefüge, sodass zutreffende Aussagen zum Inhalt des Textes entstehen.

> Der Schulleiter Fritz-Schubert wurde bekannt,

> weil er ursprünglich gegen Mobbing und Notendruck vorgehen wollte.

> Die Schülerin Lisa findet das Fach gut,

> weil er als Erster in Deutschland das Fach Glück einführte.

> Werner Sander wurde zum Glückslehrer,

> weil man dadurch eigene Stärken besser ausschöpfen kann.

_____

_____

_____

Test 8, Seite 2

Kopiervorlage

5 Fülle die Lücken in dem folgenden Text. Wenn du nicht weiterweißt, lies noch einmal im Text nach.

Im Jahr _____ wurde das Fach Glück zum ersten Mal in Deutschland eingeführt. Inzwischen gibt es

„Glück" als eigenständiges Fach oder als _____. Die Inhalte sind geprägt von

Erkenntnissen aus _____ und _____. Es geht vor

allem darum, dass man die eigenen Stärken und _____ erkennt und sich eigene

_____ setzt. Ein Soziologe und Glücksforscher aus Wien spricht von den drei großen

F als Voraussetzung für dauerhaftes Glück: Damit meint er _____

_____. Lehrer Sander setzt die Übung „Den Rubikon überschreiten" ein, deren

Name sich von einem _____ ableitet, den Caesar einst überschritt. In der Übung geht es

darum, gemeinsam _____ zu überwinden.

6 Notiere kurze Antworten zu den beiden Fragen.

A Warum hält der Lehrer Sander, der Glück als Wahlfach unterrichtet, das Fach für wichtig?

_____

_____

_____

_____

B Was erhofft sich die Schülerin Lisa Käufer von dem Glückskurs?

_____

_____

_____

_____

Kopiervorlage

Test – Einen Hörtext verstehen

> **Hinweis**
> Dieser Hörtext kann entweder von zwei Schülern mit verteilten Rollen oder von der Lehrkraft
> vorgelesen werden. Alternativ kann er von der CD vorgespielt werden, die diesen Handreichungen
> beigefügt ist.
> Der Text kann nach der Bearbeitung des Tests an die Schülerinnen und Schüler ausgeteilt werden,
> damit sie ihre Ergebnisse selbstständig überprüfen können.

Jürgen Schupp, Soziologe beim DIW

Die Glückskurve des Lebens verläuft wie ein U

Die Höhe des Glücks lässt sich ermitteln und statistisch auswerten – davon ist der Soziologe Jürgen Schupp überzeugt. Beim Deutschen Institut für Wirtschaftsforschung (DIW) ist er verant-
5 *wortlich für die Langzeitstudie „Sozio-Oekonomisches Panel" (SOEP), mit der sich politische und gesellschaftliche Veränderungen in Deutschland beobachten und analysieren lassen. ARD.de hat er erklärt, in welchem Alter wir statistisch*
10 *gesehen am glücklichsten sind – und wann am unglücklichsten.*
Das Interview führte Ingo Fischer.

ARD.de: Was bedeutet für Sie „Glück"?
Jürgen Schupp: Glück hat für mich immer etwas
15 mit Überraschungen zu tun, also damit, dass etwas Unerwartetes passiert. Glück lässt mich für einige Momente alle „Probleme" der Welt vergessen und setzt positive Energie frei.

Bei welcher Gelegenheit waren Sie das letzte
20 **Mal glücklich?**
Ich bin zum S-Bahnsteig gehetzt, weil ich zu einem wichtigen Termin musste, und sah den abfahrenden Zug nur noch von hinten. Auf der Anschlagtafel stand: „Nächste Bahn in 20 Minu-
25 ten." Dann fuhr plötzlich doch sofort eine S-Bahn ein. Ich kam pünktlich zu meiner Verabredung, hatte gute Laune und fühlte mich für den Rest des Abends glücklich.

Wann ist Ihnen in Ihrem Leben ein „großes
30 **Glück" begegnet, und wie hat sich dadurch Ihr Leben verändert?**
Das war der Moment, als mich meine heutige Frau bei einem argentinischen Tango-Training erstmals ansprach und ich spontan eine witzige

Antwort auf den Lippen hatte. Dieser glückliche 35 Augenblick hat mein Leben nachhaltig verändert und ich erinnere mich sehr gerne an diesen kurzen Moment.

Haben Sie einen Trick, um sich einen Glücksmoment zu verschaffen? 40
Ich glaube, es ist gut, seine Erwartungen an das Glück nicht zu hochzustecken. Dann steigt nach meiner Erfahrung auch die Wahrscheinlichkeit, einen glücklichen Moment erleben zu können. Ein Zweckpessimist kann nach meiner Prognose 45 also ein sehr glücklicher Mensch sein.

Wie lässt sich die Höhe des Glücks statistisch ermitteln?
In der empirischen Sozialforschung gibt es dafür mehrere Methoden. Durchgesetzt hat sich, drei 50 bis zwölf kurze Einzelfragen zu stellen, um das aktuelle emotionale Empfinden oder das Empfinden innerhalb der letzten 14 Tage zu erfassen. Daraus bildet man einen Index des Grades an „Glück" oder „positiver affektueller Zufrieden- 55 heit". […] Im Sozio-Oekonomischen Panel befragen wir jedes Jahr dieselben Menschen. So

können wir herausfinden, wie sich die Zufriedenheit durch den Eintritt verschiedener Lebens-
60 ereignisse, wie etwa Heirat, Geburt eines Kindes,
Trennung, Verlust des Arbeitsplatzes oder Job-
wechsel, verändert.

**In welchen Phasen unseres Lebens sind wir
am glücklichsten – und wann am unglück-**
65 **lichsten?**

Mehrere Studien zeigen, dass die Glückskurve
des Lebens ähnlich wie ein U verläuft. Das heißt,
Jugendliche und junge Erwachsene sind bis zum

Alter von etwa 30 Jahren eher zufriedener mit
ihrem Leben, also glücklicher, während Men- 70
schen in der Mitte des Lebens etwa bis zum Alter
von 50 bis 55 Jahren weniger zufrieden sind. Das
Zufriedenheitsniveau steigt dann mit dem Ren-
tenalter bis etwa zum 75. Lebensjahr wieder an.
Am Ende des Lebens, einige Jahre vor dem Tod, 75
beobachten wir hingegen einen starken Rück-
gang der Zufriedenheit. In sehr hohem Alter
verliert die U-Kurve also ihre Gültigkeit.

*Quelle: http://www.ard.de/home/themenwoche/Juergen_
Schupp___Die_Glueckskurve_des_Lebens_verlaeuft_wie_ein_U_/4
17972/index.html, Stand: 30.04.2014*

Kopiervorlage

Test – Einen Hörtext verstehen

Die Glückskurve des Lebens

1   Lies die folgende Überschrift und den Vorspann zu einem Interview, das du gleich hören wirst. Notiere: Welche Erwartungen an den Text hast du?

Jürgen Schupp, Soziologe beim DIW

Die Glückskurve des Lebens verläuft wie ein U

Die Höhe des Glücks lässt sich ermitteln und statistisch auswerten – davon ist der Soziologe Jürgen Schupp überzeugt. Beim Deutschen Institut für Wirtschaftsforschung (DIW) ist er verantwortlich für die Langzeitstudie „Sozio-Oekonomisches Panel" (SOEP), mit der sich politische und gesellschaftliche Veränderungen in Deutschland beobachten und analysieren lassen. ARD.de hat er erklärt, in welchem Alter wir statistisch gesehen am glücklichsten sind – und wann am unglücklichsten.
[...]

_____

_____

_____

_____

_____

2   **a**   Höre dir den Text einmal aufmerksam an. Notiere dir Stichpunkte zum Textinhalt.

_____

_____

_____

_____

_____

_____

_____

    b   Wovon handelt der Text? Kreuze die richtigen Antworten an.

      ☐ **A**   In dem Interview geht es darum, wie man glücklich werden kann.

      ☐ **B**   In dem Interview ist zu erfahren, dass man Glück messen kann.

      ☐ **C**   In dem Text geht es vor allem darum, dass der Wissenschaftler mit einer argentinischen Tangotänzerin glücklich verheiratet ist.

      ☐ **D**   In dem Interview geht es darum, dass die Menschen in verschiedenen Lebensaltern unterschiedlich glücklich sind.

Kopiervorlage

3 **a** Höre dir den Text ein zweites Mal an. Überprüfe und vervollständige deine Notizen.

b Bilde Satzgefüge, sodass zutreffende Aussagen zum Inhalt des Textes entstehen. Schreibe die vollständigen Sätze auf.

> Für Jürgen Schupp ist Glück,

> dass man nicht zu hohe Erwartungen an das Glück haben soll.

> Soziologen sind überzeugt,

> dass etwas Überraschendes geschieht.

> Studien zeigen,

> dass man Glück statistisch ermitteln kann.

> Jürgen Schupp empfiehlt als Trick,

> dass die Glückskurve im Leben wie ein U verläuft.

_____

_____

_____

_____

4 Kreuze an, ob die folgenden Aussagen richtig oder falsch sind. Höre dir dazu den Text gegebenenfalls ein weiteres Mal an.

		richtig	falsch
A	Die Höhe des Glücks wird statistisch ermittelt, indem den Befragten ein zwanzigseitiger Fragenkatalog zugeschickt wird.	☐	☐
B	Die Höhe des Glücks wird statistisch ermittelt, indem den Befragten drei bis zwölf kurze Einzelfragen gestellt werden.	☐	☐
C	Die Wissenschaftler können mit ihren Methoden nicht herausfinden, ob sich die Zufriedenheit der Befragten durch Heirat, Trennung, Verlust des Arbeitsplatzes oder Jobwechsel verändert.	☐	☐
D	Die Wissenschaftler können mit ihren Methoden herausfinden, wie sich die Zufriedenheit der Befragten durch Heirat, Trennung, Verlust des Arbeitsplatzes oder Jobwechsel verändert.	☐	☐
E	Studien belegen, dass junge Menschen zufriedener mit ihrem Leben sind, während Menschen zwischen 30 und 50 bis 55 Jahren weniger glücklich sind. Mit dem Rentenalter steigt bis etwa zum 75. Lebensjahr die Zufriedenheit wieder an, um dann am Ende des Lebens sehr stark abzunehmen.	☐	☐
F	Studien belegen, dass junge Menschen eher unglücklich sind, während Menschen in der Mitte des Lebens bis zum Alter von etwa 75 eher glücklich und zufrieden sind. Erst am Ende des Lebens nimmt die Zufriedenheit sehr stark ab.	☐	☐

Kopiervorlage

Fordern und fördern – Einen Sachtext erschließen, Lesetechniken anwenden

Susanne Paulsen

Niemand ist eine Insel

Weshalb sich soziale Bindungen kaum in Geld aufwiegen lassen

Was sind uns andere Menschen wert? Wirtschaftswissenschaftler behaupten, dass sie sich in Geld kaum aufwiegen lassen. So lassen uns gute Freundschaften beispielsweise langsamer altern.
5 Und auch enge Familienbande sind enorm wichtig für die Lebenszufriedenheit – wenn auch nicht für jeden Preis.
Was macht Menschen glücklich? Glaubt man der Mehrheit jener Wissenschaftler, die sich mit dieser Frage befassen, so lautet die Antwort: vor al-
10 lem andere Menschen, besonders aber Freunde und Familienmitglieder. Das jedenfalls ist ein Fazit im „World Book of Happiness", einem Kompendium, in dem mehr als 100 Glücksfor-
15 scher aus fast 50 Ländern die Erkenntnisse ihrer Arbeit zusammengetragen haben.
„Geben Sie engen Beziehungen den Vorzug vor Erfolg", schreibt der US-Sozialpsychologe David G. Myers. „Wir sind vom Glück anderer abhän-
20 gig", erklärt der rumänische Soziologe Sergiu Baltatescu. „Niemand ist eine Insel", schreibt der Grieche Konstantinos Kafetsios, der über Gefühle forscht. „Erfahren Sie zwischenmenschliche Beziehungen", rät dessen chinesischer Kollege
25 Xing Zhanjun. „Glück ist sozial", so der britische Ökonom Andrew Clark.
Die Quintessenz all dieser Aussagen: Das soziale Wesen *Homo sapiens* ist bei der Suche nach Glück entscheidend von anderen Vertretern sei-
30 ner Spezies abhängig, von Freunden, Partnern und Kindern.

Freunde: Das Netz, das einen trägt

Zahlreiche wissenschaftliche Untersuchungen in den vergangenen Jahren haben ergeben, was oh-
35 nehin selbstverständlich erscheint: Freunde fördern das Wohlbefinden. Der Grund, weshalb die Forscher großen Aufwand betrieben, um eine auf den ersten Blick höchst triviale Frage zu beantworten: Sie wollten die umgekehrte Kausalität

ausschließen – dass der augenfällige Zusammen- 40
hang zwischen Freundschaft und Glück also schon deshalb zustande kommt, weil glückliche Menschen leichter Kontakte schließen.
Freundschaften haben aber noch weitere positive Effekte. Sie halten gesund, mehr noch: Sie kön- 45
nen das Leben des Einzelnen sogar um Jahre verlängern. Das zeigte sich kürzlich bei einer über zehn Jahre laufenden Studie mit fast 1500 australischen Männern und Frauen im Alter von mehr als 70 Jahren. Das Ergebnis: Ein starkes Netz aus 50
Freunden erhöhte die Lebenserwartung der Probanden um bis zu 22 Prozent. Dagegen blieb ein enger Kontakt mit den eigenen Kindern oder mit Verwandten ohne vergleichbare Effekte. Die Forscher führen das darauf zurück, dass Men- 55
schen sich ihre Freunde im Gegensatz zu ihren Verwandten selbst auswählen können.
Die positiven Effekte wirken allerdings vor allem dann, wenn die Beziehung zu Freunden nicht ausschließlich dem gegenseitigen Nutzen oder 60
dem gemeinsamen Vergnügen dient. Glücks- und gesundheitsfördernd ist vor allem jene Form der Freundschaft, die der griechische Philosoph Aristoteles bereits vor über 2000 Jahren als „tugendhaft" bezeichnete: ein vertrautes Miteinander in 65
gegenseitiger Anteilnahme und Fürsorge. Im Idealfall trifft man sich häufig, mindestens einmal pro Woche. Wie viele Freunde ein Mensch

hat, ist dabei nicht wichtig, sondern dass er über-
70 haupt vertraute Beziehungen pflegt.

Große Studien haben gezeigt, dass dies keines-
wegs selbstverständlich ist: Während bei Umfragen in Deutschland, der Schweiz und Norwegen
immerhin 95 Prozent der Menschen angaben, zu
75 mindestens einer Person in vertrauter Beziehung

zu stehen, war das in Kanada und Großbritannien
nur bei 87 Prozent der Fall. In Italien konnten
sogar nur etwa 75 Prozent der Befragten eine
ihnen vertraute Person benennen.

*(Aus: Glück. Zufriedenheit. Souveränität. GeoWissen Nr. 47,
05/2011, S. 141–154)*

Quellen für Glück und Wohlbefinden

Frage: Was sind für Sie die Quellen für Glück und Wohlbefinden? Ich nenne Ihnen jetzt wieder
einige Aussagen und Sie sagen mir bitte jeweils, ob das auf Sie sehr zutrifft, eher zutrifft oder eher nicht
zutrifft oder gar nicht zutrifft

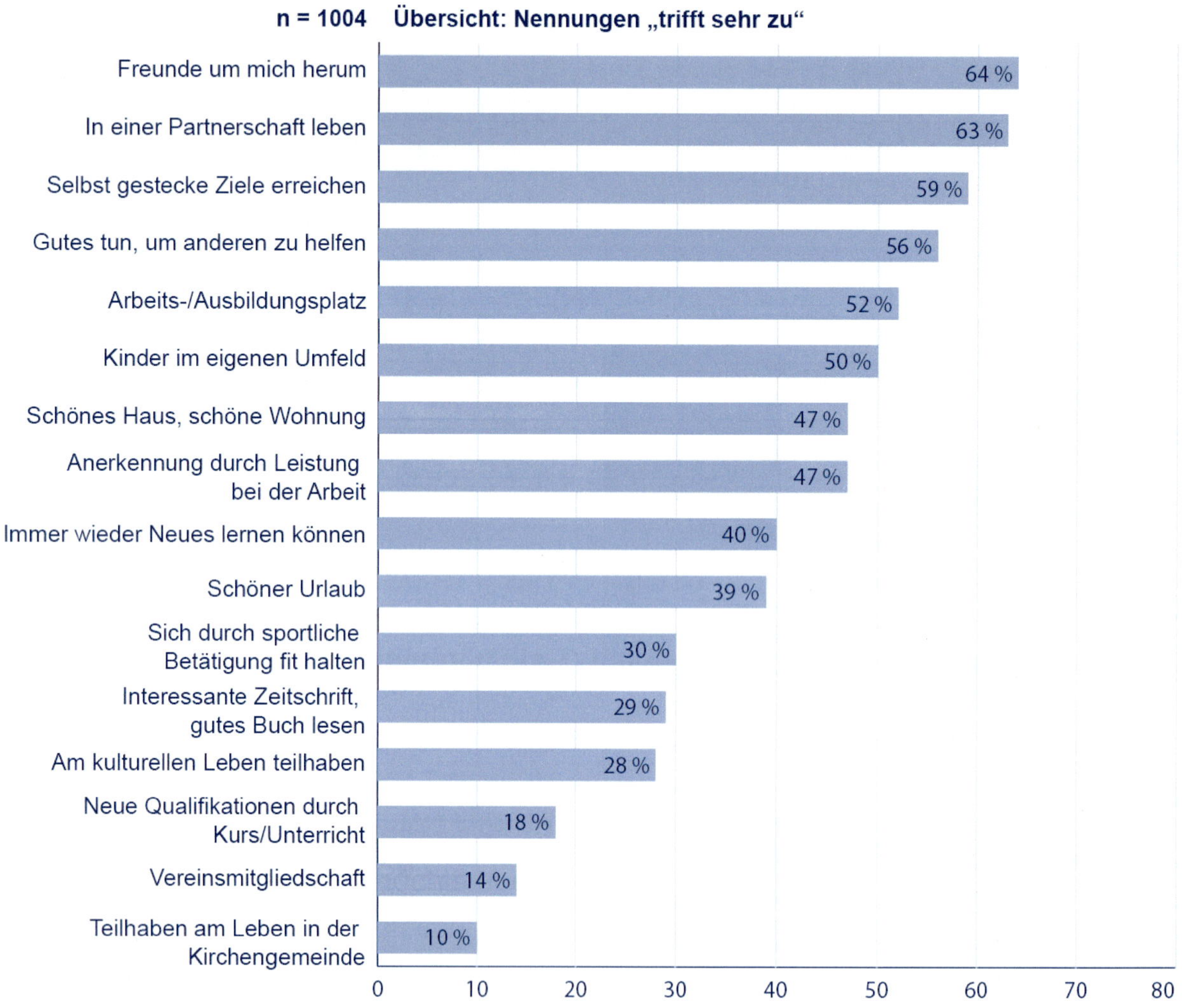

n = 1004   Übersicht: Nennungen „trifft sehr zu"

Quelle	Prozent
Freunde um mich herum	64 %
In einer Partnerschaft leben	63 %
Selbst gestecke Ziele erreichen	59 %
Gutes tun, um anderen zu helfen	56 %
Arbeits-/Ausbildungsplatz	52 %
Kinder im eigenen Umfeld	50 %
Schönes Haus, schöne Wohnung	47 %
Anerkennung durch Leistung bei der Arbeit	47 %
Immer wieder Neues lernen können	40 %
Schöner Urlaub	39 %
Sich durch sportliche Betätigung fit halten	30 %
Interessante Zeitschrift, gutes Buch lesen	29 %
Am kulturellen Leben teilhaben	28 %
Neue Qualifikationen durch Kurs/Unterricht	18 %
Vereinsmitgliedschaft	14 %
Teilhaben am Leben in der Kirchengemeinde	10 %

*(Quelle: Glück, Freude, Wohlbefinden – welche Rolle spielt das Lernen? Ergebnisse einer repräsentativen Umfrage
unter Erwachsenen in Deutschland, S. 10. © 2008 Bertelsmann Stiftung, Gütersloh. Quelle: http://www.bertelsmann-
stiftung.de/bst/de/media/xcms_bst_dms_23599_23600_2.pdf, Stand 30.04.2014)*

Kopiervorlage

1 Lies die Überschrift, den Untertitel sowie die Zwischenüberschrift und überfliege den restlichen Text,
●● achte dabei besonders auf die Satzanfänge jedes Abschnitts.
Kreuze dann an, um welches Thema es in dem Artikel geht.

☐ **A** In dem Text geht es um das Glück, auf einer einsamen Insel zu leben.

☐ **B** In dem Text geht es um die Bedeutung eines engen Familienzusammenhalts für die Lebenszufriedenheit.

☐ **C** In dem Text geht es um die Bedeutung guter Freunde für die Lebenszufriedenheit.

2 Lies den Text einmal zügig durch und überprüfe, ob du das Thema richtig bestimmt hast. Falls nicht,
●● korrigiere deine Entscheidung in Aufgabe 1.

3 Lies den Text ein zweites Mal. Umkreise unbekannte Wörter, die du nachschlagen willst. Notiere die
●● Wörter und ihre Bedeutung auf den Linien. Einige sind bereits vorgegeben.

Fazit (Z. 13): Ergebnis, Schlussfolgerung; Kompendium (Z. 14): kurzes Lehrbuch, Handbuch;

Sozialpsychologe (Z. 18): Psychologe, der sich mit sozialen Gruppen und dem Verhalten des

Einzelnen gegenüber der Gemeinschaft beschäftigt;

_____

Homo sapiens (Z. 28): lat. Bezeichnung für den Menschen; Spezies (Z. 30): Art, Gattung;

_____

_____

Proband (Z. 51 f.): Versuchsperson;

4 Erschließe den Inhalt des Textes. Gehe so vor:
●●

a Markiere Schlüsselwörter. In den ersten Zeilen ist das bereits geschehen.
TIPP: Die folgenden Schlüsselwörter gehören in die Zeilen 6–31:
Lebenszufriedenheit – andere Menschen – Freunde – Familienmitglieder – US-Sozialpsychologe –
rumänische Soziologe – Grieche – chinesischer Kollege – britische Ökonom – soziale Wesen *Homo
sapiens* – Glück – anderen Vertretern seiner Spezies

b Welche Textaussagen treffen zu? Kreuze die zutreffenden an.
TIPP: Insgesamt treffen fünf Aussagen zu.

☐ **A** Freundschaften sind ein wichtiger Faktor für das eigene Glück.

☐ **B** Für das Glücksempfinden sind Freundschaften und Beziehungen zu Verwandten wichtig.

☐ **C** Studien und internationale Forscher belegen den Zusammenhang zwischen Freundschaftsbeziehungen und Glücksempfinden.

☐ **D** Die Anzahl der Freunde erhöht die Lebenserwartung.

☐ **E** Ein Netz aus Freunden erhöht die Lebenserwartung.

☐ **F** Besonders gut ist es, wenn Freundschaften nur einem Nutzen oder dem Vergnügen dienen.

☐ **G** Freundschaften tragen besonders zum Glück bei, wenn sie nicht nur einem Nutzen dienen,
sondern ein vertrautes Miteinander bedeuten.

        KV 48, Seite 3

c Fasse die wichtigsten Informationen des Textes zusammen. Schreibe in dein Heft.
  Gehe so vor:
  – Formuliere eine Einleitung, in der du über Autor/-in, Titel, ggf. die Textsorte informierst und knapp
    das Thema des Textes nennst.
  – Fasse im Hauptteil die wichtigsten Informationen des Textes mit eigenen Worten sachlich zu-
    sammen. Nutze deine Vorarbeiten. Mache die Zusammenhänge durch passende Satzverknüp-
    fungen deutlich.

5 Untersuche die Grafik. Welche Aussagen treffen zu? Kreuze an.
●●○
A ☐ Die Grafik informiert über Quellen für Glück und Wohlstand.
  ☐ Die Grafik informiert darüber, was zum Glück gehört.

B ☐ Es wurden 1004 Menschen befragt.
  ☐ Es wurden 4001 Menschen befragt.

C ☐ Für weniger als 60 Prozent der Befragten gehören Freunde zum Glück.
  ☐ Für 64 Prozent der Befragten gehören Freunde zum Glück.

D ☐ Freunde zu haben oder in einer Partnerschaft zu leben, ist für die Befragten fast gleich wichtig.
  ☐ In einer Partnerschaft zu leben, ist für die Befragten viel wichtiger, als Freunde zu haben.

E ☐ Für knapp ein Drittel der Befragten stehen sportliche Aktivitäten in Zusammenhang mit Glück.
  ☐ Für fast die Hälfte der Befragten stehen sportliche Aktivitäten in Zusammenhang mit Glück.

6 a Erläutere den Zusammenhang zwischen der Grafik und dem Text.
●●○   Welche Aussage über den Zusammenhang von Text und Grafik ist zutreffend? Kreuze an.
  ☐ Es besteht ein Zusammenhang zwischen Text und Grafik.
  ☐ Es besteht kein Zusammenhang zwischen Text und Grafik.

  Welche Aussage über den Text und die Grafik stimmt? Kreuze an.
  ☐ Der Text und die Grafik beurteilen die Bedeutung von Freundschaft für das Glück gegensätzlich.
  ☐ Der Text und die Grafik zeigen beide, wie wichtig Freundschaft für das Glück ist.
  ☐ Der Text und die Grafik zeigen, dass Freundschaft für das Glück eher unwichtig ist.

b Formuliere den Zusammenhang zwischen Text und Grafik in einer Satzreihe oder einem Satzgefüge.

_____

_____

_____

Kopiervorlage

1 Lies die Überschrift, den Untertitel sowie die Zwischenüberschrift und überfliege den restlichen Text,
●●● achte dabei besonders auf die Satzanfänge jedes Abschnitts.
Kreuze dann an, um welches Thema es in dem Artikel geht.

⬜ **A** In dem Text geht es um das Glück, auf einer einsamen Insel zu leben.

⬜ **B** In dem Text geht es um die Bedeutung eines engen Familienzusammenhalts für die Lebenszufriedenheit.

⬜ **C** In dem Text geht es um die Bedeutung guter Freunde für die Lebenszufriedenheit.

⬜ **D** In dem Text geht es darum, dass Freunde für das Glück unwichtig sind.

⬜ **E** In dem Text geht es um Reisen mit guten Freunden.

2 Lies den Text einmal zügig durch und überprüfe, ob du das Thema richtig bestimmt hast. Falls nicht,
●●● korrigiere deine Entscheidung in Aufgabe 1.

3 Lies den Text ein zweites Mal. Umkreise unbekannte Wörter, die du nachschlagen willst. Notiere die
●●● Wörter und ihre Bedeutung auf den Linien. Einige sind bereits vorgegeben.

Fazit (Z. 13): Ergebnis, Schlussfolgerung; _____

Sozialpsychologe (z. 18): Psychologe, der sich mit sozialen Gruppen und dem Verhalten des Einzel-

nen gegenüber der Gemeinschaft beschäftigt; _____

_____

_____

_____

_____

4 Erschließe den Inhalt des Textes. Gehe so vor:
●●●
a Markiere Schlüsselwörter. In den ersten Zeilen ist das bereits geschehen.

b Welche Textaussagen treffen zu? Kreuze die zutreffenden an.

⬜ **A** Freundschaften sind ein wichtiger Faktor für das eigene Glück.

⬜ **B** Für das Glücksempfinden sind Freundschaften und Beziehungen zu Verwandten wichtig.

⬜ **C** Studien und internationale Forscher belegen den Zusammenhang zwischen Freundschaftsbeziehungen und Glücksempfinden.

⬜ **D** Die Anzahl der Freunde erhöht die Lebenserwartung.

⬜ **E** Ein Netz aus Freunden erhöht die Lebenserwartung.

⬜ **F** Besonders gut ist es, wenn Freundschaften nur einem Nutzen oder dem Vergnügen dienen.

⬜ **G** Freundschaften tragen besonders zum Glück bei, wenn sie nicht nur einem Nutzen dienen, sondern ein vertrautes Miteinander bedeuten.

c Fasse die wichtigsten Informationen des Textes zusammen. Schreibe in dein Heft.
Gehe so vor:
– Formuliere eine Einleitung, in der du alle nötigen Angaben machst und das Thema des Textes nennst.
– Fasse im Hauptteil die wichtigsten Informationen des Textes mit eigenen Worten sachlich zusammen. Nutze deine Vorarbeiten und denke an Satzverknüpfungen.

Kopiervorlage

5 Untersuche die Grafik. Notiere in Stichworten:

A Worüber informiert die Grafik?

_____

B Wie viele Menschen wurden befragt? _____

C Für wie viel Prozent der Befragten gehören Freunde zum Glück? _____

D Ist es für die Befragten wichtiger, Freunde zu haben oder in einer Partnerschaft zu leben?

_____

E Für wie viele der Befragten stehen sportliche Aktivitäten im Zusammenhang mit Glück? _____

6 Erläutere den Zusammenhang zwischen der Grafik und dem Text. Streiche in der folgenden Aussage die unzutreffende Formulierung und vervollständige den Satz:

Zwischen dem Text und der Grafik besteht ein Zusammenhang / kein Zusammenhang, denn _____

_____

_____

476   **KV 48, Seite 6**

Im Handumdrehen ...

Kopiervorlagen: Ideen zur Jugendliteratur

Jugendliteratur im Unterricht? Greifen Sie einfach zu einer der wohldurchdachten Kopiervorlagen-sammlungen – und „die Stunde steht"!

Die Materialien liegen zu aktuellen schulerprobten Jugendromanen vor: Sie strukturieren den Unterricht in fünf bis sechs Sequenzen, die die komplette Behandlung der Lektüre erleichtern.

Didaktische Schwerpunkte sind dabei
- Kompetenzorientierung
- Textrezeption und Lesemotivation
- Binnendifferenzierung
- selbstgesteuertes und kooperatives Lernen.

Die Arbeitsblätter eignen sich auch sehr gut für selbstständiges Arbeiten, mögliche Lösungen sind angegeben. Vorschläge für Klassenarbeiten runden das Angebot ab.

Die Hefte umfassen je 48 Seiten, im Format DIN A4.

Die Bestellangaben finden Sie im aktuellen Katalog Deutsch oder im Internet: www.cornelsen.de/lektueren

Cornelsen Verlag • 14328 Berlin

Willkommen in der Welt des Lernens

Schmökern und lernen

Vom Hildebrandslied bis zur Postmoderne

Literatur? Geschichte? Dem Kompendium aus der *Deutschbuch*-Reihe gelingt es rasch, Leserinnen und Leser in seinen Bann zu ziehen. Auch wer nur mal etwas nachschlagen möchte, liest sich bestimmt schnell fest!

- Vom Mittelalter bis zur Gegenwart – anhand altersgemäßer literarischer Werke gewinnen Jugendliche den ersten Einblick in die Entwicklung und die Facetten der deutschsprachigen Literatur.
- Zahlreiche Abbildungen zeitgenössischer Werke der bildenden Kunst fördern die Leselust und helfen, die Texte einzuordnen.
- Moderatorentexte vermitteln ein literaturgeschichtliches Überblickswissen und stellen die Texte in den Kontext von Kultur, Mentalität, Politik und Wissenschaft ihrer Entstehungszeit.

Deutschbuch · Literaturgeschichte
5.–10. Schuljahr
272 Seiten, Festeinband
978-3-06-061879-8

Willkommen in der Welt des Lernens

Aus einem Guss

Cornelsen Literathek: Textausgaben und Kopiervorlagen

Die **Cornelsen Literathek** – das sind Schullektüren zum kleinen Preis, im Taschenbuchformat und im lesefreundlichen Layout. Der Originaltext wird jeweils ergänzt um eine Kurzbiografie des Autors, Worterklärungen sowie Sachinformationen.

Zu jeder Textausgabe sind **Kopiervorlagen** mit CD-ROM erhältlich – darin finden Sie Vorschläge für Klassenarbeiten und Klausuren, Referate und Projekte, Lösungsvorschläge zu den Kopiervorlagen sowie didaktische Kommentare.

Die **CD-ROM** umfasst
- den Originaltext und alle Kopiervorlagen in editierbarer Form,
- eine PowerPoint-Präsentation für den Unterrichtseinstieg sowie
- Hörtexte zu Schlüsselstellen des Textes.

Textausgabe auch als E-Book
Mit Kauf der (gedruckten) Textausgabe erwerben Sie automatisch das fünfjährige Nutzungsrecht für das E-Book – freischaltbar hier: *www.scook.de*

Willkommen in der Welt des Lernens

Bedienungshinweis für die CD-ROM

MS Windows®:

Legen Sie die CD-ROM in Ihr CD-ROM-Laufwerk. Sollte das Programm nicht automatisch starten, doppelklicken Sie bitte auf „Start.exe" im Dateiverzeichnis der CD-ROM, um sie mit Ihrem Browser zu öffnen.

Systemvoraussetzungen:

Windows®-PC ab 600 MHz

Arbeitsspeicher mind. 256 MB

Freier Festplattenplatz ca. 80 MB

Bildschirmauflösung 1024 x 768

Farbtiefe 16 Bit

16-Bit-Soundkarte

Microsoft® Office Word 2003, 2007, 2010, 2013

CD-ROM-Laufwerk

Microsoft® Windows® XP, Windows 7, 8

Apple® Macintosh®:

Legen Sie die CD-ROM in Ihr CD-ROM-Laufwerk und doppelklicken Sie bitte auf die Datei „index.html".

Systemvoraussetzungen:

Apple® Macintosh®-Systeme

Mac® mit CD-ROM-Laufwerk

Mac® OS X ab Version 10.3

Microsoft® Office Word 2004, 2008, 2011